NEGÓCIOS S/A
administração na prática

Dados Internacionais de Catalogação na Publicação (CIP)
(Câmara Brasileira do Livro, SP, Brasil)

Buchsbaum, Paulo
  Negócios S/A : administração na prática / Paulo Buchsbaum e Marcio Buchsbaum . -- São Paulo : Cengage Learning, 2012.

  Bibliografia.
  ISBN 978-85-221-1067-4

  1. Administração I. Buchsbaum, Marcio .
II. Título.

11-01831   CDD-658

Índices para catálogo sistemático:

1. Administração   658

NEGÓCIOS S/A
administração na prática

PAULO BUCHSBAUM E MARCIO BUCHSBAUM

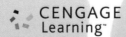

Austrália • Brasil • Japão • Coreia • México • Cingapura • Espanha • Reino Unido • Estados Unidos

Negócios S/A – Administração na Prática
Paulo Buchsbaum e Marcio Buchsbaum

Gerente Editorial: Patricia La Rosa

Editora de Desenvolvimento e Produção Editorial:
  Gisele Bueno

Supervisora de Produção Gráfica e Editorial:
  Fabiana Alencar Albuquerque

Pesquisa iconográfica: Graciela Araújo

Revisão: Ricardo Franzin, Maria Dolores D. Sierra Mata,

Capa: Absoluta Publicidade

Diagramação: SGuerra Design

© 2012 Cengage Learning Ltda.

Todos os direitos reservados. Nenhuma parte deste livro poderá ser reproduzida, sejam quais forem os meios empregados, sem a permissão, por escrito, da Editora.
Aos infratores aplicam-se as sanções previstas nos artigos 102, 104, 106 e 107 da Lei nº 9.610, de 19 de fevereiro de 1998.

Esta editora empenhou-se em contatar os responsáveis pelos direitos autorais de todas as imagens e de outros materiais utilizados neste livro. Se porventura for constatada a omissão involuntária na identificação de algum deles, dispomo-nos a efetuar, futuramente, os possíveis acertos.

Para informações sobre nossos produtos, entre em contato pelo telefone **0800 11 19 39**

Para permissão de uso de material desta obra, envie seu pedido para **direitosautorais@cengage.com**

© 2012 Cengage Learning. Todos os direitos reservados.

ISBN-13: 978-85-221-1067-4
ISBN-10: 85-221-1067-0

Cengage Learning
Condomínio E-Business Park
Rua Werner Siemens, 111 – Prédio 20 – Espaço 04
Lapa de Baixo – CEP 05069-900 – São Paulo – SP
Tel.: (11) 3665-9900 – Fax: (11) 3665-9901
SAC: 0800 11 19 39

Para suas soluções de curso e aprendizado, visite
www.cengage.com.br

Impresso no Brasil.
Printed in Brazil.
1 2 3 4 15 14 13 12

Minibiografia

Paulo Buchsbaum é geólogo pela UFRJ e mestre em Informática pela PUC-RJ. Foi geofísico da Petrobrás e professor universitário da PUC-RJ e UFF. Prestou consultoria ou treinamento para a Brahma, Vale, Cosigua, Golden Cross e Casa & Vídeo, entre outras. Escreveu dois livros:

Frases geniais: que você gostaria de ter dito. Rio de Janeiro: Ediouro, 2004. Desenhos de Jaguar.

Do bestial ao genial: frases da política. Rio de Janeiro: Ediouro, 2006. Capa de Aroeira, em parceria com André Delano Buchsbaum.

Marcio Buchsbaum é engenheiro pela UFRJ, com mestrado inconcluso em Informática pela PUC-RJ, onde também foi professor. Trabalhou ou deu consultoria na Unisys, Vale, Banco do Brasil, Golden Cross, BANERJ, CTIS, Dataprev, Banco Econômico, Agrobanco, Fábrica Bangu de Tecidos e Casa & Vídeo, entre outras.

Dedicamos este livro a nossos pais, já falecidos, Otto e Gertrude
Buchsbaum, ativistas da ONG Resistência Ecológica, conferencistas
e editores do jornal *Abertura Cultural* nos anos 1970.
Crescer em uma casa com um ambiente intelectual, em que constantemente havia
debates de ideias e valorizava-se a qualidade da argumentação e a diversidade de
opiniões, foi ingrediente essencial para, mais tarde, militarmos no mundos dos
negócios. Aprendendo muito, mas sempre com a curiosidade e o brilho nos olhos de
um aprendiz, mesclado com o ceticismo de quem sabe que tudo tem mais de um lado.
Paulo e Marcio Buchsbaum

À Helena e Diana, pelo amor, apoio e compreensão sempre presentes em
meio à turbulência que é conceber um livro dessa natureza.
Paulo Buchsbaum

Ao Marcos e Carlos, que tiveram a paciência de
dividir meu tempo com a criação deste livro.
Marcio Buchsbaum

Sumário

Prefácio ... xiii

O que faz este livro valer a pena? ... xv

    Tipos de livros de negócios ... xv
    O que é o livro *Negócios S/A*? ... xvi
    O que *Negócios S/A* não é? ... xvii
    Ideia básica do livro ... xviii
    Fontes usadas para *Negócios S/A* ... xix
    Conteúdo do livro ... xix
    Para quem é o livro? ... xx

1. Antes de começar ... 1

    Administração não é uma ciência exata ... 1
    Empresa: choque de realidade ... 2

2. Pontos de partida ... 5

    Empreendedorismo ... 5
    Conceito de organizações ... 15
    Em poucas palavras ... 19

3. Pessoas são a base ... 23

    Introdução ... 23
    Autoconfiança ... 26

Saindo da inércia	29
Objetivos	32
Planejamento individual	40
Organização	43
Eficiência e eficácia	46
Marketing pessoal	49
Automotivação	53
Informação	56
Criatividade	64
Gestão de tempo	70
Hugo Chavez – marketing profissional	**90**

4. Empresa, uma coletividade 95

Introdução	95
Cultura corporativa	96
Valores fundamentais	102
Delegação	111
Liderança	114
Motivação	133
Competição X Cooperação	142
Relacionamentos	151

5. Comunicação é a chave 165

Introdução	165
Conduta na comunicação	169
Segurança na comunicação	171
Formas de comunicação	172
Trabalho em equipe	191
Breve história da IBM x Microsoft	**196**

6. Da missão à execução 205

Introdução	205
Missão	205
Valores	210
Estratégia	214

Estratégia em ação ... 230
Projetos & processos ... 238
Métricas & metas ... 250
Tomada de decisão ... 257
Matemática nas empresas ... 272
Breve história da Coca-Cola x Pepsi-Cola ... **279**

7. Organização em ação ... 285

Estrutura física ... 285
Estrutura de pessoal ... 288
Tipos de estrutura ... 292
Terceirização ... 296
Mudança organizacional ... 300
Governança corporativa ... 302
Sustentabilidade ... 305
Governo como organização ... 307

8. Tomando conta ... 311

Introdução ... 311
Tipos de controle ... 313
Controle financeiro ... 316
Capital de giro ... 345
Teoria x prática ... 347

9. O que faz a roda girar ... 355

Introdução ... 355
Logística ... 355
Compras ... 361
Negociação ... 364
Marketing ... 371
Vendas ... 429
Breve história da Wal-Mart x Kmart x Target x Sears ... **438**

10. O que apoia a roda — 447

Introdução — 447
Recursos humanos — 447
Tecnologia da informação — 465
Breve história da Ford x GM x Toyota — **479**

11. Ligando os pontos — 487

Conhecimento — 487
Modismos — 490
Consultoria — 500

12. Considerações nunca finais — 509

Introdução — 509
As dimensões de uma empresa — 510
Felicidade — 513
Felicidade no trabalho — 523
Epílogo — 525

Referências — 527

Introdução — 527
Bibliografia — 527
Webgrafia – sites e blogs — 540
Webgrafia – artigos de mídias e e-books — 541

Prefácio

Administrar uma empresa na era das redes sociais e da competição globalizada é um exercício profissional e um papel social progressivamente desafiadores. O número de variáveis internas e externas que um gestor deve lidar no cotidiano da empresa vem crescendo de forma acelerada. Nos diversos setores da economia o padrão de competitividade das empresas tem se elevado de maneira significativa, tornando a criação e manutenção da diferenciação estratégica (singularidade) uma luta constante.

Nesse cenário, o sucesso empresarial é uma conquista essencialmente coletiva, uma realização dos colaboradores da organização em conjunto – e não apenas de empreendedores notáveis. Assim, as empresas precisam de administradores capazes de fazer as pessoas atingirem juntas objetivos que não conseguiriam alcançar sozinhas. Para cumprir tal missão, o administrador tem de exercer múltiplos papéis, como comunicar claramente os objetivos estratégicos da empresa; engajar as pessoas na execução das iniciativas correspondentes; garantir que todos entendam suas responsabilidades e funções; coordenar as atividades dos processos sob sua gestão; motivar as pessoas; tomar decisões no tempo certo e eficazes; dentre outros. Por isso, formar bons administradores é uma jornada intensa, complexa e fundamental para assegurar o êxito empresarial, o crescimento econômico e o avanço social do país.

A obra *Negócios S/A* possui uma rara e preciosa combinação de orientações e temas que, ao meu ver, são críticos para desenvolver a capacidade de liderança exigida de administradores em toda e qualquer organização. Este é o livro que eu, como professor do MBA da Universidade de São Paulo desde 1999, sentia falta de poder indicar aos meus alunos. Os autores conseguiram selecionar os temas da Administração que considero chave para uma gestão eficaz, e os trataram de maneira cirúrgica, focalizando aspectos que as pessoas levariam anos para aprender. Agora, ao invés de sugerir uma lista de mais de uma centena de livros, vou poder recomendar apenas este livro para meus alunos e clientes.

Tive a oportunidade de conhecer e conviver com Paulo e Marcio Buchsbaum durante a condução de um processo de planejamento estratégico em uma grande rede de varejo. Ambos eram consultores da empresa especialistas em varejo, e colaboraram no projeto de forma marcante e muito valiosa. Até hoje guardo aprendizados únicos que me proporcionaram, graças aos talentos que curiosamente compartilham: visão estratégica integrada e diferenciada; habilidade de identificar e discernir os temas estratégicos do negócio, realizando diagnósticos apurados e precisos; e uma capacidade singular de construir árvores de hipóteses para orientar o processo decisório da estratégia. Paulo e Marcio conseguiram imprimir no livro suas mentes questionadoras e argutas, com uma visão sistêmica dos negócios temperada com a objetividade proporcionada pela formação na área de Exatas.

O livro em si é bastante provocativo, mas sem ser insolente. Usa uma linguagem descontraída, sem ser leviano. É leve, mas bastante relevante. Funciona como uma visão complementar, prática e crítica daquela trazida por um MBA de Administração.

Se por um lado o livro é bastante aberto e abrangente, por outro não se furta de emitir opiniões polêmicas, com as quais nem sempre os leitores concordarão. Mas, no mínimo, trará uma reflexão fundamental para formar a consciência e atitude típicas de um verdadeiro líder, que, no fundo, é o grande objetivo de *Negócios S/A*.

Aguardo a criação e o lançamento deste livro desde a primeira reunião em que tive a oportunidade de conhecer os autores e suas ideias tão distintas. Eu dizia que eles tinham a obrigação de compartilhar com o mundo seus aprendizados e visões sobre temas tão essenciais para a administração moderna. Agora, em *Negócios S/A*, a Cengage Learning materializa esse conhecimento, que eu recomendo efusivamente.

Fernando Luzio
Professor do MBA USP e Sócio-Fundador da Luzio Consultoria
Autor de *Fazendo a estratégia acontecer* (Cengage Learning, 2010)
e articulista da *Harvard Business Review*

O que faz este livro valer a pena?

"Na teoria, não há nenhuma diferença entre teoria e prática. Mas, na prática, há."
Jan Van De Snepscheut, cientista da computação holandês (1953-1994)

Queremos mostrar a você, leitor, por que este livro pode fazer a diferença na sua vida em meio a tantos títulos nas prateleiras das livrarias sobre o tema. Antes de discorrer a respeito do livro, vamos comentar sobre o panorama geral dos livros de negócios.

Tipos de livros de negócios

Existem milhares de livros ligados ao tema desta obra. Resumidamente, esses livros se dividem em dois grandes grupos:

- Livros teóricos, geralmente voltados para estudantes de graduação ou pós-graduação. Nesses livros, apresenta-se o estado atual do conhecimento estabelecido, que foi e continua em desenvolvimento ao longo dos anos, como em qualquer ciência.
- Livros práticos, voltados para executivos, gerentes e empreendedores. Eles propõem-se a fazer uma ponte mais acessível entre as teorias e o que, de fato, acontece nas empresas.

Quando um estudante conclui um curso superior e começa a trabalhar em uma empresa, ele percebe que a prática é outra história, em geral não mostrada em sala de aula e nem sempre retratada de forma realista nos livros teóricos.

Claro que, no contexto acadêmico, esses livros cumprem seu papel, o de apresentar a forma pela qual os conceitos da administração evoluíram e se consolidaram com o tempo. Porém, para uma pessoa autodidata que quer se atualizar, eles têm suas limitações. Falta, em muitos textos, uma visão mais ampla e multidisciplinar, além da recorrente fixação ao que é estabelecido e formalizado, perdendo-se muito de sua aplicabilidade imediata ao mundo real.

Nos livros teóricos, voltados para o ensino, é comum os autores sentirem-se um tanto forçados a tratar de muitas abordagens, ainda que eles mesmos não se identifiquem com elas, pela sua importância histórica perante a temática do livro e também para ser completo e cumprir ementas disciplinares. O livro precisa ser democrático com as diferentes teorias conflitantes, e não é habitual que um livro didático tome a liberdade de emitir opiniões firmes.

Um livro de recursos humanos precisa abordar a questionável hierarquia de necessidades de Maslow; um livro de administração de produção precisa detalhar as já antigas teses de Taylor, e por aí vai.

Esse enfoque, para aqueles que buscam aplicações práticas e dispõem de pouco tempo, frequentemente faz com que muitos livros teóricos pareçam abstratos, prolixos e repletos de trechos dispensáveis, sob o ponto de vista da aplicabilidade.

Quase todo o resto da literatura de negócios é formado pelos livros práticos, como *Negócios S/A*, que se propõem a apresentar uma abordagem mais informal e livre acerca do tema. Nesse terreno existe um grande filão de qualidade muito desigual, no qual o leitor pode se inserir, desde que consiga peneirar o que realmente vale a pena.

O que é o livro Negócios S/A?

Afinal, como *Negócios S/A* se enquadra nesse contexto todo?

É um livro **prático**, mas de temática abrangente, falando de todos os aspectos ligados à administração, incluindo marketing, governança corporativa, ética, RH, tecnologia, finanças, dentre muitos outros temas. A intenção desta obra é representar mais do que apenas pinceladas superficiais.

Os **capítulos** são praticamente **independentes** um do outro, permitindo que a leitura do livro seja feita por partes e em qualquer ordem.

O livro exibe **frescor** na forma e estilo como lida com os diferentes assuntos, ou seja, o conteúdo não se parece com um resumo de um MBA e também não é mais uma repetição com outra embalagem de tudo que já foi tantas vezes dito.

A linguagem utilizada é **leve e acessível**, sem rebuscamentos desnecessários. Não queremos provar que sabemos, queremos apenas transmitir ideias. Usando as palavras de Paul Krugman, prêmio Nobel em Economia, em seu livro *A crise de 2008 e a economia da depressão*: "Não espere um livro solene, pomposo: os objetivos são tão sérios quanto possível, mas a redação será tão tola quanto o tema exige".

O texto desta obra é bastante **rico em exemplos**, apresenta diversos casos, além de entremear o texto com muitos exemplos para enriquecer os conceitos. Contamos, para isto, com a nossa experiência prática em diversas empresas e consultamos uma ampla bibliografia especializada, além de explorar o rico filão da internet.

O livro apresenta uma **forte ênfase nas pessoas**, porque são a matéria de que as empresas são feitas. Assim, são feitas muitas referências a aspectos da psicologia social, biologia evolucionista, tomada de decisões e pensamento crítico. Inclusive, fugindo do óbvio, o livro também trata de pessoas, relacionamentos e o processo de comunicação.

Os autores adotam uma **postura crítica** em relação a modismos, verdades absolutas, terminologias vazias, clichês, chegando até a contestar, com o devido embasamento, alguns indicadores financeiros considerados sagrados.

Apesar da valorização do chamado pensamento crítico, a ideia não é demolir por demolir sem ter algo concreto para pôr no lugar. Os clichês não são todos errados e há muitas meias-verdades. Esta obra busca, sempre, oferecer **propostas**, ou seja, mostrar alternativas, opções, enfim, enriquecer o repertório do leitor.

Os autores destacam a importância, muitas vezes renegada, da **matemática**. O fato de ser considerada um "bicho-papão" não tira da matemática seu papel fundamental na gestão de negócios, fato esse já reconhecido em países mais desenvolvidos. A conscientização dessa importância pelo leitor tem muito mais valor do que mergulhar de fato na matemática.

Mesmo não entrando na esfera teórica, o livro não deixa, eventualmente, de se **aprofundar** em alguns temas mais técnicos, se eles se fizerem necessários, para que o leitor possa ter uma visão mais aprofundada de uma questão. Mas sempre de uma forma claramente compreensível para o leitor e, de preferência, dentro de um quadro separado do texto principal.

O que Negócios S/A não é?

***Negócios S/A* não contém o segredo do sucesso.** Infelizmente, o sucesso não tem segredos. É impossível resumir algo tão complexo em cinco ou dez lições ou princípios. As ditas verdades eternas muitas vezes são questionáveis e raramente são eternas.

As fórmulas enunciadas, sem provas sólidas, viram certezas, e depois dogmas. Quando alguém adota dogmas sem criticá-los, é quase certo que se decepcionará posteriormente. Em vez de questionar partes das afirmações, adaptá-las, aperfeiçoá-las, o leitor se refugia na zona de conforto, na qual essas teses são respaldadas por autoridades pretensamente reconhecidas.

Livros de autoajuda empresarial costumam estar entre os mais vendidos, justamente por apontar fórmulas simples que resultam em caminhos bem definidos em direção ao sucesso, bastando seguir com disciplina os preceitos defendidos. Porém, a vida não é tão simples. Seria bom se tudo fosse fácil. Pelo volume de vendas desse tipo de livro, se eles fossem efetivos, o sucesso já deveria estar democratizado. Na prática, sem grandes esforços e dedicação, não se conseguem avanços significativos.

No entanto, esse tipo de livro cumpre seu papel, dependendo do leitor, para induzir atitudes mais produtivas, uma maior determinação e uma reflexão sobre valores.

***Negócios S/A* não defende X porque a empresa Y o adotou.** O livro até cita pessoas e empresas, mas com o intuito de ilustrar. O leitor precisa se conscientizar de que as ideias devem valer pelo que elas contêm e pelos fatos que as fundamentam, e não apenas pelo prestígio dos seus supostos apoiadores ou pretensas pesquisas cuja veracidade ou critérios não podem ser verificados pelo leitor.

***Negócios S/A* não pode ser resumido sem perder a alma.** É um livro denso, que não adota a filosofia de reiterar diversas vezes o mesmo conceito, o que, como leitores, consideramos muito incômodo. Se o livro apresentasse seu texto aplicando essa filosofia, certamente teria pelo menos o triplo do tamanho.

***Negócios S/A* não se comunica por fábulas.** Apesar de serem (se bem escritas) uma forma divertida, elas desorganizam a exposição e a tornam mais superficial. Isso porque é difícil desenvolver um tema se o formato de uma história prende o estilo do texto.

Ideia básica do livro

Existem muitos estudos sérios sobre quase todos os assuntos referentes à administração, que poderiam servir como uma base efetiva ou, pelo menos, uma fonte de inspiração para as principais práticas administrativas, mas estes estudos estão dispersos, sendo difícil reuni-los. Para piorar, o interessado precisa conseguir distinguir o que vale a pena em meio a uma montanha de sensacionalismos, inconsequências ou meras irrelevâncias.

A nosso ver, faltam livros de administração que consigam oferecer uma visão geral e multidisciplinar sobre negócios, unindo a teoria à prática com coesão, sem fórmulas milagrosas, temperando com bom senso, pesquisando e interpretando muitos dos melhores trabalhos e estudos já publicados, porém sempre com uma visão forte sobre as pessoas.

Esse é o nosso (ambicioso) objetivo. Queremos abordar o que pode ser feito como pessoa ou empresa no mundo dos negócios sem perder de vista que não devemos abrir mão de nossa vida individual e nossa busca da felicidade. Por outro lado, não queremos "dourar a pílula" nem fazer promessas mirabolantes ou enunciar verdades absolutas.

Para isso, usando nossa formação acadêmica e larga experiência consultiva e executiva, não medimos esforços para fazer com que este livro funcione como um verdadeiro ponto de partida para os diversos ramos da administração, sem necessidade de pré-requisito por parte do leitor.

Fontes usadas para Negócios S/A

A internet ajudou muito a tornar este livro possível. Qualquer fato, narrativa ou opinião impresso em livro ou revista puderam ser pesquisados na internet e confrontados a visões distintas. Percebemos, para nossa surpresa, que diversos relatos impressos simplesmente não estão oficialmente registrados. Até um acidente de helicóptero, relatado em um livro, não deixou rastro ao confrontarmos tal notícia a um arquivo da aeronáutica norte-americano – o qual contém uma relação completa de acidentes aéreos.

O Amazon.com e outros sites permitiram que fizéssemos intensas pesquisas bibliográficas para descobrir os melhores livros em cada temática, como jamais poderia ter sido feito no passado. Muitos deles não estão sequer traduzidos ainda para o português.

Artigos científicos de todos os matizes são agora acessíveis, muitos deles com acesso gratuito, o que nos possibilitou o aprofundamento em alguns dos temas mais polêmicos.

Desde o final de 2006, temos sempre andado com antenas: conversamos com muitas pessoas, vasculhamos livrarias, enfim, observamos o mundo em busca de novos elementos ou fontes para esta obra. Muitos amigos ou conhecidos nem sabem que algo que falaram ou ponderaram serviram de inspiração ou mote para pesquisas acerca de algum conteúdo do livro. Aproveitamos o ensejo e agradecemos a todos eles.

Todas as referências utilizadas estão no final do livro e servem como um roteiro de sugestões de leituras adicionais para o leitor. Comentamos o conteúdo de cada um dos livros e recomendamos sua leitura, em duas escalas: * para leitura recomendada ou ** para leitura muito recomendada.

Conteúdo do livro

Após a Introdução (nos capítulos 1 e 2), discorremos sobre empreendedorismo, *business plan* (planos de negócios), franquias e outros temas, prosseguimos examinando pessoas (Capítulo 3), suas atitudes e comportamentos no que se refere ao ambiente corporativo (autoconfiança, inércia, objetivos, planejamento, organização, eficiência versus eficácia, automotivação, informação, criatividade e gestão de tempo).

Depois abordamos as empresas (Capítulo 4), analisando diversos aspectos que as permeiam. Isso inclui cultura corporativa, valores fundamentais (ética, justiça, verdade, liberdade de expressão e meritocracia), motivação, delegação, liderança, cooperação *versus* competição e relacionamentos, destacando o fato de que uma empresa representa, antes de tudo, um conjunto de pessoas.

O item mais básico a interligar um grupo de pessoas é a comunicação, que é o próximo tema tratado (capítulos 5 e 6). Essa parte inclui uma discussão oportuna sobre as diferentes formas de comunicação (pessoal, telefone, escrita, e-mail, reunião e apresentação de ideias).

A seguir, o livro mergulha nos extensos mares da administração. No capítulo 6 abordamos estratégia, projetos e processos, tomada de decisão, matemática nas empresas e correlatos. No capítulo seguinte discorremos sobre a empresa como um todo, suas estruturas e aspectos de governança corporativa e sustentabilidade. No Capítulo 8 apresentamos uma visão geral de controle, contabilidade e administração financeira. O nono capítulo entra no coração da empresa (compras, marketing, logística e vendas), que deve ser apoiado por tecnologia e recursos humanos, o tema do Capítulo 10.

Preparamos o final do livro no Capítulo 11, ao mostrar o cimento, com ou sem areia, que liga as diferentes áreas (conhecimento, modismos e consultorias). Finalmente, o Capítulo 12 fecha a obra com conclusões e uma prosa sobre Felicidade, que não deveria ser esquecida nem em um livro de negócios.

Entremeando os capítulos, inserimos quatro breves histórias comparativas, ricas de ensinamentos (Wal-Mart *versus* Kmart *versus* Target *versus* Sears, Coca-Cola *versus* Pepsi-Cola, IBM *versus* Microsoft, e Ford *versus* General Motors *versus* Toyota), além de diversos *cases*.

Todos os tópicos são divididos em pequenos trechos com um título, que indica a natureza do conteúdo, assemelhando-se à técnica usada na postagem de um blog. Isso cria uma sensação de pausa para o leitor, maior que um parágrafo, permitindo uma rápida visualização do conteúdo do tópico, além de melhorar o encadeamento de ideias.

Para quem é o livro?

O livro é para você, leitor, quer seja estudante, funcionário, empresário, candidato a empreendedor, administrador público etc. Basta você ser alguém que deseja estar ou já esteja ligado a alguma empresa ou instituição. Ou então, basta você ser uma pessoa interessada neste tema, tão ligado à nossa vida moderna.

Bom proveito.

Antes de começar

O mundo corporativo é como uma selva. Misterioso, ameaçador, fascinante, no qual se trava a luta pela sobrevivência, com muitas regras nem sempre escritas e, às vezes, nenhuma regra.

O conjunto de fatores humanos, a empresa, o ambiente de mercado, a concorrência, os clientes; enfim, tudo interage de forma a *decidir* se uma pessoa ou empresa prosperará ou não. Ninguém tem o controle completo sobre todos esses fatores. Por isso, não existe fórmula definitiva para o sucesso, e sim caminhos que o tornam mais provável.

Mary Parker Follet, acadêmica de administração do começo do século XX, definiu administração como "a arte de fazer com que as coisas sejam feitas pelas pessoas", ou seja, tudo que acontece nas empresas nasce nas pessoas, em suas formações e suas atitudes. São pessoas lidando com pessoas.

Administração não é uma ciência exata

A administração não é, de modo nenhum, uma ciência exata. Portanto, não há axiomas, princípios universais e deduções lógicas, como na matemática ou na física. Administração é uma ciência humana que estuda como criar e gerir empresas ou instituições e, por extensão, qualquer coisa que precise de algum tipo de organização e planejamento. Um pintor pode usar técnicas de administração, por exemplo, para apoiar a gestão de sua atividade, qualquer que seja.

A administração bebe de várias fontes: Psicologia, por causa das pessoas; Economia, porque envolve a produção e consumo de recursos em um ambiente econômico; Sociologia, porque as empresas estão ligada à sociedade e suas instituições; História, porque a história das empresas se mescla à história da Humanidade; Matemática, pelas suas inúmeras aplicações; e até Filosofia, por suas questões éticas e existenciais.

O mundo acadêmico, às vezes, induz a um enfoque racional, pelo qual os estudantes, munidos de um paralelepípedo de conhecimentos, conseguiriam aplicá-lo nas empresas como se fosse a implementação de uma técnica metalúrgica para a fabricação de aço.

No entanto, a administração chega a ser mais inexata que a medicina. A medicina, ainda que cada indivíduo seja único, se beneficia muito de técnicas coletivas, porque as diferenças fisiológicas entre duas pessoas não são tão marcantes. Mesmo assim, havendo outra possibilidade, não é desejável que o médico diagnostique sem contato pessoal. O exame individualizado, aliado a exames laboratoriais, permite detectar nuanças que não poderiam ser identificadas à distância.

O problema da administração é que cada empresa se constitui uma "espécie" independente. Aí reside o problema. Aplicar o mesmo remédio receitado para um chimpanzé em uma pessoa que tenha uma doença similar é arriscado, embora, por vezes, funcione com uma forma diferente de ministrar ou alguma adaptação. Tanto o chimpanzé quanto o homem têm um fígado. Assim, há atributos comuns, mas há também diferenças.

Sob esse prisma, pode-se implantar bons programas acadêmicos, livres da prescrição de práticas genéricas e universais e muito mais focados em estimular o aluno para que ele desenvolva um raciocínio empresarial baseado em uma estrutura de ideias e práticas, estimulando-o a pensar e atuar de forma personalizada a cada situação de sua vida profissional.

Empresa: choque de realidade

A primeira impressão de uma pessoa que nunca trabalhou, acabou de sair da faculdade e conquistou seu primeiro emprego é a de que ela está em outro planeta. Pensa: "Não foi isso o que eu vi na faculdade, não é para isso que fui preparado". Ledo engano. As empresas estão na Terra, as faculdades é que, em muitos casos, estão em outro planeta. Tantas matérias que estudamos na faculdade parecem ensinar tudo o que acontece nas empresas... de Plutão.

Quando somos crianças, a nossa única preocupação é o presente imediato: a fome, a diversão, a supressão da dor etc. Nessa fase somos dependentes, e não temos nenhum plano para o futuro sobre como isso mudará. À medida que crescemos, essa preocupação surge paulatinamente, ao longo da adolescência, até o ponto em que passamos a ser provedores de nós mesmos.

Desde o ensino básico e fundamental, aprendemos sobre a viagem de Cabral, os afluentes do Rio Amazonas, a função das mitocôndrias dentro das células e as funções trigonométricas, tudo dentro de um ambiente autoritário e individualista. Mesmo nas melhores escolas, não há um foco considerável nas relações humanas, em ensinar a aprender e motivar o interesse, no pensamento criativo, no debate, no improviso, no trabalho em equipe etc. Esses elementos todos voltam à tona quando começamos nossa vida profissional, na qual, de repente, tudo isso passa a ser relevante.

Antes de começar

A entrada em uma empresa é, muitas vezes, a transição entre a adolescência e a vida adulta, e nessa transição estamos submetidos a dois choques simultâneos: aquele proveniente da *declaração* da nossa independência, e o proveniente da mudança completa de ambiente, e neste competimos por um lugar ao sol com outros adultos, conscientemente ou não.

Para aqueles que viveram poucas preocupações no passado, essas transições são ainda mais difíceis. Além da dor da transição, sofremos o estresse da adaptação forçada a um conjunto de regras completamente diferentes.

Chegamos ávidos a aplicar nossos recém-adquiridos conhecimentos, e nos frustramos porque não encontramos nosso espaço. Onde aprendemos a lidar com as pessoas e com o que realmente importa na vida profissional?

> **Observação**
>
> Usaremos sempre o termo *empresa* em vez de *organização* porque é mais coloquial, mas o texto refere-se às organizações como um todo, englobando não apenas empresas com fins lucrativos, mas toda e qualquer instituição com um determinado objetivo e que precisa se organizar para alcançá-lo. Doravante, vamos considerar também que o objetivo primordial de uma empresa é o lucro, mas quando se tratar de uma organização sem fins lucrativos, que presta um determinado tipo de serviço à comunidade, o lucro a que nos referimos consiste na maximização da qualidade e da oferta desse serviço.
>
> Os dados de faturamento anuais das empresas internacionais nem sempre coincidem com o ano-calendário, embora sempre se refiram a um período de 12 meses.

De repente, estamos em uma empresa, com chefes, pares e, eventualmente, subordinados. A forma como nos relacionamos com as pessoas assume uma dimensão completamente diferente daquela a que estávamos acostumados. Relacionar-se com chefes e subordinados é completamente diferente da relação com nossos pais e professores.

Passamos no ambiente de trabalho maior parte das horas em que estamos acordados. Somos pressionados, criticados, reconhecidos, humilhados, assediados, recompensados, promovidos, demitidos. Fica evidente que tudo isso tem uma grande importância para nossa felicidade ou infelicidade pessoal.

O mundo não é cor-de-rosa. Quando envolve questões de dinheiro e poder, muitas pessoas e empresas se revelam, tornando explícita a competição pela maior fatia do bolo.

Muitos chegam ao primeiro emprego sem nunca ter encarado uma competição explícita, e sem conceber como essa luta pode ser tão real e, às vezes, tão dissimulada. Não podemos nos enganar, temos que, de algum modo, nos posicionar nesse jogo competitivo preservando nossos valores.

A nossa ideia é propor formas de ação que permitam extrair produtividade e felicidade maiores nesse convívio que hoje toma grande parte de nossas vidas.

Pontos de partida 2

Empreendedorismo

"Oportunidade de negócios são como ônibus. Há sempre outro chegando."
Richard Branson, fundador da Virgin (1950-)

"Aquele que caminha nas trilhas dos outros não deixa pegadas."
Anônimo

"O real empreendedor é aquele que não tem nenhuma rede de segurança embaixo."
Henry Kravis, empresário norte-americano (1944-)

Um mundo de oportunidades

À primeira vista, parece que toda necessidade do mercado já está sendo atendida e, assim, não deve haver muitos espaços para atuar.

Nada mais falso. "Nunca antes na história" o mundo mudou tão rapidamente como agora. A rápida expansão e popularização da internet e da comunicação móvel aceleraram ainda mais esse processo.

No rastro dessa aceleração, muitas coisas ficam para trás (*long plays*, aulas de datilografia, *pagers* etc.), outras tomam conta (já existem no mundo cerca de 6 celulares para cada 10 pessoas, uma ótima marca para um produto lançado em 1983) e outras tantas vão mudando o enfoque (aquecimento global *versus* meio ambiente, petróleo *versus* fontes alternativas de energia, ascensão meteórica da China, crise global do mercado semelhante à de 1929 em pleno século XXI etc.).

Por outro lado, esse ritmo de mudança acelerada não deveria induzir empresas a mudar apenas por mudar. Por vezes, tentar ficar mais antenado com a modernidade, porém sem fundamentos racionais, pode justamente ser a causa de uma empresa entrar em um redemoinho ao sair de seu porto seguro, onde estava ancorada.

Além disso, como Mintzberg colocou em seu livro *Managing*, de 2009, "a verdade é que só notamos o que está mudando. A maioria das coisas não está". Isso é fato. As pessoas ainda comem as mesmas coisas, se relacionam de forma similar, se divertem com os mesmos velhos "brinquedos", olham as eternas vitrines e vestem as roupas de sempre. Essa obsessão em só atentar ao que está mudando pode levar as pessoas a não enxergarem um mercado consumidor enorme, o qual há dezenas de anos consome zilhões de produtos e serviços previsíveis.

À parte dessa questão da mudança, muitas empresas não conseguem manter seu sucesso e entram em declínio, tendo que navegar seu gigantesco transatlântico ou frágil barquinho por mares cada vez mais revoltos.

O tamanho ajuda, mas também atrapalha, porque as empresas tendem, ao longo dos anos, a ficarem burocráticas, lentas e rotineiras, tornando-se cada vez mais vulneráveis ao ataque da concorrência. A arrogância de uma história de sucesso, muitas vezes cega, e algumas empresas terminam se chocando com algum iceberg.

Além disso, os novos empreendimentos têm uma taxa de mortalidade muito alta, porque é preciso muito mais do que um boa ideia, muito suor e uma pitada de conhecimento para fazer um negócio prosperar.

Enfim, o espaço para novas empresas é grande e bastante dinâmico. Cada instante é capaz de revelar uma infinidade de empresas que atendem o mercado, mas a passagem do tempo faz surgir grandes turbulências entre momentos de aparente "imobilidade".

Como nascem os negócios?

Os empreendedores surgem tanto de um mercado de trabalho que não absorve toda a mão de obra disponível, de funcionários insatisfeitos com seu atual cargo ou posição, quanto de pessoas que desejam se realizar pela construção de novos empreendimentos.

Uma empresa surge (ou, pelo menos, deveria surgir) quando há uma chama inicial, que parte de uma pessoa ou um grupo de pessoas (empreendedores) que vislumbra a possibilidade de suprir o mercado com um produto ou serviço munido de algum diferencial sobre os demais concorrentes. Assim, a empresa organiza os recursos necessários (estrutura), assumindo as recompensas (lucro ou sucesso) e os riscos associados (perdas ou fracasso).

Quem busca oportunidades precisa estar sempre atento. Howard Schultz, gerente de um fabricante sueco de cafeteiras, notou que uma pequena rede de quatro lojas em Seattle, nos Estados Unidos, especializada na venda de café e utensílios, estava encomendando muitas cafeteiras. Ele foi até a cidade para conhecer a rede, encantou-se e, após um ano tentando convencer seus donos, assumiu uma das diretorias. Com seu espírito empreendedor, ele transformou o negócio em cafeteria e se tornou dono de uma cadeia que hoje tem mais de 16 mil pontos de venda em 49 países, a Starbucks.

Crises e oportunidades

Mesmo durante crises existem muitas oportunidades para pessoas perspicazes. Um vendedor nos EUA em 1886, pouco depois da chamada longa depressão do final do século XIX, tentava vender livros de porta em porta. Ele não conseguia vender nada, e então teve a ideia de oferecer gratuitamente um perfume preparado por ele e um farmacêutico local. As mulheres adoraram o perfume, mas ele ainda não conseguia vender livros. Esse foi o início da Avon, grande rede de venda de porta em porta, que hoje atua em mais de 140 países.

A crise também causa depressão nos preços dos setores afetados. Imagine o ambiente das companhias aéreas após a queda das torres gêmeas em 11 de setembro de 2001. O preço dos aviões despencaram. A Gol renovou parte de sua frota de aviões logo após o 11 de setembro, o que deu base para seu crescimento posterior.

Dizem que o ideograma chinês para "crise" é composto dos ideogramas para "perigo" e "oportunidade". No entanto, apesar de inspirador e repetido em muitos livros e sites, é apenas mais uma lenda urbana.

O pior patrão pode ser você!

Quem trabalha em uma empresa e julga que, ao abrir um negócio, vai ser dono do seu próprio tempo e, por isso, trabalhar menos e levar uma vida tranquila, está absolutamente enganado. Nos primeiros tempos, com poucas exceções, um novo negócio é uma empreitada com muitos riscos e desafios, e que merece uma grande dedicação. O risco faz parte do jogo. Empreender não é navegar em águas paradas. Quem quer segurança deveria partir para algum concurso público.

Assim, **motivação** (uma atitude voltada a um objetivo), **crença** (acreditar no objetivo), **energia** (disposição para realizar), **força de vontade** (energia para superar obstáculos) e **perseverança** (não esmorecer diante desses obstáculos) são requisitos óbvios e necessários (mas não suficientes) para um empreendedor prosperar. **Garra** talvez seja o termo ideal para sintetizar todas essas qualidades em uma única palavra. **Comprometimento** pode ser entendido como a aplicação da garra na direção dos seus objetivos.

Paixão e negócios

Muitos livros falam da importância da paixão na atividade empresarial, citando muitos exemplos e até referindo-se ao P da paixão como o 5º P do marketing[1]. Os estadunidenses adoram esses jogos com as iniciais de palavras porque, quando elas se encaixam, dão uma força quase mágica ao atributo. Parece até que a palavra nasceu para começar com aquela letra, quando, na verdade, não há nenhum significado real.

Nós discordamos dessa visão, pois entendemos que a paixão é uma questão de temperamento e que não se coaduna com todo tipo de pessoa. Paixão é muito mais que motivação, é um fervor quase religioso. Às vezes, um indivíduo quer se enganar. Lê um artigo sobre o assunto, olha-se no espelho e diz: "Sim, tenho paixão pelo que eu faço". Frequentemente, no entanto, são apenas palavras vazias que nem refletem no espelho.

Destacar a paixão como algo fundamental só frustra as pessoas menos "apaixonadas", que podem enxergar a atividade empresarial como sendo algo fora do seu alcance. Lógico que ter paixão, quando acontece, é ótimo, porque potencializa a garra, esta sim fundamental para um bom empreendedor.

Mais trabalho, mais sucesso?

Nessa mesma linha, muitos textos insinuam uma quantidade de horas diárias para se dedicar a um negócio, a partir dos exemplos de X, Y ou Z. No entanto, cada pessoa tem seus limites, acima dos quais ela começa a se tornar improdutiva e dispersa. A maioria das pessoas não consegue manter a saúde mental trabalhando 16 horas por dia, como a biografia de Bill Gates da Microsoft alega que ele fazia.

Além disso, cada negócio tem suas características. Uma lanchonete no centro da cidade, que abre de 9 às 18 horas e fecha nos fins de semana, vai demandar menos trabalho do que uma lanchonete em um shopping center, que abre 7 dias por semana, geralmente de 10 às 22 horas.

Qualquer negócio, para ter real chance de expansão, precisa que um dos empreendedores não esteja totalmente preso ao dia a dia. Dessa forma, alguém tem espaço para planejar e agir estrategicamente. Para atender a essa condição, havendo recursos disponíveis, pode ser necessário contratar um ou mais administradores. A qualidade dessa contratação é decisiva para o sucesso do negócio, de modo que não pode ser apressada, e sim feita com muito critério. Participação nos resultados é um forte elemento motivador, mas, de qualquer modo, não se pode confiar em ninguém *a priori*,

---

[1] Os 4 Ps, criados por Jerome McCarthy em 1960 em seu livro *Basic marketing*, tratam de quatro pilares do marketing, resumidos por quatro termos: Produto, Promoção, Praça e Preço. (N. E.)

portanto, é preciso dispor de mecanismos de verificação, como controle de estoque, câmeras ou clientes/fornecedores secretos.

Quem mata a vaca perde o leite

Frequentemente, um empreendedor tem uma visão de negócio muito estreita e visa o lucro imediato, independente das consequências. Continuando o exemplo da lanchonete, é usual que se encontre nesse tipo de lugar esfihas com pouco recheio, porque isso aumenta o lucro. O cliente se decepciona com aquele quase-pão chamado de esfiha. Trata-se de uma visão empresarial ingênua, porque se o cliente não está distraído e tem um mínimo de discernimento, pensará duas vezes antes de retornar à lanchonete. Às vezes, o fluxo de pessoas que passa pela sua porta é tão grande que o dono imagina que sempre haverá mais pessoas para comer em sua lanchonete.

Ganância também ajuda a matar a chance de um negócio vingar. Muitas ideias precisam de parceiros, e esses parceiros precisam ganhar a sua parte. Não adianta querer ficar com a parte do leão, se essa parte não se mantém por falta de parcerias motivadas. Vale a pena ler, mais adiante, o *case* da Coca-Cola *versus* Pepsi.

O que ajuda a ter sucesso?

Muitos têm a ilusão de que ter uma boa ideia de negócio já é meio caminho andado. Na prática, infelizmente, é muito mais difícil implantar uma boa ideia do que tê-la.

Há alguns outros pontos importantes que podem levar um empreendedor a ser bem-sucedido. Os quesitos abaixo são atributos do negócio, não precisando estar presentes em toda equipe envolvida. As qualidades, por vezes, são complementares entre os diferentes integrantes.

- Criatividade – É preciso que o negócio ofereça algo novo ou com um enfoque diferenciado (custo mais atraente, serviços agregados etc.) para ser notado pelo consumidor. A criatividade não é um requisito absoluto, porque se um determinado mercado está carente de uma necessidade, uma cópia bem-feita, embora não exatamente criativa, pode vir a ser um bom negócio. Por exemplo, abrir uma franquia de alguma rede de *fast food*, famosa em alguma cidade, mas não explorada em outros locais, pode ser uma boa oportunidade. Vale destacar as grandes oportunidades de colocações e negócios que surgirão nos próximos anos na área de sustentabilidade, com soluções criativas que permitam que pessoas e empresas economizem recursos (energia, água etc.) e diminuam a emissão de carbono e outros poluentes.

- Realismo – A criatividade deve estar embasada não no que você imagina que os clientes de fato querem, mas naquilo que os clientes de fato querem, independente de sua vontade. Ou, pelo menos, naquilo que os clientes podem vir a querer. Ou seja, pode-se ousar e imaginar, mas pelo menos um dos pés precisa estar firmado no chão. Em resumo, sempre questione suas crenças a partir dos fatos, exercendo um saudável contraponto à autoconfiança, que é a autocrítica.
- Capacidade de ação – Consiste na capacidade de colocar em prática, com foco e agilidade, planos que demandam ações e decisões, ou seja, é a canalização produtiva da energia do empreendedor. O interessante é que esse é um ponto que quase todos julgam possuir. Assim, é preciso ser especialmente exigente ao se autoavaliar para que se possa extrair ainda mais de si. Por outro lado, a agilidade não pode servir de pretexto para atropelar as etapas e ir deixando rastros de coisas incompletas ou malfeitas.
- Relacionamento – Ter o que vender é só parte da questão. O principal combustível de qualquer negócio são as pessoas. Nenhum empreendimento é uma ilha, ele depende de estabelecer relações humanas. Um negócio precisa comprar produtos, insumos e serviços, além de divulgar e vender seus próprios produtos ou serviços. Desse modo, é importante relacionar-se, o tempo todo comunicar-se negociar e persuadir. Portanto, habilidades interpessoais, em seu sentido mais amplo, são imprescindíveis. Grande parte do que se entende pela expressão popular "tino comercial" está incluída nesse quesito. Há muitos casos de pessoas, mesmo sem estudo formal, que prosperaram devido a uma combinação de muita garra com um notável tino comercial. Além disso, num mundo cada vez mais complexo, não se pode ter a ilusão de fazer tudo sozinho. Muitos negócios, para decolar, exigem uma equipe focada e motivada, reunindo as pessoas certas, que se completem em suas qualidades. Esse é um problema presente em muitos empreendedores, que se consideram perigosamente autossuficientes. Um empreendedor tem que ter a humildade de reconhecer suas limitações. Por exemplo, se ele não tem talento ou potencial para vendas, ele precisa se associar a alguém que tenha.
- Capital – Sem capital, mesmo que de terceiros, não é possível montar uma estrutura mínima para um empreendimento. O meio ideal de se levantar este capital é contatando parentes e conhecidos, pois se uma empresa já começa indo a bancos, os "tubarões" poderão vir a comer o seu negócio antes mesmo de ele existir. Pode ser extremamente penoso "sair com um pires na mão" pedindo dinheiro ou crédito, mas este item é essencial num novo negócio.

- Organização e planejamento – Este é um ponto muito importante em um empreendimento e costuma ser bastante negligenciado pelos novos empreendedores. Muitos deles têm alguns dos requisitos já citados, trabalham de forma incansável, mas não entendem por que o negócio deles não vingou. Ação sem direção é passeio de bêbado. Erros dessa natureza costumam custar a sobrevivência de uma empresa nascente.
- Controle financeiro – Um negócio novo muitas vezes não dispõe de recursos para providenciar um esquema de controle totalmente automatizado, restando muito trabalho manual para se manter o controle das finanças e dos ativos em geral. Esse trabalho não é nada glamouroso e é até meio chato, porque ele sozinho não faz dinheiro, mas permite que perdas sejam evitadas e dá sinais para que não sejam dados passos maiores que as pernas. Trabalhos não tão interessantes costumam ser evitados ou não priorizados. Enfim, o controle deficiente constitui uma das grandes causas de mortalidade de uma empresa em sua fase inicial.
- Paciência e persistência – Não se pode esperar resultados imediatos no início de uma empresa e nem que todas as ações funcionem na primeira tentativa. Cada tipo de negócio tem um tempo de aquecimento diferente, o que leva muitos negócios a terem resultados fracos por meses, com necessidades de novos investimentos. Isso assusta muitos empreendedores, que contavam com um fluxo negativo apenas no início!

A falta de paciência pode levar a decisões aparentemente favoráveis em curto prazo, mas desastrosas em longo prazo. Por exemplo, o desespero de vender pode levar o dono de uma boutique a precificar seus artigos de forma incompatível com a reposição de seu estoque. O caixa melhora bastante, mas o negócio pode deixar de ser rentável. Essas atitudes precipitadas, ou até um fechamento prematuro do empreendimento, não são incomuns porque, uma vez que o risco entra pela porta, caso a pessoa não o controle, a razão sai pela janela, deixando o medo e a ansiedade assumirem o controle do leme.

Um exemplo no mundo dos esportes é o do mergulho submarino, quando um mergulhador, por um motivo inexplicável, sente falta de ar, mesmo que o cilindro esteja cheio. Ele tem a tendência de querer arrancar a máscara imediatamente, o que pode matá-lo. Outros exemplos como esse podem ser encontrado no excelente livro do Laurence Gonzales, chamado *Deep Survival:* "who lives, who dies and why".

A falta de persistência pode levar o empreendedor a fazer guinadas bruscas em caso de fracasso temporário, mesmo que se tenha confiança na estratégia adotada. Muitas vezes, seria preciso apenas tentar novamente, com pequenos ajustes. Há uma tendência de se pensar que, quando se faz tudo certo, tudo necessariamente funciona na primeira vez. Infelizmente, não é bem assim, porque os resultados dependem das escolhas feitas, mas também dependem do acaso, que é camuflado pela palavra **oportunidade**. Por isso é que se diz que "sorte é o encontro da preparação com a oportunidade".

Plano de negócios

Para empreender um negócio é necessário levantar recursos e, para isso, deve-se convencer as pessoas de que o seu negócio terá futuro. Esse crença o ajudará a trazer recursos para o negócio ou, no caso de bancos, possibilitará a negociação de uma taxa de juros mais favorável, se o plano for considerado bom.

A melhor forma de convencer as pessoas é redigir as ideias e os planos de forma estruturada. Isso constitui o chamado plano de negócios (*Business Plan*). Para isso, não há uma fórmula fixa nem mágica, mas existem centenas de modelos em livros, artigos e sites. Eles são úteis para indicar todos os tópicos que podem ser abordados. Usando-se o bom-senso, o empreendedor seleciona os tópicos mais relevantes para o seu negócio, sem a obrigação de abordar os tópicos que ele avalia como supérfluos.

O conceito do plano do negócio inclui definir a **Missão** (qual a razão de ser da empresa, com uma visão de futuro) e a **Estratégia** (objetivos e os caminhos para sua obtenção) do empreendimento. Não é comum, mas pode-se incluir **Valores** (que representam as qualidades e as filosofias que devem prevalecer, independente da busca pelo lucro).

Um plano de negócio, como qualquer texto que tem um público-alvo, deve ser escrito pensando-se sempre em quem vai ler. Não é adequado aproveitar-se da oportunidade para ficar se exibindo ou mencionar coisas fantasiosas e nitidamente irreais, nem divergir para temas irrelevantes. Deve-se procurar ser preciso e objetivo, chato jamais. Ninguém analisará um plano pelo seu número de páginas, portanto, seja tão breve quanto possível, sem perder o interesse ou deixar de abordar todos os tópicos que forem precisos, na profundidade que se fizer necessária. É preciso que o plano contenha todas as respostas às principais perguntas que as pessoas se fazem quando o leem.

O nosso enfoque é um pouco diferente dos muitos modelos de planos de negócios que existem, porque nós imaginamos a sequência mais natural para o potencial leitor de um plano, em termos das perguntas que ele vai se fazer ao longo da leitura.

- Resumo executivo – *Afinal, em largas pinceladas, o que é isso?* Essa é uma das partes mais importantes de um plano, pois será pela sua qualidade que muitos leitores vão decidir se vale a pena ler o resto.

- Perfil dos empreendedores – *Quem ousa?* Se o perfil não for muito animador, pode-se deixar esse item para depois da Estratégia.
- Produtos ou serviços – *Fale mais sobre o que será feito.* É importante ressaltar os diferenciais e o que pode ser desenvolvido a partir daí.
- Levantamento de mercado – *Em que ambiente?* Basicamente, a ideia é abordar clientes, concorrentes e fornecedores. Pesquisas com clientes, mostrando potencial de consumo, são muito interessantes.
- Estratégia – *Como conseguirão o sucesso?* Neste quesito, entram a Missão e os Valores, se for o caso, além da própria Estratégia, na qual estão os diferenciais, as metas e uma visão geral das ações planejadas, derivando pontos dos itens anteriores.
- Organização – *Tá bom, mas como a empresa será montada?* Discorre-se sobre instalações, estrutura organizacional, parcerias e estrutura societária.
- Planejamento – *E, afinal, como o negócio verá a luz?* De preferência, contendo um cronograma inicial até o lançamento do negócio.
- Plano de marketing – *Como as pessoas saberão dele?* Não basta os produtos ou serviços serem bons, as pessoas precisam saber disso.
- Operação – *Como a empresa funcionará no dia a dia?* Aqui vale relatar, de forma sucinta, a operação da empresa, é a descrição textual que resulta nos números da Demonstração do Resultados de Exercícios, citada no tópico seguinte.
- Planejamento financeiro – *Ótimo, quanto isso irá custar, como será financiado e quanto pode retornar?* Aqui vale incluir um esboço de Demonstração de Resultado do Exercício e Fluxo de Caixa (veja detalhes no capítulo 8, em *Controle financeiro*), em diferentes períodos, podendo-se, dependendo do caso, usar o período mensal para o curto prazo e o período anual para o longo prazo.

Como isso é uma questão muito subjetiva, o leitor fica livre para adotar outra ordem, que mais se alinhe às suas finalidades e características. Mais importante que usar esses ou aqueles tópicos é a força do conteúdo.

Vale testar, *a posteriori*, a eficácia do plano na arte do convencimento. Faça com que outras pessoas leiam e avaliem seu plano, deixando bem claro que elas têm total liberdade para criticar o que quiserem, sem melindres.

A sopa de pedra está pronta. Agora, tire a pedra. Ou seja, mesmo que você disponha do capital todo, é bom escrever um plano de negócios, pois isso o ajudará a estruturar suas ideias, além de melhorar a sua própria crença no negócio. Fora o fato de o plano de negócios, quer pela sua leitura, quer por conversas inspiradas pelo plano, ser uma ótima ferramenta para energizar sua (futura) equipe.

Franquias

Para finalizar este capítulo, nada melhor do que abordar rapidamente o tema quente de franquias.

Franquia é o sistema que uma empresa (o franqueador), entre outras possibilidades, passa para um empreendedor (o franqueado) o seu nome, o *know-how* de um negócio já firmado, aliado ao uso dos produtos e serviços disponibilizados pelo franqueador. Em geral, o franqueado paga para o franqueador, entre outras coisas, um percentual sobre a venda, além do custo dos produtos/serviços e verbas de propaganda. O franqueado, muitas vezes, também se obriga a praticar os preços determinados pelo franqueador.

A grande vantagem é que não é preciso estruturar o negócio desde o início, pois ele já está todo formatado pelo franqueador. Funciona como um atalho, pelo qual rapidamente, na posse de algum capital, um empregado, por exemplo, se converte em um (micro) empresário, uma vez que o franqueado seja aprovado no processo de franquia.

Os principais pontos de atenção com as franquias são:

- É preciso analisar as perspectivas de futuro do franqueador, independente do que ele divulga. Pode-se avaliar as lojas e a concorrência, adquirir pesquisas de mercado, conversar com comerciantes do ramo etc.
- Mesmo que o franqueador tenha um grande futuro, é preciso tomar muito cuidado com as minúcias do contrato de franquia. Procure conversar com outros franqueados. Mas mesmo que tudo aparentemente esteja bem, as condições do seu contrato podem ser draconianas. Use os serviços de um bom advogado e faça uma análise financeira detalhada dos resultados previstos.

Há franqueadores que se especializam em fazer com que seus franqueados virem, na prática, empregados de luxo, reduzindo sua margem de lucro a níveis mínimos, já que eles controlam quase todos os custos e receitas.

Finalmente, se por um lado o modelo de franquia já vem embalado, por outro, um negócio próprio, apesar de ser muito mais difícil de estruturar e mais arriscado, se for bem-sucedido, tende a dar uma margem de lucro maior, já que não existe o "sócio" todo poderoso e obrigatório. Com isso, torna-se mais viável, em médio prazo, utilizar parte do lucro para expandir o negócio.

Com a franquia, isso é mais difícil, porque a margem de lucro é, em geral, mais estreita, dificultando ou retardando muito as ações de expansão. Com isso, muitos franqueados saem da prisão de seu emprego e entram para a prisão do seu próprio negócio. Já vimos muitos descobrirem que, no final, o ganho não é muito diferente do tempo de empregado, embora o trabalho seja muito maior.

Entrega de quentinhas na Índia – empreendedorismo

Na Índia, há o costume de se comer comida recém-preparada e, além disso, muitas casas não têm geladeira.

A partir dessas premissas, idealizou-se um sistema de entrega de quentinhas no país, o que demonstra o alto grau de empreendedorismo do seu povo.

As quentinhas são entregues na casa do freguês, algumas horas depois de ele já ter saído de casa, e identificadas por símbolos que informam a sua origem e destino. São colocadas em trens conforme o destino. São retiradas do trem por outro entregador na estação de destino, que as separará por rua ou quadra. Outro entregador recolherá cada uma dessas cargas separadas, com peso total aproximado de 80 kg, usando bicicletas, carrinhos de mão ou a própria cabeça para transportar a carga.

Às 12h30min, mais ou menos, a quentinha é entregue ao cliente e às 13h30min o entregador volta para pegar os vasilhames, que retornam ao fornecedor pelo mesmo processo, no sentido inverso, para a casa do freguês, chegando muito antes que ele esteja em casa. Cabe ressaltar que a maioria absoluta dos entregadores é analfabeta, mas consegue discernir os símbolos usados para origem ou destino, e que não é usado nenhum sistema de controle ou acompanhamento e, no entanto, o índice de erro de entregas é baixíssimo.

Este tipo de empreendimento não necessita praticamente de investimento, tendo como pré-requisito apenas uma grande disposição para o trabalho duro, uma atenção especial para os fregueses, uma baixa tolerância aos erros e preços competitivos.

Conceito de organizações

"As únicas coisas que evoluem sozinhas em uma organização são desordem, atrito e má performance."
Peter Drucker, consultor e escritor norte-americano de renome internacional (1909-2005)

Uma organização é um conjunto de pessoas que se reúne com uma finalidade específica, podendo ou não ter fins lucrativos. Uma organização sem fins lucrativos geralmente presta algum serviço para a comunidade, sendo sustentada por pessoas e/ou outras organizações. Esse apoio pode ser explícito ou intermediado por doações.

Um dos tipos de organização é aquela que não está vinculada a nenhum governo. Nesse caso, temos a chamada ONG – Organização Não Governamental. Quando uma organização é ligada ao governo, ela está vinculada, com intensidade variável, a toda máquina administrativa e, então, quem a sustenta somos nós, que pagamos os impostos.

Já uma empresa é um tipo de organização que se reúne com a finalidade de geração de valor. Esse é um termo da moda para expressar o simples fato de que a empresa deve fazer dinheiro. Isto é, ela deve ganhar mais dinheiro (com as vendas dos bens e serviços por ela disponibilizados) do que gasta (para poder dispor dos itens vendidos).

Desse modo, uma tribo indígena que tenha uma plantação de subsistência sem venda ou troca com terceiros não pode ser considerado uma empresa, embora, de alguma maneira, possa ser tratada como uma organização incipiente.

A diversidade de empresas

A variedade possível de bens e serviços é interminável. Uma empresa pode atuar em agricultura, pecuária, mineração, indústria, comércio, turismo, serviços básicos, serviços especializados (consultoria) etc. Em cada ramo, há produtos associados para serem vendidos. Uma empresa de turismo, por exemplo, pode vender passagens, estadias, locação de carros, pacotes personalizados etc.

Basicamente, uma empresa gera valor a partir da aplicação da mão de obra sobre bens e serviços e o transforma em bens e serviços de maior valor, que serão adquiridos por terceiros (ou eventualmente trocados).

No caso do varejo, a "transformação" consiste simplesmente em tornar os produtos acessíveis aos clientes, nos locais onde eles se encontram.

Já uma empresa agrícola, por exemplo, contrata mão de obra para atuar nos bens de entrada (terras, equipamento agrícola, fertilizantes, água, defensivos agrícolas, consultoria agrícola etc.) que culminam com a colheita, que se tentará vender no mercado por um valor superior ao capital empregado para que a colheita fosse possível.

Outro exemplo vem da prestação de serviços. Um banco capta dinheiro dos correntistas (parte dele, inclusive, recebe juros por isso) e usa esses recursos para conceder empréstimos, uma parte para os próprios correntistas e outra parte para outros agentes. Nesses empréstimos, cobram-se juros maiores do que ele concede aos seus clientes e com uma margem que cubra, com folgas, toda a estrutura de despesas do banco. Nesse caso, a geração de valor reside em tornar disponível o capital de um grupo para outro grupo, com um diferencial (*spread*) da taxa de juros.

Como se mede o sucesso?

O sucesso de uma empresa deve ser medido de forma relativa ao tamanho da empreitada. Para grandes investimentos, esperam-se grandes retornos; para pequenos investimentos, o mesmo em retornos. Assim, não se pode comparar o lucro de uma plataforma de petróleo com o lucro gerado pela aquisição de uma pipoqueira. Desse modo, a melhor forma de mensuração de sucesso é medir a relação entre o lucro auferido e o capital investido para viabilizá-lo.

Dessa forma, uma pipoqueira de R$ 1.000 que fornece R$ 100 reais de lucro por mês (10% de lucratividade) pode ser relativamente um melhor negócio que uma plataforma de R$ 1 milhão que gera R$ 50 mil mensais (5% de lucratividade). Pois bastaria, havendo mercado, comprar 1000 pipoqueiras ao invés de se montar uma plataforma. O lucro seria o dobro!

Talvez a melhor medida seja a média mensal do lucro auferido pela empresa, relativo ao nível médio de investimento necessário para mantê-la (ou seja, o capital que fica "retido" em imóveis, bens etc.)

> **Nota técnica**
>
> O lucro a que estamos nos referindo deveria ser, na verdade, o lucro econômico.
>
> O *lucro econômico* é o lucro residual obtido abatendo-se do lucro líquido os juros do capital dos sócios em um investimento que rendesse a remuneração mínima que os sócios exigem, para recompensar o risco de se dirigir um negócio.
>
> No Brasil, terra de juros altos, há casos de negócios lucrando tão pouco que mesmo um investimento "passivo" do capital aplicado rende mais que o lucro gerado pelo negócio!
>
> O sucesso de uma organização sem fins lucrativos é medido de uma forma similar à descrita acima, só que se deve quantificar a intensidade das transformações, de forma relativa ao capital disponível para a organização.

Diferentes estilos

Uma diferença básica de todas as empresas se dá mais no seu processo de distribuição de riquezas geradas do que propriamente no meio de geração destas riquezas. Nesse quesito, temos basicamente os seguintes tipos de empresas:

- Individuais/Familiares – empresas nas quais a riqueza gerada será, na sua maior parte, distribuída para um único indivíduo ou para uma ou mais famílias. São um pouco a extensão de uma família patriarcal, com um chefe claro, decisões centralizadas, improvisação no planejamento, processo decisório rápido e informalidade no ambiente de trabalho.
- Sociedades anônimas – a distribuição será para uma multiplicidade de entidades físicas ou jurídicas. Têm um paralelo próximo a um condomínio, com um chefe com poder de decisão mais limitado, descentralizado, planejamento definido, processo decisório mais lento e formalidade no ambiente de trabalho.
- Estatais – a distribuição será para o Estado (ou seja, há um interesse difuso). Têm um paralelo com um país, com chefes com autoridade limitada, processo decisório confuso (nem centralizado nem descentralizado), planejamento cambaleante, processo decisório burocratizado. A cobrança estatal do pedágio, após a inauguração da Ponte Rio-Niterói, em 1974, foi um caso emblemático. Uma gestão inchada gerava custos altos de manutenção dos postos, acima da arrecadação, e a cobrança do pedágio acabou suspensa, para ser retomada pela iniciativa privada em 1995.

A classificação descrita é apenas didática e, na prática, muitas vezes há uma mistura dos elementos citados. Não se pode generalizar: existem profissionais muito dedicados e competentes em estatais, assim como há pessoas totalmente estagnadas e burocráticas em empresas privadas.

A maioria das empresas familiares, quando crescem, tentam se profissionalizar, ficando mais parecidas com uma Sociedade Anônima. Às vezes, esse movimento é comandado por executivos profissionais, oriundos de grandes empresas.

Por outro lado, há exemplos de grandes empresas que se mantêm familiares, com alguns elementos característicos das Sociedades Anônimas. Um exemplo é a empresa varejista norte-americana de roupas e acessórios L. L. Bean (www.llbean.com), com quase US$ 2 bilhões de faturamento anual. Apenas em 2001, 89 anos depois de sua fundação, assumiu um CEO (*Chief Executive Officer*) que não pertence à família fundadora.

Mercado de trabalho

O ramo em que uma empresa atua tem grande influência na forma de trabalho. Empresas das áreas industriais (setor secundário) e financeiras necessitam de conhecimento especializado, além de uma maior organização interna (formalização de processos e informatização). Assim, há nelas uma grande demanda de profissionais especializados, com boas perspectivas nos seus nichos. O mesmo acontece nas empresas prestadoras de serviços especializados, embora estas geralmente não precisem ser tão formalizadas.

Quanto maior a especialização de uma empresa, mais difícil é para ela mudar seu foco de atuação. No caso das indústrias, isso é agravado pelo montante investido nas instalações físicas. Uma megacorporação atuando em diversos ramos industriais distintos, como a General Electric, pode ser considerada multiespecializada, ou seja, apresenta nichos especializados em diferentes setores industriais.

As áreas comercial e de serviços não especializados (que fazem parte do chamado setor terciário) apresentam maior mobilidade e menor especialização. As áreas de comércio atacadista e serviços especializados necessitam, proporcionalmente, de poucos funcionários de baixo nível de instrução. Já as empresas produtoras, que atuam na área primária (agropecuária e extração mineral), são mais simples e necessitam de muitos funcionários com menos formação, assim como as indústrias e o comércio varejista.

Há áreas de atuação de todos os tipos de empresas, mesmo as mais especializadas, em que os profissionais qualificados são relativamente intercambiáveis, como, por exemplo, as áreas de marketing, RH, vendas etc.

Tamanho também traz problemas

Há dois fatores principais que influem na complexidade administrativa de uma empresa, além da sua área de atuação: a abrangência geográfica e o porte.

A abrangência geográfica pode variar de local (na qual, muitas vezes, o dono administra diretamente), regional, nacional e até multinacional, com atuação em mais de um país. Quanto maior a área geográfica de abrangência, muito maior é a complexidade decorrente.

Outro fator é o porte ou tamanho da empresa, que pode ser expresso, por exemplo, pelo faturamento anual, que, através de faixas, leva à classificação esquemática das empresas em pequenas, médias ou grandes.

Muitas pessoas idealizam trabalhar em uma empresa grande, mas vale dizer que, apesar de uma empresa de prestígio contribuir para rechear o currículo, uma empresa menor pode vir a dar mais chances para que alguém consiga se destacar e vir a exercer um papel mais relevante, o que é mais motivador e enriquecedor no que diz respeito à experiência.

Uma empresa que nasce como a maioria, como uma empresa familiar, e passa por um período acelerado de crescimento costuma demorar a perceber (e, às vezes, tarde demais!) que se tornou muito complicada e que a sua estrutura, que antes dava conta, agora não consegue mais acompanhar adequadamente o rumo dos acontecimentos.

O crescimento de uma empresa ao mesmo tempo é uma consequência do seu sucesso e também pode ser a causa da sua queda. Quanto maior uma empresa, mais difícil é manter os seus valores iniciais. O líder fica cada vez mais distante das pessoas, os formalismos aumentam, tudo fica mais impessoal e a arrogância costuma estar de mãos dadas com o sucesso. Isso tudo poda a criatividade, compromete a motivação e solapa a agilidade.

O ideal é unir as vantagens de escala da empresa grande com a simplicidade e humildade da empresa pequena. Deve-se, em geral, estimular a descentralização e a delegação de gestão (*empowerment*).

•••

A cara final de uma empresa, enfim, é a conjugação das classificações acima, com uma pitada de acaso, o que gera milhares de possibilidades diferentes.

Em poucas palavras

Só para resumir, alguns elementos fundamentais que são o ponto de partida para qualquer empreendimento vingar.

- Para estar no jogo, os empreendedores precisam reunir, além, obviamente, da garra (motivação, crença, energia, força de vontade e perseverança), pelo menos os seguintes pré-requisitos: criatividade (nem sempre), realismo, capacidade de ação, relacionamento, capital, capacidade de organização e planejamento, controle financeiro, paciência e persistência.
- Uma empresa só deve ser criada se existir uma demanda real para o bem ou serviço que ela pretende oferecer. Parece elementar, no entanto, muitas empresas são constituídas pensando-se em clientes projetados apenas pela imaginação do empreendedor a partir dos seus hábitos e da sua personalidade. É comum as pessoas valorizarem negócios "nobres", que dão orgulho ao se falar sobre eles para os amigos, quando, na verdade, muitas vezes há mais dinheiro em jogo nos empreendimentos menos glamourosos.
- A empresa deve ter em mente, ainda que de maneira informal, uma razão de ser, com uma visão de futuro (Missão), uma filosofia de trabalho (Valores) e os objetivos concretos com um caminho definido para alcançá-los (Estratégia), que nortearão toda a atuação da empresa. Qualquer estratégia bem elaborada precisa sair do mundinho da empresa e olhar o mercado e os concorrentes com muito realismo, em busca de um posicionamento adequado.

Software livre – um novo conceito de organização

Na era da internet, surge um novo tipo de organização, cujos membros praticamente só têm contato virtual. O desenvolvimento do software livre muitas vezes ocorre por meio de comunidades na internet, que vão se agrupando em torno de uma ideia.

Normalmente, a ideia é lançada por um conjunto inicial de membros, que inicia o desenvolvimento do software. A partir daí, novos membros podem ser admitidos livremente, mas seu *status* no grupo vai depender da qualidade da sua colaboração. A avaliação é feita pelos membros mais experientes do grupo, que também não são fixos.

Este tipo de organização é muito dinâmica, com uma estrutura totalmente horizontalizada, apesar de haver um *status* distinguindo a experiência dos seus membros, portanto, praticamente sem uma cadeia de comando.

Cada membro é voluntário no desenvolvimento ou aperfeiçoamento de determinadas partes do software. Os resultados produzidos por essas organizações têm sido surpreendentes, ameaçando, em alguns casos, a preponderância de grandes empresas estabelecidas, como a Microsoft.

Por exemplo, o Firefox nasceu em 2004 como uma dissidência do Netscape, que estava, àquela altura, pesado e lotado de recursos questionáveis.

O objetivo era fazer um navegador leve e fácil de usar. O Firefox terminou por alcançar e ultrapassar, em recursos, velocidade e

Ou deve-se conceber elementos inovadores para fugir da concorrência ou, pelo menos, descobrir um nicho do mercado relativamente inexplorado.
- O dimensionamento das estruturas física e de pessoal precisa atender ao desafio de, por um lado, manter a operação lucrativa e adimplente e, por outro lado, dar algum gás para um crescimento orgânico.
- Muita parcimônia e uma cuidadosa gestão são necessárias para se garantir um nível de capital de giro que sustente a empresa, não só no presente, mas durante seu ciclo de crescimento.

usabilidade, o Internet Explorer da Microsoft. Ele se tornou o primeiro projeto de software livre a alcançar as massas e acabou pressionando a Microsoft a melhorar seu navegador.

O logo do Firefox

A Fundação Mozilla, que patrocina o Firefox e outros produtos, não tem fins lucrativos e vive de doações, do trabalho voluntário de uma vasta comunidade de colaboradores e também de parte da receita da Corporação Mozilla, ramificação que exerce algumas atividades lucrativas.

A motivação dos colaboradores basicamente vem do orgulho de exercerem um papel relevante na vida de uma grande comunidade de usuários e promoverem, através do seu exemplo, um estímulo cada vez maior para o desenvolvimento de softwares livres, que ajudam a democratizar o acesso à informação e à comunicação.

O lançamento e o sucesso do navegador Chrome, da Google, uma solução meio proprietária e meio livre, é uma evidência de que as tendências não contam toda a verdade dos fatos. O Chrome está se criando justamente em cima das mesmas deficiências que os desenvolvedores do Firefox perceberam na época de seu lançamento. Com o tempo, o Firefox acabou se tornando pesado, lento e instável, o que o Chrome combate com sua leveza e velocidade.

Pessoas são a base 3

Introdução

"Nada que é humano me é indiferente."
Terêncio, dramaturgo romano

O que acontece dentro de uma empresa está ligado à soma das atuações de cada um dos seus integrantes. É lógico que uma empresa não é uma ilha, e está sujeita a todas as intempéries decorrentes da existência do mercado e de seus concorrentes. No entanto, se cada uma das pessoas hipoteticamente conseguisse maximizar sua contribuição, a empresa estaria em ótimas condições para passar por essas intempéries.

Há ambientes de trabalho nos quais, por falta de uma gestão adequada, predominam a improdutividade e a dispersão. Esse tipo de ambiente pode estimular um profissional recém-chegado ao ambiente a seguir o mesmo rumo. Atitudes comodistas tendem a cristalizar hábitos que, depois, podem se tornar difíceis de eliminar. Mesmo trabalhando em uma empresa que não esteja sendo bem conduzida, sempre deveríamos demonstrar uma atitude profissional, de procurar sempre fazer o melhor, em todos os aspectos, pois com esta atitude aprendemos e nos preparamos para o mercado de trabalho.

É claro que "uma andorinha não faz verão" e um grupo minoritário, mesmo dando o seu melhor, se não estiver em posição hierárquica superior, dificilmente terá poderes para mudar os rumos de uma empresa.

O profissionalismo, do ponto de vista mais amplo, pode passar a ser uma marca registrada de uma pessoa, quase um hábito, algo que ela sempre levará consigo, independente do lugar em que esteja.

Fazendo uma comparação, uma empresa é como um time de futebol e um indivíduo é como um dos jogadores desse time. A qualidade de cada jogador e o seu entrosamento são definitivos para a qualidade do time.

Perfeccionismo e detalhismo

Neste ponto, vale ressaltar que a obsessão por se fazer o melhor, levada às últimas consequências, pode trazer dois subprodutos indesejados: o perfeccionismo e o seu primo-irmão, o detalhismo. O interessante é que o perfeccionismo é o principal defeito citado nas entrevistas de processos seletivos realizados por profissionais de recursos humanos, quando pede-se que o entrevistado informe algum defeito particular: "sou muito minucioso, gosto de tudo muito bem-feito".

Em geral, é melhor realizar tarefas com a qualidade adequada para os objetivos da tarefa, e não com qualidade superior. O tempo adicional gasto poderia ser mais bem utilizado para outras tarefas. Por exemplo, a produção de uma novela exige um padrão de qualidade menor do que a de um filme. Se assim não fosse, não se conseguiria gravar, em média, um capítulo por dia.

Assim, na maioria dos casos, é mais útil para a empresa que um profissional realize quatro tarefas com nota oito do que uma tarefa com nota dez. Existe uma curva de valor gerado x custo, que se aplica a uma ampla gama de situações. Custo pode ser preço, tempo consumido etc., e o valor corresponde à utilidade do resultado para a pessoa (no caso particular) ou para a empresa.

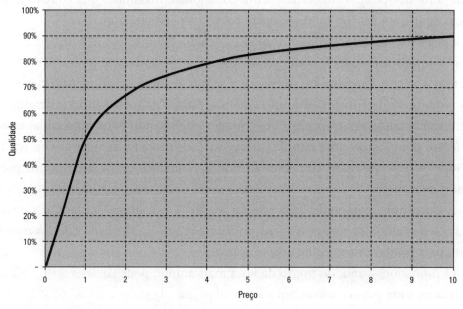

Neste gráfico, o status e o estilo não estão incluídos na avaliação da qualidade

Por exemplo, uma empresa precisa de um software para a área financeira. Pode-se fazer um levantamento no mercado das várias opções existentes ou avaliar-se a possibilidade de se desenvolver internamente essa solução, alegando-se que todas as opções existentes têm alguma falha. Não dá para discordar. Tudo o que se vê de perto tem suas falhas, a questão é que, em geral, isso não justifica o esforço, o custo e o tempo despendido para se desenvolver uma solução "caseira". A mesma analogia vale para a simples aquisição de uma caneta: a diferença de qualidade entre uma caneta de R$1 e uma de R$10 é grande, mas a diferença entre uma caneta de R$10 e outra de R$100 reside no status e estilo delas, mais do que em sua maior ou menor qualidade.

O detalhismo é outro grande gastador de tempo, a menos que seja essencial para o exercício da função. O detalhismo pode ser adequadamente apelidado de perfeccionismo microscópico. O detalhe, do ponto de vista de um indivíduo envolvido em uma atividade, pode sequer ser percebido por alguém sem o mesmo nível de envolvimento na mesma atividade. Por exemplo, é comum um comercial de televisão de 30 segundos ser filmado durante vários dias. Na maioria dos casos, ele poderia ser filmado em menos tempo, evitando-se detalhes irrelevantes, dificilmente percebidos pelo telespectador.

O detalhe, paradoxalmente, pode ser importante, porque o que é detalhe, sob o ponto de vista de quem faz a ação, pode não ser um detalhe para quem a ação se destina. O grau de irrelevância depende do ângulo de visão. Quando pensamos em modelos de atendimento ao cliente, no layout de uma loja ou na idealização de uma peça de marketing, temos que nos colocar do outro lado (do lado do consumidor), fora de nós e de nossos pré-julgamentos. Nesse sentido, precisamos estar muito atentos. Esse é o sentido virtuoso do termo detalhista, flertar com a qualidade de observador, que aparece na conhecida frase rimada sobre varejo: "Retail is detail" (Varejo é detalhe).

Por exemplo, o dono de um restaurante pode se esmerar demais em detalhes de decoração, nos quais talvez os clientes nem reparem. Por outro lado, ele pode se esquecer de que o couvert é a apresentação gustativa de um restaurante enquanto o cliente espera os pratos principais, e não uma etapa secundária. É incrível como existem restaurantes bem decorados, mas que servem couverts sem estética e sem graça, até com pão amanhecido sob a forma de torradas e pastas oxidadas, como kits já arrumados no fundo do restaurante.

∙ ∙ ∙

Neste capítulo, focaremos sob vários ângulos tudo que pode contribuir para melhorar a qualidade da atuação de um profissional em uma empresa.

O exposto a seguir lembra um pouco a abordagem de um livro de autoajuda, mas aqui a premissa é encarar os fatos de forma objetiva e sem falsas ilusões. Apesar da baixa qualidade da maioria dos livros de autoajuda, vale ressaltar que, na vida, não há mitos sagrados nem demônios absolutos. Dizer que todo material de autoajuda existente no mercado é desprezível é tão dogmático quanto dizer que todo filme de Godard é maravilhoso e que quem o critica são pessoas desqualificadas.

Autoconfiança

"O homem vale tanto quanto o valor que dá a si próprio."
François Rabelais, escritor francês (1494-1553)

Quase todos os livros de autoajuda dão muito foco ao pensamento positivo e um dos pilares do pensamento positivo é a autoconfiança, componente importante para a felicidade e o sucesso de um indivíduo, embora não seja uma panaceia.

A autoconfiança tem uma base genética forte, como já foi provado em inúmeras pesquisas com gêmeos idênticos, nas quais se descobriu que o nível de autoconfiança é mais similar entre pares de gêmeos idênticos separados depois de nascer do que entre gêmeos não idênticos que foram criados juntos.

No entanto, a educação, o convívio social e a atitude da pessoa perante a vida têm um importante papel de melhorar ou piorar sua autoconfiança, dentro de suas possibilidades individuais.

Ciclo vicioso

Inicialmente, deve-se tentar compreender a origem da falta de autoconfiança ou baixa autoestima. Algumas vezes, a baixa autoestima vem de uma ou mais rejeições marcantes que a pessoa tenha sofrido no passado.

Em alguns casos, uma pessoa com baixa autoestima não consegue identificar um episódio de rejeição tão claro em sua vida (ou não quer reconhecê-lo). Mas diversas pequenas rejeições no passado, não tão marcantes, podem ter moldado sua falta de confiança atual. Nada vem de graça. Ninguém nasce assim. A tendência da natureza é fazer seres humanos que se gostem e se valorizem.

Essa pessoa, então, passa a projetar nos outros a figura de juízes, que sempre avaliam seus atos e a condenam. Há sempre um dedo acusador em sua direção e, por isso, ela mesma se condena. Ou seja, seu único juiz é ela mesma.

Em resumo, a pessoa sente medo, preocupando-se em demasia com a opinião dos outros sobre ela. Na verdade, a maioria dos indivíduos está preocupada apenas consigo mesmo. Mas a pessoa não enxerga isso com clareza e sempre vê olhos perscrutadores a examiná-la. Em psicologia social, esse é o chamado "efeito holofote", no qual há uma forte tendência de todo mundo se julgar no centro das atenções.

Além disso, a pessoa com baixa autoestima acredita que as outras pessoas são melhores que ela e cheias de autoconfiança. Ela, que conhece apenas a si mesma, não enxerga que as outras pessoas também têm seus medos, só que muitas delas não os deixam transparecer na sua aparência e nos seus atos.

Paradoxalmente, o medo de ser julgado piora o seu desempenho ainda mais e, com o tempo, todas essas sensações ficam ainda mais reforçadas e o processo se perpetua. Enfim, ela se prende ao imobilismo do não aperfeiçoamento pessoal e, com isso, acaba formando motivos concretos para a falta de confiança em si mesma. É por essa razão que a maioria das pessoas acaba se desenvolvendo muito menos do que o potencial delas permitiria. Não adianta buscar causas externas: a maior parte do problema está sempre dentro de nós.

Além do mencionado acima, fatores importantes que contribuem para minar a autoconfiança são a falta de controle e a imprevisibilidade dos acontecimentos. Não poder influir no rumo do destino e estar à mercê de fatos desagradáveis que podem acontecer a qualquer hora são elementos estressantes. Assim, se o indivíduo estiver vivendo, por exemplo, uma situação dessas no trabalho, seria preciso, dentro das possibilidades, quebrar esse círculo vicioso, quer partindo para enfrentar a situação, quer fazendo uma ruptura, que pode significar, por exemplo, agir para mudar de emprego ou ocupação.

Como evoluir a autoconfiança?

Se a pessoa passa a ter consciência do que a está prendendo nesse ciclo vicioso, ela pode começar a questionar seus sentimentos e somar forças para mudar paulatinamente. Gostar de si mesmo é o primeiro requisito para um processo de crescimento pessoal.

Não adianta a conscientização superficial. Esse é um ponto em que muitos param. A pessoa diz "nossa, é isso mesmo!", fecha o livro e liga a TV. A inércia (assunto do próximo tópico) arrasta a pessoa a ficar sempre no mesmo lugar. Além da consciência, é preciso, antes de mais nada, querer mudar e estar disposto a se esforçar ao máximo em fazer tudo o que é preciso para mudar.

Em certos casos mais extremos, pode ser muito útil algum tipo de terapia cognitiva ou outro tipo de terapia com a qual a pessoa se identifique. O mais importante é que o terapeuta seja muito bem recomendado, pois um bom profissional pode ajudar a pessoa a enxergar os empecilhos que a estão travando.

A partir dessa consciência inicial, as causas irracionais são minimizadas e é necessário tirar o atraso que a prisão da baixa autoestima acarretou. Deve-se, então, concentrar-se nos pontos concretos que contribuem para a falta de confiança e que tenhamos poder de mudar, como, por exemplo, a falta de conhecimento, a falta de contato com outras pessoas, falta de objetivos etc, e agir para cobrir a deficiência. Este processo, de modo contínuo, leva a um expressivo ganho de confiança.

Fazendo um paralelo, quando alguém sofre um grave acidente e perde a capacidade de andar, se a lesão não for tão grave, sessões de fisioterapia podem devolver essa capacidade à pessoa. A diferença entre o "não andar" e a "baixa autoestima" é que a deficiência de "não andar" é tão explícita que a própria pessoa quase certamente toma a iniciativa. Quando os problemas não são tão diretos e objetivos, é preciso buscar dentro de si mesmo uma grande força de vontade para mudar.

O processo de ganhar conhecimento, contatos ou objetivos é o mesmo de se recuperar de uma lesão por meio da fisioterapia. Deve-se começar por uma tarefa fácil e a cada conclusão e ganho de confiança dificultar aos poucos a tarefa e, com isso, aumentar a autoconfiança e recuperar a saúde.

O primeiro passo é o mais importante, é aquele que abre para um início de processo de mudança e, a cada novo passo, o caminho fica mais livre, permitindo o avanço cada vez mais rápido, tornando-se uma espiral virtuosa do desenvolvimento individual.

Força de vontade é a chave para se adquirir autoconfiança e esta começa a partir da saída da inércia.

Um efeito positivo da autoconfiança, ao ser mesclada com o conhecimento de causa, é um comportamento assertivo, isto é, alguém que costuma dizer o que acredita ser necessário e com convicção, sem subterfúgios ou hesitações. A atitude afirmativa, dessa forma, referente a fatos e assuntos conhecidos, transmite muito mais confiança e gera crença nas demais pessoas. Por exemplo, dizer "talvez, eu acho que, digamos,..." antes de uma afirmação ajuda tirar boa parte de sua força.

Derrotas são parte da história

Cumpre ressaltar que eventuais reveses sempre acontecerão e não se pode permitir que abalem a autoconfiança. Deve-se usar os fracassos como fonte de aprendizagem. Também é fácil, depois dos acontecimentos, encontrar causas para tudo e se sentir culpado por elas quando, na verdade, nem tudo acontece como planejamos. Muitos fatos fora do nosso controle interferem no rumo dos acontecimentos. Claro que devemos ser críticos e tentar melhorar, mas o futuro é uma linha trêmula. Essa tese é detalhada no ótimo livro *O andar do bêbado*, do físico Leonard Mlodinow, por meio de inúmeros exemplos, experiências controladas e estatísticas.

Por exemplo, um profissional bem-sucedido não é necessariamente mais competente que outro não tão bem-sucedido, embora ele acredite nisso. Ele tem seus méritos, é claro, mas também pode ter se aproveitado mais do que chamamos de oportunidade.

Na verdade, quem faz tudo certo tem chances maiores de chegar lá, mas nada é garantido. Assim, deve-se mais uma vez ressaltar o papel fundamental da persistência, em não pensar que uma tentativa mal-sucedida foi necessariamente resultado de uma falha, embora se deva questionar. Muitas vezes, simplesmente a sorte falhou, ou seja, a janela da oportunidade não se abriu.

Além do mais, erros são educativos e ajudam o profissional a evoluir, de forma similar ao erro de transcrição dos genes (mutação), que é um ingrediente fundamental no processo de evolução dos seres vivos.

Excesso de autoconfiança

Vale ressaltar que o outro extremo também é ruim. Às vezes, a autoconfiança é elevada a um nível artificial, a ponto de a própria pessoa se enganar. Alguns livros, como o badalado *O segredo*, nos impingem que a força do pensamento positivo, estilo "querer é poder", começa por si só a fazer as coisas acontecerem. Sem desmerecer o papel do pensamento positivo, há o risco de a pessoa, imbuída desse espírito, começar a ignorar a realidade, deixar de fazer todo o dever de casa e, enfim, meter os pés pelas mãos.

Outro subproduto perigoso da autoconfiança desmedida pode ser a soberba. Quem acredita ser melhor do que todo mundo está a um passo de tratar a maioria das outras pessoas de cima para baixo e desprezar a contribuição que elas podem dar para a sua vida.

• • •

A autoconfiança sempre deveria ser temperada com *hansei*, termo da cultura japonesa que significa tempo para pensar, durante o qual se faz uma reflexão autocrítica construtiva, levando ao reconhecimento sincero de suas fraquezas. O *hansei* é uma das bases do *kaisen* (melhoria contínua), pois só a reflexão permite a percepção de oportunidades de melhoria. Mesmo quando algo funciona bem, o *hansei* cumpre seu papel de dar uma base para melhorar ainda mais. Essa visão pode parecer meio estranha, em princípio, para a cabeça de um ocidental, tão acostumado ao autoelogio. Paradoxalmente, praticar o *hansei* regularmente faz a pessoa melhorar ainda mais e tornar-se ainda mais autoconfiante.

Saindo da inércia

"O pior naufrágio é daquele que nem saiu do porto."
Amyr Klink, navegador e escritor brasileiro (1944-)

Se todos os dias as pessoas fizerem a mesma coisa, a cada dia elas estarão um dia mais velhas, mas no mesmo lugar. Em vez de a pessoa ter as rédeas de sua própria vida, quem a tem é o destino.

O que prende a maioria das pessoas ao seu estado atual é a inércia, isto é, a força que move tudo e todos sempre para a mesma direção. Em Física, aprendemos que, sem atrito, um corpo se move indefinidamente em linha reta. Se a paisagem nunca mudar, é como se o corpo estivesse sempre no mesmo lugar.

Inércia é uma força da natureza

A segunda lei da Termodinâmica, da Física, diz, de forma muito simplificada, que tudo que é deixado sozinho termina por se misturar em uma "massa" indistinta. É o que acontece com uma casa abandonada. O mato toma conta, rachaduras se abrem

Jack Welch – um exemplo de autoconfiança

Jack Welch é hoje um dos executivos mais festejados de todo o mundo empresarial, e a sua história é repleta de exemplos de autoconfiança.

Mas nem sempre foi assim. Em sua autobiografia, ele conta que era gago quando criança e que os outros o incomodavam por isso. Assim, chegava chateado em casa, até que sua mãe um dia lhe disse: "Querido, não ligue para isso. Você é muito inteligente e sua cabeça funciona mais depressa do que a sua boca, daí a sua gagueira".

Em 1960 ele completou um doutorado em Engenharia Química e começou a trabalhar na General Eletric. Aos 21 anos de carreira, em 1981, se tornou o mais novo presidente da empresa, com 46 anos de idade.

No início da década de 1980, ele era conhecido como "Neutron Jack", em alusão à bomba de nêutrons, já que eliminava empregados e deixava os prédios intactos. Em 1980, a GE tinha mais de 400 mil empregados; em 1985, esse número baixou para 300 mil, porém com uma grande valorização da empresa. Foram fechadas 73 fábricas e vendidos mais de 200 produtos e negócios para terceiros. Ou seja, não há como dizer que ele não levou a sério a questão do foco!

O resultado dessa revolução foi que a GE passou de um valor de mercado de US$ 14 bilhões em 1981 para US$ 410 bilhões em 2004, um aumento de 29 vezes, quase 16% ao ano, algo raro em negócios deste tamanho. Em 1999, Jack Welch foi citado pela revista Fortune como o gestor do século.

Após a sua aposentadoria da GE, em 2001, Jack Welch escreveu a sua biografia e vários livros de negócios que são fenômenos editoriais, além de ter uma consultoria, que atende muitas das maiores empresas mundiais.

É claro que não dá para atribuir apenas a Welch o bom desempenho da GE, já que temos a tendência de simplificar e personalizar as razões de sucesso de uma empresa. Mas é inegável que é preciso ter uma tremenda dose de autoconfiança para se construir uma carreira como a dele.

Como contraponto, é bom citar a frase do próprio Welch: "A distância entre a autoconfiança e a arrogância é quase imperceptível".

nas paredes, infiltrações se formam. Enfim, o caos. De forma similar, a inércia tende a conduzir a para uma situação cada vez pior em termos de desordem, falta de resultados e infelicidade ao se deixar o destino sozinho, por muito tempo, controlar a própria vida.

A inércia nos faz chegar à nossa casa e jogarmo-nos em qualquer lugar para ver TV, que é o símbolo do lazer pronto e cômodo. Você liga a TV e se desliga, deixando a imagem e o som pré-digeridos entrarem em você. Nenhuma decisão, raciocínio ou resposta serão cobrados de você.

A mesma inércia faz com que muitas pessoas trabalhem de forma modorrenta: jogando conversa fora, fazendo trabalho mecânico, tomando muito café, fugindo de decisões complexas, evitando pensar demais, "burrocraticamente" respondendo e-mails inúteis e dedicando-se mais ao formato das apresentações do que ao conteúdo. Depois, só nos resta reclamar das coisas que não aconteceram, como se a vida estivesse sendo injusta conosco. Como sempre, a responsabilidade de tudo de ruim que nos acontece ou tudo de bom que deixa de acontecer é sempre atribuída a outras pessoas ou a causas externas. E a vida continua... parada.

A atração pelo fácil e cômodo faz com que evitemos todas as atividades que exijam intelecto, iniciativa ou dinamismo, e tenhamos atração pelas atividades rotineiras ou passivas. Isso é mais ou menos como o caminho da água para o ralo, sempre o mais fácil e que nos leva para uma vida sem perspectivas.

A inércia é uma força avassaladora. A estratégia de uma editora de enviar uma assinatura grátis de uma determinada revista por tempo limitado é baseado nela. Muitas pessoas simplesmente não tomam a iniciativa de cancelar a assinatura quando ela deixa de ser grátis e continuam recebendo e pagando por anos aquelas revistas que não leem. Por esse mesmo motivo, alguns varejistas oferecem a promoção "satisfação garantida ou seu dinheiro de volta". Se todos que ficassem insatisfeitos pudessem converter os produtos em dinheiro em um estalar de dedos, essa promoção certamente desapareceria.

A inércia representa uma zona de conforto muito difícil de combater. A pessoa faz o que dá mais prazer imediato e não dedica tempo para o que signifique evolução. Isso demanda esforço, e a pessoa sempre tende a deixar para depois. Todo mundo está sempre adiando o que não quer fazer nunca. Sempre há uma boa desculpa. Parodiando a frase popular do fiado: "Esforço, só amanhã".

Os anos passam e as pessoas ganham mais cabelos brancos do que experiência, que vem muito mais de uma vida que evolui. E isso só acontece para as pessoas que assumem efetivamente o controle de sua própria vida.

Como vencer a inércia?

É necessário quebrar o ciclo vicioso da inércia com um "basta", e esse basta tem que ser agora. Não se deve cair na tentação de planejar isso para o dia seguinte, para a semana que vem ou para o início do mês que vem, pois isso é inércia novamente. O combate sem tréguas à inércia é um pré-requisito para evoluirmos em qualquer dos pontos apontados neste capítulo.

O "basta" é dar o primeiro passo, o segundo e o terceiro, até que possamos andar pelas nossas próprias pernas. Temos que decidir se, metaforicamente, queremos ficar na prisão autoimposta, gerada pela falta de conhecimentos, contatos e objetivos, ou, munidos da autoconfiança recém-adquirida, partir para uma vida cheia de possibilidades.

É preciso muito esforço para dar os primeiros passos, e ainda mais durante o primeiro passo. Tudo acontece como se estivéssemos nos recuperando da lesão mencionada. No início, é preciso pensar no detalhe de cada movimento, para mais tarde começarmos a andar sem pensar nos movimentos que fazemos. Ou seja, a força do hábito de não mudar é tão avassaladora que é preciso uma força de vontade ainda maior para quebrá-la.

Temos que decidir se cada dia continuará igual a todos os outros (e isso se o destino permitir) ou se passaremos a ter uma vida em que nós mesmos abrimos as clareiras que nos permitam enxergar perspectivas muito mais amplas.

Não exagere!

Como comentamos em relação à autoconfiança, existe também o extremo oposto. Há aquelas pessoas que não se permitem ficar paradas, relaxar, se sentindo forçadas a estar o tempo todo envolvidas com alguma coisa produtiva. Para certas pessoas, descansar um tempo na rede é desperdício. Ela sempre come depressa, engolindo sem sentir o gosto do alimento, e não se permite brincar ou falar bobagem, pois isso é perda de tempo. Assim, muitas dessas pessoas, além de não sentirem o gosto da comida, passam também a não sentir gosto pela sua própria vida, e toda ação passa a ser em vão.

Objetivos

"Mire a lua. Mesmo se você errar, você ficará entre as estrelas."
Les Brown, músico norte-americano (1912-2001)

"Para quem não sabe para qual porto ir, não há ventos propícios."
Sêneca, filósofo romano

Os cientistas acreditam que uma das mais importantes diferenças entre os homens e os outros animais é a visão de futuro. Acredita-se que o homem é o único animal que pensa no dia de amanhã, no que pode acontecer.

Presente ou futuro: escolha os dois.

No entanto, as origens biológicas do homem ainda falam alto, sendo muitas vezes difícil abrir mão de algo prazeroso no presente em troca da expectativa de algo melhor no futuro. O predomínio do hoje sobre o amanhã é a vitória do ponderável sobre o imponderável.

Uma coluna do Max Gehringer na rádio CBN contou a história curiosa de um jovem que o abordou em um shopping center, dizendo que estava em um emprego medíocre, mas sem dinheiro para pagar por um curso superior. Então o celular dele tocou, e Max o questionou sobre ele preferir pagar a conta de um celular a fazer um curso superior. Ele desconversou e falou que ia pensar. Para ele, o celular era uma necessidade, e o ensino, um gasto. Observamos aqui uma inversão de valores.

As pessoas que fazem plano de previdência privada em geral optam por contribuições muito baixas em relação à sua renda e têm, como consequência, uma aposentadoria com valor bem inferior ao nível de vida atual. Isso porque aumentar a contribuição implicaria em abrir mão, talvez temporariamente, de algum gasto supérfluo no presente. Além do fato de que as pessoas costumam levar muito tempo escolhendo seu novo modelo de automóvel ao invés de estudar detidamente as melhores opções de investimento ou de previdência privada.

Susan Boyle – nunca é tarde para sair da inércia

Susan Boyle, 47 anos, supostamente virgem, desempregada, vivendo sozinha com um gato, que durante vários anos cuidou de sua mãe doente, que veio a morrer em 2007 aos 91 anos. Ela era uma completa desconhecida até se apresentar em um programa de televisão para seleção de talentos da Inglaterra, o "Britain's got talent".

Mesmo quando entrou no palco, parecia ser mais um fracasso: velha para uma cantora, feia, com uma roupa que parecia saída de um brechó e tremendamente desajeitada. Quando começou a cantar, a sua voz esplêndida deixou toda a plateia de boca aberta. Jamais esperavam que uma pessoa como aquela pudesse ter uma voz tão bonita. Puro preconceito. Os jurados também ficaram estupefatos e fizeram elogios rasgados, o que é raríssimo nesse tipo de programa.

A fama foi longe, rapidamente foi colocado um vídeo da sua exibição no site YouTube e, em poucos dias, esse vídeo passou da astronômica marca de 100 milhões de exibições, se tornando um dos vídeos mais vistos de todos os tempos.

A mãe sempre incentivou Susan a concorrer no programa em vez de ficar cantando na igreja local. Só que Susan achava que uma mulher já sem juventude e feia jamais teria uma chance. Com a morte da mãe, Susan teve um pretexto para sair da inércia. Afinal, não tinha mais nada a perder, e poderia atender a um dos últimos desejos de sua mãe. A história provou que ela tinha a razão.

Mesmo tendo ficado em segundo lugar no "Britain's got talent", ela acaba de lançar um CD, que está vendendo muito bem, e um documentário sobre sua vida está em produção nos Estados Unidos, com estreia em breve.

Criando objetivos

Uma forma de trazer um pouco o futuro para o presente é estabelecer objetivos para sua vida. Criar objetivos para si é escolher os rumos que o indivíduo tomará na vida, tanto em relação à vida pessoal como profissional.

É preciso, então, formular os grandes objetivos da nossa vida, que servirão como eterna fonte de motivação e energia. Quanto mais desafiadores (mas não impossíveis) e inspiradores são os nossos objetivos, com mais determinação e animação caminharemos na sua direção. Um objetivo realmente inspirador é aquele que nos emociona somente por lembramo-nos dele. É como um feito possível, porém difícil, que nos orgulharíamos muito de alcançar.

Na nossa infância e adolescência, muitos cultivam um sonho, famoso pelo clichê "o que quero ser quando crescer". É claro que, muitas vezes, esse sonho é uma fantasia que tem pouca relação com algum talento ou vocação real. Muitas meninas, por exemplo, querem trabalhar com animais (serem veterinárias) e os meninos querem ser bombeiros ou policiais, mas, na maioria dos casos, isso é apenas passageiro.

No entanto, se o sonho tem uma base real e é traduzido por uma determinação precoce, ele pode fazer com que algumas pessoas se tornem brilhantes profissionais no campo das artes, das ciências, dos negócios, dos esportes ou das profissões liberais. Aqueles que cedo têm uma consciência clara de sua vocação e correm atrás, passo a passo, podem chegar à maioridade com uma bagagem de experiência e formação muito expressiva para a idade.

Suponha que uma criança desenhe realmente bem (sem corujice dos pais!) já em tenra idade. Com um treinamento adequado, ela pode vir a se tornar um exímio desenhista na adolescência, o que seria útil para um amplo espectro de profissões. O mesmo pode ser considerado em relação a algumas crianças que tenham facilidade excepcional para aprender diferentes idiomas. Um pai com a ideia fixa de que o filho deve seguir uma entre duas ou três carreiras profissionais, sem levar em consideração os interesses e aptidões deste filho, não parece estar em um bom caminho.

Claro que não estamos defendendo que uma criança seja apenas um projeto de adulto e, como tal, deva ser adestrada de forma a passar esse período "improdutivo" se preparando para a vida adulta. Que chato! Excesso de atividades e cobranças podem deixar as crianças tristes, estressadas ou doentes. É tudo um equilíbrio entre duas posturas. Uma criança pode e deve ter infância e adolescência felizes e prazerosas, mas é interessante conciliar isso a uma preparação saudável para o futuro.

Infelizmente, muitos chegam à vida adulta sem sequer saber o que querem fazer das suas vidas e com uma gama de interesses muito limitada, estimulada por escolas burocráticas e experiências de vida restritas. Assim, é importante que os pais escolham um bom colégio e incentivem a participação dos filhos em diversas atividades, fazendo com que eles enxerguem os seus talentos e vocações naturais para que haja, desde cedo, algum direcionamento consistente. Claro que nunca é tarde para se redescobrir e nada pode servir de desculpa.

É importante, profissionalmente, que os objetivos traçados envolvam trabalhar em alguma área de que a pessoa goste, porque quando o prazer se mistura à necessidade, o resultado final tende a ser muito melhor, além de a pessoa se sentir mais feliz. Infelizmente, gostar de alguma coisa não é o bastante para recomendar que o indivíduo se decida profissionalmente por ela. É preciso ter facilidade na área, além de boas perspectivas. Por exemplo, se a pessoa gosta de arquitetura, mas é um zero à esquerda em desenho, é melhor encontrar outro porto para ancorar. De maneira análoga, é difícil converter um gosto acentuado por música barroca em alguma atividade rentável. Quanto mais limitadas as perspectivas, mais talento se exige da pessoa para que haja alguma possibilidade de ela furar essa limitação.

Objetivos dão sentido à vida

Objetivos fazem com que a vida do indivíduo passe a ter um norte, um sentido que ajude a pessoa a ser mais feliz e produtiva durante a sua jornada rumo ao objetivo. Mesmo que ele não seja inteiramente alcançado, o indivíduo terá levado uma vida com mais significado.

A não existência de objetivos torna a vida do indivíduo caótica e muitas vezes não leva a pessoa a nenhum lugar. Um dia fica igual ao outro, e a vida da pessoa transcorre em círculos.

É comum encontrar pessoas que reclamam de um "vazio" na vida, e normalmente esse vazio está relacionado à falta de um objetivo definido. A inércia, discutida antes, ajuda a pessoa a se sentir assim, pois um objetivo é um compromisso e é mais cômodo viver sem compromissos. Assumir compromissos pode ser um pouco difícil no início se a pessoa não estiver acostumada, mas, com o tempo, eles deixam de ser incômodos e a vida passa a estar mais completa.

Todos temos a certeza de que em algum momento morreremos, mas se conseguirmos construir algo durante nossas vidas, a angústia causada por essa certeza tende a diminuir. Os objetivos definem o que queremos construir. Quanto mais bem definidos, mais provável que efetivamente construamos o que desejamos, sendo menor a angústia em relação ao fim certo.

Fazendo um paralelo com uma empresa, os objetivos são como uma estratégia, que traça um conjunto de objetivos de uma empresa sob a forma de um plano global de sobrevivência, com o objetivo de prolongar a sua existência maximizando o que será construído. No caso da uma empresa, assim como na vida da gente, a conquista dos objetivos leva a uma vida duradoura e lucrativa (plena e feliz).

Todos os objetivos interagem entre si e, portanto, têm que ser definidos em conjunto. Por exemplo, o objetivo de se casar e constituir família interage com o objetivo de estudar ou se desenvolver profissionalmente.

Uma caminhada é feita de passos

Idealmente, devemos ter grandes objetivos que se desdobrem em um conjunto de objetivos menos ambiciosos, para termos a oportunidade de comemorar cada avanço ao se concretizarem cada um destes pequenos objetivos. Por exemplo, podemos ter o objetivo maior de nos formar em Administração, mas primeiro temos que concluir cada série do ensino básico, cada série do ensino médio, cada módulo da faculdade, e cada uma destas etapas são os objetivos menores. A não existência de objetivos menores pode frustrar o indivíduo, que acaba abandonando o objetivo maior por falta de uma percepção de que ele está se aproximando dele.

Os pequenos objetivos alcançados geram confiança para se continuar conquistando novos objetivos, com isso gera-se mais confiança e assim continuamente, até se alcançar o objetivo maior. Isto é como uma construção, na qual se coloca tijolo sobre tijolo até se ter o prédio.

Objetivos profissionais

Normalmente, o principal objetivo profissional é a posição que se pretende alcançar na vida profissional, em uma empresa, própria ou de terceiros. Para alcançar essa posição, os objetivos menores são etapas do desenvolvimento profissional, novas habilidades adquiridas e ações a executar para melhorar a empresa.

Por exemplo, um indivíduo que é auxiliar de escritório pode ter o objetivo de ser o gerente geral de uma área, ou até mesmo diretor. Para tanto, estabelece o objetivo de concluir uma faculdade, um MBA, e de melhorar seu desempenho no trabalho. De um lado, o profissional aumenta o seu nível de conhecimento para a posição desejada, de outro contribui efetivamente para a melhoria da empresa, abrindo seu caminho para a ascensão profissional.

Ao objetivo de se ter um ótimo desempenho no trabalho pode haver vários outros menores atrelados, traçados a partir da observação de sua atuação e a de seus colegas perante as necessidades da área. Há atividades relevantes que podem ser melhoradas ou tornadas mais produtivas envolvendo seu trabalho ou de algum colega; pode-se propor processos alternativos mais ágeis ou que produzam um resultado de melhor qualidade. Outro tipo de objetivo é quase permanente e envolve o desenvolvimento contínuo de uma atitude cada vez mais profissional, no bom sentido da palavra. Por exemplo, ter a disposição de atuar mesmo fora da sua área de responsabilidade direta, ou seja, evitar o famoso "não sou pago para isto".

À medida em que os objetivos menores e pontuais são atingidos, a confiança aumenta, e os objetivos seguintes poderão ser cada vez mais complexos e envolver mais áreas.

Infelizmente, essa é uma visão da minoria, pois a maioria apenas faz a sua obrigação sem nenhum pensamento em melhorar, talvez por não acreditar que seja possível. Quem pensa muito em aumento de salário e na relação do que ele faz com seus proventos não chega muito longe, sempre vai se sentir injustiçado, pela tendência natural do ser humano de superavaliar seus próprios atributos. O salário é mais uma consequência, ainda que possa demorar um pouco. O empenho, a dedicação, o espírito de luta e as responsabilidades fazem parte de uma atitude, que tem que independer de qualquer outra questão. Se o reconhecimento não chegar, mude de empresa e carregue consigo essa atitude, que ninguém irá tirar de você.

O funil é grande, mas exatamente por ser uma minoria, quem se dispõe a ter objetivos palpáveis e se atira de corpo e alma neles tem muito mais chance de obter sucesso, profissional ou não.

Como lidar com derrotas?

Quando se percebe com clareza que os objetivos tornaram-se inadequados ou inatingíveis, isso não deve levar ao desespero ou à prostração, tanto em uma empresa como na vida pessoal, mas sim a uma mudança ou adequação de objetivos, como um plano B. No ambiente corporativo, isso se chama estratégia flexível.

É claro que essa abordagem não deve ser leviana, movida por percalços naturais e inevitáveis. Todo caminho tem reveses, barreiras e dificuldades. É como a vida real se apresenta.

A persistência é uma qualidade fundamental nessa jornada, porque muitas realizações são antecedidas por alguns fracassos. Mesmo quando se faz tudo certo, algo pode dar errado, se o acaso não ajudar. O acaso tem mais influência sobre o rumo dos acontecimentos do que as pessoas gostariam de acreditar, já que lhes agrada sentir que têm o controle sobre seus destinos. Só a persistência, se exercida com convicção, pode furar eventuais reveses.

O primeiro livro da série Harry Potter, de H. J. Rowling, foi rejeitado por nove editores até ser publicado. Se a autora desistisse, muitas crianças não estariam lendo tanto, enquanto a vida do ator Daniel Radcliffe (intérprete do personagem principal dos livros no cinema), hoje um multimilionário, seria completamente diferente. A própria escolha do ator foi casual. Um dos produtores do filme ficou impressionado com Radcliffe em uma peça. Só que ele estava apenas assistindo, e não atuando!

É preciso, no entanto, que a pessoa identifique o momento em que a persistência converte-se em pura teimosia. Identificar esse ponto pode ser muito difícil. É importante refletir, conversar com outras pessoas, enfim, não se deve ter compromisso com os próprios erros.

O futuro não deve estragar o presente

Como sempre, o exagero é prejudicial. Viver só em função dos objetivos pode se tornar muito árido. É bom que a vida se constitua de um delicado equilíbrio entre viver o presente e se preparar para o futuro. Não desligue sua vida presente por uma vida futura. Você pode não encontrar mais o interruptor.

J. Craig Venter – objetivos muito audazes

J. Craig Venter poderia ter sido mais um surfista desajustado, ex-combatente do Vietnã, mas a história reservaria outro futuro para ele.

Venter, nascido em 1946, sempre foi um aluno medíocre, e em 1967, tendo conseguido terminar apenas o ensino básico, foi servir em um hospital no Vietnã como enfermeiro. A experiência no Vietnã foi tão traumática que ele tentou cometer suicídio nadando para o alto-mar, mas mudou de ideia quando já estava a mais de 1,6 km da costa.

Ver os horrores de um hospital em área de guerra despertou nele a vontade de trabalhar com medicina para poder salvar vidas. Ele saiu da Marinha e entrou na faculdade. Em 1972, formou-se em bioquímica, engajando-se em pesquisas sobre a adrenalina.

Venter viu que, pela ciência, poderia salvar muito mais vidas do que pela medicina, já que uma descoberta pode salvar milhões de vidas e um médico só pode salvar uma vida por vez. Firmou-se, então, no objetivo de se tornar um pesquisador.

Em 1975, concluiu o doutorado em fisiologia e farmácia, continuando na vida acadêmica como professor universitário e pesquisador.

Em 1983, entrou para um prestigiado centro de pesquisas governamentais na área de saúde. Na busca pelo gene receptor da adrenalina, ele passou a pesquisar a leitura do sequenciamento de genes do DNA, uma área praticamente nova.

As primeiras discussões sobre o sequenciamento de todo o genoma humano começaram em 1985, sendo naquela época ainda considerado algo impossível. Para se ter uma ideia, a pesquisa de Venter era para o sequenciamento de um gene entre cerca de 100 mil genes humanos.

Ele teve um sucesso inicial, com a ajuda da primeira máquina automática de sequenciamento do DNA. Ele se animou e achava que seria possível, em um prazo de 15 a 20

Outro ponto fundamental é que se ocupar com o futuro é totalmente diferente de se preocupar. Ter objetivos e se planejar para ele é ótimo e deve ser feito. Não ocupa todo o tempo, basta a pessoa perseverar para realizar os compromissos do presente que contribuirão para os objetivos traçados. Uma vez que as ações já estejam decididas, a pessoa não precisaria ter medo do futuro e arder de ansiedade pela possibilidade de que algo não saia bem. Essa ansiedade é totalmente improdutiva e apenas mina a produtividade, a concentração e o aproveitamento do presente. Se algo precisar ser revisto, que o seja com serenidade, de modo a recalibrar os objetivos e, portanto, as ações para atingi-lo.

Além disso, sabe-se que o medo e a sensação de risco tendem a tornar as respostas do indivíduo mais emocionais, o que leva a atitudes mais irrefletidas, e isso é, de fato, perigoso.

Há uma tendência de o ser humano superestimar o risco de más notícias futuras, mesmo que totalmente improváveis, pelo medo ancestral do futuro, esse desconhecido. Por exemplo, as pessoas que morrem de medo de viajar de avião, mesmo com a ampla

---

anos, decodificar todo o genoma humano. As resistências às suas pesquisas o levaram a fundar um instituto de pesquisa autônomo, em 1992, com a ajuda de investidores que tinham acesso exclusivo às informações descobertas por certo período.

Em 1995, seu instituto publicou a totalidade do genoma de duas bactérias diferentes, os primeiros seres vivos independentes a terem os seus genomas decifrados, inaugurando uma nova ciência que seria o estudo genético comparativo.

Em 1998, após a perda de seu principal patrocinador, Venter, com alguns investidores, abre a Celera, com o objetivo de decifrar o genoma humano. A Celera concorreria com o governo, que estava com um projeto na mesma linha, mas que havia decifrado apenas 3% do genoma humano depois de 10 anos de projeto. O orçamento total do governo era de cerca de US$ 3 bilhões, com previsão de término em 2005.

Venter fixou o objetivo de terminar de decifrar o genoma humano em 2001, quatro anos antes do projeto público, e com um décimo do seu investimento. Apenas um ano depois, a Celera decifrou o genoma de uma espécie de mosca, e iniciou a decifração do genoma humano.

Em julho de 2000, apenas nove meses depois do início e um ano antes do seu prazo, a Celera já tinha decifrado 100% do genoma humano, passando muito à frente do governo.

Hoje, decifrar o DNA de seres vivos passou a ser uma rotina, e várias novas descobertas foram anunciadas nos últimos anos. Venter agora tem novos objetivos, como sempre todos muito ousados, entre eles a criação de um ser vivo artificial que produza hidrogênio (um combustível ecológico) de forma economicamente viável. Torcemos para que ele tenha sucesso.

Em maio de 2010, Craig lançou o primeiro ser vivo artificial, a partir de uma célula que se reproduz, com 100% do DNA produzido em laboratório.

divulgação de que é mais seguro do que andar de carro. Essa avaliação falha pode levar o indivíduo a tomar precauções muito acima das necessárias, inclusive levando-o à inação. Isso tudo pode acarretar um futuro muito menos promissor do que se ele assumisse riscos calculados.

Planejamento individual

"Falhar em se preparar é se preparar para falhar."
Benjamin Franklin, cientista norte-americano (1706-1790)

A grande resistência do ser humano ao planejamento é a dificuldade de formalizar, a pressa de sair fazendo e a impressão de que existe uma perda de liberdade no momento em que todos os próximos passos já estão definidos. Mas a realidade é que a falta de planejamento é substituída pela inércia, que é muito menos construtiva e mais repetitiva do que a existência de um planejamento.

A afobação de fazer perante o argumento, até correto, de que planejar não é fazer pode levar o indivíduo a cometer graves erros, tanto no aspecto profissional quanto no pessoal. Mesmo que haja muita pressa, nada deveria ser feito sem que se pare pelo menos um pouco para pensar. A reflexão pode, em certos casos, até fazer com que se deixe de tomar uma atitude pretendida, por ser uma decisão impulsiva e precipitada.

Outro ponto é que a pessoa de cabeça quente torna-se menos razoável e tem mais chances de se equivocar, principalmente quando uma decisão envolve outras pessoas. Pesquisas na área da psicologia social mostraram algo que é quase óbvio: as pessoas normalmente não concebem o que elas mesmas são capazes de fazer em um estado emocional mais forte.

A falta de planejamento gera a sensação de falta de tempo mesmo que ele seja abundante, porque nos deixamos levar pela corrente. Assim, preenchemos nosso tempo com uma série de atividades automáticas, cômodas ou instintivas (para satisfação do nosso lado hedonista). Deixamo-nos levar também pelos outros, fazendo muitas coisas que as pessoas à nossa volta querem que façamos, independente de nossa vontade ou necessidade. Temos dificuldade de dizer "não". Isso tudo ocorre porque as nossas ações simplesmente não têm um sentido maior, o que faz com que o valor precioso do tempo seja reduzido a quase nada.

O planejamento coloca todas as ações em perspectiva ao permitir que entendamos melhor nossas prioridades, separemos o joio do trigo. Com isso, de repente, descobrimos que o tempo não é tão escasso assim.

Como começar a planejar?

O exercício de planejamento pode começar com uma caneta e um pedaço de papel, no qual anotamos com o quê gastamos o nosso tempo. Para cada tipo de atividade que ocupa tempo, pode ser escrito um resumo desta atividade e quanto tempo foi gasto nela, de modo que, ao final de uma semana, pode-se ter uma ideia aproximada de quais ações consumiram mais tempo. Entre essas questões, é preciso verificar quais poderiam ser evitadas se tivéssemos agido nas suas causas. O primeiro planejamento deve ser no sentido de elaborar ações para resolver os grandes empecilhos que atravancam a nossa vida.

Todas aquelas tarefas ou ideias, paralisadas no cérebro há muito tempo, começam a ganhar vida no momento em que são colocadas na escala do tempo, em uma agenda com atividades definidas por dia/horário, e começam a ser executadas. Isso dá uma enorme sensação de alívio, por se fazer o que precisa ser feito de modo construtivo. Para algumas pessoas, esse nível de detalhamento fora do ambiente de trabalho pode ser um pouco sufocante, e já é um avanço caso o indivíduo estipule uma carga horária semanal para cada atividade, mas é preciso ter bastante disciplina para respeitar essa alocação, já que ela não está tão amarrada quanto a outra.

De posse do planejamento, a pessoa passa a se sentir bem ao saber que as coisas que ela reputou como importantes estão previstas para acontecer no seu devido tempo. Isso diminui a sensação de dívida ou culpa perante as coisas que ainda não estão feitas.

Planejamento é uma atividade similar à prática de exercícios físicos ou da leitura/escrita, isto é, quanto mais se faz, mais fácil fica fazer. A grande dificuldade, como em todas as outras atividades, é começar. Se alguém acredita no poder do planejamento, deve começar já. O indivíduo descobre que, paulatinamente, o planejamento se tornará uma mania, e ele não mais conseguirá trabalhar sem planejamento, o que é muito positivo.

Certamente, se o tempo de planejamento começar a representar um tempo muito elevado em relação ao consumido na execução das tarefas, provavelmente o planejamento está minucioso demais. Não existe uma regra clara de tempo máximo para o planejamento, pois ele depende da complexidade das tarefas e do perfil da pessoa. No caso da vida pessoal de um indivíduo, geralmente pouco tempo já é suficiente para que seja feito um bom planejamento.

Planejamento no trabalho

No ambiente de trabalho, para quem não tem o costume arraigado, o planejamento deve começar sendo diário, nos primeiros minutos do dia ou no fim do dia anterior. Elabora-se uma lista de tarefas e ideias a executar, priorizando-se as mais importantes, normalmente também alinhadas aos objetivos profissionais além das tarefas fixas, que independem de sua vontade. O nível de importância deve ser medido pelo retorno que a tarefa gera em termos de valor adicionado para a empresa e não pelo gosto do profissional na execução da tarefa. Isto garantirá, pelo menos, que o importante aconteça.

Caso não consigamos terminar a lista, as tarefas e ideias incompletas passam para o dia seguinte, junto de novas tarefas e ideias surgidas em decorrência do que aconteceu no dia anterior. Se sobram sempre as mesmas tarefas no fim do dia, devemos nos questionar se elas são mesmo relevantes ou se não estamos sempre relevando-as, por serem aborrecidas. É saudável também reavaliar as tarefas depois de feitas, para verificar se concederíamos a cada uma delas o mesmo grau de importância que conferimos antes de fazê-las. Isso elimina o viés de misturar o gosto pela tarefa com a sua importância, que existe na análise prévia de prioridades.

À medida em que começamos a lidar bem com o planejamento diário, isto é, quando efetivamente conseguirmos executar quase tudo o que planejamos, podemos partir para períodos maiores: semanal, mensal, trimestral e até períodos maiores.

O ideal, ao elencar as tarefas do dia, é colocá-las na agenda, com horários de início e fim estipulados. Isto garantirá que se tenha tempo reservado para a execução das tarefas. Caso uma tarefa não seja plenamente executada, recoloque-a na agenda, realocando as menos importantes, mas garantindo a execução das mais importantes.

Como já mencionamos, o mesmo pode ser feito na vida pessoal, embora alguns possam optar por fazê-lo de modo mais informal. De qualquer modo, os benefícios para a vida pessoal também são bem visíveis.

Em uma empresa, é muito comum uma tarefa envolver múltiplas etapas, com pré-requisitos e diferentes pessoas responsáveis. Nesse caso, a empresa se beneficia muito se fizer um planejamento prévio, de modo a garantir a execução dos pré-requisitos no tempo hábil e garantir a alocação de tempo para as diferentes pessoas. Existe uma série de técnicas que auxiliam neste processo de planejamento, e uma das mais conhecidas é o Pert, na qual se mapeia graficamente todas as tarefas e processos com suas subordinações. Claro que isso é muito mais comum no caso do planejamento de um processo coletivo, e não individual.

•••

Há uma questão muito individual do nível de detalhamento do planejamento *vs* execução. Para cada um existe um ponto certo, que é difícil prescrever. Mas, com certeza, são muito mais comuns pessoas que planejam de menos, do que pessoas que planejam demais.

Organização

"Ordem sem liberdade e liberdade sem ordem são igualmente destrutivas."
Theodore Roosevelt, 26º presidente norte-americano (1859-1919)

Organização é a chave para se conseguir produtividade em um processo ou tarefa, e vale para qualquer ambiente corporativo. Até para nossa própria casa podemos tirar muitas ilações. Pela lei do menor esforço (inércia, de novo), é mais cômodo as pessoas desprezarem a organização, e assim elas passam parte do tempo perdendo coisas e outra parte do tempo as procurando.

A base da organização é definir um fluxo para todas as atividades no qual tudo o que entra e sai tem destinos definidos e em que todos os locais de armazenagem (gavetas, arquivos) apresentam uma lógica de armazenagem definida.

Organização inexistente ou deficiente faz com que a produtividade caia porque o tempo útil para a realização das tarefas tende a ser menor, em função do tempo necessário para se lidar com a desorganização, além da desmotivação decorrente do convívio com o caos, ainda que parcial.

As pessoas muito distraídas, mais do que ninguém, precisam criar rotinas e protocolos no seu dia a dia para conseguirem ser, na prática, menos distraídas e não perderem tudo o tempo todo. Por exemplo, todo dia, ao chegar em casa do trabalho, a primeira coisa que o distraído deveria fazer seria guardar as chaves em um determinado lugar, a carteira em outro e assim por diante. O distraído é aquele que, sem perceber, está toda hora ligando o piloto automático e fazendo uma série de coisas de forma mecânica, sem sequer perceber direito o que faz. Assim, ele não memoriza quase nada do que faz e, portanto, esquece. Rituais o ajudam a se ligar no seu ambiente e nos seus atos.

Técnicas de organização

Para a área administrativa, há as seguintes orientações gerais:
- Papéis deveriam ter apenas três destinos: lixo, envio para terceiros ou arquivo. Evite guardar papéis em cima da mesa ou dentro de gavetas, pois isso dará a impressão de dívida vencida, o que diminui a produtividade pessoal.
- Se o papel é para uso em alguma tarefa já agendada, coloque em uma pasta de *follow-up* para a data agendada. Caso seja para uso futuro, sem data agendada, arquive-o e, se não existir pasta sobre o assunto da tarefa, crie uma.
- Se o papel que foi enviado exige um retorno, coloque na agenda para cobrar esse retorno no momento apropriado. Dependendo do nível de confiança e do

processo, envie um e-mail para a pessoa cobrando o retorno (para ficar registrado o envio do papel e a necessidade do retorno) ou arquive o comprovante de envio do papel.
- O arquivo não deve ter pastas mistas, mas somente pastas claramente identificadas, de modo que seja fácil a localização do papel.
- Os temas das pastas devem ser identificados de forma hierárquica, com cada assunto agrupado em assuntos comuns. Há pastas para arquivos com abas que são apropriadas para essa finalidade.

Para computadores, há algumas similaridades, mas há novos paradigmas:
- O destino dos e-mails deve ser o mesmo dos papéis: lixo, envio para terceiros ou arquivo. Também o acúmulo de e-mails na entrada ou em pastas mistas dará a impressão de se "estar em débito".
- Pode-se ainda manter uma estrutura de arquivos no computador idêntica à estrutura de arquivos nas pastas. Com isso, facilmente localiza-se um documento a partir de uma boa classificação de temas, como as pastas no arquivo físico. Utilize-se sempre de nomes reveladores para seus arquivos.
- Outra opção é manter arquivos de mesma natureza (documento, planilha ou apresentação) na mesma pasta, baseado no fato de que há muito mais chance de serem acessados os documentos mais recentes. Nesse caso, dependendo do número de arquivos envolvidos, é bom ter alguma solução adicional para se buscar um determinado arquivo.
- Uma opção mais sensata, em muitos casos, é adotar uma estrutura mista. Dividem-se os arquivos em assuntos, mas de maneira não tão detalhada como no mundo físico. Em cada um dos assuntos, os arquivos mais recentes são os de acesso mais provável.
- Pode-se manter um arquivo descritivo (planilha, de preferência) do conteúdo dos seus documentos para facilitar a busca. Acrescentando-se hiperlinks, pode-se acessar diretamente o arquivo desejado.
- Para um número maior de arquivos, há ferramentas baratas e até freewares, que armazenam referências para arquivos no seu Hard Disk (ou HD) e outras mídias. Essas ferramentas podem ser buscadas na internet, procurando-se por "file organizer" ou "disk catalog" (uma boa e barata ferramenta para Windows é o "Advanced File Organizer"). A missão dessas ferramentas é organizar todos os seus documentos permitindo acesso a eles, com a possibilidade de colocar descrições ligada aos arquivos e permitindo associá-los a categorias de forma hierárquica, além de disponibilizar opções poderosas de busca. Algumas empresas podem vir a ter ferramentas corporativas de catalogação de arquivos.

- Há programas de busca que permitem achar documentos que contenham uma ou mais palavras especificadas, a partir de um diretório base.
- Excetuando a documentação formal, algumas empresas praticamente eliminaram o papel, digitalizando tudo. Hoje em dia, a armazenagem secundária (em HD, por exemplo) é muito barata. Usando OCR (Optical Character Recognition), converte-se para texto digital o que for necessário, tornando fácil o aproveitamento parcial ou buscas contextuais.

Para a área industrial, há também algumas considerações adicionais, quase óbvias (válidas até para lanchonetes e restaurantes, com exceção do reaproveitamento!).

- A matéria-prima tem que ser armazenada de modo a ficar próxima da sua área de uso, quando a segurança assim o permitir.
- Deve-se levar a matéria-prima para junto da linha de produção, na medida da sua necessidade e espaço, sem atolar a área de produção e sem deixar faltar matéria-prima.
- Qualquer matéria-prima rejeitada pela sua qualidade deve ter um espaço de armazenamento definido perto da linha de produção. Deve existir um processo periódico de recolhimento desta material rejeitado, com um destino definido, que pode ser uma nova área de armazenagem até que se atinja um volume para ser trocado com o respectivo fornecedor ou para ser vendido como rejeito.
- Se um produto acabado ou semiacabado não passar por um teste de qualidade, ele deve ter uma área definida de armazenamento junto à linha de produção. Deve existir um processo periódico de recolhimento deste produto para que seja desmontado. Armazenar-se as peças que servem e as outras devem sofrer o mesmo processo das matérias-primas rejeitadas.
- Deve existir uma área definida de armazenamento temporário para os produtos produzidos perto da linha de produção.

Tanto na área administrativa quanto em uma área de serviços ou industrial, o acúmulo de papéis nas mesas ou gavetas e de objetos, mercadorias ou insumos nos corredores (ou em locais não determinados para o seu armazenamento) significa a existência de focos de desorganização que devem ser atacados. Certamente, agir para que se reduza essa "poluição visual" tem efeitos benéficos sobre a produtividade.

No caso do varejo, principalmente, isso passa uma imagem ruim para os seus clientes porque, além do desconforto resultante da obstrução do caminho, há uma associação inconsciente entre o nível de organização de uma loja e a qualidade dos produtos que ela vende.

Em resumo, deve-se mapear todas as exceções para que nada fique sem definição. As exceções geram acúmulos de entradas/saídas de produtos sem que haja um destino definido ou um local de armazenamento para eles. Sendo assim, não há uma lógica de armazenagem e manutenção, o que certamente é o início de um processo de desordem.

...

No Japão, em relação à organização, é costume a referência aos 5 Ss (iniciais de palavras japonesas), que significam classificar (pela importância, tipo ou frequência de uso), organizar (arrumar cada coisa em seu lugar), limpar (inspecionar para manter a ordem e a limpeza do que foi organizado), padronizar (criar um método para manter os três primeiros Ss) e disciplinar (para se manter o padrão criado).

Eficiência e eficácia

"Quando você deixa sua marca no mundo, observe os caras com apagadores."
Wall Street Journal, jornal de negócios dos Estados Unidos

"De que adianta correr quando se está no caminho errado?"
Provérbio alemão

Eficiência é fazer as coisas de maneira correta, eficácia são as coisas certas. Ou seja, eficiência e eficácia é fazer certo as coisas certas, como já dizia Peter Drucker.

Isso vale para a atuação de um profissional em uma empresa, mas também vale para nossa vida. Afinal, de nada vale fazer muito bem algo que nem deveria ser feito.

Adicionando valor

Uma tentativa de sintetizar as duas palavras, sob o ponto de vista empresarial, é "agregação de valor", que virou um dos maiores e mais repetidos chavões do mundo dos negócios, mas, no entanto, faz sentido, se pensarmos em seu significado.

Uma atividade que agrega valor pode ser interpretada como toda e qualquer atividade que, em última análise, aumenta o valor da empresa, estimado a partir do valor presente dos lucros futuros previstos.

Assim, tudo que se faz dentro de uma empresa precisa estar ligado a essa questão diretamente, através da cadeia produtiva, ou indiretamente, por uma atividade de suporte.

Vale ressaltar que se deve sempre pensar no valor da empresa e não no lucro do ano corrente. Portanto, há atividades, como prover treinamento, que até diminuem o lucro em curto prazo, mas nem por isso devem deixar de ser feitas.

O problema no uso do clichê "agregar valor" é que a maioria das pessoas o interpreta mal. Quando nós pedimos, por exemplo, que o banheiro masculino seja reformado para que sejam colocados mictórios, o que o deixaria muito mais limpo, temos que aguentar alguém dizer "não é prioridade, porque isso não agrega valor", dentro daquele clássico raciocínio de quem não consegue enxergar nada além do tilintar instantâneo das moedas.

Executar atividades sem ter ideia de onde elas se encaixam na geração de valor de uma empresa, na melhor das hipóteses, não leva ninguém a lugar nenhum. No entanto, muitas pessoas agem desta forma ao fazer apenas aquilo que lhes foi determinado, sem questionamento. Romper com mais essa inércia é fundamental para se destacar da massa, que, em sua maioria, segue atuando de forma mecânica pela lei do menor esforço.

Às vezes, um chefe direto tem interesses divergentes dos da empresa, por motivos de promoção pessoal ou diversos outros. É preciso muita habilidade pessoal para se contrapor a isso sem colocar seu emprego em risco. Não raro, chega a ser impossível enfrentar essa situação. Nesse caso, o recomendável é procurar outra colocação, porque emocionalmente é muito desgastante agir contra suas crenças, além de não trazer nenhuma boa perspectiva em termos de carreira.

Há várias formas de uma atividade adicionar valor, além daquelas obviamente ligadas ao processo de produção de bens e serviços que a empresa realiza. Damos alguns exemplos a seguir, a partir de uma fábrica de calças. Começamos pelos mais evidentes.

- A contratação de costureiras qualificadas ajuda a atender a demanda exigida de calças, dentro do padrão desejado.
- O estudo de uma nova máquina de costura para acelerar a costura do zíper pode contribuir para se ganhar tempo e/ou reduzir custos, de forma que se pague o custo de seu desenvolvimento em pouco tempo.
- O controle de qualidade da costura do zíper na calça não faz parte da calça, mas diminui a incidência de defeitos, melhorando a percepção dos varejistas e clientes finais.
- Servir refeições de boa qualidade para os operários certamente contribui para melhorar a produtividade e diminuir a rotatividade.
- Políticas preventivas de saúde diminuem os custos do plano de saúde e o absenteísmo (faltas).
- Colocar um corta-luz nas janelas envidraçadas reduz o ofuscamento causado pelo sol e o calor. Isso reduz o cansaço, melhora a visão e o conforto, portanto, ajuda a se produzir mais e com melhor qualidade.

É preciso cuidado para não concluir apressadamente que uma determinada atividade não traz retorno, sem entender bem suas implicações.

Atividades inúteis ou ineficientes

Antes de executar uma atividade, deve-se ter plena consciência do seu custo e da sua efetiva contribuição para a empresa. Certamente, o valor adicionado deve ser maior que o custo embutido na tarefa.

Suponhamos que, na indústria de calças mencionada, alguém decidiu especializar um funcionário na cobrança de clientes inadimplentes. Vamos dizer que a inadimplência seja tão elevada nesse tipo de cobrança que o valor efetivamente cobrado seja inferior ao custo total de se manter esse funcionário. Nesse caso, existe um processo que, em vez de gerar valor para empresa, o consome. O próprio funcionário precisa saber que, se o valor gerado por ele é menor que o consumido, deve-se "chamar para si" mais responsabilidades, de modo a virar esse jogo.

Há casos em que a complexidade e a burocracia podem esconder a inutilidade de certa prática. Há inúmeros exemplos de papéis que são preenchidos, assinados, repassados e revalidados que terminam... na lata de lixo. Frases como "Sempre foi assim", "Essa é a tradição", "Porque sim", "São as normas" são indícios de que algo não está certo.

Um dos maiores causadores de atividades inúteis é a inércia, isto é, alguma atividade que deixou de ser necessária com as várias transformações da empresa, mas que continua sendo executada, pois ninguém se lembrou de interrompê-la. Por exemplo, uma empresa tinha um processo de controle financeiro e em algum momento houve a separação em duas empresas distinta. Por automatismo, o controle financeiro de uma das empresas continuou a fazer o controle de ambas, mesmo a outra não tendo mais nenhum vínculo com a primeira. Simplesmente porque os funcionários de ambas se conheciam, continuaram atuando como no passado e a prática foi mantida. Isso pode parecer brincadeira, mas é um fato que a toda hora acontece, em qualquer tipo de empresa.

Deve-se avaliar se a forma como a atividade é executada é a mais eficiente e eficaz e, se houver outra forma, deve-se propor a alteração ou, se for algo restrito a uma única pessoa, testar ela mesma a nova forma. O trabalho produtivo requer espírito crítico e só com ele é possível evitar o desperdício de tempo gerado pela ineficiência. A execução de tarefas de forma mecânica, sem a consciência da sua produtividade, é meio caminho para lugar nenhum.

Por exemplo, uma empresa tinha ordens de serviço numeradas e arquivadas por dia, mas sem a preocupação de arquivamento por número da ordem. Diariamente, várias ordens de serviço passadas tinham que ser pesquisadas, e toda busca acontecia na pilha inteira de ordens daquele dia, pois elas não estavam organizadas. Certamente, a prévia organização das ordens por número facilitaria muito essas sucessivas buscas. Novamente, é uma cena que se repete muitas vezes em inúmeras empresas, e é gerada pela falta de espírito crítico individual.

Para evitar atividades inúteis ou improdutivas, deve-se revisar e questionar, periodicamente, dentro da área correspondente, todos os processos, os valores adicionados, os custos desses processos e os impactos de qualquer alteração em um desses processos. Idealmente, um funcionário deve enxergar o todo (visão holística) e onde sua área se encaixa na empresa. Com isso, fica muito mais fácil de visualizar se as atividades executadas geram ou não valor para a empresa.

Marketing pessoal

"Os bajuladores são como gatos. Lambem primeiro para depois arranharem."
Provérbio Espanhol

Um dos maiores ralos do tempo individual e coletivo, e que não leva nenhuma contribuição para a empresa, é a excessiva preocupação com a opinião alheia e/ou a tentativa maquiavélica de um indivíduo de manipular os outros, visando uma rápida ascensão dentro da empresa.

Esse mote leva à execução de uma estratégia de marketing pessoal que funciona como se fosse uma eterna campanha política, com um dia de eleição que nunca chega. Essa estratégia é um grande consumidor de tempo, na medida em que o funcionário gasta muito tempo se vendendo para o seu chefe e seus pares, ao invés de fazer o que deve ser feito.

Trata-se de uma estratégia que pode até surtir efeito em curto prazo e o indivíduo conquista algumas vitórias, mas a tendência é que, em longo prazo, essas práticas acabem se voltando contra o próprio autor. E, se isso não acontece, a própria empresa, que permite a perpetuação contínua dessas práticas, em muitos casos fica em uma situação difícil. Isso ocorre porque, se em uma empresa viceja o marketing pessoal desmedido, a eficiência e a eficácia nela tendem a ficar severamente comprometidas.

Limites do marketing pessoal

É lógico que é importante para um profissional que o seu trabalho tenha visibilidade na empresa e que, de maneira comedida, ele dê sua contribuição para que essa visibilidade aconteça. Assim, mostrar confiança, defender ideias relevantes e realçar as qualidades dos seus trabalhos, sem parecer um comercial de xampu, é melhor do que bancar uma ostra calada e modesta. A empresa se beneficia se o profissional "vende" algo que ele acredita ser bom para ela, pois a "compra" desse resultado pela empresa leva benefícios a ela. Sem essa preocupação, alternativas piores, pelo menos na visão do profissional, podem acabar prevalecendo e a empresa termina por se prejudicar.

Outro aspecto do marketing pessoal é a aparência, que de fato é importante, como diversas pesquisas na área de psicologia social têm demonstrado. Pessoas bem arrumadas e asseadas têm melhor desempenho em entrevistas de emprego, são mais bem atendidas em diversos lugares etc. Para pessoas que se envolvem em ações de venda pessoal, a aparência é ainda mais relevante. A importância atinge seu auge na área de serviços especializados (advocacia, finanças, medicina etc).

Se o exposto representasse os limites do que se define por marketing pessoal, não haveria problemas. Porém, muitas revistas e livros realçam de forma exagerada as virtudes do marketing pessoal como um grande impulsionador na carreira, que envolve, muitas vezes, autopromoção desmedida e práticas eticamente questionáveis, muitas vezes encobrindo poucas ações concretas efetivas. Esse tipo de prática se constitui em uma inversão de valores, como achar que os fugazes fogos de artifícios são mais importantes do que as estrelas. Max Gehringer apelidou esse tipo de profissional de pavão, porque é bonito, mas não faz nada de especial. O marketing pessoal deveria ser apenas um comedido e ético complemento de um trabalho bem-feito.

O lado negativo

O marketing pessoal nocivo envolve, basicamente, as seguintes práticas.
- Desculpas – Quando o funcionário apresenta desculpas por uma atividade não realizada no prazo. Desculpas não substituem a atividade e, neste caso, é muito mais útil assumir o compromisso de um novo prazo do que produzir desculpas. Se for solicitada uma justificativa para a não realização de uma atividade, ela deve ser breve e direta. O tempo dispensado para as desculpas pode acabar ocupando uma fatia significativa do tempo disponível, e isto é um ciclo vicioso no qual o funcionário estará cada vez mais atolado.
- Acusações – Quando o funcionário, além de produzir desculpas, acusa outras áreas ou pessoas para se livrar da culpa referente a uma atividade não executada no prazo. Normalmente, uma conversa prévia e direta com as outras partes resolveria o problema, mas como o funcionário precisa de justificativas, ele prefere desfilar um rosário de acusações. A acusação é mais perniciosa do que as desculpas, pois gera animosidade entre diferentes áreas e pessoas.

- Adulação – Quando o funcionário elogia as pessoas, especialmente em posição hierárquica superior, de forma a tentar auferir vantagens, ao fazer com que as pessoas elogiadas aumentem o conceito que tenham dele a fim de propiciar alguma vantagem futura para a sua carreira dentro da empresa. No fundo, a bajulação só prospera quando seu alvo é sensível a ela. Claro que elogiar com parcimônia, moderação e em aspectos que o elogiador realmente acredita faz parte de qualquer relacionamento interpessoal saudável.
- Autopromoção – Quando o funcionário sempre se elogia, mostrando conhecimento e, em muitos casos, procurando desvalorizar seus colegas, ao estilo "eu sou bom, os outros são ruins". Em uma reunião, procura sempre dar a última palavra, falar em tom discursivo, mostrar que tem opinião para tudo, gastar tempo excessivo rebatendo algo que ia mesmo ser descartado. Esse tipo de comportamento é irritante, desarticulador, improdutivo e desmotivante.

Um chefe vaidoso é um meio ideal para o marketing pessoal se propagar, já que é facilmente manipulável com uma dose certa de elogios. Infelizmente, o poder e a vaidade são características que andam juntas em muitas pessoas e empresas.

Formato x Conteúdo

Um subproduto comum da estratégia de autopromoção é um tipo de exibicionismo "físico", ou seja, a produção de um material (documento, apresentação, planilha, sistema, multimídia etc.) no qual se gastou muito mais tempo com a produção do que com a elaboração de seu conteúdo. É muito comum vermos belos formatos embalando conteúdos verdadeiramente terríveis. Já que o tempo é um artigo escasso, os profissionais deveriam se acostumar a dedicar mais tempo em garantir a qualidade do material produzido e, consequentemente, menos tempo em sua formatação. Afinal, em muitos casos, o conteúdo do trabalho é o que efetivamente será utilizado, o formato apenas facilita a "venda" da ideia.

No entanto, parte da preocupação com o formato, ligada à melhoria da legibilidade e da usabilidade, é válida. Porém, repare que, neste caso, o formato não está a serviço da autopromoção, mas de um uso mais produtivo do material gerado.

Quando o material produzido é voltado para o marketing interno ou externo, como o próprio nome já expressa, é claro que a preocupação com a forma passa a ser importante. Mas, mesmo nesse caso, é preciso saber quando termina a forma e começa a firula. Há muitas peças publicitárias em que o perfeccionismo da forma ultrapassa em muito o que seria necessário para gerar o resultado desejado, o que implica em consumo de mais tempo e recursos do que o necessário.

Lidando com o lado negativo

O maior problema do marketing pessoal nocivo é que ele não somente toma tempo do próprio indivíduo, mas ocupa toda a coletividade envolvida, e tem o efeito de "rastilho de pólvora", porque o que é praticado de um lado acaba sendo replicado por outros envolvidos. É como uma doença contagiosa, que a todos contamina.

Para alguém ser mais produtivo, a melhor política é não praticar e não ser receptivo às práticas descritas acima. Quando se trata de um subordinado, é preciso conscientizá-lo sobre seus malefícios e de que tais arengas não impressionam, muito pelo contrário. Uma postura pessoal de rejeição a esse clima de eternas eleições gera aumentos de produtividade, principalmente em grandes empresas.

Como ressaltamos, todo mundo, em maior ou menor grau, gosta que os outros tenham uma boa imagem a seu respeito, isso é algo positivo e normal, mas precisa ser trabalhado dentro dos limites da ética e da moderação. Em suma, não se deve fazer nada para prejudicar outras pessoas, mais sim procurar sempre priorizar a eficiência e a eficácia, evitando consumir o seu tempo útil e o das outras pessoas.

Para sermos realistas, devemos admitir que, se uma pessoa trabalha para um chefe que valoriza algum dos pontos tratados acima de forma irredutível, é preciso se adaptar ou, o que é melhor, procurar outra posição no mercado de trabalho. Por exemplo, há muitos chefes para os quais o formato de qualquer material é o que há de mais importante. Então, pelos menos durante algum tempo, é preciso se violentar um pouco e fazer o que não se acredita, até que se encontre uma saída. Uma empresa que valoriza chefes desse tipo pode acabar, lá na frente, não conseguindo gerar uma produtividade que a mantenha competitiva diante de um mercado cada vez mais exigente.

O psicopata mora ao lado

Mas o mundo não é tão simples. Essa exposição não ficaria minimamente completa sem que reconheçamos que os mais hábeis manipuladores não praticam a adulação óbvia, mas adotam práticas mais sutis e efetivas, muito mais difíceis de serem desmascaradas, pois são também ações normais e civilizadas nas boas relações.

- Fazem elogios econômicos, moderados e sinceros, como já mencionado.
- Elogiam-no para outras pessoas de forma que o elogio chega a você por vias indiretas.
- Praticam *rapport* (emulam suas atitudes e hábitos). Experiências em psicologia social comprovam que o rapport aumenta a empatia do "imitado" pelo "imitador", mas, por outro lado, o exercício inconsciente do rapport acontece mais quando o "imitador" tem empatia pelo "imitado".

- Apreciam ouvi-lo.
- Fazem favores "desinteressados", de forma que você fique inconscientemente devedor. São, por vezes, muito prestativos, quase serviçais.
- Interessam-se bastante pela sua vida, incluindo suas predileções e hobbies.

Portanto, é preciso ser muito bom na leitura de pessoas para identificar quais dessas ações são exercidas de forma natural, em nome de uma amizade, ou fazem parte de um processo de manipulação com determinados objetivos, talvez inconfessáveis. E, mesmo as pessoas que se julgam infalíveis na arte de avaliar pessoas, às vezes, erram. E o tombo dos presunçosos costuma ser mais feio.

Automotivação

"Compete a você."
Marco Aurélio, imperador romano

É comum ouvir um indivíduo reclamar de onde mora, queixando-se das pessoas, dos lugares, de tudo. Ele se sente perseguido, ignorado e injustiçado. Há casos em que o indivíduo sonha em se mudar para fugir dos seus problemas. Lá, ele imagina, tudo será diferente. Afinal, as pessoas lá são muito melhores, o lugar é muito mais aprazível, e por aí vai.

Quando o indivíduo eventualmente se muda, ele finalmente descobre, infelizmente, que seus problemas viajaram junto com ele e tudo volta a ficar como antes.

As pessoas refletem nossas atitudes e comportamentos. Elas devolvem o que nós damos a elas.

Assim, excluindo casos extremos, tudo o que acontece na nossa vida é consequência do que fazemos e do que deixamos de fazer. Somos 100% responsáveis pelo nosso futuro. Não adianta buscar lá fora os culpados, responsáveis ou desculpas. Será uma busca infrutífera, basta se olhar no espelho.

O mesmo se refere à motivação. Para que seja duradoura, não flutue ao sabor das circunstâncias e do humor das pessoas que estão à nossa volta, é essencial que venha de dentro de nós mesmos: a automotivação.

Os tópicos anteriores deste capítulo são indispensáveis para a automotivação. Para perseguir a automotivação, cada indivíduo requer uma abordagem apropriada para o seu caso, dependendo do que está mais presente (ou ausente) na sua vida. Seja qual for a estratégia, tudo precisa começar por um processo de conscientização de que algo está errado e que é preciso mudar.

Por onde começar?

Algumas pessoas vivem uma rotina tão avassaladora que parecem um disco quebrado, repetindo sempre a mesma faixa. Essa pessoa, quando muito, costuma ter objetivos extremamente modestos. Muitas vivem a vida inteira assim e nem se sentem mal com isso. Como o mais importante é a felicidade, não há motivo para essa pessoa mudar, se isso não a está incomodando.

No entanto, muitos mentem até para si mesmos. O indivíduo finge estar feliz para não ter que enfrentar situações desagradáveis. Com o tempo, é comum que as pessoas percebam que o tempo passa, mas elas estão sempre no mesmo lugar. A rotina vai ficando mais opressora e difícil de levar. Cabe então abrir uma janela de tempo, quebrar alguns hábitos arraigados e começar a repensar a vida como um todo. Ou seja, o ataque começa pela inércia. Fora todas as outras coisas, exercícios físicos ajudam a aumentar o nível de energia.

Outras pessoas simplesmente vivem sem objetivos, apreciam intensamente o dia a dia, não se preocupam com o futuro e deixam tudo rolar. Algumas usam drogas, viram noites e noites, e outras se metem em confusões. São basicamente hedonistas. Se essa pessoa tiver recursos próprios sólidos ou "patrocínio", isto é, quem a sustente, ela, muitas vezes, não se sente incomodada, não vê razões para mudar e, certamente, não estará lendo um livro como este.

Se os recursos ficarem escassos ou se a pessoa vai se cansando da ação sem evolução, ela precisa estabelecer algum objetivo inicial, que abra espaço para todo o processo descrito nos tópicos acima.

Finalmente, há aqueles que estão com a autoestima tão baixa que é preciso restabelecê-la em um nível mínimo, para que se encontre disposição para encarar outros desafios.

Enfim, automotivação é o resultado do ciclo completo, que envolve sair da inércia (através da noção de que você é 100% responsável pelo seu próprio sucesso), restaurar a autoconfiança, traçar grandes e inspiradores objetivos na vida, dividi-los em um grande número de objetivos menores, fazer um planejamento detalhado de cada objetivo menor e, com organização, executar o plano de forma a maximizar sua produtividade (eficiência e eficácia). No alcance de cada objetivo, principalmente dos objetivos maiores, se restabelece a autoconfiança como a motivação essencial para o estabelecimento de novos grandes objetivos e, assim, reinicia-se todo o ciclo virtuoso.

Exemplo prático

Suponha que o objetivo traçado seja superar um trauma com Matemática, melhorando-se a base e passando-se à obter boas notas. Afinal, dificuldades em Matemática ocasionam problemas futuros em muitas matérias escolares, como Física, Química e até Biologia, além de fechar as portas para muitas carreiras, como Informática, Finanças, Economia, Engenharia de Produção etc.

Para isso é preciso quebrar a inércia decorrente da comodidade de não estudar e, portanto, de tentar passar de ano "raspando" ou colando nas provas. Também é preciso se convencer de que as dificuldades surgem mais em função do desinteresse e dos terríveis professores do passado do que por qualquer incapacidade nata. Cada progresso obtido será um estímulo importante para melhorar a autoconfiança.

O objetivo maior deveria ser dividido em objetivos menores, nos quais cada prova pode funcionar como um marco. Para superar o passado, é preciso um plano de emergência, que pode envolver a contratação de um bom professor particular e aquisição de materiais didáticos apropriados.

No detalhamento do plano, surge a necessidade de se reservar horas de estudo semanais, intensificadas no período que precede as provas.

Todo plano deve ser acompanhado de uma organização adequada. Deve-se ter todo o material em mãos, e não jogado em qualquer lugar da casa. Além disso, quem estudou sabe como é penoso tentar estudar a partir de um caderno bagunçado e incompleto.

A eficiência e a eficácia, neste caso, consistem na adoção de diversas táticas, no sentido de melhorar a produtividade do plano, tais como:

- Reconhecer, se for o caso, a necessidade de ajuda externa de um professor particular e pedir aos pais, caso tenham condições de contratar um. Do contrário, pode-se apelar para um amigo que possa ajudá-lo.
- Focar os tópicos mais relevantes para as provas ou que sejam pré-requisitos importantes no futuro.
- Evitar ficar tempo demais em assuntos fáceis, por ser mais confortável e requerer menos esforço.
- Evitar ficar tempo de menos em assuntos difíceis, pelo motivo oposto.
- Garantir uma boa noite de sono na véspera das provas.
- Tentar aprender as coisas mais organicamente e não por mera repetição, pois a decoreba pura trará crescentes dificuldades mais para frente.
- Trabalhar psicologicamente para baixar o nível de ansiedade na hora da prova.
- Dar a devida importância à concentração durante o período de estudo. A maior parte das pessoas tem um desempenho pior nos estudos se há muito ruído ambiente, se a TV está ligada ou se há muitas interrupções.
- Desenvolver o método de estudo em si, visando maximizar seus resultados. Fazer resumos para fixar o conteúdo, examinar a solução de problemas resolvidos e desenvolver a habilidade de fazer pequenos cálculos de cabeça são técnicas que podem ajudar.

No momento em que forem obtidas várias notas boas seguidas em Matemática, estaremos com a autoconfiança restabelecida e poderemos estabelecer outro objetivo maior, como, por exemplo, se formar em Engenharia.

• • •

Em suma, a automotivação é a base de tudo. Uma pessoa automotivada tem todos os pré-requisitos para desenvolver as outras qualidades já citadas, tais como garra (motivação, crença, energia, força de vontade e perseverança), profissionalismo, capacidade de ação, relacionamento, criatividade, além das competências específicas do seu ramo de atividade.

Informação

> "Dado não é informação, informação não é conhecimento, conhecimento não é sabedoria."
> Cliff Stoll, escritor (1950-)

Nos últimos tempos, especialmente a partir do final do século passado, tem ocorrido uma grande aceleração no fluxo de informações que circula no mundo, fomentada pelo desenvolvimento técnico e científico e, principalmente, devido a um grande incremento dos meios de comunicação, particularmente a internet e a telefonia celular.

Em relação aos celulares, estamos nos referindo aos modelos um pouco mais sofisticados, com acesso à internet (quer por via telefônica, quer pelo acesso a uma rede sem fio, como o Wi-Fi). Nessa categoria, também se enquadram os correlatos smartphones, palmtops, laptops, tablets e netbooks.

A internet responde pela quantidade e variedade quase infinitas de informação. Por sua vez, os celulares garantem que a informação tenha um alcance quase ilimitado, chegando a alguém onde quer que esteja.

Com o advento da internet, as pessoas (que a ela têm acesso) passaram a dispor de uma infinidade de sites de notícias, lazer, tecnologia, política, vida moderna, curiosidades; enfim, qualquer tema que se possa imaginar, apresentado sob a forma de textos, áudios, fotos e vídeos.

Esse conteúdo é exibido, muitas vezes, de uma forma bem dinâmica. O usuário, com poucas teclas e cliques no mouse, navega por todo o conteúdo, busca o que quiser, interrompe, retrocede ou adianta um vídeo, enfim, tudo que se pode imaginar em termos de interação.

Chegar à informação desejada é também cada vez mais fácil. Em um buscador como o Google, por exemplo, obtém-se rapidamente a resposta para quase qualquer coisa que se imagine. O remédio X tem efeitos colaterais? Que música estava em 1º lugar nas paradas no dia em que você nasceu? Qual era a circulação do *New York Times* em 1990?

Muitos meios de comunicação tradicionais estenderam seus domínios para a internet (jornais, revistas, TVs etc.), além de terem surgido diversas outras mídias criadas exclusivamente para a internet, como a Wikipedia (www.wikipedia.com) e o About (www.about.com).

Web 2.0

A Wikipedia, por exemplo, criada em 2001, é atualmente a maior enciclopédia do mundo, disponível em mais de 250 idiomas ou dialetos. Na língua inglesa, já conta com mais de 3,1 milhões de artigos e cerca de 1,6 bilhão, de palavras, o que já corresponderia a mais de mil volumes de enciclopédia. Quando você estiver lendo este livro, esses números serão ainda maiores!

Além disso, os sites estão estimulando mais e mais a participação dos seus leitores, por meio de comentários, opiniões, pesquisas, relatos, artigos etc. Os leitores começam, então, usando um site como ponte, interagindo entre eles mesmos. Sites que estimulam a participação ativa dos internautas e a comunicação entre eles fazem parte das chamadas redes sociais. Uma lista das principais redes sociais puras pode ser encontrada em http://pt.wikipedia.org/wiki/Lista_de_redes_sociais.

Essa nova tendência da internet, a participação ativa do internauta na elaboração do próprio conteúdo da internet, tem sido chamada de Web 2.0, para contrastar com os tempos iniciais da internet, nos quais as pessoas se limitavam a navegar passivamente por seus sites favoritos.

Dentro dessa nova tendência, a Wikipedia é totalmente construída com a colaboração dos seus próprios usuários, sem nenhuma contrapartida financeira. Uma curiosidade: há uma lenda urbana que diz que wiki é a sigla para "what I know is..." (o que eu sei é...), mas trata-se de um falso acrônimo, pois wiki vem da tradução havaiana para rápido.

O Amazon.com (maior site de e-commerce do mundo) disponibiliza para os usuários um meio bastante sofisticado de interação, no qual eles comentam os produtos e os avaliam, fazem listas de produtos recomendados, comentam ou avaliam os comentários de outras pessoas e muito, muito mais. Ou seja, o Amazon (e vários outros sites concorrentes ou especializados) possui uma rica fonte de informações que permite, com o devido cuidado, selecionar de forma confiável os melhores livros e produtos em geral.

Muitos sites especializados, com finalidade comercial ou não, permitem que usuários façam perguntas, as quais terão grande chance de ser respondidas de forma adequada por algum usuário ou até por alguém da equipe do próprio site. Exemplos incluem o serviço Yahoo Answers (http://answers.yahoo.com) e, mais recentemente, o Mahalo (www.mahalo.com).

Além disso, cada vez mais pessoas, mesmo sem vínculos com alguma mídia, estão gerando conteúdo para a internet.

Os sites de redes sociais, como o Orkut, Facebook e o MySpace, representam uma forma de os indivíduos se apresentarem para os amigos e para o mundo. Muitos deles reúnem pessoas interessadas em um determinado assunto, o que leva a uma riqueza de informações disponibilizadas por meio de debates entre seus usuários.

Diversos sites, o mais famosos deles o YouTube, aceitam vídeos postados por qualquer pessoa que deseja exibi-los. Isso acaba sendo não só uma fonte de lazer, mas também uma insuspeita fonte de informação. Há milhares de tutoriais (em forma de vídeo) que ensinam desde como vestir uma gravata até executar complexas configurações de software.

As pessoas também usam os grupos de notícias (Newsgroups) – no Google, por exemplo, clique em Mais e Grupos – para publicar comentários, dúvidas e debates sobre qualquer assunto. Os grupos são organizados por temas, subtemas e assim por diante. Isso quer dizer que, qualquer que seja o assunto imaginado, é provável existir algum grupo voltado exclusivamente para esse assunto. O grupo não corresponde a um conjunto de pessoas interessadas no tema, e sim a um local onde qualquer pessoa pode entrar e lançar um texto ou dúvida sobre aquele tema.

O *chat* (bate-papo on-line), a despeito do seu uso generalizado para passar o tempo, fazer amizades e paquerar, pode ter o mesmo caráter informativo. Há salas de bate-papo on-line especializadas em diversos temas, nas quais o participante pode encontrar especialistas em um determinado tema e interagir em tempo real.

O blog é outra forma de interação via internet que esteve muito em voga. Quer seja uma pessoa anônima ou um jornalista associado a um importante veículo da imprensa, o blog envolve a inserção (postagem) de textos (podendo estar associado a fotos, vídeos ou áudio) em um site, com frequência regular (nos blogs mais populares), cada um deles identificado pela data e hora em que foram publicados e que podem ou não ser abertos a comentários para os seus leitores.

Muitas dessas pessoas, sem nenhum interesse financeiro imediato, disponibilizam informações especializadas sobre um dado tema (economia, política, tecnologia, meio ambiente, negócios etc.) por meio de um blog, com uma visão independente e de qualidade.

Recentemente despontou o Twitter, que é considerado um microblog, pois limita a postagem de textos a no máximo 140 caracteres, forçando uma objetividade muito maior. Constitui-se um meio eficiente para rapidamente se tomar conhecimento do que é comentado sobre fatos recentes, produtos e empresas, além de divulgar de forma rápida uma novidade para uma rede de contatos, tanto para pessoas quanto para empresas. A brevidade favorece especialmente aqueles que acessam o Twitter em algum dispositivo móvel.

Por outro lado, o Twitter virou um modismo incontrolável, com predomínio de conteúdos irrelevantes ou meramente conversacionais. Portanto, pode se constituir em uma grande perda de tempo, tanto para quem gera conteúdo quanto para quem o acessa, em meio a uma multiplicidade de fontes de informação. Uma pesquisa recente da Pear Analytics revelou que apenas 9% do conteúdo pode ter alguma utilidade.

Você escolhe a informação que quiser

O acesso à informação pode ser "puxado" (pulled) quando o leitor escolhe um jornal para ler ou um site para visitar. Outra forma de impulsionar esse acesso é a informação ser "empurrada" (pushed) ao visitante, o que ocorre quando ela chega direto para a pessoa, enviada por alguém que tenha interesse em divulgar esta informação.

Como as pessoas tendem a passar cada vez mais horas diante de um computador (ou com um celular), os e-mails chegam até elas diretamente, sem que seja necessário esforço. Assim, muitas pessoas recebem informações por newsletters, que podem trazer notícias ou informações sobre os mais variados assuntos. Algumas *newsletters* podem ser conscientemente escolhidas pelo indivíduo para serem enviadas, em função do seu interesse, enquanto outras funcionam quase como um *spam* (e-mail não solicitado), que mistura informações com propaganda.

Outra forma de "empurrar", porém bem mais elaborada e flexível, é a utilização de um Leitor de RSS (RSS significa Rich Site Summary) ou Agregador de Notícias. O Leitor de RSS consiste em permitir que o usuário escolha alguns sites de interesse, ligado aos temas que lhe dizem respeito. O Leitor de RSS então concentra todas as novidades apresentadas por esses sites em uma única "página". O usuário pode optar por instalar um programa (como o FeedDemon, agora gratuito e considerado o agregador mais versátil), que sempre avisará sobre as novidades que surgem, instalar um complemento para o seu navegador favorito ou até mesmo usar um agregador de notícias on-line, como Bloglines ou GoogleReader, que não exige nenhuma instalação prévia.

O leitor deve estar se lembrando de como a modernidade é vantajosa. E ele não deixa de ter razão. Antigamente, uma dúvida poderia pairar no ar sem solução por muito, muito tempo. Fora os seus conhecidos, o melhor recurso disponível era tentar ir a uma biblioteca e pesquisar. Muitas vezes, era como buscar uma agulha no palheiro.

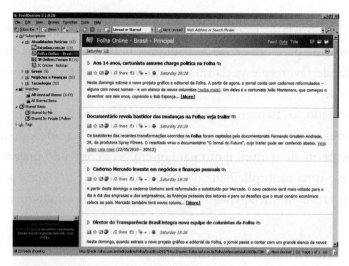

Tela do agregador FeedDemon

Informação demais x Tempo de menos

O outro lado da moeda é perverso. O volume de informações disponíveis é tão assustador que todo mundo se sente ignorante diante dessa vastidão. Um especialista vira praticamente um leigo diante da quantidade de informações acessíveis sobre o tema de sua especialidade, que ele não tem tempo hábil para absorver. Isso gera uma tremenda ansiedade em muitas pessoas, porque o indivíduo se sente cada vez mais oprimido. Se ele correr atrás de todas as informações disponíveis, cansa de tanta leitura e não consegue acompanhar tudo; se ele abre mão, fica cada vez mais para trás.

Em suma, a sociedade toda pressiona o indivíduo para que engula a maior quantidade de informações possíveis no pouco tempo que lhe resta. Muitos insinuam que, se ele não for muito decidido a se manter absolutamente atualizado, em pouco tempo estará profissionalmente "morto". Fora os exageros, é lógico que se manter atualizado no que for necessário é importante, mas é preciso fazer muito menos esforço do que se imagina. É como a tampa de uma embalagem de maionese: para abri-la, não precisamos de força, e sim de jeito.

A vida corporativa é muito pautada por decisões. A tomada de decisões requer informações. No entanto, excesso de informações (overdose) sobre um determinado tema pode mais atrapalhar do que ajudar no processo decisório. Ou seja, é preciso sempre coletar a informação necessária e suficiente, e nada mais. Experiências conduzidas na área de psicologia social mostram o chamado "efeito diluição", pelo qual as informações neutras ou irrelevantes enfraquecem um julgamento ou impressão.

- Deve-se discernir cuidadosamente quais informações são ligadas à atividade profissional e quais são ligadas a interesses particulares do indivíduo. Os

interesses particulares deveriam ser uma fonte de satisfação e, idealmente, exercidos sem obsessão e sem a preocupação de se "ilustrar", visando exibir uma bela estampa para os outros.
- A quantidade de informações é infinita, mas sua qualidade, não. Todas as mídias, e particularmente a internet, apresentam uma grande dose de imprecisão, distorções e irrelevância. Assim, é importante ter sempre uma visão crítica sobre o que se lê, vê ou ouve.
- Em relação às informações ligadas à atividade profissional, deve-se ter em mente que absorver toneladas de informações apenas indiretamente relacionadas ao trabalho servirá somente para mostrar aos outros um domínio que não se converterá em nada de prático, ou seja, é mais uma inócua ação de marketing pessoal. Essa atividade consome um tempo precioso, que poderia ser empregado em atividades muito mais úteis ou prazerosas.
- O indivíduo, então, precisa aprender a distinguir o que é ou não realmente relevante para a atividade profissional que ele exerce. Assim, ele precisa ser extremamente seletivo, ou seja, procurar absorver pouca quantidade com muita qualidade. Além disso, ao examinar um material relevante, deve-se ignorar as partes acessórias e selecionar as partes fundamentais.
- O mundo é uma rede de pessoas. Melhor do que tentar concentrar todo o conhecimento relevante apenas em você, é conhecer, de cada área correlata, uma ou mais pessoas boas que possam agregar conhecimento a uma questão que esteja em pauta. Afinal, como diz o dito popular, "o importante não é saber, mas ter o telefone de quem sabe".
- A fama, o sucesso ou a riqueza de um indivíduo não transforma bobagens em verdades. Por exemplo, o fato de Bill Gates ser um mega sucesso não o torna um oráculo, nem em questões de tecnologia. Afinal, pessoas bem-sucedidas são uma combinação em proporções variáveis de mérito e sorte. No caso do Bill Gates, particularmente, a sorte teve um importante papel, como descrevemos no *case* da Microsoft. Além disso, ninguém está livre de dizer bobagens de vez em quando.
- Eventualmente, é interessante sair um pouco do lugar comum e aprender algum tema, língua ou habilidade relevante, porém que não seja tão explorado. Isso pode funcionar como um diferencial interessante.

Usando a informática

A informática propicia alguns novos horizontes que podem ser explorados.

- Vale a pena, em caso de necessidade, se aprofundar em alguns dos recursos sucintamente descritos. Por exemplo, a seletividade da informação, proporcionada por um bom leitor de RSS, pode poupar muito tempo.
- Para muitas áreas, existem sites especializados ("verticais"), que podem ser úteis para sua atividade profissional.
- Dependendo da atividade profissional exercida, pode ser bastante útil utilizar alguma ferramenta de registro de informações. As boas ferramentas (como o Treepad ou Keynote) permitem desenhar uma árvore de assuntos com um texto associado a cada um deles. Cada artigo pode conter textos, links, vídeos e imagens. Posteriormente, pode-se buscar com facilidade a informação desejada.

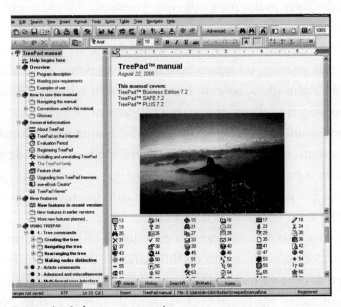

Treepad – Software para inclusão e recuperação de conhecimento.

- Algumas empresas têm uma ferramenta corporativa para lidar com a coleta e registro das informações. São as denominadas ferramentas de gestão de conhecimento.
- Há empresas especializadas em montar *clippings* (seleções) de notícias gerais ou especializadas para assinantes, de forma customizada ou genérica. Se o material for bem elaborado, um clipping pode ser uma forma muito rápida de obter-se informações poupando o trabalho de ler as mídias originais ao leitor, que foram as fontes do clipping.

Informação é para tomada de decisões

A separação das informações necessárias para o exercício profissional começa pela definição de em quais processos decisórios a pessoa está envolvida e como se processa a decisão em cada caso. Tendo isso definido, o conjunto de informações necessárias vem à tona sem grandes esforços: são aquelas que podem interferir efetivamente nas decisões. A surpresa, muitas vezes, será dupla. Quanta informação inútil seria coletada e que não tinha nenhuma serventia? Por outro lado, quantas outras informações, as realmente necessárias, nem estavam à mão? Tais falhas fazem com que o processo decisório seja improdutivo e, muitas vezes, equivocado.

Além das informações coletadas do mundo externo, muitas informações circulam na empresa dentro de uma área e entre as diferentes áreas. E, como sempre, muitas dessas informações não servem para absolutamente nada, a não ser satisfazer a curiosidade de alguns ("voyeurismo" da informação). Ficar navegando por informações sem ter uma ideia definida do que se quer obter delas é uma maneira perfeita de se perder tempo.

Uma vez que se saiba exatamente o que é preciso das outras áreas, nem mais nem menos, é isso o que deve ser solicitado. Se todas as áreas de uma empresa trabalhassem exatamente dentro das necessidades reais de informação, o ambiente ficaria muito mais produtivo. Cobrar outras pessoas por informações desnecessárias gera duas grandes perdas: a perda de tempo e dinheiro para obter essa informação, e a perda do seu próprio tempo em digeri-las.

É comum encontrar empresas com fácil e rápido acesso a informações em tempo real. Assim, a todo momento, os executivos interrompem o que estiverem fazendo para olhar esses indicadores, de

Iridium – informação insuficiente

Iridium é uma empresa, lançada pela Motorola, com um sistema de satélites para comunicação telefônica sem fio. O sistema inicialmente deveria ter 77 satélites (daí o nome Iridium, que é o metal de número 77 na escala periódica), mas foi lançado com somente 66 satélites.

Diz a lenda que a esposa de um alto executivo da Motorola viajou sozinha para fora dos Estados Unidos, no início dos anos 1990, e não conseguiu usar o seu celular analógico em *roaming*. Daí teria surgido a ideia de um sistema telefônico global que funcionasse em qualquer parte do planeta, inclusive em alto-mar.

Com tantos satélites, o sistema recebeu um investimento inicial em torno de US$ 6 bilhões. Em um ano, suas ações subiram de US$ 17 a US$71. Muita gente ficou rica com uma empresa que sequer funcionava.

A inauguração foi no final de 1998, com um telefonema do então vice-presidente norte-americano Al Gore. A lua de mel durou pouco, e a realidade veio à tona. O aparelho era grande, pesava cerva de meio quilo, custava US$ 3 mil e cada ligação custava US$ 5 por minuto.

Nessa época, com o início das redes digitais (GSM, CDMA e TDMA), as dificuldades de *roaming* cessaram, e se a esposa daquele mesmo executivo viajasse não teria nenhuma dificuldade para telefonar, a menos que ela fosse para o meio de um deserto na África.

Não apareceram clientes. E em agosto de 1999, somente nove meses depois do seu início, portanto, foi pedida a sua falência. Suas ações despencaram para algo próximo a zero. A Iridium foi vendida em 2001 para um grupo de investidores por US$ 25 milhões, cerca de 4% do seu custo.

A Iridium é exemplo de uma desastrosa decisão baseada em um sonho, com a visão que ignorava suas enormes desvantagens e por imaginar que haveria clientes suficientes, só para poder se comunicar no mundo todo. Além disso, houve uma falta total de visão de futuro e dos avanços da tecnologia em telefonia.

modo quase compulsivo, mesmo que esta informação não gere nenhuma possibilidade de ação ou decisão imediata ou futura. Imagine isso no meio de uma reunião importante. Informações desnecessárias esmaecem a visibilidade do que é realmente importante.

É fundamental educar os subordinados sobre a improdutividade da circulação de informações inúteis. Às vezes, alguém pensa que impressiona pela facilidade com que tantas informações podem ser coletadas. Se não se sabe a origem e função das informações, elas servem apenas para desperdiçar o tempo de um monte de gente. Mesmo para colegas de outras áreas, convém, educadamente, repelir o recebimento de material irrelevante para tornar seu tempo mais produtivo. Assim, quem sabe, o remetente também torna-se mais produtivo.

Criatividade

"O que destrói a criatividade é o senso do ridículo."
Confúcio, filósofo chinês da antiguidade

Algumas pessoas pensam que a criatividade é algo que nasce com o indivíduo e não pode ser cultivada. Com isto se acomodam e, portanto, se fecham para a possibilidade de se tornarem mais criativas. Certamente, não podemos negar que, em parte, a criatividade é um talento nato, porém, com esforço de treinamento, ela pode ser desenvolvida. É lógico que uma pessoa automotivada (autoconfiante, que sabe aonde quer chegar e é pró-ativa) desenvolve um estado de espírito mais propício para o desenvolvimento da criatividade.

A criatividade traz sabor e personalização especiais às realizações e, se bem exercida, espanta o tédio, a rotina e a mesmice. Torna o raciocínio mais afiado, versátil e intuitivo, apoiando diferentes aspectos da vida profissional e pessoal, como planejamento, elaboração de objetivos, busca de soluções, tomada de decisões etc.

Criatividade é pensar diferente

Um grande inimigo da criatividade é a chamada conformidade. Muitas pessoas têm dificuldade de sustentar suas opiniões se elas divergem da posição predominante do grupo, como foi provado em dezenas de experiências no campo da psicologia social.

Em uma dessas célebres experiências, realizada em 1956 pelo psicólogo Solomon Asch, um percentual expressivo de indivíduos se convence de que um segmento de reta errado dentre três opções é igual a um segmento de rede de referência, apenas porque cúmplices afirmam isso, a despeito do fato de ser praticamente óbvio qual segmento de reta é igual ao segmento de referência.

Na famosa e assustadora experiência da Milgram, mostra-se a influência da autoridade no desligamento do senso crítico das pessoas, quando pessoas disfarçadas de cientistas, vestindo jalecos brancos, convencem uma expressiva porcentagem de pessoas a ministrar choques crescentes em "vítimas" à distância, mesmo ouvindo-se seus gritos, em nome de uma experiência científica.

Um ingrediente muito rico no processo criativo é a dúvida, ou ceticismo, que é o saudável exercício de questionar as chamadas verdades incontestes ou estereótipos. No entanto, é preciso que o cético ofereça visões alternativas, para que não assuma uma postura meramente niilista, negando tudo que é estabelecido sem colocar nada no lugar ou sugerir soluções. Uma postura cética, mas propositiva, tem um enorme potencial de servir de inspiração para um manancial quase inesgotável de ideias frescas.

Afinal, não é o fato de quase todo mundo dizer, quase todo mundo aceitar, quase todos seguirem, que torna algo absolutamente certo. Por exemplo, a religião hinduísta é a dominante na Índia. A maioria absoluta dos indianos hinduístas não come carne de vaca, animal considerado sagrado. Para quem vive imerso nesse ambiente cultural, esse costume é amplamente verdadeiro e natural. No entanto, para a maioria dos ocidentais, ele soa estranho.

Emitir uma opinião diferente, argumentar, sustentar é um grande treino para se expressar cada vez melhor e, também, ser mais criativo. Afinal, dizer algo diferente do que todos dizem é sempre mais desafiador. O importante nas relações humanas é escutar muito, se interessar genuinamente pelos outros, mas também interagir e emitir opiniões.

Obstáculos à criatividade

Hábitos passivos e/ou rotineiros, como ver TV demais, lavar seu carro todo fim de semana, manter discussões intermináveis sobre seu time do coração ou passar anos e anos trocando as mesmas farpas com seu cônjuge, não servem de estímulo para que a criatividade se desenvolva.

Isso tudo funciona como uma eterna repetição do mesmo. Por exemplo, se alguém fala do juiz que roubou um pênalti na partida de futebol e fecha os olhos, isso pode acontecer hoje, há dez anos ou daqui a dez anos, e é sempre mais do mesmo. Entretém e passa o tempo? Pode ser. Mas não vai além disso.

Com tais afirmações, não estamos demonstrando preconceito contra atos inconsequentes, apenas referimo-nos ao caráter repetitivo de muitos desses atos. Falar besteira entre amigos pode ser muito prazeroso e até demostrar uma grande expressão de criatividade pelo humor.

O que também pode minar a criatividade é, por incrível que pareça, a especialização. Se o indivíduo não tomar cuidado, a especialização gera uma mente bitolada e com dificuldades para pensar fora do quadrado (out-of-the-box), isto é, o indivíduo corre o risco de ficar preso demais ao enfoque que sua especialização lhe confere.

O que estimula a criatividade?

A criatividade está muito ligada ao desprendimento de uma pessoa perante o mundo que a cerca. Se uma pessoa se leva muito a sério, ela se tolhe e fica sempre querendo provar para si mesma e para os outros que é muito respeitável.

O humor é um ótimo veículo. Rir de si mesmo e de suas bobagens é algo estimulante. Não é bom estar sempre de prontidão, como um soldado pronto para a batalha. Pensar demais antes de falar limita o alcance do que pode ser dito e criado. O improviso, a descontração e a liberdade são aliadas da criatividade.

A criatividade depende muito de se estar antenado com o mundo e suas tendências, para que ela não se constitua em mero devaneio. Criar é, também, colar pedaços captados aqui e acolá e dar a eles um novo sentido. Às vezes, quando o indivíduo é excessivamente presunçoso, pode pensar que sabe mais que os demais e que é a grande fonte das ideias e da verdade; isso tudo faz com que sua criatividade fique embotada, pois ele deixa de exercer o importante papel de coleta e observação, tão necessário para o ato de criar.

Há a tendência de as pessoas, ao longo dos anos, cristalizarem suas opiniões e hábitos. "Não quero mudar, pois é assim que eu sempre faço, já estou acostumado". No entanto, a criatividade precisa de ar fresco, mudança, flexibilidade, já que ela não flui em uma ambiente viciado, no qual as ideias não mais circulam. Por isso, Raul Seixas cantava: "Prefiro ser aquela metamorfose ambulante do que ter aquela velha opinião formada sobre tudo".

A arte da criatividade em grupo envolve liberdade de se comunicar, expor pensamentos incompletos e inconsistentes. É a partir de fragmentos de ideias de várias cabeças, unindo-se como peças de um quebra-cabeça, que se formam algumas das melhores ideias. Isso é o que define o que se chama de *brainstorm* (tempestade de ideias). Muitas vezes, um preparativo prévio dos participantes ajuda a melhorar o resultado de um brainstorm, como foi evidenciado por psicólogos.

A noção arraigada de hierarquia, o medo de errar e a necessidade de se provar conhecimento apagam as centelhas de criatividade que poderiam emergir dos membros de uma equipe. Uma falácia que inibe a criatividade é descartar, sem examinar mais de perto, uma ideia por parecer impossível ou arriscada demais. Isso é mais presente ainda se uma pessoa fica com receio de soltar a criatividade e ser ridicularizada.

As pessoas, muitas vezes, são tão perspicazes que perdem o poder das soluções simples e eficazes, como ilustrado nessa "fábula" contada por Roberto Mena Barreto em seu livro *Criatividade, no trabalho e na vida*, sobre um concurso que premiava quem conseguisse medir mais rápido a altura correta de um prédio com o auxílio de uma maleta.

Para resumir a história, aqui ligeiramente adaptada, três pessoas participam do concurso: um astrônomo, um matemático e um escriturário. Foram entregues para cada participante uma maleta com o mesmo conteúdo (uma trena de dez metros, um astrolábio, uma calculadora e um teodolito). O astrônomo brigou para entender a escala do astrolábio, instrumento em desuso, mas conseguiu medir a altura do prédio com algum esforço. O matemático pegou o teodolito, mediu o ângulo do chão para o prédio em dois pontos diferentes de distância conhecida para calcular a altura do prédio, mas suou um pouco. O escriturário.... Ora, ele simplesmente ofereceu o conteúdo da maleta para o porteiro ("as crianças podem brincar com esses cacarecos") e pediu que ele mostrasse a planta do prédio, na qual estava assinalada a altura do prédio, obtendo a informação de forma mais rápida e precisa do que seus dois oponentes!

A criatividade é inimiga da rotina. Assim, é preciso inventar, variar, adquirir novos interesses, sair de sua zona de conforto, viajar, praticar novos esportes, conhecer pessoas interessantes que tenham experiências ricas para compartilhar. Pode ser o taxista de incontáveis histórias, o cientista frustrado, o piloto de avião monomotor na Amazônia etc.

Criatividade combina com interesse pelo mundo que nos cerca. Os hábitos da leitura e da navegação na internet, quando bem direcionados, são aliados da criatividade, porque dão acesso a milhões de histórias, notícias, vivências e opiniões. A grande vantagem da leitura sobre o vídeo é que, por mais completa que seja a descrição de uma cena em um texto, sempre sobrará espaço para a imaginação completar a imagem mentalmente criada.

Por outro lado, é lógico que tudo depende da qualidade do material. *Chats* do tipo "e aí, qual é a boa de hoje?" ou revistas de fofocas podem constituir-se atividades de lazer, mas certamente não se constituem grandes aliados do desenvolvimento pessoal.

Escrever é ainda mais desafiante que ler, porque força o cérebro a trabalhar na articulação de ideias, o que é bem mais engenhoso do que apenas ler. Assim, escreva tudo o que puder: cartas, e-mails, resenhas, poesias, contos, romances, textos técnicos etc.

O livro *Você pode tudo* apresenta atalhos interessantes para estimular o pensamento criativo. Um deles é pensar em um problema, como se não houvesse limite de tempo e recursos, que o autor apelida de "O que Creso[1] faria". Depois, o exercício consiste em introduzir esses limites, sem perder algumas das características agregadas pelos recursos ilimitados.

Por exemplo, um médico pode precisar atender chamadas de emergências à noite, na hora em que está dormindo, mas não quer ter que acordar para atender enganos ou frivolidades. Um médico de posses simplesmente poderia contratar um assistente, que faria a triagem das chamadas. No entanto, existe uma maneira mais barata, porém igualmente eficaz: uma pessoa telefona e ouve a seguinte mensagem pré-gravada: "Esta é a residência do Dr. Lima. No momento ele está dormindo. Se a

---

[1] Creso foi um rei da antiguidade da região da Pérsia, famoso pela sua riqueza.

Apple – criatividade

A Apple, desde o seu princípio, sempre teve uma aura de inovadora. Ela foi fundada em 1976, e em 1977 lançava o Apple II, o primeiro microcomputador do mercado que vinha com arquitetura aberta e gráficos coloridos. Em 1979, foi incorporado no produto o VisiCalc, a primeira planilha eletrônica da história, que ajudou o Apple II a se tornar o microcomputador mais vendido do mercado, até que a IBM, em 1981, lançasse o seu IBM PC.

No final de 1979, Steve Jobs, em visita à XEROX (PARC), teve contato com duas ideias revolucionárias: o mouse e a interface gráfica (GUI). Em 1983, a Apple lançou o Lisa, e em 1984, o Macintosh usa estes conceitos pela primeira vez, já que a XEROX nunca chegara a usá-los, por falta de visão.

Em 1985, Steve Jobs saiu da Apple e, apesar disso, a empresa continuou a lançar alguns produtos inovadores, mas que não chegaram a fazer sucesso por falta de foco e visão de mercado.

Em 1997, após sucessivas perdas, Jobs é reconduzido à empresa. Em 1998 é lançado o iMac, um sucessor do Macintosh, estrondoso sucesso que levaria novamente a Apple à lucratividade. Em 2001, a Apple abre a sua primeira loja, com um conceito novo de varejo, valorizando a experimentação. No mesmo ano é lançado o tocador portátil iPod, que lançaria a Apple em um novo mercado, no qual ela se consolidaria como líder com mais de 200 milhões de aparelhos vendidos.

Em 2003, é lançado o iTunes Store, um dos precursores na venda de músicas on-line integrado ao iPod e líder no mercado, tendo atualmente ultrapassado a marca de 6 bilhões de downloads.

Em janeiro de 2006, o valor de mercado da Apple ultrapassou o da Dell. Nove anos antes, o presidente da Dell, Michael Dell, disse que, se fosse presidente da Apple, ele iria fechá-la e dar o dinheiro de volta aos seus investidores.

ligação for urgente disque zero". Se a pessoa realmente precisar, ela discará zero e o telefone então tocará.

• • •

Como tudo na vida, o desenvolvimento da criatividade é gradual e cumulativo, ou seja, a prática leva à excelência. A expressão adequada da criatividade faz com que a pessoa se sinta cada vez mais livre e confiante, o que a estimula cada vez mais.

Embora o ritmo louco da vida moderna, a pressa e a objetividade obsessiva não estimulem a criatividade, há, no entanto, um contraponto. No campo profissional, a criatividade deve estar atrelada a uma direção, a um objetivo e a um prazo. Senão, ela fica meramente a serviço de algo especulativo, que não chega a lugar nenhum. Afinal, a criatividade deve ser vista como um instrumento e não como um fim em si mesmo.

Em 2007, é lançado o iPhone, transformando a Apple instantaneamente em líder em telefones celulares do tipo smartphone. O produto se tornou ícone de consumo, tendo uma legião de seguidores. Em 2008, a Apple se tornou o terceiro maior fabricante de celulares do mundo.

Deve-se ressaltar que, se por um lado houve muitos produtos bem-sucedidos, também houve muitos lançamentos fracassados que ensinaram lições aproveitadas em lançamentos posteriores.

Um ponto que ajuda a Apple é a obsessão de Steve Jobs pela estética e simplicidade dos seus produtos. A inovação combinada a um belo e enxuto design produziu uma legião de fãs pelo mundo.

A Apple nasceu sob o signo da criatividade, que delineou sua cultura corporativa atraindo e estimulando o talento e a imaginação. Ao contrário da IBM, a Apple nunca teve verbas bilionárias para o investimento em desenvolvimento de novos produtos e aplicou muito bem o pouco que tinha. Isso exigia foco, o que foi muito personalizado pelo estilo criativo (embora autoritário) de Jobs, e também um grande estímulo individual à criatividade canalizada para resultados, por meio de programas como o Apple Fellows, que premiam os indivíduos que contribuem de modo excepcional para a empresa, através de inovações técnicas ou de liderança.

Em 2010 a Apple saiu na frente novamente com seu iPad, um laptop com tela multitoque, que também serve como leitor pessoal de livros. A venda tem superado as expectativas da própria Apple e os concorrentes estão trabalhando fortemente para responder à altura. Apesar disso, há problemas. O iPad usa tela de LCD convencional, enquanto o Kindle, da Amazon, usa tinta eletrônica preta e branca (a tinta eletrônica colorida já está a caminho) sem iluminação interna, o que gasta muito menos bateria e é menos cansativo para a vista.

Há softwares que permitem expressar, de forma gráfica, ideias e suas relações. São os chamados softwares de mapeamento mental, como o Inspiration (www.inspiration.com) ou o gratuito FreeMind (http://freemind.sourceforge.net). Nos últimos tempos, esse tipo de software tem se popularizado como apoio a processos criativos ou discussões livres em empresas e em instituições de ensino.

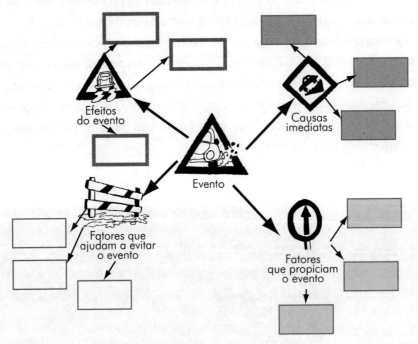

Exemplo de diagrama criado dentro do Inspiration.

Para o leitor, fica um desafio: use seis palitos de fósforo para formar quatro triângulos. Sem truques. A resposta está no final do livro. Se desejar, conheça outros quebra-cabeças no site http://www.puzzle.dse.nl/index_us.html (em inglês).

Gestão de tempo

"Antes de os relógios existirem, todos tinham tempo.
Hoje, todos têm relógios."
Eno Theodoro Wanke, poeta brasileiro (1929-2001)

Vivemos em uma época em que há um enorme contingente de pessoas correndo o tempo todo, trabalhando muito, sem que possam sequer se dar ao luxo de pensar sobre o que está acontecendo. Um eterno transe hiperativo. Qualquer novidade ou quebra de rotina, que poderia até contribuir no cotidiano, ajuda a aumentar ainda mais essa angústia. Isso acaba gerando diversas ações incompletas e inacabadas, um passivo eterno e a sensação de uma prisão sem grades, na qual o indivíduo se sente amarrado a um eterno fluxo de tarefas. Essa ansiedade mina a produtividade e o pouco tempo livre que resta. Em suma, a vida apenas passa, como o horizonte diante da janela de um ônibus em disparada.

A frase "não tenho tempo para nada" reflete um pouco da atitude inercial das pessoas, ou seja, já que há tempo disponível, apenas a rotina atual, quando muito, será cumprida. Consequentemente, não há melhora à vista.

Como achar o tempo perdido?

A solução para quebrar esse impasse é parar e pensar, ou seja, refletir, ação que, infelizmente, toma algum tempo.

Pode-se iniciar por anotar as atividades realizadas e verificar se há momentos não aproveitados. Se a memória não ajudar, por um período anota-se a hora de início e fim das atividades com suas descrições. A partir daí, é só uma questão de alocação de tempo.

Nesse processo de análise, mesmo que não haja tempo vago, o indivíduo muitas vezes se conscientiza de que sua produtividade está muito baixa, ou seja, ele está levando muito mais tempo do que o previsto para suas atividades, quer pela ineficiência na sua atuação, quer pelas constantes interrupções (cafezinhos etc.).

Esse processo, refinado em sucessivas análises, pode resultar em um excelente aproveitamento do tempo, além de se descobrir que ainda resta muito tempo para o lazer.

Além disso, ele também ajuda na constatação de que, frequentemente, há muitas ações cotidianas sem tanta importância e até desnecessárias. Adiam-se, assim, por diversos motivos, as atividades que realmente deveriam ser realizadas.

Sem tomar providências, a falta de tempo torna-se um ciclo vicioso, gera uma sensação de "dívida" em função do que ainda não foi feito, que, por sua vez, causa estresse e mina a motivação. A consequência disso é uma redução ainda maior da produtividade. Portanto, a falta de tempo e a dívida ficam cada vez maiores. Esse estresse faz com que as pessoas não consigam relaxar completamente e aproveitar bem seus momentos livres, que são cada vez mais escassos.

Podemos adotar diversas atitudes e ações que representem uma enorme economia de tempo em uma empresa ou no âmbito pessoal. Algumas delas dependem da autonomia do indivíduo como profissional, e podem envolver chefe, subordinados e pares. Obviamente, nem tudo se aplica a todos e o grau de adoção depende da personalidade e da exiguidade de tempo de cada indivíduo.

Essas atitudes estão listadas a seguir, agrupadas por categoria.

Análise e gestão

Tarefas urgentes em demasia indicam falha de planejamento.
Essa é a velha dicotomia entre o urgente e o importante. O urgente sempre entra na frente do importante e o importante deixa de ser feito. O problema não é fazer o que é urgente (ele deve ser feito), o problema são as causas que levam à existência de tantas urgências.

Se há incêndio toda hora e você precisa estar o tempo todo com um balde de água, há algo de errado. Empresa não é Corpo de Bombeiros.

Se as tarefas urgentes são dadas pelo chefe, é uma questão complexa, que pode envolver "reeducar" habilidosamente esse chefe. Mesmo nesse caso, a delegação pode minorar o problema.

Outra razão envolve a própria carga normal de trabalho. Por exemplo, os subordinados estão sobrecarregados e é preciso organizar uma força-tarefa para colocar o trabalho em dia, em caráter emergencial, o que demanda muito tempo diante de sua natureza imprevista.

Causas? A equipe pode estar subdimensionada, mas provavelmente os processos estão mal definidos, partes deles podem ser dispensáveis. Pode faltar um detalhamento melhor das exceções e das ações correspondentes.

Delegue, delegue, delegue.
Um dos principais motivos para que o trabalho não flua é não atribuir suficiente poder de decisão para os demais envolvidos. A insegurança em delegar leva o líder a ser seu próprio gargalo. Por outro lado, delegação demais, sem que a equipe esteja pronta, é prenúncio de que problemas surgirão. A delegação é fundamental para o crescimento profissional. Liberá-la para missões mais nobres é importante para o crescimento da equipe inteira.

Distribuição ideal do tempo: mais prospecção e projetos e menos rotina.
Isso depende um pouco da natureza de trabalho do profissional. Caso isso não seja possível no momento, é uma boa meta futura, quando o profissional ocupar uma posição mais executiva. A prospecção é o cruzamento da criatividade com o espírito prático, que propicia a detecção de oportunidades. Dessas oportunidades poderão surgir projetos. Projetos implementam ideias ou melhoram as que já existem, e a rotina é a mera manutenção do que já existe. Assim, prospecção e projetos devem predominar. Prospecção é mais nobre, mas a proporção de cada um depende do perfil do cargo e as rotinas deveriam ocupar uma proporção baixa do tempo, com preocupação constante em equacioná-las. A rotina só é válida até que se compreendam todas as suas nuances, muitas vezes traiçoeiras.

Tempo gasto para otimizar o tempo dedicado a tarefas rotineiras é tempo ganho para expandir seus horizontes.
Muita rotina é alerta vermelho. Rotina é representada por ações repetitivas, que certamente podem ser feitas de outras (e melhores) maneiras, sem que se perca tanto tempo. Será ela necessária nessa escala? Há subordinados a quem se pode delegar tarefas? Elas podem ser feitas de modo diferente? Seria necessário algum auxílio em informática para automatizar tarefas? Se existe a impressão grande de improdutividade ao se realizar uma tarefa, provavelmente não é só sensação. Há profissionais que teriam autonomia para contratar um assistente, mas não o fazem por falta absoluta de tempo. Para sair de uma situação como essa, e de outras situações similares, vale até se sacrificar por um período para resolver a questão.

A falta de tempo hoje produz uma falta de tempo sempre. Essa semiescravidão é semelhante ao sujeito que precisa trabalhar para pagar uma dívida que nunca é quitada.

Afinal, tempo gasto para ganhar tempo vale ouro. Com certeza, compensaria muito trabalhar até tarde por algum tempo, se essa cota extra for destinada a ações que otimizarão processos e procedimentos. Quando se abre a janela do tempo, também são abertas oportunidades para uma atuação mais nobre.

Organização

Uso inadequado do computador é um devorador de tempo.
Hoje em dia, muitas pessoas trabalham quase todo o tempo diante de um computador, quando não estão em reunião.

Como o ser humano possui a tendência de se supervalizar, ele pensa conhecer o suficiente para usar satisfatoriamente os sistemas da empresa, o sistema operacional do computador (Windows, Linux etc.), o editor de texto, o programa de mensagens e as planilhas eletrônicas. Além disso, ele nem imagina que exista muitos programas que podem facilitar, e muito, o dia a dia.

Microcomputadores são tão largamente difundidos hoje em dia que muitas pessoas pensam que, por dominar meia dúzia de tarefas como imprimir documentos e navegar na Internet, já sabem o que precisam saber. Ledo engano. A grande maioria das pessoas se beneficiaria muito se aprendesse mais e usasse recursos adicionais para apoiar seu trabalho. A presunção de conhecimento é um problema tão sério que mesmo profissionais tarimbados de informática escorregam na sua própria forma de usar o computador.

O caminho é pedir ajuda e, paralelamente, pesquisar soluções. Vale a pena aprender mais sobre as ferramentas que você mais usa: lendo, tomando aulas particulares ou fazendo cursos focados. Aprender aqui significa ser mais produtivo e não se tornar especialista em firulas. Muitos cursos de informática acabam sendo improdutivos, porque ensinam muitos recursos que serão raramente usados, não contribuindo muito para que o usuário seja mais produtivo em recursos triviais, mais presentes no dia a dia.

No caso do pacote de softwares Microsoft Office® (Word, Excel etc.), um conhecimento básico de VBA (Visual Basic for Applications) pode fazer milagres na produtividade.[1] Se não há como buscar ajuda, vale a pena aprender. Dependendo da sua rotina, um conhecimento básico e bem aplicado pode cortar seu tempo de rotina de forma surpreendente.

Além disso, há programas incríveis gratuitos (*freewares*) ou pagos (*sharewares*) que, bem usados, são grandes aliados do usuário. Nos exemplos abaixo (há muitos mais), são citados alguns programas para Windows, mas certamente encontra-se no mercado ou na internet a disponibilidade de programas similares para outros sistemas operacionais.

- Macros de teclados – São programas, como Macroexpress e Macromagic ou o gratuito Autohotkey, nos quais se customizam sequências de teclas (atalhos) para disparar ações como automatizar o preenchimento de formulários, entrar com textos longos, fazer formatação padronizada em diferentes programas e até para conferir a cartela da Mega sena. Uma das utilidades mais impressionantes consiste em usar um programa de macros de teclado para "transformar" um sistema tacanho de sua empresa (aquele que obriga o usuário, mesmo para uma ação bem simples, a entrar em N menus e telas) em um sistema bem ágil, sem alterar uma linha do código do sistema.
- *Scripts* – O freeware AutoIt permite montar scripts (conjunto de instruções) sofisticados que podem apoiar tarefas de *backup*, segurança, conversão de imagens, compactação etc. É uma linguagem de programação completa, com muitas facilidades para interagir com o Windows. O AutoIt é um ótimo complemento de um programa de Macros de Teclado. É fácil, mas envolve programação e requer, portanto, mais força de vontade para aprender a usá-lo. Mas se o profissional sugerir o AutoIt para a área de suporte da sua empresa e ela começar a usá-lo, isso pode trazer a todos um grande benefício.
- Buscadores de texto – Há programas como o Search and Replace que buscam arquivos e uma ou mais palavras ou frases dentro de arquivos de forma muito mais rápida e poderosa que o buscador do Windows. Esse programa economiza muito tempo para quem busca algo sem saber onde encontrar. Há ainda o Google Desktop e programas similares, mas eles impactam um pouco a performance do computador, pois estão sempre atualizando a indexação dos seus dados.

---

[1] Em muitos outros softwares, há também uma linguagem *script*.

- Complementos para navegadores – Há complementos que melhoram muito sua produtividade no uso do navegador. Para o Firefox há, por exemplo, o "IE Tabs", "Tab kits", "BugMeNot", "Customize Google", "Firefox Showcase" e muito mais.
- Programas de OCR (Optical Character Recognition) evitam o trabalho tedioso de transcrever documentos manualmente para o computador.
- Programas que convertem voz para texto, como o Dragon Naturally Speaking, podem aumentar de forma dramática a produtividade da digitação.

Vale também conscientizar a empresa da importância de se introduzirem melhorias simples nos sistemas, mas que aumentem a produtividade de forma significativa.

Use o necessário da tecnologia.
Há algum tempo, não havia outra opção a não ser organizar tudo usando-se papel. Uma das maneiras mais eficientes envolvia o uso de uma pasta de follow-up, dividida em divisórias (abas) numeradas por dias de 1 a 31. Adiava-se uma tarefa transferindo-se o "cartão" para a aba de algum dia para frente. Tarefas de execução continuada poderiam ser postas em uma lista, com a data de conclusão especificada. Essa lista poderia ser mantida à parte ou em uma aba extra.

As tarefas de médio prazo poderiam ser colocadas em uma pasta de follow-up, com 12 divisões correspondendo aos meses.

O uso da agenda em papel é parecido, só que envolve riscar tarefas e transcrevê--las mais adiante. Além disso, todas as tarefas que serão realizadas só no ano seguinte devem ser colocadas perto do final do ano, de modo que, quando se comprar a agenda do ano que vem, elas poderão ser transcritas. As tarefas continuadas podem também ser mantidas em uma folha de papel à parte, anexada à agenda, para minimizar o trabalho de transcrição.

No entanto, o uso do papel, hoje em dia, é pouco prático para a organização adequada de uma agenda complexa.

Atualmente, existem bons softwares de agenda de trabalho, incluindo o mediano, mas integrado, Outlook®, da Microsoft. Caso você conheça uma solução alternativa melhor do que a adotada pela empresa onde trabalha, ela precisa necessariamente ter recursos para se sincronizar com sua aplicação corporativa, senão você se organiza muito bem... porém, sozinho.

Com a utilização de palmtops, smartphones ou laptops, é fácil levar a agenda ou acessar a agenda de qualquer lugar. Caso o profissional use um computador de mesa (desktop), é fácil sincronizar nos dois sentidos, usando Bluetooth, wusb (USB sem fio) ou rede sem fio.

No entanto, dependendo da natureza de trabalho do profissional, o uso de uma agenda portátil pode não ser muito mais que um modismo "charmoso", já que muitos indivíduos trabalham basicamente apenas em casa e no trabalho e é fácil acessar remotamente a agenda do trabalho.

Elabore um cronograma a longo prazo.
Mantenha uma lista de tarefas de curto, médio e longo prazo.

As tarefas de curto prazo precisam ter uma data de conclusão, baseada no tempo previsto para a realização da tarefa e na alocação horária semanal de ação para a tarefa. A lista de médio prazo corresponde a uma lista de tarefas que se pretende fazer, mas ainda não está definido precisamente quando serão feitas. Finalmente, mantenha uma lista de atividades de longo prazo. É bom revisitar essa lista sempre.

Coloque suas tarefas no calendário no maior horizonte possível, e revise-as diariamente.
Baseado no cronograma acima, vale a pena fazer um calendário detalhado dos próximos dias, de sua ocupação hora a hora, deixando uma janela para imprevistos, que idealmente é a menor possível. Esse horário é móvel, podendo ser mudado dependendo das reuniões que são marcadas.

Desmembre uma tarefa grande em tarefas menores bem definidas.
Uma missão, como "reorganizar o setor A", é vaga por constituir um projeto, o que envolve diversas etapas. Detalhar as etapas ajuda não só a executar melhor a macrotarefa, mas também a fazer previsões de tempo e recursos mais acuradas.

Divida sua jornada em períodos de meia hora, anote o uso do tempo e analise.
Tal processo é essencial para prever quanto tempo será gasto em diversos tipos de tarefas e planejar melhor o tempo. Por exemplo, você marca uma reunião periódica de duas horas, na qual tudo sempre se resolve em uma hora, correndo o risco de ficar jogando conversa fora o resto do tempo. Ou, o contrário, dispõe-se uma hora para qualquer tarefa, mas ela toma mais tempo e desarticula seu horário.

Trabalhe em lote.
Procure não segmentar desnecessariamente uma tarefa até conseguir terminá-la, exceto se ela for insuportável (mesmo assim, é questionável, porque o sofrimento em várias parcelas acaba sendo maior, já que durante uma execução contínua a pessoa vai se acostumando). Uma tarefa picotada leva muito mais tempo para ser realizada do que se ela fosse feita de forma concentrada. Isso porque todo pedaço requer um tempo de aquecimento ou de preparação.

Por exemplo, ao ler um relatório que suscite dúvidas, deve-se registrá-las todas para saná-las de uma vez.

Prioridades

Faça periodicamente uma confirmação da prioridade das tarefas.
Ao rever as tarefas que executar, é possível determinar que algumas podem ser delegadas ou mesmo dispensadas, abrindo tempo para novas atividades.

A vida é dinâmica, as coisas mudam e prioridades dadas podem não ser mais aplicáveis. Além disso, nada como o tempo para apurar a importância das tarefas.

Verifique se as prioridades alheias se contrapõem às suas.
Há uma diferença entre as prioridades particulares, as prioridades dos outros e as prioridades da empresa. Se você dá uma importância desmedida a certa ação que depende de outras pessoas com outras prioridades, a ação irá parar, a não ser que a chefia, reunindo você e as outras pessoas, dê a devida importância a essa tarefa. Se a prioridade da chefia for baixa, você está perdendo tempo.

É preciso alinhar as suas prioridades com as prioridades da empresa e, isso feito, tentar alinhar a prioridade das pessoas com as suas.

Entre duas tarefas importantes, faça antes a que liberar outras pessoas para agir.
Se todos tivessem essa filosofia, haveria muito mais reciprocidade e cooperação nos trabalhos que envolvem profissionais de diferentes setores e com prioridades conflitantes entre si. Por exemplo, se alguém está esperando uma decisão sua, prefira dedicar um tempo para tomá-la antes de realizar outra atividade igualmente importante, porém que não interfira no trabalho das outras pessoas.

As tarefas chatas e necessárias também devem ser feitas.
O que não queremos fazer acaba sendo adiado, por ser incômodo. A falta de planejamento favorece a predileção em detrimento da importância, o que pode arriscar o prazo. A perspectiva de algo ruim pela frente, e que tem que ser feito, gera ansiedade. E com certeza isso afeta a produtividade.

O planejamento prévio deveria ser suficientemente objetivo para incluir as tarefas desagradáveis e, de preferência, para que nos livremos delas o mais rápido possível. A execução destas tarefas chatas trará um grande alívio e um consequente aumento da produtividade.

O trabalho mais brilhante é inútil se não se converte em realização.
É mais que óbvio. Por isso, é preciso sempre fazer as coisas no ritmo que a empresa tenha maturidade e cultura para assimilar. E, sobretudo, certificar-se de a empresa precisar

mesmo de algo tão elaborado, porque muitas vezes algo muito mais simples, rápido e barato resolve!

Por outro lado, a tendência para complicar pode ser uma desculpa, para si mesmo ou para os outros, para a dedicação excessiva à uma única tarefa, criando-se uma inércia que prejudica muito a produtividade.

Informações

Só leia o que é relevante para seu trabalho ou para você.
Não assine revistas sem um objetivo claro. A curiosidade leva a pessoa a ler mais do que o necessário, agravado pelo fato de que, ao assinar um periódico ou um jornal, a pessoa sente um pouco de obrigação de ler para não ter a sensação de jogar dinheiro fora. Só curiosidade não justifica a leitura. A leitura desses materiais se justifica se for feita por desejo pessoal, ma, nesse caso, não vale computar como trabalho.

Há pessoas que não se permitem abandonar um livro, como se tivessem sido adestradas para terminar tudo o que começaram. Não caia nessa. Se o livro é aborrecido, abandone-o sem piedade e busque, se for o caso, outra opção.

Informações, mesmo na sua área de atuação, são úteis somente se aplicáveis.
Muitas revistas de negócios tentam produzir um ou mais fenômenos bombásticos por mês (afinal, elas precisam ser vendidas), envolvendo uma pessoa, empresa, teoria ou alguma ocorrência econômica, que podem gerar danos se aplicados literalmente. Conhecemos um executivo que, ao ler uma reportagem sobre os benefícios de se fazer uma reunião em pé, resolveu adotar essa prática. A ideia era que o desconforto contribuísse para diminuir o tempo das reuniões. No entanto, as reuniões continuaram longas e improdutivas, só que, adicionalmente, deixavam todos os participantes esgotados.

Muitas reportagens destas revistas não passam de fofocas do meio empresarial. O que se extrai desse tipo de leitura pode ser superficial, e ler estas revistas inteiras definitivamente não é um bom uso do tempo. Quando necessário, use um serviço de clipping altamente focado.

Não leia demais por "complexo de desinformação".
Outro motivo que induz as pessoas à leitura excessiva é o pavor de ficarem desinformadas. Não se preocupe. Você já é desinformado e continuará assim por todo o sempre. A quantidade de informações cresce em proporção geométrica. Hoje em dia, a oferta de informação já é quase inesgotável. E lembre-se de que toda leitura inútil só aumentará o seu estresse, pois, além de minar o seu tempo, ainda lhe traz ansiedade sobre a dúvida de estar utilizando corretamente esse tempo.

Acostume-se a ler em diferentes níveis de profundidade.
Há casos em que vale a pena ler, mas tanto em livros quanto em revistas os textos têm que encher páginas e páginas, havendo, portanto, o desnecessário.

No caso de uma revista, selecione as reportagens mais relevantes para ler e, mesmo dentro de um artigo sobre alguma técnica interessante aplicada a uma empresa, pode haver trechos propagandísticos ou irrelevantes (hobbies do executivo etc.) Portanto, vá direto ao ponto. Estudar técnicas de leitura dinâmica (ler sem repetir mentalmente, usar a diagonal sobre um parágrafo, pular parágrafos desinteressantes etc.) ajuda bastante.

O importante não é muita informação, mas a seleção criteriosa do que é necessário.
Cuidado com aqueles relatórios cheios de colunas e possibilidades. Pergunte a si mesmo se você precisa de tudo isso ou se muito menos lhe fornece o necessário para uma ação ou tomada de decisão.

Pergunte-se sempre: o que farei com cada informação? Serve para algo mais do que apenas satisfazer uma curiosidade?

Relatórios mais curtos e com menos opções são mais produtivos. Simples detalhes como cortar os zeros indicativos de milhares (ou até milhões, dependendo do relatório) aperfeiçoam a legibilidade. Pense sempre na velha lei de Pareto, que enuncia que 20% das possibilidades respondem por 80% da importância. No caso de informações, muitas vezes é muito mais dramático, porque é quase incontável o número de informações disponível.

Comunicação

Deixe o marketing pessoal de lado.
Não perca tempo justificando por tarefas não realizadas se não for solicitado a fazê-lo. Se possível, evite apresentações rebuscadas, pois o tempo que você dispensar com detalhes desnecessários pode fazer falta na execução de tarefas importantes.

Não se deixe atolar por informações desnecessárias para a realização das tarefas sob sua responsabilidade.
Sempre que alguém passar uma mensagem ou informação de que você não precise, faça educadamente a outra parte entender isso, para que ela não continue tomando seu tempo inutilmente.

Certifique-se de que captou exatamente o que os outros dizem, elimine qualquer ambiguidade de interpretação.
Se necessário, faça perguntas para se certificar de ter entendido o que lhe disseram. Não aceite missões inespecíficas. Crie pontos de controle para certificar que a comunicação

está fluindo. As palavras podem ser ambíguas e, às vezes, é preciso fornecer um contexto a elas.

Certifique-se, por outro lado, de que seus interlocutores entendam sua mensagem sem margem de dúvidas.
O mesmo vale no sentido oposto, só que ainda é mais difícil uma vez que você nunca tem certeza de que os outros entenderam. Procure ler os sinais do corpo. Silêncio, monossílabos, braços cruzados, são sinais suspeitos. Faça seus interlocutores falarem o que você disse com suas palavras.

Seja objetivo nos textos escritos, em conversas ou telefonemas.
Não gaste tempo demais em preâmbulos. Eles podem ser necessários para não se passar frieza, mas não devem passar de poucos minutos, podendo até ser quase nenhum, no caso de telefonemas internos. Preâmbulos podem se estender demais.

Não estamos defendendo aqui que as pessoas sejam máquinas. Isso tudo depende muito da personalidade de cada um. Mas as pessoas exageram. E, às vezes, as duas partes ficam fazendo "sala" uma para a outra e estão doidas para ir para a parte objetiva e resolver, para poder voltar aos seus afazeres.

É preciso que os terceiros (fornecedores e clientes) tenham a percepção de que existe preocupação com a produtividade. Eles podem até achar você legal, mas não terão a sensação de lidar com uma empresa produtiva. É possível ser cortês e não gastar muito tempo. Depois, se tiver que falar algo, fale logo e sem rodeios, a menos que seja uma estratégia pensada de negociação.

Pode ser que, em um processo de negociação, pelas características do seu interlocutor, seja de bom tom se estender um pouco como parte da estratégia de abordagem.

Saiba encerrar uma conversa ou telefonema.
Desenvolva algumas saídas, como um compromisso iminente. Em uma conversa, funciona ficar de pé enquanto se fala e até se deslocar ligeiramente.

Não se deixe interromper em certos momentos, principalmente pelo telefone.
Se estiver em uma reunião importante ou em alguma atividade que exija concentração especial, pode-se colocar o telefone em modo secretária eletrônica, desviar as chamadas, deixar o telefone celular silencioso ou entregar o aparelho a quem possa atendê-lo etc. Da mesma maneira, deixe claro para quem quer falar com você que não será possível atender telefonemas, exceto em casos de emergência.

Algum filtro de acesso para telefonemas pode ser desejável.
Dependendo do cargo, pode não ser conveniente dar seu telefone para todos. Pois o telefone tocando cria uma situação da qual não se pode esquivar instantaneamente, sob o risco de parecer grosseiro.

Portas abertas, sim, mas eduque as pessoas para que não façam abordagens inúteis.
As pessoas não devem se acostumar a abordá-lo todo o tempo para falar dos mais variados problemas. Dependendo da situação, telefona-se, senão solicita-se uma reunião com um objetivo explícito. Dependendo das responsabilidades e das circunstâncias, portas abertas podem ser uma política suicida.

E-Mail

Não debata por e-mail.
Acreditamos que há dois axiomas básicos a respeito de debates por e-mail. Primeiro: não funciona. Segundo: se funcionar, é só aparência, porque não funciona, nem quando parece que funciona, pois a comunicação plena é mais complexa do que a leitura de uma réplica ou tréplica. A chance de sobrar um mal-entendido é grande. Se há unanimidade, não haveria discordância. Se há discordância, tratando-se de interlocutores inteligentes, chega-se a um jogo de xadrez por correspondência. Se for realmente preciso um rápido consenso, telefona-se, podendo-se até usar a facilidade de conferência, caso envolva mais de duas pessoas.

Só envie e-mails com um objetivo claro em mente.
O que você quer que os outros façam com você, faça com os outros. Fica mais fácil exigir postura quando se tem postura.

Não deixe e-mails inúteis invadirem seu tempo. Discipline os outros.
É um ponto difícil. Converse com alguns dos seus mais constantes remetentes. Mostre que certos tipos de e-mails consomem o tempo de ambos. E-mails inúteis incluem piadas, agradecimentos, parabéns, comunicados rotineiros. Faça sempre a outra parte ver que utilidade ele está destinando ao seu e-mail. Intranet ou Portal de Informações podem ser poderosos meios alternativos de comunicação.

Reuniões

Considere outras opções antes de fazer uma reunião.
Às vezes, uma reunião envolve uma simples decisão, que pode ser sugerida por um e corroborada por outros, via e-mail, se for algo não polêmico. Às vezes, basta ir à mesa do interlocutor e em poucos minutos tudo fica combinado. Em outras situações, um

telefonema (ou tele/videoconferência) pode resolver. Qualquer alternativa tende a ser mais rápida que uma reunião, que tantas vezes leva a um consumo exacerbado do tão precioso e escasso tempo. Muitas reuniões terminam por virar uma zona de conforto, em muitos casos, regada a café e biscoitos.

Reuniões devem ser objetivas, conduzidas, preparadas, pautadas nos resultados esperados e ter uma ata organizada.
Um dos problemas das reuniões é que, quando alguém fala por cinco minutos, todos os reunidos despendem cinco minutos. Com preparação prévia, cada um com sua opinião esboçada a partir da pauta, as intervenções são mais ricas e produtivas.

Com ata, a reunião sobrevive ao seu fim e gera consequências, assim o tempo despendido por todos pode ter valido a pena. Finalmente, a condução é essencial para impedir que se desvie da pauta e que a reunião ande em círculos, e nessa hora não se pode sempre querer parecer bem.

Claro que todas as regras devem estar a serviço da inteligência e não das próprias regras. Por exemplo, se um assunto inesperado, importante e pertinente surge, ele pode e deve ser abordado. Muitas reuniões incluem na pauta o tema "assuntos diversos" justamente para esse fim, mas, mesmo que não fosse o caso, não devemos nos robotizar.

Reuniões devem ter início e fim determinados e pontualidade.
A mesma história dos cinco minutos de tolerância para todos chegarem e para todos falarem. Mas são os cinco (talvez dez ou até 30) minutos mais frustrantes, porque envolvem espera, quando há muitas coisas para fazer. A tradição da falta de pontualidade é um grande consumidor de tempo de todos, além de representar um ícone de falta de respeito ao tempo dos outros.

Assim que a cultura esteja estabelecida, toda vez que alguém chegar depois do horário estipulado, o condutor da reunião deveria fazer os atrasados ficarem conscientes de sua condição. O ideal, dependendo do contexto, seria a adoção de um índice de pontualidade para cada associado, que pode representar um auxílio importante à gestão.

Às vezes, a falta de pontualidade chega a tal ponto que é preciso chamar explicitamente as pessoas para que a reunião possa começar.

Evite ao máximo interrupções.
Há desperdício de tempo quando alguém, durante uma reunião, fala ao telefone e todos olham e esperam. Depois do telefonema, a conversa precisa ainda esquentar de novo. Pode apostar que a maioria desses telefonemas poderia ser evitada. Afinal, a interrupção

de uma pessoa rouba o tempo de todas. Celulares deveriam ser atendidos apenas em caso de real necessidade.

Reuniões devem ter apenas as pessoas necessárias e suficientes.
Quem é necessário e não está presente faz com que as decisões fiquem, na prática, pendentes. Quem não é necessário e está presente, está perdendo o seu tempo e o de todos, se participa simplesmente tirando dúvidas e se atualizando. A atitude aparentemente simpática de querer ouvir a opinião de todos, por parte de quem convoca a reunião, é perigosa, porque se é convidada uma pessoa que fala bastante, mas não é imprescindível, a reunião tende a gerar muito menos resultados. Além disso, as atas também servem para atualizar os ausentes.

Algumas reuniões podem precisar apenas temporariamente da presença de uma pessoa. Vale a pena que essa pessoa permaneça apenas o tempo em que ela se faz necessária. Melhor para ela, melhor para a reunião.

Pessoas

Gerir tarefas também é mapear as exceções.
Ajude a sua equipe, seus subordinados, a definir as tarefas de forma a abrangerem a maior parte das exceções para que apenas um mínimo de eventualidades ocorra.

Tal processo pode ser facilitado se você anotar todos os questionamentos gerados pela equipe, causados por exceções não definidas com a frequência e tempo tomados, visando definir o processo de forma a não ser mais necessário o questionamento do que é muito frequente e/ou toma muito tempo. O uso contínuo dessa técnica pode refinar os processos de forma que a equipe tenha responsabilidade quase que total sobre eles.

Deixe sua equipe sempre saber exatamente o que deve ser feito, como, por que e quando.
Isso significa motivação. É muito diferente receber instruções do que apenas saber o que fazer. Também é preciso ainda que se saiba como fazer, por que gera segurança; por que fazer, por que gera significado e motivação; quando fazer, que possibilita a organização e, eventualmente, até a razão do quando, para que todos compreendam a prioridade.

Ações como envolver sem impor, saber ouvir, dar poder, fazer reconhecimentos, ser razoável e ser justo aumentam a motivação e a produtividade da equipe.
Tudo o que está escrito acima representa gerir bem, liderar sem chefiar, orientar sem mandar, coordenar sem "jogar" tarefas. É lógico que assim você tende a ter uma equipe

que dará o máximo de sua capacidade e fará tudo para que as coisas funcionem, basta manter as pessoas que você acredita serem capazes de participar desse jogo.

Respeite o tempo dos outros.
É a velha história da reciprocidade. Tudo que é escrito aqui para você vale para os outros. Se você não quer ser interrompido, não interrompa etc.

Vícios
Não seja detalhista.
Detalhes são infinitos. Quanto mais se mergulha em detalhes, mais detalhes aparecem. E menos se enxerga o todo. O importante é alcançar o padrão de qualidade necessário sem perder tempo demais.

Na relação com um subordinado, deve-se evitar ao máximo entrar em todos os detalhes de um projeto ou tarefa. Procure em largas pinceladas garantir sua qualidade. O grau de detalhe exigido vai depender também do nível de confiança, no caso da relação com o subordinado. Lembre-se de que o amor aos detalhes consome tempo em cascata, começando de você e desabando para todos os seus subordinados.

Não seja excessivamente perfeccionista.
A perfeição é cara. Lembre-se disso. Sempre tenha em mente que qualidade é atender aos requisitos. Se o resultado do trabalho faz mais do que atender os requisitos corretamente definidos, certifique-se de possíveis perdas de tempo, que poderia ser melhor utilizado em pontos mais críticos nos quais nem os objetivos primários foram atingidos.

Há muitos setores que não dispõem de recurso nenhum para um dado problema. Já é ótima uma solução simples, ainda que não completa. Por exemplo, um simples sistema de arquivo ou uma planilha podem ajudar muito uma área que trabalhe com anotações ou agendas caóticas.

Na maioria dos trabalhos, pode-se fazer o 80 x 20, isto é, atender a 80% da expectativa máxima – é como tirar a nota 8 em um prova. Tentar tirar 10 pode, em muitos casos, prejudicar o desempenho em outras avaliações. Em uma empresa, é como se existisse um número ilimitado de "provas", isto é, há sempre mais oportunidades que oferecem maior retorno do que parar em uma tarefa, buscando apenas nela a perfeição.

É claro que há situações em que fazer um excelente trabalho é essencial. O caso mais comum é quando o público alvo é externo e há um nível de exigência elevado, como, por exemplo, na elaboração de uma proposta de financiamento para um banco.

Cuidado com atitudes desviantes.
Há pessoas que se acostumam a interromper toda hora a sua atividade para acessar determinados sites da internet, programas informativos da empresa ou a caixa de e-mails. Isso acaba se tornando um vício como o de tomar cafezinho a toda hora ou sair para fumar, porém mascarado sob a aparência de trabalho produtivo.

Normalmente, esse tipo de atitude é tomado exatamente quando a pessoa tem uma tarefa difícil ou incômoda para ser realizada. Para fugir da tarefa e, ao mesmo tempo, não sentir complexo de culpa, faz-se algo desviante. O mais comum e atual é estar sempre colocando seus e-mails em dia, e isso se torna uma desculpa para os atrasos nas tarefas. Como tais desvios entram em certa zona de conforto, eles se arrastam por mais tempo do que seria aceitável.

Não centralize em excesso.
A velha prática do "não deixo ninguém fazer porque eu faço melhor" é destrutiva porque bloqueia sua evolução, incentiva o paternalismo, alimenta sua vaidade (às vezes, de forma equivocada), além de manter tarefas com você por minúcias desnecessárias.

Vale a mesma afirmação feita antes: delegue, porque mesmo que você faça um pouco melhor, talvez esse melhor não seja essencialmente necessário.

Delegar sem acompanhar não resolve o problema.
É preciso sempre acompanhar. O nível de acompanhamento depende do nível de confiança em seu subordinado, que deve ser paulatinamente conquistado. As pessoas evoluem quanto mais elas conseguem andar com suas próprias pernas. Esse deve ser o objetivo de todo gestor, mas sem queimar etapas.

Centralizar demais pode ser paternalista.
Prender consigo tarefas que deveriam ser transmitidas, por acreditar ter mais competência do que os outros para realizá-las não parece ser um argumento coerente, pois esconde o famoso fantasma do paternalismo. Ou é possível treinar alguém para fazer essas tarefas e o tempo empregado para isso é bem empregado (tempo que poupará tempo) ou existe alguém incompetente na equipe que precisa ser substituído.

Exceto em um processo de venda, esqueça a forma e valorize o conteúdo.
Belas construções gramaticais e estilísticas, capas bonitas, muitos gráficos, efeitos visuais maravilhosos servem apenas para ajudar a vender uma ideia. Pode-se usar alguns recursos visuais para esclarecer, contrastar ou destacar, mas embelezar certamente não deveria ser o foco! Para evitar investir demasiadamente na forma para se vender ideias de um setor para outro na própria empresa, pode ser necessário um processo de reeducação, para que as pessoas mudem seus critérios de julgamento.

Dizer não sempre que for preciso.
Não saber dizer não é, sem dúvida, um dos maiores ladrões de tempo. O atendimento indiscriminado de solicitações excessivas pode gerar várias consequências danosas: desorganização do tempo pelo improviso, reversão de prioridades, acomodação dos solicitantes etc. Não se pode ter a preocupação de sempre parecer bem. Não se trata de ser imprestável, mas tudo é uma questão de hábito. Ainda mais sabendo-se que a recorrência desse tipo de procedimento é ruim para a empresa como um todo.

Arrumação

Todo papel ou e-mail deve ter um destino (lixo/arquivo/terceiros).
A falta de destino para os papeis e e-mails leva ao seu acúmulo, o que causa desordem e improdutividade.

Mantenha a mesa e arquivos arrumados.
Coisas desarrumadas são resíduos de ações incompletas e não definidas. É o útil lado a lado com o inútil. Ambiente espacial desarrumado rima com tempo desarrumado. Um acaba com o outro. E vice-versa.

Jogue fora o que não é necessário.
O inútil gera a ansiedade por alguma utilidade possível, mas inexistente.

Hiatos

Reserve tempo para refletir.
Quem pensa, cria, planeja, reavalia, quebra o automatismo que nos leva a fazer muitas coisas na direção errada.

Reserve pequenos hiatos de tempo para relaxar.
De tempos em tempos, é preciso limpar sua mente e seu corpo de todos os ruídos que prejudicam sua capacidade de concentração, organização e planejamento.

Deixe espaço para o novo.
O novo representa o seu lado criativo e curioso, que é preciso estar aguçado para seu trabalho manter o lado prospectivo como uma vertente importante. Se isso não acontecer, oportunidades podem ser perdidas e o tempo se cristaliza. Isso é o que o sociólogo italiano Domenico de Masi apelidou de "ócio criativo", em seu best-seller de mesmo nome.

Lazer

Evite jornada excessiva.
O trabalho desregrado tende a aumentar os períodos de letargia, gera desvios inconscientes, leva a problemas no entendimento de pontos de vista não familiares, acarreta em dificuldades para tomar decisões, cria irritabilidade, fomenta baixa criatividade, falta de flexibilidade, baixo nível de atenção e falta de concentração.

Na maioria das vezes, trabalhar horas excessivas pode baixar o lucro gerado pela ação dos trabalhadores para a empresa. Em outras palavras, diminui a quantidade/qualidade de trabalho útil realizado ao invés de aumentá-lo.

Dedique uma parte do seu tempo total a atividades não ligadas ao trabalho.
A pluralidade é altamente renovadora para a mente humana. Se algo vai mal em uma vertente, existe a chance de haver felicidade em outra vertente, o que permite melhora da capacidade de reação em setores que não vão tão bem.

Tire férias.
Você se renova e renova sua capacidade de ser criativo e ousado. Você se liberta um pouco do vício do trabalho continuado, que narcotiza e o leva a agir com automatismo em situações em que você precisaria ser diferente e fazer a diferença. Quem tira férias é mais feliz, vive melhor, mais intensamente e trabalha melhor.

Atitude

Não se preocupe, apenas planeje e ocupe-se.
Preocupar-se não muda o rumo das coisas, traz apenas angústia e perda de tempo. A mente humana tende a ser pessimista consigo mesma quando se trata de possibilidades. Não adianta pensar negativamente. Se você pensou nas principais possibilidades ao planejar e em suas consequências, alocou tempo etc., o próximo passo é executar o planejamento. Se algo sair do rumo, simplesmente pense e atue.

Cuidado com a pressa excessiva.
Esse é o oposto da perfeição. Quando as tarefas são feitas de forma descuidada e sem conferência, pode-se deixar um rastro de retrabalho, além de se ter que arcar com as consequências, eventualmente desastrosas, de tarefas mal-feitas.

Isso é especialmente válido para tarefas fáceis e repetitivas, que as pessoas inteligentes acham que conseguem executar quase de olhos fechados. Uma tarefa desafiadora tende a deixar o indivíduo mais concentrado e menos propenso a erros. Já as tarefas mecânicas podem disparar o perigoso piloto automático.

Concentre-se.
Evite fazer alguma coisa pensando em outra. Demora muito mais e a qualidade fica comprometida. Esqueça filhos, cônjuges, doença, arrependimentos, raiva, medo do futuro. Nada que você pensar de forma desordenada e circular mudará alguma coisa, você apenas se aborrecerá e o trabalho será prejudicado, ocasionando novos problemas.

Viva o dia de hoje.
As tarefas futuras não devem ocupar seu tempo hoje, exceto para planejá-las. Não deixe o passado e o futuro invadirem o hoje, como se todo tempo se concentrasse em um ponto que pressiona sua mente. Quando a pessoa está tensa, recheada de pensamentos negativos e alheios à realidade presente, ouve menos, percebe menos, enfim, vive menos.

Motivação

É preciso acreditar na utilidade de tudo que você faz.
Quem acredita, se concentra mais, faz mais rápido e melhor. Tão simples quanto isso.
    Se você não acredita, mas é obrigado a fazer, não transforme isto num "cavalo de batalha", pois será pior ainda para o seu tempo. Faça o mínimo necessário para cumprir a tarefa de forma apropriada.

É preciso ter objetivos maiores.
O que dá cor à vida é querer chegar a lugares aonde ainda não se chegou, mas que o dia a dia faz com que se aproximem. É preciso sempre haver uma resposta para a eterna pergunta: Por que tudo isso? Essa resposta tece muito do que você faz com o fio do sentido e direção. Você anda em uma jangada rio abaixo, sabendo que ela deve ficar cada vez mais forte, para algum dia alcançar o mar.

Sobretudo, seja feliz com sua vida e com o que você faz.
Felicidade deve ser o objetivo final de tudo o que a pessoa faz. Além do mais, quem é feliz produz mais, abre espaço para sua evolução, que a fará ainda mais feliz.

•••

    Praticando essas técnicas, é possível que você passe para o time que diz: "Tempo para mim não é problema".

O mito dos fanáticos pelo trabalho – gestão de tempo

Alguns executivos têm um grande prazer em alimentar o mito de que trabalham 14 horas ou mais por dia. Isso é evidente em depoimentos como: "acordo às 5 horas da manhã, faço exercícios durante uma hora, leio os jornais diários das 6 às 7 horas, chego ao trabalho às 7h30min, almoço trabalhando e só saio do trabalho às 21h30min, isso tudo de segunda-feira a sábado, quando não domingo também". Basta ler as revistas especializadas em negócios que veremos vários exemplos desse "modelo".

A sociedade moderna tende a avaliar positivamente quem trabalha um grande número de horas. A quantidade acaba valendo mais que a qualidade, até porque é muito mais fácil de ser avaliada. Não existe subjetividade em chegar ao trabalho às 7h30min e sair dele às 21h30min: são exatamente 14 horas.

Outro motivo de orgulho para esses executivos, e que eles adoram contar: nunca ou quase nunca tirar férias, pois "a empresa depende de mim. Não posso me ausentar". O interessante é que isto é disseminado como se fosse uma vantagem, mas, na verdade, mostra a inaptidão de esses executivos delegarem e de formarem quadros de liderança.

Se analisarmos a rotina desses executivos, inclusive acompanhando seu dia a dia, vamos sofrer uma grande decepção na maioria dos casos. Veremos rotinas recheadas de reuniões improdutivas, trocas de e-mails sem nenhuma finalidade, almoços de negócios sem nenhum resultado prático, atendimento incessante do celular etc.

Não existe super-homem, todos nós nos cansamos em atividades físicas ou intelectuais, e para aguentar uma jornada diária insana temos que baixar o nosso nível de atenção e produção. Esse é o segredo. Para pessoas com déficit de sono, além da deterioração progressiva da saúde, há uma baixa significativa da inteligência e da criatividade, além de um nítido aumento da irritabilidade.

É lógico que uma grande paixão pelo que se faz e peculiaridades individuais podem aumentar o patamar máximo de trabalho produtivo de um profissional, mas não é o que acontece na grande maioria dos *workaholics* (viciados em trabalho).

Uma das poucas profissões mais comuns em que observamos rotinas produtivas de um número absurdo de horas por dia é a de taxista, especialmente quando não são donos do carro. E, mesmo assim, tal proeza ocorre à custa da saúde dos taxistas e do risco a seus passageiros.

Os executivos acima citados, por sua vez, colocam em risco a empresa e o bem-estar de seus funcionários.

Hugo Chavez – marketing pessoal

É muito comum, na análise de temas da vida moderna, nos depararmos com situações nas quais as versões soterram os fatos. Sobretudo nos casos em que se formam dois lados antagônicos (a favor x contra). Quando isso acontece, só um trabalho de arqueologia consegue, a partir das versões, se aproximar dos fatos.

O marketing pessoal, quando distorcido, vende o lado favorável de uma pessoa (a versão), muito distante do que a pessoa realmente é (o fato). Por outro lado, quando se quer destruir alguém, faz-se o oposto.

O mesmo ocorre em relação a uma empresa, um partido político ou produto. Vende-se uma ideia que não casa com a realidade. O que difere é apenas a distância entre eles. Se for uma empresa, isso se constitui no marketing corporativo, no mau sentido do termo. Se for um produto, é a propaganda enganosa, em todas as suas formas.

A política é um terreno particularmente fértil para a produção de versões muito distantes dos fatos.

Retrospectiva

A história de Hugo Chavez é uma das mais emblemáticas. É muito difícil encontrar livros, sites ou artigos contendo análises realmente isentas. Ou pintam o retrato de Chavez como um ditador fascista "à la Mussolini" ou como o autêntico representante da esquerda do século XXI. Outros vendem isenção apenas para ganhar mais credibilidade. Iniciaremos pelos antecedentes.

Por décadas, a estabilidade democrática da Venezuela era um contraste à situação do Brasil, Argentina e Chile. A democracia, como em muitos países, era efetiva, mas dentro de uma fachada que, na prática, significava a alternância entre dois partidos dominantes. A corrupção era elevada, benesses eram distribuídas a aliados, mas havia liberdade de imprensa e opinião.

Por muitos anos, o dinheiro que o petróleo irrigava acabava contribuindo, de algum modo, para a prosperidade, em diferentes graus, de todos. A Venezuela era um dos países mais ricos da América Latina.

Hugo Chavez na Guatemala.

No entanto, com a baixa do preço do petróleo e o aumento dos juros internacionais, a Venezuela entrou em um rápido processo de empobrecimento. De 1975 a 1995 o percentual de pobreza foi de 17% a 65%, um dos mais acelerados de que se tem notícia.

Em 1989, protestos inflamados pela crise econômica culminaram no massacre de "El Caracazo", no qual morreram centenas de pessoas.

Chavez, que seguia carreira militar, tentou dar um golpe de estado em 1992 e ficou preso por dois anos, o que contribuiu para que se tornasse conhecido e popular. Ele, então, seguiu carreira política. E foi bem-sucedido, pois é muito carismático, e assim conquistou apoio popular com facilidade. Ele assumiu o poder na Venezuela em 1999, por meio de eleições, em meio a um ambiente de crise.

Prós e contras

Depois da sua posse, tudo é polêmica. Apresentaremos alguns argumentos citados por ambos os lados.

A favor:
Chavez criou um programa social ambicioso, chamado *missions*, que distribui alimentos subsidiados, executa programas de saúde, habitação, educação e alfabetização. Tais programas contribuem efetivamente para diminuir a pobreza na Venezuela.

Em dez anos houve progresso, notado por meio de diversos indicadores econômicos, como mostra o relatório da Center for Economic and Policy Research, inclusive em setores não ligados à indústria do petróleo.

Segundo dados do governo venezuelano, diversos indicadores sociais apresentaram melhoras, como a mortalidade infantil (que caiu mais de 30%), saneamento básico, o número de médicos no serviço público cresceu mais de 12 vezes, entre outros.

Não há presos políticos nem denúncias significativas de violências contra oposicionistas. Os partidos oposicionistas estão todos legalizados.

Independente de julgamentos, Chavez tem ideais genuínos e julga que, fazendo o papel de homem forte (nos moldes de um Bolívar idealizado), está protegendo o povo venezuelano contra o antigo modelo de democracia que apenas perpetuava as desigualdades.

O apoio popular a Chavez é inegável, tendo ele ganhado todas as eleições posteriores, exceto o plebiscito de 2007. Não há grandes denúncias de fraudes nas eleições.

E os argumentos contrários a Chavez:
Diz-se que há muito desvio nas *missions* e não há ação efetiva para combater a pobreza que não seja o assistencialismo.

O crime e o narcotráfico atingiram níveis muito preocupantes na Venezuela.

Só resta uma rede de TV oposicionista (Globovisión), já que as mídias oposicionistas sofrem uma pressão constante e uma rede de TV teve sua concessão cassada. Chavez já domina um vasto arsenal de comunicação e tem um controle significativo do Judiciário, por meio de nomeações, infladas por aumento de quadro.

A inflação atingiu 31% em 2008, e os novos preços do petróleo e a crise mundial impactaram de maneira forte a economia venezuelana, que ainda é altamente dependente de petróleo. A Venezuela usa alguns mecanismos já em desuso, como câmbio fixo e controle de preços. Este último tem trazido a escassez de insumos básicos.

Ele tem sede de poder e de sua perpetuação no cargo de presidente. Chavez cria um permanente culto à sua imagem, inclusive apresentando um programa de TV aos domingos, com cinco horas de duração, no qual ele canta, dança, recita e discursa.

O relatório da Transparência Internacional de 2008 posicionou a Venezuela em 158° lugar de um total de 180 países listados.

Essa lista pode ser interminável. Cada um desses argumentos (a favor ou contra) pode ser vigorosamente rebatido pelos partidários do lado oposto.

Há, como sempre, guerra de números. Contra o relatório da Transparência Internacional, por exemplo, os partidários de Chavez apontam pesquisa favorável da Latinobarometro, uma organização independente de pesquisas, sediada no Chile. Por outro lado, as estatísticas internas do governo venezuelano também não podem ser consideradas confiáveis.

É a guerra da informação com a contrainformação e vice-versa.

Além do marketing pessoal de que Chavez faz uso em suas falas, existe o marketing de grupo praticado pelos partidários e por seus opositores. O próprio Bolívar, idolatrado por Chavez, é uma idealização. Herói, conhecido como "o libertador", cultuado com estátuas em muitos países da América Latina, tem muitos detratores, incluindo Karl Marx.

É muito difícil identificar o que é manipulação no meio desse cipoal de opiniões, mas, de qualquer modo, consideramos também que é difícil a figura de um líder único e carismático funcionar. Mesmo supondo as melhores intenções, o que é duvidoso, conhecendo-se o funcionamento da natureza humana diante do poder, as pessoas que o cercam contribuem para criar um falso ambiente de boas notícias, que distorce qualquer avaliação de suas próprias práticas.

Tudo tende a acabar na linha do coro de um homem só.

Nós somos vítimas do marketing pessoal e coletivo de milhares de grupos de interesse, em diferentes aspectos do cotidiano, que nos deixam a mercê das ondas de opiniões e nos afastam cada vez mais dos fatos reais.

O voto, que é o ato político consequente do marketing político, reflete muito mais o grau de satisfação imediata da maioria da população, além do carisma e fotogenia do postulante, que uma real visão do que é melhor para a nação. Infelizmente, popularidade não é sinônimo de eficiência e eficácia.

Usamos essa história mais como base para exemplificar a ambiguidade na interpretação dos fatos quando há ferrenhos partidários por todos os lados. Isso vale para muitas e diferentes situações.

Nossa opinião

No entanto, isso tudo não impede de termos a nossa própria opinião, e ela não é simpática a Chavez. Então, desculpem-nos se alguns dos fatos relacionados a seguir possam ser entendidos por outro ângulo, e então estaremos sendo vítimas do próprio remédio. Não conseguimos enxergar o outro lado nesses fatos.

Nos últimos tempos, tem ficado claro para muitos que Chavez realmente tem se excedido, e mesmo antigos partidários estão conscientes e se voltando contra ele. Um dos governadores aliados perdeu a paciência e se bandeou para a oposição. Chavez tem ameaçado restringir o acesso à internet; intimidações aos meios de comunicação têm ocorrido, bem como as primeiras prisões por crimes de divergência de opinião etc.

Paira no ar, há algum tempo, uma ameaça de guerra com a Colômbia. Esperemos que isso se restrinja ao campo verbal, já que Chavez é muito prolixo. Uma guerra é ruim para ambos os lados, pelas perdas de vidas e pelo aumento de gastos, pesado para países da América Latina. Nem mesmo seus partidários, com um mínimo de racionalidade, aceitam que o povo venezuelano se beneficiaria de uma guerra deflagrada.

A inflação na Venezuela tem crescido, e a receita do governo esteve em queda, em parte porque o câmbio estava defasado. Para reduzir o problema e não pressionar demais os itens básicos, o governo adotou, no início de 2011, uma desvalorização "seletiva" da taxa de câmbio, que pressiona ainda mais a inflação.

A partir daí, Chavez intensificou a pressão para segurar os preços, fiscalizando e até nacionalizando "infratores", como a rede franco-colombiana Exito. Sabemos, no entanto, que é difícil coexistir economia de mercado e "congelamento" de preços, exceto em um regime comunista, no qual tudo pertence ao Estado. Pode-se colocar em foco a parte mais visível das altas de preço, mas as empresas ficam pressionadas pela estrutura crescente de custos "invisíveis" e se sentem compelidas a majorar os preços para sobreviver, colocando-se como alvo da fiscalização. Faltas constantes de produtos nas prateleiras passam, assim, a ser rotina.

No fim de 2009 e início de 2011, a Venezuela sofreu constantes apagões. A oposição sustenta que os apagões foram um reflexo da falta de investimentos na infraestrutura elétrica, e Chavez assumiu tratar-se de uma simples consequência da seca que assolava o país. De qualquer modo, a causa nem é tão importante ao se analisarem as medidas tomadas para minimizar os seus efeitos. Novamente, uma chuva de ações atrapalhadas, que vão desde feriados prolongados até o fechamento de empresas que não cumpriram metas. Bem diferente das medidas inteligentes e efetivas que foram tomadas no Brasil.

Empresa, uma coletividade 4

Introdução

A empresa por trás da mística da marca, no fundo, representa não mais que uma coletividade composta das pessoas que fazem parte dela. Essas pessoas se relacionam entre si e com todos os grupos externos à empresa (clientes, fornecedores, sociedade etc.).

Assim, diversos atributos (cultura corporativa, liderança, motivação etc.) de uma empresa têm que ser visualizados com base no que se desenvolve a partir da relação entre as pessoas.

O enfoque adotado destaca o papel da importância de se entender o ser humano, seus comportamentos e suas motivações. Áreas como Psicologia, Biologia Evolucionista, Antropologia e até História fornecem importantes subsídios para se entender melhor uma empresa, seus clientes e fornecedores, portanto, um embasamento fundamental para diferentes áreas da Administração (marketing, estratégia, RH etc.).

Mesmo a área de TI (tecnologia da informação) monta sistemas que seres humanos, com suas forças e fraquezas, vão utilizar. Por trás de toda a sofisticação da informática, é preciso produzir algo humano (amistoso, intuitivo, flexível, leve etc.) para que seja bem-sucedido.

Visualizar os conceitos a seguir a partir das pessoas e seus relacionamentos tira um pouco o caráter abstrato destes conceitos. Por exemplo, liderança é algo abstrato, não tem existência concreta. Não pode ser formalmente medida, provada ou delimitada. O que existe são algumas características esparsas que se aglutinam em torno do conceito.

Acadêmicos, executivos e curiosos estudam como as pessoas agem e se comunicam e como isso interfere no desempenho das empresas, relativo a cada um dos conceitos a seguir. Cada interessado tira suas conclusões, mais ou menos abalizadas, e alguns chegam a publicar livros. As contradições entre os diferentes autores sobre questões básicas são marcantes.

Portanto, cabe a você, leitor, ao percorrer os conceitos a seguir, ponderar sobre os diversos pontos e tirar suas próprias conclusões. E isso é bom, porque não existe uma visão monolítica. Deve-se apenas abrir a mente e estar preparado para considerar outros pontos de vista.

Cultura corporativa

As relações que se estabelecem entre as pessoas dentro de uma empresa estão condicionadas ao ambiente em que a empresa está inserida.

Esse ambiente é a chamada cultura corporativa, que representa um conjunto de valores, costumes, tradições, convicções, entendimentos e normas que fazem parte da empresa e foram se desenvolvendo ao longo de sua história. Pode ser entendido como a *personalidade* da empresa, que começa a nascer a partir da personalidade dos seus fundadores e primeiros empregados.

Existe o lado visível: como as pessoas se vestem, se comportam, quais são os rituais, os *layouts* do escritório, os símbolos, *slogans* etc. Mas também existe o lado invisível, de que as pessoas, às vezes, não têm sequer consciência. Esse lado pode ser levantado, pouco a pouco, a partir de conversas, atitudes e ações que predominam dentro de uma empresa.

Não existe uma "cultura corporativa" ideal, depende muito da personalidade dos controladores, das características do mercado, do ramo de negócios, dos competidores etc. Se a cultura corporativa se desalinha com as expectativas do mercado, a empresa pode ter problemas.

Componentes da cultura

Ao se analisar o padrão cultural de uma empresa, há vários atributos que podem ser levantados da cultura corporativa, e essa relação é quase inesgotável: formalidade x informalidade, estrutura hierárquica vertical x horizontal, cooperação x competição, politicagem x meritocracia, flexibilidade x cumprimento de regras, horas trabalhadas x trabalhos realizados, ambiente familiar x ambiente profissional, individualidade x coletivismo, debate x imposição, improviso x previsibilidade, luxo x frugalidade, economia x gastança, nível de tolerância ao risco, nível de tolerância a erros, curto prazo x longo prazo, objetividade x subjetividade, ciência x *feeling*, autoridade x liderança, centralização x descentralização, foco em clientes x foco interno etc.

Há empresas tão gigantescas que chegam a desenvolver subculturas corporativas em determinados departamentos ou filiais em função da distância, autonomia ou poder de um determinado gestor.

Para mencionar um exemplo prático, citamos aqui o arquétipo de empresa de internet: informal, com estrutura hierárquica horizontal que estimula a cooperação, meritocracia, flexibilidade, fomenta o debate, improviso, ambiente frugal, alto nível de tolerância a riscos e erros, pensando mais a longo prazo e com alta velocidade de resposta.

Dentre os atributos da cultura corporativa, vale destacar a questão das horas trabalhadas x trabalhos realizados. Ainda há empresas que valorizam mais o *pé-de-boi*, funcionário que fica horas excessivas na empresa em relação a outros profissionais, que trabalham menos (e, muitas vezes, entregam mais resultados). Geralmente, as pessoas que *trabalham* muito mais horas que o razoável criam, quase que inconscientemente, vários mecanismos de fuga e alheamento que reduzem sua produtividade. Esse componente cultural vem diminuindo com o tempo, mas existem até hoje resquícios dessa visão míope em muitas empresas.

As histórias (reais ou imaginárias) e os personagens (vilões ou heróis) que circulam em uma empresa podem dar boas pistas de seu ambiente. Por exemplo, a história de um funcionário que tirou dinheiro do próprio bolso para resolver um problema de um cliente, mesmo sem a certeza de ser reembolsado, ou então a história de uma funcionária que foi promovida só porque está tendo um caso com o chefe. Histórias como essas são ruins, pois podem transmitir uma ideia contrária do que a empresa quer representar em termos de cultura organizacional e valores. Como em relação aos valores, cabe à empresa lutar para manter sua consistência. Mas quando há falhas, não se evita a "rádio-peão", embora seja possível afastar um chefe se tais fatos são danosos para a reputação de uma empresa séria.

Cultura não é algo imposto

Existem diferenças entre a cultura real da empresa, que realmente está presente no cotidiano corporativo, e a cultura teórica, que a alta direção tenta fazer com que todos acreditem representar de fato a cultura da empresa. Por exemplo, muitas empresas gostam de vender que tratar o cliente como rei faz parte do seu DNA, mas é muito comum o cliente só ser coroado em discursos, apresentações e eventos.

Uma cultura começa a ser criada independente da vontade dos fundadores de uma empresa, e será reflexo das primeiras decisões em relação ao ambiente de trabalho, código de indumentária, diversidade dos funcionários, primeiras cerimônias, atitudes da alta gerência etc. Como esse processo é inconsciente, a cultura gerada pode não ser a mais indicada para apoiar a construção de um futuro de sucesso.

Um erro, nas empresas recém-criadas, é o desejo de copiar culturas existentes, sem se entender o significado completo delas e suas implicações. A consciência sobre o processo de formação de uma cultura corporativa é essencial para que, nas primeiras e posteriores decisões, já se tenha em mente que cultura se quer criar. A transformação cultural de uma empresa madura é extremamente difícil e dolorosa em comparação a começar no caminho certo.

Será que o ambiente de trabalho precisa ser completamente diferente do ambiente de nossas casas? Será que é mais produtivo ou é apenas um mito que se estabeleceu por praticamente ninguém o contestar? Acreditamos que um ambiente informal e familiar dentro de uma empresa pode perfeitamente ser produtivo, mas é preciso que esse ambiente não seja forçado e imposto. Muitas empresas fazem tentativas de simular um ambiente familiar que apenas as colocam na esfera do ridículo.

Por exemplo, é comum as empresas organizarem aquelas repetitivas festas de aniversário, nas quais se compra um bolo, refrigerantes e salgadinhos. Frequentemente, ocorre a clássica inversão: os salgadinhos frios e o refrigerante quente. Obrigatoriamente, o primeiro pedaço tem que ser para o chefe. Quando o chefe faz aniversário, a comida fica melhor (há uma troca de temperaturas) e tende-se a atrair muito mais gente, afinal, ele é muito "popular". Todo ano, alguém o engana e ele chega muito "surpreendido" para sua festa-surpresa.

Outro clichê que faz parte de muitas culturas, em especial na área de Vendas de algumas empresas, é a adoção de cerimônias de execração pública para funcionários que tiveram um mau desempenho. Nesse tipo de cerimônia, pode-se dar a eles uma tartaruga, pendurar correntes de ferro em seus pescoços e por aí vai. Exceto se for algo muito leve e bem-humorado, é uma prática absolutamente contraproducente. Não ajuda o indivíduo a melhorar e o faz sentir-se frustrado. Inclusive, porque muitas vezes seu desempenho fraco foi devido, ainda que parcialmente, a motivos alheios à sua vontade. Muito mais produtivo é tentar descobrir o que acontece, o que está faltando, o que pode ser feito, e ajudar a pessoa a se empenhar para corrigir eventuais deficiências.

Um de nós assistiu, por acaso, a um evento motivacional em uma ilha caribenha. Tochas, cânticos, mantras, palavras de ordem, cerimônias, discursos, colares e vestimentas tribais mesclados à cara compungida de muitos *associados*. Para quem vê de fora, é bizarro; para muitos que estão dentro, doloroso.

Modo de se vestir

Algumas empresas optam por exigir roupas formais, como terno e gravata. Escritórios de advocacia e bancos de investimento quase sempre se enquadram nessa categoria. Os clientes contam com uma demonstração de solidez que as roupas ajudam a transmitir. Quanto mais a empresa lidar com vendas, especialmente quando o público alvo são clientes abonados ou pessoas jurídicas, mais ela tende a exigir dos seus funcionários em termos de vestimenta.

Um dos símbolos da formalidade é a gravata. Há registros do uso de lenços em volta do pescoço por soldados chineses já no século III a.C. O lenço servia para limpar o

Rei francês Luís XIV usando um precursor da gravata em 1667.

suor, a boca e até estancar o sangue. Na França, em 1618, durante o reinado de Luís XIV (Rei Sol), a gravata começou a virar moda quando um regimento de croatas mercenários passou por Paris usando um grande lenço em volta do pescoço. Assim, a palavra "gravata" vem do francês, a partir de "croata". A gravata, como nós a conhecemos hoje, se desenvolveu no final do século XIX e foi popularizada só no século XX. Hoje, muitas pessoas usam-na nos ambientes mais sérios, mesmo em meio a um calor tropical, sem se dar conta da sua origem prosaica e militar.

A maioria das empresas opta por um estilo neutro, permitindo roupas relativamente informais, mas afinadas à cultura predominante na qual a empresa está inserida. A maioria das empresas aqui no Brasil, por exemplo, proíbe bermuda para os homens, mas permite para a mulher. A razão disso é muito mais uma questão cultural da sociedade como um todo do que uma questão interna da empresa ou qualquer ponto objetivo que se possa identificar.

Uma empresa como a Nike se notabilizou por um estilo livre, permitindo qualquer tipo de vestimenta, mesmo aquela que dá uma ideia de partidarismo em relação a religião, sexo ou etnia. Na loja conceito da Nike, todos os funcionários podem se vestir de forma bastante informal, usando cabelos *black-power*, brincos de qualquer tamanho, bermudas etc., exatamente para passar a ideia de informalidade da marca.

Ambiente de trabalho

Uma questão recorrente é o layout do ambiente de trabalho.

Algumas empresas criam uma separação radical entre a alta direção da empresa e o restante do corpo administrativo. Nesses casos, a alta direção fica no topo do edifício, com refeitório separado e até elevador próprio.

Em algumas empresas gigantescas, isso acaba sendo mais ou menos natural, embora não obrigatório. O pitoresco é que várias empresas muito menores imitam esse layout sem ter uma razão clara para promover tal separação, quando seria importante estimular uma integração maior entre a alta direção e o restante da empresa.

Outra questão é a adoção de procedimentos mais ou menos rígidos para a entrada de pessoas, permitindo-se, no outro extremo, o livre acesso às pessoas. Isso depende do nível de segurança requerido, do ramo de negócios, da quantidade e do tipo de pessoas externas que acessam diariamente a empresa. Por exemplo, lojas muito sofisticadas costumam ter a porta cerrada para tentar bloquear o acesso de curiosos. Há casos em que o cliente tem até que tocar uma campainha se quiser entrar.

Há ainda a velha polêmica de quem deveria fazer jus a uma sala individual em uma empresa. Pode-se adotar qualquer solução entre não haver nenhuma sala individual (apenas salas de reunião) até salas individuais para todo o corpo gerencial.

Um exemplo marcante é o antigo Banco Garantia, depois seguido pelo Banco Pactual, que adota um escritório totalmente aberto, no qual o próprio presidente tinha

---

Best Buy – cultura corporativa inovadora

Best Buy é a maior cadeia de lojas de eletroeletrônicos dos Estados Unidos, faturando US$ 45 bilhões e com lucro de US$ 1,0 bilhão em 2009.

Apesar de as lojas terem poucos funcionários, mesmo porque o mercado é altamente competitivo, a experiência de compra na Best Buy é quase sempre agradável, pois na maior parte das vezes encontram-se funcionários muito solícitos. Normalmente, a forma como os clientes são tratados é um espelho de como a empresa trata seus funcionários.

Em 2005, a Best Buy adotou em alguns departamentos um programa chamado ROWE (Results – Only Work Environment), idealizados por duas gerentes de recursos humanos (Cali Ressler e Jody Thompson), a partir da incumbência de criar um programa de trabalho flexível.

O ROWE diferia do tradicional esquema de trabalho flexível, no qual havia uma flexibilização de horários e de dias, mas com algumas restrições. No ROWE, ir ao escritório passa a ser totalmente voluntário, incluindo a presença em reuniões. Os funcionários trabalham quando e onde querem, desde que alcancem seus objetivos.

Isso iniciou como uma experiência, sendo adotada em cada vez mais departamentos.

uma mesa no meio dos outros funcionários, dando uma ideia de total transparência e comunicação dentro da empresa.

Em princípio, é uma boa solução, mas não apropriada em todos os casos e requer que a empresa adote mecanismos para garantir a produtividade, com o tratamento acústico adequado, campainhas discretas nos telefones, evitar reuniões em volta de baias etc.

A Google, por exemplo, era praticamente um escritório aberto. Mas, atualmente, tem muito de escritório fechado. Os projetistas trabalharam usando transparências, áreas coletivas de convivência e luz natural. Com o tempo, eles perceberam que o nível de concentração dos técnicos aumentava muito em ambientes mais reservados.

A Cisco também adotou uma solução mista, mesclando áreas abertas, semi-abertas e fechadas, com todos os equipamentos sem fio, de modo a proporcionar mais flexibilidade e mobilidade, mesmo durante o dia.

Megacorporações dificilmente deixam de usar a solução de escritórios fechados para seu alto escalão, por questões de controle de acesso e segurança.

Com o barateamento da comunicação em banda larga, algumas empresas (American Express, J. C. Penney e outras) têm criado esquemas alternativos de trabalho, compartilhando espaços no escritório e permitindo que parte dos funcionários trabalhe também de suas casas, em escritórios terceirizados.

A produtividade média aumentou cerca de 40%, já que os funcionários se sentiam mais prestigiados e não precisavam fazer o que não acreditavam. Além disso, ficou fácil separar quem estava comprometido com resultados e quem apenas enrolava. A rotatividade voluntária caiu quase 90% e os escritórios ficaram parcialmente desocupados, permitindo à empresa desativar parte deles e assim economizar dinheiro.

Hoje, essa iniciativa pode ser considerada um exemplo a ser seguido por outras empresas.

A Best Buy foi eleita a empresa do ano pela revista Forbes em 2004 e, em 2006, fez parte das "10 corporações mais generosas" da mesma publicação e do ranking de "empresas mais admiradas" da revista Fortune.

De 2005 a 2008, a empresa cresceu 46% em vendas e 43% em lucro, isso em um mercado que se pode considerar saturado. O seu principal concorrente, a Circuit City, já com menos de 1/3 do tamanho da Best Buy, pediu falência em novembro de 2008, parcialmente provocada pela crise internacional, mas também por não aguentar a concorrência.

As autoras originais do plano lançaram o livro "Why Work Sucks and How to Fix It" (Por que trabalho é um saco é como resolver isso).

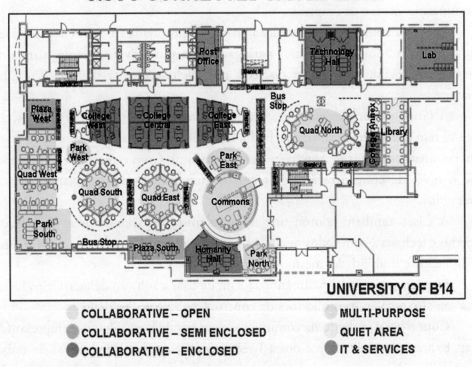

Esquema do ambiente de trabalho da Cisco.

Valores fundamentais

"A vida é demasiado curta para perdermos uma parte preciosa dela fingindo."
Alfred de Vigny, poeta francês (1797-1863)

Há alguns valores importantes para a maioria das empresas, independente de estarem ou não explicitados em uma declaração oficial dos Valores da companhia. Dentre eles, destacam-se a ética, a justiça, a verdade, a liberdade de expressão e a meritocracia.

Ética

"Ambiente limpo não é o que mais se limpa, é o que menos se suja."
Chico Xavier, líder médium e espírita brasileiro (1910-2002)

A ética representa o conjunto de valores e princípios que são usados para discernir o certo do errado e é um componente relevante para direcionar as ações, atitudes ou comportamentos de uma pessoa, grupo ou empresa. A ética faz parte da cultura corporativa, e pode ser considerada uma extensão dos valores de uma empresa.

A ética de uma sociedade não tem uma correspondência exata com aquilo que é certo e errado perante a lei, o que varia muito de país a país. Por exemplo, o aborto provocado pode ser legal em um país, como em Portugal (nas 12 primeiras semanas de gravidez), e ilegal em outros, como no Brasil. As leis também mudam com o tempo, em alguns casos para refletir as mudanças na sociedade. Aproveitando o exemplo, o aborto foi legalizado em Portugal apenas em 1984.

A ética mais internalizada nas pessoas é aquela determinada pelos comportamentos vigentes nas diferentes sociedades. Quando a lei colide com os costumes da sociedade na qual vigora, as pessoas tendem a segui-la se temem as consequências.

Por exemplo, cuspir na rua é um hábito arraigado na China, independente de lei. Durante as Olimpíadas de 2008, as autoridades chegaram a instituir uma multa para quem cuspisse na rua, para tentar minimizar esse costume. No Brasil, há leis que "pegam" e leis que "não pegam". Fumar no cinema caiu em desuso, mas fumar no ônibus é ilegal, embora não incomum. Os atos de injúria (insultos) e difamação (atribuição falsa de uma ação desabonadora) são crimes perante o Código Penal brasileiro, mas práticas constantes do cotidiano. Diversas infrações de trânsito, incluindo direção perigosa, conversão proibida e obstrução de cruzamento, não constituem crime, mas atrapalham a coletividade.

A ética não é formalizada e varia muito de sociedade para sociedade. Grupos sociais (estudantes de uma universidade, advogados, taxistas etc.) tendem a criar alguns padrões éticos próprios, que se mesclam à ética da sociedade. No caso da religião, é claro que isso constitui um grupo social ainda mais forte.

Cada pessoa faz a sua leitura do que é ético para ela ou não. Isso tende a ser uma adaptação da ética da sociedade e dos grupos sociais em que a pessoa está inserida. Em alguns aspectos, uma pessoa pode ser mais estrita e, em outros, mais liberal. Por exemplo, a maioria das pessoas não fura fila, mas várias delas têm relações extraconjugais sem culpa. Já outras pessoas furam fila sem problemas, mas, por outro lado, são absolutamente fiéis.

Muitas vezes, em situações limite, uma pessoa se vê diante de um dilema ético. Suponha que um pai, radicalmente contra o aborto, tinha a sua filha violentamente estuprada e ela engravida. Esse pai pode ficar diante de um dilema ético ao não desejar que sua filha mantenha a gravidez, embora, neste caso, tal dilema esteja amparado pela lei brasileira. Outro exemplo: alguém é radicalmente contra furar a fila, mas ao chegar a uma, encontra casualmente um amigo no meio dela. O que fazer?

Como a ética pode se dissolver

A falta de ética é uma escalada que começa com pequenos deslizes que as pessoas terminam por tolerar, banalizando esse tipo de conduta.

É fácil observar isso em uma estrada que começa a ficar congestionada. O acostamento começa vazio, até aparecem os primeiros carros, e em seguida outros carros se aventuram também pelo acostamento, até que em pouco tempo o acostamento está tomado por veículos. Ainda que seja uma minoria, isso termina por piorar ainda mais o congestionamento, pela pressão feita por esses mesmos carros quando tentam retornar para a pista certa, no fim da área de acostamento.

Outro exemplo revelador é observar um banheiro. Se ele está limpo, aumenta muito a chance de seus frequentadores o manterem relativamente limpo. Se ele está sujo, ele rapidamente fica ainda mais sujo.

As pessoas tendem a considerar fatos e eventos eticamente aceitáveis até determinados limites, a partir dos quais elas criticarão quem ultrapassá-los, até que elas mesmas o ultrapassem. É como se fosse criada uma linha imaginária, móvel, separando honestos de corruptos. Um policial diz: "Eu faço serviços extra de segurança, mas não aceito propina para encobrir vagabundo", enquanto outro completa: "Os ambulantes e guardadores me dão uma ajuda, mas não tenho papo com ladrões e traficantes" etc.

A ética na empresa

É importante que uma empresa tenha a efetiva preocupação de contratar apenas pessoas íntegras, de bom caráter. Isso parece óbvio, mas é comum as empresas contratarem pessoas que gostam de humilhar e mandar, sob o pretexto de que ela é "grossa, mas muito competente".

Enron – falta de ética contaminou o negócio

A Enron, cujo principal negócio era transmissão e distribuição de energia, faturou US$ 101 bilhões em 2000, chegando a ser a sétima maior empresa norte-americana. A revista *Fortune* escolheu a Enron a "empresa americana mais inovadora" por seis anos consecutivos.

Durante o ano de 2001, o "castelo de cartas" ruiu, e o preço das ações do seu pico, US$ 90 em agosto de 2000, chegou a US$ 0,30. O que se apurou foi uma complexa operação contábil iniciada em 1992 para inflar os lucros, distribuindo-se mais bônus para seus executivos e aumentando-se artificialmente o valor de mercado das ações para satisfazer aos acionistas.

A operação envolvia também a camuflagem dos seus débitos, aumentando-se assim seu endividamento com mais facilidade, já que os credores não enxergavam claramente o risco. Só que esta operação era calcada no valor artificialmente alto das ações e, se elas caíssem muito, tudo ruiria, o que acabou acontecendo.

Durante muito tempo, essa operação funcionou bem, com executivos e acionistas muito satisfeitos. Isso é igual ao golpe da pirâmide, no qual todos ganham no início; depois, quando o esquema vem à tona, os últimos a entrar perdem tudo. Um esquema assim corrói o negócio principal, já que, para os executivos envolvidos, era muito mais fácil fazer dinheiro com a trapaça do que com o trabalho sério.

Esse episódio levou à dissolução da firma de auditoria Arthur Andersen, que referendava a contabilidade da Enron. A lei Sarbanes-Oxley, criada em 2002 e que endurecia as práticas contábeis, foi feita motivada por esse escândalo.

Outras empresas na mesma época mantinham práticas semelhantes e foram desmascaradas em 2002: a WorldCom (empresa de telecomunicações) e a Tyco (conglomerado industrial).

Os principais executivos envolvidos nas fraudes foram multados em muitos milhões de dólares e alguns receberam penas de prisão de mais de 10 anos.

Acreditamos que, mesmo em um ambiente mais rústico ou duro, como a construção civil, estiva ou chão de fábrica, seja possível e até mais eficiente uma gestão moderna, embora normalmente se exija um pulso mais firme.

Quando um indivíduo age corretamente por medo das consequências, existe nessa situação um problema. Porque, na primeira oportunidade, quando surgir uma chance, essa pessoa pode se manifestar de modo negativo. Por isso, o medo é um mote muito fraco para considerar alguém honesto.

Mesmo analisando-se as pessoas éticas, não é muito fácil, em princípio, distinguir pessoas que seguem as normais sociais mais por conveniência perante o grupo das que têm fortes princípios éticos e procuram equilibrar o individual com o bem comum.

É claro que as pessoas com princípios éticos mais internalizados se constituem tipos ideais para compor um bom time. Elas tendem a apresentar uma visão muito mais ampla do bem coletivo e conseguem se colocar melhor no lugar de outras pessoas. Portanto, tendem a ser mais comprometidas e melhores tanto como líderes quanto liderados.

A distinção dos indivíduos em grupos é apenas esquemática, porque as pessoas são multifacetadas. Em cada aspecto da ética, alguém pode se enquadrar em um grupo diferente, como vimos no exemplo de furar a fila x relação extraconjugal.

Para chegarmos a este ponto, a base é a existência de princípios éticos sólidos que sejam seguidos por todos, principalmente pela chefia e a alta direção da empresa. Uma frase da cultura popular expressa bem esta ideia: "o exemplo vem de cima". Ações duvidosas, que rompem a ética vigente, muitas vezes acabam vazando e se espalhando pela empresa, sendo incansavelmente ecoadas nas conversas informais.

Como sempre, muito mais se fala do que se faz, ou seja, discursos, comunicados e normas são invariavelmente éticos e as práticas terminam por não condizer com o propalado em teoria. Até as crianças sabem disso, por isso, elas são muito mais sensíveis ao exemplo que os pais dão do que às suas palavras.

Políticas de apoio

Existem alguns mecanismos para incorporar a ética nas práticas de uma empresa.
- Código de ética – um documento que especifica os comportamentos e práticas válidos para a empresa, com alguns adendos sobre procedimentos em caso de violações, processos de divulgação, histórico do código etc.
- Comitê de ética – formado por um grupo de executivos designados para decidir sobre questões éticas, inclusive dilemas éticos, e sobre as sanções cabíveis.
- Canais para comunicação de denúncias – consiste em um meio de fazer com que as condutas não éticas cheguem ao conhecimento da alta direção da

organização. Para ser efetivo, é imprescindível que a empresa encare a denúncia como algo positivo e que sejam feitos esforços para proteger o informante, pois quando não existem medidas protetoras eficazes, os informantes podem sofrer represálias.
- Comunicação da ética – é preciso desenvolver estratégias de comunicação permanentes para divulgar os princípios éticos na empresa para sua disseminação efetiva. Um código de ética muito bem elaborado, mas mantido em um arquivo ou em um link no portal da intranet, é letra morta sem valor prático.
- Tolerância zero – a empresa precisa ser rigorosa e vigilante na observância dos seus princípios éticos e na aplicação de sanções, quando for o caso, que podem variar de uma mera advertência verbal até a demissão sumária. Isso é essencial para o sucesso concreto na implantação de princípios éticos e para não deixar que pequenos deslizes se banalizem e acabem ficando grandes.

Vale ressaltar que o sucesso dessa empreitada depende muito do nível de motivação na empresa, que aumenta o comprometimento dos funcionários com a cultura corporativa da empresa.

Responsabilidade social

As políticas decorrentes da parte da ética, que lida com a interação da empresa com a sociedade, constituem-se na chamada responsabilidade social. Uma empresa socialmente responsável se engaja em atos que beneficiam a sociedade, quer de modo geral ou focado em algumas comunidades.

Uma tendência que tem emergido fortemente nas empresas nestes últimos tempos é a ética ambiental, que se desdobra em políticas ambientais. Cada vez mais o governo e a sociedade civil têm pressionado as empresas a adotarem práticas de sustentabilidade e que minimizem a degradação que a atividade econômica causa ao meio ambiente, incluindo a poluição das águas, emissão de poluentes e emissão de carbono.

Ultimamente, o público tem valorizado mais e mais as empresas que adotam políticas pró-sociedade, incluindo as questões ambientais. O problema é que, enquanto há empresas que de fato se engajam, mesmo que seja para efeitos de imagem pública, outras tantas fazem mais bolhas de sabão do que ações reais e concretas. Assim, é responsabilidade de todos tentarem criar mecanismos que aumentem a transparência da relação das empresas com a sociedade.

Justiça

> "Justiça é a verdade em ação."
> Benjamin Disraeli, estadista, primeiro-ministro inglês (1804-1881)

Tratar a todos com dignidade e justiça é, sem dúvida, valor fundamental para uma empresa e parte importante do conjunto de valores éticos que ela adota.

Há uma diferença marcante entre o que as pessoas julgam ser e o que elas realmente são. Todo mundo se considera justo e digno, mas poucos praticam esses valores com consistência.

As pessoas precisam enxergar a todos como seres humanos, com direitos plenos, independente do cargo e da posição que ocupam. A ideia básica, tantas vezes repetida, funciona: não faça com os outros o que não gostaria que fizessem com você.

Outro elemento importante em uma empresa justa é ter regras que valem para todos. Isonomia é o conceito jurídico que determina que fatos iguais, sob as mesmas circunstâncias, devem gerar decisões iguais. Por exemplo, se as normas internas de uma empresa proíbem que um indivíduo tenha como subordinado seu cônjuge, tolerar uma exceção a essa regra e bloquear outra fere o senso de justiça, pois lembra o velho adágio "todo mundo é igual perante a lei, mas uns são mais iguais que outros".

Quando um subordinado comete um erro, um chefe deve indicar caminhos de melhora. A abordagem deveria ser franca e construtiva. Os adjetivos devem ser usados parcimoniosamente, pois introduzem uma subjetividade que pode distorcer a análise e colocam o interlocutor para baixo. Quando essa crítica passa de um limite, ela se caracteriza como falta de respeito. Quem chama, por exemplo, alguém de idiota, perde a razão e o adjetivo pode caber melhor a quem o usou. Uma reprimenda perante outras pessoas, ainda que educada, é geralmente humilhante e pouco digna.

O respeito e o senso de justiça são o mínimo que os funcionários esperam de seus chefes e da empresa, e, dentro desse limite, todos possibilitam um ambiente produtivo e colaborativo.

Verdade e liberdade de expressão

> "Liberdade é o oxigênio do espírito."
> Moshe Dayan, Militar, estadista israelense (1915-1981)

Promover a comunicação aberta, franca e plena é valor essencial para uma empresa moderna.

Colocamos esses dois atributos juntos porque o cerceamento da liberdade de expressão é uma das grandes forças que afastam a verdade.

O ser humano tem uma enorme tendência de esconder os seus erros e ressaltar as suas qualidades. Isso é uma consequência de todo o processo de aprendizagem, que vem da mais tenra infância.

Se um menino jogando futebol quebra o vidro de uma janela, ele, muitas vezes, tenta esconder o fato. Por outro lado, ele sempre falará sobre seus gols feitos (ou não...). Bater nos nossos filhos, quando eles voluntariamente confessam os seus deslizes, é incentivar essa prática. A criança, por autodefesa, aprenderá a mentir e, algum dia, será tão boa como muitos adultos o são na "arte" de mentir.

Tipos de mentiras

Atire a primeira pedra quem nunca mentiu. As mentiras não são todas iguais. Uma mentira pode ser explicitamente declarada ou, de modo mais sutil, surgir a partir de uma omissão. Independente da forma, existem, pelo menos, cinco tipos de mentiras.

A *mentira benéfica* é aquela que é instrumento de uma boa ação. Por exemplo, é totalmente válido inventar que você fez um curso de primeiros socorros para convencer uma pessoa a fazer um torniquete, após uma mordida de cobra, e informar à vítima que ela deve procurar um lugar para aplicação de soro antiofídico o mais rápido possível.

A *mentira social* serve para pacificar as relações sociais e é essencial para o bom convívio entre as pessoas. Sem elas, ninguém se aturaria. Imagine uma mulher que encontra uma amiga saindo do salão perguntando "Meu cabelo ficou lindo, não ficou?" e ela, então, responde "Está louca? Seu cabelo está pavoroso, você está me assustando!". Rapidamente, essa pessoa excessivamente autêntica será sincera só consigo mesma, ou seja, sozinha.

A *mentira inofensiva* não cumpre propriamente um papel social, mas se não faz o bem, mal também não faz. As pessoas, por exemplo, mentem para enfeitar um pouco a realidade ou para fazer alguma brincadeira etc.

A *mentira bumerangue* é aquela que prejudica a própria pessoa que mente. Por exemplo, se um adolescente mata aula, tira notas ruins, mas diz aos pais que está tudo bem, ainda que ele até se divirta com o ato, mais tarde tenderá a ser um adulto com dificuldades de se colocar no mercado de trabalho.

A *mentira maldosa* é a realizada para prejudicar uma ou mais pessoas.

Mentira nas empresas

Em uma empresa, as mentiras que envolvem trabalho têm, em geral, consequências mais sérias. A mentira é usada, por exemplo, para esconder os erros. Ela prejudica o autor do erro, por diminuir sua chance de aprendizado, e pode prejudicar a empresa, pela consequência de um erro não tratado.

Muito comum também é a mentira maldosa, como atribuir a responsabilidade de um erro a outras pessoas ou simplesmente mentir para prejudicar alguém. Pode-se também fingir concordância com uma decisão para evitar atritos, ainda que a decisão tomada possa, na visão dela, prejudicar a empresa. Pode-se simplesmente praticar a adulação com a finalidade de autopromoção. Enfim, existem muitos tipos de mentira prejudiciais em diferentes níveis dentro de uma empresa.

Uma empresa deve incentivar abertamente a franqueza, a discussão em torno de fatos e a livre expressão.

Na prática, infelizmente, há muitas empresas nas quais a verdade é um artigo raro e arriscado. Se um indivíduo precisa sobreviver nesse meio, é cruel dizer isso, mas ele precisa se adaptar, e a mentira vira quase que uma "mentira social", como descrita. No entanto, é ruim insistirmos no que não acreditamos e, além disso, fingir é algo que drena as energias de um indivíduo, além de o futuro desse tipo de empresa ser questionável. Assim, o melhor seria conciliar boas perspectivas profissionais a um ambiente em que o profissional mantenha sua integridade. É muito mais prazeroso.

Às vezes, uma empresa é boa, mas o problema é mais localizado em um indivíduo, como uma pessoa em cargo de chefia. Há muitas pessoas que não convivem bem com a verdade. É uma situação difícil, que tem que ser analisada caso a caso. Há situações em que é preciso temporariamente ceder e jogar o jogo, há outras em que se pode tentar conscientizar seu chefe, e há também momentos em que é aconselhável arriscar e tentar enfrentar a situação fazendo alianças estratégicas. Se a barreira for intransponível, o melhor mesmo é mudar de ares.

Como beber da sua própria fonte

O ser humano tende a menosprezar as pessoas que estão em uma posição inferior, tanto em relação a estudo quanto ao nível hierárquico profissional. Isso não passa de puro preconceito.

Imaginem a quantidade de talentos que existe dentro de uma grande empresa. Imaginem o que conseguiríamos fazer se todos eles pudessem ser interconectados como que em um "mar" de ideias. O quanto ganharíamos em resultados? Infelizmente, na maioria das empresas, este "mar" está seco, isto é, só se ouvem as vozes de cima, esquecendo-se de quão enriquecedor seria se ouvíssemos todas as vozes.

Um grande número de talentos dentro de uma grande empresa fica oculto e muitas ideias e conceitos interessantes nunca chegam à tona. As empresas, em sua maioria, se limitam a ouvir as vozes do topo da hierarquia. Não ouvir quem faz e só quem manda torna pobre e bitolada qualquer discussão. Quem produz em uma empresa são as milhares de pessoas que não ouvimos, e não existe ninguém melhor do que esses executores para dizer o que está errado em seu próprio processo produtivo.

Um fator que tolhe a liberdade de expressão é um chefe que não aprecia que seus subordinados discordem de sua opinião. A empresa perde pontos de vista relevantes, e ainda precisa lidar com funcionários com pouca autonomia e, por vezes, baixa autoestima.

Outro ponto que inibe a comunicação é o medo de falar uma bobagem. Isso é bastante prejudicial, pois muitas vezes uma "bobagem" pode ser a centelha que leva a uma ideia criativa e fora do comum. A maioria das pessoas criativas fala muita "bobagem", isso é parte do processo de criação. Zombar de alguém que falou uma bobagem, especialmente na frente de outras pessoas, é muito danoso. Não apenas a pessoa fica magoada, como também terá a tendência de se calar da próxima vez, deixando, por vezes, de fazer uma contribuição importante.

Um exemplo marcante de empresa que levou esse valor a sério é a Toyota. Um ponto fundamental na Toyota é o estímulo para que diferentes áreas colaborem entre si e troquem conhecimentos, de forma a quebrar os silos em que as pessoas em geral trabalham. As pessoas são estimuladas a assumir seus erros e aprender com ele. Comunicação aberta e aprendizagem são valores-chave.

A filosofia é "coletar ideias de todos e em toda parte". Opiniões contrárias, mesmo em relação ao chefe, são bem aceitas pela organização. Esse enfoque levado a sério certamente ajudou a Toyota a se tornar a maior montadora de automóveis do mundo, com reconhecida qualidade e confiabilidade dos carros que produz. Infelizmente, a soberba pode subir à cabeça, e em 2009/2010 a Toyota esteve envolvida em um dos maiores *recalls* de carros de toda a indústria automobilística.

Meritocracia

"O vento é o mesmo. Mas sua resposta é diferente em cada folha."
Cecília Meireles, poetisa brasileira (1901-1964)

Um valor básico para estimular que a empresa obtenha ganhos consistentes de qualidade e produtividade consiste em tratar de forma diferente pessoas diferentes.

Tratar a todos igualmente em uma empresa parece, à primeira vista, justo, sensato e democrático; mas não funciona no mundo real.

O ser humano é naturalmente afeito à competição e à comparação uns com os outros, tanto na vida pessoal como profissional. No ambiente corporativo, quando um funcionário muito competente percebe que seu colega muito fraco é tratado e remunerado exatamente da mesma forma, ele começa a se perguntar algo do tipo: "Para que eu dou meu sangue se meu colega, que não serve para nada, ganha a mesma coisa e o chefe o vê da mesma forma?".

Nivelar funcionários aplicados e produtivos aos funcionários relapsos e improdutivos traz muitas consequências nefastas: os bons tendem a ficar desmotivados, piorar seu desempenho e até procurar outra colocação. Os maus não recebem nenhuma pressão para melhorar e se acomodam. O resultado final é o nivelamento por baixo, com uma tendência de as pessoas não evoluírem, e isso prejudicar, inclusive, a sua própria empregabilidade.

Para se ter uma visão da realidade disso, basta observar grande parte do serviço público, no qual a meritocracia assume um papel pequeno e as promoções estão mais ligadas à política e ao tempo de serviço. O resultado final é um alto número de funcionários consequentemente despreparados para o mundo corporativo na iniciativa privada, cada vez mais exigente e competitivo.

É preciso, então, atuar fortemente na gestão de pessoas, no sentido de reconhecer, promover, recompensar e destacar os bons, porém também apontar os erros, retreinar e até dispensar os fracos.

Isso não necessariamente é feito estimulando-se a competição, já que em muitos casos o estímulo à competição gera outros efeitos colaterais danosos, mas por meio de estímulos individuais, como a premiação por metas atingidas, e da utilização de exemplos positivos, destacando-se atitudes individuais pró-ativas.

A tendência nas empresas é deixar cada vez mais transparente a visão que ela tem de cada funcionário e a importância dessa visão no futuro da carreira dele. Isso estimula os bons a tornarem-se cada vez melhores, em um processo de melhoria contínua. Os funcionários fracos devem ser geridos de forma a se reconhecerem as causas de um desempenho mediano para se tentar dar a volta por cima e, sobretudo, saber que seu futuro depende disso. Caso isso não funcione, ele deverá ser realocado em uma área para a qual tenha mais aptidão, ou até mesmo dispensado.

Delegação

"Cerque-se das melhores pessoas que você encontrar, delegue autoridade e não interfira."
Ronald Reagan, ator e 40º presidente norte-americano (1911-2004)

Se o indivíduo ocupa uma posição de chefia, a delegação, quando bem-feita, é um dos mais importantes requisitos de um bom administrador.

A delegação diminui a carga de trabalho pessoal e abre espaço para a realização de missões mais nobres. Isso vale tanto para quem está crescendo na carreira, pois abre espaço para o crescimento profissional, como para o presidente de uma companhia, que consegue sair do detalhe e enxergar o todo durante uma parte maior do seu tempo.

A delegação é o desdobramento de uma série de boas práticas de gestão, que veremos adiante no livro com mais detalhes.

Além da questão da economia do tempo do gestor, quanto mais decisões o subordinado for capaz de tomar sozinho, mais produtivo será seu trabalho, aproximando-se o processo produtivo do decisório e diminuindo-se o tempo de resposta. Além disso, a autonomia é fator de motivação para os subordinados, que se sentem mais relevantes para a companhia. A autonomia representa um treinamento continuado no processo de tomada de decisões, capacitando-os para voos cada vez mais altos.

Como delegar?

Seguem os fatores que interferem no grau de delegação e como atuar sobre eles.

- Quanto mais definido estiver o trabalho dos subordinados, incluindo o mapeamento das exceções mais comuns e suas ações correspondentes, menos o superior precisará interferir no seu andamento. Pelo contrário, quando há demasiado improviso nas ações, geram-se muitas dúvidas que tendem a ser responsabilidade de seu superior hierárquico. Assim, a preocupação em formalizar, detalhar e documentar qualquer ação inicialmente pode consumir muito tempo, mas depois os benefícios serão visíveis.
- Os subordinados precisam das informações necessárias para que possam tomar as decisões de forma abalizada. Disponibilizar o acesso às informações é importante, resguardada a questão da segurança. Não adianta hipocritamente negar-se o acesso à informação se existem caminhos nem tão subterrâneos que permitem seu acesso, mesmo que formalmente proibido. Mas é claro que isso tem que ser observado caso a caso. Às vezes, o erro está na existência das brechas de segurança, e não na proibição do seu acesso.
- Decisões envolvem um grau de risco que pode ser traduzido em valores monetários de ganho ou perda. Aí entra a questão da alçada de valor, adotada em várias empresas de grande porte. Na prática, existe alguma flexibilidade e incerteza na determinação desses limites para muitas decisões. A pessoa deve ter em mente que o erro exerce um papel fundamental no processo de aprendizagem, a confiança é algo que se conquista de forma progressiva, e os subordinados, mesmo que estejam no mesmo cargo, não são todos iguais nesse quesito.

- O trabalho pode ter complexidade variável. O ciclo virtuoso da delegação envolve contratar bem, dar orientação (*coach*) técnica e comportamental constante e, finalmente, treinar, treinar e treinar. Deve-se focar o treino nos pontos mais importantes e nos pontos que geram mais necessidade de intervenção da chefia. Geralmente, há similaridades entre esses pontos. Um tópico pouco importante, que perenemente gera muita necessidade da intervenção superior pela complexidade envolvida, provavelmente está mal definido.

Barreiras para a delegação

Quatro grandes empecilhos da delegação que envolvem a personalidade do indivíduo e que, às vezes, se misturam, são os que seguem.

- A **soberba** de acreditar ser melhor do que todos impede a pessoa de enxergar que os demais são capazes de fazer o que ela faz. Esse tipo de pessoa fica quase feliz por estar cercado de "idiotas", porque assim se sente muito superior. Não é nem preciso dizer quem é o verdadeiro idiota dessa história.
- O **perfeccionismo** de acreditar que os outros devem fazer a tarefa 100% como a pessoa faria. O processo de delegação fica bloqueado, pois dificilmente os outros farão 100% do jeito dela, embora isso não signifique, necessariamente, que façam pior que seu superior. O *plus* que existe no resultado da tarefa, entre fazer e delegar, é detalhe que não tem a menor importância.
- A **paranoia**, que significa o medo de perder o controle sobre sua área ou empresa. Esse é um dos problemas mais difíceis de enfrentar, pois esse tipo de pessoa, paranoica, desconfia de tudo e de todos. Assim, ela protege todas as coisas com unhas e dentes, se atola completamente, confere quase tudo que os outros fazem e, em geral, raramente tira férias. Essa pessoa precisa urgentemente rever os seus conceitos, pois essa atitude constrói muralhas quase intransponíveis contra o crescimento pessoal. Essa situação é comum em um *self-made man*, que funda uma empresa, ela cresce, cresce e cresce, fica maior que o dono e, finalmente, acaba por engoli-lo.
- A **visão curta,** pela qual o indivíduo quer permanecer indispensável para a companhia, então ele se mantém estrategicamente ligado às ações mais importantes de sua área, de forma que nunca ninguém possa substitui-lo. Quando ele sai de férias, se sair, seus subordinados atuam na base do improviso ou ligam para o seu celular e, na volta, ele preenche as lacunas criadas. Ele costuma ter medo de contratar pessoas muito competentes. Essa filosofia revela um péssimo gestor, porque a filosofia moderna é justamente o oposto, tornar-se substituível

> **Sadia – delegação desastrosa**
>
> Em 2008, a Sadia apresentou um prejuízo de R$ 2,5 bilhões, o primeiro em 64 anos de história, algo em torno de 21% do seu faturamento anual. Tudo se deveu a um processo de delegação muito mal conduzido, em que foram feitas operações financeiras com derivativos.
>
> Nessas operações, foram feitas apostas na queda do dólar em relação ao real, operação que aparentemente fazia sentido para a empresa que, como grande exportadora, em caso de queda, haveria perda de receita com exportação, e esta aposta geraria um ganho financeiro do outro lado. Tudo parecia perfeito.
>
> No entanto, o risco da operação não estava limitado (hedgeado), e, com a crise mundial deflagrada em setembro de 2008, o dólar disparou. Com isso, a operação gerou perdas milionárias, por estar baseada em complexas amarrações alavancadas com derivativos que multiplicavam, em muito, as perdas no caso da desvalorização cambial.
>
> Neste caso, o Conselho de Administração nem tomou conhecimento, o que é um erro, dado o risco da operação. O presidente delegou para o diretor financeiro, já que normalmente este tipo de operação é de difícil entendimento. O diretor financeiro, por sua vez, pode ter delegado para alguma área técnica, embora isso seja uma suposição, já que a empresa não divulgou detalhes internos.
>
> Com o escândalo da operação, o diretor financeiro foi demitido, e a Sadia acabou se fundindo à Perdigão, talvez como consequência de sua fragilidade, após esse prejuízo milionário.
>
> Este não foi um caso isolado, na mesma época a Aracruz e o Grupo Votorantim, entre os que foram divulgados, tiveram problemas semelhantes.

na sua área, para que os indivíduos possam assumir desafios mais complexos. No fundo, isso revela insegurança, porque ele pensa que não cai, mas também desconfia que não sobe. O verdadeiro gestor é um formador de pessoas.

...

Finalmente, como em tudo, existe o exagero. Há quem delegue indiscriminadamente antes de poder ter confiança suficiente no resultado do trabalho dos seus subordinados. Vira um "executivão", só que sem ter uma equipe qualificada para isso, pois ele nunca teve uma preocupação maior em treinar e orientar.

O "executivão" confere muito pouco o que é feito, e a consequência é a deterioração do nível dos serviços prestados pela sua área. Com esse tipo de prática, o indivíduo, a despeito das aparências, trabalha pouco e leva tudo na flauta. Um pouco antes de uma reunião com seus superiores, ele se prepara e usa uma retórica enfeitada, mostrando que tudo está às mil maravilhas. Em uma empresa séria, esse tipo de profissional não deveria ter vida longa.

Liderança

"A tarefa do líder é conduzir seu pessoal de onde eles estão para onde eles ainda não estiveram."
Henry Kissinger, político norte-americano (1923-)

"Para fazer grandes coisas, não se deve estar acima dos homens, mas junto deles."
Charles de Montesquieu, filósofo francês (1689-1755)

> *"Liderança é ação, não posição."*
> Donald H. McGannon, CEO da Westinghouse (1920-1984)
>
> *"Um bom líder faz com que homens comuns façam coisas incomuns."*
> Peter Drucker, consultor e escritor norte-americano
> de renome internacional (1909-2005)

Liderança é um dos temas mais abordados no mundo da Administração. Há uma verdadeira obsessão pelo assunto. Milhares de livros e revistas foram escritos a respeito. As palavras *leadership business,* pesquisadas juntas no Google, apresentam mais de 300 milhões de resultados.

A liderança é um farol que brilha no horizonte para quem está iniciando uma carreira em uma corporação ou empreendendo seu primeiro negócio. As pessoas buscam, em vão, as palavras mágicas que abrirão a porta de seus segredos.

Neste tópico, queremos mostrar que o exercício da liderança representa uma grande constelação de atributos que se complementam e não pode ser reduzido a quatro ou cinco chavões. É mais difícil tornar-se um bom líder do que se imagina, mas é um caminho trilhável. Muito pior é alguém, em um cargo de chefia, considerar-se líder quando, muitas vezes, não tem muito mais do que apenas a posição que lhe foi conferida.

Liderança consiste simplesmente em conduzir uma ou mais pessoas a um determinado objetivo. Para isso é preciso motivar, relacionar-se, influenciar, ensinar, aprender, e até mandar. Desse modo, o grupo é levado a atuar com eficiência e eficácia, rumo ao objetivo.

Mandar não é um palavrão

A expressão "até mandar" citada é uma forma irônica de se referir a um dos clichês mais surrados dos últimos tempos, o do "líder servidor". Essa tendência moderna encontrou seu ápice no best-seller *O monge e o executivo,* de James Hunter.

É um livro com um conteúdo humanista, em tom de fábula, repleto de mensagens altruístas. É interessante, como contraponto ao execrável autoritarismo. Mas colide com o mundo real. Nessa filosofia, as palavras "mandar" e "ordem" viram quase palavrões. Independente da crueza da palavra, mandar faz parte do ingrediente de qualquer líder que se preze. É tudo uma questão de dosagem e do modo como essa autoridade é exercida.

O acadêmico e escritor Henry Mintzberg ressalta no seu novo livro *Managing,* de 2009, que, na prática, a gestão na maioria das empresas é muito mais antiquada do que as prateleiras das livrarias sugerem. De um lado, há a idealização de uma série de atributos, com a qual muitos líderes teoricamente concordam. De outro lado, há a dura vida cotidiana, que leva o líder de carne e osso a improvisar, interromper atividades, correr de um lado para o outro e planejar muito menos do que ele gostaria.

Na prática, não existe um perfil de líder único que se adapte bem a todas as empresas. O balanço ideal das diferentes ações citadas acima varia de empresa a empresa. Em muitos casos, especialmente em ambientes que envolvem trabalhadores de baixa especialização (atividades primárias e chão de fábrica), a autoridade cumpre um importante papel. Em áreas de empresas muito estruturadas e com ambiente externo estável, mesmo envolvendo trabalhos menos braçais, a autoridade costuma também ter um peso relevante, uma vez que as tarefas a serem realizadas estão bem definidas.

Liderança autocrática

Esse tipo de liderança, levada ao extremo, corresponde à chamada liderança autocrática.

A liderança autocrática é exercida através de ordens claras e diretas para os subordinados de como deve ser feito o trabalho, qual a produtividade esperada e como se deve lidar com as exceções. Se os subordinados sempre sabem exatamente o que fazer, sem perder tempo com divagações, eles dedicam o máximo do seu esforço no trabalho em si para atingir a produtividade esperada. Este processo de liderança pode ser reforçado com premiações por produtividade, que são fáceis de definir pela objetividade e descrição clara do trabalho a ser feito.

O parágrafo anterior é basicamente correto, mas não expressa o ponto chave: a autoridade não substitui outros atributos, apenas os complementa. Mesmo no chão de fábrica, o bom líder exerce a autoridade sim, mas também motiva, se relaciona, influencia, ensina e aprende.

Quando se fala em mandar, entenda-se dar ordens, ou seja, determinações a serem cumpridas. Mas as determinações deveriam ser passadas com respeito, empatia e justiça, sem que isso coloque em risco a autoridade. Por quê? Porque a empresa lucra mais! As pessoas ficam mais motivadas, o que diminui a rotatividade (*turnover*), aumenta a produtividade e a qualidade, sem que isso custe um centavo para a empresa.

Liderança democrática e o meio-termo

No outro extremo, a chamada liderança democrática é exercida quando o líder se posiciona como um apoiador da equipe e ajuda na definição do trabalho a ser feito, que é basicamente definido pelos próprios subordinados em função dos resultados esperados, com o poder moderador do líder para conciliar as diferentes competências e necessidades individuais. As premiações, nesse caso, são definidas com a participação dos subordinados.

A liderança mais indicada se situa, geralmente, entre esses dois extremos, em diferentes pontos. O líder que assume uma área em crise ou desorganizada e, para piorar, com um histórico ruim de relacionamento com o chefe anterior, precisa, de um lado, exercer a autoridade para reverter rapidamente esse quadro, mas também precisa investir na construção de uma base sólida de relacionamento com seus subordinados. Se não há problemas de relacionamento anteriores, a autoridade pode ser mais temperada com uma gestão participativa. Por outro lado, se o líder assume uma casa arrumada, mas com uma equipe que tinha um péssimo relacionamento com o chefe anterior, ele precisa instilar a confiança das pessoas em seu novo líder, o que pode melhorar ainda mais o desempenho da sua área.

Porém, mesmo no melhor ambiente do mundo, há momentos em que o líder precisa exercer efetivamente sua autoridade sem que se sinta envergonhado disso. A democracia, levada ao extremo, vira um entrave burocrático, que torna as decisões lentas e arrastadas. Liderar não envolve necessariamente alinhar todas as decisões com a equipe. Liderar não é ser bonzinho e passar a mão na cabeça de todo mundo. O objetivo principal de um líder é, em última análise, conseguir resultados, e não ganhar concursos de simpatia.

Outro ponto importante a ressaltar é que a bondade de hoje pode ser a maldade de amanhã, porque apenas agradar, evitar dizer não e se omitir não prepara ninguém para trabalhar em uma empresa de verdade. A melhor maneira de lidar com um profissional é fazê-lo crescer com treinamento e orientação adequados elogiando-o e reconhecendo-o, e também fazendo-o enxergar o que poderia ter feito melhor e como, inclusive sobre aspectos comportamentais.

É fundamental que os liderados tenham consciência completa do seu papel. Ou seja, independente do tipo de gestão, eles precisam saber o que deve ser feito e quando. Isso faz parte do planejamento e desdobramento dos objetivos da área. Precisam de elogios, críticas construtivas, treinamento e orientação para melhorarem, e também perspectivas profissionais. Finalmente, precisam ter um retorno (inclusive financeiro) para aqueles que tiverem melhor performance.

Qualidades necessárias

Existem algumas qualidades que todos os líderes deveriam ter, mesmo em ambientes estáveis e lidando com profissionais de baixo nível de instrução:
- Honestidade – é a base para o padrão ético da equipe, afinal o "exemplo vem de cima".

- Senso de justiça – consiste em tratar a todos como você gostaria de ser tratado no lugar deles, sem panelinhas ou perseguições. A percepção de injustiça afeta até aqueles que não são diretamente injustiçados.
- Habilidade interpessoal – inclui qualidades como: ouvir o que as pessoas têm a dizer ter habilidade em convencer as pessoas saber mandar sem parecer uma ordem saber fazer críticas construtivas buscando evolução sem magoar as pessoas tratar de forma diferente pessoas diferentes, conforme suas particularidades, para obter o melhor de cada um.
- Tratar bem as pessoas – ter empatia com as outras pessoas, sempre tratando-as com respeito e consideração, evitando ao máximo perder o controle e extrapolar.

Uma pessoa que tem facilidade para conhecer outras e se interessar e ter empatia com elas é alguém que gosta de gente. Esse tipo de pessoa pode até não ser extrovertida, mas a atitude diante dos outros é genuinamente positiva, dentro de suas características.

Gostar de pessoas é algo que não se aprende nas universidades ou em um MBA. Na verdade, é um componente do caráter da pessoa, que é moldado pela genética e pela vida de um indivíduo, especialmente nos primeiros anos.

O leitor pode até pensar que alguém que não goste verdadeiramente de pessoas poderia desenvolver habilidades interpessoais, fingir ter uma relação empática com os seus liderados e conseguir assim seus intentos. Primeiro, deve-se dizer que habilidades interpessoais se aprendem, mas é preciso ter alguma facilidade natural nessa questão. Além disso, essa visão utilitarista em geral não funciona muito bem, porque o verdadeiro caráter eventualmente costuma transparecer e a pessoa pode ser desmascarada.

- Capacidade de planejar – é papel do líder definir planos de trabalho para seus liderados e ajustar esses mesmos planos em situações de contingência. Mesmo em uma gestão participativa, na qual os próprios liderados fazem seu planejamento, é papel do líder coordenar o processo para que haja sinergia entre os liderados.
- Foco e senso de prioridade – é preciso um senso agudo de prioridade e, sobretudo, aprender a abrir mão daquilo que não é importante, para que se possa dar o devido valor ao que realmente importa, ou seja, deve-se concentrar a força de trabalho de acordo com o princípio de Pareto, que diz que em torno de 20% das causas respondem por 80% dos resultados. E muitas vezes é mais do que isso. Por exemplo, um presidente (CEO) de uma indústria precisa otimizar o atendimento de clientes de baixo volume, senão eles podem afogar o departamento de vendas, levando-o

a não tratar, com a devida atenção, os quatro ou cinco revendedores que respondem por quase todas as vendas.

- Delegação e gestão – consiste na capacidade de delegar e acompanhar, de modo a não se perder o controle da área. Neste atributo inclui-se o delicado equilíbrio entre dois extremos indesejáveis: liberdade em excesso ou microgerenciar. O ponto exato entre esses dois extremos depende do grau de confiança que o líder deposita em cada subordinado, que, por sua vez, evolui com a experiência e o relacionamento.

  Quem tem a habilidade de "ler" pessoas delega melhor, porque tem maior consciência do que pode ou não ser delegado e da forma apropriada de se delegar, dependendo do perfil do liderado.

  O acompanhamento ou gestão deve ser sempre no sentido de se dar uma orientação geral, levando-se em conta o papel estratégico da área perante a empresa, transmitindo sempre a filosofia do foco e da priorização, de modo a se manter a equipe sempre energizada e integrada.

  Microgerenciamento é uma prática muito danosa: o líder entra sempre em detalhes irrelevantes de microprazos e microações de seus subordinados. Ele age como se não confiasse minimamente na capacidade do seu subordinado, o que, muitas vezes, leva a uma profunda irritação. Se, de fato, o subordinado precisa ser sempre tratado assim, o que ele está fazendo na equipe?

Alguns autores incluem a capacidade de execução como um atributo importante para um líder. Nós concordamos com isso, mas entendemos que a capacidade de execução pode ser desdobrada em alguns atributos independentes, como garra, foco e senso de prioridade, delegação e gestão, habilidade interpessoal etc. O termo *capacidade de execução* seria mais realista se fosse trocado por *capacidade de reger a execução*, porque um bom líder não executa, faz as pessoas executarem.

E, inclusive, como manda a cartilha da humildade, o mérito da execução é de quem faz, e o mérito do líder é o de orquestrador dessa execução. Repare que, de certo modo, um maestro regendo uma orquestra cumpre um papel maior na execução do que um líder em uma empresa, porque do movimento da batuta derivam diretamente o andamento e a força de diferentes seções de uma orquestra. Uma orquestra, por mais brilhante que seja, não consegue se autorreger.

Líderes também têm defeitos!

É importante ressaltar que, quando se aborda as qualidades inerentes a um líder, não se trata de uma lista obrigatório. Trata-se de um conjunto de fatores positivos que representam coletivamente um ideal quase inatingível para um líder.

No entanto, esse é o único caminho possível para uma abordagem genérica de liderança em um livro que se propõe a navegar pelas diferentes temáticas de Administração. Se já não é fácil para o leitor rumar no caminho dos atributos ideais do líder "perfeito", o que dirá se ele estudar a história de líderes polêmicos que, às vezes, não apresentam algumas das qualidades ditas como fundamentais, mas compensam isso com muita genialidade?

Liderança também é estilo. Não adianta transplantar boas práticas, preconizadas por artigos e revistas, se elas não se combinam com a sua índole. Suponha que uma pessoa, não muito expansiva, mas influenciável, leia o artigo sobre um dos segredos de Fulano, que é todo dia percorrer as dependências da empresa cumprimentando todo mundo. Aí, ele tenta copiar. Deve ser um desastre. Imagine um robô andando rapidamente, falando mecanicamente e sorrindo amarelo.

Com certeza, a vida real não é linear e preto no branco. Há muitos líderes com graves defeitos, mas de enorme sucesso profissional. Isso por si não transforma defeitos em qualidades, nem absolve o defeito.

Um exemplo marcante é Steve Jobs, da Apple, um gênio com uma profunda visão de mercado e dos desejos conscientes e inconscientes do público. E com uma grande obsessão por foco, o que o levou a reduzir rapidamente o número de produtos da Apple, que levavam a companhia rumo ao prejuízo quando ele a reassumiu.

No entanto, Steve Jobs, por vezes, gritava, tinha ataques de fúria, dividia o mundo entre gênios e idiotas, entre outras mazelas, como bem descreve o livro *A cabeça de Steve Jobs*, de Leander Kahney, um livro sem dúvidas inspirador sobre um líder e uma empresa, a Apple, que conseguiram espaço considerável sobre uma concorrência pesada e hostil (Microsoft). No entanto, o leitor que tentar imitar o Steve Jobs deve ter a consciência de que será muito mais fácil imitar seu lado "polêmico" (com consequências desastrosas) do que seu lado genial.

O próprio Steve Jobs, durante sua segunda gestão da Apple, já era uma versão *light* de si mesmo. E isso ajudou a empresa a ter um crescimento muito mais consistente e duradouro do que durante sua primeira gestão.

Qualidades adicionais

De modo geral, mas especialmente em áreas mais dinâmicas e/ou complexas, com subordinados de nível mais alto, surgem mais qualidades muito importantes.

- Ser um exemplo – um líder deve ter a atitude profissional de procurar sempre fazer o melhor, ser autoconfiante, otimista, organizado e ter muita garra. Isso funciona como um modelo para seus liderados se espelharem, afinal, a ação é muito mais efetiva que a palavra, quando se fala em influência duradoura.
- Humildade – implica na capacidade de atribuir as vitórias à equipe, e não a si próprio, e assumir sua cota de responsabilidade pelos fracassos. Uma pessoa humilde não tem apego às suas ideias, e sim apego às melhores ideias, independente de onde elas venham. Errar faz parte da trajetória e do aprendizado. A infalibilidade é mentirosa e tacanha. Da mesma forma, o sucesso não pode subir à cabeça. Torna o líder desatento às ameaças à sua volta. Enfim, tudo isso exige alto grau de desapego à vaidade.

Há certa confusão entre os conceitos de vaidade e orgulho. O filósofo Schopenhauer, em *Dores do mundo*, destaca que o verdadeiro orgulho vem de dentro, da autoconfiança, e pode ser silencioso. Já a vaidade é "faladora", pois expressa o desejo de comunicar nossa superioridade para os outros. Quando se diz que uma pessoa, por orgulho, não se rebaixa falando com uma outra pessoa, na verdade, isso não é bem orgulho, é mais a vaidade de querer que a outra pessoa continue com a noção de que você não se rebaixe, portanto, é superior.

Schopenhauer diz que "há quem censure e critique o orgulho; esses sem dúvida nada possuem de que se orgulhar." Por outro lado, o orgulho exagerado pode prejudicar a autocrítica, tão saudável, e resvalar para a vaidade.

Assim, a raiz de um grande problema, que prejudica as pessoas, é a manifestação da vaidade e não o orgulho. A vaidade a que estamos nos referindo aqui não é querer ficar bonito(a) para os outros, é se preparar com a preocupação de parecer melhor que todo mundo.

Como Al Pacino disse muito apropriadamente, no filme *O advogado do diabo*, no papel de Diabo: "Vaidade é o meu pecado favorito".

- Habilidade de comunicação – a comunicação envolve articular, estruturar e expressar seus pensamentos de forma clara. O líder depende de sua habilidade de comunicação falada e escrita para sua área se relacionar adequadamente com as outras áreas, e fazer com que ela cumpra seu papel determinado. A comunicação é muito mais difícil do que parece, pois o que se entende do que se ouve pode ser muito diferente do que se quer dizer quando se fala. Enfim, é preciso detalhar mais do que normalmente se imagina, porque apenas a mente de quem sabe completa as lacunas não comunicadas.

Nunca é demais ressaltar a importância da comunicação, porque ela é o elo de tudo o que acontece em uma empresa e a maioria das pessoas se julga melhor do que efetivamente é, incluindo na habilidade de comunicação.

É importante que se comunique não apenas o que deve ser feito, mas também que se contextualize isso em termos da estratégia da empresa, ou seja, é motivador entender a utilidade e a razão do que será feito.
- Inteligência – um raciocínio aguçado e uma boa capacidade de síntese e análise são importantes para que o líder tenha uma visão global e consiga navegar com desenvoltura por diferentes assuntos, gerando, às vezes, ideias pertinentes mesmo sem que se tenha o conhecimento específico de todos os detalhes. Mesmo em uma liderança democrática, a inteligência e a capacidade contribuem para conquistar o respeito dos liderados.

Alguns atributos são desejáveis, mas nem sempre estão presentes em bons líderes.
- Autoconhecimento – conhecer a si mesmo, sem mistificação, é um grande aliado para que se possa entender suas motivações, reações e impulsos inconscientes. Isso possibilita manter o equilíbrio necessário para se relacionar com as pessoas de forma saudável e aparar eventuais excessos. Permite ainda, com mais facilidade, discernir razões reais daquelas criadas dentro de sua própria cabeça.
O autoconhecimento nunca é esgotado, e é um processo contínuo de aprendizagem e tomada de consciência, que pode ou não ter o apoio de um terapeuta. A humildade, quando internalizada, é um pré-requisito importante na busca do autoconhecimento, porque com uma autoavaliação realista, é possível enxergar melhor o que há por trás de nós.
- Habilidade de ler pessoas – consiste na facilidade em entender as outras pessoas, não só pelo que elas dizem, mas também pelo que elas não dizem, ou seja, as palavras que estão nas entrelinhas, os gestos, posturas e comportamentos. Esse entendimento possibilita desenvolver uma abordagem individualizada para cada interface de uma liderança, além de ajudar na detecção de intrigas, conflitos e mentiras. Permite também filtrar a paranoia normal do ser humano, que por ser autocentrado e entender pouco o próximo, tende a interpretar qualquer ato de aparente hostilidade como sendo real.
No mundo moderno, a maioria das pessoas está tão interessada em si mesma que não desenvolve um interesse real pelas outras pessoas e o que as movem. É como se as outras pessoas apenas orbitassem em volta de si mesmas. Assim, é saudável conseguir sair um pouco de dentro de si e enxergar, do lado de fora, a si mesmo e as outras pessoas.
Essa habilidade, em parte inata, mais comum em mulheres do que nos homens, pode ser aperfeiçoada pela experiência e observação, muita observação.

A leitura também pode contribuir nesse processo. Nesse livro, temos citado muitas vezes a área de Psicologia Social. Essa disciplina, de forma simplificada, estuda, através de experiências, observações e análises, o comportamento, a linguagem não verbal e as motivações das pessoas pretensamente normais em sociedade.

- Flexibilidade e criatividade – gostar e saber lidar com a diversidade de pessoas e pontos de vista. Ser objetivo, mas valorizar também a intuição. Não fugir do improviso, quando necessário, mas não cultivá-lo. Ter consciência de que todas as opiniões, dogmas e teorias são questionáveis e mudam conforme o lugar ou época. Saber que a verdade é uma eterna obra inacabada e que todos podem dar sua contribuição.
- Ousadia – um líder trabalha com mudanças, e mudanças envolvem riscos. Sem assumir riscos, fica-se onde está sem melhorar. Portanto, é preciso, de forma calculada, que haja disposição para a ousadia e o risco. Um líder excessivamente cauteloso só funciona bem em uma área estabilizada. Quanto mais abrangente a atuação do líder, mais audácia se faz necessária. Kouzes e Posner dizem, em *O desafio da liderança*, que líderes deveriam desafiar o processo, experimentar e assumir riscos, buscar oportunidades para inovar, crescer e aperfeiçoar.
- Tolerância ao estresse – um líder, em geral, enfrenta os referidos riscos, além de imprevistos e muitas situações-limite. Ele precisa suportar isso bem, de modo que não afete seu desempenho, sua saúde e sua motivação. Sem isso, um líder se torna imprevisível, inconstante, passa por altos e baixos, o que acaba prejudicando o seu desempenho. Esse atributo costuma melhorar com a experiência, particularmente se o indivíduo se encontra automotivado.
- Generalista – um generalista é alguém que enxerga muito mais a floresta do que as árvores. Preza as ações pelo que elas significam para o todo. Sabe que a tática está a serviço da estratégia. Busca soluções mais abrangentes e permanentes para um problema e, ao resolvê-lo, já imagina que suas soluções podem ser adotadas com adaptações a outros problemas.
- Competência técnica – o conhecimento sobre o trabalho de seus subordinados diretos é altamente recomendável. Conhecimento não significa saber mais que o subordinado em sua especialidade, e sim ter uma boa visão geral. A falta deste conhecimento pode criar uma comunicação falha e gerar decisões fracas. Isso não significa que o presidente de uma empresa tenha que conhecê-la inteira, mas, pelo menos, deve conhecer a forma de trabalho de seus subordinados diretos, como, por exemplo, dos diretores.

Uma vantagem de se conhecer sua área de atuação, mesmo sendo um generalista, é poder de vez em quando mergulhar nos detalhes de uma situação, porque a visão geral e não contaminada pode ajudar até a vislumbrar diferentes alternativas. Isso é um processo muito educativo e angaria o respeito das pessoas. Os japoneses usam o termo *Genchi Genbutso* para se referir ao fato de que uma pessoa não consegue entender completamente um problema sem verificá-lo pessoalmente no local onde ele está. Nesse prisma, não se pode considerar algo como certo ou confiar no relato de terceiros. Usar esse princípio sem exageros pode ser bastante útil. Ou seja, ir aonde o povo está e observar, indagar, conversar, averiguar e pensar.

No entanto, não é raro que um executivo dê certo em uma empresa, mesmo vindo de uma área completamente diferente, como é o caso do Louis Gerstner

Nelson Mandela – líder nato

Nelson Mandela, nascido em 1918 na África do Sul, ficou 27 anos preso, dos 45 aos 71 anos de idade, por ter combatido em um braço armado do CNA (partido político), e, após sair da prisão, liderou o movimento antiapartheid, que culminou em sua eleição à presidência do país de 1994 a 1999.

Os anos na prisão serviram para transformar Mandela em um mito. Não era nada fácil, já que tinha que trabalhar numa pedreira, em regime de trabalhos forçados, além de não ter nenhum privilégio. Os prisioneiros políticos negros eram os mais sacrificados. Só eram permitidas uma visita e uma carta a cada seis meses. As cartas, quando vinham, eram retidas por longos períodos e submetidas a censores que as deixavam quase ilegíveis.

Enquanto esteve na prisão, Mandela estudou por correspondência na Universidade de Londres, formando-se em Direito. Em 1985, depois de 22 anos de prisão, Mandela recebeu a oferta da sua liberdade em troca da renúncia do seu partido pela luta armada. Mandela prontamente recusou, liberando o seguinte comunicado: "Que liberdade está sendo oferecida a mim enquanto a organização do povo permanece banida? Somente um homem livre pode negociar. Um prisioneiro não pode entrar em acordos".

A prisão de Mandela provocou uma pressão local e internacional sobre o governo da África do Sul para liberá-lo, com um slogan que ficou super conhecido: "Free Nelson Mandela". Em 1989, o presidente "linha dura" da África do Sul sofre um ataque do coração e é substituído por um novo presidente, mais liberal, que decide liberar Mandela e permitir o funcionamento do CNA e outras organizações antiapartheid. A liberação de Mandela foi um evento transmitido pelas televisões do mundo inteiro.

No início da década de 1990, ninguém acreditava que um acordo fosse possível, posto que as posições eram muito antagônicas, algo parecido com a situação do Oriente Médio hoje.

Ao sair da prisão, Mandela assumiu a liderança do CNA, vindo a conduzir toda a negociação. Em 1993, no meio desse tumultuado processo de negociação, Chris Hane, um dos líderes principais do CNA, foi assassinado por

(autor de *Quem disse que os elefantes não dançam?*), presidente da IBM entre 1993 e 2002 que reestruturou o foco da IBM para serviços. Ele vinha de quatro anos como CEO da Nabisco e 11 anos como executivo da American Express. Quando isso acontece, o líder precisa ter a postura de arregaçar as mangas, ouvir muito, ponderar e aprender o que for necessário para diminuir lacunas de conhecimento.

Em alguns casos, um alto executivo pode usar um corpo de assessores de confiança para apoiá-lo nas decisões mais técnicas ou complexas, como fez Louis Gerstner na IBM, de modo a evitar que uma área técnica manipule o CEO, especialmente onde houver conflito de interesses. De certa maneira, o mesmo

Nelson Mandela

radicais contrários a mudanças, prenunciando uma escalada de violência que poderia estragar todo o processo. Mandela, assumindo sua posição de líder carismático, pede calma à nação:

Hoje à noite, estou me dirigindo a todos os sul-africanos, pretos ou brancos, das profundezas do meu ser. Um homem branco, cheio de preconceitos e ódio, veio ao nosso país e cometeu um ato tão imundo que toda a nossa nação está à beira do desastre. Uma mulher branca, de origem africâner (nascida na África do Sul), arriscou sua vida para que nós descobríssemos e levássemos esse assassino à justiça... Agora é o momento de todos os sul-africanos ficarem juntos contra aqueles que, por qualquer motivo, querem destruir aquilo por que Chris Hane lutou com sua vida – a liberdade para todos nós.

Mesmo com os vários motins que se seguiram ao assassinato, a negociação, que estava em um impasse, seguiu a passos largos e uma eleição geral foi marcada em 1994, exatamente um ano após o assassinato. Mandela ganhou o prêmio Nobel da Paz em 1993 por este desfecho, vindo a se eleger presidente da África do Sul.

Mandela é exemplo do que um líder completo deve possuir: força de vontade, persistência, capacidade de enfrentar desastres, carisma, humildade, habilidade de negociar, flexibilidade, entre muitas outras qualidades.

acontece na relação do presidente de um país com seus assessores diretos, em relação aos pleitos de seus ministros.
- Visão de longo prazo – um grande erro de um líder é perder de vista que o curto prazo é apenas um passo para se chegar ao longo prazo. Diversas ações e decisões, quando pensadas apenas no curto prazo, não seriam sequer tomadas, porque muitas vezes o remédio que trata um paciente é amargo. Por exemplo, uma indústria que resolve praticar preços mais baixos para vender mais, a fim de escoar um excedente momentâneo de produção, pode diminuir a margem de lucro, porque uma baixa temporária talvez crie uma nova referência para as próximas negociações. Afinal, um lucro duradouro é muito melhor que um lucro alto momentâneo e não sustentável.
- Orientação ao mercado – um líder precisa saber que, em última análise, sua renda é paga com o dinheiro dos clientes. Deve-se evitar uma visão excessivamente interna do papel de uma área dentro da empresa, que tende a ser mais operacional do que estratégica. É fundamental entender como os resultados de sua área podem, por vias diretas ou indiretas, mudar a percepção externa da sua empresa por parte dos clientes. Por exemplo, quando a área de logística viabiliza a implantação de um mecanismo de estoque no fornecedor (*backorder*) para a internet, ela não apenas diminui o nível de estoque para e-commerce de alguns itens, mas também está abrindo a possibilidade para que os internautas consigam adquirir uma ampla gama de itens antes indisponíveis, devido a baixas vendas *que* não justificavam um estoque próprio.
- Carisma – é a capacidade de uma pessoa, em parte inata, de inspirar, fascinar e catalisar as pessoas. Um líder pode usar o carisma, por exemplo, para motivar seus subordinados e estes obtenham resultados excepcionais. Particularmente, em momentos difíceis, as pessoas gostam de se apoiar em pessoas com esse perfil, o que explica a importância de um líder carismático em momentos de crise e também o sucesso das religiões evangélicas em arrebanhar novos fiéis que estejam passando por graves problemas. O carisma é um instrumento que pode ser usado de qualquer forma. Hitler era um líder muito carismático, apesar de tantos outros enormes defeitos.
- Gestor de mudanças – consiste na capacidade de criar e conduzir mudanças. Isso inclui saber dar um significado às mudanças de modo que as pessoas as entendam, dar uma causa para cada uma delas, além de se ter a preocupação de preparar as pessoas para os impactos das mudanças. Essa preocupação especial com pessoas, quando se lida com mudanças, se deve ao fato de que as pessoas são, em geral, muito resistentes a mudanças, pois elas geram insegurança e incerteza, além do fim da zona de conforto proporcionada pela continuidade.

Um bom gestor de mudança precisa reunir, além de muita energia, várias das qualidades citadas anteriormente, tais como flexibilidade e criatividade, capacidade de comunicação, habilidade de ler pessoas, ousadia, resistência ao estresse, foco e senso de prioridade, delegação com gestão, capacidade de planejamento, visão generalista e de longo prazo.

Ser um líder visionário é uma qualidade adicional muito desejável, especialmente para o CEO de uma empresa ou um executivo graduado ligado à atividade fim de uma megacorporação.

Um líder visionário une uma grande visão estratégica (capacidade de entender profundamente o mercado e o público consumidor, além de enxergar tendências e oportunidades) com uma poderosa visão de futuro (antever o futuro, traçar seu papel nele e acreditar que se pode chegar lá). No entanto, é preciso domar a ambição dos objetivos, para que eles não escapem das rédeas do mundo real. A visão de futuro não pode ser apenas um delírio inatingível. Ou seja, um bom visionário é um sonhador com viseira e visão estratégica. Um líder visionário ajuda muito a dar uma direção ao carisma e a oferecer material para motivar as pessoas.

Já a expressão **líder transformacional** tem sido utilizada em liderança para se referir ao indivíduo com uma capacidade muito pronunciada de liderar e conduzir grandes processos de mudanças em uma empresa. No fundo, é um líder muito experiente, carismático e visionário, mas que também é um grande gestor de mudanças.

Vale notar, no entanto, que a expressão líder transformacional é apenas um rótulo imaginário que engloba um grande número de qualidades em alto grau. Portanto, na prática, mereceria ser aplicada, no máximo, a um número extremamente pequeno de líderes. Só que, na atualidade, revistas e livros de negócios frequentemente apresentam líderes "transformacionais" ou "excepcionais" ligados a empresas que estão na crista da onda. Esses líderes são então embalados, plastificados, despidos de todas as arestas e apresentados como deuses do Olimpo, como as modelos nas revistas masculinas, após muitos retoques do Photoshop.

Para finalizar, como é muito difícil reunir todas as qualidades mencionadas em um mesmo líder, um presidente (CEO) de uma grande empresa pode se cercar de um ou mais profissionais que preencham suas eventuais lacunas. O que é imprescindível para um presidente (CEO) é que ele seja bom em lidar com pessoas e domine a arte da comunicação, porque esta é a interface transparente para sua equipe. Assim, esse *staff* pode cobrir deficiências, por exemplo, na faceta planejamento, visionária, técnica e/ou criativa. Esse arranjo, para dar certo, requer uma grande dose de afinação, humildade e ausência de vaidade, em ambas as partes. Para uma empresa de porte, pode ser preferível arcar com o custo adicional de um *staff* (que pode ser de uma ou mais pessoas) para apoiar um CEO com muitas qualidades (mas "humano") do que procurar um super-herói que reúna todas as qualidades descritas.

Líderes de primeira viagem

Quando um indivíduo que nunca foi chefe torna-se um líder, um dos principais riscos que ele corre é deixar o poder subir à cabeça, afetando atributos como humildade, senso de justiça e a questão de tratar bem as pessoas.

Além disso, pelo seu histórico de atuação, é comum o recém-líder querer continuar a executar as tarefas e, assim, encontrar grandes dificuldades para delegar. Fazer rotineiramente as tarefas que deveriam ser realizadas pelos seus liderados acaba tirando o foco do exercício da liderança e gestão.

Caso ele seja muito cutucado, pode cair no extremo oposto de delegar de forma irresponsável, podendo com isso perder totalmente o controle de sua área. Deve-se lembrar sempre que o melhor funcionário não necessariamente pode ser o melhor líder, já que os atributos são muito diversos.

Alguns líderes (incluindo alguns que estão exercendo pela primeira vez um cargo de liderança), por motivos humanistas ou como uma forma de solidariedade, hesitam muito em demitir alguém por pensar que podem "salvar" a pessoa. No entanto, uma empresa não é um local para se investir na salvação de almas. Quando um líder chega à conclusão de que uma pessoa não colabora, e que não adianta mais falar, treinar ou orientar, ele deve demiti-la o quanto antes. Esse tipo de funcionário angustia e toma o tempo do líder, prejudica o andamento do trabalho e contamina o ambiente. Uma ação desagradável e inevitável deve ser realizada o quanto antes, pois minimiza o sofrimento.

Um dilema ético surge quando um líder não gosta de um liderado, mas não tem motivos racionais para mandá-lo embora. Se isso o incomoda acima do razoável, a ponto de não conseguir superar, nossa opinião polêmica é a seguinte: transfira-o, se possível; caso contrário, demita-o. Talvez o líder se sinta mal por um tempo, mas essa decisão melhorará o seu bem-estar e, portanto, seu desempenho.

Para minimizar situações em que um líder precise afastar um liderado, por qualquer motivo, é preciso ser extremamente criterioso em suas contratações, já que é muito melhor investir um tempo adicional na escolha da pessoa certa do que se arriscar e contratar um profissional sem muita convicção de que irá dar certo ou não. Afinal, o tempo investido em sanar uma ausência por um período, depois contratar, treinar, adaptar ao modelo de trabalho e, finalmente, integrar o profissional à equipe, tudo de novo, é muito maior do que o tempo adicional investido em uma única seleção bem realizada.

Uma síndrome bastante observada em líderes recém-empossados, assim como em muitos governos, é descontinuar automaticamente os projetos em andamento dos antecessores, independente das suas qualidades. Isso pode gerar rupturas, que acarretam grandes prejuízos materiais, culturais e humanos. Por que, por exemplo, cancelar o desenvolvimento de um produto, que teria tudo para dar certo, só porque a ideia foi da liderança anterior? Cabe, assim, a análise criteriosa, despida de vaidade e ressentimentos, de todas as ações que estavam pendentes.

Outro ponto recorrente em líderes inexperientes é a falta de valorização da gestão de pessoas sobre as atividades a serem feitas. Isso se traduz, por exemplo, em não marcar reuniões periódicas com seus liderados. Dependendo do perfil e tamanho da área, é importante que haja reuniões periódicas com as interfaces diretas. Alguns líderes, para evitar o constrangimento de tratar de questões humanas, limitam-se a uma interface factual, especialmente se há problemas. Isso é uma abordagem superficial, pois a raiz do problema não está apenas no que é feito, mas em quem o faz e como o faz.

Um ponto fundamental na gestão, e muitas vezes relegado, é identificar as pessoas consideradas "insubstituíveis". Esse casos constituem uma ameaça séria, porque duas situações podem acontecer: a empresa pode perder o tal insubstituível ou pode ficar refém de suas exigências. A melhor maneira de lidar com o assunto é sempre dispor de uma pessoa de "reserva", de forma a minimizar a perda decorrente. Isso requer cuidados especiais, que envolvem a estruturação da área, recrutamento e treinamento.

Um líder não é um rei diante da corte

Um perigo comum é o líder se isolar, ao tomar conhecimento da sua área apenas pelos seus liderados diretos. Esses liderados, algumas vezes, são especialistas na arte de manipular os fatos e gerar visões distorcidas do que está acontecendo. Um sublíder que seja um carrasco para sua equipe pode se mostrar uma pessoa supostamente doce e tranquila para seu chefe. Outro que não faz nada procura estudar avidamente antes de uma reunião para dar ao chefe a impressão de conhecimento e controle. Assim, é importante, através de diversos mecanismos, que se criem canais de comunicação com pessoas de qualquer nível hierárquico. É claro que, se alguém é líder de milhares de pessoas, precisará dispor de mecanismos mais eficientes, sujeitos a triagem, como canais de reclamação, e-mails, intranet etc.

Um líder deve estimular fortemente que as pessoas expressem livremente suas ideias, sem medo de dar más notícias ou que elas colidam com o seu próprio pensamento ou o de outras pessoas. Nada mais estéril do que um ambiente no qual impera um falso clima de concordância, quando, de fato, as pessoas estão ardendo por dentro em suas convicções ocultas. Com isso, não se forma aquele saudável caldo de ideias heterogêneas, vindas dos mais diferentes lugares, que pode originar decisões no sentido de ajudar a empresa a sair do continuísmo preguiçoso e, eventualmente, perigoso. Para isso, o líder precisa, por vezes, ser provocativo, fazer perguntas, questionar, sem ser grosseiro. Vale até estimular um conflito, mas sempre no campo das ideias e não no campo das pessoas. É preciso cuidado para agir de forma a sempre se deixar clara essa distinção.

Outro elemento usual, no exercício da liderança, é quando nos acostumamos às mazelas de nossa área de atuação, como alguém que se acostuma ao cheiro forte em um ambiente fechado. É preciso se policiar para que isso não prevaleça, uma vez que um líder deve sempre atuar para melhorar a situação atual, sem falsas ilusões. Um líder não deve ser um advogado de defesa, como se tivesse que estar sempre defendendo sua área de todas as eventuais críticas ou falhas.

Um líder é um eterno treinador

Um líder moderno trabalha para criar novos líderes, exercendo um papel de formador e treinador (*coach*). Um verdadeiro líder tem a grandeza de não ter medo de pessoas melhores do que ele, muito pelo contrário, ele consegue extrair o melhor delas. Mais raro do que ser bom é não ter medo do bom. Em uma área técnica, há muitas pessoas que sabem mais que seu líder em seus campos de especialização, mas o líder é aquele que articula as partes e vê o todo.

É importante sempre tentar incutir em seus liderados, além de aspectos comportamentais, qualidades como capacidade de planejar, senso de prioridade, delegação com gestão, comunicação, generalista, orientação ao mercado e visão de longo prazo. Independente de qualquer treinamento formal, muita da comunicação do líder com sua equipe deve ter a preocupação de contextualizar o que é dito nesse sentido em termos dessas dimensões. Além disso, um líder deve procurar ser um guardião dos valores da empresa, referenciando-os em suas conversas, quando apropriado.

Isso envolve um processo de delegação de poder (*empowerment*), no qual os subordinados, em um processo da aprendizagem contínua, gradualmente assumem novas responsabilidades.

Empowerment é uma palavra inglesa que não encontrou em "empoderamento" uma boa tradução. A melhor tradução seria "delegação de poder", através da qual transfere-se poder a alguém, de forma a estimular que a pessoa não faça apenas o que lhe é designado, mas passe a tomar a iniciativa de propor e executar ações em seu campo de atuação, de modo que ela também seja responsável pelas consequências de seus atos.

Enfim, a grande missão de um líder é paradoxalmente fazer dele algo dispensável, pois então poderá assumir maiores desafios, com a empresa formando um time de líderes. Se um indivíduo tem certeza de que, quando isso acontecer, será demitido, ele se prende a uma armadilha sem saída, que só se desarmará quando ele mudar de empresa.

Reconhecendo a importância desse papel, Edson Bueno, fundador da Amil, estampa em seu cartão o título de gerente de treinamento. A quem pergunta o motivo, ele responde: "O meu papel é preparar as pessoas para ocupar o meu lugar".

Líderes precisam de oxigênio

É importante que um líder saia um pouco do universo da sua área e estabeleça contatos com líderes de outras áreas da sua empresa, para alargar seu campo de visão. Assim, um gerente de marketing, por exemplo, consegue visualizar melhor como as outras áreas que se relacionam com o marketing enxergam o seu papel na organização. Essa visão externa à sua área contribui para um líder ficar menos bitolado, mais generalista, mais estratégico e menos propenso a valorizar feudos dentro de uma empresa, que tanto atrapalham uma condução estratégica consistente. Por exemplo, Marketing acha, às vezes, que Vendas só colhe o que Marketing plantou e Vendas acha que Marketing vive nas nuvens e não conhece nada da realidade. A verdade, como sempre, está no meio. Marketing ajuda a trazer a intenção de compras, mas é Vendas que consegue converter essa intenção em um fato.

Dentro dessa linha de sair do casulo, também é saudável estudar como funciona a mesma área em outras empresas. Assim, para continuar no exemplo, esse mesmo gerente de marketing deveria investir um tempo para conhecer a área de marketing de outras empresas, pois além do benefício de desenvolver uma rede de relacionamentos (*networking*) dentro de sua área, ele tem a possibilidade de quebrar alguns modelos mentais, que se formam quando se atua muito tempo da mesma forma em uma única empresa. A mesma área em outras empresas pode assumir diferentes papéis e tanto servir de inspiração para trazer certas práticas como para evitar erros que outros já cometeram. Por exemplo, se você acha que uma campanha de rádio nunca funcionou, mas descobre que seu colega de outra empresa desenvolveu uma campanha de merchandising junto a um locutor popular que gerou um alto retorno, você pode rever um pouco os seus conceitos.

Raciocínio idêntico vale para o presidente (CEO) de uma empresa, que amplia muito seu cabedal de vivências se travar conhecimento com presidentes (CEOs) de outras empresas, tanto do mesmo ramo como de diferentes ramos. Até porque sabemos que há muitas similaridades na forma de atuação de um líder, independente da sua área de atuação.

Líderes precisam de poder

Finalmente, um líder precisa do respaldo da empresa para exercer seu papel com independência, incluindo o poder de demitir, punir, contratar e promover seus subordinados.

A falta de autonomia cria uma ambiguidade que mina demais a força de um líder. Além disso, o grau de confiança atribuído pelos superiores ao líder tem um grande peso na sua força perante a equipe.

Quando um profissional sente que não há uma liderança forte, tendo mais de uma referência de líder, é comum ele se aproveitar dessa situação e explorar as divergências entre as forças, de modo a usar o pior de cada líder em seu benefício. Um exemplo meio caricato ilustra isso: imagine um trabalho medíocre e entregue fora do prazo. Se um líder não é exigente com prazo e o outro não é exigente com qualidade, com habilidade o liderado consegue usar um contra o outro em momentos diferentes e sair incólume.

Sucesso, apesar do líder

Um contraponto, que nós endossamos, é que alguns autores, como Sutton e Pfeffer em *A verdade dos fatos,* defendem que o papel dos líderes em uma empresa é superestimado. Criou-se a lenda de que um bom líder vira a empresa de cabeça para baixo e faz dela o que quiser. No entanto, o legado cultural e humano de uma empresa tem muita importância no sucesso ou não de uma gestão. Outros fatores relevantes incluem o mercado, o posicionamento da empresa, o ambiente macroeconômico e até a sorte. Por exemplo, um ambiente competitivo, poderoso e hostil pode dragar empresas inteiras, com seu "brilhante" presidente (CEO) servindo de mera sobremesa.

As revistas, quando publicam sobre uma empresa muito bem-sucedida, gostam de dar um rosto ao sucesso, porque assim o assunto fica mais interessante e tudo de que os leitores precisam são modelos que possam ser avidamente copiados, no afã de se alcançarem os mesmos resultados.

Ter isso em mente implica que o líder também precisa da consciência de que ele precisa liderar, mas também dar espaço para sua equipe trabalhar, sem a sua constante intervenção. O que conta são os resultados, com ou sem a participação do líder.

A liderança maior de uma empresa tem que ter um grande desprendimento para preparar futuros líderes que venham a ocupar sua posição. Às vezes, existem grandes líderes que ajudam a levar a empresa ao topo, mas, por vaidade e caráter individualista, não têm a preocupação real de preparar futuros líderes, de modo que a empresa pode encontrar problemas na sua saída.

Nunca podemos esquecer que uma empresa se constrói de cima para baixo, mas se retroalimenta de baixo para cima, e essa via de mão dupla é importante para um sucesso duradouro.

Motivação

A palavra motivação, junto com os termos lideranças e estratégia, estão entre os temas abstratos mais comuns em palestras, *workshops*, seminários, audiobooks, livros etc. Há milhões de fórmulas, macetes e receitas que ensinam como incutir essa palavra na cabeça dos funcionários de uma empresa.

De um lado, isso é bom, porque se reconhece a importância da motivação para o sucesso empresarial; de outro, se cria um mundo de falsas esperanças, no qual se imagina que motivar as pessoas é uma questão apenas de slogans, eventos motivacionais e concessão de benefícios, quando, na verdade, envolve toda uma filosofia de gestão, muito mais relacionada à prática efetiva do que a intenções e teorias.

Motivação vem de mover, no sentido de causar ("o que move"). A motivação é o estado de espírito que estimula as pessoas a irem para frente em direção ao que elas querem, com vontade e brilho nos olhos. Dentro de uma empresa, uma equipe motivada é aquela que busca com determinação e entusiasmo alcançar os objetivos da empresa, em parte porque há um alinhamento com os objetivos profissionais dos indivíduos. Essa energia é, de fato, um pré-requisito fundamental para que uma empresa alcance sucesso duradouro.

De uma empresa com pessoas realmente motivadas emana uma energia muito positiva. Tudo de bom acontece: as pessoas ficam mais felizes, produzem mais, trabalham com mais qualidade, geram mais ideias, causam menos perdas, assumem mais responsabilidades, são mais comprometidas, dedicadas e ficam mais tempo na empresa.

Quando as pessoas são tratadas como adultos responsáveis, capazes de tomar decisões relevantes e empreender com autonomia, surgem talentos e capacidades sem qualquer expectativa prévia. Isso é surpreendente se pensarmos que, em muitas empresas, vemos muitas pessoas agirem como zumbis submetidos a uma estrutura burocrática e hierarquizada: tão embotadas, sem iniciativa, garra ou curiosidade, que não conseguimos mensurar o poder de quem está aprisionado nesse casulo.

Motivar é difícil, mas é barato, porque muitos mecanismos motivadores são muito mais filosóficos do que geradores de despesas. Uma empresa que não trabalha bem a parte de motivação precisa "comprar" o empenho das pessoas, pagando acima do mercado e/ou oferecendo uma política agressiva de benefícios. Mesmo assim, pessoas desmotivada, mas bem remuneradas, trazem mais problemas, em média, do que pessoas motivadas e remuneradas de acordo com a média do mercado.

Salários e benefícios

Um indivíduo precisa geralmente, entre outras coisas, satisfazer suas necessidades básicas (saúde, alimentação e moradia) para começar a pensar em motivação.

Batalha de Thermopylae – motivação é uma arma poderosa

A Batalha de Thermopylae aconteceu em 480 a.C. (antes de Cristo), entre as forças aliadas gregas e os persas comandados pelo seu rei Xerxes I. Os persas tinham perdido a guerra em uma primeira tentativa de invasão da Grécia, e Xerxes decidiu juntar um imenso exército para, desta vez, conquistar a Grécia a qualquer custo.

A defesa da passagem de Thermopylae era essencial na estratégia de defesa, e os gregos enviaram um exército conjunto de cerca de 7 mil soldados. Os persas, por sua vez, tinham um exército de estimado em 200 mil soldados, apesar de que relatos da época falassem em mais de 2 milhões de soldados. A relação de forças pelas estimativas era de 30 para 1 em favor dos persas. Seria uma batalha para ser vencida num único dia.

Os gregos se posicionaram numa passagem muito estreita, só permitindo ataque pela frente, mas, no decorrer da batalha, os persas acabaram descobrindo um caminho para chegar à retaguarda do exército grego.

Sem a altíssima motivação do exército grego, que estava defendendo acima de tudo sua liberdade, a batalha não teria levado três dias, com altas perdas para os persas. Os gregos acabaram perdendo, com a morte da quase totalidade do seu exército, mas essa batalha serviu como um símbolo, que depois motivou futuras vitórias, as quais acabaram expulsando os persas da Grécia.

Os escritores consideram essa batalha um exemplo do poder de um exército patriótico de homens livres defendendo a sua própria terra. É a motivação em estado puro contra as possibilidades da matemática.

Se a renda proporcionada pelo trabalho não consegue satisfazer o mínimo das necessidades de existência de um indivíduo, é muito difícil falar em motivação no âmbito do trabalho. Na China, muitos trabalham em indústrias cumprindo jornadas enormes, dormindo no próprio local, comendo mal e praticamente sem folgas. Isso acontece porque o custo dos produtos precisa ser muito baixo para ser competitivo. A opção, muitas vezes, seria passar fome. Nessa situação, a gestão precisa ser muito autocrática e a motivação é uma palavra, digamos, um pouco distante. No entanto, mesmo nesse tipo de ambiente, acreditamos que faça alguma diferença na produtividade tratar bem as pessoas, dentro do possível, até porque isso em si não custa nada.

A percepção de satisfação das necessidades básicas é muito relativa ao local em que a pessoa vive e é muito influenciada pela comparação. Um engenheiro que ganhe R$ 2 mil, na visão de um faxineiro, ganha muito bem para satisfazer suas necessidades básicas. Porém, o engenheiro pode se sentir infeliz por saber que um profissional com experiência equivalente em sua área costuma ganhar muito mais.

Esse sentido de comparação se estende para o ambiente de uma empresa. O senso de justiça e equidade são essenciais, isto é, salários, benefícios e tratamentos desiguais para funções ou desempenhos equivalentes podem gerar uma grande insatisfação.

Salários e benefícios são, de todo modo, um fator importante de motivação. Especialmente se a área de atuação de uma empresa resultar em um percentual alto de lucro final, a empresa pode optar, pelo menos para os cargos mais qualificados, por pagar acima do mercado. Isso pode funcionar como uma importante barreira para a saída, dificultando a evasão de talentos.

Em relação aos benefícios, existe uma ampla gama que pode ser trabalhada pelo pessoal de Recursos Humanos. Os benefícios devem ser avaliados tanto pelo seu custo para a empresa como pelo valor percebido pelos funcionários. Os melhores benefícios que uma empresa pode adotar são aqueles em que o valor percebido supera muito o custo.

Um exemplo clássico é o Plano de Saúde, pois a empresa costuma ter um poder de barganha muito maior que a pessoa física para negociar com a empresa seguradora. Além disso, a empresa pode tomar uma série de medidas de saúde preventiva (campanhas de alimentação saudável, campanhas antitabagista, vacinação etc.), de forma a reduzir ainda mais seus gastos e ainda fazer bem às pessoas.

Pagar salário abaixo do mercado é um filtro inverso. Os talentos se volatilizam e os fracos se cristalizam. Lógico que um ambiente motivador ou a empresa ser líder na sua área contribuem para diminuir esse efeito. O uso da remuneração variável agressiva associado ao desempenho individual e coletivo é uma forma de lidar com essa questão.

Uma empresa se engana quando acha que pagar abaixo do mercado faz com que ela lucre mais. O valor que ela economiza de um lado, perde em dobro pela diminuição da motivação e, consequentemente, da produtividade individual. Além disso, aumenta a rotatividade (*turnover*), com custos adicionais de seleção e treinamento de pessoal.

Relacionamentos

Pode-se dizer que os relacionamentos são a maior riqueza que um indivíduo pode ter. Bons relacionamentos familiares, de amizade e profissionais são fundamentais para a felicidade. Afinal, quase todo contato que o indivíduo tem com o seu meio ocorre através dos relacionamentos e quase tudo que pensamos e agimos está ligado a eles.

Para que uma empresa contribua para a satisfação dessa necessidade, é importante promover um ambiente motivador (sadio, estimulante e alegre), no qual exista sentimentos de companheirismo, cooperação e identidade entre os colegas de trabalho.

A manutenção de um ambiente motivador é um dos maiores desafios em uma empresa. O que é muito fácil em uma estrutura pequena pode ser extremamente difícil em uma estrutura grande.

O papel do líder direto na motivação de um funcionário é muito forte porque, de certa maneira, o funcionário tende a julgar a empresa na qual trabalha, em grande parte, pelo comportamento do seu líder. É lógico que a cultura organizacional da empresa também cumpre o seu papel na motivação ou na falta dela. Outro fator, um pouco mais casual, é a rede de relações que um funcionário faz dentro de uma empresa, que pode criar uma ilha de motivação dentro de um ambiente relativamente inóspito ou vice-versa.

Qualidade de vida

Muitas empresas estão cada vez mais preocupadas com a qualidade de vida de seus funcionários, pois sabem a influência que isso tem sobre sua produtividade. Se as pessoas vivem bem em sua casa e a empresa ofereceu a sua cota de contribuição para isso (o que envolve pouco dinheiro), o funcionário tem menos problemas e mais razões para se sentir motivado.

Assim, há diversas empresas que desenvolvem campanhas, benefícios e serviços voltados para melhorar a qualidade de vida dos seus funcionários. Os exemplos são variados e chegam a ser bizarros para quem não está familiarizado: conserto e lavagem de carros, lavanderia com entrega no local de trabalho, orientação vocacional para adolescentes, apoio à seleção da escola para os filhos, cursos profissionalizantes para cônjuges, serviço de preenchimento de imposto de renda, possibilidade de eventualmente levar o animal de estimação para o trabalho etc.

Mesmo cobrando-se pequenas taxas para cobrir os custos, muitos desses serviços melhoram a qualidade de vida de um funcionário. Além disso, um prestador de serviço terceirizado pensará duas vezes antes de prestar um mau serviço e correr o risco de ser descredenciado pela empresa.

Especialmente em ambientes com mão de obra mais qualificada, é possível implantar mecanismos de horários flexíveis, academias de ginástica, lanchonetes e até ambientes de relaxamento ou lazer dentro do local de trabalho.

Enfim, trabalhar não precisa ser maçante. O lema da W. L. Gore, empresa dos impermeáveis Gore-Tex e outros produtos inovadores, é "Make money and have fun" (Faça dinheiro e divirta-se). A W. L. Gore foi eleita algumas vezes um dos melhores lugares para se trabalhar nos EUA pela revista *Fortune*.

Um dos mais famosos exemplos dessa filosofia, mesmo com as contenções derivadas da crise financeira de 2008, é a Google. Ela assume que os funcionários devem entregar resultados, e eles são avaliados e recompensados por esses resultados. Mas isso não implica necessariamente em trabalhar sem olhar para o lado, da hora tal à hora tal.

A primeira impressão é que um ambiente como esses deve ser improdutivo. O que pode ser difícil de imaginar, mas é real, é que, quando uma pessoa competente e capaz se sente à vontade, relaxada e com liberdade, pode gerar muito mais resultados e com muito mais qualidade, porque ela tende a trabalhar com entusiasmo, criatividade e dedicação. É claro que, se não há forte cobrança por resultados, a implantação desse tipo de filosofia poderia transformar uma empresa em um caos.

O próprio uso de locais alternativos de trabalho, como a própria casa, pode funcionar como um elemento motivador, que permite grande economia de tempo e energia de deslocamento.

Listamos aqui alguns atributos relacionados à criação e manutenção de um ambiente de trabalho acolhedor. Em trabalhos não braçais, percebe-se que os conflitos e problemas entre as pessoas são muito mais cansativos do que o trabalho em si. Quando se consegue avançar, evoluir e resolver, com todo mundo contribuindo e obtendo vitórias, o dia passa voando.

Valores para a motivação

Os pontos elencados aqui, quando for pertinente, devem representar valores a ser incutidos em toda a equipe, particularmente em chefes diretamente vinculados ao líder da área. Algumas dicas são reiterações de temas já abordados.

- Uma empresa não deveria viver a cultura do medo. Ninguém quer errar, mas as pessoas e empresas precisam saber que erros e fracassos fazem parte de uma trajetória normal, que são importantes fontes de aprendizado e ajudam a formar o caráter. O temor de errar pode virar uma grande barreira para o sucesso.
- O líder deve tratar a todos de forma equânime, com justiça, honestidade e respeito. Devem ser respeitadas as diferenças individuais e se fazer com que estas diferenças sejam respeitadas por todos os subordinados. Repare que, muitas vezes, esse comportamento pode ser fingido. Em longo prazo, as pessoas acabam percebendo. É como se o monstro, de vez em quando, mostrasse sua cara, por trás da máscara de cordeiro. Não funciona todo tempo. Esse comportamento tem que ser natural e não ensaiado. Muitas vezes, você conhece uma pessoa pela forma como ela trata as pessoas das quais não precisa, por exemplo, porteiros, faxineiros e balconistas.
- Fofoca é quando A fala (geralmente mal) de B para C. A fofoca é um mal universal e frequentadora assídua das rodas de cafezinho. Muitas vezes, a fofoca significa falar mal, mas sem maldade. Por exemplo: "Você reparou como fulano de tal tem mau hálito?". Sem falsa demagogia, devemos admitir que é quase impossível vencer esse comportamento tão entranhado no ser humano. O problema, no entanto, se torna mais grave quando a fofoca é usada para atingir as pessoas, com ou sem objetivos escusos. Essa, sim, faz muito mal para a empresa, pois gera conflitos, "panelinhas", complôs, e deve ser combatida a partir de um processo de conscientização e educação patrocinado pela empresa. Quem faz fofoca maldosa precisa de público. Quanto menos o público disposto a ouvi-la, menos fofoca haverá.
- Quando há um conflito entre duas pessoas, o ideal é que esse conflito seja resolvido entre elas mesmas, de forma civilizada. Se isso não for possível, e as diferenças envolver questões profissionais (podendo até se constituir em

desvios de conduta), estamos diante de um dilema ético: ou se delata ou se omite. Se uma pessoa tem convicção de que a não resolução da diferença pode prejudicar a empresa, o ideal é contar para seu chefe, que deve ouvir de forma ponderada e, em geral, com todo o cuidado, também deveria escutar a outra parte. Acusações fora desse contexto criam um ambiente de animosidade e prevenção no relacionamento entre as pessoas, sendo muito danoso para o ambiente de trabalho.

- Dar oportunidade para que todas as pessoas se manifestem livremente. Quando alguém faz uma afirmação, ainda que absurda, pode-se discordar complemente, mas sem jamais desrespeitar-se o emissor. Rir ou ridicularizar a opinião alheia é muito constrangedor e faz com que a pessoa se retraia, manifestando problemas de autoconfiança e relacionamento.
- Humor, descontração e coleguismo deveriam ser encorajados, sem deixar, é claro, que interfiram na produtividade do trabalho. Isso cria um clima mais solto, criativo, aconchegante, que ajuda as pessoas a levar o dia com leveza, produzindo mais e se cansando menos.
- Considerando que na maior parte do tempo as pessoas estão diante de problemas, deve-se abrir um espaço para comemorar as conquistas. Há executivos que passam tanto tempo esquentando a cabeça e lidando com problemas que quase se esquecem de que nem tudo são nuvens de chuva. No fundo, trabalhar muito para se conquistar algo e, quando se chega lá, sentir-se como se não tivesse chegado a lugar nenhum, é realmente frustrante.
- Estimular o contato social entre os subordinados é muito positivo para a integração. Esse contato pode ser interno e externo à empresa em atividades coletivas, como, por exemplo, um *happy hour* periódico com os subordinados. O cuidado é que esse estímulo ocorra sem imposições porque, caso contrário, produz o efeito oposto. Outro perigo é a mescla entre eventos sociais e eventos profissionais, que pode se tornar algo indigesto e forçado.
- O líder deve deixar os subordinados à vontade para contar seus eventuais problemas pessoais, se for da índole deles. Nesse caso, sempre que possível, dê conselhos ou ofereça apoio. Isto gera uma maior intimidade entre o líder e o subordinado, que traz comprometimento e dedicação. Apesar dos benefícios citados, essa atitude deve ser natural para o líder, não forçada. É lógico que tudo é uma questão de dosagem, porque pode desencadear uma situação em que o subordinado começa a querer auferir vantagens dessa intimidade. Enfim, é um jogo que requer constante observação.
- Os funcionários que apresentam continuamente baixa produtividade e/ou qualidade no trabalho, mesmo depois de treinados, orientados etc., devem

ser afastados, porque as pessoas, mesmo que não queiram assumir, não lidam bem com quem ganha o mesmo que elas apresentando menos resultados. Da mesma forma, é preciso se livrar de funcionários que reiteradamente tenham um comportamento desagregador diante de sua equipe, pois eles contaminam o ambiente e, se não forem afastados, contribuirão para a desmotivação do grupo.
- Não colocar na equipe alguém de quem você ou os demais membros não gostem. É muito difícil vencer opiniões pré-concebidas e, na maioria das vezes, esse esforço não vale a pena.

Atitudes desagregadoras

A politicagem ou carreirismo é algo tão devastador e presente em muitas empresas, principalmente nas grandes, que resolvemos comentar esse assunto separadamente.

O carreirismo consiste em um tipo de vale-tudo para subir na vida. Esse mau-caratismo envenena uma empresa e contamina pessoas que normalmente não assumiriam esse tipo de comportamento.

Práticas comuns dessa atuação política (no mau sentido) dentro de uma empresa incluem articular muito mais do que fazer, tratar o chefe de forma muito diferente do que as outras pessoas, ter sempre uma boa justificativa para a não realização de tarefas de sua responsabilidade, adorar assumir o crédito por ações, mesmo que se tenha tido muito pouca participação nelas. Há quem chegue ao ponto de armar contra outras pessoas, só para afastá-las de seu caminho.

Antes de mais nada, o líder deve controlar a sua própria vaidade de modo a não ser sensível aos puxa-sacos. Desconfiar é uma atitude muito mais salutar do que ficar lisonjeado. O líder vaidoso, vítima perfeita dos puxa-sacos, tende a criar uma panelinha de confrades, premiando, de forma indireta, a incompetência e o descaso, e, em algumas vezes, a prejudicar, mesmo por omissão, o bom profissional. Em resumo, esse ambiente favorece a injustiça, um dos atributos que mais revolta as pessoas não beneficiadas.

Esse tipo de situação pode perdurar por muito tempo se quem está acima do líder só faz interface com o próprio líder, não deixando a insatisfação vazar. Uma área pode permanecer suficientemente produtiva, mas abaixo do seu potencial, que pode ser desconhecido pelas instâncias superiores.

O líder não pode se refugiar em uma "torre de marfim", como já mencionamos, sob o risco de ficar alienado. Assim, é preciso, de vez em quando, ir aonde o povo está, para tomar pulso do que está acontecendo. Deve-se ter cuidado ao tomar partido meramente baseado em simpatias ou antipatias. O líder pode estar sendo manipulado. É preciso encarar os fatos de forma objetiva e procurar ouvir todas as partes.

Cabe ao líder tentar discernir, em cada situação, se o pretenso alpinista precisa de uma orientação comportamental, porque talvez este veja suas atitudes como naturais, em decorrência de influências ou experiências anteriores. No entanto, se o líder perceber que o comportamento faz parte de um desvio de caráter, a melhor solução é realmente extirpar o mal pela raiz e demitir o envolvido.

Além da questão do carreirismo, há alguns tipos de pessoas que são extremamente resistentes a mudanças, achando que qualquer ação pode entornar o caldo. Assim, todas as ideias de mudanças são combatidas. Já outras pessoas são do contra, não estão satisfeitas com as coisas e ainda combatem a maioria das propostas de melhorá-las, sem oferecer alternativas viáveis. No caso extremo, parece o tipo "toque de Midas ao contrário", ou seja, aquele que tudo o que toca murcha e apodrece. Finalmente, há pessoas que parecem ter sobre suas cabeças nuvens negras de chuva, que transmitem um pessimismo contagiante.

Esses tipos de pessoas contribuem para minar a motivação do grupo, independente do que se faça para estimular a motivação. Quase todas as pessoas têm momentos em que se enquadram em uma ou mais dessas características, mas há algumas que nem uma orientação adequada pode ajudar. Nesse caso, a empresa ganha ao se livrar de pessoas com esse perfil.

A tendência de se valorizarem a execução e a cobrança da execução sobre a gestão de pessoas contribui para que pessoas desagregadoras, em qualquer sentido, perdurem na empresa. É sempre mais fácil lidar com coisas do que com gente. É preciso ter a consciência de que, por vezes, o prejuízo de atitudes desagregadoras tomadas por alguém supera muito o valor do seu trabalho entregue. Jamais se pode ter receio de confrontar, de forma construtiva, as atitudes de um liderado. Em suma, a verdadeira liderança tem que passar por cima dessa questão de "parecer bem".

Uma forma de se questionar é se fazer a seguinte pergunta: "Se este funcionário estivesse num processo seletivo, eu o contrataria?". Se a resposta for não, muito provavelmente temos um problema potencial.

Gestão para motivação

Um importante aspecto em uma empresa, que motiva os seus funcionários, é fazer com que eles tenham uma visão de futuro muito clara, tanto em relação à empresa em que trabalham quanto em relação ao papel de cada um nesse futuro e o que isso pode representar em termos de crescimento profissional.

No caso de alguém que tenha ambição, nem o melhor ambiente do mundo o manterá motivado por muito tempo se ele não vislumbrar uma chance de alcançar posições dentro da empresa, assumindo cada vez mais responsabilidades e com uma remuneração cada vez mais interessante.

Essa visão de futuro é realimentada o tempo todo no presente, quando o líder está sempre fornecendo um retorno (*feedback*) relativo às atitudes e ações de cada funcionário direto.

- Em geral, deve-se apontar os erros dos subordinados de forma objetiva (evitando-se o uso de adjetivos) e individual, e os acertos de forma subjetiva (neste caso, os adjetivos são bem-vindos) e coletiva, como incentivo ao procedimento correto. Os elogios são sempre um enorme estímulo individual e coletivo. Não elogiar é muito ruim para a autoconfiança e motivação; por outro lado, ao se apontar o erro, deve-se também indicar caminhos que levem a sua superação no futuro. Se isso for feito de forma habilidosa, o funcionário encara o processo como uma motivação para melhorar, caso o líder transmita confiança nessa possibilidade.
- As justificativas para a não realização devem ser objetivas e sinceras. Isso ajuda a se tentar trabalhar nas causas efetivas. É suspeito o profissional que sempre se isenta de culpa. Assim, não se deve estimular o uso de desculpas para a não realização de tarefas, pois elas normalmente acabam se convertendo em acusações.
- O líder deve creditar as vitórias à equipe. Ele também deve assumir o quinhão que lhe cabe das derrotas. Isso requer humildade e espírito coletivo. Essa atitude gera um ambiente muito favorável à iniciativa e ao empenho. Uma liderança personalista é desanimadora para a moral da equipe, porque a equipe sempre estará carregando o peso dos seus erros, independente da sua real responsabilidade, e, se tudo der certo, as pessoas não fizeram nada mais do que sua obrigação.
- Estimular também o contato com outras equipes, para não manter a equipe isolada na empresa e dar maior dinâmica na resolução dos problemas interdepartamentais. Isso aumenta a consciência de empresa nos profissionais e diminui uma possível rivalidade entre departamentos. A consciência global ajuda os profissionais a enxergarem melhor o seu papel na empresa e o dela na sociedade.
- As pessoas gostam de tomar decisões e sentir que estão fazendo a diferença. Pesquisas demonstram que isso é um dos fatores mais importantes para um funcionário se sentir realizado profissionalmente. Assim, praticar a delegação de poder (*empowerment*) por meio da descentralização cuidadosa do processo decisório é uma das mais poderosas ferramentas de motivação, além de proporcionar um ambiente propício para o surgimento de novos líderes.
- O termo mais amplo que se usa ligado ao redesenho da forma de trabalho, que inclui a delegação de poder (*empowerment*), é o enriquecimento do trabalho (*job enrichment*). Ele inclui, também, repensar a atividade em si para torná-la mais interessante, mais ergonômica e menos mecânica. Isso pode decorrer de um redesenho de processos ou um processo de automação.

Particularmente nos cargos mais altos, o enriquecimento inclui dar mais espaço para as pessoas serem mais criativas, No caso da Google, isso ocorre de forma explícita, porque a empresa concede 20% do tempo de trabalho de cada um de seus funcionários para o desenvolvimento de projetos pessoais. Dessa política, nasceram os conceitos do GMail e do Orkut.

Especialmente nos níveis mais baixos, pode-se também alargar o escopo do trabalho (*job enlargement*) tornando-o menos especializado, ou promover algum nível de rotação de funções (*job rotation*). Essas técnicas ajudam a tornar o trabalho menos monótono e mais motivador.

- Trabalhar de forma individualizada com cada subordinado direto, de modo a identificar suas dificuldades atuais (*gaps* de competência) e as expectativas futuras de conhecimento e atitudes. As dificuldades minam a autoconfiança, o aprendizado é estimulante e abre caminho para futuras promoções. Essa aprendizagem pode ser promovida pela experiência direta, treinamentos e orientações. Funcionários podem trocar experiências e conhecimentos, de modo a apoiarem esse processo.
- É importante saber o que, como e quando fazer, mas, para a motivação, é muito importante saber por que fazer e a razão de seu prazo. Isso passa por estimular que as pessoas conheçam e participem, de algum modo, não só das estratégias e planejamentos da própria área, como também de toda a empresa. Também gera resultados promover a participação coletiva nos processos decisórios que envolvam a equipe, quando for apropriado.
- Estabelecer premiações por produtividade ou metas alcançadas, sempre com critérios bastante objetivos; de preferência, mesclando objetivos coletivos, mas também estimulando o bom desempenho (incluindo atitudes, ideias e execuções) com elogios e/ou premiações.
- Finalmente, como decorrência de tudo, quando houver disponibilidade, promover ou indicar para promoção aqueles que estiverem preparados para assumir novas responsabilidades. Uma empresa deveria preencher seus cargos de chefia com profissionais provenientes da própria empresa sempre que possível. Essa política é muito motivadora porque maximiza as oportunidades para todos.

Competição X Cooperação

"Mesmo se você vence uma corrida de ratos, você não deixa de ser um rato."
Lily Tomlin, atriz, comediante norte-americana (1939-)

> *"Competição expõe o melhor nos produtos e o pior nas pessoas."*
> *David Sarnoff, empresário russo (1891-1971)*

A ideia romântica do bom selvagem, criada por Rousseau, filósofo suíço do século XVIII, foi derrubada pelos estudiosos há muito tempo. Nessa concepção, o homem nasce com a mente limpa, sem nenhuma maldade, e a cultura o contamina e o transforma em um indivíduo agressivo e competitivo.

O homem é naturalmente competitivo

Estudos de psicólogos evolucionistas, inspirados pelo livro *O gene egoísta,* de Richard Dawkins (1976), e por antropólogos, mostram que a realidade é bem diversa.

No início, os homens se organizavam em pequenos bandos e viviam da caça e coleta vegetal. Esses grupos tinham um líder e era comum haver conflitos entre diferentes grupos, mesmo sem evidências de escassez. Esse tipo de história pode ser reconstruída parcialmente pelos achados arqueológicos.

O antropologista Napoleon Chagnon estudou a sociedade primitiva dos índios Yanomamis nos dias atuais, na Amazônia. Ele observou que 30% das mortes entre eles se devem a causas violentas e as guerras acontecem, muitas vezes, porque homens querem capturar mulheres de outras aldeias. Os líderes se impõem pela força e pela habilidade, demonstradas também através de guerras, que são fontes de prestígio social para os mais bem-sucedidos. Há, inclusive, uma cerimônia de iniciação para o homem que mata pela primeira vez.

Diversos antropologistas, como Lawrence Keeley, acreditam que esse padrão tem analogias importantes com o que acontecia em muitas sociedades primitivas. A primatologista Jane Goodall documentou, na década de 1970, guerras na Tanzânia entre grupos de chipanzés, nossos "parentes" mais próximos.

Os psicólogos evolucionistas defendem que o homem, com maiores níveis de testosterona, tende a ser muito mais forte, agressivo e competitivo que a mulher porque, na linha da evolução, o tempo da sociedade moderna é muito pequeno. Ou seja, somos homens das cavernas vivendo em cidades modernas. O homem tem uma tendência inata de deixar o maior número possível de descendentes e, assim, compete, ainda que inconscientemente, com outros homens pelas mulheres, usando, nos dias de hoje, riqueza, *status*, poder e prestígio. A mulher tem a "limitação" de ficar grávida por nove meses, dar à luz e depois amamentar seu filho, o que restringe seu número de descendentes e o seu papel na busca de parceiros. O mesmo fenômeno se repete em muitas espécies animais.

A riqueza acirrou a competição

Com o advento da agricultura e a criação de animais encerrando a era exclusiva de caça e coleta, veio a questão dos excedentes de produção e a possibilidade de algumas pessoas acumulá-los, em detrimento de outras. Assim, classes sociais começaram a se formar e a sociedade iniciou um caminho sem volta.

O homem, naturalmente competitivo como a maioria dos animais, ficou ao longo dos séculos, por influência cultural, insanamente competitivo, de uma forma sem paralelo no mundo animal.

Essa competição não implica em poligamia nem necessariamente em muitas amantes, como o texto pode levar a crer. Às vezes, fazemos coisas sem a consciência exata de por que as fazemos. Podemos exercer todos os passos da competição, como se ela estivesse internalizada, sem ganhar explicitamente os troféus decorrentes dela.

Também não se exclui a mulher da competição, apenas lembramos que o componente biológico é menor na mulher e o componente cultural existe, mas é menos reforçado, já que ele se impõe mais por influência dos valores predominantes na sociedade.

Hoje, o dinheiro reina quase absoluto, e as pessoas competem entre si para tomá-lo. Isso chegou a tal nível que a ganância, a corrupção, a desonestidade, a falta de caráter e o individualismo estão em toda parte, por trás da aparente civilidade do mundo moderno.

Não é o que parece à primeira vista. A hipocrisia faz com que tudo tenha uma aparência de absoluta normalidade. As ruas cheias de carros em movimento, multidões andando pacificamente na rua, políticos engravatados fazendo discursos e mostrando sua preocupação com a saúde pública, multinacionais engajando-se em programas de responsabilidade social. No lado oculto, há muitos carros roubados ou adquiridos com dinheiro sujo, milhares de pensamentos egoístas e destrutivos no meio dessa multidão, esses mesmos políticos exercendo todo tipo de práticas para angariar dinheiro e poder e, finalmente, essas mesmas multinacionais baixando conscientemente o padrão de práticas e qualidade de produtos e serviços para economias em desenvolvimento.

Tudo isso se agrava, pois o consumo desenfreado de bens, muitos dos quais totalmente supérfluos, está dizimando nossos recursos naturais, poluindo nosso ar, aquecendo nosso planeta e acabando com nossas reservas de água doce.

Os verdadeiros valores da vida não demandam tanto dinheiro se conseguirmos abrir mão de um monte de penduricalhos. As pessoas perdem suas vidas lutando pelo vil metal e convencendo-se de que ter mais e mais as fará mais e mais felizes. No entanto, muitos estudos comprovam que a felicidade não aumenta com a riqueza, porque o normal passa a representar um padrão muito mais alto. Assim, as coisas que acontecem são comparadas a esse novo padrão.

Um vidro elétrico danificado na Mercedes irrita o rico tanto quanto a uma pessoa comum perder seu ônibus. Uma pessoa de classe média quer comprar um carro, já os ricos ficam morrendo de vontade de comprar um jatinho. Pessoas que ganham na loteria ficam radiantes no princípio, mais tarde voltam a ser os resmungões de sempre. Além disso, estudos mostram que muitos ricos invejam os mais ricos.

Ter, nessa visão distorcida, é muito mais para impressionar do que para usar. Simplesmente usufruir é supérfluo, principalmente se for barato. Qualquer um pode ir à praia e curtir o pôr do sol, mas, dentro de uma lancha, não tem preço. Quando há cinco carros na garagem e um está na rua, quantos estão pegando poeira? Por que comprar um apartamento em Paris, que não é nem um bom investimento, para se ficar lá duas semanas por ano, se é muito mais simples, barato, cômodo e confortável ficar em um bom hotel? Mas dizer para os amigos que você tem um apartamento em Paris é impagável.

Muitos não chegam nem a ter tempo para aproveitar, minimamente, pelo menos parte do que angariou em anos e anos de trabalho árduo. Acumulam patrimônios incalculáveis que são dilapidados por filhos parasitas e jovens amantes sedentas não de luxúria, mas de luxo.

Ainda há esperança...

Por outro lado, a mesma sociedade moderna que provoca tudo isso oferece também discernimento para alguns tomarem um pouco de consciência sobre todas essas questões. Achamos que tudo foi um pouco longe demais e nos esquecemos de valores como amizade, cooperação e solidariedade. Abrimos mão do prazer associado aos atos básicos e baratos como comer bem (como é gostoso um arroz com ovo, desculpe-nos se você não gosta), dormir bem, andar, divertir-se, ler, ouvir música, amar, conversar, curtir a natureza. Enfim, uma lista que não termina nunca, se pensarmos um pouco.

Não é nada fácil mudar a sociedade. É preciso consciência, educação, organização e engajamento das pessoas, e as melhorias são lentas, muito lentas.

Mas não devemos desistir.

Competição também tem um lado positivo

O leitor lê um texto como esse e pode vir a pensar: "Então, esses caras são comunistas". Não, não se trata disso. O comunismo não funciona, porque ele não muda nem a natureza do homem nem sua herança cultural. Os comunistas dizem que todos os homens são iguais, mas depois descobrem que alguns homens são mais iguais do que outros e, novamente, uma elite se forma.

A falta de competitividade de uma sociedade comunista nivela tudo por baixo. Observe a famosa e pitoresca *feiura* e a baixa qualidade do Lada, um carro produzido na Rússia durante o regime soviético.

Já no capitalismo, a competição entre empresas é algo inevitável. Em médio e longo prazos, a competição pressiona as empresas a investirem em produtividade, inovação, qualidade e serviços, além de estimular a prática de preços mais baixos. Quando uma área da economia está submetida a um monopólio ou oligopólio com algum nível de conluio (ilegal, mas real) entre os poucos competidores, os consumidores são prejudicados por preços abusivos e baixo nível de serviço.

Competição X Governo

Cabe ao governo, através de leis, controles e agências reguladoras, coibir essas práticas e estimular a competição. Por exemplo, o fim da Varig (como empresa independente) diminuiu o nível de competição no cenário da aviação comercial brasileira e piorou sensivelmente o nível do serviço oferecido ao passageiro, mas a criação da Azul e o crescimento da Webjet estão novamente tornando o cenário mais competitivo.

Se não há controle e políticas regulatórias, a tendência normal do capitalismo é que as empresas extrapolem e cometam todo tipo de desatinos, mesmo sem a presença de oligopólios e monopólios.

A recente crise, deflagrada em setembro de 2008 nos Estados Unidos, mostra claramente o que acontece quando se deixa tudo fluir ao puro sabor do mercado. Depois de 20 anos consecutivos de alta, aquisições financiadas de imóveis feitas por quem especulava a continuidade da alta de preços ou por quem não tinha condições de aquisição, viraram créditos. Esse créditos foram embalados, negociados, reembalados e renegociados, caindo no colo de milhares de empresas e investidores no mundo todo.

O governo norte-americano decidiu elevar a taxa de juros depois de uma longa era de juros artificialmente baixos. Isso fez aumentar a inadimplência, que freou as aquisições financiadas, que por sua vez frearam o preço dos imóveis, o que iniciou o ciclo da morte (mais inadimplência, mais freadas). Finalmente, esses créditos, agora podres, explodiram em todos os colos. Tudo isso sob o beneplácito do governo e das empresas especializadas em avaliação de riscos (Moody's e Standard & Poor's, entre outras), que não perceberam nada ou não quiseram perceber. Dois anos depois, a crise continua com seus espasmos. Dentro da Zona do Euro, a Grécia está com problemas sérios porque seu governo teve que gastar mais para segurar a economia na época, o que agravou a sua já frágil situação fiscal, decorrente de um governo tradicionalmente gastador.

Empresas: competição tende a atrapalhar

Já dentro de uma empresa, quer ela estimule ou não o lado competitivo, a maioria dos funcionários quer subir, galgar posições e alcançar algum tipo de poder. Essa ambição vem, em parte, da natureza humana e, em parte, da cultura predominante em nossa sociedade.

O problema é que, além do nível natural de competição, o dinheiro e o poder são tão glorificados em nossa sociedade que muitas pessoas passam por cima de quaisquer valores para se dar bem. Uma coisa é você se destacar dos outros pelos seus próprios méritos, outra coisa é você contribuir para que os outros fracassem.

Uma pessoa sem escrúpulos que não é desmascarada pode vir a subir rapidamente em uma empresa e se tornar, portanto, bem-sucedida. Mas, para a empresa, é péssimo. Porque se, de um lado, a empresa ganha com o que o "alpinista" agregou (ele pode ser muito competente), de outro lado, ela perde pelo que esse cara tirou das outras pessoas. Além disso, a falta de escrúpulos para subir na empresa pode levar à desonestidade, o que pode fazer com que essa mesma pessoa lese diretamente a empresa.

Muitas políticas em empresas modernas estimulam a competição interna. A distribuição forçada nas avaliações de desempenho obriga a dar avaliação alta ou baixa a um número limitado de funcionários. Assim, as recompensas e punições ficam atreladas a isso. Outros exemplos incluem programas do tipo "empregado do mês" e premiações para campeões de venda.

De certo modo, os primeiros classificados são rotulados de "vencedores" e os outros acabam sendo os "perdedores".

Essas práticas são questionáveis porque, ao contrário de alguns tipos de esporte, o sucesso de uma empresa depende de uma combinação do trabalho individual com o trabalho em equipe. Além disso, no esporte tudo é muito mais transparente.

O líder tende a valorizar práticas competitivas porque ele mesmo é, muitas vezes, um vencedor e sobrevivente de uma grande corrida de obstáculos. Assim, ele apenas reproduz em sua equipe a história da sua própria vida.

A competição interna exacerbada mina a cooperação e estimula atos aéticos como a omissão de informações, a recusa em ajudar colegas e pode até vir a prejudicar explicitamente outras pessoas, quer por sabotagem, intriga ou qualquer outro meio.

Na área de Vendas de muitas empresas, é muito comum campanhas que premiam o maior vendedor com um belíssimo prêmio. É uma corrida com apenas um lugar no pódio. Outras empresas abrem mais alguns lugares no pódio, mas a competição é sempre bastante acirrada.

Nesse tipo de ambiente, é gente comendo gente. Quem ganha não quer partilhar seus segredos com ninguém para manter a vantagem nas próximas disputas. Assim, não há ambiente para se desenvolver a gestão de melhores práticas, que poderia ajudar a desenvolver os vendedores com desempenho não tão bom.

Da mesma forma, os perdedores vão ficando cada vez mais desmotivados e com baixa autoestima. Alguns, cheios de inveja, podem até tentar prejudicar o vencedor (que tal sumir com sua lista de clientes?).

Além disso, muitas pessoas com espírito menos competitivo ficam incomodadas com a competição e desmotivadas, independente de terem vencido ou não. Outro ponto é que, muitas vezes, a vitória não é factível em função das circunstâncias, o que gera um desânimo antecipado.

Friamente falando, qualquer prática de um profissional que prejudique outro profissional dentro de uma empresa é perniciosa, pois prejudicar significa fazer, de algum modo, com que o outro entregue menos e, portanto, na visão conjunta, a empresa sai perdendo. E se essa ação implica na saída da vítima, a empresa pode perder um bom profissional, desperdiçar recursos de treinamento etc.

Quem se utiliza de práticas escusas para subir em uma empresa tende a ficar em uma posição de vantagem em relação a um antagonista íntegro. É fácil visualizar isso: em muitos filmes, o bandido leva vantagem em uma luta entre mocinho bandido, pois o mocinho tem que seguir regras para as quais o bandido nem liga. Daí a importância de uma empresa se cercar de fortes valores éticos, deixando transparente sua repulsa por atitudes carreiristas. Se isso é claro para todos, o "alpinista" não vai se sentir tão à vontade. Ele desconfiará de que um dia possa chegar a hora da verdade. Às vezes, algo inocente, como uma mera entrevista de desligamento com uma das vítimas de um mau-caráter, pode dar os primeiros indícios. Melhor do que descobrir um elemento desses é nem contratá-lo.

Competição nas instituições financeiras

Em instituições financeiras, que lidam com investimentos, é quase um clichê a alta direção estimular ferozmente a competição interna entre seus operadores. Esses, por sua vez, já entram na empresa com um espírito fortemente competitivo e com expectativa de grandes ganhos em pouco tempo, cumprindo jornadas de trabalho estafantes. Há toda uma estrutura de gestão para suportar isso e minimizar as formas como um operador pode atrapalhar os outros e maximizar o uso de algumas técnicas compartilhadas. Esse cenário descrito é tão prevalecente que é difícil acreditar que possa ser diferente.

Quem conhece uma pessoa típica do mercado financeiro percebe que ela geralmente não pode manifestar todo o seu potencial porque está esgotada, mal-humorada, com déficit de sono e obcecada por fazer um pé-de-meia que lhe permita voltar a viver normalmente um dia.

Outro fato notável é que, quando uma pessoa usa uma metodologia interessante, dificilmente compartilha com os outros, porque ela precisa desesperadamente estar entre as melhores. Nesse ambiente, há poucos amigos.

Assim, achamos que uma instituição financeira deva continuar a dar premiações agressivas, mas de forma a estimular a cooperação e não a competição, além de conseguir prover um mínimo de qualidade de vida para a equipe. Se isso for feito da maneira apropriada, e não é fácil, ela poderá dar resultados ainda melhores, pelo compartilhamento das melhores análises, informações e técnicas e porque uma qualidade mínima de vida tende a fazer com que uma pessoa esperta fique ainda mais esperta.

Cooperação e competição nas empresas

Há casos em que pode ser compensador uma empresa estimular a competição interna, se a área exige uma baixa necessidade de entrosamento e interação profissional entre os funcionários e se dispõe, além das tradicionais métricas de produtividade, de medições objetivas da qualidade do trabalho efetuado.

Nas linhas de produção de uma fábrica, por exemplo, na qual cada pessoa realiza um trabalho específico, pode-se avaliar, por amostragem, a qualidade do trabalho de cada etapa e qualquer tentativa de sabotagem é transparente. Essa é uma situação em que claramente os ganhos gerados pela competição superam as suas possíveis perdas.

Nesse caso, pode-se instituir prêmios para aqueles que forem mais produtivos, dentro do padrão de qualidade determinado. Os funcionários ficam motivados a ganhar o prêmio e usam toda essa energia para dinamizar o seu próprio trabalho, sem interferir no trabalho dos outros. Vale dizer que sempre é possível criar formas alternativas de premiação, mas a premiação competitiva é, sem dúvida, uma hipótese a ser considerada.

O que não se deve perder de vista é que a competição interna quase sempre gera ganhos, mas também gera perdas mais difíceis de reconhecer e medir e que, em muitos casos, são maiores que os ganhos. Enfim, quando se optar por estimular a competição interna sem que se pesem cuidadosamente na balança os dois lados, a empresa poderá sair perdendo no final.

Remuneração variável

Quando se fala que, em geral, a cooperação interna é melhor que a competição, não se defende em momento nenhum que o líder trate e remunere a todos os seus subordinados da mesma forma. A renda de cada um está ligada ao cargo que o profissional exerce e ao mérito acumulado decorrente de todo seu desempenho anterior. Se o profissional entra em uma rota descendente e não consegue revertê-la, fica com uma renda defasada, o que pode fazer com que ele tenha os seus dias contados na empresa.

A falta de diferenciação gera desmotivação nos melhores e não gera nenhuma vontade de melhorar nos piores. Deve-se tomar cuidado para que a diferenciação não seja exagerada a ponto de desestruturar a equipe e estimulá-la a adotar práticas escusas para subir. A diferenciação entre as pessoas é como o volume de um som. Muito baixo, ninguém escuta; muito alto, é ensurdecedor.

Não estimular a competição interna não significa que não devam existir sistemas de remuneração variável baseados no desempenho individual da equipe ou da empresa, evidentemente de forma proporcional à renda de cada profissional.

Os prêmios por cumprimento de metas não dependem necessariamente de se estimular a competição individual. É perfeitamente possível criar sistemas cooperativos de premiação, nos quais são contemplados todos os que cumprem as metas estabelecidas. Ao contrário dos processos competitivos, os sistemas cooperativos estimulam a colaboração e a solidariedade. Além disso, as metas permitem promover uma dose de realidade e factibilidade, ou seja, é possível fazer, só depende do esforço de cada um. Se alguém não atinge a meta, deve saber que existem possibilidades de reverter o jogo em uma próxima vez. Ou seja, ele perdeu o jogo, mas não a esperança. E a esperança realimenta a garra.

Nesse contexto, um profissional ajudar um colega não o prejudica, muito pelo contrário. Se a venda de todos aumentar, pode haver mecanismos que contribuam para aumentar a premiação de todos. Além disso, se a empresa vende mais, haverá mais oportunidades de ascensão profissional.

Pegue o simples caso de uma boutique que adota o sistema de cliente da vez. Quando um vendedor faz uma boa venda, os demais se sentem como se ficassem para trás em uma corrida. Da mesma forma, o cliente que vai à loja apenas para pedir uma informação ou fazer uma troca é considerado um "desastre" para quem o atendeu. Muito melhor é executar um sistema associando desempenho individual ao desempenho coletivo, com uma orientação específica de a gerência impedir a corrida entre vendedores a um cliente que entrar na loja, o que é ruim para o cliente e provoca animosidade entre vendedores.

•••

A conclusão é de que a competição entre empresas no mundo moderno é inevitável, mas a competição dentro de uma mesma empresa não é uma política interessante na maioria dos casos.

Relacionamentos

"As melhores coisas da vida não são coisas."
Art Buchwald, humorista norte-americano (1925-2007)

O ser humano é um animal gregário, isto é, necessita da relação com outros seres humanos para sobreviver, tanto material quanto espiritualmente.

Pode-se dizer que não adianta possuir toda a riqueza do mundo se o indivíduo viver como um eremita, sem contato com outros seres humanos. Exceto em casos raros (como o de alguns monges), a infelicidade é certa para essas pessoas. Por outro lado, a pessoa provavelmente será feliz, mesmo com o mínimo necessário para sobreviver, se vivenciar os melhores relacionamentos do mundo.

Por isso, relacionamentos são tão importantes na vida de quase todas as pessoas, tanto no lado pessoal (familiares e amizades), quanto no lado profissional. Através dos relacionamentos é que o ser humano, mesmo indiretamente, se realiza e consegue realizar os seus sonhos e desejos.

O sucesso duradouro de uma empresa está diretamente relacionada à qualidade e à quantidade de relacionamentos profissionais de seus funcionários, portanto, é primordial entender como esses relacionamentos podem ser desenvolvidos e aprimorados. Como pouca coisa hoje é produzida individualmente, os relacionamentos assumem um papel essencial para que o trabalho em equipe seja produtivo e bem-sucedido.

É papel da empresa e de suas lideranças incentivar os relacionamentos profissionais. Qualquer impedimento a esses relacionamentos gera bloqueios e, com isto, diminui-se a produtividade.

Além disso, o ambiente profissional é um grande celeiro para se fazer sólidas amizades e estabelecer relacionamentos. Um profissional precisa enxergar que, além do bem da empresa, construir relacionamentos sólidos é muito importante para fazer sua carreira. Um número infindável de exemplos pode ser dado:
- muitas empresas contatam as referências do candidato a uma vaga de emprego, especialmente referentes ao último emprego;
- muitas oportunidades vêm de indicações de pessoas que você conheceu ao longo de sua vida profissional;
- no futuro, um subordinado pode passar a ser seu chefe ou colega em outra empresa.

Assim, tudo o que se vive faz parte da sua história. O passado traz a você a sua experiência e profissionalismo, mas também tece a teia de relacionamentos que você formou.

O que importa nos relacionamentos?

Quesitos como autoconhecimento, habilidades interpessoais e aprender a ler as outras pessoas, já abordados no capítulo sobre liderança, ajudam na constituição de bons relacionamentos.

Para as habilidades interpessoais encontrarem sua máxima expressão, é preciso que se tenha **empatia** pelas outras pessoas – capacidade de gostar e se identificar com elas, que se tenha uma **presença** (imprimir sua marca nos demais) que as pessoas percebam como sua identidade, demonstrar **autenticidade**, ou seja, que você é o que você parece ser e transmitir **clareza**, não sendo adepto de jogos ou subterfúgios. Karl Albrecht, autor do livro *Inteligência social*, usou as iniciais dessas palavras em inglês junto com o **S** (*situational radar*), relacionado à leitura de

---

Integração nas escolas dos Estados Unidos – competição x cooperação

Em 1954, a Suprema Corte dos EUA declarou que não era desejável manter escolas separadas por raça e teve início um processo de integração racial nas escolas. Infelizmente, a integração não funciona por decreto, e esse processo gerou muitos conflitos dentro e fora das escolas.

A escola, nos primeiros anos, costuma ser um ambiente individualista e competitivo. O professor faz uma pergunta para sua classe, alguns nervosamente levantam a mão para ter a oportunidade de mostrar que sabem e ganhar prestígio. O professor escolhe um para responder. Se a resposta for correta, conta pontos para quem respondeu e causa inveja em quem sabia, mas não teve oportunidade de falar, e naqueles que nem levantaram a mão. Se a resposta for errada, vai gerar júbilo em toda turma: "mais um se ferrou na mão do professor".

Num ambiente desse, o professor é o único dono do saber, os alunos torcem para que os outros errem, pois assim terão oportunidade de aparecer melhor. Os alunos que sabem muito no Brasil são denominados nerds, principalmente nos colégios públicos, e, neste caso, saber muito também, de certa maneira, é um demérito.

Ninguém é incentivado a ajudar ninguém, muito pelo contrário, a atitude de oferecer ou receber ajuda durante uma prova ("cola") ou trabalho é considerada trapaça e pode ser punida severamente. O condicionamento subliminar é: "ajudar é ruim, se vire por si mesmo".

Não estamos, com isso, dizendo que não deve haver provas individuais. Por exemplo, mais pessoas morreriam nas mãos de médicos se não houvesse alguma certificação do seu conhecimento individual. Estamos falando sobre a predominância de um foco exagerado no individualismo no ensino moderno.

Num ambiente que já é totalmente desagregador, se existirem preconceitos latentes por motivos de cor, opção sexual, nível social, esses preconceitos serão muitas vezes ampliados.

pessoas, para criar o pitoresco acrônimo em inglês, S.P.A.C.E., e decompor a assim chamada inteligência social.

Um quesito adicional, que reputamos como importante na relação entre as pessoas, pode ser resumido em uma palavra: leveza. Ser leve significa basicamente ser de fácil convivência, bem-humorado, positivo e descontraído. A leveza não forçada requer que a pessoa esteja bem resolvida consigo mesma, sem que esteja o tempo todo preocupada com sua imagem e seu desempenho.

A chamada inteligência emocional, termo criado em 1985 e popularizado pelo livro de 1995 de Daniel Goleman, inclui implicitamente a inteligência social como um dos componentes que abrange, segundo o autor, também o autoconhecimento emocional, o controle emocional e a automotivação. Ela serve como importante contraponto,

---

Vários cientistas sociais fizeram experiências em escolas para mudar este quadro, e uma que podemos destacar foi conduzida por Elliot Aronson em 1971. Em vez das provas e trabalhos individuais, os alunos de uma turma foram divididos em grupos para executarem tarefas conjuntas. Cada grupo foi organizado para se obter o máximo de diversidade. Foi passado um trabalho sobre determinado assunto, e a informação sobre esse assunto foi dividida entre os membros do grupo, uma parte para cada membro. Para concluir o trabalho, todos tinham necessariamente que interagir com todos, pois, de outro modo, o trabalho ficaria incompleto.

Essa experiência, conduzida por várias semanas, era capaz de mudar totalmente o clima na sala de aula. Ao invés do individualismo e da competição, passou a predominar um clima de cooperação. Alunos antes discriminados em uma sala de aula comum passaram a ser valorizados pelos seus colegas e, com isso, tiveram desempenhos significativamente melhores. O professor deixou de ser a única fonte de informação, e isso também ajudou a melhorar a autoestima, a capacidade de raciocínio e a criatividade de todos os alunos.

A técnica de ensino recebeu o nome de quebra-cabeça em função de "quebrar" a informação em partes que só conseguiriam ser montadas com a colaboração de todos os membros do grupo. Desde a sua criação, essa técnica foi aplicada em diversos países, entre as mais diferentes culturas, e tiveram igual sucesso.

Se hoje ela ainda é pouco aplicada nas escolas, é porque é significativamente mais trabalhosa para os professores, e porque eles veem sua liderança reduzida. Muitas vezes, o professor também foi criado em um ambiente competitivo e protege os seus nacos de poder. A escola ainda é um dos ambientes mais retrógrados da nossa sociedade, e isso se reflete nos profissionais que depois chegam às empresas, que também tendem a ser competitivos e individualistas, exatamente como foram formados.

muitas vezes relegado a segundo plano, da inteligência racional, que as escolas tentam desenvolver, muitas vezes em vão.

E o que atrapalha?

O controle emocional é torpedeado pela ira, egoísmo, inveja e vaidade, similares a quatro dos sete pecados capitais. Portanto, controlá-los é importante para quem deseja que as relações perdurem. A **ira** pode destruir em minutos o que, por vezes, leva-se muito tempo para construir; o **egoísmo** prefere usar as pessoas a se relacionar com elas, o que acaba transparecendo; a **inveja** envenena pelo vício recorrente e inútil de se comparar com os outros; e a **vaidade** faz com que alguém queira aparentar ser mais do que é, como o sapo que estufa para afugentar predadores.

A vaidade, particularmente, se esconde nos mais sutis disfarces. Aquela pessoa que quer ganhar uma discussão de qualquer jeito para não ficar por baixo é vítima dela. Aquela que não quer dar o braço a torcer e fica esperando o outro telefonar, também. Quer se queira mostrar que se está por cima ou provar que não está por baixo, são duas faces na mesma moeda.

Vale destacar um pouco mais a questão do ouvir os demais. Muitas pessoas estão tão imersas em seu mundo e em suas ideias que têm dificuldade de ouvir de verdade as outras pessoas. A sensação é que algumas pessoas funcionam em duas marchas: falam e esperam para falar. Nessa espera, elas articulam a próxima fala, às vezes até atropelando a outra pessoa. Muito da relação entre pessoas nasce de saber ouvir. É o primeiro passo para se entender um pouco o mundo das outras pessoas e poder se colocar no lugar delas. O que, por sua vez, pode fazer com que opiniões sejam modificadas baseado no que se ouviu sem denotar falta de personalidade, e sim flexibilidade e mobilidade.

Ao ouvir, é comum que o preconceito afete a avaliação isenta do que foi dito. Costuma-se atribuir muito mais relevância ao interlocutor famoso, rico ou intelectual. Porém, como mencionamos, o sucesso nem sempre é justo e não necessariamente quem o conquistou é capaz, e vice-versa. Não é nada incomum ouvirmos grandes besteiras de uma pessoa "importante", ou observações perspicazes de pessoas mais simples.

Além de ouvir, incluimos no mesmo âmbito a sabedoria de saber escutar um "não" e aprender, se possível, sobre os motivos que conduziram a isso. Inúmeras vezes um indivíduo se depara com uma recusa: um emprego, uma proposta, um relacionamento, uma venda etc. Pode até se tentar reverter, mas a indignação diante de um "não", quando a outra parte está no seu pleno direito de dizê-lo, é totalmente descabida, e pode gerar problemas mais adiante.

As pessoas diante de um grupo têm a tendência de emitir opiniões e tomar decisões que se alinham ao que o grupo deseja, mesmo contrariando suas convicções, principalmente quando o outro é o chefe ou alguém mais graduado. Esta concordância automática, que em psicologia social é chamada de conformidade, decorre da associação inconsciente entre a discordância ou a negação a outro indivíduo, à geração de atrito, rejeição e até isolamento. Queremos que as pessoas gostem da gente e tendemos a achar que isso será mais fácil se concordarmos com elas. Portanto, você precisa estar consciente desse mecanismo para conseguir transmitir certo nível de independência e personalidade diante de outras pessoas e para poder se sobressair como indivíduo e fazer diferença.

Relacionar-se também é entender o outro

A melhor forma de agir depende, é claro, das características percebidas sobre cada indivíduo. Por exemplo, pessoas invejosas necessitam de um cuidado especial para não parecer que se está querendo ser melhor que elas. Pessoas vaidosas são facilmente atingidas em suas crenças pessoais, por isso críticas e confrontações devem ser ponderadas. Pessoas egoístas não vão se comprometer com algo que não atenda, de algum modo, às suas agendas pessoais.

Em suma, consegue-se mais apoio, engajamento e compromisso da outra parte se ela se sentir bem. E o mundo real vai além: há muitas variações e matizes que apenas o tempo, a experiência e a constante observação acompanhada de ouvidos atentos vão aperfeiçoando, no campo das habilidades interpessoais. Ler bons livros de psicologia, alguns deles indicados na bibliografia, também ajuda a entender melhor o ser humano.

Há sempre diversas formas de se conduzirem as mesmas ações e decisões. O importante é **como** conduzir, uma vez que tudo sempre envolve gente. Deve-se considerar e respeitar as características de cada um, aproveitando-se ao máximo seus pontos fortes e contornando ou minimizando seus pontos fracos.

Quando se inicia uma experiência em uma nova empresa, o ideal é dar-se um tempo para se entender a empresa, a cultura, as pessoas, os jogos e as tramas do poder, de modo a formar um quadro geral. É preciso cuidado para não se confiar demasiadamente nas primeiras impressões e se comprometer ou se posicionar prematuramente.

Com o tempo, espera-se, por exemplo, que seja possível perceber que algumas pessoas têm um problema sério de caráter, e então se faz necessário um cuidado especial diante dessas pessoas.

O que fazer e o que evitar

Nos tópicos seguintes, apresentamos diferentes situações e práticas de forma propositadamente esquemática para mostrar ao leitor comportamentos indicados perante pessoas equilibradas dentro da estrutura de uma empresa gerida da forma tradicional, estilo que ainda representa a grande maioria das empresas.

As situações mais frequentes nos relacionamentos profissionais são:

- Tenho uma dúvida – Devo esclarecer a dúvida com quem saiba e me certificar de que entendi direito a resposta. Não devemos ser tímidos profissionalmente e cometer erros por causa desta timidez. Também não devemos fazer papel de autossuficientes e ter medo de mostrar que não sabemos. É importante vencer a inércia e saber que levantar da cadeira e perguntar para alguém é muito mais produtivo do que ficar sentado batendo cabeça. Um fenômeno interessante da psicologia social faz com que aquelas pessoas a quem pedimos pequenos favores, como, por exemplo, esclarecer uma dúvida, fiquem propensas a ter uma ideia melhor a nosso respeito. Temos aí um duplo motivo para perguntar, tanto para efetivamente ser mais produtivos, como também para termos nossos colegas de trabalho ao nosso lado.
- Alguém me passa uma dúvida – Se estiver ao meu alcance, devo responder de forma clara e objetiva. Não devemos jamais sonegar informações, sob qualquer pretexto. Em uma empresa saudável, um profissional ganha muito mais pontos por ser solícito e generoso com as informações do que ser um poço de conhecimento que o fica guardando para si. Fazer pequenos favores, como esclarecer as dúvidas dos outros, também melhora os relacionamentos.
- Tenho que apontar erros – Devo, em particular, conversar com a pessoa que os cometeu e, objetivamente e sem ferir suscetibilidades, explicar detalhadamente, inclusive com os motivos, o que deve ser feito para sanar os erros. Se essa pessoa tem uma postura ruim diante desse tipo de intervenção e o erro traz consequências não desprezíveis para a empresa, pode-se encontrar meios alternativos, como conversar com outra pessoa ou o chefe dela. Essa falha pode se referir inclusive a alguma atitude que alguém tenha tomado, embora, nesse caso, seja preciso agir com muito mais diplomacia e senso de oportunidade.
- Alguém aponta um erro – Não devo me sentir ofendido, muito pelo contrário, devo até agradecer a ajuda que me foi dada. Como sempre, preciso me certificar de que entendi claramente como posso corrigir o erro apontado. Como no caso anterior, alguém pode apontar uma falha de atitude e, se for feito de uma forma construtiva, não devo ficar chateado.
- Preciso que uma tarefa seja realizada – Devo claramente pedir para a pessoa apropriada, explicando detalhadamente a tarefa e as suas motivações para não haver dúvidas, e verificar se foi corretamente entendida, estipulando um prazo para que a tarefa seja concluída.
- Alguém me pede para fazer uma tarefa – Se for da minha alçada, tenho que entender o problema. Se a tarefa for relevante e não significar atraso no meu

cronograma, dou um prazo para sua conclusão e executo a tarefa. Caso contrário, informo claramente para quem pediu. Se não houver acordo, peço ajuda ao meu chefe. Se não for da minha alçada, mas for um pedido de ajuda pertinente que está ao meu alcance, tento ajudar, caso não me tome muito tempo e não me prejudicar, independente da posição de quem me pediu ajuda.
- Tenho uma contribuição a dar – Devo estruturar a ideia, para que ela possa ter um uso prático, encontrar o interlocutor apropriado para transmiti-la e depois procurar me certificar do seu entendimento.
- Tenho uma apresentação a fazer – Devo ser conciso e objetivo, atendo-me ao assunto em si para não ocupar desnecessariamente o tempo dos outros, nem o meu, preparando muito mais material do que o necessário ou agregando enfeites desnecessários.
- Tenho que obter uma decisão ou opinião – Se for uma questão simples, envolvendo poucas pessoas, posso resolver por telefone ou outra forma alternativa. Para situações mais elaboradas, é conveniente fazer uma reunião, apenas com as pessoas diretamente envolvidas (para ser mais objetivo e não desperdiçar o tempo das pessoas), para se chegar, através de um diálogo aberto, à opinião ou decisão necessária.
- Alguém merece um elogio – As pessoas gostam de ouvir elogios, na frente de outras pessoas de preferência, o que também serve como bom exemplo para o grupo.
- Sou convocado para uma reunião – Tenho que entender a importância da minha participação, e caso quem tenha feito o convite não tenha uma razão clara, devo tentar demovê-lo do convite. Caso não consiga, devo pedir a opinião do meu chefe.

Devemos evitar as seguintes práticas:
- Fazer acusações e julgamentos levianos – Devemos nos limitar a fatos comprovados que prejudiquem a empresa, de preferência tentando resolver com a própria pessoa e, se não for possível, com o chefe dela. É preciso muito cuidado para separar fatos ou fortes indícios de meras especulações, baseadas em boatos e influenciados pelo seu sentimento perante aquela pessoa.
- Apresentar problemas sem soluções – Apresentar passivamente um problema, sem a postura de buscar soluções junto ao grupo, é simplesmente uma postura de lavar as mãos perante os problemas, esperando que outros assumam suas dores.
- Não procurar ajuda – Isso não significa ser independente, significa ser omisso e certamente irá gerar uma série de erros na execução das tarefas. Neste caso, se está substituindo um comportamento pró-ativo (de procurar

alguém) por um comportamento passivo (de ser chamado à atenção por erros cometidos).
- Alugar os outros – Ocupar o tempo dos outros com ninharias denota um desrespeito com o tempo dos outros e com o seu próprio tempo. Esse comportamento recorrente drena a produtividade do grupo.
- Puxar o saco – Muitas vezes o chefe não percebe, mas as pessoas perto dele têm muito mais facilidade de percebê-lo e passam, portanto, a discriminar o aludador.
- Tratar alguém mal – Não somos obrigados a gostar de todos os nossos colegas de trabalho, mas, por outro, lado não devemos misturar a nossa vida profissional com a pessoal, e um tratamento desrespeitoso irá criar um clima nada propício para uma relação produtiva.
- Desdenhar dos outros – Não se deve gesticular, rir ou fazer pouco caso da ideias de outrem, por mais absurdas que possam parecer. Isso inibe a livre expressão de ideias e a criatividade, além de gerar ressentimentos desnecessários. Obviamente, deve-se emitir opinião contrária, mas de forma respeitosa.
- Assediar – O assédio simples, que pode preceder o assédio moral, é um tipo de insistência inoportuna, ou seja, implica em tentar obter algo (amizade, relacionamento amoroso, favores) de alguém, de maneira reiterada, contra a vontade do assediado. Já o chamado assédio moral refere-se a uma perseguição continuada (*bullying*) causada por inveja, rejeição, preconceito ou desprezo, resultando em humilhações, agressões e constrangimentos. Muitas vezes, o assédio envolve uma relação de superioridade hierárquica, com alguma ameaça velada ou explícita. O assédio é muito comum nas empresas, bastante danoso para a moral do grupo e, em alguns casos, ilegal.

Muitos relacionamentos nascem em ambientes de trabalho, assim, flertar nas empresas é bastante comum é não se constitui em assédio sexual, se quem flerta não o faz de forma insistente e contra a vontade da outra parte. De toda maneira, relações entre chefe e subordinados são frequentes, embora proibidas em muitas empresas, pois podem gerar favorecimentos, inveja e suspeições.

Analisaremos estes relacionamentos pelos diferentes pontos de vista que existem numa empresa.

Relacionamento com superiores

As situações mais corriqueiras neste relacionamento são:
- O meu chefe me dá uma tarefa – Devo me certificar de que entendi bem a tarefa antes de executá-la. Um erro comum, às vezes causado por medo de

se parecer desinformado, é sair executando sem entender direito. Nesse caso, no final da tarefa, o chefe vai desconfiar de que algo está errado. Por isso, é preciso perguntar tudo que é preciso saber, inclusive o que parece óbvio. Trabalho é aprendizado. Com o tempo, minha tendência é entender cada vez mais rápido, já que vou me acostumando à linguagem do meu chefe e vou pegando experiência na área.

- Preciso fazer um pedido – Qualquer que seja o pedido, tenho que estar preparado para ouvir não. Se ele sempre disser sim, não devo ficar pedindo o que normalmente não pediria. Às vezes, o chefe tem problemas para dizer não, mas, mesmo que ele diga sim, faz uma contabilidade mental contra o interlocutor, que no longo prazo pode significar algo muito mais drástico que um simples não.
- Preciso de mais prazo ou ajuda para executar uma tarefa – Muito antes do término do prazo, quando identifico um problema, devo claramente pedir mais prazo ou ajuda para o meu chefe. Pedir prazo em cima da data da conclusão da tarefa indica falta de responsabilidade e desorganização.
- Minha tarefa depende de outras partes – Devo tentar desembaraçar o nó diretamente com a outra parte e, se não der certo, devo narrar ao meu chefe os fatos, de forma objetiva, sem julgamentos, já com uma solução em mente ou esperando algum apoio.
- Meu chefe me critica – Não devo me sentir ofendido e devo sempre perguntar como posso fazer para melhorar.
- Meu chefe me elogia – Nem adianta negar e bancar o falso humilde ("são seus olhos"), nem aumentar o elogio agregando autoeloegios.

Se o chefe é bom para você, é preciso demonstrar gratidão e aprender a reconhecê-lo pelas suas atitudes, de forma sincera, moderada e sem resvalar para o puxa-saquismo. Aliás, isso vale para qualquer pessoa que faça algo por você de boa vontade, independente de sua posição hierárquica.

Muitas vezes nos sentimos desmotivados ou temos prevenção contra o nosso chefe, e isto descamba para desleixo no trabalho e, pior, para uma relação tensa com o superior. Com isso, podemos esquecer, às vezes, que estamos também solapando qualquer chance de crescimento.

Quando o relacionamento com o chefe não vai bem, temos que ser transparentes com ele, sem julgamentos ou qualificações a seu respeito, relatando nossas frustrações. Os motivos normalmente são:
- Não acredito na importância da tarefa – Neste caso, temos que pedir ao chefe que explique melhor a tarefa. Se eu continuo pensando da mesma forma e isso

for recorrente em muitas tarefas, então talvez eu deva pensar em mudar de chefe, o que significa, em geral, mudar de emprego.
- Ele diz não para tudo ou sinto-me injustiçado – O remédio inicial é ser sincero e questioná-lo. Claro que chega um momento em que você se convence de que há algo errado de fato. No entanto, é muito difícil, às vezes, separar a realidade da mania de perseguição.
- Sinto-me pouco prestigiado – É comum a sensação de que é possível fazer muito mais e o que faço hoje está muito aquém da minha capacidade. Temos que nos colocar à disposição para fazer tarefas mais nobres, formalizando, de preferência, alguma proposta de atuação que seja relevante para a empresa.
- Não estou tendo treinamento para desempenhar minhas funções – Simplesmente temos que pedir para que esse treinamento seja dado. Como o chefe talvez cuide de muita gente, às vezes ele não tem nem muita consciência disso. E depois não queremos ouvir: "E por que você não me falou?".
- Estou sendo preterido nas promoções – É preciso, de forma fundamentada, mostrar para meu chefe por que mereço uma promoção, perguntar as opiniões dele sobre mim e esperar que ele me passe alguma perspectiva de futuro. Essa situação é bastante comum e uma grande fonte de frustração. Algumas conversas espaçadas mal-sucedidas podem ser um grande indício de problemas na carreira.
É sempre bom certificar-se de que você é realmente merecedor de uma promoção ou aumento para não cair na armadilha de superestimar seu próprio desempenho. Uma forma é sondar, com cautela, junto aos seus colegas ou tentar enxergar seu desempenho com mais objetividade, procurando examinar o que você realmente entregou e não o que não entregou, mas poderia ("mas não fez porque...", e segue-se a lista de culpados ou causas externas). Afinal, um profissional é avaliado por fatos e não por possibilidades.
- Estou sendo assediado pelo meu chefe – Se eu não consigo acabar com um problema em sua origem, devo avisar a área competente da empresa que trata do assunto (o chefe do chefe, ou até mesmo a área de Recursos Humanos).
Quando consistentemente, apesar da nossa transparência, permanecemos em uma situação insustentável, devemos procurar o chefe do chefe e, caso isso também não funcione, só nos resta procurar outro emprego e sair da empresa. Isso é uma postura profissional, porque manter uma situação insustentável por inércia ou medo não leva ninguém a lugar nenhum.

Relacionamento com subordinados

É um dos pilares da administração no que tange à liderança. As situações mais corriqueiras neste relacionamento são:

- Tenho que passar uma tarefa ou apontar um erro para um subordinado – Já foi abordado.
- Tenho que apontar um erro coletivo – Devo me reunir com todos os subordinados envolvidos, explicando detalhadamente, inclusive com razões, o que deve ser feito ou qual o comportamento desejado, evitando mencionar alguém em particular. Se ocorrerem situações individuais que interfiram na situação coletiva, deve-se antes falar apenas com os envolvidos para depois tratar coletivamente. Nesse caso, é normal referir-se a pessoas específicas, ligadas à questão, perante o grupo.
- Tenho que acompanhar os resultados de tarefas – Infelizmente, o foco de um gestor deveria sempre estar no que não está funcionando. No entanto, muitos subordinados escondem o mundo "feio" e apresentam suas realizações de forma quase publicitária, e aí tudo parece róseo. Chega a ser suspeito quando tudo é perfeito demais, assim é saudável o chefe demonstrar certa paranoia, tentar achar a ferida e colocar o dedo nela. Portanto, é importante informar ao subordinado que ele deve dar prioridade às suas dificuldades e não às suas conquistas, e caso ele não apresente nenhuma dificuldade, por elas. As conquistas podem e devem ser comemoradas, mas isso é mais motivacional do que didático.
- Tenho que fazer reuniões periódicas – Como mencionamos, se possível, é muito desejável que haja reuniões periódicas com cada um dos subordinados diretos. Em uma reunião com um subordinado, é preciso acompanhar o andamento e os prazos das principais tarefas, motivá-lo, elogiar seus pontos positivos, falar do seu futuro, quando pertinente. As críticas devem ser feitas de forma objetiva, limitando-se aos fatos e não às opiniões. O importante é sempre procurar fornecer caminhos claros para o aperfeiçoamento dos subordinados, tanto do ponto de vista da natureza do trabalho como em relação a atitudes. Uma reunião de avaliação é muito parecida, porém não envolve acompanhamento e pode estar associada ao preenchimento de um formulário de avaliação, montado pelo departamento de recursos humanos.
- Tenho que motivar minha equipe – Deve-se reunir todos os membros da equipe e passar uma visão de futuro que sensibilize a todos, usando símbolos e histórias que facilitem a compreensão.

Relacionamento com pares

O relacionamento com os pares é tão importante e normalmente mais frequente, quanto o relacionamento com o chefe. As situações mais usuais neste relacionamento são:
- Alguém lhe pede para fazer uma tarefa – Deve-se primeiro entender as necessidades de quem pede. Há várias possibilidades:
  » se a tarefa for pertinente e de sua alçada, desde que não signifique atraso de outras tarefas sob sua responsabilidade, combinar um prazo para a conclusão e execução desta tarefa;
  » se for pertinente e estiver fora de sua alçada, mas você souber fazer e ocupar pouco do seu tempo, procure dar seu apoio. É ótimo poder ser solícito. Isso gera um clima de reciprocidade muito bom para a companhia.
  » se estiver fora de sua alçada e não for o caso anterior, explique por que você não pode colaborar e procure orientar o solicitante sobre uma solução alternativa ou sobre quem poderia realizar essa tarefa;
  » se a execução dessa tarefa impactar em prazos acordados com seu chefe, dê esta informação claramente para quem solicitou a sua ajuda, procurando uma alternativa e, se não houver outra opção, busque alguma solução junto ao seu chefe.

  Deve-se tomar muito cuidado de não se complicar pela dificuldade para dizer "não". Há quem se torne para-raios de todo tipo de tempestade: é considerado muito prestativo, o que é bom, mas, no entanto, não consegue mais dar conta adequadamente de suas responsabilidades.
- Preciso antecipar a conclusão de uma tarefa que não é minha – Às vezes, depende-se da execução de uma determinada tarefa para prosseguir o próprio trabalho. Deve-se tentar negociar sua antecipação e, se isso não foi possível, o chefe deve ser informado sobre o ocorrido.
- Preciso de ajuda externa à minha área – Posso tentar esse apoio de um colega ou chefe da área relativa ao assunto em questão. Caso não consiga essa ajuda e isso comprometa os prazos, é importante negociar com o chefe.

As pessoas se ajudam mais em ambientes de trabalho quando eles são propícios a isso, o que, por sua vez, está ligado a uma cultura organizacional que fomente a relação entre todos os profissionais, independente de estarem ou não na mesma área.

Alguns chefes têm uma atitude corporativista que segue o estilo "meu departamento *versus* outros departamentos". Isso ajuda a minar o relacionamento entre departamentos e as pessoas que os compõem. Esses feudos também estimulam uma queda de braço improdutiva entre dois departamentos que deveriam "sinergizar" suas atuações em vez de competir e assumir posições antagônicas.

Outro empecilho são os chefes que consideram que qualquer contato externo com alguém de sua equipe deveria passar por ele primeiro. Essa postura, gerada talvez por insegurança ou paranoia, é nociva, porque burocratiza a relação entre as pessoas de duas áreas diferentes, criando uma barreira à plena produtividade.

Relacionamentos externos

A maior dificuldade é que uma empresa ou pessoa externa não conheça bem as estratégias e prioridades da sua empresa e, por isso, não atribua a devida importância ou urgência às solicitações feitas – e, às vezes, nem sequer as entenda direito.

É muito comum haver atritos porque uma parte acha que a outra tem bola de cristal e conseguirá entender o contexto que envolve uma solicitação, fazendo exatamente o que a outra parte esperava no tempo exato. Se isso já é difícil dentro de uma empresa, o que dirá entre duas empresas diferentes.

Assim, é preciso que cada parte entenda um pouco o contexto da outra, para poder dimensionar melhor o que cada uma demanda. Esse conhecimento mútuo facilitará muito o relacionamento.

Entre duas empresas, tudo pode ser diferente, até os jargões. Existem empresas nas quais "urgente" significa "para o mesmo dia", e outras para as quais "urgente" é "em uma semana". "Receita de vendas" pode ser "bruta" ou "líquida". Para uma empresa, 10h pode ser 10h, para outra, qualquer horário entre 10h e 10h30min. Os exemplos são infindáveis.

Até por esse motivo, qualquer solicitação externa deve ser muito mais detalhada e explicada do que uma solicitação interna, porque não se pode assumir um conhecimento prévio da outra parte.

Outro ponto importante, até pelas dificuldades de comunicação direta, é formalizar o relacionamento por meio de contratos e memorandos, nos quais fiquem claros os direitos, deveres e prazos para o atendimento às solicitações.

Nos relacionamentos externos, estamos muito mais sujeitos a desvios de conduta, pela falta de maior controle, e por isso precisamos ter padrões éticos muito mais rígidos. Por exemplo, podemos almoçar com um colega de trabalho e pagar a conta dele ou ele pagar a nossa conta, mas não se deve deixar um fornecedor pagar a nossa conta.

O problema é que essa concessão de favores por parte do fornecedor, como brindes, viagens, almoços, presentes, pode funcionar como indução para uma relação de favorecimento em relação ao fornecedor, porque, até de forma inconsciente, o comprador pode ficar mais aberto aos pleitos desse fornecedor, inclusive em detrimento de algum concorrente.

Mesmo sem favores, o fornecedor pode, com uma tática premeditada, tentar conquistar uma relação de intimidade com o comprador de modo a criar esse ambiente propenso ao favorecimento. Assim, o comprador, infelizmente, deve desconfiar de uma tentativa de aproximação.

Se o contato do fornecedor for um amigo pessoal do comprador (isso acontece), o comprador deve deixar muito transparente a separação da relação pessoal com a profissional. Assim, se eles estão vestindo o chapéu de amigos, qualquer um pode pagar uma conta (mas que não seja usada, pelo menos, a pessoa jurídica).

Comunicação é a chave 5

"Monólogo é uma pessoa falando sozinha. Diálogo são duas."
Ciro Pellicano, publicitário e escritor brasileiro (1946-)

Introdução

Um processo de comunicação envolve três passos, mesmo que, aparentemente, tudo seja feito quase ao mesmo tempo. Inicialmente, **articula-se** uma linha de pensamento, como se fosse o argumento para um filme. No passo seguinte, ergue-se a **estrutura**, organizando-se e delineando-se o argumento, tal e qual o roteiro de um filme. E finalmente, **expressa-se** essa estrutura, o que corresponde à realização do filme, conforme o roteiro.

A comunicação é uma das espinhas dorsais de uma empresa e sua enorme importância passa, por vezes, meio despercebida. As pessoas falam o tempo todo em estratégia, marketing, logística e recursos humanos, mas, sem um processo de comunicação adequado, a empresa emperra, as pessoas se paralisam, por melhor que sejam os profissionais individualmente e por mais brilhante que seja a estratégia.

É comum observar, em uma grande empresa, a enorme distância entre as ideias arejadas e modernas do presidente e as práticas efetivas na outra ponta. Muitas vezes, o líder de fato deseja realizar as coisas de forma diferente, mas há tantas perdas nos vários níveis, em decorrência das falhas de comunicação, que as ideias se distorcem completamente durante o percurso.

Como já abordamos no item referente à liderança, não basta o líder saber comunicar, é necessário que passe a exigir esse atributo de seus liderados e, estes, por sua vez, também passem essa mensagem adiante.

Sendo assim, é muito importante enfatizar aos seus subordinados a importância de uma comunicação bem-feita e os males provocados por uma comunicação falha. Esse processo de orientação (*coach*) não é instantâneo, em razão dos entranhados vícios de comunicação, mas é um processo de melhoria contínua.

Efeitos da comunicação falha

As falhas de comunicação já começam na estrutura física, já que, em muitos lugares, o layout inclui um número excessivo de salas individuais, quando, em diversos casos, o ideal é o líder integrar-se à sua equipe. Estas barreiras físicas dificultam a comunicação face a face e fazem com que as pessoas utilizem, nem sempre da melhor forma, meios de comunicação indiretos ou simplesmente restrinjam a comunicação.

Com a comunicação limitada e falha dentro de uma área, cria-se um terreno fértil para a realização de um trabalho desencontrado, pouco transparente e de baixa qualidade, além de se diminuir o incentivo para o desenvolvimento de trabalhos em grupo.

A comunicação ruim entre áreas estimula cada uma delas a realizar o seu trabalho de forma o mais independente possível do resto da empresa, por meio de uma combinação de preconceito, falta de vontade ou iniciativa de vencer as barreiras. Não existe a visão do todo nem trabalhos sinérgicos, a não ser de forma reativa.

Outra consequência é encontrar as áreas em constante posição defensiva para não serem responsabilizadas por algo não realizado, procurando transferir tal responsabilidade para outra área, o que só aumenta a distância entre as áreas, gerando um clima de disputa e animosidade.

Por todas essas razões, a empresa deve tomar determinados cuidados, pois existe uma tendência natural de as áreas formarem feudos, com cada feudo utilizando o pronome "nós" para definir a sua área e "eles" para definir qualquer outra área. Isso é literalmente trazer, para dentro da empresa, a noção de concorrência. A competição, como vimos, é uma tendência ancestral e pode recrudescer quando existe um clima propício para isto. No passado, as diferentes tribos viviam em guerra e se matavam; atualmente, em muitas empresas, as diferentes áreas trocam acusações e pouco se comunicam.

Como melhorar a comunicação?

Para eliminar e desestimular parte destas barreiras de comunicação, é de responsabilidade da alta direção estimular a integração entre as áreas, por meio de uma estrutura adequada, um layout estimulante e a constante conscientização da importância da comunicação e do papel de cada área. A realização de trabalhos multidisciplinares pode ser uma boa forma de estimular essa integração, com o intuito de transformar uma guerra interminável em uma marcha coletiva rumo aos objetivos da empresa.

Diversas experiências em psicologia social mostram que é possível diminuir as disputas entre grupos, inclusive o racismo, fazendo com que elementos de diferentes grupos tenham de cooperar para atingir um objetivo comum.

Vamos aqui estudar as formas de comunicação possíveis e a aplicabilidade de cada uma em cada situação.

A comunicação deve ser o mais clara possível, sem dar margem à dúvida. Para ter certeza de que a mensagem foi recebida corretamente, devemos fazer com que a outra parte dê um retorno (*feedback*) de que entendeu. Caso o assunto seja de maior importância ou complexidade, é essencial que a outra parte verbalize, com suas palavras, exatamente o que entendeu. Isso pode parecer repetitivo, mas poupa um bocado de tempo para corrigir erros gerados por uma comunicação falha.

Pode-se entender facilmente o porquê disso, caso, alguma vez, o leitor tenha brincado de "telefone sem fio": passa-se uma mensagem de uma ponta a outra, através de uma série de pessoas, e depois as mensagens são comparadas. Normalmente, constata-se que a mensagem foi mudada completamente. O resultado seria mais positivo se as regras fossem alteradas, de forma que, após cada comunicação, seja verificado o que foi comunicado.

O processo de comunicação ocorre em dois extremos, isto é, alguém comunica e alguém recebe a comunicação, e se qualquer uma das duas pontas falha, certamente a comunicação como um todo falhou.

Normalmente, a ponta mais fraca é a que recebe a comunicação, porque quem se comunica está falando consigo mesmo, com o seu vocabulário e dentro do seu mundo. O vocabulário e o mundo de quem está recebendo podem ser completamente diferentes.

Quem comunica muitas vezes não tem consciência de que sua familiaridade e conhecimento sobre o assunto alvo faz com que surja a tendência de se comunicar algo de forma incompleta, porque presume-se que o que não foi dito é óbvio. Só que o interlocutor é outra pessoa e tem um diferente cabedal de experiências. Assim, as lacunas não serão preenchidas automaticamente e, se isso não foi detectado, pode haver consequências sérias.

Para se aprimorar este processo, tanto quem comunica deve procurar enxergar o mundo de quem recebe como quem recebe deve procurar enxergar o mundo de quem se comunica. Isso, certamente, gerará uma aproximação dos vocabulários e mundos, facilitando o entendimento final.

Nesse processo, quem está recebendo a comunicação deve procurar limpar a mente, como em um processo de meditação, afastando o "mar de ideias" que corre a cada palavra que escutamos ou lemos e evitando o prejulgamento daquilo que está sendo dito ou escrito. No caso da fala, é comum a pessoa ouvir pouco do que está sendo dito, simplesmente porque está esperando para retrucar.

Esse exercício é complexo, pois o próprio processo de seleção natural nos tornou rápidos para detectar sinais de perigo e, com isto, a cada momento, estamos nos protegendo com este "mar de ideias", que nada mais é do que uma "antena para o perigo iminente". Técnicas de meditação ou meramente treino podem ajudar nesse processo de se conseguir conscientemente limpar a mente e, com o tempo, ficaremos cada vez melhores nisso.

Cuidado com a interpretação

Outro cuidado muito importante, no processo de comunicação, é que as referências a terceiros, devem ser feitas de forma bem objetiva, de forma a evitar que problemas de interpretação acabem gerando uma barreira na comunicação.

Por exemplo, uma frase tola como "você vai precisar forçar a barra, porque o Joaquim não quer nada mesmo" é altamente subjetiva. Se o interlocutor tem afinidade com Joaquim, pode tirar a credibilidade e aceitação de quem está falando. Melhor seria dizer "você vai precisar envolver o Joaquim para esse projeto sair, porque ele atrasou sua parte no cronograma nos últimos três projetos". Essa forma de dizer é mais factual, dando ao interlocutor a oportunidade de explicar que o Joaquim teve um problema pessoal que já foi superado ou que os cronogramas eram irrealistas. Se há referências ao próprio interlocutor, então, nem se fala: o alvo se arma como um porco espinho.

A visão que temos das pessoas sofre grande influência dos nossos preconceitos, dogmas, motivações e frustrações. Muitas vezes, já nos primeiros minutos estabelecemos uma falsa impressão sobre alguém, da qual levamos muito tempo para nos livrar. Às vezes, esses preconceitos são permanentes. Desse modo, é sempre muito difícil separar o fato da generalização inconsequente. Essa consciência nos ajuda a tomar um pouco mais de cuidado na formação de juízo sobre as pessoas.

Depois que enquadramos uma pessoa em determinados rótulos, tendemos a encaixar tudo que acontece de modo a acomodá-las a esses mesmos rótulos. Com essa atitude, deturpamos a nossa interpretação dos fatos e nossas conclusões deixam de ser confiáveis.

Autenticidade e humildade

Outro ponto relevante é que, quanto mais naturais e interiorizadas sejam nossas palavras, mais a comunicação fluirá de forma fácil e adequada, sendo menos cansativo do que fingir ou representar. Visto de outra maneira, isso só é possível para quem está com a mente razoavelmente limpa e tranquila, pois caso esteja cultivando sentimentos como ressentimento, raiva e mágoa, a sinceridade pode ser extremamente perigosa. Nesse caso, precisamos literalmente procurar ajuda, para fechar a fábrica de "vítimas e culpados" que se instalou em nossa mente.

Uma forma de baixar a guarda do interlocutor e aumentar a empatia é "abrir o nosso coração", mostrando também nossas fraquezas, mas não aquelas que acreditamos que os outros tenham. Para muitas pessoas, este processo é "doloroso", porque estamos acostumados a nos resguardar, mas, com um exercício contínuo, isso fica cada vez mais fácil e abrirá caminhos para uma comunicação mais fluida.

É possível observar algo similar em um grupo de gorilas quando os machos não dominantes abaixam a cabeça para o macho dominante. Essa atitude faz com que sejam aceitos no grupo. Exercer a humildade ou mostrar os próprios defeitos são sinais de submissão que levam à aceitação e, muitas vezes, até a uma empatia maior. Por outro lado, mostrar as garras, isto é, criticar explicitamente os outros, resultará em uma reação proporcional, com todos os prejuízos decorrentes desse antagonismo.

Informações sigilosas

Algumas decisões de alto impacto na empresa (como planos de reestruturação interna) exigem sigilo absoluto durante o seu planejamento, porém é muito difícil manter o segredo. O acesso deve ser restrito a um pequeno e confiável grupo de pessoas. Caso não seja tomado esse cuidado, boatos, alguns deles aterradores, começam a se propagar pela empresa.

Quando, finalmente, essas decisões são divulgadas, através de uma comunicação formal e controlada, é possível observar que a omissão e a deturpação dessa comunicação geram um espaço que será preenchido pelo processo informal, sob a forma de boatos e fofocas. Quanto mais firmes as proibições e censuras, mais fortes e descontrolados serão esses boatos.

O único meio de diminuir o zum-zum-zum pelos corredores é ser o mais transparente possível e incentivar ao máximo a comunicação profissional, sem criar barreiras. Isso é mais ou menos como uma mulher debaixo de uma "burca" (véu preto que esconde todo o corpo e o rosto). Imaginamos uma mulher muito feia, mesmo que isso possa ser um absurdo, já que não vemos nada da mulher.

Conduta na comunicação

Além da questão ética, devemos nos preocupar com todos os sinais que a comunicação traz, que podem provocar desconforto, desperdício de tempo e até uma animosidade das partes envolvidas, eventualmente gerando problemas.

De uma forma geral, devemos evitar os seguintes comportamentos na comunicação profissional:

- Gritos, insultos ou impropérios são atitudes desrespeitosas, que denotam agressividade ou raiva, assim como piadas ou brincadeiras que impliquem em discriminação ou não aceitação da diversidade.
- Caretas, sinais de desconforto ou conversas paralelas, já que são sinais de descaso ao que está sendo dito.
- Julgamentos ou opiniões levianas, pois não acrescentam nada que não seja ruído e, eventualmente, conflitos à conversa. Opiniões fazem parte de uma conversa,

mas devem estar embasadas em fatos que as justifiquem e que sejam relevantes ao assunto em questão. Evidentemente, se a comunicação for exploratória ou haja desenvolvimento de uma ideia (*brainstorm*), é comum se emitirem opiniões sem embasamento e isso faz parte do que se espera, desde que não envolva crítica a pessoas.
- Desviar do assunto que está em pauta, antes que seja finalizado, constitui-se um desrespeito flagrante à importância do assunto levantado pelo interlocutor.
- Por impaciência, manifestar-se e atropelar o que está sendo dito, exceto, durante uma reunião, quando o condutor quer retomar o controle.
- Não escutar o que está sendo dito. Em uma reunião, isso pode até gerar o vexame de você não perceber que o outro acabou de pedir sua opinião.
- Manifestações emocionais "forçadas" como choros copiosos ou aplausos efusivos. É lógico que, em certas situações, uma pessoa emotiva extravasa e isso não deve ser visto como uma fraqueza. Por outro lado, há pessoas que usam essas manifestações para manipular os outros e exageram na dose. Se a comunicação tem caráter motivacional, manifestações emocionais podem ajudar a ressaltar o que está sendo dito.
- Brincadeiras exageradas ou recorrentes. Brincadeiras em si são bem-vindas para descontrair, amenizar aquele ar de seriedade forçada de velório. A descontração e a leveza criam um clima favorável a novas ideias, à livre expressão e à criatividade, mas com moderação, para não interferir no andamento e não contribuir para a dispersão. Usar o humor, metáforas ou exagero podem ser boas ferramentas para mostrar, de forma expressiva, ângulos diferentes ou o absurdo de uma determinada abordagem sobre o assunto em questão, só tomando-se o cuidado para não ridicularizar quem emitiu a ideia.
- Alongar-se demais sobre um assunto, em tom discursivo ou didático fora de hora. Quando o interlocutor está mais preocupado em impressionar e mostrar erudição, em vez de contribuir efetivamente para a conversa, acaba entediando o grupo.

Papo improdutivo

Quanto à questão de conversas informais no ambiente de trabalho, é inevitável que isso ocorra em todas as empresas, porque é prazeroso, relaxante e somos todos seres humanos. No entanto, é preciso dosar bem para não prejudicar o andamento da rotina. Sabemos o potencial que isso tem de absorver o tempo das pessoas.

Imagine, durante uma reunião, que o assunto se desvie para generalidades e não saia mais disso. Esse tempo gasto reduz o tempo de todos, inclusive daqueles que não estão mais participando da conversa. Um acaba não conseguindo cumprir um prazo importante, outro acaba matando uma tarefa de qualquer jeito e um terceiro acaba perdendo o balé da filha, pois precisa fazer serão. Às vezes, em função disso, uma conversa ou telefonema se alonga demais. No capítulo referente à gestão de tempo, comentamos algumas formas de abreviá-los.

A comunicação improdutiva é um fato tão recorrente na maioria das empresas que certamente é um dos maiores sorvedouros de tempo e produtividade. Por essa razão, é fundamental que o líder estimule seus subordinados a usarem a comunicação de forma mais eficiente e eficaz. Assim, uma comunicação inapropriada, por parte do subordinado, independente do meio utilizado, é sempre uma oportunidade para o líder avisá-lo e orientá-lo, no intuito de criar uma corrente de contínua evolução no processo de comunicação.

Com muito tato, essa mesma orientação deveria valer na comunicação entre duas pessoas. Caso alguém o "assedie" verbalmente, ou por outro meio, é válido expressar, de algum modo, sua discordância ou esquivar-se. Isso faz parte de uma filosofia de vida de não deixar que as outras pessoas tornem-se donas do seu tempo.

Segurança na comunicação

Vivemos em um mundo no qual golpes baixos são mais frequentes do que imaginamos. Pirataria, espionagem, chantagem etc. fazem parte do cotidiano de muitas pessoas e empresas. Neste contexto, temos de tomar cuidado com tudo que é falado, escrito ou até acessado na internet. Afinal, alguém mal-intencionado pode estar nos monitorando.

Na comunicação verbal, assuntos sigilosos devem ser comunicados pessoalmente e, quando não houver outro jeito, é necessário utilizar um sistema de telefonia pela internet (VOIP), como o Skype, que tenha criptografia. O Skype não é 100% seguro, especialmente quando envolve um telefone em uma das pontas, mas evita que a maior parte dos bisbilhoteiros possa fazer uso indevido daquilo que comunicamos.

Já na comunicação escrita e em arquivos armazenados com assuntos sigilosos, o melhor é utilizar criptografia, através de senhas longas que dificultem a sua descoberta. Isso é muito efetivo quando usado com disciplina, que é o lado mais complicado, pois tendemos a ser displicentes com eventos que julgamos improváveis.

Devemos nos precaver especialmente contra os *keyloggers,* perigosos vírus que descobrem todas as senhas que digitamos e as enviam para estelionatários, que delas farão uso indevido.

Atualmente, é temerário operar um computador sem a proteção de antivírus e programas similares, especialmente em computadores com Windows. A cada dia, surge uma miríade de novos vírus e outros programas mal-intencionados.

Outra situação comum é o *phishing*, que consiste em um site se passar por outro com a finalidade de obter alguma informação valiosa da vítima. Um exemplo comum é alguém receber um e-mail com um link que leve a um site falso de algum banco, no qual a pessoa pretensamente recadastraria sua conta bancária e senha.

Vírus podem ser adquiridos pela navegação em sites não confiáveis, embora não seja a situação mais comum. A forma mais usual de infecção vem do e-mail, especialmente quando há arquivos anexados. Às vezes, pretensas fotos enviadas escondem perigosos programas maliciosos. Mesmo alguém conhecido pode mandar um e-mail com vírus, se essa pessoa tiver sido contaminada por um desses programas, cuja ação pode envolver o envio de e-mails para todos os seus contatos.

Aliás, temos de ter a ciência de que toda a comunicação via e-mail dentro de uma empresa é de sua propriedade e, portanto, pode ser lida e usada por qualquer pessoa com autorização para isso dentro da empresa. Inclusive, dependendo do caso, pode servir como prova para um caso de demissão. Portanto, temos de tomar um cuidado redobrado em tudo que mandamos por e-mail dentro de um ambiente corporativo.

A chamada navegação anônima é usada para navegar na internet sem que ninguém consiga descobrir quais foram os sites visitados. Esse procedimento é muito comum nos países que impõem censura à internet, como a China ou Irã.

Caso se lide com assuntos sigilosos, é conveniente limpar periodicamente o computador de quaisquer resquícios das atividades realizadas. Não basta simplesmente apagar um arquivo, esta atitude não representa nenhum tipo de proteção, porque existem softwares que facilmente recuperam arquivos apagados.

Para todos os casos citados, existem diversos serviços ou softwares que podem ser baixados (fazer download) pela internet, muitos deles gratuitamente, bastando, para isso, fazer pesquisas no Google usando expressões como "voip", "criptografia", "navegação anônima" e "limpeza de arquivos".

Formas de comunicação

Comunicação pessoal

A comunicação pessoal, face a face, é rica, por ser a mais interativa e transparente. As pessoas ficam mais à vontade e as ideias fluem melhor. Neste tipo de comunicação, é possível evitar diversos mal-entendidos, pois uma palavra dita ao telefone ou escrita em um e-mail, sem que se visualize a expressão do interlocutor, pode ter uma interpretação completamente diferente da desejada. No entanto, em uma empresa, é necessário organizar isso, porque senão ninguém consegue mais trabalhar.

Para a empresa, a comunicação pessoal é mais produtiva quando programada porque, dessa forma, não há interrupção na execução de tarefas que exigem concentração, já que sempre existe um tempo para "esquentar", na retomada de uma tarefa interrompida.

Política de portas abertas

No entanto, isso depende muito da personalidade de cada um e do estilo de trabalho. Teoricamente, o líder não executa muitas tarefas que demandem alta concentração, assim é comum ele adotar a política de portas abertas, de forma que os subordinados diretos tenham acesso a ele quando quiserem. Evidentemente, não é bom abusar e é preciso algum nível de consciência para não impor sua presença ao seu superior, como se fosse um *pit-stop* obrigatório.

Dependendo do porte da empresa e da posição do líder, é inevitável que qualquer pessoa que o procure seja submetida a uma triagem e uma consulta prévia. Caso a pessoa não tenha uma reunião agendada, conseguirá falar com o líder dependendo da hierarquia de quem o procurou, importância e urgência do assunto e do tipo de atividade que o líder esteja exercendo no momento.

Em relação ao líder, deve-se tentar concentrar mais a comunicação durante a reunião de acompanhamento, assim o melhor é evitar abordá-lo sobre assuntos triviais que não tenham urgência ou assuntos polêmicos não urgentes, que demandarão tempo para resolver sem um prévio agendamento.

O líder que adota a política de portas abertas deve sempre orientar um subordinado que abuse desse canal com comunicações indevidas, pois ele precisa aprender, além de respeitar o seu próprio tempo, a respeitar o tempo do líder.

Em relação aos pares, é usual as pessoas conversarem umas com as outras, pedindo esclarecimentos, tirando dúvidas, fazendo pequenas solicitações etc., e isso, se por um lado tira a concentração de quem é interrompido, de outro desburocratiza e agiliza o trabalho. Evidentemente, é conveniente que essas interrupções sejam, em geral, motivadas por uma necessidade profissional. Caso se trate de uma questão simples e direta, que não seja urgente, é mais produtivo resolvê-la por e-mail.

Tudo, é claro, sempre depende da natureza do trabalho que está sendo realizado. Algumas pessoas, quando estão muito concentradas, chegam a usar uma sinalização temporária do tipo "Não Perturbe" para evitar o acesso intempestivo.

Conversa pessoal com subordinados

A comunicação pessoal do líder com o subordinado se faz necessária nos seguintes casos:

- Qualquer situação que envolve polêmica e que seria improdutivo resolver por outras formas de comunicação, incluindo decisões, críticas ou esclarecimento de dúvidas. No caso de um crítica coletiva, mesmo sem polêmica, a comunicação pessoal se constitui no melhor formato, pela questão da responsabilização coletiva;
- Elogios, reconhecimento ou ação motivacional, quando a emoção da comunicação é imprescindível e a comunicação pessoal é a única forma efetiva;
- Urgência. Aqui nos referimos à urgência verdadeira, não àquela fabricada pelos apressados, isto é, em situações em que a falta de comunicação imediata pode gerar prejuízos palpáveis para a empresa;
- Em assuntos sigilosos.

Videoconferência

Uma forma de comunicação que se torna cada vez mais viável com a disseminação e barateamento da banda larga é a videoconferência, que pode ser um substituto da comunicação face a face.

A videoconferência permite que as pessoas vejam os gestos e expressões das outras e é uma solução, dependendo da distância dos envolvidos, muito mais econômica e produtiva, pois evita deslocamentos, aeroportos, hotéis, *check-ins* etc.

Um ponto que causa certo desconforto é que parece que os interlocutores estão evitando se olhar, mas mesmo isso pode ser resolvido com alta tecnologia. O outro problema comumente citado é cultural, porque algumas pessoas ficam um pouco intimidadas ao serem filmadas, mas nada a que não se acostume.

Uma solução que a Cisco desenvolveu é impressionante. Uma ou duas pessoas se sentam em uma mesa de reunião oval, acompanhadas de telas LCDs por toda a volta da mesa. Nessas telas de alta resolução aparecem outras pessoas em tamanho natural, falando normalmente (essas, por sua vez, podem estar em vários lugares do mundo, cada uma em mesas de reunião com o mesmo layout). Existe um vídeo demonstrativo que pode ser visto no *Youtube*.

Existem soluções gratuitas na internet disponibilizando essa tecnologia de uma forma mais simples, como, por exemplo, o site www.videoconference.com.

A videoconferência pode substituir uma reunião formal, uma conversa pessoal e até um telefonema.

Comunicação é a chave

Sala de conferência Cisco Telepresença 3000.

Telefone

O telefone representou para a Administração, há algumas décadas, o que o e-mail representa hoje. Trata-se de uma forma poderosa, mas desorganizada, de comunicação, que interrompe as pessoas nos momentos mais inoportunos.

De certo modo, o telefone ficou no meio do caminho entre a conversa pessoal e o e-mail e termina sendo usado de forma exagerada e inapropriada.

A principal utilidade do telefone se dá quando as partes não estão no mesmo local, evitando-se os deslocamentos inúteis, além de se permitir um grau de interação de que o e-mail não dispõe. Ele é largamente utilizado em viagens para contatar fornecedores, clientes, outras filiais etc.

Para profissionais muito ocupados, é produtivo programar alguns telefonemas como se fossem reuniões à distância, com horário marcado. Isso evita a interrupção de tarefas que exijam concentração ou de reuniões importantes.

Telefonemas e reuniões não combinam e, sempre que possível, os telefones deveriam ser colocados em modo silencioso ou deixados com alguma pessoa do lado de fora. Caso não seja possível, deve-se pelo menos programar o recebimento de ligações para aceitar só os números essenciais.

Alguns líderes fornecem seu telefone direto para poucas pessoas. Nesse caso, quem quiser telefonar terá de passar pela triagem de uma pessoa, que decidirá, às vezes consultando o alvo, se ele vai atender ou não. A razão para isso não deveria ser fazer-se inacessível, mas sim tornar seu dia mais produtivo, uma vez que quem liga não sabe se a outra parte está ou não em uma reunião ou em um trabalho que exija concentração. Não há nada pior que um telefone tocando na hora errada!

Para uso profissional, entre duas pessoas que trabalham no mesmo lugar, o telefone deveria ser usado principalmente para questões que não podem aguardar a resposta de um e-mail, por estar interferindo no andamento do trabalho ou pelas possíveis implicações que a questão suscita. Outro motivo para se telefonar se dá quando a questão é polêmica, pois o e-mail não é apropriado para tratar disso. Finalmente, o telefone serve para abreviar algo suficientemente importante de modo a não valer a pena aguardar a próxima reunião que envolva aquelas duas pessoas.

A explosão da telefonia celular está invadindo a vida privada de muitos profissionais. Ter a possibilidade de contatar uma pessoa 24x7 é muito bom, porque podem surgir situações em que isso faz toda a diferença. O problema é que os carimbos **urgente** e **importante** estão ficando banalizados. Toda e qualquer trivialidade corre o risco de ser rotulada dessa forma. O chefe usa o telefone celular do subordinado como instrumento de um verdadeiro assédio "temporal".

Uma empresa deveria refletir de forma séria sobre essas questões, porque a boa qualidade de vida dos seus profissionais é um grande incentivador da boa produtividade. Quando alguém está descansando ou viajando em férias, é preciso que qualquer contato se dê em caso de estrita necessidade e não por razões irrelevantes. A empresa e cada um dos seus profissionais precisam ter a noção de que aquilo que for feito poderá também ser feito por outro profissional, pelo menos temporariamente, senão o funcionário que o faz nunca vai poder tirar férias e relaxar.

Comunicação escrita

Redigir bem é uma qualidade que poucos dominam no mundo corporativo, sendo de grande utilidade não apenas para redigir e-mails, mas por representar de longe a melhor forma de encadear ideias sobre qualquer assunto.

Já a comunicação verbal é fugaz. Mesmo que se grave o áudio, não é tão confortável quanto um texto escrito. Além disso, a comunicação verbal é muito menos elaborada. Fazer uma redação é um processo que ensina até mesmo quem está escrevendo, porque o esforço de articular uma ideia de forma ordenada traz sacadas que não surgiriam de outra forma. Um texto bem escrito é a melhor ferramenta em qualquer treinamento, processo, projeto ou atividade. E é a única coisa perene que poderá ser usada como um meio efetivo de transmissão de conhecimento.

Por essa razão, é muito conveniente esforçar-se para dominar melhor essa arte.

Aqui, obviamente, não estamos nos referindo a um texto literário, que não deve e nem pode seguir nenhuma regra.

Como fazer um bom texto técnico

As qualidades de um texto técnico podem ser sintetizadas abaixo:

- Claro – O significado de cada parte não deve ter ambiguidade. Um exemplo clássico é "o julgamento do juiz foi dramático". O leitor não fica sabendo se o juiz julgou ou está sendo julgado. Quem escreveu sabe, é claro. Isto é, o redator precisa estar muito consciente de que os outros precisam entender um texto apenas pelo que ele diz.
- Simples – Sem rebuscamentos desnecessários, para comunicar melhor. Palavras difíceis, excesso de termos estrangeiros, frases pernósticas só fazem um texto ficar mais chato. O objetivo de um texto é comunicar ideias ou mostrar que o autor é culto? Uma vez, um dos autores ouviu em uma reunião de pais de alunos: "Eu, enquanto mãe e educadora, devo dizer que, a nível de conteúdo...", ao invés de dizer simplesmente: "Eu acho o conteúdo...".
- Centrado – O texto deve servir aos seus objetivos. Começar a discorrer sobre temas secundários só irá aumentar o texto, o tempo para redigi-lo e, ainda, dispersar a mensagem principal.
- Concatenado – O texto precisa ter uma encadeamento lógico intuitivo. Esse atributo é um dos mais difíceis de seguir. Um bom texto escorre pelos olhos, como se fosse uma peça única, sem rupturas.
- Não repetitivo – Cada coisa deve ser dita apenas uma vez. Ou seja, não se repita, não se repita, não se repita. Viu como incomoda? Repetição pode ser um recurso didático, desde que se fale a mesma coisa, mas com diferentes abordagens.
- Motivador – O texto deveria estimular o interesse do leitor pelo assunto, trazendo curiosidades, um pouco de humor, alguma comparação inusitada ou alguma exortação. Isso talvez envolva algum nível de redundância, que pode ser salutar.
- Prático – O texto deve exemplificar conceitos teóricos; às vezes, antes mesmo de introduzi-los. Um texto que, para ficar curto, não exemplifica os conceitos apresentados, tende a ficar árido.
- Sucinto – Não se estender além do necessário. Na prática, é consequência das outras qualidades (simples, centrado e não repetitivo).
- Gramaticalmente correto.

Para se criar um bom texto, há algumas técnicas interessantes. Isso obviamente depende do nível de exigência que se tem do texto. Para melhorar sua redação, a prática é importante. Assim, escreva no dia a dia seus e-mails e pequenos textos praticando as técnicas a seguir. O hábito da leitura ajuda a escrever melhor. Com o tempo, se gasta

quase o mesmo tempo escrevendo bem do que escrevendo de qualquer jeito. As técnicas mencionadas são:
- Se for um texto maior, roteirize antes de escrever. Divida o assunto em tópicos, subtópicos, enumere alguns conceitos antes de detalhá-los.
- Escreva uma ideia e depois a formule. Isso ajuda a exprimir conceitos mais complexos. A primeira redação expressa uma ideia meio de qualquer jeito; depois, na releitura, vai-se elaborando de uma forma mais clara e estruturada.
- Ao criar um texto, evite interromper um encadeamento de ideias e retomar mais tarde, porque há perda de qualidade nas retomadas. (No entanto, ler um texto algum tempo depois pode trazer novas visões, porque você pode estar em outro estado de espírito.)
- Use e abuse do recurso que os editores de texto têm de editar em qualquer ponto do texto. Ou seja, é possível trocar parágrafos de posição, inserir parágrafos entre parágrafos ou apagar parágrafos redundantes. Isso ajuda a aumentar progressivamente a fluidez do texto, ao fazer as ideias se alinharem melhor.
- Evite frases e parágrafos longos. Pontos e parágrafos funcionam como uma pausa para respiração.
- Trabalhe as pausas de leitura com vírgula, mesmo que não seja obrigatória. Da mesma maneira, a vírgula é uma pequena pausa, que torna o texto mais agradável e mais fácil de ler.
Uma curiosidade: na Idade Média, não havia pontuação na maioria das línguas. Os leitores, para entender o que liam, tinham de ler em voz alta.
- Não escreva utilizando um termo de significado não óbvio que não tenha sido previamente definido.

Se o contexto permite, pode-se dispor o texto em tópicos e até subtópicos, com títulos curtos e claros. Isso permite ao leitor dar uma pausa maior, ter uma ideia da estrutura do texto pelos títulos e selecionar tópicos para leitura, se o tempo for curto.

Um sumário ou um *lead* (termo jornalístico que denomina um texto curto que resume o conteúdo de um texto, comumente grafado "lide" no Brasil) ajudam a preparar o leitor para o que ele lerá a seguir.

Caso seja um texto técnico, há algumas dicas adicionais:
- Use um manual de redação para dirimir quaisquer dúvidas. Um dos melhores é o *Manual de redação e estilo,* do jornal O Estado de São Paulo, por Eduardo Martins. Ainda que a internet não seja em si uma fonte das mais confiáveis, o Google também pode ser usado como atalho para esclarecer rapidamente dúvidas de grafia. Se você pesquisa um pedaço de texto no Google entre aspas e

a quantidade de resultados é muito pequena, significa que a forma que você o digitou não é usual. O uso de um bom dicionário on-line aumenta a agilidade, mas o ideal é usar alguma versão comercial que inclua questões gramaticais, expressões idiomáticas, locuções etc.
- Leia o parágrafo quando estiver pronto e reforme-o. Você sempre encontrará algo para melhorar. Claro que sem perfeccionismo, já que você tem um tempo limitado para escrever.
- Leia de forma completa o que se escreveu uma ou mais vezes, como se tivesse sido escrito por outra pessoa. Lembre-se de que a outra pessoa não está inteirada do assunto como você.
- Quando possível, a leitura crítica de outra(s) pessoa(s) proporciona uma visão externa que é muito útil.
- Use um tesauro (dicionário de ideias afins) ou dicionário de sinônimos para evitar repetições.
- Não abuse de clichês, mas não precisa também cair no extremo, que já virou clichê, de evitá-los completamente. Por exemplo, "use e abuse" é um clichê muito expressivo, assim não é um crime usá-lo parcimoniosamente em um texto. Embora, talvez, você perca a chance de ganhar um prêmio literário.

Qualquer texto mais longo se beneficia quando se sintetizam os principais pontos que serão abordados em um resumo executivo. Na Toyota, essa síntese forma o chamado relatório A3 (29,7 x 42 cm): coloca-se o essencial em apenas uma folha de papel, para as pessoas se debruçarem diante de um processo de tomada de decisão. Essa metáfora pode acontecer, é claro, diante de um computador ou projetor.

E-mail

O e-mail tornou-se um dos calvários na vida moderna de um profissional. É comum uma pessoa gastar mais de duas horas por dia para lidar com seus e-mails. Mas é quase um sacrilégio criticar os e-mails. Pedras serão atiradas, porque e-mail é modernidade e modernidade é chique. Essa discussão também se aplica ao SMS (mensagens curtas enviadas por celular), só que, nesse caso, as mensagens já são por natureza mais curtas.

A Administração levou dezenas de anos para criar uma barreira ao acesso indiscriminado a altos executivos de grandes corporações. Quando o e-mail se disseminou, muitos executivos se viram diante do retorno de um problema antigo. Passaram a ter que lidar com centenas ou milhares de mensagens das mais variadas fontes, a maior parte das quais absolutamente dispensável.

Além disso, o tratamento dos e-mails recebidos é feito de uma forma muito desestruturada, porque e-mails nada mais são do que linhas de texto não formatadas. Vincular o conteúdo dos e-mails a tarefas e prazos é uma tarefa totalmente manual.

O ideal é que uma empresa disponha de painéis de bordo, portais de informação ou similares, para que a maioria das mensagens circula dentro de um contexto estruturado. Falaremos mais dessa abordagem no capítulo de Tecnologia.

Uma empresa deveria trabalhar com base em normas e treinamentos no sentido de reduzir significativamente o número de e-mails. Vale a pena, durante os treinamentos de integração de novos funcionários, ensiná-los a usar apropriadamente os meios de comunicação, especialmente o e-mail.

Independente da atitude da empresa, a grande meta de todo profissional em relação aos e-mails deveria ser promover uma significativa redução na quantidade de e-mails enviados e recebidos. Apenas isso causaria uma revolução em termos de produtividade.

Princípios básicos do e-mail

Alguns princípios são básicos:
- Um e-mail precisa ser objetivo e com o menor número de linhas possível. Ler 30 linhas não é trabalhoso, mas ler 30 linhas 200 ou 300 vezes é mortal. Usar e-mail como plataforma de defesa de ideias é o caminho para longos e-mails serem escritos. Quanto mais se escreve, menos a pessoa ocupada do outro lado capta. O crescente número de emails tende a tornar cada vez mais superficial a absorção do seu conteúdo para quem os lê.
- A brevidade não deve incorrer em prejuízo da clareza. E-mails podem facilmente ser mal interpretadas e gerar confusão. Assim, qualquer ambiguidade ou imprecisão são indesejadas. Já omissões só são aceitáveis se o e-mail pede para se entrar em contato. Um e-mail deve conter um assunto (título) apropriado e não muito genérico e, se for um pouco mais longo, inicia-se com a ideia principal e, em alguns casos, é conveniente dividir o texto em tópicos.
- A "net-etiqueta" recomenda que se responda a todos os e-mails recebidos o mais breve possível, caso a outra parte aguarde uma resposta. Isso não significa, claro, que você precisa varar madrugadas e finais de semana. Algo realmente urgente deve ser comunicado via celular e não e-mail. Uma consequência inversa da facilidade de comunicação que os e-mails trouxeram é que muitas pessoas esqueceram-se do princípio básico dos bons modos, que diz para você responder a alguém que lhe dirige a palavra. Sob o pretexto de estarem sobrecarregados por uma enxurrada de e-mails, muitos terminam por ignorar

completamente muitos deles, deixando a outra parte no vácuo. Claro que, se uma pessoa tem o costume de mandar e-mails indesejados, converse com ela, negocie e as coisas melhorarão sem necessidade de ser mal-educado.

- Responda apenas os e-mails que aguardam uma resposta. Não responda mensagens que expressem um comunicado ou mera informação, quando há múltiplos destinatários. Por exemplo, se você trabalha em uma empresa de contabilidade e alguém manda uma notícia impessoal intitulada *"Área de serviços contábeis cresce 5% esse trimestre sobre o ano passado"*, resista à tentação de responder com algo do tipo *"Temos que aproveitar essa oportunidade"*. Caso seja o o único destinatário, responda algo como *"Ok"*. Se alguém enviar *clippings* constantemente, você pode combinar com a outra parte que ou não quer mais recebê-los ou que vai apenas tomar ciência, sem responder explicitamente.

- Envie um e-mail estritamente para as pessoas que precisam receber a mensagem. Assim, evite a tentação de colocar pessoas como destinatários, meramente para que essas satisfaçam sua curiosidade. Análogo ao que dissemos anteriormente, uma vez é curiosidade, 200 ou 300 vezes é insanidade. Em suma, a opção "responder a todos" tem que ser usada com extrema cautela. Se envolver 180 pessoas, você pode estar em segundos jogando três horas da empresa no lixo (se cada pessoa demorar um minuto em média para processar cada e-mail).

- Qualquer e-mail que gerar polêmica (pergunta, decisão ou opinião) deve ser evitado. Porque é totalmente improdutivo debater por e-mail. Se a comunicação face a face já tem seus problemas, imagine respostas, réplicas e tréplicas em um e-mail. Parece tão manco quanto um debate eleitoral cheio de regras. A única exceção se dá quando o remetente da questão polêmica já a envia como uma questão a ser desenvolvida pelo receptor, para depois ser debatida pessoalmente.

- Da mesma forma, se você recebe um e-mail cobrando alguma decisão, resposta ou opinião sobre um assunto polêmico, entre em contato com a outra parte ou responda que prefere falar pessoalmente ou por telefone.

- Não se deve enviar e-mail com justificativas de tarefas não cumpridas ou de problemas ocorridos, exceto se for solicitado pela outra parte e, mesmo assim, de forma objetiva, responsável e imparcial, justamente a uma proposta de solução. Benjamin Franklin dizia que "aquele que é bom para elaborar desculpas raramente é bom em qualquer outra coisa". Afinal, uma empresa precisa de soluções, não de desculpas. Deve-se tentar resolver os problemas à medida que eles aparecem, procurando as partes envolvidas, pedindo ajuda, negociando e envolvendo, assim, se a solução ainda não existe, ela já está pelo menos delineada.

- Acusações pessoais ou coletivas jamais deveriam ser passadas por e-mail. Se a acusação, analisando-se de forma imparcial, estiver embasada em fatos e for relevante para a empresa, é mais indicado, por segurança, apresentá-la pessoalmente. Se, nesse caso, for preciso usar e-mail, é prudente o uso de algum sistema de criptografia, e mesmo assim somente para quem pode solucionar o assunto.
- Obviamente, não se deveria usar e-mail para enviar agradecimentos, felicitações, piadas, histórias edificantes e correntes. Esse tipo de e-mail é como erva-daninha, começa uma ali e outra acolá, daqui a pouco vira uma praga. O que de início pode parecer um refresco ocasional para o seu dia atribulado, vira um suplício que se apaga sem ler e toma seu tempo. Agradecimentos são válidos em comunicação ocasional e, em geral, entre pessoas de diferentes empresas.
- Não se deve usar e-mail para comunicar questões urgentes, pois não se pode supor, *a priori*, quando o receptor lerá o e-mail. Para isso, existe o celular ou o telefone fixo.
- Deve-se tomar muito cuidado ao se passar uma tarefa por e-mail e acreditar que o problema está resolvido. Essa prática está ficando assustadoramente comum. Muito tempo depois, o remetente poderá dizer algo do tipo: "Mas eu passei isso por e-mail!". Mil coisas podem ter acontecido:
  » Houve um problema e o e-mail não chegou ao destino
  » O interlocutor não chegou a ler o e-mail
  » Recebeu, leu e esqueceu
  » Recebeu, leu e ignorou
  » Recebeu, leu, mas não entendeu direito e deixou para lá
- Há quem use o e-mail para documentar uma comunicação e depois, em caso de necessidade, exibi-lo para comprovar um fato. Infelizmente, isso não é uma forma confiável de se provar qualquer coisa, porque qualquer pessoa pode alterar o e-mail *a posteriori*. O interessante é que algumas pessoas, por desconhecimento, aceitam um e-mail como prova e, pior do que isso, aceitam até um e-mail impresso, que nem e-mail precisa ser.
- Passar uma tarefa para mais de uma pessoa, sem especificar sua responsabilidade de forma explícita, é bom quando se deseja que a tarefa não seja realizada. Isso se chama Dissolução de Responsabilidade em psicologia social, pela qual se mostra que a responsabilidade de muitos é a responsabilidade de ninguém.

Uso profissional do e-mail

O e-mail profissional deveria ser usado para as seguintes finalidades:

- Envio de uma pergunta, decisão ou opinião, quando não envolver polêmica.
- Responder um e-mail através de resposta a uma questão, confirmação, considerações, decisões ou opiniões, quando a outra parte espera um retorno. Se o retorno é sobre algo que envolve polêmica, deve-se entrar em contato direto ou responder que fará isso. Em suma, é melhor resistir à vontade de polemizar por e-mail.
- Envio do resultado de uma tarefa, que será usado pela outra parte, podendo conter documentos, planilhas e apresentações anexas.
- Envio de uma tarefa simples, sem ambiguidades, para um subordinado, embora o meio ideal seja passá-la pessoalmente para contextualizar entre outras tarefas e não dar margem a dúvidas. Como dissemos anteriormente, o envio de uma tarefa não é, de modo nenhum, garantia de execução.
- Envio de comunicados motivacionais particulares ou coletivos, sabendo que a dose de emoção nestes comunicados é limitada.
- Repassar um problema para o superior imediato ou para outras áreas com o objetivo de solicitar providências necessárias, quando não se tem autonomia para a solução do problema.

Como diminuir a quantidade de e-mails

Nunca é tarde para enfatizar que o grande responsável pelo enorme número de e-mails que você recebe é você mesmo! Porque está em suas mãos tomar a iniciativa de reduzir drasticamente o número de e-mails na sua caixa de entrada. Cada e-mail inapropriado recebido, que não seja um *spam*, pode gerar duas atitudes, dependendo do relacionamento com o remetente: ou procure-o pessoalmente e explique seu ponto (Exemplo: "Estou recebendo 500 e-mails por dia, já estou enlouquecendo e prefiro que pare de me enviar piadas.") ou responda pelo próprio e-mail (Exemplo: "Sobre questões polêmicas como essa, prefiro falar pessoalmente. Te ligo").

Se a sua caixa hoje está com centenas de e-mails não respondidos, pode-se adotar a atitude temporária de dar uma resposta automática para e-mails muito antigos, estilo "envie de novo, se ainda for relevante" e, além disso, pode-se ignorar e-mails dos quais você não seja o único destinatário.

Uma abordagem sobre e-mails não ficaria completa sem abordarmos o *spam*, que é a praga dentro da praga. O termo *spam*, marca de uma carne suína enlatada, virou sinônimo de incômodo provavelmente a partir de um programa de humor da TV inglesa da década de 1970, no qual garçons ofereciam repetidamente spam como comida para um casal, enquanto vikings repetiam "spam" em série na mesa ao lado.[1]

Há três abordagens para atacar o problema:
- Em uma empresa, a área de sistemas pode implantar poderosos pacotes ou filtros de *spam* nos servidores, o que minimiza muito o problema.
- Para uso particular, alguns provedores de e-mail disponibilizam soluções anti-*spam*. A solução mais extrema, adotada pela UOL, é só permitir o envio de e-mails para uma lista de remetentes autorizados. Antes de ser autorizado, é pedido para o remetente confirmar o envio, de uma forma que um robô que envia *spams* não consegue fazer. Assim que esse remetente passa a fazer parte da lista dos e-mails autorizados, não precisa mais confirmar o envio.
- Finalmente, a maioria dos programas de correio eletrônico tem recursos para bloquear remetentes indesejáveis ou criar regras baseadas na ocorrência de determinadas palavras. O problema é que os responsáveis pelos *spams* são muito criativos e sempre estão mudando de remetente e até as palavras que usam.

Reunião

Reunião é outra armadilha na qual muitas empresas se enredam. Pelo menos, diferente dos e-mails, é um flagelo antigo. O problema não é apenas a quantidade de reuniões, mas também a forma como são realizadas.

As reuniões, de tão polêmicas, já geraram livros como *Eu odeio reuniões* ou sugestões extremadas de como as reuniões devem ser realizadas. Há quem preconize, por exemplo, que todos devem ficar de pé, por ser desconfortável e, portanto, fazer com que a reunião dure menos.

O primeiro drama é a síndrome de que qualquer problema em uma empresa deve ser resolvido com uma reunião. O segundo drama é que a reunião acaba sendo um evento durante o qual as pessoas aproveitam para relaxar e comer biscoitos.

Vale reler, no capítulo de gestão de tempo, algumas dicas que abordamos sobre reuniões.

Para resumir rapidamente, é importante considerar outras opções antes de se convocar uma reunião. Caso seja a única alternativa, então que seja objetiva, envolva as pessoas necessárias e suficientes, tenha horário estipulado de início e fim, evitem-se interrupções e haja um condutor, preparação prévia, pauta, resultados esperados e ata organizada.

---

[1] A história completa pode ser conferida no site do *New York Times:* http://www.nytimes.com/2003/06/01/weekinreview/ideas-trends-spamology.html. Acessado em 20 nov 2010.

Formas alternativas à reunião incluem teleconferência ou videoconferência marcadas e até *chats* programados, embora estes costumem ser menos produtivos, porque falar é mais rápido que digitar. *Chats* são de graça, mas teleconferência usando *voice-to--IP* também pode ser de graça (usando o Skype, por exemplo).

Se durante uma reunião forem abordados assuntos complexos, que precisam de uma reflexão anterior dos seus participantes, é interessante enviar a pauta com antecedência e, de preferência, anexar todos os documentos relevantes relacionados aos assuntos a serem tratados.

Duração de uma reunião

Em relação ao horário, não há um limite máximo. Em geral, na primeira hora a reunião rende muito bem, já depois de duas horas começa a ficar desgastante. Mas isso depende um pouco das pessoas envolvidas e da cultura organizacional da empresa.

Como o tempo é um artigo precioso e isso se multiplica quando envolve várias pessoas, não se deve ter fixação por números redondos, como uma hora ou mesmo meia hora, como tempo mínimo de reunião. Muitas vezes, o problema exige uma reunião, mas sua solução pode levar poucos minutos, o que é ótimo, porque libera os envolvidos para as suas atividades. Sempre é bom ter em mente que, quanto menos participantes houver, menos tempo levará a reunião.

Uma forma de organizar a reunião para evitar que ela dure um tempo indeterminado é ter um formato fixo, com cada assunto da pauta sendo apresentado em seu momento com tempo determinado para a discussão e decisão. Em seguida, a reunião prossegue para o próximo assunto. Essa prática, com o tempo, tende a aumentar a previsibilidade da duração de cada tipo de discussão, o que torna mais acurado o planejamento das próximas reuniões.

Participantes de uma reunião

Reuniões superlotadas impedem que a maioria se manifeste, podendo gerar frustrações. Essas reuniões também tendem a se tornar palco de discursos e discórdias, porque fica mais difícil controlar um grande número de pessoas.

Idealmente, se a reunião não for de cunho motivacional, para permitir que todos tenham uma possibilidade de se manifestar, o número de participantes deveria ser limitado a um máximo em torno de seis a oito pessoas, com raras exceções. Por exemplo, uma reunião de uma hora com 12 pessoas perfaz uma média de cinco minutos por pessoa, com o natural desequilíbrio, algumas pessoas falarão em torno de um ou dois minutos e, ficando 58 ou 59 minutos apenas ouvindo, o que, convenhamos, é um pouco demais.

Vale a pena ressaltar o que entendemos por pessoas necessárias e suficientes.

Suficientes: significa que não se deve convocar pessoas que não tenham nenhuma contribuição efetiva nos resultados esperados e, individualmente, uma pessoa deve procurar não comparecer a reuniões nas quais não identifique a finalidade de sua presença, em relação à contribuição para os resultados esperados. Neste caso, deve-se negociar com quem convocou a reunião, explicando-se os motivos para não comparecer.

Necessárias: da mesma forma, uma reunião da qual uma pessoa fundamental está ausente pode ficar muito prejudicada, porque as decisões podem vir a ser revistas à luz do que a pessoa faltante ponderar. O problema adicional é que, como essa revisão se dá sem interação, a decisão final pode não ficar muito consistente. O ideal, portanto, é garantir que todas as pessoas essenciais estejam reunidas.

Condutor de uma reunião

O ideal é que toda reunião com mais de duas pessoas tenha um condutor. Se as pessoas estiverem suficientemente conscientizadas, talvez não seja necessário, especialmente se não for uma reunião com muitas pessoas.

Nasa – comunicação falha – desastres fatais

Em 28 de janeiro de 1986, o ônibus espacial Challenger explodiu 73 segundos após a decolagem, com intensa cobertura da televisão mundial, já que, nesta época, este tipo de viagem ainda era uma sensação. Todos os sete membros da tripulação morreram. Isso causou uma enorme comoção, já que era muito raro se presenciar um desastre dessa natureza ao vivo.

O ambiente da NASA era altamente competitivo, constituído de cientistas e técnicos de alto gabarito. Cada um com suas convicções, mas sob uma pressão muito grande, movida também por interesses políticos e por prazos exíguos.

Há um fenômeno comum em grupo que é genericamente conhecido como pensamento de grupo (*groupthink*), no qual os grupos buscam o consenso e tentam minimizar o conflito, não dando muito espaço para ideias alternativas, que são encaradas, muitas vezes, como sabotagem ao consenso. Trata-se do velho medo de isolamento.

Um grupo altamente gabaritado, mas sentindo-se pressionado, pode ser facilmente vítima do pensamento de grupo. A comunicação deixa de ser fluida, a franqueza é substituída pela conversa de compromisso, na qual um técnico tem medo de expor sua opinião, pois pode ser interpretado como sendo do contra e, portanto, um sabotador dos prazos acordados.

Por outro lado, aqueles que continuam expondo suas opiniões são isolados e suas opiniões são desprezadas, pois, afinal, "não têm o espírito de equipe" e prejudicarão as metas.

O condutor é o indivíduo que não deixa a reunião perder o rumo. Procura seguir a pauta previamente estabelecida, freia discursos e argumentações intermináveis, evita assuntos fora de pauta (exceto quando são urgentes ou estejam dentro do tópico de assuntos gerais), coíbe atitudes desrespeitosas e que denotam descaso, corta discussões improdutivas e, principalmente, foca a reunião no atingimento dos resultados esperados. O condutor precisa ter autoridade e pulso para fazer valer suas prerrogativas. Quanto melhor for a condução, mais pessoas podem estar em uma reunião sem que ela vire um pandemônio.

Pode parecer meio esquisito, mas a prática de levantar a mão para falar e essa pessoa ter precedência sobre a outra que levantou a mão depois pode ser uma ótima forma de democratizar os debates e desestimular as interrupções. No entanto, o condutor poderá tomar a iniciativa de estimular os mais tímidos a emitir opiniões, quando achar relevante. A adoção ou não dessas práticas depende muito da maturidade do grupo.

O condutor precisa estar atento porque, para algumas pessoas, uma reunião é um verdadeiro palco para o seu show de talentos. Há indivíduos oportunistas que usam a reunião como um trampolim para mostrar seu pretenso grande domínio sobre um determinado assunto. Não há nada de errado em saber muito, mas a reunião não deve se transformar em uma aula ou em uma palestra.

No final, a única conversa aceita é aquela que favorece o cumprimento das metas previamente estabelecidas.

Desde 1977, era do conhecimento de alguns engenheiros da NASA que a peça que causou o acidente tinha uma falha de projeto, que poderia ser potencialmente catastrófica, mas nada de concreto foi feito para alterar isso. Também foi desprezada a advertência de vários engenheiros sobre os perigos de se lançar o ônibus espacial em dias muito frios. De fato, a própria comunicação destas advertências era falha, já que nem conseguiram chegar de forma clara aos superiores.

O desastre resultou em uma paralisação de 32 meses no programa do ônibus espacial e desencadeou uma investigação para descobrir suas causas, algumas das quais aqui descritas. A comissão chegou também a um conjunto de nove recomendações a serem implantadas para que o programa dos ônibus espaciais tivesse sequência. No entanto, nem isso evitou que, em 2003, o ônibus espacial Columbia sofresse um desastre, matando todos os seus sete tripulantes.

Afinal, infelizmente não são somente recomendações que mudam a cultura de uma organização como a NASA, é necessário todo um processo de reeducação individual e coletiva, em que devem ser valorizadas a cooperação e a comunicação franca em detrimento do individualismo, e em que a meta maior não seja necessariamente o cumprimento de prazos, mas sim a qualidade final do que é entregue, incluindo, no caso, a integridade dos seus astronautas.

Imagine sua última reunião e pense quanto tempo ela duraria se a condução da reunião atuasse dentro dessa linha.

Reunião é para obter resultados

A ata (um relato de todas as declarações relevantes, decisões e tarefas associadas a cada item da pauta) pode ser realizada pelo condutor ou por uma pessoa que secretaria a reunião. Algumas empresas têm sistemas integrados que convertem a ata, quando for o caso, em tarefas com as devidas alocações de pessoas.

As reuniões devem ser convocadas com as seguintes finalidades:
- Acompanhamento e/ou avaliação de projetos, processos e metas junto somente às pessoas responsáveis.
- Reunião individual periódica com um subordinado direto.
- Decisões de assuntos polêmicos, com várias áreas envolvidas no processo decisório. A polêmica é bem-vinda, pois a unanimidade normalmente traz decisões pobres, enquanto o atrito de ideias pode gerar decisões inovadoras.
- Motivacional, pois não existe melhor forma de se passar emoção do que pessoalmente e em grupo. Nesse caso, não existe o problema causado em reuniões pelo excesso de envolvidos.

Por outro lado, as reuniões não deveriam ser convocadas nos seguintes casos:
- De mesma forma que falamos em relação ao e-mail, justificativas e desculpas não são motivos para se marcar uma reunião. Durante uma reunião de acompanhamento, se uma tarefa não foi realizada no prazo, pode surgir uma cobrança. Nessa hora, justificativas objetivas e imparciais devem estar sempre acompanhadas de uma proposta concreta de solução.
- Acusações pessoais ou coletivas, exceto se feitas de forma isenta, com base em fatos concretos, referentes a um tema relevante para a empresa. Como a grande maioria das acusações é irrelevante, leviana, apressada e parcial, acaba-se perdendo muito tempo em conversas como essa. Por outro lado, se o fato é sério e tem implicações, não se pode omitir apenas para não causar exposição.
- Para tratar de assuntos que facilmente podem ser resolvidos por e-mail, telefone ou com uma rápida conversa informal entre duas pessoas. Assim, evita-se mais uma sessão regada a biscoito.

Uma reunião não motivacional pode ser considerada bem-sucedida quando se consegue percorrer a pauta gerando-se resultados palpáveis (decisões ou tarefas) para cada item da pauta, ou seja:

- Definições de tarefas individuais ou coletivas objetivando a conclusão de projetos ou o cumprimento de metas definidas. Estas tarefas têm de estar bem claras quanto ao seu conteúdo e aos seus responsáveis.
- Tomada de decisão em relação aos assuntos abordados. Estas decisões devem posteriormente ser publicadas através de e-mails e/ou de mudança nos processos corporativos.

Quando um item da pauta gera muitas discussões, um elevado número de opiniões e nenhuma conclusão, podemos dizer que não houve progresso. Na próxima reunião, parte já foi esquecida e alguns argumentos voltarão à tona. Assim, mesmo que não se chegue a uma conclusão, que se levantem novas perguntas a serem respondidas, novos levantamentos a serem feitos etc. Ou seja, pelo menos, tarefas exploratórias que vão garantir um avanço para a próxima rodada de discussões.

Uma reunião sem resultados é um evento social que funciona como uma pausa para alguns e momento enfadonho para outros. Pare para pensar. O que vale mais a pena? Ficar uma hora improdutiva no ambiente de trabalho sem avançar um milímetro ou aproveitar essa uma hora de forma produtiva ou prazerosa?

Como contraponto, eventualmente é importante quebrar um pouco a rotina e trazer as pessoas para a conversa. Excesso de *laptops*, celulares, apresentações de slides e ter sempre as mesmas pessoas sentadas nos mesmos lugares seguindo as mesmas regras pode limitar as possibilidades de ampla comunicação entre os participantes de uma reunião.

Apresentação de ideias

A apresentação de ideias difere de uma reunião por não demandar decisões ou tarefas durante seu decorrer. Pode ter um caráter motivacional ou expositivo. Eventualmente, ao final, pode-se fazer uma reunião, para determinar os próximos passos.

Por fora, bela viola

O maior problema dessas apresentações é ocultar a falta de ideias com uma bela estampa. Assim, perde-se muito tempo embelezando, e isso não reverte, é claro, em nenhum resultado prático para a empresa.

Essas apresentações (em MS PowerPoint) geraram nas redes sociais um pequeno, mas barulhento, grupo de detratores, que associa PowerPoint à enrolação e àqueles e-mails supostamente edificantes, com mensagens "poéticas" geralmente acompanhadas de fundo musical.

Como o conteúdo é muito mais importante do que a forma, em caso de urgência, até uma sucessão de abas do Excel já serve como apresentação. Mas, na prática, montar apresentações simples, seguindo uma formatação padrão, no caso de uma empresa, realmente não dá muito trabalho, já que se usam softwares especialmente criados para essa finalidade.

O uso de ilustrações, vídeos, fotos e diagramas em apresentações, dentro de um contexto apropriado, pode ser uma forma muito expressiva de passar conteúdo e, às vezes, é a única possível, se a mensagem é visual. Além disso, recursos audiovisuais conferem leveza para a apresentação e, por vezes, viram palavras pela voz do apresentador. A imagem tem de ter algo expressivo a comunicar. Por exemplo, ver um slide inteiro com uma pergunta, ilustrada por uma pizza colorida 3D, dividida em dois pedaços, um escrito sim e outro não, é a coroação do nada, o que é ironicamente apelidado de gráficos com alta relação tinta-conteúdo.

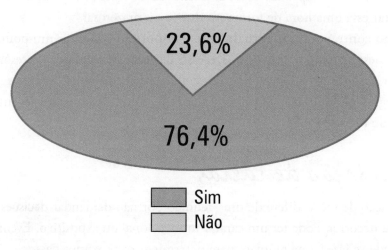

Sem dúvida!

Um exemplo marcante de efeito improdutivo em um software de apresentação são aqueles slides que demoram muito para se concluirem. Nesse modelo, quase toda palavra que desce para o slide é uma nova transição, isso quando cada palavra não entra escorregando letra por letra, o que pode levar a audiência a sentir que está perdendo seu tempo.

Duração de uma apresentação

Como no caso da reunião, em geral o ideal é que uma apresentação não passe de uma hora. Acima de duas horas, ela tende a ficar muito cansativa.

Uma apresentação extremamente longa e recheada de informações pode vir a ser um desperdício de tempo, pois a capacidade do ser humano de reter informações é muito baixa e, na prática, a sua absorção será superficial, e a apresentação terá sido em vão.

Quando o assunto é extenso e complexo, o melhor é passar um documento escrito, com todos os detalhes, para todos os envolvidos e fazer apenas um resumo na apresentação, para servir como introdução para uma leitura posterior.

Técnicas de apresentação

Cada slide deveria ter poucas informações escritas, de forma a permitir que o palestrante desenvolva em cima dos tópicos. A colocação de um slide recheado de informações induz o público a lê-lo, ao invés de prestar atenção ao palestrante. Pior ainda é quando o palestrante lê um slide carregado, palavra por palavra. Se isso se dá do início ao fim da apresentação, por que não passou a apresentação para nós por e-mail, em vez de nos fazer dormir?

No caso de uma apresentação expositiva, pode haver duas abordagens, dependendo do contexto. Na maioria dos casos, é conveniente estimular a interação do público durante a apresentação. Além de esclarecer pontos que suscitem dúvidas, a apresentação fica mais interessante e eficaz. Isso é especialmente válido para uma apresentação mais longa, que resvala para o monólogo se não houver intervalos na comunicação do apresentador com seu público. Se as pessoas permanecem caladas, mesmo quando estimuladas, isso é um sintoma de que algo não está funcionando.

Já quando há muitas pessoas ou o tempo está muito apertado, é melhor aguardar até o final da apresentação e abrir uma janela para responder perguntas. Cabe, então, a cada um anotar as dúvidas que vão surgindo durante a apresentação.

Trabalho em equipe

Trabalho em equipe (*teamwork*) pode ser definido como um esforço cooperativo visando um objetivo comum e que tem um cunho colaborativo, diferente do que acontece em um grupo de trabalho ou trabalho coletivo, em que funcionários executam diferentes tarefas relativas à mesma atividade, sob o comando de um líder.

Trabalho coletivo

Uma imagem que vem imediatamente quando se pensa em trabalho coletivo é a de uma corrida tipo 4 x 100, na qual quatro corredores se intercalam passando um bastão para o outro a cada 100 metros. Podemos aprender algumas lições:

- Cada membro da equipe tem uma função definida e tem de saber o que deve ser feito, sem necessidade de uma instrução externa a cada momento – caso, durante a corrida, um dos elos não soubesse que deveria pegar o bastão, a corrida já estaria perdida.
- A integração entre os membros da equipe é essencial para o resultado final – caso, na corrida, durante a passagem do bastão, este gesto não estivesse perfeitamente treinado entre cada participante, os milésimos de segundo perdidos significariam uma corrida perdida.

Mesmo o trabalho coletivo requer uma boa orquestração, pois as funções precisam estar bem definidas, o papel de cada um na sua execução e como se articulam, de forma a haver uma perfeita adequação entre as saídas e as entradas esperadas para cada papel.

Funções mal definidas fazem com que o mesmo trabalho possa ser realizado mais de uma vez. Por exemplo, não seria preciso conferir certos dados no preenchimento de um formulário se o sistema que o outro opera já valida esses dados. Outra consequência são as zonas cegas, das quais ninguém toma conta. Por exemplo, a falta de um processo de verificação de um endereço de entrega pode provocar alguns deslocamentos inúteis.

No trabalho coletivo, cada um espera que o outro faça sua parte corretamente. Com isso, se uma pessoa falha na sua parte, quem depende do trabalho dela acaba também fazendo sua parte erradamente por consequência (como se, em vez de passar o bastão, o corredor desse um aperto de mão no outro corredor). Assim como uma lista errada de clientes inadimplentes feita por um gera uma sequência de contatos equivocados feitos por outro.

Outro fator que prejudica a fluidez do trabalho coletivo é a necessidade de interrupções frequentes para que o líder desate algum nó, provocado por exceções não mapeadas ou falta de alçada para decisões. Assim, fazer com que as principais exceções deixem de ser exceções e responsabilizar as pessoas é o melhor caminho para melhorar a produtividade.

No trabalho coletivo, descrito anteriormente, não há um verdadeiro trabalho em equipe porque cada um cumpre o seu papel isoladamente e apenas passa o bastão para o outro, sem real colaboração ou trabalho em conjunto.

Trabalho em equipe

Já no trabalho em equipe os paradigmas são diferentes. Inicialmente, é necessário proporcionar um clima favorável entre as pessoas e isso envolve estimular o espírito de cooperação ao invés da competição interna. A cooperação envolve alguns aspectos:

- Considerar as consequências e impactos nos outros antes de agir
- Estar aberto à diversidade e pontos de vistas distintos
- Comunicar-se de forma aberta e transparente
- Construir empatia, confiança e respeito mútuo
- Ter um espírito aberto a inovações e ideias criativas

A primeira semente do trabalho em equipe é o espírito colaborativo, graças ao qual as pessoas são estimuladas a ajudarem umas às outras, porque os membros de equipe têm diferentes talentos e perfis e podem compensar o ponto fraco de outros com o seu ponto forte.

Um arranjo é a formação de equipes interdisciplinares, compostas por pessoas com conhecimentos e competências complementares, para atacarem juntas um projeto, no qual as pessoas ficam responsáveis coletivamente pela sua execução, que pode envolver a otimização de um processo, a resolução de um problema, a melhoria da qualidade de determinados produtos ou serviços etc. Isso se constitui em um comitê, com várias denominações, e costumam atuar paralelamente às responsabilidades de cada um.

Outro tipo de arranjo são as equipes autogeridas, em que se reúne um grupo de pessoas organizadas como uma célula e que passam a ser responsáveis por algum processo operacional diretamente, sem o paralelismo de um comitê. Em geral, o grupo tem um líder designado, que atua mais como um facilitador, podendo inclusive haver um rodízio de liderança para motivar mais a equipe.

Nesses grupos, se houver uma boa afinação entre seus componentes, tende-se a usar o lado forte de cada um para se produzir coletivamente algo que as pessoas não conseguiriam fazer tão bem sozinhas. Se o grupo for equilibrado, deve existir uma relação de dependência e confiança explícita entre seus componentes, ou seja, cada um entende por que cada um está no time.

A seleção de pessoas para formar um time deve ser muito criteriosa e não automática, pois o princípio da dissonância cognitiva diz que pessoas que tiveram mais dificuldade de entrar em um grupo tendem a ficar mais envolvidas, porque se foi difícil entrar, então tem de ser bom.

Um dos grandes riscos que podem abater uma equipe coesa é certa atração pelo consenso, abafando-se um pouco a diversidade e a individualidade. Há uma certa visão que espírito em equipe significa concordar com a maioria e não é bem assim.

Não devemos deixar de expressar nossas opiniões só porque são diferentes de quase todas no grupo. No entanto, com isso em mente, o grupo deve sempre estimular opiniões divergentes, desde que as pessoas não sejam teimosas e ouçam de verdade os argumentos das outras.

Essa atitude consensual de um grupo se constitui em um viés importante na tomada de decisões, chamado de "pensamento de grupo" (*groupthink*), cujo exemplo mais famoso é o acidente com a nave espacial Challenger descrito anteriormente.

Trabalho em equipe parece ótimo, no entanto, tende a funcionar bem apenas quando as pessoas do grupo têm uma mentalidade evoluída. Vaidades, comparações e competição interna são alguns dos elementos que trazem problemas, com alguns tentando dominar e outros se apagando.

Um requisito importante no trabalho em equipe é que a delegação de poder (*empowerment*) seja mais do que apenas um termo da moda, mas sim efetiva. O time não pode estar reunido apenas para tratar de temas burocráticos. Ele tem de ter autonomia de atuação e os objetivos têm de ser relevantes, desafiadores e valorizados pela alta gestão.

As metas e objetivos são comuns a toda equipe. Entretanto, infelizmente, isso estimula algumas pessoas a classificarem os que menos aparecem como peso morto e até a adotarem atitudes hostis. Portanto, é recomendável, em alguns casos, que exista também uma avaliação individual. Como é muito difícil, pela filosofia, fazer avaliações individuais dentro de uma equipe de forma externa, sugere-se que a própria equipe se autoavalie.

Uma forma possível é fazer com que cada membro da equipe escreva seus aspectos negativos e positivos e, também, os dos outros membros da equipe, encarando-se as respostas como sugestões de melhoria tanto individuais como para o grupo. Depois, durante uma reunião, são debatidos os pontos levantados para cada um, sem identificar o autor. Uma pessoa externa, que coordena esse debate, tem, então, condições de fazer uma avaliação.

Contrastando com o trabalho coletivo, comparado a uma corrida 4 x 100, uma analogia expressiva com o trabalho em equipe é um time de futebol. Durante um jogo de futebol, o espírito de equipe e o conhecimento mútuo são muito importantes para o entrosamento do time, mas, por outro lado, não podemos dispensar o talento individual, pois ambos farão diferença no resultado final. E não adianta um só tipo de talento. Um time precisa defender o gol, marcar, desarmar, chutar, cabecear, cobrar faltas e armar jogadas. Pessoas diferentes significam talentos diferenciados. Em termos de avaliação, uma empresa pode tanto premiar uma vitória (resultado coletivo) como também o resultado individual (gol feito), assim como se pode criticar coletivamente o time por uma derrota e criticar o jogador que foi desnecessariamente expulso. Repare que o desempenho individual pode ser o oposto do desempenho coletivo.

Enfim, trabalho em equipe é um tema caloroso, mas corre-se o risco de as empresas tentarem generalizar essa técnica muito antes de estarem preparadas para isso, por modismo. Portanto, pode ser interessante sua adoção, mas não é a única alternativa aceitável, e muito menos pode ser aplicada em todas as situações.

Experiências com trabalho em equipe às vezes são bem-sucedidas, mas também fracassam. A possibilidade de fracasso não é baixa, pois esbarra em pessoas, muitas das quais ainda não têm maturidade para encarar todas as implicações desse modelo de trabalho.

Breve história da IBM X Microsoft

Esta história descreve como o mundo em constante mudança gera um desafio enorme para empresas que investem em tecnologia e, portanto, estão no "olho do furacão" das mudanças. É difícil, no calor do momento, tomar sempre a melhor decisão. Do ponto de vista histórico, as decisões são muito mais "fáceis".

Primórdios da IBM

Os primórdios da IBM nasceram da necessidade do governo norte-americano de tabular os censos populacionais do final do século XIX, para os quais foram inventadas máquinas eletromecânicas, que permitiam ordenar e contar cartões perfurados. Em 1896, é fundada a Tabulating Machine Company. Em 1910, esta empresa é incorporada por um investidor a outras duas para formar a CTR (Computing-Tabulating-Recording).

Quem deu alma para a CTR foi Thomas Watson, que fora demitido pelo temperamental presidente da então poderosa fabricante de máquinas registradoras NCR (National Cash Registers). Em 1914, três anos depois de contratado, Watson foi nomeado presidente da futura IBM.

Watson trouxe da NCR um forte foco em vendas, metas, premiações e eventos motivacionais. Isso, adicionado à filosofia já existente de aluguel-e-reposição (rent-and-refill) das máquinas perfuradoras de cartão e à tradição de inovação técnica, foi a principal receita de sucesso da IBM. Assim que chegou, Watson criou um departamento de experimentos, nos moldes do que observara na NCR, que tinha criado um "Departamento de Invenções" já em

Mulheres operando o ENIAC (U.S. Army Photo).

1888, sendo um dos primeiros departamentos formais de Pesquisa e Desenvolvimento (P&D) de que se tem notícia.

Em 1924, depois da invenção de uma máquina que permitia dobrar a velocidade da produção de cartões perfurados, Watson muda o nome da empresa para IBM (Internacional Business Machine). O tradicional *slogan* "Think" foi inventado por Watson, quando ainda trabalhava para a NCR.

A IBM tinha, entre seus principais clientes, o governo norte-americano e grandes empresas, que tinham necessidade de ordenar e contar enormes quantidades de dados.

A natureza de aluguel-e-reposição ajudou muito a IBM nos anos da crise de 1929. Dois a três anos de aluguel já pagavam os custos de produção e o resto da vida útil era puro lucro. Isso tudo ampliado pela liderança com folga em máquinas de tabulação, Watson tornou-se um dos empresários mais influentes dos EUA, tornando-se conselheiro e amigo do presidente Franklin Roosevelt na recuperação econômica norte-americana (New Deal).

Início dos computadores

A tecnologia de computadores evoluiu por pressões militares, durante a Segunda Guerra Mundial. Essa era a origem do dinheiro que financiava projetos em universidades. Com a economia mundial em frangalhos após a guerra, praticamente só os EUA estavam em condições de desenvolver a tecnologia de computadores.

O ENIAC (Electronic Numerical Integrator and Computer – Computador e Integrador Eletrônico Numérico) foi o primeiro computador eletrônico programável de uso geral. Foi construído na Universidade da Pensilvânia nos EUA, para fins de cálculos balísticos, mas só ficou pronto em 1946, depois do final da guerra.

Para enfatizar as diferenças entre ele e os computadores modernos, o ENIAC tinha quase 18 mil válvulas (aquelas que, de vez em quando, queimam!), ocupava 170 m^2 e pesava 30 toneladas. Tinha pouca memória (só 20 posições), a programação, extremamente trabalhosa, era feita por conexões de fios e a entrada de dados se dava via cartões perfurados. Apesar disso, foi funcional por dez anos. Um problema de balística que uma pessoa levaria 20 horas para resolver, o ENIAC resolvia em 30 segundos! Só que, quando o problema mudava, o trabalho de reprogramar era monstruoso.

A universidade desenvolveu, após o ENIAC, um projeto similar ao conceito do computador moderno, com programação armazenada em memória, que foi a grande revolução. Ela permitia, entre outras coisas, fácil migração de um problema para outro completamente diferente, meramente por fazer o computador ler e armazenar um novo programa a partir de, por exemplo, cartões perfurados.

Devido a um conflito, dois dos principais cientistas saíram da universidade e abriram uma empresa, que começou a construir o Univac (Universal Automatic Computer – Computador Automático Universal), já se utilizando de fita magnética. Depois de se debater em muitas dificuldades, a empresa acabou absorvida em 1950 pela Remington Rand, fabricante de equipamentos de escritório. O Univac foi lançado em 1951, com grande sucesso. Em 1952, em uma grande jogada de marketing, um programa no Univac previu a vitória de Eisenhower para a presidência dos EUA. Em 1955, fundiu-se com a Sperry, fabricante de alta tecnologia, para formar a Sperry Rand, doravante conhecida como Univac.

Um mito prevalecente é o de que a IBM perdeu o bonde inicial em computadores por desinteresse. É atribuída falsamente a Watson a afirmação de que o mercado não comporta mais que cinco computadores e que, portanto, a IBM não tinha interesse. Na verdade, a IBM já era uma empresa muito grande, que estava lutando contra a obsolescência de seus produtos, devido ao advento da eletrônica e ao foco do atendimento às necessidades geradas pela guerra.

O foco em pesquisa na área de computadores existiu e a prova é o lançamento em 1943 do computador Mark I, em Harvard, que a IBM ajudou a construir, com apoio da Marinha. Ele não era totalmente eletrônico e era muito lento em relação aos computadores que surgiram logo depois. Além disso, o conceito desconsiderar Univac de armazenar o programa em memória fazia toda a diferença.

A IBM, com um centro de pesquisas muito mais sofisticado do que o da Univac, iniciou projetos para destroná-lo. O erro, embora fácil de identificar hoje quando se olha para trás, foi o fato de o filho, que sucedeu o pai em 1950, se engajar em um projeto de um "supercomputador" (701) para apoiar a guerra da Coreia, perdendo um pouco o foco no projeto do 702, que tinha como alvo a Univac.

IBM toma a dianteira

Em 1953, a IBM lançou o 702. Ele era muito superior ao Univac em diversos aspectos e já saiu do forno com 50 pedidos. A IBM rapidamente ultrapassou a Univac devido à sua superioridade tecnológica, à rápida evolução dos modelos, à fartura de recursos e à falta de capacidade da Univac de atender aos pedidos. Além disso, pode-se citar a tradição da IBM de prestação de serviço aos clientes, incluindo treinamentos, muito necessários para uma tecnologia tão nova. Já em 1956, a IBM era líder neste novo segmento. Em meados dos anos 1950, os computadores já eram todos em *solid-state* (dispositivo sem partes móveis) e sem uso de vácuo, presente nos tubos das válvulas. Eles usavam os recém-inventados transistores.

O mercado da década de 1960 estava em ebulição. Rapidamente surgem concorrentes, só que era difícil atacar a IBM no mercado de grandes computadores, que exigiam muito mais tecnologia e um alto custo de desenvolvimento. Mesmo assim, eles tentaram entrar no mercado de grande porte, além de se envolver em incursões aos computadores de menor porte.

Em 1962, a IBM igualou a venda de computadores com perfuradoras de cartão. No final da década de 1960, a venda de perfuradoras já era pequena e a IBM tinha uma vasta maioria do mercado de computadores. Os outros competidores eram conhecidos nos anos 1960 como os sete anões (Burroughs, Control Data, General Electric, Honeywell, NCR, RCA e Univac) pela sua distância da IBM. Entre esses competidores, havia três empresas grandes e tradicionais (RCA,

General Electric e Honeywell), que tinham bons recursos para tentar entrar nesse mercado. O problema é que para essas empresas sobrava dinheiro, mas faltava foco para penetrar em um mercado tão especializado, numa época em que essa empreitada ainda era tão desafiadora.

Em 1965, a IBM lança a linha 360 unificando a grande diversidade de equipamentos. A linha 360 era menor, mais rápida e vinha acompanhada de um novo conjunto de softwares, tendo sido um grande sucesso.

O lançamento do 360 é um marco, pois a uniformização de sua plataforma possibilitou que os fornecedores de software passassem a desenvolver pacotes e não mais soluções customizadas por cliente. Até 1969, a IBM não vendia software, este era um serviço que acompanhava a venda ou aluguel da máquina. Essa separação foi mais uma força para o mercado de desenvolvedores de software.

Empresas e universidades começavam nos anos 1960 a demandar o uso compartilhado (*time sharing*) de terminais, ligados a um único computador de grande porte (*mainframe*), por possibilitar um nível de interação muito maior. A IBM não enxergava assim, em parte porque vender máquinas menores dava muito mais dinheiro do que vender uma máquina maior, com terminais acoplados.

Assim, o MIT (Massachusetts Institute of Technology), um dos baluartes da pesquisa tecnológica norte-americana, termina por escolher a GE (cuja divisão de computadores foi depois comprada pela Honeywell), conquistando uma fatia de mercado. A IBM então rapidamente evoluiu para a linha 370 no final da década de 1960, para sanar essa lacuna.

O uso compartilhado de *mainframes* foi uma força cultural importante que ajudou o desenvolvimento dos microcomputadores nos anos 1970. Uma prática comum envolvia alugar tempo de uso para os interessados, como se faz hoje com o cybercafé, embora em escala bem menor. Isso ajudou a disseminar o interesse e a familiaridade com computadores para certa camada da população.

No início dos anos 1970 (primeira crise do petróleo), restaram a BUNCH (Burroughs, Univac, NCR, Control Data e Honeywell), saindo as duas empresas que não tinham experiência na relação direta com o consumidor (GE e RCA). A Unisys de hoje (5% da receita da IBM, em 2009) foi formada pela aquisição hostil da Univac pela Burroughs em 1985. Das outras, só a NCR e a Honeywell ainda existem, porém não atuam mais em computadores.

Decadência da IBM

A decadência da IBM na participação de mercado de computadores, a partir da década de 1970, se deve a dois fatores principais:

- Barateamento, evolução tecnológica e a miniaturização do hardware. O mercado de *mainframes* ficou cada vez mais comoditizado, pois o desafio tecnológico era cada vez menor. Em 1971, a IBM iniciou o desenvolvimento de uma nova plataforma chamada FS (Future Systems), muito ambiciosa. Tão ambiciosa que o projeto foi enterrado em 1975, com enormes prejuízos.

O mercado de minicomputadores (DEC, Data General, HP) surgiu em 1965, com o grande sucesso do PDP-8, da DEC, vendido por apenas US$ 18 mil na caixa. O PDP-8 já usava a nova tecnologia de circuitos integrados (chips). O mercado desde então só fez crescer e, nesse mercado, a IBM era apenas mais um competidor, além de haver diminuido o mercado ocupado pelos grandes computadores. Em 1970, a DEC já o terceiro maior fabricante de computadores.

Os microcomputadores são um caso à parte, abordado logo a seguir.

- Os anos 1970 marcam o início do reinado do software sobre o hardware. Com o passar dos anos, o investimento em software passou a ser cada vez mais relevante do que o investimento em hardware. E, nesse novo mercado, a IBM era apenas um participante.

A IBM lançou o FORTRAN em 1957, a primeira linguagem de programação de sucesso, como se fosse um mero apêndice, não dando inicialmente a ele sua devida importância. O líder do projeto tinha apenas 29 anos.

De 1962 a 1967, a IBM gastou US$ 500 milhões, quatro vezes o que foi orçado, desenvolvendo um novo sistema operacional (OS-360) que ainda por cima não ficou muito estável.

Início dos microcomputadores

E os microcomputadores? Seu lançamento se deve às possibilidades abertas pelo lançamento de um microprocessador em 1971, pela Intel (fundada por um dos inventores do chip), inspirado pelo pedido de um fabricante de calculadoras eletrônicas. Outros concorrentes (Motorola, Zilog) se seguiram, de forma que, já em 1977, havia microprocessadores de US$ 100.

O microprocessador, o verdadeiro coração de um computador, propiciou o surgimento de uma onda de aficionados, revistas populares e seus kits, que, por sua vez, aguçaram a imaginação dos partidários da democratização do uso do computador, que exercem influência importante na mídia.

Finalmente, em 1975, a MITS, uma pequena empresa norte-americana, lançou o Altair 8800, que parecia mais um kit de eletrônica do que um micro, mas teve uma enorme influência, especialmente nos potenciais empreendedores. Bill Gates e Paul Allen, dois universitários, procuraram a MITS oferecendo-se para desenvolver uma versão da linguagem BASIC, de modo a se poder fazer alguma coisa prática com o Altair 8800. A MITS aceitou e, pouco depois, Gates e Allen desenvolverem o BASIC, em menos de dois meses, usando apenas 4 Kbytes de memória. Os dois formaram ainda em 1975 a futura legendária Microsoft.

Dois anos depois, uma empresa de fundo de quintal, a Apple, fundada por Steve Jobs e seu amigo, lançaram o Apple II, em 1977, com um conceito interessante: plugue-e-use, pois incorporou o teclado e a linguagem BASIC no equipamento, com possibilidade de tela colorida e expansão fácil por meio de placas. Outros micros de outras empresas foram lançados no mesmo ano e outros mais nos subsequentes. O BASIC da Microsoft fazia parte da maioria dos micros, mas a Microsoft não ganhou muito dinheiro porque, pressionada por dificuldades financeiras, não fez boas negociações.

Dos micros da época, o mais vendido foi o TRS-80, com vídeo incorporado, fabricado pela Radio Shack, um grande varejista de produtos eletrônicos. Ainda que menos charmoso, era bem mais barato que o Apple II e tinha a venda incrementada pelas lojas da Radio Shack. No entanto, clones do TRS-80 pululuaram no mundo inteiro, inclusive no Brasil.

Em 1979, com a introdução da primeira planilha eletrônica Visicalc e do primeiro processador de texto WYSIWYG (What You See Is What You Get – O que você vê é o que você obtém), o Wordstar, a barreira de entretenimento foi rompida e o micro passou a ter potencial para uso prático no mundo dos negócios.

IBM catapulta a Microsoft

Em função disso, já em 1979, a IBM se deu conta da urgência de sua entrada no mercado de micros. Para isso, teve de romper com sua estrutura burocrática de desenvolvimento de produtos e aceitar terceirizar boa parte de seus componentes. Já em 1981 lançou o seu IBM-PC (IBM Personal Computer – computador pessoal), que viria a se tornar um grande sucesso a ponto de, em 1983, a revista *Time* eleger o IBM-PC o homem do ano.

A Microsoft, na esteira do lançamento do IBM-PC, tirou a sorte grande e passou a ser uma empresa milionária. Há muitas versões dessa história. De todo modo, a IBM contatou a empresa que fazia o CP-M, sistema operacional (programa básico que roda em uma máquina que serve de base para todos os outros, como o Windows) mais usado nos micros da época e, de algum modo, o contato não prosperou.

Assim, a IBM acabou encomendando esse sistema para a Microsoft. Como ela nunca tinha escrito um e o tempo era escasso, compraram por uma bagatela o QDOS (Quick and Dirty Operating System – Sistema Operacional "improvisado") de uma empresa em Seattle e o adaptaram rapidamente, criando o MS-DOS (Microsoft – Disk Operating System).

Por outro lado, a estrutura aberta do IBM-PC e o licenciamento não exclusivo do MS-DOS, que ajudaram a viabilizar o IBM-PC, também foram a causa básica para que surgissem literalmente centenas de clones mais baratos, famosos ou anônimos. A história termina em 2004 com a venda da divisão de microcomputadores para a chinesa Lenovo.

Em 1983, a Apple, inspirada pela Xerox, lança o Lisa com mouse, interface gráfica (GUI – Graphic User Interface) e muita facilidade de uso; mas em razão do seu alto custo, foi um retumbante fracasso de vendas. Em 1984, lança o Macintosh com apenas 15% do preço do Lisa. O Macintosh foi um grande sucesso, embora se tornasse um produto de nicho, não chegando a alcançar 10% do mercado. Ele não conquistou muita adesão para uso profissional, exceto em ambientes de designers e publicitários, até pelo fato de ainda ser caro.

Como a Apple se inspirou na Xerox?

A Xerox, nascida em 1906 como uma empresa de papel fotográfico chamada Haloyd, tornou-se gigante porque foi a única empresa que teve visão para apostar em uma invenção de 1938, a fotocópia. Grandes empresas como a Kodak, a GE e a IBM torceram o nariz para a ideia, talvez porque ainda não estivesse suficientemente madura. Antes da invenção, para se tirar uma cópia, ou usava-se o processo de mimeógrafo, que era lento e cheirava a álcool, ou tirava-se uma foto, um processo caro e demorado.

A Haloyd resolveu apostar na invenção, lançando em 1948 a primeira copiadora, ainda precária. Ela foi aperfeiçoando a invenção, até lançar uma copiadora totalmente automática em 1959, que foi um grande sucesso de mercado. A Haloyd passa a se chamar Xerox em 1961 ("xero" é seco em grego, referindo-se ao processo de cópia a seco).

Em 1969, a Xerox abre um novo centro de pesquisas (PARC – Palo Alto Research Center) na Califórnia que veio a desenvolver na prática muitas das tecnologias modernas de computadores, como o mouse e a interface gráfica. Usando estas tecnologias, em 1973, é criado um dos primeiros microcomputadores (Alto), que nunca veio a ser comercializado, já que a Xerox não enxergava nenhum potencial comercial nele.

Em 1979, a Apple visita o PARC e isso a inspira na criação do Macintosh. As inovações criadas no PARC foram ignoradas pela Xerox, pois as divisões de computadores e de copiadoras competiam por recursos. Também os lançamentos feitos pela divisão de copiadoras não eram de conhecimento do pessoal do PARC. Só em 1981, três anos antes da Apple, a Xerox tentou entrar no mercado com a Xerox Star, mas foi um fracasso basicamente pelo seu alto custo.

O gigantismo, a diversificação desmedida e a chegada dos japoneses foram fatores que abalaram a Xerox. A participação da Xerox nas copiadoras caiu de 86% em 1972 para pouco mais de 8% em 2008, com o faturamento similar ao de 1990 e quase 3/4 da sua receita atual vindos de suprimentos, serviços e manutenção.

Como a Apple ajudou a Microsoft?

Poucos têm essa consciência, mas a Apple foi fundamental para a Microsoft. Em 1987, metade das receitas da Microsoft vinha de desenvolvimento para o Macintosh! A Microsoft não estava sendo muito bem-sucedida no lançamento de outros softwares, assim, a parceria de desenvolvimento com a Apple desde 1981 foi de grande valia. Além disso, assim como a Apple se inspirou na Xerox, a Microsoft se inspirou na Apple, como mostra o filme *Piratas do Vale do Silício*.

Apesar da competição ferrenha, inclusive da própria IBM, o conhecimento adquirido com a Macintosh e a base do MS-DOS fizeram com que a Microsoft desse o segundo grande passo de sua carreira ao lançar o Windows, em 1985, que mantinha a compatibilidade com o MS-DOS. Inicialmente lento, com muitos problemas e poucos softwares compatíveis, mas tendo, com o passar dos anos, sucessivas melhorias, se converteu praticamente em um padrão para microcomputadores. Ainda hoje, detém mais de 85% do mercado, cuja fatia restante é disputado pelo MAC OS (dos computadores da Apple) e o Linux, sistema operacional de código aberto lançado em 1991.

A Microsoft teve algumas histórias de fracassos como a planilha eletrônica Multiplan, entre outros. O Word, lançado em 1983, demorou muito para emplacar. O Wordstar, depois o Wordperfect e a planilha eletrônica Lotus 1-2-3, softwares concorrentes, reinavam absolutas.

Início do reinado da Microsoft

Com o lançamento do Windows, tudo mudou de figura. O Wordperfect e o Lotus 1-2-3 demoraram a se mover e a Microsoft verteu o Excel do Mac para Windows em 1987 e consolidou o Word em 1989, abrindo caminho para a sua dominância. Em 1990, a Microsoft é a primeira empresa de software a alcançar o faturamento de US$ 1 bilhão, em um mercado que só começou a existir em 1969.

Ficou difícil competir com a Microsoft nos primeiros anos porque os programas ficavam cada vez maiores. A experiência anterior e o profundo conhecimento interno da estrutura do Windows ajudavam nisso. Além disso, o Marketing era eficaz e estava associado à mística do criador do Windows, aliado ao enorme poder de distribuição decorrente. Em 1986, é feito o IPO (oferta pública de ações) da Microsoft, que fez de Bill Gates, na época com 31 anos, um homem muito rico. Em 2009, a Microsoft fatura cerca de US$ 60 bilhões, 58% do faturamento da IBM, mas com lucro de US$ 17,7 bilhões, 43% acima da IBM.

Reviravolta da IBM

Em 1992, a IBM teve o maior prejuízo até aquele momento já registrado por uma única empresa na história dos EUA. Ela decide então, pela primeira vez, contratar um presidente fora dos seus quadros, Louis Gerstner.

Para tirar vantagem do tamanho e alcance da IBM, principalmente da sua enorme força de vendas, ele decide reverter a decisão do seu predecessor e reunifica todas as divisões da IBM, dando foco em serviços e software em detrimento de produtos e hardware, o que é considerado uma decisão chave para trazer novamente a empresa para os trilhos.

A área de pesquisa da IBM era conhecida pela sua inabilidade de transformar tecnologias em produtos vendáveis e teve seu orçamento cortado em mais de 80%. O dinheiro foi redirecionado para focar a sua pesquisa em soluções para problemas reais dos consumidores. Apesar deste corte, a IBM, desde 1993, é a empresa, ano a ano, que registra o maior número de patentes nos EUA.

Em 2008, a IBM lançou o Roadrunner, um supercomputador que roda mais de um quadrilhão de operações por segundo. A Cray, especializada em supercomputadores, egressa da antiga Control Data do tempo dos sete anões, lançou também em 2008 o Jaguar, 60% mais rápido que o Roadrunner. Em 2010, a China afirma que seu recém-lançado supercomputador Tianha-1A roda 2,5 quadrilhões de instruções por segundo. Mas a IBM já anunciou o lançamento, em 2011, do Sequoia, que será 20 vezes mais rápido que o Roadrunner.

Na história da computação, assistimos primeiro a primazia do hardware, com o domínio da IBM, através do uso intensivo de tecnologia. Depois, houve uma ruptura, quando o software começou a dar as cartas, o que culminou com a ascensão meteórica da Microsoft, embora a IBM tenha conseguido se reposicionar. Mas a IBM fatura, atualmente, menos que a HP, empresa norte-americana fundada em 1939, que se notabilizou fazendo periféricos, computadores e componentes.

Surgimento da Google

Finalmente, estamos assistindo, no mundo da internet, a explosão da Google, que pode representar um novo paradigma em tecnologia, a prestação de serviços. A avidez mundial por informação e comunicação fez com que um buscador, com visual extremamente espartano, mas embutindo altíssima tecnologia, conquistasse o mundo.

A Google nasceu em 1996 como um buscador, fundado por dois estudantes de PHD de Stanford, na Califórnia. O nome "Google" foi baseado na palavra "googol", que é um termo matemático que significa 1 seguido de 100 zeros, o que refletia a missão da empresa de organizar uma imensa quantidade de informação disponível na internet.

Com o rápido crescimento da Google, foi inevitável o seu embate com a Microsoft, já que ambos estavam procurando diversificar a sua linha de serviços, em especial, nas áreas de comunicação, rede social, correio eletrônico e informação. A Microsoft aposta, em parte, na continuidade do seu modelo de negócio com base na venda de licenças de software para uso individual, enquanto a Google aposta no processamento em nuvem, através do qual os usuários irão usar softwares compartilhados por milhões no mundo inteiro, pagando em alguns casos pelo seu uso e, em outros casos, lucrando através da publicidade.

Foi mérito da Google transformar uma ótima ideia de uso gratuito em uma fonte efetiva de recursos, com novos e ousados modelos de anúncios. Hoje, a Google já tem mais de 1/3 da receita da Microsoft. A Google tem realmente potencial de se tornar muito mais do que é ou será apenas um sucesso fugaz? Do outro lado, provendo a infraestrutura para toda essa explosão da internet, destaca-se o sucesso da Cisco (2/3 da receita da Microsoft).

Conclusão

No setor tecnológico, o maior ativo de uma empresa é a inovação, e esta inovação é tão melhor quanto mais difícil de copiar. Nesse relato, se mescla muita inovação tecnológica com grandes bobagens, que são mais claras vistas sob a lente do tempo.

A área de tecnologia é muito sujeita a rupturas, que engolem empresas inteiras, como a fabricante de máquinas de escrever Remington, se não colocarem seus ovos em mais cestas. A globalização crescente sacudiu empresas, como a Xerox e a IBM, que tiverem que se reposicionar no mercado, focando-se mais em serviços.

Há ainda, como na vida, grandes golpes de sorte, como a ascensão inicial da Microsoft. A lógica indicava que a IBM fecharia com a Digital Research, desenvolvedora do CP-M. A Microsoft talvez nem existisse hoje sem o acordo com a IBM, principalmente nos moldes como foi feito. Mas também é mérito saber aproveitar na hora certa os golpes de sorte!

Da missão à execução 6

Introdução

A empresa vive basicamente segundo as seguintes práticas:
- Em princípio, o DNA da empresa é sintetizado (**Missão**), sua filosofia é estabelecida (**Valores**) e, no planejamento estratégico, os objetivos são desenvolvidos e os caminhos, trilhados (**Estratégia**).
- Essas definições devem ser revisitadas constantemente, em razão das frequentes mudanças no ambiente interno e externo.
- A Estratégia é desmembrada para integrar a rotina da empresa (**Estratégia em Ação**).
- As rotinas são estabelecidas (**Processos**), sempre buscando melhorias ou evoluções (**Projetos**).
- É decidido o que medir (**Métricas**) e quanto se deve medir (**Meta**), desde o nível estratégico até o nível operacional, ligado à rotina.
- São tomadas decisões em todas as esferas (**Tomada de Decisões**).

Missão

Missão é uma palavra bem desgastada no ambiente corporativo. Uma missão muitas vezes representa apenas uma bela placa pendurada no *hall* de entrada das empresas, contendo uma frase vazia, inespecífica e que não dá nenhuma pista prática para ninguém. Muitas vezes, para desenvolver esta frase, foram mobilizadas centenas ou milhares de pessoas e, no final, ficou apenas a placa como um epitáfio: "Aqui jaz...". Ninguém vai se lembrar da frase depois, apenas os visitantes perderão o seu tempo caso venham a lê-la.

Este erro, extremamente comum, é causado pela falta de entendimento do que é realmente uma missão, que acaba distorcido, para responder à seguinte pergunta: "O que a organização faz?" e a resposta tem de acomodar os desejos e vaidades de todos.

A pergunta que deve ser feita é: para que serve uma missão? Com certeza, a missão não pretende ser um roteiro do que a empresa fará, mas funciona como um mote inspirador, derivado do DNA desta empresa. Na verdade, é algo mais importante e "menos" publicitário que um *slogan*, mas, no fundo, tem todo um lado de marketing e idealização na sua concepção.

Enfim, uma missão é importante, porque transmite para a sociedade (funcionários e clientes) toda a força inspiradora que a empresa representa e representará na vida de cada pessoa com quem se relacionará.

Como elaborar uma missão?

Grandes empresas organizam eventos suntuosos, envolvendo multidões, para transmitir a malfadada declaração de missão, por meio de um processo pseudodemocrático. Outras empresas, de forma mais consistente e menos demagógica, trabalham na missão com um pequeno grupo de líderes e depois a divulgam, de forma adequada, para o resto da organização.

Muitas vezes, no entanto, o resultado final é semelhante: uma declaração de missão com ares de uma frase típica de comitê: formal, com muita gordura e pouca emoção.

Para evitar esse indesejado resultado, é necessário controlar os egos e focar nos pontos essenciais. Na elaboração da missão, o empreendedor ou grupo de líderes (dependendo do porte da empresa) deve, em geral, focar o futuro e não o presente (exceto em algumas megacorporações, que já alcançaram uma presença global). Afinal, apenas no futuro é que a organização colherá os novos frutos, pois os do presente e do passado já foram colhidos e não necessariamente a história se repete.

Este tipo de decisão não pode ser delegada, pois a missão é parte da alma da empresa. É necessário conhecer os seus pontos fortes e fracos e também os dos concorrentes, assim como as tendências (oportunidades e problemas) no ambiente externo.

Missão é o objetivo maior de uma organização, que deve ser definido de forma resumida, objetiva, motivadora e inspiradora. Deve ser uma frase curta, para que as pessoas possam ler e sentir seu conteúdo em um instante. Peter Drucker dizia que a missão deveria "caber em uma camiseta", mas não ser um *slogan*.

A missão não deve ser abstrata, muito menos um conjunto de palavras bonitas e floreadas. Tem de ser de fácil entendimento, pois todos na organização não podem ter dúvidas de como agir em sua direção. Além disso, uma missão não deve ser muito específica ou tímida, focada em produtos e/ou mercados muito restritos. Por outro lado, uma missão não pode ser uma *Missão impossível* (filme com Tom

Cruise), declarando algo tão fantasticamente grandioso, mas tornando-se motivo de chacotas.

Finalmente, uma missão muito abrangente, uma receita "genérica" que se aplique a quase qualquer empresa, não é algo muito expressivo. A declaração de missão da Merck é um bom exemplo desse tipo de banalidade ("prover a sociedade com produtos e serviços superiores, desenvolvendo inovações e soluções que melhorem a qualidade de vida e satisfaça às necessidades dos clientes..."). Uma declaração como essa se ajusta até para um fabricante de bicicletas.

Uma missão deve estar voltada ao atendimento de determinada necessidade real dos clientes, sem perder de vista as vantagens competitivas que a empresa possui ou pretende alcançar, com base em um potencial maior em relação aos concorrentes e, sobretudo, antenada com o ambiente de mercado contemporâneo e suas tendências. Segundo Jack Welch, para identificar a missão, deve-se responder a seguinte pergunta: "Como pretendemos vencer nesse negócio?"

Exemplos de missões

Algumas missões que representam esse espírito, de diferentes maneiras.

Empresa	Missão
Yahoo	Conectar as pessoas as suas paixões, às suas comunidades e ao conhecimento do mundo.
Google	Organizar a informação do mundo e fazê-la universalmente acessível e útil.
Cruz Vermelha Internacional	Ajudar aos mais vulneráveis.
3M	Resolver problemas pendentes de forma inovadora.
Nike	Trazer inspiração e inovação a cada atleta no mundo.
Wal-Mart	Ajudar pessoas a economizar dinheiro, para que elas possam viver melhor.
Stanford	Tornar-se a Harvard do oeste. (1940)

A declaração da Stanford foi a força motriz. Em geral, não é recomendado citar explicitamente um concorrente na declaração de missão, embora, nesse caso, a citação seja aplicada de forma elegante, porque não é excludente, em virtude da diferente e irredutível distância geográfica.

Missão é essencial?

Vale destacar que não há, de modo nenhum, uma forma unânime de se pensar sobre o que é uma declaração de missão. Basta examinar a declaração de missão das empresas americanas do *Fortune 500* para encontrar todo tipo de abordagem. Por exemplo, a GE, da qual Jack Welch foi CEO durante muitos anos, optou atualmente por não ter uma declaração de missão.

Já Mark Mendenhall (2001) acredita que frases curtas (como as citadas anteriormente) representem apenas o objetivo central, *core purpose*, e a missão deva ser desenvolvida a partir dessa ideia. A nosso ver, isso é uma questão meramente retórica, porque a missão funciona mais como uma lanterna. Essa "lanterna" ajuda a empresa a caminhar para um detalhamento crescente, que culmina em uma Estratégia, que envolve a definição dos objetivos claros e posicionados no tempo para a empresa.

Muitos autores separam o conceito de missão e visão. Dentro desse ponto de vista, Missão expressa o que a empresa faz de melhor no presente e Visão indica o que o futuro representará para a empresa, que se mantém fiel à sua missão. Acreditamos, no entanto, que a adoção de uma única frase tem a vantagem da simplicidade, ao fundir o que define a empresa ao seu futuro. Nada impede que se deem diversas explicações

3M – missão

A 3M de é um grande exemplo de empresa que leva a sério a sua missão: "Resolver problemas pendentes de forma inovadora".

A 3M, fundada em 1902, estava fabricando lixas em um mercado muito competitivo, tendo sido salva da falência em 1905. Logo depois, dois funcionários contratados lançaram as linhas gerais de um processo de diversificação, evitando assim a concorrência e aumentando o faturamento consistentemente ano a ano.

A base deste processo estava calcada em uma força de vendas direta, sem o uso de representantes comerciais, que era orientada a buscar as necessidades dos clientes e não somente vender. Com isso, seus vendedores traziam para a empresa os melhoramentos necessários para os produtos existentes e, também, ideias para novos produtos desejados pelos clientes.

Isso resultou em algumas das primeiras inovações da 3M. Por exemplo, ao visitar a linha de produção recém-estabelecida da Ford, foi constatado que as lixas eram impróprias para o uso em metal, pois eram destinadas para o uso na madeira. Com isso, foi criada uma lixa específica para a indústria automobilística, que estava em ascensão na época. Outro problema da lixa era criar um ambiente inóspito com excessiva poeira, e por acaso tiveram contato com um inventor que teria criado uma lixa à prova d'água. Compraram a patente deste inventor e o contrataram como pesquisador, iniciando o que seriam os primórdios da

adicionais sobre a Missão (no site corporativo ou onde quer que seja), mas a força em sintetizar tudo em uma única frase é inegável.

Não há verdades absolutas. Apesar de a missão exercer um papel benéfico e inspirador, optar por não se ter uma missão não é de modo nenhum o fim do mundo para uma empresa. Se, como empreendedor, uma declaração de missão não combinar com seu estilo e/ou não se conseguir encontrar uma frase "mágica" que tenha impacto com o empreendimento, antes ficar sem uma declaração de missão do que "forçar" a barra. Vale dizer, no entanto, que os benefícios oriundos de uma declaração de missão inspiradora sem dúvida superam o trabalho de elaborá-la.

Uma pequena empresa talvez não precise de uma missão. Alguém abre uma sapataria na esquina e, às vezes, não quer se envolver com esse tipo de formalismo. Mas mesmo a menor empresa se beneficia se o empreendedor conseguir sintetizar em uma frase o que ele quer que a sua empresa represente.

•••

Enfim, uma missão funciona como uma "estrela" que ilumina nosso caminho rumo ao futuro. Se esta "estrela" é sem graça, quase apagada, ninguém a nota. Por outro

---

área de pesquisa da 3M, uma das primeiras em toda a indústria.

Em 1923, um vendedor, ao visitar uma loja de pinturas de automóveis, detectou que o processo de pintura de um carro em duas cores era muito ruim, e prometeu que poderia criar um meio para evitar que as cores se misturassem. Em dois anos foi criada a fita adesiva "Scotch", que resolveria este problema e ainda hoje é comercializada. Variantes deste produto logo surgiram, e uma das mais conhecidas, uma fita adesiva transparente, foi criada em 1930.

Em 1968, um químico da 3M, investigando um adesivo potente, inventou uma cola fraca e não imaginou para ela uma utilidade. Mas, por via das dúvidas, divulgou sua descoberta na 3M, na esperança de alguém encontrar um uso. No início dos anos 1970, um funcionário da 3M se ressentia da falta de um marcador de livros decente: uma tira de papel caia e fita adesiva danificava o livro, então, se lembrou da cola fraca e surgiu o Post-it, lançado em 1979. A circulação de ideias era tão presente na 3M que conseguiu reunir um cientista e uma pessoa de visão prática, com anos de diferença.

As inovações se sucederam com o passar dos anos e, atualmente, a 3M atende a mercados diversos como escritórios, gráficas, comunicações, saúde, indústrias, transportes e outros, sempre com a mesma filosofia.

A 3M tem crescido de forma consistente, faturando em 2009 US$ 25,3 bilhões, com um lucro de US$ 3,5 bilhões.

lado, se esta "estrela" for como um sol, pode ter uma conotação simbólica que ajuda a motivar as pessoas, assim como um bom slogan motiva os clientes em uma campanha de marketing.

Valores

Para alguns, uma empresa declarar valores parece ser algo meio fora de ordem no ambiente moderno capitalista. Talvez, em razão da elevada dissonância entre o que se declara e o que se pratica, haja muito mais empresas com valores do que valores nas empresas. O mundo seria um lugar bem melhor se muito do que foi declarado fosse efetivamente praticado, não só nas empresas, mas também na vida.

Valores são os comportamentos que expressam a forma como uma empresa se relaciona, respira e vive. Deveriam refletir-se em todas as suas atividades rumo aos objetivos expressos pela missão.

Valores representam atitudes que se deseja que as pessoas tenham dentro da empresa, mas deveriam partir de algum núcleo que já esteja arraigado dentro do espírito da empresa, inspirado, muitas vezes, pelos próprios fundadores.

Os valores funcionam como uma carta de princípios que deixa claro para seus funcionários e a sociedade que a missão (e os objetivos estratégicos) não deve ser perseguida a qualquer custo, como se "os fins justificassem os meios", segundo a famosa frase de Maquiavel.

Quando os valores são percebidos como verdadeiros pelos funcionários, e não apenas como "tinta no papel", parece que as ações fazem mais sentido, ficam mais consistentes. Desse modo, é um estímulo para que o sucesso seja mais duradouro, alicerçado em bases mais sólidas.

O preço que uma empresa paga ao declarar explicitamente seus valores e divulgá-los na empresa é a eterna cobrança de sua efetiva aplicabilidade no dia a dia. Por exemplo, caso algum valor seja claramente descumprido, seria preferível que nunca tivesse sido declarado valor, em razão do efeito danoso que se instalará no clima organizacional. Isso reforça o fato de que um valor só deve ser declarado se a empresa, representada pelos seus líderes, efetivamente encampa aquele valor.

Os valores, dentro da empresa, são como um mote a ser lembrado, por vezes em reuniões, eventos, gestão de pessoas etc. Enfim, são uma base filosófica para a tomada de decisões, especialmente quando envolvem relações entre as pessoas. Sem os alicerces dos valores, pode pairar um clima de vale-tudo, que é danoso para uma organização e o seu sucesso em longo prazo. Pesquisas na área de psicologia social mostram que alunos que declaram princípios antes de fazer um teste em que há oportunidade de trapacear, fazem-no menos do que um grupo de controle, que faz o teste sem nenhum preparativo.

Uma pesquisa global conduzida pela empresa de consultoria norte-americana Booz Allen, em 2005, associa o uso efetivo de valores corporativos (não reduzidos apenas a um escrito sem vida) ao sucesso financeiro de uma empresa. No entanto, esse tipo de pesquisa sempre deve ser encarada com um saudável ceticismo, porque executivos de empresas bem-sucedidas tendem a achar mais efetiva à aplicação dos valores corporativos no dia a dia da sua empresa.

Como definir os valores?

Do mesmo modo que na missão, os valores devem ser objetivos e de fácil compreensão. Em geral, não se definem mais que dez valores, cada um deles expresso por uma breve frase (ainda que possa ser acompanhado de uma explicação adicional). Outra abordagem comum adotada pelas empresas, que não soa tão expressiva, é usar uma palavra chave para cada valor, acompanhada de um pequeno detalhamento.

O ideal é que a redação dos valores passe longe dos clichês ou, pelo menos, seja suficientemente explícita. Quanto mais o valor parece um chavão, menos verdade transmite. Por exemplo, caso se deseje incluir algum valor como integridade, é mais interessante expressá-lo de uma forma diferenciada, verdadeira e com um toque "pessoal". Por exemplo, a Google declara: *"Você pode fazer dinheiro sem ser mau"*.

A propósito, a Google divulga seus valores no seu site (http://www.google.com/corporate/tenthings.html), focando tanto o mercado quanto o seu público interno:

1. O foco no usuário e em todo o resto continuará.
2. É melhor fazer só uma coisa muito, muito bem.
3. Rápido é melhor que devagar.
4. A democracia na web funciona.
5. Você não precisa estar em sua mesa para precisar de uma resposta.
6. Você pode fazer dinheiro sem ser mau.
7. Há sempre mais informações em outros lugares.
8. A necessidade de informações ultrapassa todas as fronteiras.
9. Você pode ser sério sem um terno.
10. Ótimo não é bom o suficiente.

Essas atitudes não são apenas da empresa, mas também da vida. O ideal é garantir que a criação dos valores envolva um elevado número de funcionários, pois esse envolvimento reforça a internalização desses valores em cada um dos envolvidos.

Em uma empresa de grande porte, é possível realizar um processo descentralizado de coleta de sugestões, que passam por uma triagem e depois são incluídas em uma lista preliminar de valores, compilada pelos executivos da cúpula. Essa lista agregada serve de base para o evento, reunindo representantes de todas as áreas, que, no final, definirá ou revisará a lista de valores corporativos da empresa.

A IBM, por exemplo, em 2004, convocou todos os seus funcionários para uma discussão on-line de 72 horas para redefinir seu valores. O site recebeu 200 mil visitantes do total de 320 mil funcionários. Mais de um milhão de palavras foram postadas.

No final, chegou-se a apenas três valores. O divulgados no site da IBM (http://www.ibm.com/ibm/values/us/). Apesar de todo esse processo, o resultado final, a nosso ver, lembra uma coleção de chavões:

* Dedicação ao sucesso de cada cliente.
* Inovação é o que importa, para nossa companhia e para o mundo.
* Confiança e responsabilidade pessoal em todos os relacionamentos.

A seguir, mais alguns exemplos de valores:
- Ser uma companhia de que os funcionários se orgulhem de fazer parte dela (3M).
- Nós aceitamos os grandes desafios e nos orgulhamos de superá-los (Microsoft).
- Integridade: nós colocamos honestidade e confiança em tudo que nós fazemos. Nós falamos o que o acreditamos e fazemos o que nós falamos (GM).

Arthur Andersen – falta de valores sólidos

A empresa de auditoria Arthur Andersen foi fundada em 1913. Durante a presidência do seu fundador (de mesmo nome), até a sua morte, em 1947, zelou por manter altos padrões de qualidade e confiabilidade nos seus trabalhos de auditoria e contabilidade. Ele era um exemplo de honestidade e defendia a responsabilidade dos contadores sobre os investidores, e não sobre os administradores de uma empresa. O seu sucessor manteve esta ênfase na honestidade seguindo o lema da empresa: "pense correto, fale correto".

A Arthur Andersen sempre esteve à frente na criação de uma série de padrões de contabilização. Foi uma das primeiras a identificar a possibilidade de um estouro do *sub-prime* (empréstimos de baixa qualidade) e, com isto, se desvinculou de uma série de clientes que usavam este artifício.

Na década de 1980, a competição era feroz, e todas as empresas de auditoria/contabilidade lutavam com o dilema de manter uma posição independente ou atender os desejos dos seus clientes de maximizar seus lucros e, com isto, obter mais contratos.

A Arthur Andersen pendeu para o lado de crescer rapidamente e, deste modo, muitos dos seus contratos eram baseados em "parcerias" duvidosas com seus clientes. No momento em que se faz esta opção, fica muito

- Nós somos flexíveis, ajudando as pessoas a atingir um equilíbrio entre a vida e o trabalho (Kinko's).
- Acima de tudo, estamos comprometidos com a integridade de tudo que fazemos, sempre e em qualquer lugar (ABN-Amro).

Valores são fundamentais?

Assim como foi dito em relação à declaração de missão, a declaração explícita dos valores de uma empresa, apesar de benéfica, não se constitui em algo realmente obrigatório, desde que, implicitamente, os funcionários percebam que existe justiça, respeito, consideração etc.

Inclusive, há várias grandes empresas que optam por não ter uma lista formal de valores, como, por exemplo, as cadeias varejistas Target e Wal-Mart. O site corporativo da Target exibe na página "Nossos Valores" um texto, encabeçado pelo slogan "Espere mais. Pague menos", que aborda a filosofia da Target como um todo, referindo-se aos seus clientes, à comunidade, à diversidade e ao meio ambiente.

Pequenas empresas também se beneficiam da definição de valores, embora não seja algo muito comum. No entanto, o custo de declarar valores de forma explícita é baixo e surpreende. Imaginem, em uma pequena lavanderia, o dono convocar seus três funcionários para participar de uma reunião para definir os valores. Não

difícil voltar atrás, até porque isto significaria perder a grande massa dos seus contratos. Os seus auditores foram estimulados a buscar novas parcerias com seus clientes, causando um crescimento acelerado do faturamento da Arthur Anderson.

Foi acusada de participação em vários casos de contabilidade e auditoria fraudulentas, entre eles os da Sunbeam Products, Waste Management, Inc., Asia Pulp & Paper, Baptist Foundation of Arizona, WorldCom e, finalmente, o mais conhecido, o caso da Enron.

Em 2002, a Arthur Andersen foi condenada por obstruir a justiça ao destruir documentos relativos à sua auditoria da Enron. Esta condenação impediu que a companhia continuasse a fazer trabalhos de auditoria e contabilidade nos EUA.

Esta quebra de credibilidade também liquidou os negócios fora dos EUA, até porque a maioria dos contratos era relacionada a multinacionais norte-americanas com filiais em outros países. A Arthur Andersen conseguiu ser absolvida na Suprema Corte no caso da Enron, mas os danos à sua reputação foram tão grandes que, na prática, a partir daquela data a Arthur Andersen deixou de existir.

Reputação é um dos maiores valores intangíveis relacionados a empresas de auditoria e contabilidade. A Arthur Andersen não soube preservar este valor e pagou um alto preço.

há como negar que, se isso for feito de forma verdadeira, será benéfico e energizante para os funcionários.

Estratégia

"Não existe nada mais inútil do que fazer com grande eficiência aquilo que jamais deveria ter sido feito."
Peter Drucker, consultor e escritor norte-americano de renome internacional (1909-2005)

Estratégia tem sido uma dos conceitos mais disseminados e "caros" no mundo empresarial. Criou-se um grande castelo de cartas, com terminologia especializada e conceitos complexos, de forma a se constituir em um domínio só acessível aos iniciados, como uma ordem religiosa secreta. Em nome dessa palavra mágica, milhões são aplicados em consultorias, palestras e livros.

Como muitos ramos do saber, quando nos abstraímos da complexidade artificialmente adicionada, os conceitos básicos são muito mais simples e intuitivos do que se imagina e isso contribui para tirar aquela aura de inacessibilidade e democratizar o acesso ao conhecimento.

A palavra estratégia em si é uma palavra nobre, mas que foi muito vulgarizada e usada para elevar artificialmente o nível de qualquer conversa ("Mas isso é estratégico..."). No final, isso, muitas vezes, não passa de retórica enfeitada.

Não nos entenda mal. Estratégia é algo muito importante. No entanto, no decorrer dos anos, criaram-se dogmas muito fortes, que foram incansavelmente repetidos por "autoridades", e muitos desses dogmas acabaram se fantasiando de verdade e impregnando todo o ambiente corporativo.

A estratégia é um termo grego de origem militar. Diante de uma guerra, os líderes planejavam de forma macro as escolhas que deveriam ser feitas e as ações decorrentes dessas escolhas para se atingir o objetivo, que, no caso, era ganhar a guerra.

Como definir uma Estratégia?

Em uma empresa, elaborar uma estratégia começa pela necessidade de se fazer escolhas. Basicamente, as escolhas respondem a três perguntas básicas: o que, como e para quem. Ou seja, o que a empresa faz, em termos de bens e serviços, como ela os faz (modelo de precificação, qualidade, marca, status, variedade, serviços agregados etc.) e para que mercados se destinam. Feitas as escolhas, seleciona-se um alvo e traça-se um caminho até ele. Ou seja, fixam-se objetivos a serem alcançados e as ações que a empresa deve fazer para alcançar esses objetivos.

Como Fernando Luzio disse no seu livro *Fazendo a estratégia acontecer*, além das escolhas, é fundamental que a empresa faça não escolhas. É grande a tendência de um empreendedor ambicioso de querer atender a todos os mercados e sair atirando para todos os lados. Portanto, é preciso ter a consciência de que as não escolhas podem ajudar a trazer foco e clareza, justamente por abrir-se mão de algumas vertentes. Em vez de um labirinto de caminhos, passa-se a enxergar opções bem delimitadas.

A estratégia deve ser desenhada visando à continuidade da empresa ao longo dos anos e à maximização de seu lucro. O leitor mais atento observa que, no fundo, a Estratégia pode ser considerada um detalhamento do que a missão apenas sugere. Por outro lado, uma nova estratégia equivocada, às vezes, pode ser pior do que uma antiga estratégia, mas que gere resultados.

Henry Mintzberg (1994) didaticamente define Estratégia através de 4 Ps: *position* (que e para quem), *pattern* (como), *perspective* (alvo) e *plan* (caminho).

Necessidade da estratégia

Toda empresa precisa de uma estratégia, mesmo que seja implícita (não escrita), até porque uma empresa precisa saber que caminhos seguir, diante das encruzilhadas empresariais. É a estratégia, implícita ou não, que guia essas escolha do dia a dia, uma vez que tenham sido feitas as escolhas mais essenciais. Sem estratégia, a empresa pode ficar à deriva.

De fato, não existe empresa sem estratégia, normalmente o que falta é clareza, transparência e um completo alinhamento de toda a empresa na direção desta estratégia. Em uma empresa com bons profissionais, é mais fácil a estratégia surgir naturalmente do processo de amadurecimento do negócio, precisando-se depois só de um processo formal para não apenas questionar-se o "óbvio", mas também fomentar os fatores citados (clareza, transparência e alinhamento).

Quando, em alguns casos (geralmente em uma empresa de pequeno porte), muitas das decisões passam a ser pontuais, sem relação com algum conceito mais abrangente, a sobrevivência dessa empresa pode ficar comprometida.

Muitas empresas padecem da miopia de focar apenas em curto prazo, tratando o longo prazo como uma visão embaçada. Uma fábula que ilustra isso é o "Dilema do colchão", criada em 1973 por um psicólogo norte-americano e que ilustra o egoísmo insano. Imagine um carro que deixa cair um colchão em uma estrada de duas pistas. Quem está perto não se dá ao trabalho de tirar o colchão e desvia, o que é uma boa solução em curto prazo. Quem está longe não entende o que está acontecendo e passa a enfrentar um congestionamento monstruoso. Às vezes, todas essas pessoas estão na mesma empresa e a empresa é que entra nesse "congestionamento".

Nas empresas que não têm uma estratégia formal, a informalidade é constituída por decisões dos líderes nos processos de crise ou mudança profunda. As grandes fragilidades deste processo são:

- decisões tomadas durante uma crise podem ser emocionais. É melhor antever os possíveis percalços e traçar antecipadamente os modelos de ações adequadas.
- pouco tempo para se formar um quadro preciso, com uma observação limitada das variáveis envolvidas.
- decisão solitária com fraca participação de outros níveis na organização.
- falta de comprometimento da empresa com as diretrizes informais.
- execução desorganizada, pela falta de um arcabouço formal.

A estratégia traz um alinhamento das ações em direção aos seus objetivos, o que potencializa o crescimento da empresa. Uma empresa, em geral, só tem duas opções: continuar pequena e com uma especificidade tão grande que não desperte o interesse da concorrência, ou crescer, porque o crescimento é a melhor vacina para não ser engolido pela concorrência. Se, de um lado, crescer é bom, de outro lado chama cada vez mais a atenção da concorrência. Quanto maior a diferença de porte entre duas empresas, mais fácil é para a empresa mais forte destruir a mais fraca, utilizando-se até de subterfúgios à beira da legalidade, como o *dumping* (baixa artificial) de preços, que a varejista norte-americana Wal-Mart praticou em 2001, diante da tentativa do seu concorrente KMart de competir em preço.

Matriz SWOT e as forças de Porter

Da mesma forma que a missão, mas de forma mais profunda, a estratégia deve ser traçada com base na análise pormenorizada da empresa e do ambiente competitivo. Uma forma didática, mas expressiva, que serve como ponto de partida para as discussões é esboçar a chamada matriz *SWOT* (*Strengths-Weaknesses-Opportunities-Threats* – Forças-Fraquezas-Oportunidades-Ameaças).

Do ambiente externo, levantam-se as oportunidade e as ameaças; do ambiente interno, as forças e as fraquezas. As forças estão ligadas a atributos (competências) que a empresa julga ter de forma mais acentuada que os concorrentes. As fraquezas são características da empresa que podem servir como barreiras para a sua evolução, e que precisariam ser trabalhadas.

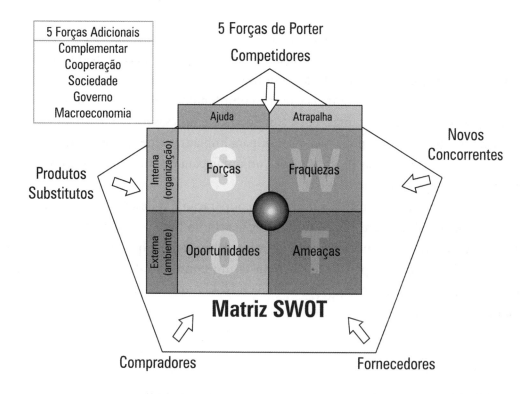

A matriz SWOT, as 5 forças de Porter e as 5 forças adicionais.

Quando se pensa em ambiente externo, não estamos nos referindo apenas aos concorrentes e ao mercado, mas também à sociedade, ao governo e ao ambiente macroeconômico. Tendências culturais, regulamentação, políticas fiscais, crises internacionais, acordos bilaterais; tudo pode ser relevante para uma análise estratégica.

Para entender o cenário competitivo na análise SWOT, vale considerar as cinco forças que Porter definiu em 1979: poder dos clientes, poder dos fornecedores, concorrentes, entrantes e produtos substitutos. As duas últimas forças são, por vezes, esquecidas em uma análise superficial. Os entrantes referem-se às oportunidades e barreiras para a entrada de novos concorrentes. Os produtos substitutos são mais difíceis de antecipar, porque envolvem questões culturais, econômicas e, também, a ruptura tecnológica. Uma ruptura anunciada, por exemplo, é o fenômeno que está acontecendo hoje com a mídia digital, como o DVD e até o Blu-Ray, diante da tecnologia emergente de Video-on-Demand (vídeo sob demanda), que está se viabilizando com o aumento da banda na internet.

Há considerações não previstas no arcabouço original de Porter que foram propostas por Brandenburger e Nalebuff, em 1997. Um elemento adicional é a **cooperação** entre empresas concorrentes, com o objetivo de aumentar o tamanho do mercado.

Por exemplo, divulgar os benefícios de consumir leite traz vantagens para todos os produtores de leite. Outras possíveis ações incluem trabalhar pela desregulamentação do setor, a homologação do produto em outros países para exportação etc.

Outra possibilidade levantada é usar a **complementaridade** entre empresas diferentes para gerar ações conjuntas. Por exemplo, duas empresas não concorrentes (poderiam até ser concorrentes) podem se associar para implantar redes de cabeamento ótico. Ou então fazer campanhas promocionais conjuntas para estimular o consumo casado de guaraná e pipoca de micro-ondas.

Um exemplo marcante do alcance da cooperação é o desenvolvimento da tecnologia Bluetooth, um padrão de comunicação sem fio feito por microtransmissores. Ele nasceu na empresa sueca Ericsson, que percebeu depois que precisava de apoio para sua viabilização. A partir daí, formou-se um consórcio de concorrentes e não concorrentes (Ericsson, Intel, IBM, Toshiba e Nokia) que conseguiu superar as dificuldades técnicas.

Gráficos e análises

Há alguns gráficos badalados em Planejamento Estratégico que são até atraentes, mas perigosamente simplificadores. Um dos mais famosos é a matriz BCG, criada pela empresa de consultoria Boston Consulting Group, que plota as unidades de negócio de uma empresa em uma matriz com dois eixos: o eixo horizontal representa a participação relativa de mercado o eixo vertical é a taxa de crescimento do mercado.

De forma simplificada, imagine que sua empresa tenha um negócio "estrela", com grande crescimento de mercado e alta penetração, e um negócio "abacaxi" ("dog"), com baixo crescimento de mercado e baixa penetração. A decisão é lógica. Abandone o "abacaxi" e fique com a "estrela". Certo? Errado. O negócio estrela pode ser o comércio on-line de peças para barcos e o abacaxi pode ser o de peças para carros off-line. Estime o tamanho de cada um dos mercados e repense sua decisão. Gráficos bidimensionais não expressam com exatidão a complexidade do mundo real multidimensional e devem ser usados muita cautela e consciência de suas limitações.

A distância entre o que a empresa *está* hoje e o que precisa *estar* no futuro para cumprir os objetivos estratégicos pode ser desdobrada em várias lacunas. Isso constitui a badalada análise de lacunas (*gap analysis*), mais um jargão sofisticado para abordar algo que, na verdade, é muito simples: cada ponto fraco relevante está em uma condição hoje e precisa alcançar uma condição melhor, perante os objetivos estratégicos traçados. Isso se constitui em uma lacuna e deve-se ter um plano de ação para preenchê-la, cujo delineamento macro precisa estar contido na estratégia.

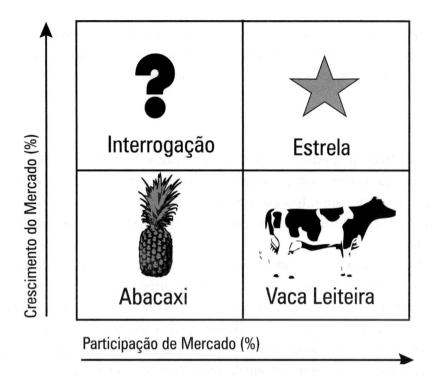

Matriz BCG, criada pela Boston Consulting Group em 1970.

Participação é fundamental

Um requisito essencial, em um processo de definição estratégica, é garantir que o grupo de líderes envolvido tenha uma participação direta, franca e sem rodeios. Um clima de adulação pode terminar por "dourar" demais a pílula, o que leva a uma tendência de exagero dos pontos fortes e atenuação dos pontos fracos ou à definição de pontos fracos questionáveis, com ares de elogio (do tipo "somos muito perfeccionistas"). O perigo é que a empresa pode mirar uma diferenciação ou um objetivo que seja um alvo quase impossível diante das fraquezas existentes e mal avaliadas.

A participação de todas as áreas da empresa garante que a maioria das boas ideias não seja descartada. Além disso, a participação de um profissional no desenho do futuro de uma empresa proporciona um sentimento de inclusão que é muito importante para sua motivação, crença e empenho. As resistências criadas por uma estratégia estilo "caixa-preta", embalada pela alta direção, podem minar as chances de sucesso de uma estratégia que, de outro modo, poderia ser considerada bem elaborada. Outro perigo é que a visão distorcida da alta direção pode contribuir para se deixar de enxergar que certas barreiras são muito mais difíceis de transpor do que se imaginava. Uma abordagem interessante é posicionar um grupo como representante de um hipotético e impiedoso concorrente, pois isso, se feito adequadamente, pode conduzir a uma independência e criticidade importantes para ajudar a definir os pontos fracos de forma realista.

Estratégia pela cópia

Ao se estabelecer uma estratégia para uma empresa, há uma tendência de mimetização, ou seja, copiar, com pequenas alterações, a estratégia de outra empresa já vitoriosa no mesmo ramo. Isso pode parecer inteligente, porque se está aproveitando o que já deu certo antes. No entanto, essa abordagem apresenta três problemas principais:
- A empresa que está sendo copiada tem a vantagem da primazia, ou seja, tem mais experiência, aprendeu mais com seus erros e acertos, tem mais escala etc.
- A cópia foca apenas aspectos visíveis e superficiais. Ela não enxerga com clareza os processos internos que viabilizam aquela estratégia nem a idiossincrasia de seus líderes. Em alguns casos, esse problema é minimizado, pois a cópia é feita por egressos da empresa original, embora persista a diferença entre a percepção das pessoas e a realidade.
- Se a "cópia" atende o mesmo mercado da "original", o mercado fica dividido e a vida real não é aquele filme em que os índios ficam parados, meio que esperando o ataque dos mocinhos.

Este tipo de abordagem funciona bem em mercados ainda pouco explorados naquele setor de negócio. Se esse for o caso, os pioneiros têm uma janela de oportunidade, mas a tendência natural é esgotar-se rapidamente esse modelo. Em finanças, isso é conhecido como "arbitragem", que consiste em tirar vantagens de uma diferença de valor ou cotação de algo que o mercado ainda não explora plenamente.

Um bom paralelo é a "corrida do ouro" que aconteceu em Serra Pelada: somente os primeiros que chegaram tiveram sucesso. Os que vieram depois, na maior parte das vezes, continuaram de mãos vazias. No entanto, quem se estabeleceu vendendo produtos e serviços para os garimpeiros teve um sucesso mais estável, enquanto a festa durou.

Algo parecido aconteceu com a bolha da internet que estourou em 2000. Houve uma janela de tempo durante a qual alguns ganharem muito dinheiro, mas os que entraram de forma tardia perderam tudo que investiram. Também no mundo da internet havia os fornecedores dos "garimpeiros", como a Cisco e a Intel, que tiveram um desfecho muito mais favorável, embora os lucros fossem porcentualmente mais elevados enquanto havia baixa concorrência.

Caminhos para a definição da estratégia

Michael Porter (1980) dizia que há dois caminhos para a diferenciação estratégica: através do baixo custo ou através de alguma diferenciação sobre seus concorrentes.

Durante o processo de desenvolvimento da estratégia, deve-se ter em mente que os clientes não estão interessados nas operações ou na eficiência, eles querem preços, serviços, status, disponibilidade, pontualidade, escolha e qualidade. No fundo, a distinção de Porter é um pouco artificial, pois o baixo custo, sem que esse benefício seja repassado para o cliente, apenas aumenta a lucratividade, mas não distingue em nada a empresa das demais. Ao repassar, de algum modo, o benefício para o cliente, cria-se um tipo de diferenciação. Assim, quando se fala em diferenciação ou vantagem competitiva, ela, no final, tem de proporcionar algo que o cliente perceba.

A forma mais tradicional de cópia com alguma chance de sucesso é aquela com um custo mais baixo, isto é, o diferencial está em "faço o mesmo, mas cobro menos". O caminho para se diferenciar pelo baixo custo, especialmente para uma empresa recente, é difícil de manter em longo prazo.

Iniciar com uma eficiência operacional tal que permita praticar preços mais baixos que a concorrência estabelecida e, ainda, ter um nível aceitável de lucro não é uma tarefa fácil. E, mesmo que se consiga, aproveitando-se uma lacuna no mercado, a ação da concorrência é apenas uma questão de tempo, a não ser que a prática ou inovação, que permite praticar o preço mais baixo, seja de difícil cópia pelo concorrente.

Uma estratégia puramente baseada em custos, que redunda na possibilidade de ofertar preços menores, só é possível para uma única empresa (ou, temos de admitir, um oligopólio) dentro de um mercado. Essa empresa pode apresentar uma combinação de primazia, eficiência nos processos internos e escala que pode ser muito difícil de se alcançar em um espaço de tempo razoável.

Não entendemos que haja dicotomia entre a opção estratégica por baixo custo e por diferenciação. Porque todas as empresas que miram o mercado de massa, ou que trabalham com produtos comoditizados, precisam necessariamente ter um grande foco em custo baixo. No entanto, se a empresa não for líder no seu mercado, precisa também se diferenciar em algum outro quesito perante seus consumidores. Essa ideia, crítica em relação ao trabalho de Porter, é defendida pelo acadêmico americano Charles Hill desde 1988.

Deve-se ressaltar que não é fácil focar em custo baixo e, ao mesmo tempo, promover uma diferenciação estratégica relevante. Conciliar o ambiente cultural de uma empresa frugal com uma empresa que persegue a excelência em algum atributo não é trivial. Muitas empresas criam ou mantêm gestões distintas, a Fiat adquiriu a Ferrari, mas manteve a sua tradicional sede em Maranello, Itália, gerida por um presidente

(CEO) próprio. Um exemplo marcante de sucesso nessa conciliação é a Ikea, cadeia sueca de lojas de decoração e móveis que oferece design e exclusividade por um preço imbatível, dentro do que se propõe.

Obviamente, quando se afasta da comoditização e do mercado de massa, o foco em redução de custos torna-se menos importante e é preciso necessariamente que se trabalhe forte em outros pontos de diferenciação.

Estratégia de baixo custo

Entre os casos de grandes empresas bem-sucedidas com a estratégia de baixo custo, destaca-se a maior cadeia varejista do mundo, a Wal-Mart. Suas lojas não são especialmente bonitas ou agradáveis, mas o preço é realmente o mais barato do mercado. Para conseguir praticar esses preços, a Wal-Mart, além de ter uma escala e um poder de barganha imbatível, desenvolveu uma infraestrutura logística e tecnológica impressionante.

O exemplo da Wal-Mart é marcante porque a rede não precisa oferecer muito mais coisas aos seus consumidores, já que os seus preços são efetivamente os mais baixos.

A Kmart, uma rede concorrente, tentou partir para uma guerrilha de preços com a Wal-Mart, mas como sua infraestrutura estava muito defasada em relação à da Wal-Mart, acabou pedindo concordata em 2002. Um importante concorrente nos Estados Unidos, a Target, tem uma loja bonita, agradável, com uma seleção de produtos de muito bom gosto. Um dos seus slogans é "Design for less" (Design por menos). Não concorre em preço com a Wal-Mart, mas, a despeito disso, vem obtendo um bom desempenho, até mesmo porque os custos são apenas ligeiramente mais altos que os da Wal-Mart.

Enfim, uma cadeia de supermercados concorrente da Wal-Mart não pode ser meramente um clone mais caro, precisa oferecer alguma vantagem em outra área. Se não quem vai ao clone para pagar mais caro? Apenas os comodistas que moram muito perto.

Outro exemplo é um dos maiores conglomerados de mineração do mundo, a Vale, que também possui outros negócios. Para alguns minérios, a empresa tem uma escala gigantesca e minas em pontos estratégicos do mundo.

Uma mineradora menor que trabalhe com os mesmo minérios, necessariamente, por um bom tempo, venderá mais caro que a líder. Assim, é preciso se diferenciar, por exemplo, atendendo volumes menores, oferecendo comodidade na entrega, estabelecendo uma relação flexível com seus clientes etc. Senão, só sobreviverá talvez da desinformação de muitas empresas.

Busca pela diferenciação

A abordagem mais promissora da estratégia é buscar alguma diferenciação dos seus concorrentes que não seja preço. Essa diferenciação, como já foi dito, refere-se a algum atributo que seus clientes percebam e não pode estar ligado simplesmente à operação da companhia. Sempre cumpre salientar que essa diferenciação tem de resultar em lucro concreto, e não se constituir apenas em um bibelô, que é bonito de se ver, mas não tem retorno relevante.

Porter dizia que uma das formas de conduzir essa diferenciação se dá por meio do foco, ou seja, direcionar seus produtos para um nicho. Assim, a empresa pode estar mais atenta às especificidades desse nicho. Por exemplo, uma revista direcionada para amantes de carros de corrida pode oferecer algo que a revista *Quatro Rodas* não oferece, embora seja preciso certificar-se de que o tamanho do mercado-alvo compense. O ideal é ser mais criativo e bolar alguma diferenciação sem precisar restringir tanto o mercado-alvo para se poder adotá-la.

É preciso criar alguma boa inovação, isto é, fazer algo diferente, mas desejável, para o mercado onde se está atuando e tornar este processo de inovação constante. Por exemplo, alguém quer abrir uma padaria em um local que já tem padarias. Ele poderia ter a ideia e a técnica de fazer pães em formatos diferentes, como corações, coelhos etc., chamando a padaria de "Padaria dos Corações" e, com isso, atrair o público de outras padarias. É claro que, em algum momento, se esta padaria tiver sucesso, as outras padarias do bairro talvez queiram imitá-la e, se não houver uma adaptação da estratégia, com novos produtos ou marketing, talvez a estratégia não funcione como antes.

Para muitas pessoas, tempo é um dos bens mais preciosos. Há um contingente expressivo de pessoas que são CRTP (*Cash rich time poor*), ou seja, têm dinheiro, mas não tempo. Além disso, há um número ainda maior de pessoas que têm tempo escasso e ainda pouco dinheiro. Desse modo, usar a rapidez como diferenciação, poupando o tempo do cliente, pode ser um importante diferencial. A logística ajuda a tornar isso possível, mas esse raciocínio também pode servir como base para se pensar em produtos ou serviços inovadores.

Mercados pouco explorados

Quando se examina o mercado consumidor, é comum fazer vista grossa para determinados grupos de consumidores, que podem representar uma grande fatia de consumo desprezada, pelo menos parcialmente.

Nessa linha, há empresas que acreditam que pobre não tem dinheiro, portanto, não compensa direcionar seus esforços. Por vezes, há até um problema de

> **Nota técnica – Planejamento estratégico em grandes corporações**
>
> Há um passo do desdobramento da estratégia, que só ocorre em grandes corporações que administram duas ou mais empresas independentes.
>
> Nesse caso, podem surgir grandes problemas ao se alinhar a estratégia corporativa com a das unidades de negócios. A corporação visualiza um papel para suas coligadas e cada uma pode enxergar um papel diferente, geralmente mais nobre, para ela mesma.
>
> O problema é que há limitação nos recursos de que uma corporação pode dispor, além de premissas estratégicas preestabelecidas. Desse modo, a megacorporação pode passar alguns parâmetros limitantes, quantitativos ou qualitativos, para suas coligadas. Quanto mais ela conhecer suas empresas, mais premissas poderão ser transmitidas.
>
> É preciso que a corporação tenha muito cuidado com essas premissas, de forma a acomodar as diferentes empresas que compõem o portfólio. Por exemplo, uma corporação que inclui uma empresa de tecnologia, que lida com inovação, pode ter objetivos mais ousados que uma empresa que fabrique componentes eletrônicos comoditizados.
>
> A partir daí, as empresas coligadas devem desenvolver sua estratégia, trabalhando em dois ou três cenários diferentes de recursos. De posse desses cenários, a corporação pode então determinar qual a melhor composição da cesta, conforme os potenciais demonstrados. Essa definição fecha, digamos assim, a estratégia corporativa.
>
> É claro que, no futuro, se alguma empresa "vendeu" para a corporação um potencial irreal, que levou a corporação a direcionar recursos de forma equivocada, as cabeças envolvidas na gestão dessa empresa estarão a prêmio.

identificação dos executivos dessas empresas com seu público-alvo. No entanto, o poder coletivo de compra dos pobres é muito grande. Por exemplo, na China, a Li Ning bateu a Nike e a Reebok atuando nas áreas rurais, atingindo 50% de participação do mercado de roupas esportivas. A Unilever é uma das primeiras grandes corporações globais que entendeu isso e está focando a base da pirâmide de renda, com base no sucesso da sua subsidiária da Índia.

Palestrantes de negócios adoram alardear que o mundo caminha em linha para isso ou aquilo. Assim como, em um evento de moda, proclama-se que no verão deste ano só vai dar, por exemplo, branco e amarelo, como se a indústria da moda tivesse o poder de ditar isso para o mundo. Esse tipo de enfoque tende a ser uma visão simplista e dogmática, primeiro, porque há muita pressão para vender serviços e produtos associados a essas tendências "inevitáveis" e, segundo, porque vivemos em um mundo onde coexistem muitas tendências, como detalha o livro *Microtendências*, de Mark Penn.

Por exemplo, cada vez é maior o contingente de mulheres que gostam de futebol, ex-presidiários, autodidatas, adultos que permanecem nas asas dos pais etc. Muitas dessas minorias representam oportunidades de mercado que podem ser exploradas. O contingente cada vez maior de pessoas com déficit de sono, por exemplo, motivou a empresa inglesa Metronaps a oferecer produtos que podem ser instalados em aeroportos, locais de trabalho etc., funcionando como uma célula de sono portátil.

Oceano azul

O ideal seria criar uma diferenciação que seja uma verdadeira quebra de paradigma no mercado, que venha a explorar um nicho ainda não abordado ou, pelo menos, não abordado dessa forma. O livro *A estratégia do oceano azul* defende que se saia do ambiente viciado da empresa e se olhe o mercado como um todo, incluindo os atuais não clientes. O autor chama o mundo das ideias batidas, onde tudo mundo está pescando, de "oceano vermelho", em contraste ao "oceano azul" das inovações.

O livro cita alguns atalhos mentais que podem ajudam a explorar o mercado em busca do oceano azul.

Apelo racional X apelo emocional: a suíça Swatch, enfrentando a invasão japonesa, barateou seus custos, sem reduzir a qualidade, e quebrou a busca de racionalidade (Citizen) ou de status (Rolex) para buscar atributos emocionais de moda no mercado de relógios. Já a Body Shop trouxe um pouco de racionalidade ao mundo emocional dos cosméticos, mas associada a um lado emocional, ambientalista, de não aceitar experiências com animais.

Produtos e serviços complementares: esse raciocínio pode constituir uma fonte quase inesgotável de ideias. Por exemplo, se um shopping oferecesse gratuitamente um serviço de creche terceirizado, mediante apresentação de notas de compra, poderia aumentar a visitação e o volume de consumo dos clientes ao proporcionar conforto e comodidade a quem visita o local com bebês ou crianças pequenas.

Clientes não convencionais: em geral, relaciona-se um grupo de clientes a um negócio. A fabricação de insulina, por exemplo, é carimbada para médicos, para que seja prescrita aos seus clientes. A empresa dinamarquesa Novo Nordisk foi muito bem-sucedida ao criar uma forma de administrar insulina tão simples que pode ser feita pelos próprios usuários, livrando-os das injeções e seringas.

Nichos de clientes: a norte-americana Curves criou um esquema de *franchising* de academias que pudesse se expandir rapidamente a baixo custo, direcionado apenas para o público feminino, sem espelhos, marombeiros e equipamentos caros. A ideia é focar mulheres comuns, ocupadas, que querem ficar em forma sem ficar se exibindo. Além disso, os aparelhos formam um círculo, o que permite a interação social. O módulo normal é de apenas 30 minutos, três ou mais vezes por semana.

Produtos alternativos: o Cirque du Soleil se posicionou no meio do caminho entre um espetáculo circense tradicional e o espetáculo artístico, prescindindo de grandes e caras estrelas internacionais e da complexidade de lidar com animais. O grupo monta espetáculos musicados com dezenas de figurantes, alternando música, coreografia e números circenses. Essa abordagem inspirou-se um pouco no modelo chinês de circo, que já tinha alguns toques artísticos.

Um gráfico interessante é aquele que autor chama de canvas (tela) estratégico, para visualizar as possibilidades. O canvas posiciona os atributos percebidos pelos clientes potenciais na horizontal e a intensidade de baixo a alto desses atributos na vertical. A partir daí, plotam-se todos os concorrentes nesse gráfico. A diferenciação arrojada depende de se criar uma "curva" para sua empresa nitidamente diferente das demais. O exercício, em cima desse gráfico, é posicionar sua empresa perante os concorrentes, ao conjugar os verbos aumentar, diminuir, criar ou eliminar para cada um dos atributos listados ou não.

A nosso ver, essa linha de pensamento é muito útil e inspiradora, mas, infelizmente, no dia a dia, muitas vezes não é possível para todos os empreendedores encontrar um nicho de atuação no chamado oceano azul. E, ao contrário do que o autor diz, há ainda muito espaço para combate, mesmo no oceano vermelho.

Por exemplo, em meados dos anos 1960, as fabricantes europeias de aviões estavam perdendo mercado para a Boeing, entre outras. Então, em 1970, elas venceram suas diferenças e se uniram para enfrentar o mercado, formando a Airbus, que compete hoje com a Boeing no mesmo patamar.

Southwest Airlines – estratégia vencedora

Imagine, em um mercado consolidado com um alto nível de competição, alguém se aventurar a lançar um novo conceito. Assim foi o começo da Southwest Airlines, inaugurada em 1971, com uma estratégia de ligar três grandes cidades do estado do Texas (Dallas, Houston e San Antonio) com voos diretos de curta distância (entre 300 e 400 km) e passagens de baixo custo, sem luxos.

As grandes companhias subestimavam este mercado, já que era infinitamente menor do que o dos voos de longa distância, só que, apesar de ser pouco explorado, ele existia e tinha um grande potencial, desde que houvesse voos de baixo custo que competissem com as viagens de ônibus ou carro.

Em um primeiro momento, houve uma reação das grandes companhias, que reduziram seus preços para sufocar a Southwest. Só que os baixos custos da Southwest estavam baseados em uma política de economia e logística que levava tais custos a serem significativamente menores que os dos seus concorrentes.

A sua frota de aviões é mais uniforme, a Southwest se protege contra variações de preço do combustível, desenvolveu técnicas de reduzir o tempo em solo, evita conexões e paradas, foca aeroportos com custos aeroportuários menores, privilegia a venda direta para eliminar intermediários e faz uma precificação simplificada, já que não tem primeira classe nem classe executiva. Prestar um bom serviço para eles não é dar mordomias que geram custo, mas sair na hora e oferecer bom tratamento, por funcionários que também são bem tratados.

Assim a batalha de preços não durou muito, pois os concorrentes estavam tendo grandes prejuízos.

A Southwest sempre foi muito conservadora, procurando crescer com capital próprio e de forma paulatina. A ideia era ir absorvendo estado por estado, sempre com voos diretos curtos, e só entrar em uma rota quando pudesse oferecer vários voos diários, para melhor aproveitamento das aeronaves.

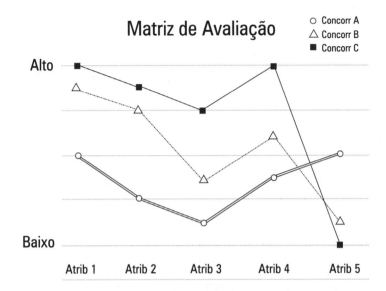

Canvas estratégico descrito no "Oceano Azul", classificando cinco atributos dos negócios em relação a três concorrentes.

Com esta estratégia, já em 1993 sua expansão alcançou 34 cidades em 15 estados. Muitas destas cidades eram atendidas pelos concorrentes somente via voos com conexões, o que, muitas vezes, implicava em longas esperas. Quando a Southwest inaugurou a rota Los Angeles – São Francisco, oferecendo passagens a US$ 58, a grande maioria da companhias desistiu desta rota, já que o preço antes da entrada da Southwest era de US$ 186.

Em 1997, a Southwest começou a operar no mercado de longa distância, usando o mesmo conceito de voos diretos (ou com uma escala) e baixo custo. Em 2009, já voava para 68 cidades e faturou US$ 10,3 bilhões (crescimento de 36,5%, em relação a 2005) com um lucro de US$ 99 milhões, enquanto a American Airlines, a maior companhia norte-americana, faturou US$ 23,8 bilhões (crescimento de 27%, em relação a 2005 e prejuízo de US$ 2,1 bilhões).

Uma faceta importante que distingue a Southwest de seus plagiadores é que ela proporciona uma atenção toda especial aos seus funcionários, e isso se reflete no atendimento aos clientes. A Southwest é considerada um ótimo lugar para se trabalhar, com uma rotatividade bem baixa, permitindo uma seleção muito criteriosa, já que a procura é muito alta.

A companhia busca pessoas com a atitude certa, pois entende que o caráter é da pessoa, enquanto conhecimento se adquire. A atmosfera é descontraída e divertida. A liderança foca na orientação (coach), no aprendizado, na franqueza, na transparência, na descentralização e no trabalho em equipe.

Por exemplo, o programa Walk a mile (Caminhe uma milha) faz com que, voluntariamente, pessoas troquem de função por um dia. Embora haja percalços, isso serve para estimular a compreensão e cooperação entre as áreas.

A Southwest tem ganhado mercado consistentemente, em 1988 tinha um faturamento que era 11% o da American Arlines e, em 2009, este porcentual já chegou a 43%, voando apenas dentro dos EUA.

Estratégia global

Segundo Mike Peng, autor do livro *Estratégia global*, esse tipo de estratégia não é apenas para empresas que atuem em vários países, mas está ligado à competição que acontece entre as empresas, em qualquer país do mundo. Afinal, na maioria dos países, uma empresa doméstica compete também com as estrangeiras. Assim, não existe essa separação estrita entre o que é global e o que é local.

Uma corporação multinacional, atuando em diversos países, deve trabalhar para a redução de custos, se aproveitando da escala e das sinergias globais. Beneficia-se também ao promover um intercâmbio de ideias e práticas bem-sucedidas entre as várias sucursais do grupo.

No entanto, é preciso gerir o delicado equilíbrio entre isso e o respeito às peculiaridades locais. Pode-se ter a ilusão, olhando-se a mídia, de que todos são iguais e têm as mesmas necessidades. No entanto, apesar das semelhanças, as diferenças entre as culturas, leis, práticas, hábitos e tradições são marcantes.

Isso se reflete em tudo que se pode imaginar: hábitos de consumo, fidelidade às marcas, valores, estratégias de negociação, forma de fazer marketing, localização de lojas, estilos de atendimento, práticas de administração etc.

Thomas Friedman divulgou um neologismo apropriado para expressar esse dilema: "glocalização". Ele destaca que a comunicação global e a internet achatam o mundo, mas também representam uma força que contribui para reforçar as culturas locais.

A MTV, por exemplo, desistiu de insistir na programação global em favor de uma série de programações nos idiomas locais como forma de se integrar melhor com seu público jovem. O Camry, da Toyota, é o carro mais vendido nos EUA, mas tem fraco desempenho no Japão. A Coca-Cola foi progressivamente desistindo das propagandas globais, porque não surtiam o efeito esperado. Sendo assim, abraçou o ano novo chinês e erotizou suas campanhas na Alemanha, enquanto ia colocando seu urso polar na geladeira.

Há muitas histórias de fracassos ligados à arrogância da fórmula estrangeira pronta. Os franceses do Carrefour se esborracharam nos EUA. As empresas norte-americanas Wal-Mart, Pizza Hut e Kentucky Fried Chicken começaram derrapando no Brasil.

Flexibilidade é essencial

Um ponto fundamental, muitas vezes negligenciado, é que, a nosso ver, a estratégia não deve ser vista como algo a se venerar, como se fosse uma estátua da Ilha de Páscoa. A visão ortodoxa, apregoada por muitos livros de negócios, coloca a estratégia com uma seriedade e uma importância tão grandes, que uma vez definida, a empresa deve persegui-la como um touro enfurecido. A aceitação dessa visão faz com que as empresas dediquem muito mais tempo e dinheiro do que deveriam ao desenvolvimento da estratégia, além de correr riscos, *a posteriori*, pelo imobilismo proporcionado por essa visão.

Infelizmente ou felizmente, as condições mudam muito rápido. A economia dá uma guinada, o cenário concorrencial se move, a história da empresa se desvia do previsto, inovações desafiam o estabelecido etc. Sem dúvida, há um objetivo e um caminho traçados, mas eles não podem ser encarados como uma fé religiosa. Caso seja necessário, embora de forma muito embasada, deve-se mudar o caminho e até os objetivos. Assim, em vez de um bloco monolítico, é melhor pensar em uma estratégia flexível ou evolutiva. A estratégia não deve ser encarada como uma camisa de força e sim como uma roupa confortável.

A Kodak, por exemplo, manteve-se, na década de 1990, apegada demais à fotografia convencional, que dava altas margens de lucro ligadas à comercialização de filmes fotográficos. Com tímidas iniciativas na direção da fotografia digital, em pouco tempo tornou-se apenas um pequeno competidor em um mercado que iria praticamente engolir o de fotografias analógicas. Já a Fuji, principal concorrente da Kodak em produção de filmes, teve mais agilidade e conseguiu se reposicionar melhor no mercado digital. A reavaliação estratégica da atuação de uma empresa no campo em que compete contra um campo externo emergente tende a ser falha por ser difícil estimar a velocidade e a extensão das mudanças, que, afinal, são má notícia e vêm de fora.

Por essas razões é que não se pode aceitar um processo de definição estratégica que se prolongue por meses e meses, paralisando-se o corpo executivo da empresa. As consultorias vendem que a definição demora a sair porque a estratégia é uma "ciência" que "precisa" de muitas técnicas e procedimentos para funcionar a contento. No entanto, uma estratégia que demora muito tempo para nascer, geralmente nasce com um ar artificial e forçado. Depois de tanto tempo, a equipe envolvida com ele fica mais feliz pelo fim da jornada do que pelo resultado em si, que acaba não tendo muita substância.

Michael Raynor, em *Strategy paradox* (2007), defende que, no processo de planejamento estratégico, elaborem-se cenários e opções alternativas, para que, mais tarde, fique mais fácil mudar de estratégia perante novos fatos.

Há empresas, como a bem-sucedida companhia norte-americana de aviação Southwest, que simplesmente optaram por não fazer um planejamento estratégico formal. A Southwest advoga que o mundo é tão imprevisível que requer um constante pensamento estratégico para fazer face aos imprevistos e as mudanças. Nós entendemos que isso só pode funcionar bem em um ambiente cultural muito específico.

Papel das consultorias

Algumas empresas contratam consultorias para fazer a sua estratégia e acreditam que, como em um passe de mágica, os objetivos sairão da cartola. É preciso que, dentro de casa, exista um time afinado e capaz para se integrar a esse trabalho, porque o papel da consultoria não é criar do nada, mas sim extrair o que já existe na mente das pessoas, ainda que de uma forma desestruturada. Caso contrário, o tempo passará, haverá muitas reuniões, temperadas por adulações, exibições, disputas de egos e apresentações em PowerPoint. E, no final, haverá grandes pilhas de papéis ou arquivos embelezando o vazio.

Uma consultoria competente pode ser útil, nem tanto pelas técnicas que em demasia tiram a espontaneidade e a objetividade, mas por ser um agente de neutralidade em um processo no qual há muita gente puxando a sardinha em várias direções. Além disso, pessoas de dentro costumam ter uma visão contaminada do que acontece internamente, mesmo tentando assumir uma posição neutra. É importante que a consultoria inclua no projeto um ou mais participantes externos com um bom conhecimento no ramo de negócio em que a empresa atua, para que a sua participação no debate seja mais profunda e não se concentre apenas em questões metodológicas.

• • •

Em suma, é preciso tirar o ranço da complexidade e tratar a estratégia como ela é, ou seja, a arte de entender a própria empresa, o mercado e os concorrentes e, a partir disso, fazer escolhas e traçar caminhos, isto é, definir precisamente o negócio e os seus principais rumos, deixando claro quais são os mais importantes diferenciais existentes em relação ao mercado, estando sempre consciente de que a estratégia precisa ser constantemente atualizada perante os novos fatos que sempre surgem.

O resultado final deve ser conciso, objetivo e direto. Adjetivações, como, por exemplo, maior, melhor, moderna etc., só trazem ambiguidade e carecem de qualquer significado prático. Uma boa estratégia certamente é simples e de fácil compreensão (por parte dos funcionários, fornecedores e clientes). Para se ter certeza disso, basta verificar se o público externo é capaz de entender a estratégia. Caso contrário, é bom revê-la, porque a empresa deve estar caindo naquela falsa sensação de simplicidade decorrente do excesso de familiaridade.

Estratégia em ação

"Visão sem execução é alucinação."
Thomas Edison, inventor norte-americano (1847-1931)

Todos concordam sobre a importância da estratégia. Mas há algo mais difícil do que elaborar uma boa estratégia: desdobrar e executar adequadamente esta estratégia. Há estimativas indicando que menos de 10% das estratégias formuladas são implantadas com sucesso.

Definir uma estratégia é muito mais fácil do que executá-la. Até porque ideias não podem ser avaliadas de forma precisa enquanto não passam pelo crivo dos fatos. A definição da estratégia pode levar a empresa para uma zona de conforto, como se o resto fosse quase uma consequência. Não é bem assim. Isso lembra aquela história da reunião de ratos, que ilustra a lacuna entre falar e fazer:

> Os ratos estavam reunidos discutindo alguma maneira de escapar do gato, que aparecia intempestivamente. Lá pelas tantas, um jovem e impetuoso rato deu uma ideia brilhante: "Vamos botar um guizo no gato. Assim, quando ele se aproximar, nós podemos fugir com segurança". Todo mundo aplaudiu até que um velho rato murmurou: "Ok, ótimo. Mas quem vai botar o guizo no gato?". Um silêncio se abateu na plateia e a reunião voltou à estaca zero.

Uma visão preconceituosa insinua que formular uma estratégia é uma missão nobre e que sua execução consiste meramente em fazer os níveis gerenciais realizarem o que foi determinado pela cúpula. Então, segundo essa lenda, os grande líderes ficam, no alto de suas torres de marfim, cobrando, vendo os números e dando puxões de orelha quando os resultados se desviam do esperado.

Portanto, é preciso desmistificar isso. Deve-se envolver o nível gerencial na elaboração da estratégia, porque participar e colaborar é muito melhor do que meramente "entender" e ser posteriormente envolvido, quando todas as cartas já estão marcadas. A crença e o comprometimento com o plano serão fundamentais durante a execução. Por outro lado, a cúpula toda precisa se envolver fortemente com a execução do plano, já que, como vimos, a formulação é apenas uma pequena parte do desafio.

Desdobramento da estratégia

Um grande perigo durante o processo de desdobramento da estratégia é similar ao da questão da definição da estratégia. O desdobramento é trabalhoso, requer muita disciplina, perseverança e responsabilização, mas não tem toda essa complexidade metodológica que se vende por aí.

É lógico que uma empresa que não tenha *expertise* interno pode requerer assessoramento externo, pelo menos por algum tempo, para elaborar um plano que tenha aderência com a estratégia definida e que seja amarrado a um conjunto de métricas consistentes. No entanto, uma complexidade metodológica excessiva termina por gerar muito metatrabalho (preenchimento de extensos e numerosos formulários, reuniões de validações excessivas, desnecessárias ou com gente demais etc.), interferindo-se assim em demasia no fluxo normal de trabalho e causando-se, muitas vezes, inchaço das estruturas.

Além disso, a simplicidade do processo de desdobramento estratégico traz maior facilidade perante um mundo que estará sempre em mutação, direcionando mudanças na estratégia e, consequentemente, forçando constantes mudanças no desdobramento.

A primeira missão espinhosa é desdobrar a estratégia em vários níveis. Em um processo de refinamento sucessivo, dividem-se os objetivos estratégicos em objetivos intermediários com prazos intermediários e assim por diante, até que se alcancem os objetivos menores ("folhas") de curto prazo, que serão adicionados às rotinas diárias.

Muitos acham que "pensar estrategicamente" é considerar ações de curto prazo um pecado, quando, de fato, elas fazem parte do jogo. É preciso projetar as ações em curto prazo, visando objetivos em curto prazo! O erro é fazer isso de forma desvinculada de objetivos decorrentes direta ou indiretamente da estratégia.

Balanced Scorecard (BSC)

O precursor do BSC foi a técnica de administração por objetivos, divulgada por Peter Drucker na década de 1950, que esteve muito em voga durante vários anos, mas caiu em descrédito porque, em muitas implantações, faltava patrocínio efetivo dos altos executivos, que se focavam mais em metas financeiras. Também não havia uma grande preocupação com a compreensão dos objetivos pela equipe e nem com sua racionalidade. Além disso, faltava uma conexão estruturada que permitisse correlacionar os objetivos como causas de resultados derivados da estratégia.

A técnica do *Balanced Scorecard* (BSC), popularizada pelos consultores e acadêmicos norte-americanos Kaplan e Norton, em 1992, tenta suprir a lacuna entre o curto prazo e o longo prazo, além de enfatizar o papel dos indicadores não financeiros como causadores, em última análise, do desempenho financeiro da empresa.

Isso é muito benéfico, nem que seja para mitigar o preconceito que existe em certos meios contra qualquer coisa que não esteja dentro do resultado de um balanço.

O Balanced Scorecard original está dividido em quatro perspectivas: finanças, clientes, processos internos e aprendizado e crescimento. Em todas as dimensões definem-se objetivos, e para cada objetivo associam-se métricas, metas e ações. Cada objetivo pode estar ligado, através de uma relação de causa e efeito, a outros objetivos. Em geral, isso pode ser representado por um diagrama chamado de mapa estratégico.

Mapa estratégico esquemático, mostrando a relação de causas e efeitos

Tudo se resume a como podemos mudar, aprender e melhorar (aprendizado e crescimento) para executar processos de forma mais eficiente e eficaz (processos internos) para entregar valor ao cliente (clientes), de modo que se proporcione sucesso financeiro para a empresa (finanças). Em resumo, o resultado financeiro só aparece porque a empresa aprende como fazer, faz e entrega.

Finalmente, um objetivo do mapa estratégico pode ser desdobrado em um diagrama à parte, contendo um detalhamento e inter-relação entre subobjetivos. Isso é chamado de cascateamento do BSC, e funciona como um tipo de refinamento sucessivo.

No final, volta-se a pensar como se fosse uma administração por objetivos, só que, desta vez, como o resultado final de todo o trabalho de derivação, a partir da estratégia. O sentido aqui é que uma área sempre deve conhecer seus objetivos imediatos derivados da estratégia e, paralelamente, manter a qualidade das tarefas diárias.

Os próprios autores do BSC reconhecem que sua utilidade é mais limitada a empresas com um vínculo muito rápido entre as ações e o resultado, como um banco de investimentos. Outro problema é que a relação de causa e efeito entre os objetivos pode ser muito complexa e não linear, o que dificulta a priorização e a ponderação.

Vale destacar que o BSC é apenas um arcabouço para se organizar o pensamento. O mais difícil é estabelecer os objetivos certos e as relações de causa e efeito adequadas. Independente das perspectivas adotadas (há autores que propõem outras perspectivas diferentes das de Norton, escolha as suas), a ideia mais forte do BSC é pensar a empresa de forma holística, possibilitando a decomposição da estratégia e tentando-se criar relações de causa e efeito.

Fernando Luzio, em *Fazendo a estratégia acontecer*, esclarece como pode funcionar o processo de desdobramento e execução da estratégia, usando-se a metodologia do BSC.

Problemas na execução da estratégia

Existem algumas situações que devem ser prioritárias durante o processo de execução da estratégia:

- Um grande problema na execução da estratégia é a falta de credibilidade das ações decorrentes do desdobramento da estratégia com o trabalho diário. Essa rotina pode ser tão massacrante que a gestão e a equipe precisam ser projetadas e dimensionadas para acomodarem as novas demandas.

  A estratégia não pode ser vista como uma entidade à parte, que vai tomando a empresa de assalto como no filme *Os invasores de corpos*. É prejudicial ter um setor da empresa cuidando da execução da estratégia e outro setor cuidando da rotina diária. Isso cria uma resistência à mudança, que pode colocar em risco o sucesso na execução da estratégia. Desse modo, devem-se integrar as mudanças previstas na agenda de cada um dos profissionais e os processos diários da empresa. Muitas empresas enfrentam sérios problemas de execução da estratégia ao tentar implantá-la utilizando-se de pessoas já totalmente ocupadas com suas tarefas diárias, sem realocação temporária ou ampliação de equipes via novas contratações.

- Como já abordamos, a comunicação é o grande articulador invisível. Não é tão comentada quanto outros jargões do mundo dos negócios, mas é o básico essencial de qualquer execução bem-sucedida de uma estratégia, particularmente em grandes empresas. O leitor que já teve o prazer de ler *Guerra e paz*, de Tolstoi, no qual são descritas as guerras napoleônicas na frente russa, pôde constatar que, na prática, as estratégias de guerra eram muito pouco seguidas antes dos tempos modernos de comunicação de massa. A guerra era muito mais decidida pelo tamanho e força dos exércitos e por uma série de fatores aleatórios que aconteciam antes, durante e depois das batalhas. Na prática, nem as ordens imediatas dos generais eram seguidas, até porque eles normalmente estavam distantes da frente de batalha e, quando a ordem chegava, a situação já era completamente diferente de quando foi dada, portanto, não havia mais condições de execução. Também em uma empresa na qual a comunicação é falha a estratégia é um belo documento sem efeitos práticos.

- A empresa precisa exercer a influência de forma suficientemente clara para que não se desenvolvam focos de resistência às mudanças, geralmente por apego a uma situação de *status-quo*. Caso não sejam debelados, podem minar completamente até uma ótima estratégia que seria brilhantemente executada.
- É muito motivador fazer com que o sistema de remuneração variável estimule a empresa a rodar de forma consistente com o desdobramento da estratégia. Para isso, é preciso ponderar de forma justa os diferentes objetivos envolvidos, incluindo o dia a dia, de forma a refletir a importância relativa de cada um desses objetivos perante os objetivos maiores, que estão vinculados aos objetivos em questão. A frase "você obtém o que você paga", em alguns casos, pode ser mais forte que "você obtém o que você mede". Parte dos incentivos deveria ser não financeiros, mudando-se, portanto, a frase para "você obtém o que você reconhece".
- É preciso encarar de forma realista que recursos, habilidades, capacidades e competências precisam ser desenvolvidos para se poder acompanhar a estratégia formulada. É quase impossível atravessar o oceano com um barco a remo. A estratégia torna líderes e funções obsoletos. Desse modo, não se deve tentar "salvar" todo mundo, pois há pessoas que, infelizmente, deixam de ser aproveitáveis.
- Uma gestão adequada às mudanças é fundamental, porque executar uma estratégia é basicamente mudar, supostamente para melhor. Mudanças envolvem impactos, como diferentes formas de trabalho, evolução da cultura organizacional, novos paradigmas etc. A rotina se quebra e as pessoas ficam sem chão. O impacto é maior para as pessoas que não foram diretamente envolvidas no processo.

Para combater as resistências às mudanças é necessário enfatizar o lado positivo da mudança e não esconder, mas suavizar, os aspectos potencialmente

negativos. Quanto mais rápidas são as mudanças, maior deve ser o cuidado no aspecto de gestão e comunicação.
- Responsabilização (*accountability*) individual para cada ação ou decisão é essencial, porque um processo de mudança envolve novas tarefas, que as pessoas não estão acostumadas a fazer diariamente. Esse é o momento em que uma bola dividida pode fazer com que algo fique no limbo e ninguém se sinta responsável por isso. Em um ambiente de trabalho em equipe, existem também responsabilizações a um time.
- Como abordamos no tópico de estratégia, o mundo, a concorrência e a própria empresa mudam muito rápido. Assim, é preciso montar uma estrutura de gestão que possibilite flexibilizar os objetivos com rapidez, alterando seus desdobramentos subsequentes, de modo que logo se consiga chegar à ponta. Assim, um objetivo em curto prazo pode ficar obsoleto e agora, por tais e tais razões, o objetivo passa a ser diferente.
- Como já foi abordado em outro contexto, deve-se evitar organizar a execução da estratégia, para que não se tenha uma imensa quantidade de metatrabalho. Isso inclui aberrações tais como excesso de formulários, campos obrigatórios raramente úteis (aviso aos navegantes: não há aviso aos navegantes), metas irrelevantes e redundantes gerando um enorme esforço para gerá-las e outro enorme esforço para alcançá-las, reuniões formais imotivadas, eventos motivacionais redundantes etc.
Quando o metatrabalho ajuda efetivamente na organização do que tem de ser feito, gerando tarefas úteis com prazos e responsáveis, ele não se torna chato, porque a utilidade real torna as ações mais interessantes.
- Um vício é deixar que o planejamento fique detalhado demais. O planejamento excessivamente detalhado é tão chato e desnecessário que, muitas vezes, alguma dose de improvisação traz resultados melhores do que obrigar o planejador a descrever o detalhe do detalhe. Se a pessoa sabe trocar um pneu, é inútil alguém descrever o processo de troca, exceto se for para o *pit-stop* da Fórmula 1.
- É preciso adequar a estrutura organizacional para que fique mais consistente com a estratégia, como comentaremos no próximo capítulo.

Estratégia, tática e operação

No nosso entender, há um problema sério de nomenclatura. Convencionou-se chamar de objetivos estratégicos os objetivos de longo prazo, de táticos os objetivos de médio prazo e de operacionais os de curto prazo. Na prática, essa divisão é arbitrária, porque não necessariamente o prazo determina a importância do objetivo. É possível até diferenciar um objetivo estratégico de um objetivo não estratégico.

Tudo que é definido inicialmente dentro de uma estratégia pode ser rotulado como estratégico. Agora, separar o que é tático do que é operacional é muito mais fácil na teoria do que na prática. Isso acontece porque a distinção é artificial. Do objetivo estratégico pode-se chegar ao objetivo operacional, passando-se por uma, duas ou mais etapas, dependendo da complexidade.

A seguir, um exemplo de desdobramento da estratégia com suas etapas sucessivas:

> A empresa lançará dois novos modelos de automóveis econômicos por ano, a serem fabricados na China. Isso vai propiciar um crescimento de 20% anual nos lucros, levando-se em conta as vendas projetadas, com uma maior margem de lucro, especialmente pela economia com a mão de obra.

> Para lançar os dois novos modelos por ano, a empresa irá investir em um Centro de Desenvolvimento Integrado, nos Estados Unidos, para projetá-los.

> Como o novo centro de desenvolvimento só poderá finalizar o projeto do primeiro carro daqui a um ano, é necessário iniciar, em três meses, um projeto visando à aquisição de um terreno, à contratação da construção e à compra de maquinário, dentro de um prazo de oito meses.

> O VP (vice-presidente) de Recursos Humanos deverá montar um cronograma de alocação de mão de obra, que começa a trabalhar daqui a 11 meses, incluindo a contratação/realocação de um gestor para a fábrica na China. Com um mês de preparação prévia, a fábrica estará pronta para receber o projeto e começar a fabricar o carro em pouco tempo.

Um exemplo de como o mundo é dinâmico é: caso a construção da fábrica seja suspensa pelo governo chinês, e a empresa, então, decide passar o projeto da fábrica para o Vietnã, o objetivo do gestor de recursos humanos tem de ser suspenso até segunda ordem.

É preciso que haja senso de oportunidade, para dar a virada na hora certa e não ficar aprisionado a uma estratégia predefinida. Em meados dos anos 1980, a Intel estava perdendo mercado dos chips para os japoneses. Então, decidiu simplesmente abandonar esse mercado e passou a se concentrar em microprocessadores.

Projetos & processos

*"Um projeto é completo quando ele começa a trabalhar para você,
e não enquanto você trabalhar para ele."*
Scott Allen, apresentador norte-americano (1948-)

Um processo pode ser entendido como qualquer conjunto de ações que gera resultados (produtos ou serviços) e envolva certa rotina de execução. Assim, a mera produção de geladeiras em uma linha de produção é um processo. Já um conjunto de ações para melhorar o processo da produção de geladeiras é um projeto.

Assim, um projeto pode ser definido como um empreendimento com começo, meio e fim, que gera ou melhora um produto, serviço ou processo, de uma forma progressiva.

A execução progressiva implica que uma empreitada, para ser encarada como projeto, precisa ser subdividida em etapas. Por exemplo, meramente eliminar uma etapa supérflua no processo de produção otimiza o processo de fabricação, mas essa ação não pode ser considerada um projeto, pois é apenas uma atividade isolada.

A fronteira pode ser tênue. Por exemplo, a construção de um prédio ou uma ponte, mesmo que já seja rotineira, é um projeto e não um processo, pelo grau de complexidade e pelo número de imprevistos que podem surgir no meio do caminho.

Processos

Em princípio, é fundamental que, em qualquer processo, as pessoas não saibam apenas *o que* fazer, mas também *como* fazer.

O detalhamento do processo parece, em princípio, redundante e burocrático. Em muitos casos, o trabalho é simples e parece que não vale a pena parar para descrevê-lo.

No entanto, o ato de descrever as formas como as atividades serão executadas é um ótimo momento para visualizar oportunidades de otimização, racionalização do trabalho etc. Pense como seria o serviço do McDonald's se a empresa não tivesse pensado cuidadosamente em cada detalhe no preparo dos alimentos.

Quanto mais detalhados os processos, mais fácil o seu treinamento e disseminação, melhor a qualidade na execução (pela sua uniformidade), mais fácil notar suas falhas (pois está disponível a todos para críticas) e mais rápido será o seu aperfeiçoamento (através dos projetos).

A crescente importância de se ter um processo detalhado para se ganhar em produtividade depende da relevância do processo em termos de custo por unidade de tempo. Em uma linha de montagem tradicional, chega-se, frequentemente, ao extremo da determinação dos tempos e movimentos de cada atividade e, com isto, ganha-se cada segundo, além de se garantir maior uniformidade da ação.

Já no modelo japonês da Produção Enxuta, ou *Just in Time* (JIT), a produtividade não é usar as pessoas e máquinas nos seus limites. A ideia é garantir que a necessidade corrente seja cumprida, mas não superada, para não produzir estoques intermediários inúteis. Busca-se o nivelamento da necessidade para diminuir os altos e baixos do ritmo de produção. Se há folga, estimula-se o seu uso para se observar o que se faz a fim de captar oportunidades para aperfeiçoar, que é o *kaizen* (melhoria contínua). Falhas e problemas devem ser detectados e corrigidos durante a produção. A padronização de um processo é apenas uma etapa que precede a melhora, seguida de uma nova padronização.

O ideal é que a definição inicial dê uma pincelada geral nas principais atividades, para se ter uma visão abrangente do todo. Essa abordagem é mais adequada como um meio de trazer ideias que não surgiriam se a descrição já fosse iniciada de forma detalhada.

Uma empresa necessita manter diagramas que mostrem o relacionamento entre processos, com entradas e saídas. Eles tornam mais fácil explicar o funcionamento geral da empresa para quem quer que seja, inclusive para um novo funcionário ou gestor. O número de processos em uma empresa pode ser tão grande que é conveniente agrupar um conjunto de processos correlatos dentro de macroprocessos.

A seguir, cada processo deve ser sucessivamente detalhado, através de refinamentos sucessivos, de forma a abranger não apenas as atividades ligadas diretamente ao objetivo, mas também a maior parte das exceções diárias.

Um exemplo claro é o trabalho de uma área de telemarketing, em que só um detalhamento do processo de trabalho, através de *scripts* padronizados e outras técnicas, permite um aumento de qualidade e produtividade do atendimento.

Esse detalhamento pode ser expresso por meio de diagramas que relacionem as atividades, suas dependências e os produtos e subprodutos gerados.

Ao final, uma empresa deveria ter a descrição formal de cada um dos seus processos e, periodicamente, esse texto deve ser revisto, para não ficar destoante do que efetivamente se pratica.

Também é proveitoso ordenar os processos em ordem decrescente de relevância (valor adicionado para a empresa, abatendo-se, é claro, o custo do processo), de forma a servir como orientação para focos potenciais de futuros projetos de melhoria.

Em uma estrutura tradicional, os processos em geral são geridos pelas áreas funcionais que o executam. É importante que se faça periodicamente, de algum modo, uma revisão dos processos, tanto para rever metas como para propor projetos de melhoria.

Gestão de projetos

A gestão de projetos pode ser executada de forma que fique entre uma gestão completamente improvisada e um rígido sistema de controle e planejamento.

A prioridade dos projetos depende do retorno (ganhos gerados para a empresa) em relação ao investimento feito, do tempo/recursos necessários para sua implantação e da sua importância em relação à execução da estratégia. Dependendo dos recursos disponíveis para investimentos, podem existir projetos que se decidam simplesmente por não fazer, pelo menos no horizonte de planejamento adotado.

Em relação ao tempo, vamos dar um exemplo radical: suponha que é preciso escolher a ordem de execução entre dois projetos, um leva um mês para ser executado e economizaria 100 por mês e outro leva dez meses e economiza 800 por mês. É lógico que o projeto de um mês deve ser executado, senão só ficará pronto em onze meses, consumido 1000 a mais, contra 800 do outro projeto por atrasar mais um mês. Uma opção melhor, dependendo do custo envolvido, seria fazer os dois projetos simultaneamente, lançando-se mão, eventualmente, de uma terceirização.

Estabelecer uma prioridade global deve ser uma tarefa corporativa, porque há vários projetos que envolvem diversas áreas. Projetos totalmente contidos dentro de uma área devem ser priorizados dentro dela, encaixando-se na malha de projetos globais, com um eventual apoio do grupo responsável pelo estabelecimento da priorização global. A priorização global orienta as áreas de apoio, como tecnologia e RH, a se posicionaram diante do excesso de demandas.

Com relação à estratégia, a maioria dos projetos está vinculada ao seu desdobramento, de modo a contribuir para a realização dos objetivos propostos correspondentes.

A decisão da empresa de ter ou não uma área separada de projetos é polêmica. Depende muito da sua cultura, do ramo de negócios e da complexidade dos processos. Se a metodologia de gestão de projetos for implantada de um modo simples, como em geral deveria ser, e os usuários estiverem aptos para empregá-la de forma eficiente, sua necessidade diminui. De todo modo, uma empresa se beneficiaria com a atuação de uma área pequena que criasse, treinasse e garantisse a consistência da aplicação da metodologia de gestão de projetos.

O sucesso de uma gestão de projetos improvisada é mais provável em projetos simples e que envolvam ótimos profissionais. Quanto mais complexo o projeto e menos capacitadas sejam as pessoas, mais planejamento e controle serão necessários para se gerir o projeto de forma eficiente.

De qualquer maneira, é recomendável que o gestor convoque reuniões periódicas de acompanhamento do projeto, envolvendo, como sempre recomendamos, apenas as pessoas necessárias e suficientes. Alguns preconizam que em projetos há pessoas na equipe que precisam estar presentes a todas as reuniões. Essas regras rígidas raramente têm lógica.

Metatrabalho

Quanto mais detalhado o processo de planejamento e controle, mais tempo e recursos serão consumidos para a execução de metatrabalho, ou seja, trabalho que não é voltado para o fim em si, mas para apoiar o trabalho que deve ser feito. Além disso, muito volume de metatrabalho é desmotivador para profissionais pragmáticos, que querem se envolver com o fato em si e não com rodeios em torno dele.

Existe, então, um equilíbrio na dosagem de metatrabalho, determinado pela prática, pela complexidade e pelo contexto de um projeto, que deve ser encontrado de forma a minimizar o metatrabalho, sem que se perca o controle sobre o projeto.

Ferramentas de gestão de projetos

Ajudam muito na execução e gestão de processos e projetos complexos as chamadas ferramentas de fluxo de trabalho (Workflow Management Systems), muitas delas com recursos de colaboração entre os membros de uma equipe.

Esses sistemas podem ter a simplicidade de um Sharepoint da Microsoft, a sofisticação de um WebSphere Process Server da IBM ou até o bom preço (gratuito) de um WfMOpen. Sua função básica é facilitar a organização e o fluxo de um trabalho que possui diversas etapas, executadas em diferentes momentos e locais, dentro de uma sequência lógica.

Um exemplo de fluxo de trabalho é o processo de pagamento em uma empresa grande. Há várias conferências e alçadas envolvendo diferentes pessoas. Tudo isso não precisa envolver nada de papel, graças à tecnologia da assinatura eletrônica. A assinatura eletrônica é acionada por uma senha, que só quem assina conhece. A assinatura pode ser vista por qualquer pessoa, como uma assinatura normal. Constitui-se um processo muito seguro, derivado dos sistemas de criptografia.

Um exemplo simples, no campo colaborativo, é a facilidade de se desenvolver um texto a várias mãos usando-se a ferramenta de revisão do MS Word, graças à qual cada alteração, com os comentários correspondentes, fica associada ao seu respectivo autor.

Pessoas maníacas por gestão de projetos chegam inconscientemente a considerar os métodos mais importantes que os resultados e tendem a introduzir tantas burocracias na gestão de projetos, seguindo, por exemplo, ao pé da letra o renomado PMI (Project Management Institute) com seu PMBOK (Project Management Body of Knowledge), que, às vezes, parece que o resultado em si, particularmente no quesito qualidade, perde o foco.

E, no fundo, a única coisa da qual não se pode abrir mão em relação a um projeto é o legado que ele deixa, o seu resultado, e, como subproduto, os acréscimos em experiências e vivências dos integrantes do projeto.

Qualidade dos projetos

Em empresas nas quais a maioria das decisões é tomada de cima para baixo, sem que haja as necessárias autonomia e independência na equipe e políticas adequadas de reconhecimento, a área de projetos é muito afetada, particularmente quando envolve tarefas complexas, de avaliação difícil. Isso acontece porque um projeto é algo multidimensional, pois envolve custo, tempo, qualidade, inovação etc. Assim, pessoas não motivadas têm muitas maneiras de atender às necessidades imediatas da gerência, que tem um conhecimento superficial e distorcido. Portanto, é possível agradar ou, pelo menos, ir levando, sem que se faça, de fato, um bom trabalho. Muitas das consequências ruins só aparecerão muito tempo depois, quando talvez as pessoas até sejam outras.

A análise de qualidade do resultado do projeto envolve a análise do cumprimento dos requisitos presentes na especificação. De forma independente, podem-se analisar os atributos que o projeto entrega ao cliente, que podem envolver aspectos que ele percebe e outros que ele não percebe. Por exemplo, um liquidificador pode ter um bom design (visível), mas pode ser de difícil manutenção (invisível).

Um ponto chave para um projeto é a definição de um escopo e dos requisitos de mudança do escopo. Quanto mais bem definido o escopo e quanto menos mudanças houver ao longo da vida de um projeto, melhores serão os resultados deste projeto.

Desdobramento dos projetos

Um projeto deve ser desmembrado em etapas ou atividades (essas, por sua vez, podem também ser desmembradas em subatividades e assim por diante). Para cada divisão, deve ser atribuído um único responsável, que pode ou não envolver outras pessoas.

É preciso ainda estabelecer a dependência entre as atividades. As dependências podem existir pela própria natureza da atividade (só depois de rebocar a parede posso pintá-la) ou através da experiência da equipe no sentido de minimizar riscos (só começo a implantar um sistema em outros locais quando a implantação no piloto for devidamente aprovada) e, finalmente, por desejo de um dos patrocinadores do projeto.

As dependências não significam necessariamente que a tarefa pendente só se inicia no término da outra, mas também pode significar que devem começar ou terminar juntas. Às vezes, a pressa faz com que se tente fazer simultaneamente tarefas (*fast track*) com dependência e algum nível de risco.

Custo e duração dos projetos

Deve ser possível estimar a duração e o custo de uma atividade. A duração dependerá da natureza da atividade, do tamanho da equipe alocada e do *expertise* de seus integrantes. O custo depende, obviamente, do valor das pessoas e dos recursos materiais utilizados.

Quando se pensa em custos, é preciso que se tenha sempre um raciocínio holístico. Por exemplo, pessoas inexperientes precisam esquentar, isto é, ser treinadas para poder colaborar a contento. É preciso um pouco de paciência, porque todas as pessoas têm uma curva de aprendizagem. Assim, a duração da atividade pode ficar um pouco comprometida. O ideal é alocar essa pessoa em uma atividade que não seja gargalo para o projeto.

No entanto, essa experiência adquirida provavelmente será útil mais à frente em outros projetos da mesma natureza. Assim, o treinamento é um custo cujos benefícios ultrapassam o escopo de um simples projeto. O mesmo se dá se for preciso adquirir, por exemplo, uma ferramenta.

Quanto à estimativa de duração de uma atividade, ocorre um efeito muito interessante: é comum as pessoas inflarem a duração de uma tarefa para garantir o prazo de entrega, mesmo que surjam problemas. Desse modo, a pessoa não mancha sua reputação. Isso é muito prejudicial ao projeto, porque se muitos adotarem essa prática, o projeto pode demorar muito mais tempo do que seria necessário.

Mesmo supondo que a estimativa de tempo exagerada não implique que a pessoa faça corpo mole e a tarefa termine antes, ela pode ficar com medo de comunicar, para não implicar em prazos mais apertados no futuro. Além disso, a empresa pode não estar preparada para se beneficiar do fim antecipado de uma tarefa.

Além disso, pode ocorrer a chamada síndrome do estudante, na qual o profissional, diante de um prazo aparentemente folgado, só se envolve no período final, ou então fica mais propenso a distrações. Nesse caso, se qualquer coisa der errado, mesmo esse prazo exagerado pode não ser cumprido. Outra forma de entender isso é a divertida lei de Parkinson, que diz que "o trabalho se expande para ocupar o tempo que lhe foi dado".

Uma boa visão, que o software MS Project da Microsoft proporciona, se dá a partir do gráfico de Gantt, que plota as atividades em barra, com o tempo no eixo horizontal e as dependências entre atividades representadas por setas ligando atividades. No MS Project, cada linha é uma atividade, com suas dependências e a duração prevista.

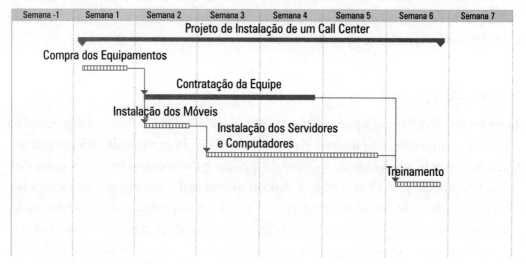

Exemplo de um Gráfico de Gantt, com as dependências.

Para estimar a duração de um projeto, é comum se usar a técnica Pert (Program Evaluation Review Technique), que proporciona a visualização das atividades que o compõem, suas dependências, estimar a provável duração de cada atividade – que determinará seu caminho crítico, que representa o conjunto de atividades, na ordem de dependência, que representem o gargalo do projeto, isto é, qualquer atraso em uma atividade que está no caminho crítico acarretará atraso na conclusão do projeto. As outras atividades, que estão fora do caminho crítico, costumam ter folga de tempo, ou seja, podem atrasar um pouco sem comprometimento do prazo do projeto.

Gestão incremental

A forma ideal de gestão de projetos se dá por fases (gestão incremental). O todo é orçado e planejado de forma aproximada, as fases são divididas e para cada uma delas é estipulado um prazo de entrega bem delimitado. Só depois se faz o orçamento e planejamento mais detalhado fase a fase.

Essa divisão nem sempre é possível, mas traz vários benefícios:
- A área beneficiária tem retornos tangíveis durante a execução do projeto, permitindo uma avaliação externa da entrega, sua qualidade e o cumprimento de prazos;
- Permite que a especificação possa ser atualizada, até como decorrência das primeiras experiências da área beneficiária. Uma especificação que fica muito tempo congelada ao longo de todo o projeto corre o risco de ficar ultrapassada;
- Possibilita que os orçamentos e planejamentos subsequentes sejam mais apurados.

Um projeto pode ser otimizado de diversas formas:
- O histórico de sua execução pode permitir reestimar melhor as futuras etapas, permitindo um replanejamento que possibilite uma redução no prazo.
- Mover recursos de atividades com folga para atividades engargaladas.
- Adicionar recursos em atividades: é um recurso que pode reduzir substancialmente a duração de uma atividade, especialmente quando há possibilidade de paralelismo. Entretanto, o que se observa na prática é que nem sempre mais pessoas resultam em redução do tempo. Quanto mais pessoas estão em uma atividade, mais difícil é a coordenação e mais arbitrária a divisão de tarefas, além de aumentar a quantidade de interfaces. Além disso, novas pessoas precisam aquecer e isso toma um determinado tempo de outras pessoas.
- Contratar ou alocar um especialista ou consultor: às vezes, a presença de um especialista pode ser um grande desencadeador de problemas. As pessoas tendem a se posicionar como autossuficientes, o que pode fazer o projeto empacar.
- Usar horas extras pode, em caso de necessidade, servir como um pulmão adicional para um projeto, mas deve-se evitar incluir as horas extras no cronograma original do projeto, porque isso institucionaliza o trabalho excessivo, além de ser caro para a empresa.

Profissionais multitarefas

Alguém pode perguntar se, em uma empresa grande, não é comum um profissional estar envolvido em vários projetos ao mesmo tempo. A resposta é sim, mas isso não é muito produtivo, mesmo não havendo, por vezes, outra solução.

Os problemas das multitarefas excessivas são:
- Quando o profissional alterna entre projetos, há um período de tempo necessário para a sua aclimatação a outro contexto;

- Há uma tendência de se priorizar o trabalho agradável ou, então, o trabalho que é feito para um cliente "chato", independente das prioridades;
- Caso um projeto ocupe a maior parte do tempo e esteja, de forma certa ou errada, priorizado, qualquer atraso em sua execução pode comprometer substancialmente os projetos com menores alocações de tempo.

Como um projeto geralmente aloca pessoas de várias áreas, cada uma com suas rotinas, a multitarefa é algo meio inevitável. Mas, em geral, as tarefas diárias estão mais no sangue e não há tantas perdas.

Uma solução parcial é, terminado o planejamento dos projetos individuais, olhar para o planejamento global, buscando oportunidades para diminuir o nível de multitarefas dos profissionais. Com esse enfoque, é bem provável melhorar a produtividade.

Nota técnica – Corrente crítica

A partir de vários problemas observados na técnica Pert, em 1997, Goldratt (físico israelense, autor do best-seller A meta e um dos criadores da teoria das restrições) propôs a técnica que ele denominou Critical Chain (Corrente Crítica), que é implantada como uma extensão do MS Project (ProChain).

A ideia é que, quando se alocam os recursos (pessoas, entre outros), observa-se que o caminho crítico pode ser inviável, porque o recurso disponível já está alocado, dando origem à chamada corrente crítica, que é o menor caminho já levando-se em conta a alocação de recursos.

Para prever a duração do projeto, estima-se para cada atividade a duração prevista média, nem otimista nem pessimista, e a duração pessimista, caso muitos pressupostos falhem. Em vez de se jogar o tempo pessimista para cada atividade, calcula-se um tempo de tolerância para o projeto – pulmão – e posiciona-se esse pulmão no final. Esse pulmão é essencial. Diminuir ou ignorar esse pulmão é a porta de entrada para o fracasso no projeto.

Lawrence Leach, o autor do livro Critical chain project management, em 2000, sugeriu uma metodologia para estimar a duração do projeto, que é a soma do tempo médio das atividades com o tamanho do pulmão, a ser alocado no final das atividades de um projeto.

Para cada atividade, estima-se o tempo médio, correspondente a 50% de chance de a atividade terminar (**M**) e o tempo pessimista que é associado ao término em 90% dos casos (**P**). Esses 90% são apenas uma base para o usuário dar uma estimativa pessimista de duração de uma atividade, caso os pressupostos falhem. É lógico que não existe uma calibragem exata para saber se pessimismo significa 90% ou 95% de a chance de duração do projeto não ultrapassar a duração pessimista.

Uma maneira, que o leitor poderia imaginar, seria assumir para a duração "máxima" do projeto a soma da duração pessimista de todas as etapas, mas isso seria pessimista demais!

Lawrence sugeriu calcular o desvio padrão da duração de uma tarefa, que é

Gargalos e prioridades

Mesmo fazendo aparentemente tudo certo, observa-se um constante atraso nos projetos, por isso, é necessário tentar identificar as causas e os gargalos.

Projetos podem envolver muitas áreas. Uma análise mais profunda pode revelar que uma determinada área, um denominador comum, está travando muitos projetos.

Muitas áreas têm suas responsabilidades diárias (processos) e algumas pessoas participam de projetos originários de outras áreas. Por uma visão míope, é comum que a gestão dessa área esteja muito mais voltada às entregas normais do que aos projetos de que sua área participa. Um funcionário que precisa optar entre o líder de um projeto de que ele participa e o seu chefe direto, com certeza optará por seu chefe. Isso gera problemas para o projeto, e a área acaba sendo um gargalo comum a vários projetos.

---

aproximadamente o "desvio" provável em relação à média de duração da tarefa, da seguinte forma:

Desvio padrão da duração do projeto = $\sqrt{\sum[((P-M)/2)^2]}$

Ele recomenda usar três desvios padrões como pulmão, porque a estatística mostra que é difícil que o prazo ultrapasse esse teto. Então, temos:

Pulmão = 3 x desvio padrão da duração do projeto

Finalmente, a duração máximo do projeto pode ser avaliada:

Duração máxima do projeto = Soma da duração provável + Pulmão

Essa técnica pode revelar caminhos diferentes da corrente crítica, que resultam em uma duração provável menor, mas, quando se leva em conta as durações pessimistas, chega-se a uma duração máxima maior do que a duração máxima da corrente crítica.

Os prazos apertados minimizam o efeito da síndrome do estudante, porque as pessoas não podem se arriscar a adiar o início de sua execução.

Dentro dessa premissa, todos os ganhos de produtividade poderão ser bem aproveitados, pois o adiamento do final de uma atividade gerará o adiamento da atividade seguinte, o que é menos problemático do que não se aproveitar dos benefícios de uma eventual execução antecipada de uma atividade, caso o pessimismo fosse incorporado na duração prevista por atividade, como é praxe no método Pert.

Um ponto essencial para essa metodologia funcionar é a conscientização de que os indivíduos não vão ser malvistos quando a atividade terminar depois do prazo provável, porque sabemos que foram orientados a dar uma estimativa que só vai acontecer em 50% dos casos. Isso já está previsto pelo pulmão. Caso ocorra esse julgamento negativo, a turma estará sendo, de certo modo, treinada para voltar a inflar os prazos.

Essa metodologia pode ser ainda mais difícil de funcionar quando envolve mais de uma localização geográfica, especialmente sob gestão matricial, na qual cada indivíduo tem mais de um líder.

A gestão de uma área não pode ser executada com base apenas no que deve entregar diariamente. É preciso avaliar, também, sua atuação nos projetos de outras áreas, de modo que o chefe também tenha um interesse direto em estimular seus funcionários a atender seus projetos.

Além disso, como a alocação de pessoas tende muito mais a ser feita pelo dia a dia e os projetos entram como uma quota extra, é comum encontrar a área subdimensionada demais para ainda conseguir atender aos projetos de que ela participa com qualidade.

Por exemplo, a área de infraestrutura de informática tem uma rotina pesada e está geralmente envolvida em alguma etapa de diversos projetos de diversas áreas diferentes. Como esses projetos alteram o estado de estabilidade do ambiente, funcionam não só como competidores, mas até como adversários da operação diária.

Assim, seja por conscientização da liderança, pelo redesenho dos processos da área ou pelo aumento do efetivo, é preciso eliminar esse gargalo.

Outro problema comum é a alocação das prioridades. Como, em geral, não há uma alocação global de prioridade, é comum que as áreas atribuam prioridade aos seus projetos e, quando chega a uma área de apoio, como a infraestrutura, as prioridades colidam.

Como já foi dito, é preciso que haja algum tipo de priorização global para servir como orientação às áreas de suporte. De toda maneira, é necessário bom-senso. Se a tarefa for de duração muito curta, pode-se fazê-la antes de uma tarefa mais prioritária, mas de longa duração, pois sua não execução pode simplesmente travar um projeto.

Exemplo prático

O exemplo a seguir refere-se ao processo de um caixa de supermercado.

- O caixa cumprimenta o cliente: "bom dia", "boa tarde" ou "boa noite".
- O caixa passa um item pelo leitor de código de barras e coloca no final do balcão, repetindo o mesmo procedimento para cada item.
- Quando o balcão estiver cheio, os itens devem ser colocados em uma sacola.
- Ao finalizar todos os itens, o caixa recebe o pagamento.
- Caso o cliente pague com cartão, deve-se perguntar se é débito ou crédito.
- Caso seja cartão de crédito, se o supermercado assim permitir, deve-se perguntar se o cliente deseja parcelar.
- O caixa deve registrar a forma de pagamento e fornecer o troco ao cliente, junto com a nota fiscal.
- Ao final, o caixa deve dizer: "volte sempre" ou "até logo".

Com o processo descrito, podemos imaginar melhorias:

- Poderia haver embalagens múltiplas, lidas diretamente através do código de barras múltiplo, que permitissem escanear em bloco, no lugar de escanear item por item. Essa técnica pode ser viável como um consolidador para diversos saquinhos plásticos de produtos hortifruti.
- Poderia haver um porta-sacolas que permitisse a colocação direta do produto escaneado na sacola, economizando-se uma etapa.
- Poderia existir a figura de um papa-fila, que registraria os produtos em um coletor portátil que transmitisse sem fio os dados coletados para o PDV (terminal no ponto de venda), de forma que, quando chegasse a vez do cliente, ele só efetivaria o pagamento.

Também é possível realizar detalhamentos, especialmente nos gargalos, que facilitariam futuras melhorias, tais como:
- Descrever detalhadamente como proceder em cada tipo de pagamento, buscando oportunidades.
- Observar como o sistema do PDV se comporta em caso de erro do operador de caixa.

Estas melhorias levantadas podem finalmente se transformar em projetos.

Como destacaremos no tópico Decisão X Seleção Natural, é mais seguro, antes de implantar uma melhoria em todas as lojas, verificar na prática, usando lojas-piloto, a viabilidade das mudanças sugeridas.

Se, por exemplo, o papa-fila gera um número para cada cliente, o teste talvez descobrisse que clientes desonestos, não abordados pelo papa-fila, podem declarar falsamente o número do cliente de trás para pagar menos. Assim, pode ser necessário redesenhar esse processo, de forma a evitar esse tipo de fraude (embora o meliante tivesse que dar no pé, porque, quando o cliente lesado dissesse o mesmo número, a fraude ficaria configurada imediatamente). Essa falha no piloto mostra evidências de falhas na elaboração do projeto, por não se terem examinado de forma aprofundada as possibilidades relevantes, decorrentes da relação dos clientes com os caixas e papa-filas.

Qualidade total

Na década de 1970, quando se falava no "milagre japonês", começaram a emergir para o ocidente as técnicas administrativas que tornavam a máquina japonesa tão eficiente. Entre elas, uma que se destaca é a da melhoria contínua (*kaizen*, em japonês). Nos anos 1980, nos Estados Unidos, isso deu origem a um modismo denominado Gestão da Qualidade Total (TQM – *Total Quality Management*).

A TQM envolve um processo de pequenas melhorias contínuas, a partir da detecção de desperdícios, defeitos, esperas desnecessárias etc.

A base deste processo é que cada membro da equipe deve estar empenhado em descobrir falhas no processo atual e propor melhorias para sanar essas falhas. A seleção destas melhorias e a sua implantação são tão dinâmicas que, por vezes, mudanças acontecem de um dia para o outro.

No ocidente, ao invés deste processo, predominavam as alterações em bloco, quase sempre decididas de cima para baixo.

Apesar das expectativas positivas, houve muitos problemas na implantação de programas de qualidade. Já foram levantados alguns problemas sérios com os Programas de Qualidade Total:

- Choque cultural, envolvendo barreiras para a livre expressão das pessoas.
- A TQM precisaria ser customizada para respeitar as particularidades de cada ambiente.
- Há, em geral, falta da visão de projeto na gestão da TQM.
- Sem um treinamento prévio focado para melhorar a percepção das pessoas, a coleta de sugestões pertinentes pode ser ínfima. Mesmo com treinamento, ainda há questões importantes que podem passar despercebidas.
- TQM é apenas mais um ingrediente, não pode ser vista como a panaceia do problema de qualidade.
- A TQM necessitaria de um direcionamento e análise prévia para obter mais sucesso.
- A TQM foca mais a eficiência do que a eficácia, ou seja, trabalha mais em fazer algo certo, que pode ser errado.

Embora a prática da gestão da qualidade total não esteja mais em moda, os argumentos anteriores não invalidam a ideia de se buscar melhoria contínua, dentro de um portfólio mais amplo de práticas. Ainda se ouve falar muito do ciclo PDCA (*Plan – Do – Check – Act*) (Planeje – Execute – Verifique – Aja), divulgado por Deming na década de 1950 e usado no contexto da melhoria contínua.

Métricas & metas

"Você não pode gerenciar algo se não puder medi-lo."
Anônimo

Não há como melhorar um processo, avaliar um projeto ou desenhar uma estratégia se não houver medições. A falta de medição perpetua uma condição cômoda, já que é mais confortável não haver medições, que é um tipo de avaliação. No entanto, se a medição desempenha um papel absolutamente fundamental na evolução científica, por que o mesmo não vale para as empresas?

Avaliações subjetivas (indicadores qualitativos) são úteis e nunca devem deixar de existir, mas uma empresa é repleta de valores como receita, despesa, custo e lucro, que são, afinal, apenas números. Assim, negócios terminam muitas vezes por gravitar em torno de números.

Métricas ou indicadores são as grandezas medidas na empresa. Para a métrica ter serventia, é preciso que haja alguma referência para avaliar se o valor expresso por ela é bom ou não. Essa referência pode ser uma meta (que representa um valor desejado para aquela grandeza), um valor de um período passado ou um valor de comparação, referente a outra empresa ou setor.

Algumas vezes, não há propriamente uma meta, mas um intervalo ou limite inferior ou superior para uma métrica, como, por exemplo, a porcentagem de ocupação do depósito, que deve ter um limite máximo.

Algumas métricas, que têm uma meta associada, são denominadas de indicadores chaves (KPI – Key Performance Indicators), quando estão ligadas a um objetivo que seja decorrente das definições da estratégia.

Para exemplificar, Lucro é uma grandeza, o valor do lucro que se deseja é uma meta. A meta pode ser um valor simples ou envolver uma conta. Por exemplo, a métrica OTIF (One Time in Full) é uma conta que mede o porcentual de entregas fornecidas sem atraso e dentro da quantidade prevista.

Por outro lado, se há um objetivo estratégico, muito louvável por sinal, de se maximizar o valor do cliente durante sua vida (lifetime customer value), um indicador que meça o percentual de clientes que compram novamente em um período de até, digamos, seis meses de uma compra pode ser considerado um indicador chave. Se um percentual elevado e crescente de clientes compra antes de seis meses, então é provável que continuem a comprar cada vez mais no futuro.

As métricas precisam ser definidas com rigor para não darem margem a ambiguidade de interpretação. Lucro, por exemplo, é uma palavra muito ambígua. Que lucro? Lucro líquido ou bruto, operacional ou pós-impostos etc. Por vezes, uma empresa usa uma nomenclatura um pouco diferente do mercado e isso leva a mais confusão.

Passado e futuro

Classicamente, diz-se que há métricas que representam uma medida do desempenho passado (lagging indicators – indicadores de posição), como venda, margem; e há métricas que indicam uma tendência para o futuro (leading indicators – indicadores de tendência), como satisfação do consumidor. Nesse contexto, métricas que se propõem a fazer uma previsão de uma grandeza relevante, como venda ou lucro, seriam claramente também indicadores de tendência.

Achamos essa classificação um pouco arbitrária, que não ajuda o processo de seleção de métricas, porque toda métrica razoável visa dar alguma luz sobre o futuro, nem que seja através da gestão. Se ela for irrelevante e represente apenas um instantâneo de uma situação, não tem maiores utilidades.

Por exemplo, a venda é um clássico indicador de posição, no entanto, a venda costuma ser confrontada com uma meta. Se a venda estiver acima da meta, é um indicador de que a venda no futuro tende a ficar acima da meta, a não ser que esta seja revista para cima.

Por outro lado, o índice de satisfação do consumidor é dado como exemplo de um indicador de tendência. Mas não o é exatamente. A satisfação do consumidor pode ser considerada uma das causas (*driver*) do nível futuro de vendas, assim como o porcentual de defeitos, qualidade dos serviços e a competitividade de preço. Mas um percentual elevado de satisfação do consumidor pode, no entanto, indicar uma queda em relação ao nível anterior, ainda mais elevado. Portanto, algo aparentemente bom, na verdade, pode ser ruim.

Dosagem certa de métricas

Métricas em empresas transitam, por vezes, entre dois extremos. Há empresas que têm métricas de menos e tudo é decidido na conversa e no olho. Esse tipo de empresa dificilmente consegue crescer além de certo nível. Outras empresas têm métricas demais. É tanta coisa sendo medida e controlada que terminam por não focar naquilo que é realmente importante, fazendo com que todas essas medições pareçam mais um faz de conta.

Métricas não devem ser criadas para fazer parte de um parque de diversão de mensurações, que irão formar uma espécie de *Livro dos curiosos* para executivos. Técnicos adoram dividir duas grandezas quaisquer para prover uma grande variedade de "indicadores". Eles acham que estão agradando e aumentando o leque de opções para análise. Os executivos devem fingir que gostam. Quem é louco de censurar excesso de informações? Por exemplo, giro de estoque (venda/estoque) e cobertura de estoque (estoque/venda) expressam a mesma coisa, mas se um é o inverso do outro, para que exibir os dois? A justificativa por vezes é "nós medimos porque podemos" e não "nós medimos porque serve para alguma coisa".

Métricas devem ser, em geral, voltadas apenas para gestão, ação ou tomada de decisão. Algumas métricas eventualmente podem ser usadas para comparação (*benchmark*) com outras empresas ou fazem parte de um relatório para consumo externo.

Uma métrica para comparação poderá disparar investigações mais profundas, e delas talvez derive alguma ação ou decisão.

Há empresas que simplesmente não têm metas formais, mas adotam uma postura de buscar a melhoria contínua através de comparações internas e externas. Isso requer uma gestão descentralizada, com alto nível de maturidade e autonomia. Um exemplo bem-sucedido dessa prática é o banco sueco Handelsbanken, com mais de 10 mil funcionários e em processo de expansão na Europa.

O que se pode medir?

O livro *How to measure anything*, de Douglas Hubbard, nos mostra ser possível medir muitas coisas que não se imaginava. O livro conta uma história do físico italiano Enrico Fermi, que ensinava aos seus alunos a estimar, sem conhecimento prévio, o número de afinadores de piano em Chicago. Para gerar um número, ele convidava seus alunos a chutar o percentual de casas com pianos que eram afinados, o número de afinações necessárias por ano e o número médio de afinações diárias feitas por um afinador.

Não adianta ter metas que não se consiga medir, e, portanto, adjetivos nas metas têm pouco valor prático. Ao se definirem as metas, já é preciso ter em mente quais métricas correspondentes serão usadas e, quanto mais transparentes e fáceis estas métricas, melhores elas serão, assim como o seu processo de acompanhamento.

Como definir metas?

Um erro muito comum é se colocar o adjetivo *melhor*, ou mesmo *maior*, sem definir claramente os pontos de comparação. Melhor ou maior em relação a quê? Ou seja, para efeitos de comunicação, pode-se usar maior ou melhor, mas, para efeitos práticos, é preciso transformar as palavras em alguma declaração numérica mensurável. Por exemplo, a meta de tornar-se o melhor prestador de serviços de engenharia do Brasil deve corresponder, em letras pequenas, a algo do tipo "baseado na pesquisa anual da ABUSE – Associação Brasileira de Usuários de Serviços de Engenharia".

Outro problema, mais oculto, refere-se à elaboração de métricas que não são apropriadas para os objetivos que se deseja. A seguir, há dois exemplos de métricas, que servirão de ilustração para alguns potenciais problemas:

Receita por funcionário: As pessoas adoram, mas é uma métrica perigosa. Cada negócio tem as suas particularidades, a sua cultura e a sua estratégia. O fato de que uma empresa tem uma receita por funcionário menor que outra, do mesmo ramo, não significa que a empresa deve perseguir a meta da outra. Vamos supor que uma indústria multinacional de alimentos **A** de maior porte tenha uma venda por funcionário 25% maior do que a indústria nacional **B**. Além do efeito da escala, essa empresa pode ter uma negociação mais agressiva com os revendedores, e, portanto, conseguindo preços de venda maiores, um parque industrial mais mecanizado e uma área P&D (Pesquisa & Desenvolvimento) menor, causada pela sinergia com a matriz.

Se o presidente (CEO) da empresa **B** resolver implantar um projeto para reduzir o quadro em 20%, com o objetivo de igualar a venda por funcionário, dilapidará a empresa **B** e não conseguirirá se igualar a **A**, porque a venda de **B** já não será mais a mesma. Uma métrica dessas pode ser usada, no máximo, para comparação e como motivo para disparar *benchmarks* mais detalhados, não para tomada direta de decisões.

Meta de venda em peças: Suponha que uma rede de varejo de autosserviço conceda uma premiação caso se alcance uma meta em quantidade de peças vendidas. Sabe o que a loja tende a colocar em destaque? Produtos baratos de alto giro, para alavancar a venda de peças. Isso é ruim para a empresa, porque a loja fica descaracterizada e o lucro cai. Se você paga o que você mede, você obtém aquilo que você mede. E se o resultado é ruim, a medida não é apropriada.

As metas de uma empresa, voltadas para a gestão, têm de ser, ao mesmo tempo, desafiadoras, para gerar gana de ultrapassá-las, mas realistas, para não frustrar as expectativas e, com isto, não ser mais levada a sério.

Este é um equilíbrio difícil, mas pode ser alcançado de forma mais justa se houver uma participação maior de toda a equipe para se alcançarem as metas. Com a participação, pode-se gerar ainda mais motivação, só que temperada com o realismo, resultante do comprometimento da equipe. Para se valorizar a medição, o cumprimento de um

McDonald's – a obsessão por *market share*

Uma das métricas mais perseguidas no mercado corporativo é o *Market Share*, isto é, qual a participação do seu produto ou serviço no mercado. Esta métrica é muito útil para se saber em qualquer época, boa ou ruim, se a empresa impensa está crescendo ou perdendo mercado.

Muitas empresas são obcecadas por esta métrica. Pequenas quedas nela podem inclusive significar a perda do emprego para seus principais executivos, enquanto pequenos ganhos dão bônus polpudos.

O McDonald's está entre aquelas empresas em que este indicador é um dos mais importantes. Todos os seus conflitos com franqueados, tanto no Brasil como no EUA, foram motivados por aberturas de lojas muito próximas fisicamente. Isso em parte ocorreu porque a empresa, em muitos lugares, funciona como uma grande imobiliária, ocupando os melhores pontos e alugando ou sublocando para seus franqueados.

conjunto de metas, com suas importâncias relativas estabelecidas de forma a também considerar o longo prazo, pode estar associado a premiações e promoções individuais e coletivas.

Buscando as causas

Existem métricas que são excelentes para um painel executivo, mas esses indicadores são muito mais indicadores de resultados (outcome indicator) do que qualquer outra coisa, ou seja, são consequências de uma série de fatos que estão acontecendo na empresa. Lucro e receita são consequências, não causas. Índice de defeito, pontualidade na entrega e competitividade de preços são causas.

No exemplo anterior, pontualidade de entrega, por sua vez, pode estar ligado a diversos problemas, tais como:
- Falha de planejamento das cotas de produção
- Não cumprimento das cotas, por falta de insumos
- Não cumprimento das cotas, por outros motivos

Cada um desses problemas pode estar associado a uma métrica.

Portanto, para cada resultado é necessário elaborar um raciocínio sobre quais são as principais causas (*drivers*) que afetam o resultado correspondente. Cada causa pode ser associada a uma métrica.

Essa abordagem é um processo sucessivo, porque cada uma dessas métricas também tem um conjunto de causas entre as mais relevantes, até que se chegue às causas raízes, que são as causas que podem ser atacadas de forma relativamente autônoma. Há

Mesmo que isto praticamente elimine as possibilidades de crescimento dos concorrentes, ao se ganhar mais participação, as lojas do McDonald's acabavam concorrendo entre si. Muitos franqueados tiveram quedas bruscas em seus faturamentos, que implicaram, muitas vezes, em falências, quando a receita ficava perto ou abaixo do ponto de equilíbrio.

Para o McDonald's, isto não significava, em princípio, perda de rentabilidade, já que os seus ganhos sobre os franqueados estavam baseados em porcentuais de faturamento e, portanto, sobre um bolo maior no total haveria uma receita maior, independente de individualmente esta receita cair. Além disso, também protegia com "unhas e dentes" a sua participação no mercado.

Entretanto, em um determinado momento, houve uma rebelião dos franqueados, que acabou sendo bem-sucedida, mas com pesadas perdas para o McDonald's, além de um abalo na credibilidade do mercado de franquias.

uma relatividade, porque um indicador que é uma das causas de um resultado pode ser, por sua vez, o resultado de suas causas.

Para ilustrar, a métrica do não cumprimento das cotas de produção por outros motivos pode ser decomposta em várias causas. Uma causa pode estar ligada ao fato de uma dada máquina, que é um gargalo, estar no seu nível máximo de utilização, ou seja, o percentual de utilização dessa máquina é a métrica correspondente. O percentual de absenteísmo pode ser outra causa.

Há algumas premissas que devem ser levadas em conta sobre a Análise de Causa Raiz, que é o nome desse processo investigativo:

- Essa técnica não é uma panaceia que resolve todos os problemas, porque nem sempre há clareza suficiente para se descobrir as causas efetivas. O primeiro "ataque" pode não surtir o efeito esperado e fazer surgir posteriormente outras causas, antes ocultas.
- Há causas que parecem causas, mas são apenas crenças. Técnicas estatísticas podem ajudar a separar o joio do trigo. Steve Levitt, em seu *Freakonomics,* não encontrou nenhuma relação entre a política de tolerância zero com a queda da violência em Nova York, apesar do aparente sentido dessa afirmação.
- A profundidade da relação de causa e efeito é variável. Assim, falha de planejamento das cotas de produção pode não ter subdivisão. Mas, por outro lado, o não cumprimento das cotas admite uma subdivisão.
- É muito frequente existirem causas comuns a vários efeitos. Por exemplo, uma fábrica na qual houve um aumento no índice de defeitos para o consumidor por problema no fornecimento de peças causará, no futuro, uma queda nas vendas, nos lucros, no índice de satisfação do cliente etc.
- É necessário tomar cuidado para não levar o processo investigativo longe demais. Essa parcimônia deve se aplicar tanto ao número de causas adotadas para uma situação, que deve se ater às principais, quanto para não se exagerar na profundidade de investigação. Por exemplo, a falha de planejamento das cotas de produção provavelmente pode ser, conforme o caso, tratada como um problema indivisível para não burocratizar a análise de causa raiz.

A análise levada ao exagero lembra aquela criança curiosa que, a cada resposta do pai, indaga um por quê, até o assunto ficar irreconhecível. "Por que o carro está dodói? Porque bateram no carro. Por quê? Porque o motorista estava distraído. Por quê? Porque ele estava falando no celular...".

Um antigo provérbio chinês resume a importância do processo de ir fundo nos problemas: "Quando a coceira é dentro da bota, coçar o lado de fora não alivia muito".

Variabilidade e frequência

Há ainda dois tópicos que têm perturbado muito o ambiente empresarial.

Variabilidade: Todas as métricas têm uma variação normal, devido à influência do acaso na vida real. Assim, é importante usar técnicas estatísticas ou, pelo menos, o bom-senso para estabelecer faixas de variações que não são nem preocupantes nem alvissareiras.

Em geral, uma queda ou elevação de venda em uma loja de 5% de um dia para o outro significa, *hum, deixa eu pensar... Ah, já sei. Não significa nada, nada mesmo.*

Se eu sou um vendedor de carros e vendi dois carros esta semana, contra um carro na semana passada, não quer dizer que estou 100% melhor, apenas fui um alvo momentâneo da sorte. Enfim, quanto menores os números envolvidos, mais a variação é turbinada pela aleatoriedade.

Frequência: Há uma obsessão pelo exagero, que é ampliada pelo item anterior. Por exemplo, dependendo da empresa, a única "utilidade" de se medir diariamente a acurácia de entrega de pedidos é deixar os gestores ansiosos. Afinal, é normal haver pequenas flutuações aleatórias para cima e para baixo.

Assim, é preciso estabelecer horizontes de tempo suficientemente largos para que, a métrica tenha relevância suficiente e, também, que haja tempo hábil para se disparar uma ação efetiva de correção de rumo.

Receber vendas por hora no celular, em geral, só serve para distrair os executivos. Todos olham para suas telinhas, se desconcentram, e, normalmente, não fazem nada de prático, exceto passarem por um curto momento de euforia ou desânimo, que se dilui até o tilintar da próxima hora.

A área de finanças comportamentais nos ensina que aquele investidor que está todo o tempo controlando seus investimentos tende a ter muito menos apetite para o risco, porque o mercado em curto prazo é muito mais nervoso do que em longo prazo.

Tomada de decisão

"Quando você tem de fazer uma escolha e você não a faz, isso já é uma escolha."
William James, psicólogo norte-americano (1842-1910)

A tomada de decisões é a mais importante atividade humana. O tempo todo fazemos escolhas, em todos os campos. Como documentado pela neurociência, pessoas que sofrem um determinado tipo de lesão cerebral e ficam com dificuldades de decidir, estão praticamente incapacitadas.

No fundo, todas as atividades em uma empresa (examinar relatórios, falar ao telefone e buscar informações) são elementos que deveriam servir para apoiar a tomada de decisões.

Razão e intuição

Estamos acostumados em nossa sociedade, especialmente no ambiente corporativo, a valorizar excessivamente a razão (raciocínio) e considerar que qualquer elemento estranho à razão é prejudicial e deve ser afastado.

A intuição, em contraste com a razão, é aquela força que nos faz pensar alguma coisa sobre o que está acontecendo a nossa volta. Não conseguimos racionalizá-la nem traduzi-la em palavras, mas é uma voz que se faz presente e nos pressiona em uma direção, inclusive contrária à apontada pela razão. A intuição, em certos meios, é considerada dispensável, por ser um nome chique para chute ou palpite, que invade o latifúndio que deveria ser de uso exclusivo da razão.

Estudos têm demonstrado que não é bem assim. Na área de medicina e enfermagem, por exemplo, evidenciou-se o papel importante que a intuição exerce no tratamento e assistência de doentes. A intuição é mais ou menos desenvolvida em diferentes pessoas, sendo que mulheres tendem a tê-la mais desenvolvida, pelo fato de a mulher, geralmente, ter mais conexões entre os lados direito (emocional) e esquerdo (racional) do cérebro. No entanto, a intuição tende a aumentar com o tempo, conforme se amplia a experiência de vida. Ter vivido inúmeras situações e presenciado as consequências de seus desdobramentos treina os nossos neurônios, de maneira semelhante à forma que alguém aprende a andar de bicicleta: só se aprende quando se deixa de estar consciente de seus movimentos.

Quando se conhece uma pessoa e ela deixa uma má impressão, que não se consegue explicar direito, possivelmente a maior parte de pessoas com atributos similares no passado não deixaram boas recordações. Quando o indivíduo se vê perante uma decisão a ser tomada, a intuição pode trazer uma sensação no sentido de se fazer uma determinada escolha, sem que este indivíduo consiga encontrar uma explicação completamente racional.

No outro extremo, vale ressaltar, que ao contrário das ideias de Malcolm Gladwell em *Blink*, acreditamos que é muito perigoso usar a intuição como ferramenta principal para a Tomada de Decisões. Consideramos, de forma mais equilibrada, a intuição um ingrediente que não deve ser desprezado e que deve ser usado para temperar a razão. Além disso, a intuição pode conduzir a uma série de armadilhas, detalhadas a seguir.

Decisões em empresas

Retomando o assunto original, a tomada de decisões, como vimos, é o ato que está por trás de tudo que acontece em uma empresa.

As atividades em uma empresa que estejam bem mapeadas não geram em si decisões, pois se enquadram em uma rotina previsível. Na prática, porém, sempre surgem fatos não previstos, que não estão mapeados, as chamadas exceções.

Essas exceções geram decisões a serem tomadas, pois podem interromper o processo produtivo e, portanto, em muitos casos, necessitam de uma resposta rápida.

> **Nota técnica –**
> **Custo da decisão X adiamento**
>
> Suponha que se estime o custo de uma decisão adiada em 1.000, o custo de uma decisão errada em 2.000 e a chance de o erro acontecer seja de 20%. Muita gente se esquece dos 20% e raciocina que o erro sai mais caro. Matematicamente falando, esse raciocínio é falho, pois se estará trocando 1.000 por apenas 400 = 2.000 x 20%, ou seja, nesse caso, é melhor decidir agora e correr o risco de errar do que adiar a decisão.

Além das exceções, em diversas atividades, a decisão é parte inerente do processo. Por exemplo, atribuir um preço a um produto novo depende de muitos fatores e o processo não deveria ser completamente automatizado. Quando precisamos decidir sobre a aquisição de uma empresa, nem se fala.

Resolver um problema quando se tem todos os dados pode ser difícil, mas a razão (raciocínio) é o principal requisito para tal. No entanto, quando o problema é difícil, a intuição pode ajudar a dar aquela centelha criativa que indica um caminho, que, com o apoio da razão, conduzirá à solução do problema.

No entanto, muitas vezes, em um ambiente corporativo, a informação é incompleta, sem a possibilidade, dentro de um prazo razoável, de tornar-se completa. Além disso, quase sempre a completude é apenas uma ilusão na qual queremos acreditar. Quanto menos elementos concretos estão disponíveis, mais o processo decisório deveria ser apoiado pela intuição.

Escolher se a decisão deve ser adiada ou resolvida com os elementos incompletos de que dispomos é questão de se mensurar o quanto custa adiar a decisão, levando-se em conta a chance de erro se a decisão não for adiada e o custo de uma decisão errada.

Falta de decisão pode ser cara

As pessoas não se sentem seguras para tomar uma decisão caso acreditem que não dispõem dos elementos suficientes para tomá-la. No entanto, as pessoas costumam superestimar a importância dos dados que não têm, em vista do medo que elas têm de errar.

Vale ressaltar que a imobilidade no processo decisório é um dos maiores gargalos nas empresas e, muitas vezes, é muito mais caro do que algumas decisões erradas. Uma decisão imperfeita pode ser corrigida, às vezes com algum custo, mas faz com que a empresa avance. Dificilmente se custeia o prejuízo gerado pela falta de decisão e costuma-se usar uma lente de aumento no custo das decisões erradas, mesmo que a probabilidade de o erro acontecer seja muito baixa! A falta de decisão, por sua vez, pára tudo o que está ligado a essa decisão.

Além disso, a falta de decisão parece menos grave do que uma decisão arriscada. Afinal, qual a gravidade de não se fazer nada, perante fazer uma coisa errada? Por exemplo, deixar um produto com a venda declinante parece mais fácil do que partir para um novo produto, com todos os seus riscos.

Vivemos em um mundo denso em mensagens e repleto de decisões a serem tomadas. Assim, desenvolver agilidade na tomada de decisões é um requisito importante para fazer a fila andar. Deve haver um ponto ótimo entre a pressa irrefletida e a postergação demasiada da busca de mais elementos.

Enfim, o processo de tomada de decisão coletiva tem de ser dinâmico o suficiente para atender às suas necessidades de urgência. O primeiro passo para tornar este processo dinâmico é se definir uma data limite para a tomada da decisão, entendendo-se que nem tudo é urgente e precisa de uma solução imediata. Se, nesta definição, exige-se uma decisão imediata, a decisão está nas mãos do próprio líder, que, no máximo, tem tempo de fazer consultas individuais a membros da equipe ou de outras áreas. Caso contrário, é preciso haver um planejamento de como e quando esta decisão será tomada.

A falta de planejamento no processo de tomada de decisão é um erro comum nas empresas e isso, normalmente, faz com que a decisão seja postergada ou tomada de forma irresponsável. Uma decisão errada causa prejuízos óbvios, já a falta de uma decisão, que muitas vezes é necessária para o avanço de uma série de outras decisões, pode terminar por paralisar a empresa. Por exemplo, quando o processo de elaboração da estratégia se estende demais, por falta de definições, a empresa fica meio sem rumo, aguardando um direcionamento que nunca chega.

Armadilhas na tomada de decisões

Diversos mecanismos, que também estão envolvidos no processo de como formamos nossas crenças (verdadeiras ou falsas), determinam como tomamos nossas decisões. Basicamente, caímos nas seguintes armadilhas:
- Acreditamos mais em histórias do que em estatísticas – relatos pessoais são muito mais importantes, na nossa escala de valores, do que estudos estatísticos

completos, apesar de terem uma base científica muito mais sólida. Por exemplo, uma notícia de assalto a uma residência pela TV no seu bairro pode fazer você reforçar a segurança, mesmo que as estatísticas mostrem que a criminalidade no bairro tem até diminuído. Comprovadamente, a queda das torres gêmeas em 11 de setembro de 2001 aumentou o número de mortes nos EUA durante algum tempo, já que as pessoas usavam mais o carro para viajar para não ter de voar, e viajar de carro é muito mais arriscado que viajar de avião.

- O medo leva à mensuração completamente falha dos riscos, o que leva a decisões absolutamente equivocadas e irracionais.

Preferimos avançar intempestivamente o sinal vermelho do semáforo, mesmo sob o risco de colisão, a sermos assaltados. O erro é duplo, porque o trânsito mata muito mais que o latrocínio (ainda mais furando-se um sinal!) e, além disso, o assaltante pode se irritar com sua fuga e começar a atirar.

Este tipo de situação ocorre com mais frequência nas empresas do que imaginamos.

- A aversão à perda tende a ser muito mais pronunciada do que a alegria pelo ganho. Em uma experiência, metade dos estudantes ganhou canecas de café com a insígnia de sua universidade e a outra metade, não. Quando foi solicitado que a metade que possuía a caneca estipulasse um valor de venda e a outra metade um valor para compra, a diferença foi mais ou menos o dobro. Essa experiência foi repetida com muitos tipos de objetos diferentes, sempre com resultados similares.

Toda decisão que envolve risco é fortemente influenciada por este viés. Por exemplo, é comum evitarmos adquirir produtos on-line quando percebemos algum risco, mesmo que seja pequeno e o produto seja bem mais barato. Racionalmente, esta decisão não se justifica. Se nós sempre comprássemos assim, a eventual perda seria bem menor que a economia acumulada. Esse mecanismo afeta muito a nossa capacidade de tomar decisões com isenção. Há muitas pessoas que até hoje não compram pela internet em razão do hipotético risco do uso do cartão de crédito.

- O conflito que alguma decisão pode ter em relação a nossa autoimagem (chamado pela Psicologia Social de dissonância cognitiva) pode nos levar a cometer terríveis enganos. Por exemplo, quando cometemos um erro, podemos ter uma chance de consertá-lo, mas isso nos levaria a ter de admitir o erro como ele é e, portanto, nesse momento, nos sentiríamos "burros". Por isso, preferimos, muitas vezes, empurrar com a barriga, presos por falsas esperanças e tornar, por vezes, o erro um fato irreparável.

- Estamos sempre procurando provas para aquilo em que já acreditamos ao invés de procurar contradições que nos levem a questionar o que acreditamos.

Nossos preconceitos são o exemplo mais extremo disso. Por exemplo, quem acredita que câmeras de segurança diminuem os problemas de furtos em um estabelecimento, tende a acreditar que, após a instalação de câmeras, uma diminuição no índice de furtos se deva necessariamente a isso. Mas pode haver outras causas concomitantes (mudança da gerência, adoção simultânea de outras medidas de segurança etc.), além de soluções alternativas mais baratas (câmeras *fake*, por exemplo), e é preciso, friamente, confrontar-se o custo total da operação e manutenção destas câmeras versus o valor total dos furtos (pretensamente) evitados.

- Não acreditamos no acaso e na coincidência, mas sim que tudo tenha uma causa lógica, pois isto nos deixa mais seguros. Por exemplo, se um fabricante detecta uma venda excepcional de um determinado item, o que nunca vendia bem, ele pode vir a acreditar que isto pode representar uma nova tendência do mercado, sem antes analisar se essa compra foi uma aposta isolada de um cliente ousado, que não indica uma real mudança de tendência. Movido por esse fato, pode-se até tomar a decisão errada de ampliar a fabricação deste item.

- Tendemos a simplificar nosso raciocínio, pois temos dificuldade de conviver com explicações complexas que não conseguimos entender. Por exemplo, é mais fácil acreditar na criação divina das espécies do que na teoria da evolução de Darwin. Afinal, como é que alguém pode conceber que uma estrutura tão complexa como a do olho humano possa ser criada apenas por mecanismos de seleção natural? Às vezes, se prefere uma conta simples (e errada) a um cálculo mais complexo, porém mais aderente ao problema, pelo simples fato de o profissional ter dificuldade de entendê-lo.

- Acreditamos em tudo que presenciamos apesar de nem sempre os sentidos serem 100% confiáveis, especialmente se for uma notícia boa. Por exemplo, se algum conhecido nosso comentar sobre uma notícia fantástica e ainda não divulgada sobre uma empresa com ações na Bolsa, não deveríamos sair correndo para comprar a ação antes que suba. Há muita chance de tudo não passar de uma fofoca sem maior fundamento ou, pior, pode ser uma manipulação plantada, com segundas intenções.

- Acreditamos nas nossas lembranças, apesar de elas se modificarem à medida que o tempo passa. Por exemplo, em uma visão do passado, podemos nos ver apanhando muito de nossos pais. No entanto, esta visão pode estar distorcida e isso pode nos levar, inconscientemente, a sermos muito permissivos com nossos filhos, representando o oposto da tirania que se abateu (segundo nossa memória) sobre nós no passado.

- A influência das opções predefinidas ou atalhos é muito grande no processo de escolha, pelo princípio da inércia. Se um banco oferece um investimento com opções pré-selecionadas, o investidor tende a mantê-las, ainda que essas opções favoreçam muito mais ao banco.
- A familiaridade traz uma falsa sensação de conforto e segurança. Não é por acaso que as pessoas sofrem muito mais acidentes perto de casa do que se imagina.

Tylenol – rápidas e sábias decisões salvaram a marca

Quando apareceram, em setembro de 1982, os primeiros comprimidos de Tylenol envenenados com cianeto de potássio, inclusive com sete mortes, a Johnson & Jonhson rapidamente tomou a iniciativa da ação para evitar que uma das suas mais famosas marcas fosse seriamente atingida.

O Tylenol, já nesta época, ocupava a primeira posição, durante vários anos, de maior venda nos EUA de produtos ligados à saúde e beleza e tinha 35,3% do mercado de analgésicos sem prescrição.

Imediatamente, foram tomadas as seguintes ações:

- Foram convocados 25 especialistas em relações públicas das outras divisões da Johnson & Johnson para comporem um time com os 15 especialistas já existentes;
- Imediatamente foram suspensos todos os anúncios do Tylenol;
- Foram recolhidos os remédios de todos os pontos de venda ou distribuição dos EUA e feita uma divulgação maciça para que todos os consumidores devolvessem os comprimidos em cápsulas, trocando-os por comprimidos sólidos ou sendo reembolsados. O recolhimento envolveu mais de 31 milhões de frascos no valor de mais de US$ 100 milhões.

Na investigação que se seguiu, constatou-se que fora um ato criminoso, praticado por alguém que atuava nas próprias farmácias, trocando frascos bons, por frascos que tinham sido violados e envenenados. Este criminoso jamais foi descoberto.

A partir deste fato, tanto a Johnson & Johnson quanto todas as outras indústrias farmacêuticas tomaram medidas para evitar a repetição do incidente. Os lacres dos remédios foram super-reforçados e foi impresso claramente na embalagem que jamais se adquirisse um remédio cujo lacre tenha sido violado.

A Johnson & Johnson tinha investido muito na marca Tylenol, e mesmo com a mácula gerada pelo envenenamento, queria continuar a usá-la. Através de pesquisas, descobriu que havia chances de recuperar a marca e foram feitos grandes investimentos em marketing para voltar a sua posição de liderança.

Após apenas oito meses, as vendas do Tylenol voltaram ao seu patamar normal e a imagem da Johnson & Johnson como indústria séria e preocupada com seus clientes foi muito reforçada.

Apenas três anos e meio depois do primeiro envenenamento, em fevereiro de 1986, uma mulher morreu, tomando Tylenol com cianeto, apesar do lacre. Novamente, a Johnson & Johnson recolheu todas as cápsulas do mercado e decidiu não mais fabricar a sua versão em cápsula e somente trabalhar com comprimidos sólidos, que são quase impossíveis de contaminar.

Assim, se, no conjunto de opções, há opções mais próximas ao universo da pessoa, essa opção fica com mais probabilidade de ser adotada, independente de sua qualidade.
- A autoavaliação e o otimismo exagerados também induzem a erros que podem atrapalhar uma decisão a ser tomada. As pessoas se acham mais autossuficientes do que são. O otimismo pode encurtar perigosamente a duração prevista de um projeto. Uma pesquisa revelou, por exemplo, que 90% dos motoristas acham que dirigem melhor que a média. Apostar na loteria é um meio de perder dinheiro e exercer esse otimismo irreal.

A consciência destes erros pode melhorar muito nosso processo decisório, mesmo que não tenhamos 100% das informações e precisemos usar a intuição para cobrir este lapso.

Tipos de decisão

Em geral, uma decisão pode ser tomada das seguintes formas:
- O líder decide – quando existe urgência e não há necessidade do apoio da equipe para implementar a decisão.
- O líder consulta – para uma decisão complexa, ele pode conversar com pares, assessores ou consultores, para apoiá-lo na tomada de decisão.
- O líder compartilha – quando o líder precisa completar o seu conhecimento do problema e/ou precisa comprometer parte ou toda a equipe para implementar a decisão.
- O líder facilita – quando o líder quer influir na tomada de decisão, passando informações e limites, mas deixando que a equipe decida, pois precisa do apoio dela para implementar a decisão.
- O líder delega – quando o líder confia plenamente na equipe e precisa do seu apoio para implementar a decisão.

Isso é apenas uma visão didática. Na prática, uma decisão pode envolver um misto dessas práticas.

Uma decisão coletiva é recomendável:
- Quando é necessário o envolvimento da equipe para implementar a decisão.
- Quando o líder não tem conhecimento suficiente para a tomada da decisão.
- Quando não há urgência.

Fenômenos de grupo

"A primeira lei da tomada de decisões é que não se toma uma decisão a menos que alguém discorde."
Peter Drucker, consultor e escritor norte-americano de renome internacional (1909-2005)

No processo de tomada de decisão coletiva, é essencial que o grupo tenha algum conhecimento sobre o assunto a ser decidido e que seja heterogêneo (com diferentes opiniões). A homogeneidade é improdutiva, pois induz às piores decisões, até por não se avaliarem os prós e contras. Através das divergências de opinião, surgem decisões bem melhores, que, muitas vezes, não são as inicialmente discutidas, mas um mosaico formado por sugestões de diferentes pessoas, que consiga maximizar as vantagens e minimizar as desvantagens. Como dizia aquele magnata do chiclete, William Wrigley Jr., "quando duas pessoas sempre concordam, uma delas é desnecessária".

Como já mencionamos, um processo que interfere muito na tomada de decisão coletiva é a eterna necessidade do ser humano de "parecer bem", que tem uma explicação mais profunda na necessidade de aceitação do indivíduo no grupo e o medo de ficar isolado. Esta necessidade gera dois efeitos contraditórios: de um lado, alguns indivíduos têm a necessidade de defender ideias, independente de sua aplicabilidade, pois isto serve como uma vitrine para a exibição da sua sapiência, mesmo que o próprio indivíduo não acredite muito nesta ideia; de outro lado, há indivíduos que concordam (conformidade) com quase todas as ideias da maioria do grupo, com medo de serem isolados do grupo caso discordem.

Para ilustrar o perigo da conformidade, imagine que um chefe lance uma ideia absurda que obtenha rapidamente a aceitação de todos os seus subordinados. Às vezes, nem o chefe acredita muito, mas a concordância geral faz com que ele reforce sua própria crença (este é outro fenômeno da psicologia social, chamado prova social). Ou seja, uma proposta casual, que o chefe sozinho não assumiria e que nenhum subordinado concordaria sem pressão social, vira um "consenso", que pode levar a uma decisão péssima. O livro *Paradoxo Abilene*, de Jerry Harvey, inicia com um divertida história real do autor e seu grupo, que andaram mais de 80 quilômetros de carro para comer em um cafeteria de estrada em Abilene, no Texas, sem que ninguém tivesse real vontade de ir.

Além disso, pelo efeito do falso consenso, uma pessoa tende erroneamente a assumir que as pessoas que não se manifestaram contrariamente concordaram tacitamente com o que estava sendo proposto, como se valesse o ditado "quem cala, consente".

Quando o consenso inclui uma equipe grande, há um fenômeno adicional de distorção, que tende a atenuar as críticas através dos elos de comunicação, para diminuir as possibilidades de conflitos. Um exemplo disso ocorreu na história da explosão do ônibus espacial Challenger, em que advertências de engenheiros terminaram esquecidas.

Outro problema comum na tomada de decisão coletiva, e não tão intuitivo, é o fenômeno da Polarização de Grupo, que ocorre quando o grupo se divide em duas ou mais correntes. Isso leva as pessoas de cada corrente a radicalizarem suas posições para defendê-las perante as outras correntes, aumentando a chance de se tomarem decisões, mais arriscadas, ligada à corrente vencedora.

Deve-se valorizar a liberdade de expressão, o pluralismo, a independência e a franqueza, inibindo-se a politicagem e o exibicionismo. Claro que tudo tem de ser feito na dosagem correta, pois, de certa forma, um lado é meio contraditório ao outro. Por isso, é importante que o líder conheça o perfil de cada um, para que, com habilidade, neutralize o ego de alguns, mantendo o ambiente bem relaxado e estimulando as pessoas a se manifestarem, sem receio de quaisquer consequências.

Uma ideia adotada em algumas empresas para evitar consensos perigosos é ter advogados do diabo, ou seja, pessoas (externas ou internas, nomeadas ou não) que buscam fundamentos contra consensos estabelecidos e que passam a ser debatidos pelo grupo. Tomas Watson, legendário presidente da IBM, utilizava-os e os chamava de patos selvagens, pois eles não voam dentro da formação. Quando o Papa João Paulo II aboliu os advogados do diabo do processo de nomeação de santos da Igreja Católica, em 1983, houve uma aceleração de cerca de 20 vezes no ritmo de santificações.

Visão japonesa

Os japoneses gostam de tomar decisões usando a técnica *nemawashi* (preparar o solo para plantio). A ideia consiste em fazer com que, antes de o grupo se reunir para tomar a decisão, as pessoas envolvidas se prepararem, façam consultas, coletem informações, eliminem resistências e alinhem expectativas.

Essa ideia, que pode ser livremente traduzida para "consultação", pode ser um método adotado tanto para apoiar decisões coletivas como individuais. Se alguém precisa tomar uma decisão, ao invés de assumir esse ônus sozinho, a corporação pode estimular que a decisão seja precedida de consultas às pessoas mais adequadas ao tema em questão. É preciso maturidade, espírito coletivo e ausência de vaidade para que esse tipo de abordagem funcione bem.

Quando se discute uma decisão aqui no Ocidente, muitas vezes acontece o fenômeno "chaminé", em que as pessoas se agrupam em torno de grupos de interesse, esquecendo-se do todo. Para que o *nemawashi* não se torne lento, é preciso que haja agilidade organizacional e uma postura coletiva por parte da equipe. Além disso, o consenso, evidentemente, não precisa ser absoluto.

Na cultura japonesa, a contestação e o questionamento são importantes. Quando alguém apresenta uma ideia brilhante, é comum, ao invés de ela ser aceita rapidamente, que o mentor retruque: "Quais são as outras alternativas que você levou em conta?". E depois: "Como você compara isso às outras alternativas?". Particularmente, a Toyota, para estimular a descoberta de pontos fracos nas argumentações, adota a ideia dos cinco (poderia ser quatro ou seis, não importa) porquês sucessivos, até se chegar à raiz da questão.

Decisão x seleção natural

O processo de seleção natural criou milhões de espécies perfeitamente adaptadas ao nosso ambiente, que variam desde uma simples ameba unicelular até o homem, com seu cérebro superdesenvolvido, capaz de tantas proezas e tantos males.

A seleção natural é uma interação entre a variedade e o meio ambiente. Para dar uma explicação bem sucinta, partiremos da raça humana. O homem possui 46 cromossomos, feitos de um composto orgânico chamado DNA. Esse kit define como somos, qual a nossa altura, a cor dos nossos olhos etc., e está presente de forma semelhante em todas as nossas células, seja do fígado, da pele ou do coração. Cada cromossomo é feito de "tijolinhos", os genes, que respondem pelas nossas diferentes características.

Na reprodução, os cromossomos do homem (contidos em cada espermatozoide) se unem aos cromossomos da mulher (armazenados no óvulo) para formar um bebê, com 46 cromossomos. Só que a natureza, sábia, pega um par de cromossomos, que respondem pelas mesmas características, e faz um mosaico, com pedaços ora do pai ora da mãe. Esse processo se chama recombinação (*crossover*) e é responsável pela enorme **variedade** de aparência entre as pessoas.

A outra forma de produzir **variedade** se dá através da mutação dos genes, um evento aleatório que se torna mais frequente quando os genes estão expostos a um nível maior de radiação. Por essa razão, nasceram tantas crianças com anomalias nas proximidades de Chernobil, onde aconteceu o acidente nuclear em 1986, na atual Ucrânia.

Algumas variedades se adaptam melhor ao meio ambiente do que outras e, assim, apresentam maiores chances de sobrevivência. Desse modo, também têm mais chance de gerar filhos e, por conseguinte, contribuir para a preservação daquela variedade.

Não dá para sentir como funciona a seleção natural em poucas gerações. Mas depois de centenas ou milhares de gerações, a seleção natural, sozinha, é tida como responsável por toda a variedade de seres vivos que vemos ao nosso redor.

Para os céticos, vale dizer que foram desenvolvidos processos de simulação em computadores que conseguem reproduzir a capacidade da natureza de gerar padrões complexos e harmônicos, de forma semelhante ao modo como atua a seleção natural.

Ainda hoje, o processo de seleção natural se faz presente, criando novas variedades e espécies, mas isso se dá de forma muito lenta aos nossos olhos. Um exemplo bem conhecido de seleção natural em curso, nos dias de hoje, é o desenvolvimento espontâneo de micro-organismos com resistência aos antibióticos.

Seleção natural nas empresas

De algum modo, o processo de seleção natural ocorre também nas empresas. Práticas boas tendem a se espalhar e ser perpetuadas. Práticas ruins, ainda que fiquem temporariamente na moda, tendem a ter uma vida curta e cair no esquecimento.

A literatura e o ambiente corporativo estão repletos de modismos, muitos dos quais não sobreviverão à seleção natural ou ao teste do tempo, como vemos agora em relação a modismos do passado, como a "Teoria Z" e os "Cinco S", de que hoje mal se ouve falar.

Assim, é preciso muito cuidado ao se usarem práticas vigentes ou verdades tidas como universais para apoiar ou refutar uma complexa tomada de decisão empresarial.

Por outro lado, o ambiente dos negócios é muito complexo e há muitas variáveis envolvidas, tornando difícil, muitas vezes, modelar matematicamente uma tomada de decisões, particularmente quando se envolve o mercado consumidor.

Em uma empresa, se todas as ideias fossem colocadas em prática, em um processo de tentativa e erro, a seleção natural se encarregaria de extirpar as ruins e fazer prosperar as boas. O problema é que esse processo terminaria por "matar" a empresa.

Há uma maneira similar de se submeter ao crivo da realidade, com um custo bem menor, que consiste em sujeitar as ideias a um processo de experimentação real em pequena escala. O laboratório vivo evita que os erros fiquem muito caros e permite que o processo de seleção natural atue com pequeno impacto, de modo que as ideias mais aptas, que sobrevivam à experimentação, sejam as melhores candidatas a serem implantadas na empresa toda.

Por exemplo, se uma indústria quer lançar um novo produto, o ideal é experimentá-lo, em pequena escala, em um pequeno mercado e estudar sua repercussão. O mesmo acontece no varejo, quando se quer testar uma nova categoria, um novo layout ou um novo padrão de atendimento. São selecionadas poucas lojas em relação à rede para se avaliar o impacto.

Esse tipo de experimentação deve ser sempre sucedido de uma medição acurada dos resultados. Essa abordagem, se adotada como prática usual, melhora a qualidade das decisões, diante de muitas opções, a um custo relativamente baixo.

Este processo, utilizado de forma contínua, sempre avaliando-se o resultado de cada experimentação, caso seja feito em larga escala, pode ser um grande motor de alavancagem em uma empresa, já que haverá a oportunidade de se tomar conhecimento, de uma forma prática, de várias possibilidades de ação a baixo custo, selecionando aquelas que tiverem melhores resultados.

Essa técnica não se aplica apenas na experimentação de diferentes tipos de produtos ou serviços, mas também de diferentes técnicas de gestão, organização, planejamento, em diferentes locais e escalas.

A aplicação dessa pequena dica da natureza traz mais resultados a um custo menor e evita que grandes decisões com grandes impactos sejam tomadas por uma mera combinação de achismo com modismo. Decisões cruciais, tomadas de forma precipitada e pouco embasadas, podem levar empresas gigantescas para o buraco.

Decisão x riscos

Se escolhermos as dez empresas (entre aquelas de grande porte e excluindo aquelas que pegaram carona em alguma tendência dominante) que tiveram o melhor desempenho nos últimos dez anos, devemos ter uma alta proporção de empresas que correram grandes riscos e, com isto, tiveram os maiores ganhos.

Se, por outro lado, escolhermos dez empresas (entre aquelas de grande porte, com administração profissional, para descartamos empresas-desastre) que tiveram o pior desempenho nos últimos dez anos, devemos ter uma alta proporção de empresas que correram grandes riscos e, com isto, tiveram as piores perdas.

Nota técnica – Experiências, estatística e placebo

É necessário usar conceitos de estatística na medição dos resultados de uma experiência. Imagine a condução de uma experiência em uma loja dentro de uma rede de varejo.

Dizer que uma dada ação na loja resultou no aumento de 20% da venda daquela loja é leviano, pois a estatística ensina sempre mostrar um resultado em intervalos, como, por exemplo, declarar que há 95% de chance do aumento da venda ter se situado entre 10% e 30%.

Já vimos casos em que o autor da experiência declarava 10% de aumento e, quando se usava a estatística, verificava-se, com os dados disponíveis, que havia 95% de chance de o aumento da venda estar entre -20% (redução!) e 40%. Ou seja, a experiência foi mal projetada.

Outro ponto importante é procurar sempre utilizar o efeito placebo, empregado nas experiências com remédios, que consiste, além do uso do remédio de verdade no grupo alvo, em dar pílulas de "farinha" para um grupo de controle, a fim de se poder comparar a eficácia do remédio

Um exemplo simples: se uma loja, que foi alvo da experiência, teve um aumento de 20% nas vendas, mas outras lojas similares apresentaram um aumento entre 10% e 15% no mesmo período, significa que o aumento líquido variará aproximadamente entre 5% e 10%.

Além disso, uma experiência com fraca metodologia de medição facilita que o autor da experiência distorça as conclusões na direção das crenças dos seus gestores.

Isto pode parecer contraditório, mas assumir riscos elevados pode tanto gerar um sucesso estupendo como também um fracasso retumbante. O mesmo acontece em uma mesa de roleta: os grandes ganhadores e os grandes perdedores são quase sempre aqueles que assumiram os maiores riscos.

A falácia das empresas de sucesso

Alguns livros, que foram grandes *best-sellers* da área de administração, resultaram de estudos baseados em empresas que exatamente tinham esta característica: contínuo desempenho excepcional por muitos anos seguidos. Esses livros, então, analisam as técnicas de administração destas empresas e, a partir de tal análise, derivam uma coleção de princípios que deverão ser seguidos por quem quiser repetir o sucesso apresentado por essas empresas.

Elas podem ter tido motivos justos para esse sucesso, mas um importante componente, sempre desprezado nessas análises ufanistas, é o fato de a empresa ter assumido riscos muito elevados e ter tido... sorte!

Além disso, a visão dos gestores de uma empresa vitoriosa é distorcida pelo próprio sucesso, assim como os gestores de uma empresa perdedora são contaminados pelo fracasso. Com isso, todos os atributos tidos como desejáveis pelo autor do livro parecem presentes nas empresas vitoriosas e ausentes nas fracassadas. Assim, fica difícil determinar quem causa o que: empresas campeãs induzem a uma boa percepção do atributo ou é o atributo que ajuda a conduzir uma empresa ao pódio?

Muito divertido, como faz o livro *Derrubando mitos*, de Phil Rosenzweig, é investigar o destino das chamadas empresas mágicas após a publicação do livro que as adotaram como modelos. Um exemplo: a Circuit City, citada em um desses livros, recentemente pediu concordata e acabou por fechar todas as suas lojas.

Imagine, de forma similar, se um "guru" escrevesse um livro descrevendo um método de como se ganhar na roleta, com base na observação de jogadores que tiveram desempenho excepcional no jogo por anos seguidos.

Teríamos pérolas do seguinte tipo: venha sempre acompanhado de uma loura estupenda e não se esqueça de fazer o sinal da cruz sempre que jogar. Com certeza, nenhuma dessas duas dicas levará alguém a ganhar montes de dinheiro no jogo, a não ser que o leitor esteja naqueles dias de sorte excepcional...

Assumindo riscos

Uma regra que não deveria ser esquecida na tomada de decisões é a de mensurar cuidadosamente os riscos envolvidos. Caso uma decisão acarrete um importante risco, que pode abalar consideravelmente a situação de uma empresa, deve-se ponderar isso bem antes de "bater o martelo".

Sabemos que, ao se abrir um negócio, os riscos envolvidos são bem maiores do que quando a empresa está madura. Assim, o ideal é não investir todo o capital ou crédito disponível no novo negócio, porque, nesse caso, se a empresa quebrar, o empreendedor não tem mais capital nem crédito para recomeçar e é forçado a encerrar prematuramente, por um bom tempo, a sua carreira de empreendedor.

Se essa recomendação (de não investir todo o dinheiro no negócio) puder ser seguida, podem ser interessantes as decisões que envolvam riscos calculados maiores, como uma forma de se alavancar, ultrapassar a fase inicial e chegar a um porte razoável. É claro que isso não implica em adotar uma estratégia do tipo tudo ou nada; estamos falando de uma tolerância maior ao aumento dos riscos, até porque, mesmo quando nada de mais é feito, o risco de quebra por si já é bem elevado.

> **Nota técnica – Risco & redundância**
>
> A redundância é uma grande arma contra riscos e é desconsiderada por muitas pessoas, por causa da tendência que têm de superestimar a probabilidade de eventos compostos. Por isso, diz-se que quem tem apenas um *backup* dos seus arquivos não tem nenhum, porque há uma chance razoável de perdê-lo.
>
> Vamos supor que a chance de não se conseguir usar um *backup* seja da ordem de um para 10 mil.
>
> Suponha agora que a pessoa faça outro *backup* e conserve-o fora de sua casa. Se os *backups* são independentes, a chance de não poder usar nenhum dos dois *backups* passa a ser de uma para 100 milhões, que é menor que a chance de se ganhar a Mega-sena com uma única cartela.
>
> O mesmo raciocínio vale no sentido inverso. Suponha que um plano de ação dependa de três premissas independentes se realizarem, cada uma com chance de 80% de sucesso. O problema é que as três premissas juntas só acontecerão em aproximadamente 50% dos casos (0.8 x 0,8 x 0,8)!

Por outro lado, para empresas mais maduras, o risco diminui muito em relação a sua fase inicial. Assim, o peso de um risco de quebra, em qualquer conta que se venha a fazer, é muito menos preponderante, no caso de uma decisão arriscada. Nesse caso, é natural que se adote uma postura não tão cautelosa cautelosa.

Pode-se fazer paralelo novamente com um jogador de roleta. Suponha que ele jogou algumas rodadas, com um pequeno valor inicial, e ganhou algo que ele considera elevado para suas posses (algo como o salário de um mês inteiro). Nesse caso, é altamente recomendável que ele pare de apostar imediatamente ou, se continuar apostando, reserve somente uma pequena parte do que ganhou para continuar jogando e, se perder, pare de jogar.

Esta é uma atitude muito mais sensata do que continuar apostando tudo, já que, nesse caso, ele tem grande chance de, em algum momento, perder tudo. De forma nenhuma esta é uma recomendação para continuar jogando, já que acreditamos que a probabilidade está sempre a favor da "banca" e, portanto, com quase toda certeza, você só sai do cassino com uma pequena fortuna se entrar com uma grande fortuna.

A gestão de riscos na rotina da empresa é um tema palpitante, que deve ser tratado com seriedade, para não cairmos nas armadilhas de uma visão falsamente otimista, como se imprevistos não acontecessem apenas porque não foram previstos.

Grandes empresas têm posturas diferentes em relação ao risco conforme a quantia envolvida. Quando se envolve muito dinheiro, foge-se do risco, como exemplificado anteriormente. No entanto, se a quantia envolvida é relativamente pequena, ela pode ser tornar simpática, ou, pelo menos, neutra em relação ao risco. Isso pode fazer, nesse caso, com que uma empresa prefira opções mais arriscadas, caso o lucro esperado seja maior.

O PMBOK, conjunto de práticas recomendadas em gestão de projetos da PMI (Project Management Institute – Instituto de Gestão de Projetos), detalha as táticas básicas diante dos riscos: evitar (que é a ação mais cara), transferir, mitigar (diminuir a chance, mas não evitar) e aceitar (não fazer nada). Curiosamente, é comum os executivos se sentirem mais confortáveis em realocar verbas para eliminar riscos pequenos ao invés de mitigar um risco grande, mesmo sendo um contrassenso. Afinal, a lista de riscos ativos fica menor.

Matemática nas empresas

O uso de métodos científicos na gestão de negócios sempre foi encarado com preconceito e relegado a segundo plano por muitos gurus de administração. Em parte, talvez, porque a matemática é um assunto considerado difícil, muitos a odeiam e a formação de muitos administradores envolve pouca coisa da área de ciências exatas.

A obsessão indiscriminada pelo simples e a falsa necessidade de conhecer em detalhes as técnicas utilizadas pode levar uma empresa a desprezar todo o potencial de soluções que a matemática pode oferecer. Como Einstein uma vez disse, "tudo deveria se tornar o mais simples possível, mas não simplificado".

Um caso documentado do uso concreto de matemática nas empresas foi a atuação de Gosset (mais conhecido pela alcunha de "Student", popularizada pela estatística **t** de Student) em 1904, que, adotando técnicas estatísticas, conseguiu estabilizar o nível de fermentação do malte da cervejaria inglesa Guinness. A fermentação produz álcool a partir da cultura do fungo da levedura. Pouca fermentação faz a cerveja ficar rala; muita, a torna amarga.

Pesquisa operacional

Em inglês, há um termo muito apropriado para denominar a ciência que estuda métodos científicos (matemáticos) voltados para a tomada de decisões no mundo dos negócios: Management Science. A tradução que está se firmando é ciência da gestão, embora a expressão pesquisa operacional seja ainda bem mais empregada.

A expressão pesquisa operacional é inapropriada e limitada, pois não se trata nem propriamente de "pesquisa" nem necessariamente de "operacional". Os termos são uma tradução direta de *operational research*, que teve origem durante a Segunda Guerra Mundial, quando cientistas foram convocado para estudar as operações militares. Hoje, o termo é considerado um sinônimo de *management science.*

A pesquisa operacional envolve modelar o mundo real através de fórmulas numéricas e resolver esse modelo usando softwares especializados. Esses modelos podem ser aplicados com objetivos tão diversos como otimizar logística de transporte, dimensionar atendimento ao cliente, fazer planos de mídia em publicidade etc.

Em sentido amplo, é usada também para se fazer modelagem financeira, envolvendo estatística, para avaliar projetos e investimentos, visando a seleção ou rejeição seletiva das diferentes opções apresentadas.

É impressionante que aqui no Brasil, mesmo em decisões que envolvam muito dinheiro, muitos nem pensam em usar qualquer técnica mais sofisticada do que o Valor Presente Líquido sobre fluxos de valores futuros determinados. Como se pode transformar o futuro tão incerto em apenas três cenários estanques (pessimista, normal e otimista) "chutados" e tomar uma decisão de milhões com base apenas nisso? Como o VPL é um valor preciso, ele oculta a incerteza em torno do número.

Bancos de investimento, incorporadoras imobiliárias, áreas de fusões e aquisições estão cada vez mais utilizando técnicas matemáticas mais sofisticadas para avaliar negócios e empresas, especialmente nos países do Primeiro Mundo.

Nos processos de fusão e aquisição, é comum que as empresas à venda mantenham uma "sala de dados" com todas as informações necessárias para que as empresas candidatas à compra possam fazer todas as modelagens e cálculos necessários para a tomada de decisão.

Ciências Exatas nas empresas

Aliás, em muitos aspectos do mundo dos negócios, o apoio de áreas afins às Exatas (Matemática, Estatística, Engenharia de Produção etc.) pode ser fundamental para melhorar a performance do negócio.

A estatística é uma derivação da matemática que estuda a coleta, análise e interpretação de dados. Funciona como uma importante base para técnicas de pesquisa operacional. A estatística moderna praticamente nasceu no século XX, passando de uma ciência embrionária para um campo desenvolvido, mas ainda com muito espaço para crescer. As aplicações se estendem não só aos negócios, mas a todas as ciências que lidam com dados e pesquisas, como Medicina, Economia, Ciências Sociais, Psicologia etc.

Atualmente, já são utilizadas com sucesso diversas técnicas estatísticas (regressão, análise de conglomerados – *clusters*, árvores de decisão etc.) para estudar a interação de diversas variáveis, tais como preço, gasto em propaganda, tipo de cliente, venda etc., tanto no apoio à decisão como para ferramentas de previsão. Os pacotes comerciais estatísticos são caros (SPSS, SAS, Stata etc.), mas existem ótimas opções gratuitas como o R (http://www.r-project.org/), mais complexo, e o Tanagra (http://eric.univ-lyon2.fr/~ricco/tanagra/en/tanagra.html), mais visual.

• • •

Muito mais importante que conhecer os detalhes das técnicas matemáticas úteis na gestão de empresas é ter plena consciência de sua importância para as empresas modernas como fator de redução de custo e até para criar vantagens competitivas. O gestor não precisa ser um especialista, mas precisa ter no time técnicos que poderão, direta ou indiretamente, trazer grandes ganhos de eficiência e eficácia, com uma relação custo x benefício adequada.

Esses profissionais não sabem tudo, mas podem vir a contratar consultorias, com muito mais critério. O perigo é o gestor, sem esse perfil técnico, contratar diretamente uma consultoria, que tem muita chance, devido ao desconhecimento do contratante, de levar a empresa a tecnologias caras, sofisticadas e desnecessárias.

Infelizmente, na área técnica, poucos livros têm uma real preocupação de estimular o leitor a aprender sozinho, a menos que ele faça um esforço descomunal. A exposição costuma ser árida, as explicações intuitivas, inconsistentes, os exemplos muito acadêmicos, com excesso de fórmulas e letras gregas. Essa complexidade desnecessária afasta ainda mais as excitantes possibilidades de aplicação da matemática e seus derivados no mundo dos negócios, porque restringe o conhecimento necessário a um pequeno grupo de "iluminados". Com a explosão da capacidade computacional, precisamos muito mais de pessoas capazes de transformar a realidade em um modelo e resolvê-los com a ajuda de um software do que pessoas que saibam calcular ou deduzir sua solução. Uma quantidade maior de livros que navegassem nessa nova tendência seria muito útil.

Nota técnica – Matemática na tomada de decisões

Aqui, o objetivo é expor apenas uma visão bem genérica, sem entrar em detalhes, para o leitor ter consciência de que pode ser preciso aportar algum conhecimento matemático para se fugir da ingenuidade e "simplismo" que regem muitas empresas a seleção de projetos e tomada de decisões, especialmente em empresas de maior porte.

Muitas vezes, uma decisão a ser tomada envolve a questão de escolher uma entre duas ou mais alternativas de investimento ou projetos.

Cada alternativa de investimento está associada a diferentes fluxos de caixa (receitas ou despesas previstas ao longo do tempo). Esse fluxo de caixa pode ser trazido para valor presente, a uma dada taxa de juros. Desse modo, as alternativas passam a ser comparáveis entre si.

Por exemplo, um valor de 121 resgatado daqui a dois meses a uma taxa de 10% ao mês corresponde, em valor de hoje, a 100 (121 / 1.1 / 1.1 = 100). Já 115.5 resgatados em um mês correspondem a 105 (115.5 / 1.1 = 105). Assim, pode-se dizer que 115.5 é "maior" que 121, porque seu valor presente (105) é maior que o outro valor presente (100).

A taxa usada deveria, em teoria, corresponder ao custo do capital, isto é, à taxa de retorno que a empresa obtém da aplicação de capital dentro dela mesma, ponderando as diversas fontes de recursos.

No entanto, projetos podem representar riscos diferentes. Nesse caso, muitos livros de finanças recomendam incluir o risco adicional (prêmio) na taxa de retorno para se obter o valor presente. Com as fórmulas dos livros, chega-se sempre à mesma taxa de desconto para uma dada empresa e isso não é razoável, pois, na prática, o risco é uma agregação de vários tipos de risco (taxa de juros, cotação de *commodities*, câmbio, riscos financeiros, riscos de marketing etc.)

Como alternativa, alguns livros sugerem usar o risco de projetos similares na empresa ou a taxa usada em projetos em outras empresas do mesmo ramo. Mas se um copia o outro e vice-versa, quem realmente converte o risco em taxa adicional?

Ciclo de caixa esperado

Uma abordagem alternativa simples que pode ser usada para escapar dessa "armadilha" é o chamado ciclo de caixa esperado (*expected cash flow*).

Imagine que uma decisão envolva certo número de alternativas mutuamente excludentes e que, portanto, deve ser selecionada apenas uma alternativa.

Deve-se, então, de forma realista, associar a cada alternativa diferentes cenários para o valor da empresa e a probabilidade de que aquele cenário aconteça, dentro da alternativa examinada. O valor da alternativa será simplesmente o valor médio dos cenários, ponderado pelas suas possibilidades. Em termos matemáticos, leva o troféu a alternativa que tiver o maior valor médio.

Para cada cenário de cada alternativa da decisão, toma-se, como valor da empresa, o valor presente dos fluxos de caixa futuros prováveis correspondentes, a partir de uma estimativa de receitas, despesas etc., usando-se, por exemplo, uma taxa livre de risco, como o CDI.

No exemplo a seguir, deseja-se avaliar: **Uma siderúrgica A deve adquirir uma siderúrgica B, de menor porte?** Para cada alternativa, foram adotados apenas três cenários (quebra, provável e otimista), para tornar o exemplo fácil de acompanhar. A seguir, mostra-se o desdobramento das duas respostas possíveis:

Sim, A deve adquirir B
Cenário de Quebra: 30%
Valor de Liquidação: 100 MM
Cenário Provável: 50%
Valor da Empresa: 1.100 MM
Cenário Otimista: 20%
Valor da Empresa 1.400 MM
Valor do **Sim** = 30% x 100 + 50% x 1.100 + 20% x 1.400 = **860 MM**

Não, A prefere a cautela
Cenário de Quebra: 5%
Valor de Liquidação: 80 MM
Cenário Provável: 60%
Valor da Empresa: 900 MM
Cenário Otimista: 35%
Valor da Empresa 1.100 MM
Valor do **Não** = 5% x 80 + 60% x 900 + 35% x 1.100 = **929 MM**

Como o resultado do Não (929 MM) é maior que o do Sim (860 MM), a compra da siderúrgica B não é indicada, de acordo com essa metodologia. Mesmo se o resultado fosse parecido, provavelmente o gestor, pela natural aversão ao risco, declinaria da possibilidade de aquisição da siderúrgica.

Vale salientar que o exemplo anterior é apenas esquemático e, também, não estão em questão aqui os problemas potenciais causados por um processo de fusão ou aquisição. Além disso, na prática, pode-se adotar métodos matemáticos mais capazes de se aproximar de uma realidade complexa, até porque não é muito realista considerar que o cenário de quebra não tenha uma possibilidade futura de ação de resgate, para impedir que o pior aconteça e a empresa seja levada uma situação extrema de liquidação.

Simulação de Monte Carlo e opções reais

Citamos, a seguir, duas metodologias que podem ser usadas nesse tipo de avaliação:
- Avaliação por simulação de Monte Carlo – Para cada alternativa, estima-se o valor presente de um fluxo de caixa no qual alguns valores chaves (receitas, cotação do dólar, taxa de juros) variam por alguma dada estatística. Essa estimativa é feita por um processo de simulação que basicamente repete o cálculo milhares de vezes, atribuindo números aos valores chaves, sendo o resultado a média dos milhares de resultados obtidos. Sugere-se, então, a decisão correspondente à alternativa de maior valor.
- A técnica de simulação é considerada uma poderosa ferramenta para modelar a realidade, que, às vezes, é complexa demais para ser transformada em fórmulas. Pode-se usar desde planilhas eletrônicas com programação até softwares especializados como @Risk (da Palisade – www.palisade.com) ou Arena (www.arenasimulation.com), que permite até fazer um "clip" visual do evento que está sendo simulado.
- Método das Opções Reais – Esse é um dos métodos que permite maior aproximação do mundo real. Através dessa metodologia, que foi inspirada no mercado de opções do mercado financeiro, pode-se avaliar decisões tomadas em diversos momentos e não apenas no momento inicial. Esse método permite incorporar ao modelo, por exemplo, flexibilidades (como se fossem "opções") como adiamento, abandono, ampliação, redução, mudança de abordagem etc. Esse método tem sido usado com sucesso em grandes empresas como a Boeing, AT&T e HP, e seu detalhamento pode ser encontrado no livro indicado nas leituras adicionais.

Investimentos e limites

Em muito casos, na prática, uma empresa tem um determinado orçamento (que pode até ser ampliado com a tomada de novos empréstimos) para a execução de um conjunto de projetos ou investimentos selecionados. Para cada projeto, estima-se o valor presente com alguma das técnicas descritas anteriormente.

O problema adicional é escolher uma "cesta" de opções que respeite o orçamento determinado. Pode haver muitas alternativas, várias das quais podem ser selecionadas ao mesmo tempo, sendo que, em geral, algumas delas são mutuamente excludentes. Por exemplo, uma mineradora pode construir uma estrada de ferro para escoar seu minério ou fazer uma linha fluvial com algumas intervenções, mas nunca as duas soluções ao mesmo tempo.

Para resolver o problema de composição da cesta, pode-se usar técnicas de otimização, dentro do escopo da pesquisa operacional, que consiste em obter uma solução ótima, que maximize o retorno (valor presente total) para cada nível de orçamento possível, respeitando-se um conjunto de premissas e restrições.

A implantação da solução de problemas de otimização pode envolver desde planilhas eletrônicas (o Excel, por exemplo, tem uma ferramenta padrão chamada Solver, que pode ser estendida comprando-se o Premium Solver – www.solver.com) até um software especializado (como o Lindo – www.lindo.com) ou uma abordagem genérica de matemática (como o MatLab – www.mathworks.com). No conceito de software aberto gratuito, para otimização destaca-se o COIN-OR (http://www.coin-or.org) e, como ferramenta genérica, há o Octave (www.octave.com), que é um tipo de clone do MatLab.

No entanto, e isso vale para todo tópico abordado, não adianta nada usar um método sofisticado se as premissas e entradas não forem cuidadosamente calibradas com realismo e isenção. Caso contrário, o uso de um método complexo pode até ser prejudicial, pois pode servir de álibi para uma decisão completamente errada. Lembre-se: as premissas são mais importantes que o método escolhido.

Breve história da Coca-Cola x Pepsi-Cola

O refrigerante Coca-Cola foi criado em 1886 por Pemberton, um farmacêutico, a partir de um tônico para os nervos à base de noz-de-cola e folha de coca, que deu origem ao seu nome. Até 1903, a Coca-Cola realmente era composta de pequenas quantidades de cocaína, graças ao uso da folha de coca (que continua a ser usada, mas extraindo-se antes da fabricação da cocaína).

Desenho original do contorno da garrafa da Coca-Cola (1915).

O seu primeiro anúncio, em um jornal de Atlanta, enunciava: "Coca-Cola, Deliciosa! Refrescante! Estimulante! Revigorante! A nova e popular bebida de balcão de gasosas, contendo as propriedades da maravilhosa planta Coca e da famosa noz-de-cola." O rótulo da bebida insinuava seu uso médico: "um valioso Tônico para o Cérebro, cura de todas as afecções nervosas – Enxaqueca, Neuralgia, Histeria, Melancolia etc."

A sua famosa marca foi rabiscada em um papel pelo amigo do criador, Robinson, que também criou o nome e mais tarde tornou-se o homem do marketing da Coca-Cola por mais de 20 anos. Nesta época, ninguém poderia imaginar que a marca Coca-Cola seria reconhecida por mais de 90% da população mundial, vendida em mais de 200 países e se tornasse a marca mais valiosa de todos os tempos. A Coca-Cola vende atualmente mais de 45 mil unidades de suas bebidas por segundo.

Em 1887, Pemberton vendeu 2/3 dos seus direitos sobre a Coca-Cola a uma empresa, pelo valor simbólico de US$ 1 (aproximadamente US$ 22, em dinheiro de hoje), e um ano depois saiu totalmente do negócio por mais US$ 550. A história da empresa, contada no livro *Por Deus, pela Pátria e pela Coca-Cola*, de Mark Pendergrast, é, no início, um impressionante relato de traições e tramoias, até Candler, pequeno empresário local, assumir seu controle em 1889, com um desembolso total de US$ 2300.

Expansão: Marketing e "generosidade"

O foco inicial de Candler era vender a bebida mais como um remédio estimulante. As grandes chaves do crescimento da venda da bebida nos primeiros anos, além do gosto e do efeito estimulante, foram a publicidade e a distribuição, incluindo a expansão dos pontos de venda, usando-se cupons gratuitos e distribuição de equipamentos com o nome da marca. Candler preferia ter uma margem menor, o que permitiu a rápida expansão via distribuidores e atacadistas, já que o lucro ao longo da cadeia era muito grande.

Outra reviravolta se deu quando Robinson entendeu que a bebida tinha muito mais futuro como refrigerante do que como remédio. Afinal, todos têm sede. Passou-se a anunciar em 1895 para as massas: "Beba Coca-Cola. Deliciosa e Refrescante", em lugar dos antigos anúncios imensos e medicinais. Essa reviravolta foi fundamental para a sobrevivência da Coca-Cola, porque houve no final do século XIX uma grande cruzada contra as inúmeras beberagens milagrosas. Outro grande impulsionador da Coca-Cola foi o venda em garrafas, que se iniciou em 1899 e facilitou muito a distribuição.

Repare como foi importante nos primeiros anos de Robinson para a Coca-Cola, a partir da valorização, moderna para a época, da importância da marca e da propaganda. Ele criou o nome, a marca, trouxe um conceito para a publicidade e fez investimentos vultuosos em publicidade desde o início. Sabiamente, migrou o conceito de remédio para bebida e ainda espalhou a marca e cativou revendedores.

Para dimensionar o gasto com a publicidade e a "generosidade" com os distribuidores, em 1895, a Coca-Cola vendia seu xarope por US$ 1,29 o galão, gastava 18% em publicidade e lucrava 25%; o varejo, por sua vez, fazia 128 copos com um galão e vendia a 5 centavos o copo, totalizando US$ 6,40.

Não se pode negar que o caráter estimulante e viciante da bebida, em virtude da presença de cafeína e da cocaína, foi um pré-requisito para o sucesso da Coca-Cola. Porque mesmo uma visão moderna, para a época, do papel da propaganda, da marca e da distribuição, não seria suficiente se o produto em si não ajudasse.

Mais tarde, Robinson acabou na obscuridade, por disputas políticas. Em 1919, Candler vendeu a Coca-Cola para um grupo por US$ 25 milhões, mais de 5 mil vezes o valor real que ele investira 30 anos antes.

Início da Pepsi-Cola

Por outro lado, a Pepsi-Cola foi criada em 1898, recebendo este nome em função de o seu inventor, o farmacêutico Caleb, acreditar que o refrigerante agia contra a indigestão (pepsi significa digestão). Esse refrigerante fez um rápido sucesso, porque tinha similaridade com o gosto da Coca-Cola e não era mais uma imitação barata. Caleb, desde o início, ao contrário do inventor da Coca-Cola, teve um grande espírito empreendedor, mas não teve a ganância de ficar com todo o controle. Ele montou uma rede de *franchisings* que engarrafavam e vendiam o refrigerante.

Depois da Primeira Guerra Mundial, Caleb comprou grandes estoques de açúcar, acreditando que o seu preço iria continuar a subir, mas em 1920 eles despencaram, por causa da recuperação da capacidade de produção do açúcar de beterraba na Europa, após a guerra. Em 1922, ele tentou vender a Pepsi-Cola para a Coca-Cola por uma ninharia (em 1931, tentou novamente), mas em 1923, a questão do açúcar terminou por quebrar a Pepsi. A empresa, quase em ruínas, passou por vários investidores, até que em 1931 foi comprada pela Loft Candy, uma fabricante de doces que também tinha uma cadeia de lojas que servia refrigerantes.

A guerra das "Colas"

Pode-se dizer que a guerra das "colas" começou no ano de 1931. A garra da Guth, presidente da Loft Candy, nasceu em parte da intransigência da negociação com a Coca-Cola para as suas lojas e Guth mudou a fórmula da Pepsi-Cola para ficar ainda mais parecida com a Coca-Cola. Mas com as vendas ainda fracas, a Pepsi-Cola foi oferecida novamente à Coca-Cola, que recusou. Com raiva, Guth começou a bancar a venda da Pepsi-Cola por 5 centavos com o dobro do conteúdo, usando garrafas reaproveitáveis. Repare que por três vezes a Coca-Cola teve chance de parar a concorrência, comprando a Pepsi-Cola por muito pouco, e em três vezes ela disse não.

A Coca-Cola demorou muito para reagir a essa estratégia, dando espaço para o crescimento da Pepsi-Cola. Em 1941, Guth transmitiu para centenas de rádios um *jingle* de 30 segundos sobre a Pepsi-Cola, inovando o formato de anúncio, antes longo e cheio de texto.

Por outro lado, a Coca-Cola cravou um enorme tento ao conseguir distribuir seu refrigerante ao mesmo preço dos EUA nas frentes de batalha norte-americanas na Europa da Segunda Guerra. Com isso, as tropas não precisavam tomar a água com gosto estranho purificada com pastilhas. Isso gerou muita divulgação espontânea e consolidou a Coca-Cola como um símbolo norte-americano.

Uma curiosidade: há uma história que circula na internet, atribuindo a "invenção" do Papai Noel moderno, com suas roupas vermelhas e barbas brancas, ao marketing da Coca-Cola. Essa é mais uma lenda urbana. O Papai Noel foi trazido à vida por um cartunista político a partir de 1863 nos EUA, com base em uma poesia muito popular. A Coca-Cola foi de fato uma das pioneiras na utilização comercial do Papai Noel, cumprindo um papel importante na popularização da imagem moderna do bom velhinho. Os desenhos de Papai Noel da Coca-Cola viraram um ícone e, durante 35 anos, foram realizados pelo mesmo ilustrador. No entanto, a imagem moderna desse ilustrador, feita a partir de 1931, era muito semelhante ao Papai Noel que o *New York Times* descrevia já em 1927.

A Coca-Cola centrou suas baterias na expansão internacional e já em 1940 era distribuída em 40 países. Por sua vez, a Pepsi-Cola centrou na sua diversificação, em 1965 fundiu-se ao fabricante de salgados Frito-Lay (1965), porque "batatas fritas dão sede e Pepsi mata a sede". Depois, adquiriu as cadeias de *fast-food* Pizza Hut (1977), Taco Bell (1978) e Kentucky Fried Chicken (1986).

Ambas as estratégias fazem sentido e geraram o crescimento do negócio. A Coca-Cola estava centrando suas baterias na sua marca e aproveitando este investimento para internacionalizá-la, e a Pepsi, por outro lado, estava investindo na otimização da sua cadeia de distribuição, através de produtos que eram comercializados pelos mesmos revendedores e por meio de *fast-foods* que, iriam distribuir os seus produtos.

Em 1997, a Pepsi-Cola decide se separar do negócio de *fast-food*, que apesar de gerar venda adicional do produto nas cadeias próprias, gerava um impedimento de venda nas cadeias de *fast-food* concorrentes.

Desafio Pepsi e a New Coke

O embate começou a ser direto quando, em 1975 a Pepsi-Cola lançou o "Desafio Pepsi", no qual, em um comercial na TV, foi feito um teste cego (era utilizada uma venda para evitar que o consumidor visse a marca) em que a maioria dos consumidores preferia a Pepsi-Cola em detrimento da Coca-Cola. O teste era verdadeiro e a preferência também, como a Coca-Cola comprovou. Imaginava-se que o motivo da preferência se dava porque a Pepsi-Cola era mais doce que a Coca-Cola e o consumidor dos tempos modernos é altamente viciado em açúcar.

Embalada pelo sucesso de lançamento da Diet-Coke em 1983, inspirada pelo sabor da Diet-Pepsi e visando reagir às perdas de participação no mercado para a Pepsi-Cola, que a Coca-Cola imaginava ser fruto das consequências das conclusões do "Desafio Pepsi", ela iniciou um projeto para mudar o sabor do seu carro-chefe, a Coca-Cola.

Foram feitas muitas pesquisas e, após sucessivos testes cegos, lançou-se uma nova fórmula mais doce e suave e, depois de 99 anos, em abril de 1995, a New Coke estava no ar. Após uma semana da mudança, milhares de consumidores chocados e raivosos estavam inundando os telefones da Coca-Cola, inclusive ameaçando passar a consumir a Pepsi-Cola.

A Coca-Cola se esqueceu de um principio básico da psicologia social que é o da escassez. No momento em que os consumidores perceberam que nunca mais iriam consumir aquele produto que adoravam (mesmo que fosse somente pela marca e pelo que ela representa dos valores tradicionais dos EUA) e que o culpado desta escassez era a própria Coca-Cola, eles direcionaram sua raiva contra a empresa.

Por mais que a Coca-Cola tivesse feito muitos testes e pesquisas, ela ignorou que a sensação de escassez só existe quando ela é efetiva e não quando se pergunta a preferência em um teste cego e depois se ele gostaria que a Coca-Cola mudasse para o sabor que mais gostou. É claro que neste tipo de pesquisa, até para seguir outro princípio da psicologia social, o da coerência, a maioria dos consumidores, que prefera o novo sabor, declarou que gostaria que a Coca-Cola mudasse seu sabor. Entretanto, a Coca-Cola não deu a devida importância ao fato de que a minoria de 10% a 12% das pessoas nas pesquisas tiveram uma reação negativa com a hipótese da substituição da Coca-Cola. A Coca-Cola não previu que o possível clamor de uma parte da população pudesse contaminar as outras pessoas, mesmo aquelas que em princípio não se importariam tanto (o chamado efeito manada, em psicologia social). E foi isso o que de fato aconteceu.

Além disso, existe o efeito conhecido de que a observação sistemática altera o que está sendo observado. Ou seja, o teste em laboratório apresenta diferentes condições do que tomar um refrigerante, em grandes goles, junto com a comida, ao lado da família, em casa ou em uma lanchonete barulhenta.

A Coca-Cola teria perdido muito menos dinheiro se tivesse escolhido um mercado secundário para ela (algum país onde a venda não representasse tanto) e tivesse feito o teste somente nesse mercado. Ou se tivesse lançado o novo sabor como algo complementar à sua linha de produtos.

A Pepsi-Cola, aproveitando o fiasco, anunciou que a mudança da fórmula da Coca-Cola era uma resposta ao fato de ela ter um melhor gosto. Com a mudança, depois de quase 100 anos, conseguiu a liderança do mercado por alguns meses. A Coca-Cola acabou recuperando sua liderança, porque decidiu reverter a mudança, após três meses, lançando a "Classic Coke".

Eles até mantiveram a Coca-Cola nova, que mudou para "Coke II" em 1992, mas sua decadência prosseguiu de tal forma que foi descontinuada completamente em 2002, apesar de lendas urbanas dizerem que ela ainda estaria sendo vendida em alguns lugares remotos.

Falhas éticas da Coca-Cola

Houve dois episódios recentes que mancharam a reputação da Coca-Cola, embora temporariamente:

Em 1999, centenas de pessoas ficaram doentes bebendo Coca-Cola na França e na Bélgica, inclusive com hospitalizações. O grande problema é que a Coca-Cola levou mais de uma semana para se pronunciar, depois que as primeiras crianças ficaram doentes e dez dias para os executivos de topo chegarem à Bélgica. E, mesmo assim, tentou minimizar o problema. Enfim, faltou humildade e respeito aos consumidores. O CEO Ivester chegou a perguntar a seus assessores: "Onde raios fica a Bélgica?". Claro que a histeria em si ajudou muitas pessoas a ficarem "doentes". Em todo caso, as autoridades ordenaram a retirada de circulação de milhões de latas e garrafas, sendo o maior *recall* (devolução) de toda a história da empresa. Depois, veicularam campanhas agressivas e acabaram retomando o mercado.

O mesmo Ivester, dois meses antes de sua queda, deu uma entrevista à revista *Veja*, admitindo que estava testando uma máquina de vender capaz de cobrar mais caro pela bebida em dias mais quentes, quando houvesse maior procura. O assunto teve repercussão internacional.

Em 2004, na Inglaterra, descobriu-se que a água Dasani, do grupo da Coca-Cola, anunciada como pura, na verdade era água de torneira purificada. Eles alegaram então o uso de um "processo de purificação altamente sofisticado" baseado em tecnologia da NASA, que se mostrou ser apenas osmose reversa, usada em muitos sistemas de purificação caseira. Depois, tiveram que retirar toda Dasani em circulação na Inglaterra, porque descobriram contaminação por bromato, em virtude dos sais adicionados. A Dasani saiu do mercado inglês e ainda cancelou-se o seu lançamento em outros países da Europa, pela repercussão do fato.

De todo modo, hoje a Coca-Cola continua na liderança como o refrigerante mais vendido no mundo, mas a Pepsi-Cola tem vendas maiores (de todos os seus produtos juntos) e maior valor de mercado na Bolsa de Valores.

Conclusão

A história como um todo é um exemplo de que estratégias divergentes significaram caminhos diferentes, mas não necessariamente em direções opostas em relação ao seu sucesso, e de que o processo decisório, em momentos cruciais, pode ser determinante para a vida de uma empresa.

Durante a vida empresarial, sempre há decisões que podem mudar vidas. O que faz o inventor da Coca-Cola vender 2/3 de sua empresa incipiente por apenas US$ 22? Como o inventor da Pepsi-Cola mistura atividade empresarial com pura especulação ao apostar todas suas fichas na alta do açúcar?

Finalmente, nas duas histórias, é possível perceber a importância de não se querer ficar com tudo, para depois não ficar com nada, que é o que acontece com alguns empreendedores que não querem abrir mão de nenhuma oportunidade ligada ao negócio. Como a Coca-Cola e a Pepsi-Cola teriam crescido desse jeito se não tivessem terceirizado o engarrafamento e a distribuição, de uma forma atrativa para seus parceiros?

Organização em ação 7

Estrutura física

A **Estrutura Física** abrange uma relação de locais, instalações e maquinários.

Para dimensionar a estrutura física e estabelecer um cronograma em função da evolução das necessidades, é preciso que se parta de uma previsão da evolução da demanda, isto é, uma estimativa da quantidade de produtos/serviços requisitados ao longo do tempo.

Isso depende, para se ter uma ideia de futuro, de uma estratégia, ainda que não completamente formalizada. A estratégia, por sua vez, parte de uma estimativa de demanda inicial, que servirá como uma das bases para a determinação dos objetivos estratégicos.

Essa demanda inicial corresponde a uma previsão da demanda futura, período a período. A dificuldade para fazer essa estimativa pode variar de simples a muito complexa, dependendo do número de variáveis envolvidas, algumas das quais fora do controle da empresa.

Estilos de empreendedorismo

Na decisão que envolve o grau de descolamento entre a demanda inicial projetada e os objetivos estratégicos estabelecidos é que se pode distinguir, de forma didática, o tipo de empreendedor que está envolvido: conservador, equilibrado ou audacioso.

O conservador radical optará por atender somente a demanda já comprovadamente existente e com pouca folga para qualquer aumento de demanda no futuro, atuando meramente por inércia. O conservador moderado prevê eventualmente um aumento de demanda, com base nas tendências já observadas, porém sem supor qualquer melhoria estrutural na empresa, como se o objetivo estratégico fosse simplesmente "tocar o barco". Isso significa montar uma estrutura física mínima, com o menor custo possível. Se, por um lado, ele tem baixo risco de perder o investimento, poderá perder mercado para os concorrentes e terá uma expansão lenta ou mesmo nula.

O equilibrado optará por uma demanda futura decorrente de uma previsão realista, com base em premissas razoáveis e com um investimento ajustado às possibilidades financeiras da empresa. Isso significa que a demanda prevista embute melhorias sobre a demanda inicial projetada, decorrente da ação de um plano estratégico, porém sem o viés de um otimismo que não seja bem embasado. Desse modo, se projetará uma estrutura física que atenda a esses requisitos. Assim, o risco aumenta um pouco, mas de forma controlada. Por outro lado, isso permite um crescimento orgânico da participação da empresa no mercado perante os concorrentes.

O audacioso optará por objetivos estratégicos bem descolados de uma previsão realista, projetando uma demanda futura que encerra um grande otimismo, como se tudo ou quase tudo fosse dar certo. Isso requer uma grande estrutura física. Muitas vezes, ele se endivida além do razoável para montar essa estrutura. Neste caso, o risco é elevado, podendo inclusive gerar a insolvência da empresa, mas pode permitir uma expansão acelerada se tudo correr bem.

Um clichê comum da literatura de negócios é apostar-se nessa última opção como sendo a mais indicada, sob o mote "Acredite no seu potencial". Muitos livros se esmeram em contar a história dessas grandes e vitoriosas empresas que surgiram de uma sucessão de apostas audaciosas. Isso é verdade, porém, o outro lado dessa história é que a maioria das empresas que iniciam de forma "ousada", quebra.

Analisar apenas os sobreviventes é ver a realidade de forma distorcida. Além disso, muitas dessas empresas, em alguma fase do seu crescimento, abandonaram este processo, pois seguir essa linha repetidamente, por muito tempo, muito provavelmente conduzirá à falência. Isso é, mais ou menos, como aquele jogador de roleta que já ganhou muito, mas continua apostando tudo. Certamente, em algum momento, ele perderá tudo.

Análise custo x benefício

A seleção de uma estrutura física, ou seja, a análise das opções possíveis para se atender a um determinado nível de demanda, depende principalmente de decisões objetivas, envolvendo um cálculo de custo x benefício ou, de forma mais técnica, a medição do "retorno sobre o investimento", isto é, o lucro gerado relativo ao capital investido.

O erro mais comum na geração ou na renovação da estrutura física de uma empresa é uma paixão irracional pelo negócio, que pode gerar cegueira no processo de análise. É o caso de um industrial, por exemplo, que se apaixona por uma máquina nova e a adquire sem verificar se esse investimento será pago algum dia pela produção adicional proporcionada por essa máquina.

Outra situação comum é a de um comerciante que escolhe um ponto perto de casa para abrir o seu negócio, a fim de facilitar o seu deslocamento, mas esquece de se certificar de que naquele ponto existem clientes suficientes para justificar o negócio.

Nestes casos, o empresário está deixando de ser Empresário e está lidando com a empresa como lidaria com assuntos particulares, deixando o gosto ou conveniência influir no processo de escolha.

Outro ponto relevante é que a expansão ou atualização da estrutura física deve atender aos requisitos de uma modernidade inteligente, isto é, deve estar vinculada ao aumento da qualidade e eficiência. Para isso, é importante aportar conhecimentos suficientes para decidir o que vale ou não a pena em termos de inovações tecnológicas.

Por exemplo, um novo depósito construído dez anos depois do depósito anterior pode ser uma oportunidade de equipá-lo de forma a garantir um tempo menor para a separação das mercadorias a um custo menor, de forma mais assertiva e com maior produtividade de ocupação de espaço.

É preciso, no entanto, rechaçar com vigor firulas tecnológicas dispensáveis ou que não sejam relevantes para o ramo de negócio em que a empresa atua. Vivemos uma era de modismos tecnológicos, na qual se tenta impingir toda sorte de inovações em nome da modernidade, independente da relação custo x benefício.

Apego aos bens

Muitas empresas conseguem até manter um bom nível de racionalidade no processo de expansão e atualização de sua estrutura física, mas a maioria delas enfrenta dificuldades ou se omite quanto ao processo de se desfazer de estruturas físicas obsoletas ou improdutivas, o que pode ter um custo maior para uma empresa.

As pessoas (e também empresas) tendem a se apegar ou supervalorizar seus bens materiais, especialmente se sua posse envolve razões sentimentais. É comum alguém não conseguir vender seu imóvel em tempo hábil por colocar no seu valor, de forma quase inconsciente, toda sua história. Uma empresa pode ter dificuldades para se livrar de uma máquina ultrapassada por não reconhecer sua obsolescência ou por tentar vendê-la por um valor muito acima do que vale. Às vezes, compensa até vender como sucata. Algumas empresas acham muito difícil fechar um ponto comercial, ainda que seja deficitário. Fechar um ponto é como assumir uma derrota. O mesmo se dá com aquele investidor que se recusa a acreditar que seu investimento "micou" e o mantém até virar pó.

Localização e dimensionamento

Quando o problema envolve a determinação da melhor localização para uma unidade (fábrica, loja, depósitos etc.), a questão é mais complexa. Caso seja mais de uma unidade, é preciso também determinar o dimensionamento relativo de cada uma. No caso de uma fábrica, por exemplo, esse levantamento depende, entre outras coisas, dos custos e meios de transporte disponíveis, da localização e importância de cada fonte de insumos e de cada um dos destinos das vendas (depósitos de atacadistas ou varejistas). Dependendo da complexidade do problema, pode-se resolver por simples intuição, por comparação com outros casos similares ou por modelagem matemática.

Nesse caso, é preciso tomar muito cuidado para não se cair no canto de sereia de uma grande oferta imobiliária, mas que não representa uma boa localização. É preciso colocar tudo na balança.

• • •

Resumidamente, na montagem ou alteração da estrutura física de uma empresa, é necessária máxima objetividade, isto é, uma análise contínua da demanda futura e do retorno de investimento, tanto para aquisição de novas estruturas quanto para a retirada de antigas. Neste processo, a paixão, o apego e a conveniência pessoal, assim como o conservadorismo ou o otimismo exagerado, só atrapalham.

Estrutura de pessoal

A **estrutura de pessoal** é uma questão muito mais subjetiva do que a estrutura física, pelo fato de se estar lidando com o ativo mais complicado de todos: o ser humano. O único ponto comum é o dimensionamento de pessoas, que também depende das estimativas de demanda futura.

Em médio e longo prazo, a estrutura de pessoal depende dos rumos que a empresa percorrerá, determinados pelos objetivos derivados da estratégia, incluindo as mudanças (tecnológicas, estruturais etc.) previstas. Particularmente, a tendência de terceirização tem sido muito importante, incluindo a transferência de mão de obra para locais com um custo menor, especialmente em trabalhos menos especializados.

Dimensionamento de pessoal

O dimensionamento de pessoal dependerá também, ainda que de forma indireta, do processo de trabalho (através do qual a empresa gera lucro), do nível de centralização do processo decisório e da forma de organização da empresa (organograma).

No detalhamento do processo de trabalho, é preciso determinar quem será responsável pelas exceções definidas e quem será responsável pelo processo decisório daquilo que não estiver definido.

Afinal, o pilar fundamental de qualquer empresa é a tomada de decisões. Em geral, cada pessoa em uma empresa tem um determinado limite e abrangência no processo decisório, de acordo com suas capacidades e responsabilidades. Desse modo, é preciso que essa pessoa se reporte a outra, quando a decisão foge de sua alçada, e assim por diante.

Quanto mais preciso o detalhamento das exceções no processo de trabalho, mais fácil será delegar responsabilidades para a ponta. Áreas de indefinição geram a necessidade de decisões não padronizadas. Essas decisões, que já poderiam ter sido tomadas pela ponta, precisarão de um chefe que as tome.

A hierarquia decisória acaba implicando necessariamente em uma hierarquia de autoridade, o que dá origem ao organograma da empresa, visto sob a ótica do modelo clássico de administração. Apesar de algumas tentativas de fazer as coisas diferentes, esse modelo ainda vigora na grande maioria das empresas.

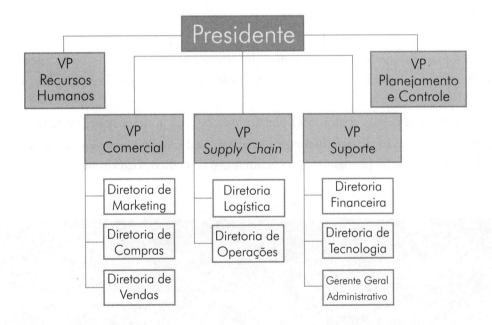

Possível organograma de uma empresa de varejo. A caixinha da direita responde por orçar, registrar, controlar, auditar e analisar as atividades das outras áreas. Supply chain refere-se à cadeia de fornecimento, quanto à sua operação e otimização.

Para qualquer coisa que se faça, há uma relação entre qualidade e custo. Mais qualidade, em geral, exige uma estrutura maior (mais pessoas e/ou mais maquinário). A questão é descobrir se os clientes pagarão pela qualidade adicional, de forma a compensar o custo adicional. Por exemplo, na fabricação de uma calça, é preciso decidir se uma determinada costura deve ser duplicada, envolvendo-se com isto o dobro do trabalho. É preciso estimar se esta costura duplicada gerará uma venda e um valor para a marca que compensem o aumento permanente de custos.

Especialização do trabalho

Outro fator importante é o grau de especialização do trabalho na indústria, que foi um dos pilares da Revolução Industrial. O Taylorismo, no início do século XX, pregava uma grande especialização. A Ford levou isso mais adiante, a partir da década de 1920, sendo a pioneira do uso das esteiras rolantes, nas quais cada operário ficava parado e executava uma única função. Isso foi ironizado pelo filme *Tempos modernos* de Charles Chaplin, que mostrava um operário, o próprio Chaplin, apertando parafusos imaginários, mesmo fora do ambiente de trabalho.

Há ecos dessa filosofia em muitos ambientes industriais, porém, atualmente, há muito mais mecanização para as tarefas mais repetitivas. Por outro lado, há uma tendência de se tornar o escopo de trabalho mais amplo, para o trabalho ficar menos monótono, mais motivacional e diminuir a interface entre as pessoas. O precursor dessa tendência foi a Toyota, no final dos anos 1940, através da multifuncionalização dos seus operários.

Fazer uma pessoa responsável por um processo de ponta a ponta pode ser difícil, dependendo do grau de detalhamento. Imagine uma empresa que venda um software e tenha dois tipos de profissionais: o vendedor e o técnico. Fazer uma pessoa assumir

Mcdonald's – estrutura facilitada por padrões

O McDonald's já começou na década de 1950 com padrões que permitiam, desde sua fundação, que houvesse uma enorme velocidade de atendimento e um padrão de limpeza sem igual naquela época.

Estes padrões se estenderam para o restante da operação, em particular para o planejamento e escolha de novos locais para se estabelecer um modelo de loja praticamente único, o que permitia planejar com muita exatidão tanto a estrutura física quanto a de pessoal de cada nova unidade e também que se fizesse um planejamento muito preciso de quantas unidades abriria por ano.

A escolha de novos pontos levava em consideração principalmente três variáveis:
- A existência de fornecedores de insumos para o abastecimento da loja a ser aberta;
- O fluxo de pessoas na porta da loja;
- Lojas McDonald's abertas na mesma região.

esses dois papéis pode ser benéfico para o cliente, que lida com uma pessoa só e evita as interfaces de comunicação entre os dois profissionais. Isso demanda uma pessoa mais versátil, mas menos especializada. No entanto, se o processo de atendimento ao cliente (venda, implantação e suporte) for muito minucioso, fica difícil preparar um único profissional para cumprir os dois papéis.

Níveis hierárquicos

De maneira geral, o ideal é que o número total de níveis hierárquicos em uma empresa seja baixo, para que a responsabilização não fique fragmentada demais. Outro problema é que tende a ser desmotivante quando o nível mais baixo está distante demais do presidente da empresa. Com muitos níveis, os líderes tendem a perder o contato com a atividade final da empresa, o que gera uma "cegueira", isto é, observam-se líderes envolvidos em trabalhos que acabam não repercutindo de fato na ponta.

Por outro lado, não se pode achatar demais a estrutura de uma empresa, de forma a fazer com que um chefe tenha um alcance (número de funcionários diretos) acima do nível que ele pode gerenciar com qualidade. Paradoxalmente, uma empresa muito centralizadora tende a ter poucos níveis hierárquicos, com base na máxima "equipe é um bando de gente fazendo o que eu mando".

Estrutura confusa

Em uma empresa bem estruturada, para qualquer situação é possível rapidamente identificar a área ou as pessoas responsáveis por ela. Quando não é assim, frequentemente

---

Com estas variáveis, se priorizava a abertura de novas lojas de acordo com a estimativa de retorno. Quanto mais rápido o retorno, mais prioritária sua abertura. A quantidade de lojas a serem abertas por ano era limitada pela capacidade de investimento da empresa.

Com os dados anteriores aplicados a um modelo matemático, se tem uma estimativa muito precisa do que cada nova loja vai vender. Com um modelo padronizado de loja, é possível saber de antemão toda estrutura física e de pessoal necessária para o funcionamento da loja.

Esta padronização evita erros de estruturas insuficientes ou muito inchadas, o que é muito comum em novos negócios.

Mais tarde, esse modelo foi prejudicado pelos exageros cometidos no seu processo de expansão por franquias, como vimos em outro momento.

precisa-se perguntar para várias pessoas até se chegar ao alvo, em um processo quase investigativo. Quando não se desiste no meio do caminho, pode-se chegar até a tarefas sem dono (terra de ninguém) ou, na dúvida de para quem pedir, pede-se para mais de uma área, para aumentar a chance de a tarefa ser concluída.

Isso acontece porque as empresas estão cada vez mais complexas, com responsabilização difusa, estruturas mal definidas e mudanças não consolidadas. Às vezes, isso é agravado pela alta rotatividade de pessoal. Muitas empresas vêm de um crescimento desordenado: o faturamento cresceu mais rápido que a estruturação e as pessoas ainda atuam como se a empresa fosse o que não é mais.

Tipos de estrutura

A definição da estrutura organizacional dependerá do nível de divisão dos processos (mais ou menos especializado), do grau de centralização das decisões, do porte e cultura da empresa e do tipo de estratégia adotada.

Estrutura funcional

Em muitas empresas, os funcionários são agrupados em setores, departamentos ou diretorias, analisando-se principalmente semelhanças profissionais ou de atuação. Um exemplo extremo é criar um setor de engenharia para acomodar os engenheiros e um setor de arquitetura para abrigar os arquitetos, ao invés de, por exemplo, criar-se uma área de Obras reunindo engenheiros e arquitetos que estarão constantemente interagindo e na qual se precisará de uma gestão que preserve o interesse coletivo. Em áreas separadas, viram compartimentos estanques e possíveis fontes de conflito, alimentadas por chefias distintas.

Esse problema é mais camuflado quando se reunirem departamentos em diretorias. Em uma empresa de varejo, marketing comunica para o cliente e vendas lida com o cliente, então, por similaridade, deviam estar na mesma diretoria? Por outro lado, marketing interage muito mais com a área de compras, apesar de ter menos similaridades. A afinidade deveria estar muito mais ligada à necessidade de interação do que a similaridade.

Em suma, muito mais relevante do que a similaridade é considerar o volume de comunicação entre áreas e a divisão de processos gerada pela setorização. Quanto menor a comunicação gerada pela divisão de processos resultantes, melhor é a setorização, porque os processos e a tomada de decisão serão mais ágeis por dependerem de uma só área, na maior parte dos casos.

A estrutura funcional é a mais convencional e consiste na alocação de pessoas por função (como financeiro, vendas ou marketing), cada uma com seu chefe. As funções podem ser agrupadas por afinidade e assim por diante, até chegar ao presidente da empresa. Os nomes dos agrupamentos variam, mas normalmente os níveis mais baixos são os setores, que se agrupam em departamentos, que formam as áreas.

Estrutura divisional

Na estrutura divisional, agrupam-se as pessoas por finalidade e não por função. As formas de divisão podem ser por geografia (por exemplo, Brasil, Argentina), por tipo de cliente (por exemplo, varejo, atacado) ou por tipo de produto (por exemplo, *mainframe*, microcomputadores). Cada divisão costuma ter sua própria estrutura funcional.

A estrutura divisional difere da estrutura funcional tradicional, pois pode haver a mesma função em duas divisões distintas (por exemplo, cada divisão tem uma área de recursos humanos). Se existe a mesma área em divisões distintas, costuma haver uma coordenação central, mesmo sem estrutura matricial, para não haver grandes disparidades de procedimentos nas diferentes divisões.

Vantagens x Desvantagens

A palavra chave da estrutura funcional é eficiência, pois há economia de escala, mais afinidade entre os membros, mais sinergia decorrente da especialização e um caminho mais claro para a carreira dos seus integrantes. As desvantagens incluem maior trabalho de coordenação entre as funções, o que envolve problemas de integração, burocracia e perda de informação e, principalmente, mais propensão para a formação de feudos (a chamada miopia funcional), que não favorecem uma visão global.

Esse mesmo tipo de estrutura se ajusta bem para uma empresa com estratégia de baixo custo ou em um cenário com concorrência pouco acirrada, que requer pouco foco ou diferenciação. Também se coaduna com empresas com uma liderança muito centralizada. Por outro lado, quanto maior a empresa, mais difícil é lidar com as dificuldades de coordenação, integração e comunicação geradas pela estrutura funcional. Essas dificuldades podem ser minimizadas se os profissionais apresentarem um elevado grau de maturidade e capacidade de relacionamento.

A estrutura divisional, por sua vez, perde eficiência pela redundância, mas permite maior foco ou diferenciação na dimensão da divisão adotada. A divisão geográfica permite trabalhar com as peculiaridades regionais. Já a divisão por tipo de cliente tende a prestar um melhor atendimento para cada nicho explorado. Finalmente, a divisão por produtos permite lidar melhor com quesitos como qualidade e inovação. Com o advento e barateamento da comunicação a longa distância e da videoconferência, a mera separação geográfica, sem regionalização significativa, já não é um pretexto tão bom para a divisão por geografia.

Estrutura mista

Algumas empresas adotam uma estrutura mista. Determinadas funções exercem mais um papel de suporte ou não são tão essenciais para a diferenciação. Nesses casos, pela economia de escala, centraliza-se uma dada função, que passa a ser compartilhada entre as divisões. Em geral, isso pode incluir informática, suprimentos, jurídico etc. Outras funções, mais essenciais para a diferenciação a que a empresa se propõe, estarão replicadas em cada uma das divisões, como marketing.

Empresas de consultoria, por vezes, adotam uma estrutura mista, na qual há funções comuns (administrativa, contábil) e os funcionários são divididos por projetos. Cada projeto, por sua vez, está ligado a algum cliente. Essa divisão não é fixa e depende da demanda.

Estrutura matricial

Já algumas empresas adotam, pelo menos parcialmente, a estrutura matricial, na qual existem duas cadeias de comando distintas e, portanto, um funcionário pode ter dois chefes. Há casos de estruturas matriciais envolvendo mais de dois chefes, mas é difícil

---

AES – tipos de estrutura – da revolução ao equilíbrio

A AES é uma megacorporação norte-americana de energia, que atua também no Brasil como distribuidora de energia em São Paulo, por exemplo. Por influência da formação religiosa dos seus fundadores, a AES adotava um modelo altamente descentralizado, organizado em pequenas células, chamadas "favos de mel" (*honeycomb*), com alta autonomia decisória e sem um líder formal. Com isso, conseguia manter uma alma de empresa pequena em uma empresa grande.

A AES adotava muitas das práticas preconizadas pelo *Beyond Budget* (Além do Orçamento). Não tinha orçamento, planejamento estratégico formal, nem departamentos centrais, como RH e Finanças. Não havia políticas formais, definições de cargos ou faixas salariais prefixadas.

No entanto, o escândalo da sua concorrente Enron levou a AES a ter problemas de crédito. Isso, aliado a erros próprios, como

funcionar bem na prática. O exemplo mais comum desse caso é uma estrutura matricial na qual se formam adicionalmente equipes de projetos.

Suponhamos que, de um lado, a empresa seja separada por funções (RH, operacional, financeiro) e, por outro, separada por divisões (produtos alimentícios, bens duráveis etc.). O funcionário, então, precisa responder tanto ao seu chefe funcional quanto ao divisional. A mesma dualidade ocorre em equipes de projetos, quando a gerência do projeto deve se equilibrar com a gerência funcional.

Essa estrutura resolve um pouco a questão da independência entre as divisões na estrutura divisional. Essa independência gera uma falta de uniformidade de práticas, que pode ser prejudicial para a estratégia corporativa, além de pouco eficiente. Por outro lado, a responsabilização fica mais difícil e os conflitos mais prováveis, pela existência de dois chefes.

Enfim, estruturas matriciais estão na moda e há muitas histórias de sucesso (como Philips), mas também de fracasso (como Yahoo!). A despeito do canto da sereia, deve-se tentar restringir a gestão matricial às situações realmente necessárias e não estendê-la, apenas por uniformidade, à empresa inteira. No caso de uma equipe de projeto, o sucesso da gestão matricial é bem mais frequente, pelo fato de o projeto ser temporário e estar enquadrado em alguma necessidade identificada e alinhada.

Estruturas matriciais demandam muita conscientização e maturidade das partes envolvidas para funcionar a contento, incluindo boas habilidades interpessoais de todos, tanto dos líderes quanto dos liderados. Fatores como o treinamento adequado, a adoção de normas de mediação de conflitos entre os chefes e a constituição de um *staff* executivo para mediação desses conflitos em caso de impasse podem contribuir para o sucesso de uma estrutura matricial.

---

investir demais na América Latina e certa carência de controles financeiros, a fez enfrentar uma grave crise de liquidez. Atualmente, tem em seus quadros apenas metade dos seus 50 mil funcionários de outrora.

A revista de atualidades *Slate* publicou um artigo com o título irônico: "Quando coisas ruins acontecem a boas companhias".

Em 2002, assumiu um novo CEO para tentar debelar a crise. Ele decidiu centralizar mais, aumentar os níveis hierárquicos de três para cinco e criar alguns departamentos convencionais, mas mantendo-se um grande foco em pessoas. "Tenha diversão pelo trabalho" ainda é um dos valores proclamados no seu site. Até hoje, estimula-se que as pessoas ampliem seus horizontes e não fiquem bitoladas em um trabalho estreito.

O CEO Paul Hanrahan acredita que a empresa está atingindo um equilíbrio. "Há ainda muita liberdade para experimentar, para achar caminhos melhores para fazer as coisas... Mas não quero que as pessoas tragam novas ideias sobre como fazer demonstrações financeiras."

Em uma empresa japonesa, imersa em uma cultura menos individualista, o índice de sucesso desse tipo de estrutura é mais frequente, porque se obtêm os benefícios da estrutura sem tanta incidência dos malefícios normalmente associados a ela.

Células semiautônomas

Outra abordagem é estruturar uma empresa, pelo menos parcialmente, em células semiautônomas, para tentar minimizar os problemas de desmotivação típicos em grandes corporações, nas quais é comum as pessoas se sentirem formigas vagando em um enorme formigueiro. Nos anos 1980, uma experiência desse tipo foi bem-sucedida na empresa automobilística sueca Volvo. Em uma sociedade altamente desenvolvida, a Volvo encontrava dificuldade de encontrar pessoas motivadas para trabalhar em sua linha de produção. A Volvo, então, reorganizou sua produção em células de até dez pessoas, que dominavam boa parte do ciclo de produção de um carro, e essa experiência funcionou por algum tempo.

Mas não é um caminho fácil, pois depende muito da índole e da maturidade das pessoas. Aqui no Brasil, houve uma experiência fracassada na Embraco, multinacional brasileira fabricante de compressores incorporada pela Whirlpool em 2006. Atribuiu-se o insucesso da experiência a fatores como falta de iniciativa e individualismo.

• • •

Não existe solução ideal, pois qualquer empresa pode ter algumas soluções boas e diferentes que geram um desempenho equivalente, e, normalmente, a solução muda conforme o crescimento ou alteração da empresa. Portanto, o nível de especialização, centralização ou hierarquização não pode ser usado em si como um indicador de qualidade para a empresa.

Enfim, não existe o certo e o errado de forma absoluta em estrutura organizacional. Não se pode seguir cegamente uma linha A ou B, com base no que outras empresas bem-sucedidas ou autoridades preconizam. É preciso fazer todas as ilações das consequências de cada opção, independente de modelos. O ajuste de cada estrutura dependerá muito das particularidades de cada empresa e do momento.

Terceirização

A terceirização (*outsourcing*) consiste em envolver uma terceira parte, além da relação entre uma empresa e seus clientes, para prestar um determinado serviço, que a empresa eventualmente poderia executar internamente. Desse modo, em muitas situações, paira a dúvida entre ter pessoal próprio ou terceirizado.

Como sempre, é preciso que se tome cuidado com as tendências. Há fortes correntes que repetem o mantra "Terceirize, Terceirize". O problema é que o uso indiscriminado dessa prática leva uma empresa a gastar muito mais do que poderia. Uma decisão como essa precisa estar justificada economicamente, caso a caso, e não ser feita a reboque de uma tendência.

A tentação de terceirizar decorre, em parte, do desejo de se manter o foco no negócio. Atividades secundárias demandam o desenvolvimento de uma estrutura de gestão e especialização afastada da atividade-fim.

Quando terceirizar?

Além da questão anterior, que é em parte subjetiva, a terceirização pode ser uma boa solução para os seguintes casos:

- A estrutura terceirizada, dado o mesmo nível de produtividade, é mais barata que a equipe própria. Isso pode advir do custo mais barato da mão de obra quando a terceirização se dá em outro país, como a China ou Índia. Às vezes, mesmo sem mudança de país, a própria diferença nas leis trabalhistas ou a rigidez de uma política interna de benefícios do RH pode baratear, relativamente, o custo da terceirização.

  Com o advento da internet, existem facilidades ainda maiores para fazer serviços em qualquer parte do mundo. Sites como Mechanical Turk (www.mturk.com), da Amazon, e o Rent a Coder (www.rentacoder.com) reúnem pessoas que executam tarefas a pessoas que precisam que tarefas sejam executadas. No Brasil temos também sites similares, mas ainda muito menores que os internacionais, como o Catho Negócios (www.cathonegocios.com.br), Freela (www.freela.com.br), Comunica Geral (www.comunicageral.com.br) e o Teia MG (www.teia.mg.gov.br).

- O serviço prestado pela equipe é eventual e, com isto, o custo de se ter uma equipe permanente própria é alto.

- O serviço prestado precisa ter diferentes dimensionamentos ao longo do tempo. O terceiro, em geral, consegue gerir bem isso porque presta serviços a muitas empresas, enquanto o custo para uma empresa manter uma equipe de tamanho variado durante o ano é alto. Isso porque ou há um fluxo permanente de contratações e desligamentos ou porque é preciso manter uma equipe própria com muita ociosidade.

- A capacidade de absorção de novas técnicas da equipe terceirizada é superior ao da equipe própria. Por exemplo, atividades de Desenvolvimento de Sistemas, particularmente em ambientes dinâmicos como a web.

- Um serviço internalizado demandaria a aquisição de equipamentos ou produtos específicos e, pior, sua constante atualização. Uma terceira empresa amortiza seus investimentos porque é especializada e será útil para todos os seus clientes. Como exemplo, podemos citar, na mesma linha, a hospedagem de sites. Claro que esse raciocínio depende da escala do negócio.
- O *know-how* do serviço oferecido pela equipe terceirizada é superior ao da equipe própria. Essa visão depende da diferença de custo entre se fazer dentro de casa ou com terceiro. Às vezes, a diferença de custo é grande e pode compensar adquirir o *expertise* necessário para incorporar o serviço na empresa, dependendo da relevância do ponto anterior. É preciso apenas discernir se a diferença de *know-how* é real ou apenas vendida como tal. Por outro lado, é comum que uma empresa subestime o *know-how* de se fazer bem-feito algo fora de sua especialidade.

Pode-se perceber, pelas razões apontadas anteriormente, que a terceirização é vantajosa em muitos casos. Só não podemos defender que seja feita sem análise criteriosa, com base apenas em um modismo.

Um fator que tem contribuído para estimular a terceirização é a evolução dos softwares colaborativos e de fluxo de trabalho, algo já comentado no tópico de Projetos e Processos. Isso permite um controle mais seguro de trabalhos que estão sendo executados fora da empresa.

Quanto mais desenvolvida e organizada a gestão de uma empresa, mais ela consegue incorporar serviços, sem comprometer a sua capacidade administrativa.

Casas Bahia – um ícone contra a terceirização

A Casas Bahia tem sido um bastião contra a terceirização no Brasil e, para eles, este dogma tem dado certo.

Todas as entregas e montagens de produtos vendidos são feitas por frota e pessoal próprios. A grande justificativa para isto é que não se deseja que o cliente tenha contato com alguém que não siga os valores da empresa, e, com isto, haja a possibilidade de se macular a sua imagem.

Mas o dogma é mais forte e atinge até áreas que, em outras empresas, são tradicionalmente terceirizadas, como a área de TI. A justificativa dada pelo diretor de informática (CIO) é a seguinte: "A filosofia das Casas Bahia parte do princípio de que somos nós que conhecemos o negócio. Os funcionários da tecnologia, por exemplo, são antigos, estão em média há 14 anos aqui. O que acontece na terceirização: você chama o consultor, mas ele não conhece o seu negócio, não

Como terceirizar?

A terceirização pode ser feita a preço fixo ou por produção, e, nesse caso, é preciso gerir firmemente a qualidade, porque os terceiros querem logo arrematar o serviço para poder faturar mais rápido. Outra modalidade é o terceiro cobrar um valor por hora. Nesse caso, é preciso gerir o tempo, além da qualidade. De todo modo, o ideal é o contrato de prestação de serviços se cercar de salvaguardas, como multas ou bônus, para minimizar esses efeitos.

Muito importante é, além de todo o processo normal de seleção, checar as referências da empresa. De preferência, se o custo for relevante, através de contato pessoal, para minimizar a chance de se escamotear a realidade.

É preciso muito cuidado para, durante uma "licitação", não se fixar demais no critério de custo mais baixo, primeiro pela questão da qualidade, depois porque a empresa costuma tentar embutir tudo que ela perdeu e mais alguma coisa ao longo do trabalho, quando estará um pouco refém da situação.

É perigoso escolher a melhor opção e se casar com ela. Com o tempo, a relação vai se acomodando e o fornecedor de serviços tende a diminuir sua qualidade ou a sutilmente ir aumentando seus custos. É preciso ter sempre um ou dois fornecedores na manga.

Terceirização extrema

Finalmente, há quem pratique a terceirização extrema, que forma a chamada empresa vazia, ou seja, uma empresa que fornece uma marca e funciona como uma intermediação entre financiamento, produção e vendas. Esse tipo de abordagem pode reunir

---

entende e demora. E a Casas Bahia é muito rápida. Se houver mudanças, tenho de fazer rapidamente. Todos os dias eu almoço com a presidência [para estar alinhado]."

Faz sentido, mas não necessariamente é uma verdade absoluta. Tem funcionado para eles, mas isto não significaria que funcionaria para outros, ou mesmo que continue a funcionar com a própria Casas Bahia.

O ponto ideal para uma empresa é adotar uma posição intermediária entre realizar terceirizações indiscriminadas por modismo e se abster de terceirizar por dogmatismo.

É claro que, se a Casas Bahia atuasse no ramo industrial, a não terceirização poderia custar a sua competitividade, quando componentes fabricados internamente se tornassem mais caros do que adquiri-los externamente.

Agora que a Casas Bahia foi praticamente incorporada pelo grupo Pão de Açúcar, é possível que essa filosofia sofra sérios abalos.

dezenas de empresas com diferentes papéis, formando-se uma verdadeira rede de empresas. Esse é o caso da Benetton, uma grife de roupas, que licencia a fabricação para empresas independentes e vende suas peças em lojas independentes, que levam a sua marca.

Um exemplo simples é um fundo de investimento. Se ele terceiriza a administração do fundo e a custódia dos valores, pode se concentrar na gestão técnica do fundo, mantendo uma equipe própria reduzida e altamente especializada.

Mudança organizacional

"Você tem que parar para mudar de direção."
Erich Fromm, psicólogo alemão (1900-1980)

Um erro muito frequente nas organizações é ter uma estrutura muito rígida, com base na manutenção do *status-quo* dos líderes que já estão na empresa, que, normalmente, não atende a uma exigência do ambiente de mudança contínua adaptativa.

O mundo não manda e-mail para dizer que está mudando. A grande maioria das mudanças no ambiente é progressiva, quase invisível. Um exemplo didático pode ser extraído da seguinte fábula: quando um sapo é colocado em uma panela de água fervente, ele pula na hora; no entanto, se ele é colocado em uma panela com água fria que se aquece lentamente, ele fica na panela até morrer, pois não percebe a água se aquecendo. Uma empresa rígida é como o sapo que morre na água se aquecendo.

A dinâmica do mundo atual é cada vez mais acelerada. Isso exige produtividade e inventividade cada vez maiores das empresas, para que se mantenham bem posicionadas no jogo competitivo. Sem a disposição de estar sempre mudando, o degrau da escada pode ficar muito alto para saltar.

No entanto, como já enfatizamos, a mudança tem que sempre servir a um objetivo palpável. Jamais se deve mudar apenas para não ficar "ultrapassado", que é uma palavra que pode ser usada apenas para fazer com que a empresa gaste muito dinheiro sem necessidade.

Como mudar?

A mudança organizacional tem que ser um processo planejado, contínuo e adaptativo. Tratando-se de pessoas, existe um tempo de maturação, isto é, um tempo para se chegar à máxima produtividade com uma dada estrutura, que é variável em função da sua complexidade e da habilidade de quem conduz a mudança.

Aliás, pessoas sempre são o ponto crítico. No fundo, todo mundo tem sua "agenda pessoal", que se mescla com os interesses da empresa, nem sempre de forma harmônica. Desse modo, um processo de mudança, para ser bem assimilado, precisa considerar também esses aspectos.

Quando se está sempre mudando tudo, não se atinge nunca este ponto de maturação, além de ser desmotivante para a equipe, pois ela nunca sabe quem é, no contexto da empresa. Não é de surpreender que toda essa energia despendida em se adaptar às mudanças acabe minando a produtividade. Desse modo, gerir adequadamente as pessoas, mais do que nunca informando-as, preparando-as e treinando-as, é essencial na assim chamada Gestão de Mudanças.

As mudanças têm um benefício, que é o resultado, e um malefício, que é a turbulência durante seu percurso. Os resultados esperados precisam estar atrelados às necessidades estratégicas efetivas e não meramente a impulsos decorrentes de ventos momentâneos do mercado, que podem, a qualquer momento, mudar de direção ou parar. Caso contrário, o único efeito é a perturbação causada pelas ondas geradas.

O planejamento adequado da comunicação em tempos de mudanças é fundamental, já que o que conta, do ponto de vista individual, não é o que está sendo feito, mas a percepção das pessoas do que está acontecendo, que vai sendo formada também pelas informações formais e informais que circulam na empresa. Afinal, as pessoas veem o que elas querem ver.

Uma grande mudança é, por natureza, um processo interdisciplinar que envolve muitas áreas, não só pelos impactos, mas também enriquecidas através de uma visão multifacetada, proporcionada por pessoas de áreas distintas. A abordagem de se tentar envolver apenas as áreas mais afetadas pode comprometer o êxito da mudança, pela resistência das outras áreas e pela falta de visão do todo.

Planejamento é essencial, pois envolvem-se muitas mudanças de processo, na comunicação e na tomada de decisões, que passam a transitar por diferentes áreas. Normalmente, uma mudança de estrutura deve ser encarada como um projeto, no qual são analisadas as diferentes hipóteses e alinhavadas todas as mudanças de processos necessárias para que a nova estrutura funcione, sem que se interrompa o que hoje já funciona.

Fazer mudanças por decreto, sem um estudo mais profundo das suas consequências pode ter um efeito desastroso que lembra a história do português que se mudou para a Alemanha e voltou mudo: esqueceu o português e não aprendeu alemão. Isto é, pode-se gerar um vácuo pelo fato de coisas que funcionavam deixarem de funcionar e de coisas que deveriam funcionar no novo modelo simplesmente não funcionarem.

Governança corporativa

"Se gestão é rodar um negócio, governança é verificar se ele está sendo rodado direito."
Robert Tricker, professor e escritor inglês (1933-)

A governança corporativa consiste no conjunto de princípios e práticas que norteiam o relacionamento entre acionistas, auditores independentes, executivos da empresa e conselhos. Esses princípios e práticas são ligados a questões como transparência, equidade, prestação de contas (*accountability*), cumprimento das leis, ética e responsabilidade corporativa.

Ela objetiva preservar de forma equilibrada, em um sentido estrito, os interesses dos acionistas e, em um sentido amplo, o interesse de todas as partes envolvidas (*stakeholders*), o que inclui gestores, acionistas, fornecedores, credores, clientes, funcionários e sociedade. A relação entre essas partes varia muito de país para país, conforme cada legislação e cultura vigentes.

Conflito de interesses

Uma das grandes questões para a governança corporativa é o problema de agência (*agency*), que trata do conflito de interesses entre os diversos atores (agentes) de uma empresa, uma vez que há assimetria de poder e informação, isto é, diferentes grupos têm diferentes níveis de poder e informação. Os interesses individuais e de cada grupo colidem com os interesses da coletividade.

Há diversos conflitos potenciais. Um executivo pode conduzir práticas, mesmo dentro da lei, que o beneficiem, em detrimento dos interesses da empresa, ou ele pode omitir determinadas informações que possam comprometer a avaliação do seu desempenho. Um controlador pode preparar a empresa para venda, contrariando os interesses de outros controladores. Uma empresa pode perseguir o lucro a qualquer custo, mesmo em prejuízo da sociedade.

Um campo particularmente sensível a problemas de agência refere-se à área de fusões, aquisições, consolidações e expansões. São tópicos excitantes e atuais, relacionados, pelo senso comum, ao rápido crescimento das corporações. Essa visão crítica, fora do escopo desse livro, é bem explorada em *Lições de 1 bilhão de dólares,* de Paul Carroll e Chunka Mui. O livro evidencia que essas práticas, embora funcionem em muitos casos, trazem muito mais riscos do que normalmente se supõe, e não se trata apenas de questões de governança corporativa.

Quando a empresa tem seu capital aberto, com ações negociadas em Bolsa, há outras situações. Há quem force uma distribuição elevada de dividendos (valores distribuídos regularmente aos acionistas), há quem se preocupe mais em valorizar a ação do que a empresa e há até aquele que usa sua influência para manipular o valor das ações a fim de auferir lucros.

No caso de um conglomerado de participações em empresas, a situação é ainda mais complexa, pois as empresas se relacionam, fazem negócio entre elas. O problema é que há diferentes interesses para cada uma das empresas individuais envolvidas, que podem ser conflitantes e até opostos, como preços de transação entre duas dessas empresas.

Ferramentas de governança

Em algumas grandes empresas, há um Conselho de Administração (*Board of Directors*) representando o interesse dos acionistas, comandado pelo presidente do conselho (*Chairman*). Na gestão direta da empresa, o conselho nomeia o presidente (CEO, *Chief Executive Officer*), ao qual se vincula um corpo executivo (VP, vice-presidentes). Considera-se saudável para a governança corporativa que o conselho inclua também integrantes que não detenham participação na empresa e que o presidente e o presidente do conselho sejam pessoas diferentes.

De certa maneira, isso cria um mecanismo de controle, pelo qual os executivos passam a ter consciência de que há uma instância que os está monitorando. Auditorias internas e externas certificam que as coisas aconteçam como se diz que acontecem.

Considera-se, em geral, que é saudável para a gestão que pelo menos parte dos executivos tenha participação efetiva na empresa. De todo modo, os administradores geralmente estão menos dispostos a correr riscos, porque seu capital tende a estar menos diversificado do que o dos controladores. Por outro lado, um CEO, dependendo dos incentivos, pode adotar práticas muito mais arrojadas do que seria razoável para dar a tacada de uma vida. A atuação de um CEO pode ser um pêndulo entre o conservadorismo e a ousadia, dependendo de sua personalidade e dos estímulos que lhe são concedidos.

Em algumas grandes empresas, acionistas elegem o chamado Conselho Fiscal, que é independente da auditoria externa e do Conselho. Sua missão, de forma simplificada, consiste em analisar e fiscalizar a administração como um todo, incluindo o próprio Conselho de Administração.

Reação da sociedade

Nos últimos anos, especialmente após os escândalos da Enron e da WorldCom, em 2001, fala-se cada vez mais em governança corporativa, no sentido mais amplo. Diversos sites corporativos se esmeram para provar que sua empresa segue todos os ditames modernos de governança corporativa.

Em 2002, o Estados Unidos, após os grandes escândalos, na tentativa de restaurar a credibilidade e confiança da nação nas grandes empresas, regulamentou a lei Sarbanes-Oxley (SOX), que contém uma série de princípios para regulamentar a administração das empresas, visando aumentar a transparência e combater a fraude.

Infelizmente, a sociedade não pode supor que as empresas sigam os mais altos padrões éticos e de valores alardeados por elas em seus relatórios anuais, sites, convenções e eventos. Há muita maquiagem nisso tudo.

Muitas falhas em empresas, como o caso da contaminação da Coca-Cola na Bélgica e das mortes associadas ao problema dos pneus da Ford, são agravadas pela demora para se assumir o problema e minimizar os danos junto ao público. Nesse sentido, é exemplar a história do acidente da TAM em 1996, ainda na época do Comandante Rolim, que matou 99 pessoas. A TAM foi muito ágil nas providências e ainda indenizou as vítimas com valores superiores aos que a legislação brasileira exigia. Com essas atitudes, rapidamente recuperou a confiança junto ao seu público. O mesmo não se pode dizer em relação ao acidente de 2007, com a empresa já sob outra gestão.

Um componente da relação da empresa com a sociedade se dá a partir de todos os insumos (bens e serviços) de que a empresa se utiliza. Às vezes, internamente a empresa adota práticas éticas, deixando as práticas condenáveis para fora de seus muros. Por exemplo, uma empresa pode terceirizar a limpeza e fechar os olhos para todas as condutas duvidosas da empresa contratada. Ou então, como descrito na história do Wal-Mart, uma empresa pode vender barato em parte porque compra, a preços vis, de empresas de países em desenvolvimento, alguns dos quais adotam práticas como o trabalho infantil e a semiescravidão.

A reação tem sido a crescente pressão da sociedade na direção do *fair trade* (comércio justo), que envolve comprar de organizações que respeitem a sociedade local estimulando seu desenvolvimento social e cuidando do meio ambiente. Obviamente, atividades produtivas conduzidas de forma ética e justa tendem a encarecer os insumos, quando comparado a práticas de exploração predatória. Um exemplo positivo é a crescente política da Starbucks de comprar o café pelo *fair trade*, pagando um preço bem acima do praticado pelo mercado e, com isso, paulatinamente angariando a simpatia do público mais engajado.

Apesar de tanta espuma sobre os efeitos benéficos que o aumento da governança corporativa estaria trazendo para a economia e a sociedade, em 2008, com a crise econômica mundial e seus desdobramentos em diversas grandes empresas, vimos como ainda estamos longe de poder confiar em nossas instituições.

Nem tudo é lucro

Para encerrar com um toque otimista e quebrar um pouco o clichê de que todo capitalista é selvagem, há a edificante história dos laboratórios Merck (hoje MSD, após a fusão com o gigante Schering-Plough). Elas desenvolveram, mesmo sem perspectivas de retorno econômico, um medicamento para tratar a Cegueira do Rio, doença transmitida por mosquitos que atinge especialmente os pobres e causa cegueira em milhões. Desde 1987, a Merck já doou US$ 2,7 bilhões em comprimidos para mais de 30 países, incluindo o Brasil.

Nesse exemplo, percebe-se um fenômeno que é raro, mas existe: nem toda empresa visa apenas o lucro. Fazer a coisa certa tende a funcionar, mas, muitas vezes, apenas em longo prazo. No entanto, existem forças que podem motivar a empresa a fazer algo mais, como no caso descrito anteriormente. Tais forças podem envolver uma combinação de altruísmo, vaidade, sentimento de culpa etc. O fato é que o seu efeito é benéfico para a sociedade.

Quando se estuda uma corporação norte-americana de sorvetes como Ben & Jerry's, fundada em 1978, distingue-se algum idealismo verdadeiro, além do papel tradicional de uma empresa. Essa empresa começa já com uma forte consciência verde e social. Mesmo sendo taxado de ingênuo e impraticável, o lançamento inicial de ações ocorreu somente no estado-natal de Vermont, porque eles queriam engajar a comunidade que os apoiou. A história terminou em 2001 com sua venda para a corporação anglo-holandesa Unilever, que mantém a filosofia anterior, pelo menos parcialmente.

O mesmo sentimento se nota nas recentes ações da Wal-Mart no sentido da preservação ambiental. Existiu, entre outras coisas, a influência inicial de Coral Rose, uma compradora de roupas femininas que é pessoalmente engajada em causas ambientais e acabou exercendo certa influência sobre o CEO da empresa, que começou a tomar algumas ações que aparentemente vão um pouco além da busca pura e simples pelo lucro. Hoje, ela, que saiu do Wal-Mart, tem um blog (http://www.coralrose.typepad.com/) e fundou a empresa Eco-Innovations.

Sustentabilidade

"Nós estamos matando as coisas que nos mantêm vivos."
Thor Heyerdahl, explorador norueguês (1914-2002)

No relacionamento das empresas com a sociedade, recentemente, entrou uma nova cereja no bolo. Estamos falando da Sustentabilidade, que envolve o desafio de prosseguir a vida moderna da humanidade, porém preservando o planeta e seus recursos.

Nos anos 1960, ainda prevalecia a visão de que o mundo era um supermercado infinito, com recursos inesgotáveis. Até recentemente, muitos empresários e governos viam os ambientalistas apenas como radicais que queriam salvar as árvores e os bichos fofos.

Aquecimento global

Muitos anos se passaram e os problemas ficaram muito mais visíveis. Entre os mais graves, temos o aquecimento global, decorrente do aumento da concentração de carbono e outras substâncias na atmosfera.

O aquecimento global não apenas obviamente provoca a elevação média de temperatura e a inundação das áreas baixas, mas contribui para desorganizar o sistema de chuvas, fazendo com que em algumas áreas chova demais em outras, de menos, danificando o meio ambiente e contribuindo para a redução das reservas de água doce.

Atualmente, a maioria dos cientistas acredita que uma causa importante do aquecimento global está na aceleração da atividade humana, que está jogando para o ar em poucos anos, entre outras coisas, o carbono "sequestrado" durante milhões de anos pelos depósitos de carvão, gás natural e petróleo, resultando no chamado "efeito estufa".

Além disso, temos a poluição do ar, da água e do solo, a desertificação acelerada pela destruição dos ecossistemas, a escassez progressiva de água doce e de algumas outras matérias-primas. (Devemos lembrar que é extremamente caro, além de consumir muita energia, a conversão da água salgada em água doce.)

Hoje, já no eco de eventos como a Conferência do Clima, em Copenhague, as pessoas, empresas e governos vão tomando consciência de que, dessa vez, as coisas não vão se resolver sozinhas, a reboque das inovações tecnológicas. Vai chegar o dia em que, definitivamente, a economia vai ter de estar atrelada a novos limites, dessa vez com ingredientes extraeconômicos.

Pintura verde

Muitas empresas se apressaram a parecer comprometidas com a Sustentabilidade, divulgando produtos e serviços aparentemente verdes, estratégia que é conhecida como *green washing* (pintura verde). Para agravar, há o assim chamado analfabetismo ambiental da maioria das pessoas. Esses dois fatores terminam por prejudicar as empresas que genuinamente estão fazendo alguma coisa.

Um exemplo de pintura verde são hotéis em que a única medida sustentável é a oferta de não se lavarem as toalhas, a fim de economizar água e energia, mas não se oferecem condições efetivas para que se possa secar a toalha dentro do ambiente fechado do quarto. Existem empresas cujo único apreço à causa ecológica se limita à sua cara de pau.

Além da casca

No entanto, muitas empresas têm feito, de fato, esforços reais. A Coca-Cola, por exemplo, está tentando, em médio prazo, tornar suas fábricas autossuficientes em água. A Clorox, empresa norte-americana que saiu do Brasil em 2002, lançou em 2008 a linha de produtos Green Works, com 99% de componentes naturais e chancela da exigente organização ambientalista Sierra Club. Essa linha já responde por 40% do mercado norte-americano de limpeza doméstica natural. As empresas estão ficando boazinhas? Não é bem isso, há alguns fatores que estimulam essas novas abordagens:

- Prevenir agora é mais barato do que consertar depois, porque a legislação está endurecendo.
- Fazer certo diminui o risco de processos de indenização.
- Os custos estão caindo e fontes energéticas e processos sustentáveis, hoje ainda caros, se tornarão opções viáveis e até vantajosas no futuro.
- O público está se conscientizando e se tornando mais exigente.
- Uma empresa sustentável tem melhores chances de fazer negócios com outros países mais exigentes.

...

Aos governos, caberia alfabetizar ambientalmente seus habitantes, para que tenham noção do que está em jogo, e criar alguns tipos de incentivos para atividades sustentáveis e/ou impostos sobre atividades poluentes. É difícil abrir mão dos desperdícios individuais, sem que haja fortes motivações para mudar.

Outro fato importante é o endurecimento progressivo da legislação, o que já vem acontecendo em muitos países. Uma ideia poderosa seria criar algum tipo de avaliação de sustentabilidade para as empresas, como o governo brasileiro faz com as universidades (em relação à qualidade de ensino). Isso, se não fosse muito contaminado pela corrupção, seria uma forma de a população começar a ter ferramentas para discernir o joio do trigo.

Governo como organização

O governo de um país é de certa forma uma organização, ainda que bastante complexa e abrangente. Aqui, ignoraremos completamente o papel social, político e cultural de um governo e nos concentraremos, muito resumidamente, nas questões econômicas.

Um governo, como uma empresa, tem receitas (impostos) e despesas (custeio e investimentos). A diferença é que um governo dispõe de alguns mecanismos para, de certo modo, influir na taxa de juros, na taxa de câmbio e na inflação, que afetam a todos. Ao contrário do que alguns leigos imaginam, não se pode fabricar dinheiro impunemente, sem que a inflação apareça para assombrar, já que mais "cédulas" com a mesma produção de bens e serviços faz o dinheiro ir perdendo o valor, através da elevação dos preços.

Desafio do emprego

O nível de empregos na sociedade moderna tem sido um desafio, especialmente em colocações mais básicas, ligadas aos setores primário (agropecuária, mineração etc.) e secundário (indústria), devido à crescente mecanização.

Além disso, há uma tendência crescente de alguns países perderem muitos postos de trabalho, notadamente os mais baixos, em decorrência da crescente terceirização e da concorrência com produtos estrangeiros. O protecionismo (subsídios à atividade local ou imposto de importação) é uma barreira que tenta proteger contra isso, mas em doses elevadas pode estimular a criação de bolsões de atraso ou ineficiência, como boa parte da agricultura europeia.

Thomas Friedman descreve, no livro *O mundo é plano*, como a Índia, com mais de 1 bilhão de pessoas e uma grande comunidade fluente em inglês (pela herança da colonização britânica) e bem formada, tem representado uma grande concorrência para diversos países, mesmo em cargos de maior qualificação. Essa atuação se dá muitas vezes dentro da própria Índia, devido à facilidade de comunicação intercontinental.

Os norte-americanos, até agora, foram bastante eficientes para recolocar suas pessoas em posições mais estratégicas, na prestação de serviços cada vez mais variados e em novos setores criados com a explosão tecnológica. O desemprego voltou a ficar abaixo de 10% em 2010, nível inferior aos da maioria dos países europeus.

Um governo pode contribuir para fomentar o desenvolvimento e o nível de emprego se fizer ou estimular investimentos em educação e infraestrutura, além de atuar para gerar um ambiente propício para negócios. Isso envolve, entre outras coisas, proporcionar facilidade de abertura e fechamento de empresas, trabalhar para melhorar a agilidade jurídica, garantir a estabilidade, promover o respeito às regras, flexibilizar a alocação de mão de obra, facilitar investimentos privados internos ou externos e desenvolver ou propiciar linhas de financiamento para todos os tipos de empreendimento, incluindo os micronegócios.

Neoliberalismo não é uma panaceia

O sucesso, pelo que foi apresentado anteriormente, apontaria para uma cartilha neoliberal. No entanto, é preciso um contraponto.

A Irlanda virou um ícone de sucesso da cartilha liberal. No entanto, depois de muitos anos de crescimento pujante, no período do chamado milagre irlandês, a Irlanda enfrentou uma abrupta queda do PIB entre 2008 e 2009. Ela resulta basicamente de um reflexo da crise internacional de 2008, turbinado pelo descontrole dos gastos públicos e da excessiva falta de regulação da atividade econômica, que culminou com a explosão de uma grande bolha imobiliária, insuflada pelo seu sistema financeiro livre. Isso terminou por gerar um grande déficit fiscal do governo e altos níveis de desemprego. Medidas severas de ajuste foram tomadas, mas estão ameaçadas pela atual crise na Europa iniciada na Grécia.

Além disso, caso se permita a livre atuação das empresas, há uma tendência de formação de cartéis, exploração de trabalhadores, prejuízo aos consumidores e ainda aceleração da destruição do planeta.

Uma possível abordagem seria o governo se tornar um grande empreendedor para defender os interesses do povo. Isso já foi evidenciado que não funciona bem, devido à natureza humana: há uma tendência de que, quando "todos" são donos de alguma coisa, ninguém se sente dono de fato e a roubalheira passa a imperar. Isso porque há um universo tão grande de possibilidades ruins que fica difícil para o governo, mesmo bem-intencionado, manter as rédeas sobre todos os tentáculos. Além disso, nesses ambientes, há pouco estímulo para inovação, qualidade e produtividade, devido à tendência de acomodação.

Uma abordagem alternativa é o governo atuar no controle por meio de uma legislação moderna e agências reguladoras fortes. Assim, os donos tomam conta de suas empresas e o governo toma conta, indiretamente, dos donos. Mesmo assim, nada é fácil, porque a corrupção é um mal endêmico no mundo moderno, especialmente no mundo em "desenvolvimento".

• • •

O que protege de fato a sociedade da atuação das empresas são mecanismos de responsabilização, transparência e regulação que a sociedade pressiona pela implementação, o governo cria e a sociedade civil organizada e o próprio governo deveriam fiscalizar. Mas quem vigia o vigia?

Tomando conta 8

Introdução

Em uma empresa, o controle consiste em verificar se os processos estão atingindo os objetivos esperados com a qualidade e a produtividade adequadas e, também, se há providências e ações corretivas, caso sejam necessárias. Em médio e longo prazo, um controle deficiente resultará na degradação dos processos, o que pode conduzir a empresa ao caos. Ao contrário, um controle efetivo pode induzir uma melhoria contínua nos processos, em todos os aspectos.

Muitas empresas, principalmente as mais jovens, têm sua trajetória abreviada exatamente por falta de um bom controle. Não bastam uma boa estratégia e uma boa condução, são necessários exigência e cuidado com o controle para garantir a qualidade e a produtividade necessárias para o negócio prosperar.

Descontrole e fraudes

O que, em geral, induz ao erro é pensar: "não preciso de tantos controles, pois tenho pessoas de confiança nas posições chave".

Entretanto, essa confiança é resultado de uma série de testes por meio de controles e auditorias e, mesmo assim, não se pode ficar totalmente tranquilo, porque as verificações não são invioláveis. O controle é imprescindível para "separar o joio do trigo".

Na América Latina, há uma tendência, especialmente em empresas familiares, de se acreditar que uma pessoa que parece honesta é honesta de fato, e, também, que a pessoa se sentirá insultada caso alguém desconfie dela, ao implantar-se um sistema de controles. No entanto, uma pesquisa da empresa multinacional de auditoria Kroll, no seu relatório anual de 2008, mostra que mais de 85% das empresas pesquisadas sofreu fraude detectada com um valor médio superior a US$ 8 milhões. Imagine uma empresa de porte menor, sem muitos controles, que adote essa política de "confiança": ela pode literalmente vir a quebrar em função das fraudes.

Em algumas dessas empresas existe a crença de que confiar em pessoas da família é um seguro contra roubos, como se o sangue valesse como um "atestado de confiabilidade". Não é difícil perceber como é falsa essa conclusão e como pode doer no bolso persistir nesse equívoco. Quem recebe este atestado pode ser muito mais desonesto do que aquele que não recebe, pois a convicção da impunidade é um grande combustível da desonestidade.

Podemos didaticamente estabelecer que a probabilidade de ocorrer uma fraude esteja basicamente ligada a seis pilares: caráter, necessidade, desapego à vítima, oportunidade da fraude, convicção da impunidade e valor envolvido. Desses seis pilares, os três últimos estão ligados à qualidade do controle. Os dois primeiros dependem do indivíduo e o terceiro é um componente da ausência de motivação.

Controles inadequados não são o único responsável pelo aumento da oportunidade de fraude e da convicção da impunidade. Outros fatores responsáveis são a alta rotatividade das lideranças, a falta de transparência, a complexidade dos processos e a falta de valores e normas escritas.

Controle facilita a gestão

O controle em relação às pessoas não detecta apenas problemas de integridade, mas também problemas de capacitação e processo.

Enfim, é uma grande falácia imaginar que os controles só sirvam para vigiar as pessoas. Os profissionais não são oniscientes. Os controles ajudam a identificar falhas que, muitas vezes, as pessoas não notariam por si mesmas. Muitas vezes, os controles não apontam falhas, mas simplesmente oportunidades de melhoria. Há também o reverso da moeda: controles eventualmente fornecem boas notícias, que podem servir de inspiração para processos similares.

Assim, o controle adequado são uma ferramenta importante para catalisar um processo de descentralização e delegação de poder (*empowerment*), à medida que os controles vão demonstrando que o processo está azeitado e que a equipe está dando conta do recado.

Afinal, controles, especialmente numéricos, são uma maneira muito mais acurada de analisar do que simplesmente julgar o resultado de um processo como OK.

Os males dos controles excessivos

Também é necessário cuidado com a situação inversa, isto é, controles exagerados, pois os controles não são gratuitos, tendo um custo que é incorporado ao processo, e pode-se chegar ao extremo de o controle ser mais caro que o ganho gerado por ele.

Um exemplo clássico é a colocação de seguranças em uma loja. Quanto mais houver, menor será o índice de roubo, mas, por outro lado, cada segurança tem um custo e, em um dado momento, o custo com seguranças ultrapassa o valor médio que deixou de ser furtado.

Uma boa medida de controle ideal é aquela em que a fórmula (valor adicionado pelo controle) – (custo do controle do processo) resulta no maior valor possível, desde que a diferença entre os dois fatores seja percentualmente significativa.

Esses mesmos controles geram um consumo adicional de tempo, diminuindo a agilidade do processo, e também contribuem para a redução de sua flexibilidade. Sendo assim, é necessário usar o bom-senso ou colocar na conta os custos direto e indireto referentes à perda de agilidade e flexibilidade para cada processo e, quem sabe, buscar alternativas de controle menos invasivas.

Outra faceta oculta do controle excessivo pode ser a geração de erros e desmotivação, consequência do trabalho insano e desnecessário, que pode resultar em um custo invisível que ultrapassa em muito o benefício do controle.

• • •

O controle precisa ser arquitetado com o objetivo de se promover o rodízio de verificações que dependam de pessoas, para evitar a formação de conluios entre o controlador e o controlado. Outro ponto importante é sempre procurar separar quem faz o controle da responsabilidade da atuação de quem é alvo, para não se colocar a raposa dentro do galinheiro. Esse é o grande desafio de um governo quando quer minimizar a corrupção em um órgão sob sua responsabilidade.

Tipos de controle

Há os seguintes tipos de controles:
- Controle simultâneo ou em tempo real: quando é exercido junto da execução do processo, às vezes, posicionado sob a forma de pontos de controle. Os problemas, em geral, são resolvidos à medida em que ocorrem, como, por exemplo, durante o rastreamento de caminhões para monitorar o status das entregas, colocação de seguranças em uma loja etc.
- Controle preventivo: controle que atua no sentido de evitar que algo dê errado. Outras vezes, atua apenas no sentido de direcionar ou avisar. Os exemplos incluem o controle de qualidade das matérias-primas em uma fábrica, critérios para a contratação de novos funcionários, previsão de fluxo de caixa, manutenção preventiva de equipamentos, orçamento etc.

- Controle de saída: controle realizado depois do fato, quando, em geral, há comparação com um padrão predefinido. O resultado desse controle pode ser usado para gestão, ação ou decisão, como, por exemplo, a maioria dos controles financeiros (incluindo a gestão do capital de giro), controle de qualidade de um produto acabado em uma fábrica, avaliação de instituição de ensino pela qualidade dos alunos que são formados por ela etc.

Os processos podem ser controlados por um ou mais dos tipos de controles descritos, e esta escolha dependerá do custo do controle *versus* a importância do que está sendo controlado. Quanto maior a importância, maior será o sentido de recorrer a uma quantidade maior de controles.

Na prática, existem todas as formas de controle, mas os mais frequentes em uma empresa são os controles de saída, que têm como objetivo o retorno (*feedback*) do que foi feito, tanto positivo quanto negativo, quando o prejuízo já foi causado, ao contrário das outras formas de controle. Porém, por mais controles que se utilizem, isso não garante que a saída não tenha problemas. Sendo assim, o controle de saída acaba, quase sempre, sendo uma necessidade, nem que seja por amostragem, por uma questão de custo.

Os japoneses gostam muito dos controles simultâneos, utilizando o que chamam de *jidoka* (autonomação), isto é, uma automação, na qual o elemento humano é utilizado para tomar uma decisão quando uma máquina informa automaticamente sobre um problema. O modelo de produção enxuta ou *Just in Time* (JIT) utiliza o controle simultâneo como uma importante ferramenta de produção, já que a técnica de produção enxuta não se coaduna com a detecção tardia do problema, pelo baixo nível de estoques em toda a cadeia produtiva.

Banco Barings – Controle Falho

Um dos maiores escândalos provocados por total de falta de controle aconteceu em 1995 com o Banco Barings, que existia desde 1762 e era o mais antigo banco de investimentos da Inglaterra.

Tudo começou quando um funcionário de Nick Leeson, gerente geral da filial de Cingapura, perdeu US$ 20 mil em uma operação financeira. Leeson, com apenas 28 anos, era considerado o gênio das finanças no banco por já ter participado de muitas operações bem-sucedidas no volátil pregão de Cingapura.

Para manter a fama, encobriu a perda, por meio de uma conta chamada "erro 88888", e voltou a fazer outras operações no mercado de derivativos (de alto risco), a fim de recuperar o dinheiro.

Entretanto, as perdas continuaram se avolumando, acentuadas pelo terremoto em Kobe, no Japão, e chegaram à incrível

Quanto mais descentralizada for uma empresa, mais os controles atuarão no sentido de evitar os problemas, e de forma muito mais pró-ativa, porque a agilidade de controle é muito maior quando ele é exercido na própria operação.

Controle estratégico

Além da miríade de controles ligados aos projetos e processos que estão sendo tocados pela empresa, que visam, em última análise, à concretização dos objetivos desdobrados a partir da estratégia e do próprio dia a dia, vale ressaltar a importância de se desenhar um processo de Controle Estratégico.

No fundo, o controle estratégico deve representar uma preocupação permanente da execução de qualquer estratégia que proponha responder a seguinte pergunta: "Afinal, estamos no prumo?". Como a estratégia já foi desdobrada e convertida em objetivos em todas as instâncias, incluindo a relação de causa e efeito entre os diversos objetivos, não é difícil desenvolver um grupo seleto de indicadores que servirá como uma bússola global para a empresa, um autêntico painel de bordo. Além dos indicadores, uma visão de andamento atualizado dos principais projetos ligados à estratégia também é uma sinalização importante.

O controle da estratégia deveria ser mais amplo que o mero controle de execução da estratégia e, periodicamente, vale a pena questionar a própria estratégia. Isso pode ser feito através de quatro abordagens complementares, segundo Pearce e Robinson (2000):

- Controle de implantação – Será que o estado corrente na execução é de tal ordem que vale a pena rever os objetivos em termos de prazo, intensidade ou natureza? Será que não foi superestimada a capacidade da empresa de executar

---

quantia de US$ 1,5 bilhão. Durante dois anos, conseguiu-se esconder as perdas dos auditores do banco e da própria Bolsa de Valores. O rombo só foi descoberto quando o banco já estava insolvente e, com a perda, acabou tendo de ser absorvido pelo Banco ING para não falir.

Apenas por curiosidade, Nick foi sentenciado a quatro anos de prisão. Hoje, é CEO de um clube de futebol e já lançou dois livros.

Este não é um erro isolado, mesmo no supercontrolado mercado bancário. Vários outros exemplos se seguiram, mostrando que muita gente não aprendeu a lição:

- 2002 – Allfirst – banco irlandês com perdas de US$ 691 milhões;
- 2007 – Calyon – filial do banco francês Crédit Agricole com perdas de US$ 364 milhões;
- 2008 – Société Générale – banco francês com perdas de € 4,9 bilhões.

sua estratégia? Em função disso, não seria necessário aportar mais *expertise*? Às vezes, essa análise aponta para o sentido inverso, ou seja, que a empresa está indo melhor que o esperado.
- Controle de premissas – Consiste em verificar se as premissas estratégicas internas e externas (ambientais e concorrenciais) continuam válidas.
- Monitoramento estratégico – A ideia é sair do "quadrado" das premissas e ir um pouco além no questionamento, como se o jogo recomeçasse. Lógico que isso deve ser feito em intervalos maiores que o controle de premissas.
- Controle por exceção – Caso ocorra um fato inesperado de muita relevância, deve-se fazer um questionamento sobre o seu impacto na estratégia da empresa.

Controle financeiro

"A diferença entre a empresa privada e a empresa pública é que aquela é controlada pelo governo e esta, por ninguém."
Roberto Campos, economista e político brasileiro (1917-2001)

Introdução

Uma empresa executa diversas atividades visando gerar lucro. Caso não houvesse o registro e um controle cuidadoso das despesas e receitas decorrentes das suas atividades, ela acabaria em um completo caos.

Sabemos que o controle financeiro não é uma atividade das mais emocionantes e, muitas vezes, fica um pouco relegado a segundo plano por empreendedores iniciantes. Entretanto, é uma parte essencial do ferramental que ajuda um negócio a prosperar e, principalmente, evitar que saia dos trilhos. O controle financeiro é parte integrante da história da tarefa desagradável que vai sendo adiada, porque sempre há muitas outras pendências mais interessantes.

O estudo do registro dos valores envolvidos nas atividades de uma empresa é o que constitui a chamada Contabilidade. Só é possível exercer um controle financeiro eficaz quando existir um processo sólido de registro das atividades, de forma a gerar uma contabilidade confiável.

O objetivo do controle financeiro é prover mecanismos que maximizem a lucratividade, especialmente através do controle de custos, e minimizem os riscos decorrentes das operações.

Para saber se há gastos em demasia ou pouca eficiência, as despesas devem ficar registradas e classificadas de forma correta, para que sejam passíveis de comparação com períodos anteriores, com metas ou com outras empresas.

Minimizando desvios

Todas as operações financeiras de uma empresa apresentam riscos de desvios ou de má gestão. Para minimizar esses riscos, devem ser estabelecidos pontos de controle nos processos, de forma que sejam passíveis de verificação a cada etapa.

Um exemplo é a operação de uma caixa registradora, que consegue realizar apenas determinadas operações com a autorização de um membro da gerência. Além disso, no final do dia, há um fechamento junto à gerência, no qual são apuradas as diferenças de caixa. De certa forma, estamos, durante o fechamento, garantindo a consistência entre o fato e o registro do fato, com a presença de uma testemunha (a gerência).

Mas nada garante nada. Um funcionário mal-intencionado pode colecionar cupons jogados no chão, passar para um cúmplice, que procura comprar os produtos mais baratos em outra loja e depois apresenta os cupons, devolve os produtos e pega o dinheiro de volta. Deve haver algo errado quando uma estatística aponta que um determinado funcionário está fazendo muito mais devoluções do que outros funcionários.

Um caso típico, que se observa em muitas lanchonetes, é que, na ausência do proprietário, alguns funcionários deixam de entregar o cupom e embolsam o dinheiro do cliente. Nesse caso, é possível descobrir o problema através de um rígido controle de estoque, usando-se os chamados clientes fantasmas (pessoas contratadas ou alocadas que vão ao estabelecimento como clientes) ou via câmeras com visualização pela internet.

Quanto maior a operação, maior será a necessidade de se incluirem pontos de controle com mais pessoas envolvidas, o que diminui o risco. Em um setor de compras, uma aquisição até um limite, chamado de alçada, não muito alto, pode ser aprovada apenas pelo chefe. Porém, um valor acima de um determinado patamar pode precisar da aprovação do chefe do chefe. Uma possibilidade de fraude, nesse contexto, é o comprador efetuar diversas compras menores de um mesmo fornecedor para escapar da alçada de aprovação. Assim, limites de totais de itens adquiridos por fornecedor e por período, que quando ultrapassados disparassem a necessidade de aprovação de um superior, poderiam ser adotados. É a eterna batalha entre a fraude *versus* a detecção de fraudes.

Contabilização

Sabemos que a Contabilidade é penosa e, por vezes, parece redundante. Os contadores são retratados em muitos filmes de Hollywood como pessoas maçantes, em contraste, por exemplo, aos publicitários.

Essa fama é preconceituosa, como toda generalização. Uma explicação possível para ela é que a contabilidade, mais do que qualquer outro assunto do mundo dos negócios, é uma disciplina cheia de regras próprias, cuja lógica escapa da compreensão das pessoas não especializadas. Além disso, a forma ortodoxa de fazer contabilidade não tem muita relação com os assuntos quentes que movimentam o mundo dos negócios.

Por exemplo, uma dessas regras é o sistema das partidas dobradas, que consiste em lançar todos os valores com duplicidade para servir de batimento. Uma venda gera um lançamento de receita e uma entrada de caixa de mesmo valor. Esse tipo de prática é herança do tempo em que a contabilidade se desenvolveu, antes do advento da informática. Hoje, isso parece anacrônico porque os sistemas modernos fazem quase toda a contabilização de forma automática.

Contabilidade não é a pedra filosofal

Muitos contadores só têm olhos para a contabilidade e suas regras, não visualizando com clareza que a área presta serviços para toda a empresa e apenas isso. Ela não é um fim, é apenas um meio.

O raciocínio contábil puro pode ser bitolante. Todo raciocínio é a crédito e a débito, e alguns contadores só se situam dentro do chamando "T contábil", que veremos a seguir em um quadro. A contabilidade pura tem dificuldade de lidar com métricas extracontábeis como prazo de

---

Nota técnica – Débitos, créditos e conta-T

Tudo que acontece dentro de uma empresa e que pode ser expresso em números é uma transação. Ela gera dois ou mais lançamentos contábeis. Esses interferem no saldo (valor) de contas (itens) do ativo, passivo, receitas e despesas.

A convenção estranha, para quem não é versado no assunto, é que, na contabilidade, ao invés de sinais, usam-se as palavras débito e crédito. O conceito chave é que toda transação obrigatoriamente gera o mesmo valor a débito e a crédito, podendo envolver diversas contas. Isso é o núcleo do método das Partidas Dobradas e foi idealizado para facilitar a conferência. Assim, se somarmos os valores debitados e creditados em todas as contas, eles serão sempre iguais.

Outra convenção esquisita é que as contas de ativo e receita aumentam de valor a débito e diminuem de valor a crédito. Já nas contas de passivo e despesa, faz-se o inverso: as contas aumentam de valor a crédito e diminuem a débito.

Por quê? Imagine que uma empresa vende uma TV por $2 mil. A receita aumentou e o caixa (dinheiro) aumentou. Mas, como o valor creditado precisa ser igual ao debitado, um dos tipos de conta (ativo ou receita) precisa aumentar a débito, mesmo que isso não seja intuitivo! O mundo escolheu o ativo para aumentar a débito, até porque a posse de um ativo faz a empresa devedora do seu valor.

Aqui, ilustramos a conta "T", para resolver uma transação.

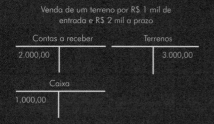

Uso da Conta T. Caixa, Contas a Receber e Terrenos são contas do Ativo, porque são bens e direitos. Na conta T, usa-se o lado esquerdo para o débito e o lado direito para o crédito. Assim, Caixa e Contas a Receber estão ficando maiores, portanto, são debitados do lado esquerdo do T. A conta Terrenos está ficando menor, portanto, o valor é creditado do lado direito do T.

pagamento, taxa de juros e percentual de quebra. Acreditamos que é importante ver a contabilidade como uma ferramenta muito útil, mas não como a resposta final a todas as questões empresariais.

Contabilidade não é exata

Muitos profissionais caem na ilusão de que a contabilidade espelha a realidade de forma fiel. Muitas vezes, a contabilidade tem alto padrão, mas, mesmo supondo que não haja desvios, o registro pode ser inapropriado, às vezes, inclusive, por exigência da lei.

Por exemplo, o Ativo Diferido foi extinto no Brasil em 2009. Diferido significa adiado. Ele se refere a despesas já realizadas, mas cujo benefício será posterior. As empresas agora são obrigadas, por exemplo, a contabilizar despesas com treinamento, voltadas para a abertura de lojas, de forma antecipada, poluindo assim a análise de resultados.

De maneira geral, uma demonstração contábil (qualquer relatório produzido pela contabilidade) bem acabada, assim como qualquer gráfico incrementado ou tabela bem formatada, causa ótima impressão a quem examina. Em suma, dados numéricos ou sob a forma de gráfico, bem apresentados, criam uma grande ilusão de realidade, o que pode ser muito perigoso.

Custeio com base em atividades

É importante fazer com que a contabilidade tente alocar grandes despesas aos seus devidos responsáveis, especialmente quando há grandes distorções.

Por exemplo: uma empresa desenvolve duas linhas de produtos, X e Y. X requer constante inovação e Y é muito estável. A maior parte da despesa da área de P&D (Pesquisa e Desenvolvimento) está voltada para X. Assim, qualquer análise de lucratividade de linhas de produto precisa levar isso em conta. A Linha X precisa ser penalizada com a parte do P&D que lhe cabe.

Suponha que X dá 500 de lucro, Y também e P&D gasta 800, dos quais 80% para X. O correto é considerar que a linha X deu prejuízo (500 − 80% x 800 = −140) e a linha Y deu lucro (500 − 20% x 800 = 340).

Essa abordagem é conhecida como Custeio Baseado em Atividades (*Activity Based Cost* – ABC), sendo útil como filosofia. É lógico que é mais viável fazer isso apenas nas grandes contas, porque não é fácil promover uma divisão justa de cada uma das despesas.

Boas práticas

Uma contabilidade sólida é pré-requisito para um controle financeiro eficaz e, para tal, existem alguns cuidados:
- Deve-se aproximar ao máximo o fato que envolva valores do seu registro contábil. Quando o registro do fato é separado de si e, muitas vezes, de forma agrupada, gera-se uma fonte adicional de erros, além de se diminuir a possibilidade de verificar o registro contábil.
- Na era da tecnologia, os lançamentos contábeis têm de ser tão automatizados quanto possível, para não haver erros quanto à sua classificação (Plano de Contas) e nem com relação à sua responsabilidade (Centro de Custo). Para lançamentos manuais, é essencial trabalhar com pessoas devidamente treinadas e capacitadas. Uma única classificação malfeita referente a um valor relevante pode tirar toda a validade das análises posteriores.
- Todos os lançamentos manuais deveriam ser conferidos por um funcionário diferente daquele que realizou o lançamento. Caso isso não seja possível, que se incuta a "paranoia" e a consciência no funcionário responsável, para que ele tenha especial cuidado.
- Evitar como a uma praga classificações genéricas e pouco elucidativas. Por exemplo, classificar uma despesa como "outros" ou "despesas gerais" só é válido caso se trate de um valor irrisório e se a natureza da despesa for tão bizarra que não justifique uma classificação mais apurada.

...

Ainda é muito comum em empresas fechadas que não haja uma contabilidade sólida, e mesmo em algumas grandes empresas de capital fechado. Evidentemente, isso é um grande empecilho para que se exerça um controle eficaz.

Orçamento

> *"Orçamento é uma conta que se faz para saber como devemos aplicar o dinheiro que já gastamos."*
> Barão de Itararé, humorista e jornalista brasileiro (1895-1971)

Budget, a palavra para "orçamento" em inglês, vem do francês antigo, e designa o nome da bolsa de couro que transportava os Planos de Despesas, os quais eram levados ao Parlamento inglês para aprovação, no final do século XVII.

Orçamento é um processo de controle que envolve a definição de previsões e metas para operações financeiras (despesas, receitas, caixa e capital). A partir daí, passa a existir uma base oficial de comparação para as rubricas financeiras da empresa.

Quando o orçamento é cumprido, é possível dizer que a empresa está saudável financeiramente e sob controle, mas, evidentemente, isso nada tem a ver com a eficácia, isto é, se a empresa está indo na direção certa.

Tanto no orçamento de despesas como no de receitas, não se pode confundir orçamento com metas, pois, no lado das despesas, quanto menos gastamos, sem prejudicar a empresa, melhor. Já no lado das receitas, certamente deveríamos ter metas maiores do que os valores orçados, para que sejam desafiadoras e a empresa possa crescer além do esperado. No entanto, quanto mais bem gerida a empresa, menor a sobra de estoque disponível (ou recursos, no caso de uma prestadora de serviços) para uma venda adicional e, portanto, menor a possibilidade da meta de venda se descolar muito da venda orçada.

Profundidade do orçamento

Em geral, um orçamento deve sugerir metas mais agregadas para as diferentes áreas de uma empresa, com o objetivo de diminuir a quantidade de valores a controlar, permitir maior flexibilidade de gestão, mais delegação de poder (*empowerment*) nas áreas e de diminuir o trabalho burocrático.

Por exemplo, em vez de estabelecer metas para cada uma das despesas de custeio de um setor (funcionários, material de escritório, aluguel, condomínio, serviços públicos etc.), é possível estabelecer-se uma única meta de total de despesas de custeio, na qual o gestor tem um teto de despesas que pode distribuir como quiser, fugindo da microgestão.

Flexibilização do orçamento

Evidentemente, para não engessar a empresa, o orçamento e as correspondentes metas financeiras devem ser periodicamente revistos e sempre com certa antecedência em relação à data de sua realização.

Em nossa opinião, mesmo a flexibilidade de alteração do orçamento não é suficiente, pois uma empresa sempre deveria estar aberta a novas oportunidades, exceto quando o fluxo de caixa estiver em uma situação crítica. É comum que a janela de oportunidade se feche antes de haver tempo hábil para se alterar o orçamento e aproveitar aquela oportunidade. Logicamente, essas oportunidades devem ser avaliadas criteriosamente e de forma controlada, para que as coisas não fujam do controle.

No caso mais radical, os valores orçados são obrigatórios e as pessoas praticamente têm de se limitar aos valores combinados, que podem ser forçados até sistemicamente. Essa visão é ingênua, pois diversas despesas dependem do nível de receita, além de cada despesa ter uma faixa natural de variação. Quando a receita sobe ao sabor do mercado, diversos itens são requisitados, como transporte, armazenagem, comissões etc., sem falar, é claro, na própria compra dos insumos necessários.

Mesmo quando há algum tipo de mecanismo automático para variar o orçamento de algumas despesas conforme o nível de receita, ainda assim há importantes distorções, porque o custo de contratação de serviços extras tende a ser diferente do orçado.

O orçamento também pode ser indicativo, quando são apenas apontadas as distorções entre o orçado e o real, podendo ou não gerar punições ou premiações. No caso das despesas, é comum usar o valor orçado como um teto. Quando esse valor é ultrapassado, o responsável pela despesa precisa pedir autorização para uma instância superior. Pode até existir um segundo teto, que demande aprovação de uma instância ainda mais alta.

Também no orçamento indicativo as variações apontadas anteriormente podem introduzir questões importantes, que afetam tanto a questão de premiações ou punições quanto o valor das alçadas. Por exemplo, em um orçamento descentralizado, é comum existirem alguns tipos de despesas com valores baixos, mas com uma elevada variabilidade. Desse modo, não há nenhum significado prático em ficar acima ou abaixo da meta, dentro de certa faixa. Assim, punir ou recompensar nesses casos não tem nenhuma lógica. O mesmo se dá em relação à burocracia adicionada com a utilização desnecessária de uma alçada.

De todo modo, a forma de aplicação do orçamento dentro de uma empresa pode variar de área para área, já que não podemos tratar a manufatura de produtos consolidados da mesma forma que o desenvolvimento de novos produtos. Em geral, tende-se a ser menos restritivo (mas sempre estabelecendo-se faixas de aceitabilidade) e menos impositivo em áreas menos consolidadas.

Otimismo x Pessimismo

Ao se planejarem as vendas, é normal que se valorize muito o enfoque otimista. Somos cobrados a ser otimistas e o realista é taxado de pessimista. Além disso, temos a tendência de superestimar nossas qualidades e as da empresa, como se os outros atores (concorrentes) fossem meros coadjuvantes. Poucos, em um ambiente desses, têm coragem de levantar sua voz, se interpor e ficar com fama de agourento. O otimismo, enfim, é bem-visto e contagioso.

O problema de um planejamento de vendas otimista, que não esteja embasado em fatos, consiste em que, na preparação para uma venda elevada, é necessário aumentar diversas despesas, alocação de pessoas, compras dos insumos necessários etc. Caso a venda não seja efetivada, isso pode gerar sérios problemas de lucratividade e até de fluxo de caixa, em função do excesso de estoque e pressões por promoções para escoá-lo mais depressa.

Por outro lado, um orçamento de vendas pessimista, como muitas outras contas de custeio são decorrência, contribui para que a empresa fature abaixo do seu potencial, já que a infraestrutura montada não "deixa" a empresa vender o que ela poderia.

Tramoias e Orçamento Base Zero

Algo incrível, que se observa em muitos fabricantes, envolve o estabelecimento de metas cujo cumprimento termina por prejudicar a empresa. Por exemplo, metas mensais de venda levam vendedores, na ânsia de bater essa meta ou cota, a oferecer descontos substanciais para seus clientes. No outro mês, por estar superestocado, o comprador adquire menos, então o vendedor tenta empurrar a mesma coisa para outros clientes ou até para os mesmos clientes, criando uma bola de neve.

Outro fenômeno comum ao orçamento envolve um setor da empresa que, ao perceber que não vai gastar o valor orçado de uma dada conta, resolve gastar mais, sem necessidade, para que o total de despesas se aproxime do valor orçado. Ele comete esse desatino com receio de que, no próximo período, o orçamento desse item seja reduzido, influenciado pelo menor nível de despesa.

Para que não ocorra esse tipo de prática e para entrar em um processo de questionamento mais profundo, há empresas que usam o chamado Orçamento Base Zero (*Zero-Based Budgeting*). Essa técnica consiste em se fazer um orçamento construído a partir das necessidades concretas, ao invés de se tomar como base a despesa histórica. Na prática, usar essa técnica de forma generalizada é complicado, porque demanda um árduo trabalho construir um orçamento do zero, sem que se possa usar um balizamento. No entanto, essa filosofia pode ser útil, quando utilizada de forma localizada para algumas contas mais problemáticas ou quando for necessário aplicar um nível acentuado de corte nas despesas, com seus riscos decorrentes.

Orçamento x Estratégia

É essencial que a elaboração do orçamento seja consistente com a estratégia da empresa, principalmente no que tange à parte de investimentos. O desdobramento da estratégia envolve a união das atividades rotineiras, com a execução de todos os projetos ligados às melhorias estratégicas. Sem esse cuidado, obviamente a execução da estratégia fica manca, porque o orçamento vai privilegiar apenas o curto prazo e a estratégia precisa fazer parte da agenda oficial da empresa, e não se postar como um intruso que colide com o orçamento.

Investimentos estão em outra classificação diferente das despesas, pois se considera que investimentos são todas as despesas que têm como finalidade a melhoria da empresa, como aquisição de imóveis, maquinários, execução de projetos etc.

No orçamento de investimentos, mais do que em qualquer outro orçamento, deve-se ter a flexibilidade, acompanhada pelas lideranças, de redirecionar verbas de um projeto para outro, já que, no seu decorrer, é possível descobrir que um dos projetos passou a ser mais relevante para a empresa. A flexibilidade requerida não para por aí. Ao longo do período, pode-se abandonar uma empreitada que perdeu o sentido ou pode ser que surja uma nova oportunidade que não tinha sido prevista.

Além do orçamento

Algumas empresas não adotam formalmente um orçamento e tentam controlar os dispêndios meramente pelos desvios em relação à contabilidade passada. Esse procedimento, comum em empresas pequenas, pode ser arriscado, porque, dependendo da visão do gestor, tende a introduzir um componente inercial, que não leva em conta as mudanças recentes na empresa e no mercado.

Normalmente, considera-se que uma empresa descentralizada necessita mais de um orçamento do que uma empresa centralizada, pois ele proporciona um controle maior, uma vez que na primeira o poder está disperso em muitas pessoas.

Com a finalidade de ir além da questão de se ter ou não um orçamento, vem tomando corpo há alguns anos a técnica *Beyond Budget* (Além do Orçamento), que preconiza o fim do orçamento, aliada a novas práticas. Essa técnica foi adotada em diversas empresas e já conta com a adesão de gigantes como a Toyota, a Unilever e a Rhodia.

Os defensores dessa técnica fundaram na Europa a organização BBRT (*Beyond Budget Roundtable* – Mesa Redonda Além do Orçamento), em 1998.

Aqueles que preconizam o fim dos orçamentos apontam diversas falhas no processo de orçamentos, tais como:

- O horizonte de previsão confiável está ficando cada vez menor, porque tudo se acelera cada vez mais rápido.
- Há uma elevada quantidade de metatrabalho, jogos de interesses e pressões políticas envolvida na elaboração de um orçamento, o que acaba se desviando do real interesse de uma empresa.
- Há uma tendência de as áreas estipularem valores elevados, com gordura que possa ser consumida. Se a gordura for mantida parcialmente, haverá desperdícios previstos que, com grande chance, se converterão em desperdícios realizados.

- Há uma tendência inercial e bitolada de se perseguir o orçamento, mesmo quando fica evidente que ele não é mais apropriado.
- Mesmo em um orçamento flexível, para ultrapassar um valor orçado, é preciso percorrer uma burocracia decisória.
- Há uma pressão subliminar para se gastar mais e se aproximar do orçamento, para não perder depois.
- Há pressão para vender mais a qualquer custo, a fim de se alcançar a meta.
- O foco no orçamento tende a estreitar muito a análise na questão da gestão de custos.
- Programas para corte de custos porcentuais costumam cometer grandes arbitrariedades.
- A maior parte do trabalho de acompanhamento do orçamento é um desperdício de tempo, pois apenas constata o óbvio.
- A mudança do orçamento para se adaptar a uma mudança da realidade passa a representar muito mais a história do rabo que segue o burro do que qualquer outra coisa.
- Orçamento é maçante!

Ao invés do orçamento, a BBRT propõe a criação de indicadores em cada processo, buscando a melhoria progressiva. Medir esses indicadores e trabalhar continuamente para que sejam cada vez melhores é muito mais dinâmico do que ir atrás do orçamento, que fica a maior parte do tempo meio desatualizado. O BBRT estimula o uso de *benchmarks* (comparações) internos e externos, para que haja modelos de excelência que apoiem o processo de melhoria.

Além disso, a BBRT propõe alternativamente o uso do Rolling Forecast (Previsão Móvel), que consiste em prever, a cada período de tempo, um número de períodos para frente, de modo que a cada rodada de previsão haja um novo período, sobre o qual não havia nenhuma previsão. Essa previsão pode ser feita por meio de estimativas simples ou até usando-se sofisticadas técnicas quantitativas de previsão.

Quando for necessário, elabora-se também uma previsão em longo prazo para a aquisição de estruturas físicas ou algo similar, que exija a visualização de um horizonte de tempo maior.

Mas nenhuma dessas previsões é tratada como se fosse um orçamento. São meramente estimativas, com base em algumas premissas e nos dados disponíveis. Esses dados não são obrigações a serem alcançadas.

É preciso ressaltar que não é fácil o processo de migração de uma empresa com orçamento para um processo sem orçamento, porque, como em qualquer mudança de porte, envolve uma forte mudança de paradigma, alterando-se profundamente a cultura organizacional arraigada.

Além disso, a técnica não se adapta bem a qualquer empresa, pois exige um grau de maturidade profissional bem desenvolvido, ficando difícil sua adoção em uma empresa do governo ou com capital muito disperso, nas quais os gestores precisam de limites claros.

Finalmente, vale lembrar que adotar a técnica "Além do Orçamento" é totalmente diferente de meramente não se ter orçamento. Uma empresa precisa ter números futuros para poder planejar suas ações. O que se questiona é a forma de obtenção desses números e o seu uso.

• • •

Fazer ou não o orçamento, enfim, é uma questão a ser examinada em cada caso. No entanto, se adotado, deve ser flexível e levar em conta os fatores citados anteriormente, de forma a não cometer injustiças, nem bloquear a atuação criativa da empresa.

Demonstrativos financeiros

"Receita é vaidade, margem é sanidade e caixa é o rei."
Anônimo

Os Demonstrativos Financeiros consistem em quaisquer relatórios que podem ser tirados com base nos dados contábeis de uma empresa. Os mais importantes são o balanço, o DRE (demonstrativo de resultados) e o fluxo de caixa.

Balanço Patrimonial

O *Balanço*, abreviação de Balanço Patrimonial, é uma fotografia, em um determinado instante de tempo, de tudo que a empresa tem (Ativo), de tudo que deve para terceiros (Passivo) e de tudo que pertence aos sócios (Patrimônio Líquido).

O *Ativo* inclui o que a empresa possui de bens (dinheiro, bancos, aplicações, estoque, maquinário, imóveis etc.) e todos os seus direitos, que são os valores que tem a receber dos seus credores.

O *Passivo* representa as obrigações, isto é, os valores fixados que precisa pagar até o vencimento, além de dívidas em geral.

O *Patrimônio Líquido* abrange o capital investido pelos sócios e todo o lucro ou prejuízo acumulado pelos sócios, mas não retirado.

Balanço Patrimonial em 31/12/2009

Ativo		Passivo	
Circulante		**Passivo Circulante**	
Caixa	2.000	Contas a pagar	4.000
Bancos	5.000	Salários e encargos	6.000
Aplicações financeiras	10.000	Impostos a recolher	4.000
Contas a receber	15.000	Duplicatas a pagar	5.000
Estoque	9.000	Fornecedores	9.000
Total circulante	41.000	**Total passivo circulante**	28.000
Realizável a longo prazo		**Exigível a longo prazo**	
Promissórias a receber	10.500	Empréstimos bancários	15.000
Empréstimos a receber	11.000	Encargos tributários	14.000
Imóveis à venda	7.000	Provisões para contingências	9.000
Total do realizável a longo prazo	28.500	Total do exigível a longo prazo	38.000
Ativo permanente		**Patrimônio líquido**	
Participações de outras empresas	15.000	Capital social	11.500
Bens imóveis	20.000	Reserva legal	5.000
Bens móveis	3.000	Lucros acumulados	25.000
Total do ativo permanente	38.000	Total do patrimônio líquido	41.500
Total do ativo	**107.500**	**Total do passivo**	**107.500**

Exemplo esquemático de Balanço Patrimonial.

Tudo que uma empresa tem (Ativo), ela tirou de alguém (Passivo). O restante corresponde ou ao dinheiro dos sócios ou ao lucro acumulado (Patrimônio Líquido). Assim, sempre vale que:

$$\text{Ativo} = \text{Passivo} + \text{Patrimônio Líquido}$$

Se, por exemplo, a empresa resolve valorizar, a preço de mercado, um imóvel no Ativo, o Patrimônio Líquido deve aumentar na mesma proporção. Enfim, toda e qualquer operação que se imaginar precisa manter a validade da equação acima.

Demonstrativo de Resultados (DRE)

O DRE, abreviação de Demonstrativo de Resultado do Exercício, é a análise do desempenho financeiro de um determinado período (mês, trimestre etc.). De forma sucinta, em um determinado período, a empresa tem receitas e despesas, o saldo (diferença) representa o lucro ou prejuízo do período.

DRE de 12/2009

Receitas brutas	**12.000**
Vendas	10.500
Serviços	1.500
Deduções	**3.500**
Descontos	500
Impostos	2.500
Devoluções	500
Receita líquida	**8.500**
Custo das mercadorias vendidas	4.500
Lucro bruto	4.000
Despesas operacionais	**3.100**
Despesas com vendas	1.200
Despesas gerais e administrativas	1.000
Despesas e receitas financeiras	400
Depreciação e amortização	500
Lucro operacional	**900**
Despesas / receitas não operacionais	**300**
Venda de ativo permanente	100
Participações	150
Receita de aluguéis	50
Lucro antes do Imposto de Renda	**1.200**
Imposto de Renda	180
CSSL	108
Lucro líquido	**912**

Exemplo esquemático de DRE

Um DRE deve ser organizado de forma a refletir com precisão a gestão e não o mundo real. Isso quer dizer que os fatos não devem ser registrados como são, mas de forma que facilitem a análise da situação efetiva da empresa. Diz-se tecnicamente que o DRE deve ter a visão competência (a que se refere ou compete) e não a visão caixa (o ato em si).

Por exemplo, um DRE de uma fabricante não inclui nem as compras de insumos, nem seus recebimentos, nem seus pagamentos, mas inclui um valor abstrato que representa o valor dos insumos que foram usados na fabricação dos bens que foram vendidos (Custo da Mercadoria Vendida – CMV). Esse valor não existe de fato, porque não representa as compras, nem o valor recebido, nem o valor pago. No entanto, é a única forma de saber se a empresa é lucrativa ou não.

Imagine uma empresa que, em um dado mês, vendeu R$ 250 em pipas. Se os insumos usados nas pipas vendidas custam R$ 100, então até aí a empresa está obtendo um lucro de R$ 150. Se, nesse mês, por algum motivo, fez uma compra de

R$ 300 de insumos a prazo, não tem problema. Se ela tiver caixa para, no futuro, pagar as contas, está tudo bem. O DRE se preocupa em analisar se o negócio é lucrativo ou não, portanto, é preciso computar os R$ 100 para custos de insumos e não os R$ 300, que foi o valor efetivamente comprado e recebido.

Outro exemplo é o 13º salário. Não é justo que novembro e dezembro sejam penalizados por uma despesa que é referente ao ano inteiro. Assim, uma técnica clássica é fazer uma estimativa (provisão) anual, que deve ser lançada todo mês dividida por 12. Depois, ajusta-se a diferença entre a estimativa e a realidade.

Despesa de aluguel antecipada é uma situação similar. Não é aceitável que, em um mês em que foi paga uma antecipação de aluguel de dois anos, haja um DRE com prejuízo. Por isso, deve-se dividir o adiantamento pelos dois anos para não criar esse tipo de sobressalto, que nada ajuda para quem visualiza o DRE.

Estamos insistindo nessa questão porque, em muitas empresas, o DRE mistura conceitos e acaba mesclando fatos com gestão, de forma que deixa de ser uma forma confiável de analisar o desempenho da empresa. Isso se dá, em parte, por falta de consciência, em parte porque é muito mais simples expressar o fato como ele é do que tentar descobrir o quanto de cada despesa pode ser associado à operação do período.

Na forma clássica, computam-se inicialmente as receitas e despesas operacionais, ou seja, todas as receitas e despesas não financeiras ligadas à operação normal da empresa. O saldo é o chamado lucro operacional (ou prejuízo). Depois, computam-se todas as receitas e despesas financeiras e incluem-se as chamadas receitas e despesas não operacionais. O saldo é o Lucro antes do Imposto de Renda (LAIR) ou prejuízo.

> **Nota técnica – Operacionalizando as receitas e despesas financeiras**
>
> Em nossa visão, todas as receitas e despesas financeiras que podem ser associadas à operação do mês deveriam ser utilizadas na parte operacional e, depois, compensadas em outro lugar. Desse modo, quando se vende a prazo, existe um resultado implícito da operação, o Saldo Financeiro, que pode ser calculado:
>
> **Saldo Financeiro = Juros – Taxas – Inadimplência prevista – Custo do Dinheiro**
>
> Repare que o Custo do Dinheiro não existe de fato, é apenas o custo de trazer as parcelas a receber para valor presente, pelo custo de captação (supondo que, como na maioria dos casos, a empresa financie parte de seu Capital de Giro).
>
> O mesmo argumento vale para incluir, na parte operacional, o cálculo do benefício financeiro do prazo atual do Contas a Pagar e do malefício financeiro do estoque que não gira. Ambos são, também, apenas valores hipotéticos, como é o CMV descrito anteriormente.
>
> Essa abordagem torna o lucro operacional muito mais fiel à realidade da gestão, já que não depende tanto da situação momentânea do caixa da empresa.

Relação entre o Balanço e o DRE

O Balanço e o DRE são duas faces da mesma moeda, portanto, devem ser coerentes entre si. É fácil entender o porquê. O patrimônio líquido (extraído do Balanço), antes de um período de apuração, representa tudo o que a empresa tinha. A partir desse ponto, recursos entraram e recursos saíram (que resultam no lucro constante de um DRE) durante o período. Com isso, no final, o patrimônio líquido deve ser uma foto do patrimônio que represente exatamente essas mudanças, ou seja:

Patrimônio líquido inicial + Lucro líquido do período = Patrimônio líquido final

A existência de inconsistência entre os valores contábeis e os valores que constam dos sistemas de estoque, tesouraria etc., ou, ainda, inconsistências entre o DRE e os Balanços, podem indicar falhas nos procedimentos de contabilização que precisam ser sanadas rapidamente, pois problemas como esses podem ser apenas um fio de uma longa meada.

Visão contábil x visão financeira

Por outro lado, há diversos conflitos entre a visão contábil e a visão financeira que prejudicam a capacidade de comunicação de um demonstrativo financeiro puramente contábil. Dificilmente relatórios que são legalmente exigidos seriam os relatórios ideais para análise.

Diversos pontos são levantados a seguir e se aplicam também para o próximo capítulo.

- Para efeito de apuração de impostos, é preciso seguir uma série de regras, que nem sempre são as mais lógicas do ponto de vista gerencial.
- Empresas diferentes adotam diferentes critérios de contabilização.
- Às vezes, por questões de otimização fiscal, adotam-se opções previstas ou não por lei, mas que não têm lógica do ponto de vista empresarial.
- Há ainda diversos procedimentos legais de maquiagem contábil (*window dressing*) que produzem algum efeito desejado, independente da questão fiscal.
- A organização formal adotada pelo mercado segue muito mais a tradição do que uma lógica consistente de análise (veja o quadro anterior). Por exemplo, os ativos são custeados pelo valor histórico de aquisição, abatidos por um valor de uso (depreciação). Na vida real, o que importa efetivamente é quanto o ativo vale no mercado.
- Contabilidade mira o passado e, muitas vezes, com um atraso inaceitável para a gestão de uma empresa.
- Os números são distorcidos por diversos fatores sazonais.

- Os números não podem ser vistos de forma isolada.
- A comparação só pode ser aplicada com empresas do mesmo setor econômico.
- Mesmo dentro do mesmo setor econômico, há diferenças de escala, estratégia e cultura organizacional.

A solução ideal é sair da ortodoxia e montar visões personalizadas mesclando-se dados contábeis e extracontábeis para se obter uma base melhor, tanto para a tomada de decisões quanto para a gestão de pessoas.

Quando for para publicar ou comparar com o mercado, basta emitir os relatórios da forma convencional.

Fluxo de caixa

Finalmente, o fluxo de caixa é um demonstrativo financeiro que apresenta o caixa disponível atual e todas as receitas e dispêndios de um determinado período. Entretanto, o mais importante para a gestão da empresa é o fluxo de caixa extracontábil, que engloba o saldo de caixa atual e o futuro, de acordo com as previsões correntes de receitas e desembolsos.

O fluxo de caixa futuro pode representar a previsão diária por um determinado período de dias (curto prazo), assim como representar previsões semanais e até mensais (prazo mais longo).

Ele é essencial para estimar o volume de recursos disponíveis para investimentos ou o volume necessário para se tomar emprestado.

O fluxo em si não representa diretamente a gestão do negócio, no entanto, se estiver deteriorado, pode até significar a quebra de uma empresa, mesmo que tenha um DRE saudável.

Por exemplo, se uma empresa, que não tem crédito na praça, compra $30 mil em produtos com 60 dias para pagar e os vende a $100 mil para receber em 120 dias, ela está com um lucro expressivo de $70 mil, mas estará praticamente falida em 60 dias!

Ao contrário dos outros demonstrativos, o fluxo de caixa trabalha com previsões que tanto podem vir de um orçamento de caixa como de um sistema de previsão, que é constantemente renovado.

Evidentemente, um fluxo com base em um orçamento de caixa, caso este não seja constantemente atualizado, pode apresentar grandes falhas, o que pode colocar a operação em risco.

Índices financeiros

A partir dos números extraídos dos Demonstrativos Financeiros, existem diversos índices que ajudam a dar uma visão da saúde financeira da empresa, da sua capacidade de geração de caixa e seus riscos.

No entanto, há diversos problemas associados a esses índices, que foram listados no tópico anterior.

O foco que damos aqui é voltado para a análise interna de uma empresa e não para a análise de empresas listadas em Bolsa.

A Receita indicada aqui refere-se à venda de produtos e serviços, abatida dos impostos. O Lucro Líquido é o lucro final, após o pagamento de impostos, que fica disponível basicamente para investimentos, formação de reservas de lucro ou retiradas dos sócios.

Inicialmente, será abordado um dos índices mais badalados do mercado financeiro, presente em praticamente todas as análises financeiras produzidas por bancos de investimento, referente às empresas de capital aberto (com ações na bolsa). Nem sempre estes índices, apesar de muito badalados, têm um significado que ajude na análise de uma empresa e, por isso, temos de ter muito cuidado na escolha dos índices que usaremos.

Ebitda

Esse indicador da moda é a sigla – EBITDA (Earnings Before Interest, Tax, Depreciation and Amortization), que pode ser traduzido para Lucro Antes dos Juros, Impostos, Amortização e Depreciação.

Em teoria, seria o quanto a empresa lucraria se não houvesse governo, dívidas e desgaste. Infelizmente, há. Com isso, o EBITDA acaba mascarando um pouco a situação real da empresa.

No caso dos juros, referentes às dívidas, ainda é uma hipótese defensável porque, no futuro, a empresa pode melhorar sua situação de endividamento e o EBITDA se aproximará mais do lucro líquido.

Impostos, enfim, trata-se de um valor que reduz o lucro, mediante uma alíquota percentual. Quando são adicionados de volta ao lucro líquido os juros e os impostos, temos o EBIT (Earnings before Interest and Taxes).

Já a Depreciação e a Amortização são itens do DRE que não correspondem às despesas efetivas, mas que as empresas usam para não ter de contabilizar de uma só vez a aquisição de um ativo como despesa, seja concreta (Depreciação) ou abstrata (Amortização).

Imagine, por exemplo, uma empresa que adquire uma patente (abstrata) de $20 milhões com duração de dez anos. Se tivesse de contabilizar tudo de uma vez, o impacto sobre o lucro daquele ano seria astronômico. Alternativamente, a empresa contabiliza a patente em suaves prestações, ou seja, $2 milhões de amortização durante dez anos. No ano da aquisição, a despesa entra como despesa de capital para aquisição de ativo (CapEx – Capital Expenditure), o que não aparece como despesa no DRE e, portanto, não reduz o lucro.

Sendo assim, somar o valor da Depreciação e Amortização de volta ao lucro gera uma distorção séria, porque se refere a uma despesa que a empresa já fez no passado, que saiu efetivamente do caixa da empresa.

Além do mais, a empresa deverá destinar mais despesas de capital (CapEx) todo ano para renovar seu ativo. Esse tipo de despesa não é abatida do LAIR (Lucro Antes do Imposto de Renda), porque é considerado investimento. A depreciação e a amortização, mais estáveis, entram no seu lugar.

O articulista da About.com, Joshua Kennon, radicaliza: "A verdade é que, em virtualmente todos os casos, o EBITDA é absolutamente, inteiramente e profundamente inútil". Esse índice, no entanto, é inegavelmente útil para fazer *benchmark* com outras empresas, além de ser muito popular em apresentações externas para o mercado.

No lugar de listarmos burocraticamente índices nos quais não visualizamos muito significado prático, apesar de muito populares, faremos aqui o contrário. Listaremos alguns dos índices que acreditamos mais elucidativos, sem a pretensão de sermos exaustivos.

Lucro Econômico (Economic Profit)

Aqui, usaremos um conceito antigo de lucro residual, que é aplicado desde a década de 1920, sobre o qual existem várias definições alternativas. A mais usada é:

Lucro Econômico = Lucro Líquido – Patrimônio Líquido x Custo de Oportunidade

O Patrimônio Líquido representa, de forma simplificada, o capital dos sócios, já o Custo de Oportunidade pode ser entendido como a taxa mínima de remuneração aceitável para os sócios.

Imagine que o lucro líquido seja 80, o Patrimônio Líquido, 1.000 e o custo de Oportunidade, 10%:

Lucro Econômico = 80 – 1000 x 10 % = – 20

Isto é, o lucro virou um prejuízo econômico, porque os sócios gostariam, até pelos riscos envolvidos, de ganhar no mínimo 10% sobre o seu patrimônio (1.000), o que dá 100, mas a empresa só lucrou 80...

Custo de Oportunidade para os Sócios

O Custo de Oportunidade deveria ser superior à remuneração "sem riscos" obtida no Mercado Financeiro, porque os sócios têm um risco associado ao negócio, que não se encontra em um investimento passivo.

Os livros se referem muitas vezes a ele, a partir da teoria tradicional do CAPM (Capital Asset Price Model – Modelo de Precificação de Ativos Financeiros), expressando a taxa obtida para a empresa comparada ao mercado de capitais.

No entanto, essa teoria tem muitos partidários e detratores.

Esse é um tema fora do escopo deste livro, mas os curiosos podem se aprofundar mais pesquisando nas referências citadas no apêndice.

Lucro Econômico a Valor de Mercado

Um problema, já apontado, é que muitos balanços não avaliam o patrimônio dos sócios de maneira realista, porque os ativos estão subavaliados e as dívidas seriam menores, caso todas fossem quitadas antecipadamente.

Sendo assim, para ter uma visão mais realista que sirva de base para a estimativa do lucro econômico, é possível calcular um patrimônio líquido pela diferença entre o ativo e o passivo, ambos a valor de mercado.

Exemplificação de um Problema com EVA®

O cálculo do EVA® embute o efeito de variar de forma significativa o lucro econômico, quando a empresa, sem nenhuma outra alteração, assume uma dívida adicional em longo prazo. No nosso modo de ver, isso não tem lógica, porque uma nova dívida em si não altera, de fato, o capital investido pelos sócios passível de remuneração.

Assim, o Lucro Econômico é o valor adicional sobre o lucro mínimo exigido. Isso torna explícitos os juros "devidos" aos sócios, uma vez que os juros dos devedores já estão computados no DRE, como despesa.

O conceito do EVA® (Economic Value Added – Valor Econômico Adicionado) é muito divulgado e tem significado similar ao do lucro residual. O cálculo é bem mais complexo e tem rendido custosas consultorias em empresas de todo porte. Apesar de ser um tema controvertido, há alguns estudos estatísticos que não encontram evidências dos benefícios dessa complexidade.

Cobertura do Estoque em Dias (Days Sales of Inventory)

Esse índice mostra a eficiência da gestão de estoque, pois informa qual o período de tempo em dias que o estoque atende às vendas, antes de esgotar. Quanto maior o nível de estoque relativo às vendas, pior a gestão do estoque, pois mais dinheiro fica "preso" sob a forma de estoque.

Esse índice não se aplica para empresas de prestação de serviços, que não "estocam" a mercadoria (serviço) que vendem.

Margem Bruta
(Gross Margin)

Mede-se o quanto lucraria percentualmente com a venda se não houvesse outras despesas, além da despesa com as compras referentes às mercadorias que foram vendidas.

Margem Bruta = 1 − Custo da Mercadoria Vendida/Receita

Margem Bruta não faz sentido em empresas de prestação de serviços, porque não "compram" de ninguém o serviço que prestam.

Naturalmente, quanto maior, melhor. Esse percentual é, em geral, muito dependente do setor de atuação da empresa. Empresas não voltadas para o mercado de massa costumam apresentar margens bem maiores.

Margem Líquida (Net Profit Margin)

Exprime o lucro que a empresa dá, após os impostos, em relação à receita auferida.

Margem Líquida = Lucro Líquido/Receita

Esse indicador, que também é melhor quanto maior for, dissipa de forma clara a ilusão que alguns leigos têm de que uma empresa, por faturar vários milhões, faz de seus proprietários pessoas ricas. Em muitos setores, observam-se enormes somas de recursos entrarem e saírem para, no final, sobrarem uns 2% ou 3%, que ainda precisam sustentar os investimentos. Isso parece a história do cachorro olhando os frangos assando na padaria e se contentando com o que cai no chão.

Esse também é um índice muito dependente do ramo da empresa. Varejistas massificados e fabricante de *commodities* costumam apresentar margem líquida muito baixa, enquanto empresas prestadoras de serviços ou vendedoras de bits, como a Microsoft, podem obter uma margem líquida elevada.

Cobertura – Comentários

No caso do uso de relatórios mensais, se obtém uma aproximação da cobertura em meses dividindo-se o saldo (Estoque) pela operação que incrementa esse saldo (Compras das mesmas mercadorias que foram vendidas no mês).

Essa conta é feita pelo preço de custo e não pelo preço de venda, porque o dinheiro que fica parado é o correspondente ao valor aplicado na aquisição das mercadorias.

Cobertura (meses) = Estoque / Custo da Mercadoria Vendida

Para converter para dias, basta multiplicar por 30.

Na prática, é mais poderoso medir em períodos menores, usando-se a venda futura prevista como base para calcular a cobertura.

Margem Bruta – Comentários

Para uma microempresa, de forma muito simplificada, a margem bruta é a única grande despesa variável (que varia com a receita) que existe. O resto são despesas fixas.

Assim, se uma boutique vende roupas com margem de 30% e a despesa fixa (aluguel, luz e funcionário) for de 3 mil, o mínimo que precisa vender para pagar as contas é

Lucro = 30% * V − 3.000 = 0
V = 3000/30% = 10.000

Caso as vendas sejam menores que isso, a boutique terá prejuízo.

Cobertura do Serviço da Dívida – Comentários

Se o serviço da dívida for 1 mil e o LAIR for 100, a Cobertura do Serviço da Dívida é 100/1.000 = 10%.

Isso significa que, caso o Serviço da Dívida aumente apenas 10% (passe de 1.000 para 1.100), a empresa deixará de ter lucro.

Cobertura do Serviço da Dívida (Debt Service Coverage Ratio)

Esse indicador mede a "folga" que o lucro representa sobre os serviços da dívida em longo prazo. O serviço da dívida inclui tanto o pagamento de juros como o pagamento (amortização) de parte do principal (ou seja, a própria dívida). Esse indicador é a forma mais fácil para se visualizar o impacto do serviço da dívida na lucratividade de uma empresa e pode ser expresso por:

Cobertura do Serviço da Dívida = LAIR / Serviço da Dívida em Longo Prazo

Índice de Dívida-Patrimônio (Debt-to-Equity)

Indica quanto a dívida em longo prazo da empresa representa em relação ao capital dos proprietários:

Índice de Dívida-Patrimônio = Dívida em Longo Prazo / Patrimônio Líquido

Como já vimos, o patrimônio líquido representa o valor que é dos sócios, e pode ser obtido pela diferença entre tudo que a empresa tem (Ativo) e tudo que ela deve (Passivo).

Alguém poderia imaginar que ter dívida é ruim e que, quanto menor esse índice, melhor.

Mas qual a alternativa, além de se contraírem dívidas, se a empresa precisa de dinheiro? Uma forma seria levantar dinheiro de investidores. É possível, por exemplo, vender uma parte da empresa para uma ou mais pessoas.

No entanto, é mais barato levantar dinheiro de credores do que aceitar novos sócios. Esses querem mais retorno do que uma simples dívida proporciona. Eles, afinal, estão arriscando sua pele.

Por outro lado, um endividamento muito alto pode colocar a empresa em risco, pois o que foi combinado precisa, em princípio, ser cumprido. Isso não acontece no caso dos sócios, porque, se a empresa vai mal, os sócios entram em ritmo de espera.

Alguns autores usam todo o passivo ou toda a dívida que incide juros nesse índice, mas não consideramos isso apropriado, porque em geral a dívida em curto prazo e o contas a pagar estão mais associados à operação diária.

Um ponto que precisa ser levantado é que, mais importante que o montante da dívida é a forma prevista para a quitação. Assim, uma dívida de 200 milhões pagáveis em dez anos pode ser muito menos impactante que uma dívida de 100 milhões a ser paga em dois anos. Isso costuma refletir no serviço da dívida, mencionado acima.

Alavancagem Operacional (Operational Leverage)

Mede a variação do lucro operacional, mediante a variação da receita.

O lucro operacional é o lucro decorrente das vendas e despesas ligadas às atividades normais da empresa.

O termo alavancagem é usado porque é um recurso para "multiplicar" as forças. Em uma gangorra, a pessoa que está no lado mais afastado do apoio fica mais "pesada" e a gangorra desce. A relação entre essas distâncias é justamente o número de vezes (alavancagem) em que o lado mais longo deixou a pessoa mais forte.

Por exemplo, uma alavancagem ou elasticidade de cinco quer dizer que um pequeno aumento na venda (como 5%) pode acarretar um grande aumento (25%) no lucro operacional. Isso se dá porque, em geral, há uma parcela de custos não variáveis. Quando a receita cresce, esses custos não crescem na mesma proporção e ficam mais diluídos. Quanto maior a proporção de custos não variáveis, maior tende a ser a alavancagem. Isso é bom em tempos de crescimento, mas pode ser perigoso em tempos de crise.

Esse indicador é muito promissor, porque dá uma visão de como o lucro é afetado pela receita, ou seja, ele permite entender melhor as possibilidades para uma empresa, em caso de variações nas vendas.

Alavancagem Financeira (Financial Leverage)

Mede a variação do lucro líquido, mediante a variação do lucro operacional. Por exemplo, uma alavancagem de três quer dizer que um aumento de 25% no lucro operacional pode acarretar um aumento de 75% no lucro líquido.

Valem as mesmas observações do item anterior. Da mesma forma, um endividamento elevado é diluído com o aumento do lucro operacional, assim, um aumen-

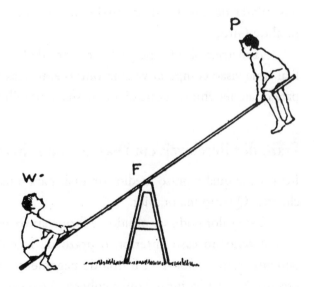

O menino da direita está "alavancado".

to do lucro operacional acelera o lucro líquido, mas em períodos de vacas magras, quando o lucro cai, a empresa pode ter prejuízo, porque o endividamento continua batendo na porta.

Alavancagem Total (Total Leverage)

Mede a variação do lucro líquido de acordo com a variação da receita. É fácil visualizar que:

Alavancagem Total = Alavancagem Operacional x Alavancagem Financeira.

No exemplo anterior, a Alavancagem Total seria de 15 vezes, o que corresponde a 5 x 3, isso porque um aumento de 5% na venda gerou 25% de lucro operacional, que, por sua vez, gerou um aumento de 75% do lucro líquido, que é 15 vezes maior que 5%.

Prazo de Pagamento em Dias (Account Payable Days)

Representa qual o prazo médio, em dias, para o pagamento das contas da empresa. Quanto maior, melhor, desde que os fornecedores não repassem abusivamente o aumento de prazo para o custo.

Esse valor pode ser obtido de forma aproximada a partir de dados contábeis.

O prazo de pagamento extracontábil, obtido diretamente examinando-se a condição comercial das compras efetuadas, é muito mais preciso. Esse valor é um dos pilares do cálculo da necessidade de capital de giro, a ser visto no tópico Capital de Giro.

A métrica obtida apenas a partir dos dados contábeis se presta mais para possibilitar uma visão comparativa com outras empresas do ramo, porque pode ser calculado para qualquer empresa que divulgue sua contabilidade.

Prazo dos Recebíveis em Dias (Account Receivable Days)

Representa qual o prazo médio, em dias, para o recebimento dos valores recebidos dos clientes. Quanto maior, pior.

Esse valor pode ser obtido de forma aproximada a partir de dados contábeis.

Como no caso anterior, o prazo de recebimento extracontábil, obtido diretamente examinando-se a forma de pagamento das vendas efetuadas, é muito mais preciso. Esse valor, junto com a cobertura e o prazo de pagamento, completa o cálculo da Necessidade de Capital de Giro. No caso de uma empresa que não lida com o consumidor final, há algum nível de gestão sobre esse prazo para diminuí-lo, no caso de problemas de caixa.

Análise financeira

Análises Financeiras são análises com base em números, contábeis ou extracontábeis. Essas análises ficam muitas vezes mais poderosas quando suas conclusões são embasadas com fatos e conhecimentos não numéricos.

Acreditar que, preso dentro de uma sala, olhando para um computador, será possível obter todas as respostas, é um pouco ilusório. Afinal, atrás de cada número escondem-se histórias, antecedentes e justificativas.

É comum um burocrata sair de uma sala e surpreender-se ao constatar que sua brilhante conclusão, após torturar os números, de que as despesas de pessoal saíram do controle, é furada. Ninguém falou a ele a respeito dos temporários ou do dissídio ou até (santa ingenuidade!) sobre a primeira parcela do 13º, se for novembro.

Painel de Bordo

Alguns dos índices, descritos ou não anteriormente, com algumas adaptações, podem servir como um conjunto de métricas para a empresa, para alguma subdivisão interna ou para diferentes unidades de negócio.

Esse conjunto de métricas pode estar organizado sob a forma de um painel de bordo, de forma a permitir que os líderes tenham uma visão rápida da situação em todos os momentos. Isso agiliza o processo de gestão. Falaremos mais dessa abordagem no capítulo de Tecnologia.

Deve-se, como sempre, evitar usar esses números para fins recreativos. Toda e qualquer análise deveria ser voltada para a ação ou tomada de decisão.

Alavancagem – Comentários

É possível estimar, por exemplo, a Alavancagem Operacional estimando-se o coeficiente de regressão b, com base no logaritmo natural da receita e lucro operacional, extraído do DRE dos últimos anos.

LN (Lucro Operacional) = a + b LN (Receita)

Essa abordagem obviamente está fora do escopo deste livro, mas é muito interessante e ao leitor curioso, disposto a se aprofundar, recomendamos consultar as referências no final do livro.

Prazo de Pagamento – Comentários

No caso do uso de relatórios mensais, se obtém uma aproximação do prazo em meses dividindo-se o saldo (Contas a Pagar) pela operação que incrementa esse saldo (Compras)

Prazo de Pagamento (meses) = Contas a Pagar/Compras

Para converter em dias, basta multiplicar por 30.

Prazo dos Recebíveis – Comentários

No caso do uso de relatórios mensais, se obtém uma aproximação do prazo em meses dividindo-se o saldo (Contas a Receber) pela operação que incrementa esse saldo (Vendas).

Prazo dos Recebíveis (meses) = Contas a Receber/Vendas

Para converter em dias, basta multiplicar por 30.

Análise Comparativa

É válido, até certo ponto, comparar os dados com dados similares em outras empresas do mesmo ramo. Caso o objeto de comparação seja uma empresa que está com ótimo desempenho, a comparação pode servir para se ter uma ideia de onde é possível chegar com eficiência.

Deve-se, no entanto, ter muita cautela, porque, por diversas vezes, já citamos os muitos problemas com esse tipo de dado, especialmente quando coletados em empresas externas. Além disso, diferenças na estratégia, na cultura organizacional, escala etc., podem fazer com que um ótimo desempenho em um dado indicador seja inatingível na prática.

No entanto, a melhor base de comparação para os dados financeiros é a própria empresa, porque sabemos exatamente o contexto e os critérios da geração dos dados. Pode-se também comparar com as previsões feitas, quer por um orçamento ou algum outro mecanismo de previsão. Esse dados, quando vistos de forma evolutiva, dão uma ideia de tendência e servem como base para procedimentos de melhoria contínua.

Introdução à Análise

Um ponto muito importante é a análise mais detalhada, especialmente em relação às despesas, com base no DRE. Essa análise pode ser Global ou por Centro de Custo (área responsável pelas despesas), dependendo da urgência e do modelo de gestão.

O princípio geral desse tipo de Análise é, como sempre, o princípio de Pareto: começa-se trabalhando pelo mais importante, ou seja, a partir das maiores oportunidades.

A análise de despesas pode ser absoluta ou relativa.

Análise Absoluta

A Análise Absoluta trabalha direto com o valor, sem nenhuma referência. Ela é uma Análise Base Zero (*Zero-Based Analysis*), ou seja, uma análise sem ideias preconcebidas. Por exemplo, pode haver uma grande despesa, que está estável, dentro do previsto, mas que pode envolver uma oportunidade muito grande de redução.

As despesas se dividem em dois tipos: despesas agrupadas e despesas gerenciáveis. As despesas agrupadas são apenas uma soma de despesas, que não permitem uma análise mais aprofundada. Uma despesa gerenciável é a conta que vai se analisar diretamente. Obviamente, até mesmo uma despesa gerenciável poderia, por sua vez, ser subdividida em tipos ainda mais detalhados de despesas, porém o detalhamento contábil tem um limite além do qual não vale mais a pena gerenciar.

A partir dessa classificação, deve-se estabelecer um ponto de corte para as despesas gerenciáveis, de modo a aparecerem apenas aquelas com valor maior que esse ponto de corte. Pode-se também, para que não haja necessidade de se escolher um ponto de corte, selecionar, digamos, 80% da despesa total que se deseja analisar. Em seguida, ordena-se de acordo com o grupo a que pertencem. Essa abordagem traz duas vantagens. Em princípio, é possível chegar rapidamente ao subconjunto a ser analisado e ainda mantêm-se lado a lado despesas de natureza similar.

Chegando a uma despesa gerenciável, diversos pontos devem ser analisados:
- Se não for óbvia, deve-se analisar a relação custo x benefício. Por exemplo, não compensa fazer com que todos os setores usem impressão colorida, quando a impressão em preto e branco atende à maioria das necessidades. Na mesma linha, não compensa usar uma gramatura alta de papel para impressões que vão ter uma vida muito curta.
- É preciso verificar, se for o caso, se há perdas excessivas ou consumo exagerado. No exemplo anterior, vale educar as pessoas, em tempos de século XXI, que a maioria das impressões é desnecessária, porque podem ser bem visualizadas no próprio computador. Caso contrário, pelo menos que se imprima frente e verso. Outro exemplo marcante é o copinho para café. Se for de qualidade ruim, as pessoas vão usar dois ou três para não romper e, por essa razão, a economia se transforma em desperdício.

   Por meio de comparações dentro da própria empresa, com base em consumo médio per capita, pode-se levantar facilmente que áreas estão desperdiçando insumos.
- É preciso investigar se o preço pago pelo bem ou serviço está compatível com o preço de mercado, dentro do mesmo nível de qualidade. O processo de leilão eletrônico reverso, no qual o preço mais baixo ganha, pode ser um interessante mecanismo para poupar, principalmente em relação à aquisição de insumos. Processos explícitos de licitação para projetos de porte podem também significar importante economia.

   Nesse ponto, é importante lembrar que os requisitos de qualidade precisam ser respeitados, senão o barato sai caro. Adquirir um uniforme nas lojas por 20, que têm uma vida útil de seis meses, é muito pior do que adquirir por 25 um uniforme que tem uma vida útil de um ano. Nas *commodities*, é comum que um pequeno incremento de preço corresponda a um grande incremento de qualidade.
- Para despesas mais complexas, o erro pode envolver a forma com que uma tarefa é executada. Ela é justificável, está com um custo otimizado, mas está sendo executada da forma errada.

   O exemplo clássico é aquela lenda urbana sobre uma fábrica de pasta de dentes, que implantou uma máquina em sua fábrica para descartar embalagens vazias. Quando o supervisor foi examinar *in loco*, identificou que a máquina estava desligada e os operários, cansados do som que ela fazia, organizaram uma vaquinha e compraram um simples ventilador, que, postado na linha de produção, resolvia o problema a uma pequena fração do custo da máquina.

Mas há uma história verdadeira similar em uma indústria de pintura de painéis de automóveis. Um executivo da Toyota visitou a fábrica e descobriu uma máquina de US$ 280 mil que pintava e secava em 90 minutos. E, às vezes, ainda grudava poeira. Esse executivo fez a secagem com um secador de mão em três minutos. No final, passou a se usar uma pistola de tinta, com luzes de alta intensidade para secar, que gerava muito menos problemas que a tal máquina e era muito mais barata.

Esse tipo de questionamento envolve quebrar paradigmas, pois não é tão fácil perceber que algo que funciona e está em um bom preço pode, na verdade, significar desperdício de dinheiro.

- Em alguns casos, está tudo certo, feito da forma correta, mas, lá para frente, esse "certo" não gera benefício nenhum. Por exemplo, a obsessão de Steve Jobs em embelezar o interior de um Mac, que acabou sendo abandonada, encareceria a produção, sem gerar benefícios perceptíveis para o consumidor.

Análise Relativa

Já na Análise Relativa, seleciona-se uma base para a comparação, que pode ser uma previsão ou um período histórico.

Em relação ao uso de um período histórico como base, há duas modalidades de raciocínio.

A *Análise Vertical* consiste em computar os quocientes entre duas grandezas, por exemplo, despesas comerciais e receitas, e compará-los com diferentes anos. Ela é útil para analisar especialmente despesas variáveis com a venda, como material de embalagem. Pode também ser usada para *benchmark* (comparação) com outras empresas.

A *Análise Horizontal* computa a relação entre o valor que está se analisando e o mesmo valor em um período-base anterior. Ela é útil para muitos tipos de despesas porque compara diretamente sua evolução.

Seja qual for a modalidade, cada despesa gerenciável terá um *valor base* esperado.

O ideal, de todo modo, é aliar as duas modalidades. A Análise Relativa é mais eficiente, pois seu foco se dá naquilo que não atingiu a performance desejada, mas, por outro lado, pode fazer com que se percam grandes oportunidades para atuar em despesas elevadas inerciais.

Outra oportunidade, quando há vários centros de custo, é realizar a comparação de desempenho entre todos eles, porque é comum que a despesa agrupada esteja sob controle, mas a análise detalhada mostra oportunidades de melhoria ou exemplos a serem seguidos.

A diferença absoluta e o percentual do valor da grandeza em análise em relação ao valor-base são os pontos de partida. A diferença absoluta consiste na grandeza a ser ordenada. Pode-se, adicionalmente, aplicar dois filtros: uma diferença absoluta mínima (para não tratar de diferenças irrelevantes) e uma diferença percentual mínima (para não investigar flutuações normais).

Para entender melhor o que são flutuações normais, suponha um aumento de despesas de 100 mil sobre a meta, mas com um desvio de apenas 2% (um aumento da despesa de 5 milhões para 5,1 milhões). Provavelmente, essa flutuação não signifique nada e está dentro da faixa normal de variação. Já um aumento de 50 mil, que corresponde a 20% (um aumento da despesa de 250 mil para 300 mil), corresponde a uma oportunidade muito mais provável de redução. Assim, é possível optar, por exemplo, por não olhar variações de despesas menores que 10%.

Análise horizontal de despesas

	jul/09	jun/09	Evolução	Variação
Móveis e utensílios	6.000	8.000	33%	2.000
Despesas com viagens	15.000	16.000	7%	1.000
Despesas de táxi	4.000	5.000	25%	1.000
Material de consumo	3.500	4.100	17%	600
Despesas de frete	2.000	2.300	15%	300

A analisar

Nessa análise, optou-se por examinar despesas acima de 500 que representassem uma variação percentual superior a 10% em relação à base, no caso, o mês anterior.

Resultados das Análises

Da análise dos dados contábeis, apoiada por dados extracontábeis, é possível levantar alguns macroproblemas e definir uma estratégia para abordá-los.

É importante, como sempre, que as conclusões das análises não sejam meramente um desfile de números. Transpor números de uma planilha para uma apresentação, qualquer iniciante faz. O que vale são as conclusões textuais qualitativas da análise. As conclusões ficam mais poderosas quando apresentadas de forma sucinta e objetiva. Uma montoeira de textos e números acaba deixando as pessoas mais confusas do que alertas.

A seguir, apresentamos alguns tipos de problemas, em linhas gerais, seguidos das medidas que poderiam ser tomadas:

- A empresa está com baixa lucratividade em relação a empresas do mesmo ramo ou com lucro econômico muito baixo ou até negativo.

   O mantra aqui é reduzir custos. O desafio é não fazer reduções lineares, pois elas cortam a gordura e, também, a carne. Deve-se reduzir onde haja espaço efetivo para redução, focando nas grandes contas. E, não apenas por uma questão de clima organizacional, deve-se tomar muito cuidado com o corte de pessoal. Às vezes, dependendo da área, uma pessoa traz um valor para a empresa muito maior que o dispêndio que a empresa tem com ela. É preciso, então, muito cuidado, porque um corte de baixo valor hoje pode significar um grande prejuízo no futuro.

   Trabalhar para aumentar a receita é um recurso poderoso. Em geral, o aumento da receita aumenta a lucratividade de forma alavancada. Lembre-se de que, se a alavancagem total for cinco vezes, um aumento de 10% na receita converte-se em um aumento de 50% no lucro.

- A empresa está com sérios problemas de caixa.

   A abordagem, que será detalhada no tópico de Capital de Giro, consiste em reduzir os níveis de estoque, aumentar o prazo de pagamento ou diminuir o prazo de recebimento. Quando for pertinente, é claro.

   Outra alternativa passa pelo aumento do endividamento em longo prazo, estender (renegociar um aumento do prazo de pagamento) o perfil da dívida ou vender ativos (e, talvez, passar a alugá-los).

   O efeito é sentido em um prazo mais longo, mas é possível reduzir a distribuição de lucros e custos em geral para aumentar o caixa. Em último lugar, reduzir o nível de investimentos.

- A empresa está com o serviço de dívida em um nível preocupante, que a está pondo em risco e diminuindo sua capacidade de investimento.

   Em curto prazo, é possível tentar estender o perfil da dívida ou vender ativos. Em longo prazo, é necessário trabalhar nos mesmos pontos citados para a empresa com baixa lucratividade.

Gestão de Crise

Em caso de crise, todas as medidas anteriores (e mais algumas) são necessárias. Há casos em que profundos e rápidos cortes de pessoal e despesas podem ser necessários. Costuma ser muito doloroso, mas pode ser o único caminho para evitar que a empresa inteira afunde.

Vale destacar que cortes lineares dificilmente são inteligentes. Uma análise detalhada pode enxergar potenciais de cortes muito maiores em algumas áreas do que outras, até mesmo porque, em certas áreas, um corte excessivo pode atingir a jugular. O mesmo raciocínio vale para unidades de negócios. É necessário praticar o desapego e ser muito mais impiedoso com unidades deficitárias ou perto disso, praticando-se o retorno ao núcleo que funciona do negócio.

A nova lei da recuperação judicial brasileira se aproximou da norte-americana e não pode ser encarada como um palavrão, mas como uma chance concreta de redenção se não houver mais jeito. É melhor temporariamente se render do que morrer de pé. Essa pode se constituir na única saída viável para permitir que uma empresa se reestruture e se realinhe estrategicamente.

Às vezes, os gestores de uma empresa que está afundando ficam tão abalados que só uma consultoria externa tem a cabeça e o estômago para fazer o que deve ser feito. A questão é que a escolha de uma consultoria, mais do que nunca, envolve uma relação de confiança bem complicada de se estabelecer, em virtude da fragilidade da contratante.

•••

Implantar uma forte disciplina de análise de custos, com responsabilização nos diferentes níveis hierárquicos e envolvendo todas as áreas, é prática essencial para uma empresa que precisa otimizar seus custos. Isso deve ser feito de forma contínua e periódica, de modo a se criar, na empresa, uma cultura permanente de eficiência.

Capital de giro

O capital de giro representa os recursos necessários para que uma empresa subsista durante o seu ciclo de geração de valor. Por exemplo, um agricultor deve ter recursos para comprar sementes, fertilizantes e fazer despesas de custeio e pessoal durante a entressafra, para que possa sobreviver até receber o dinheiro da venda da próxima safra.

Um erro muito comum em novos empreendimentos, consequência da inexperiência, é gastar por conta, a partir das receitas iniciais, sem considerar compromissos futuros e a natural flutuação da receita. Em uma empresa nova, na qual a disponibilidade de empréstimos é limitada e os juros são altos, isso pode significar a morte prematura.

Quando vemos um empreendedor estreante, pouco depois de abrir seu primeiro negócio, aparecer com um reluzente carro novo, ficamos realmente preocupados com seu futuro. Esse filme já passou muitas vezes. Hoje um carro novo, amanhã batendo na porta do seu antigo emprego.

O capital de giro é tema da maior relevância para uma empresa. Subestimar sua importância pode trazer funestas consequências.

Administração do capital de giro

Além do trabalho permanente na redução do nível de despesas, a administração de Capital de Giro envolve três pilares básicos, sob o ponto de vista operacional: reduzir o prazo médio de recebíveis (valores a receber), estender o prazo médio dos pagáveis (valores a pagar) e diminuir o nível de estoque (mesmo empresas prestadoras de serviços estocam material de consumo, ainda que de forma menos significativa).

Quanto maior a necessidade de capital de giro, de mais recursos (caixa) a empresa precisa dispor para fazer frente aos compromissos. Aumentando as vendas, o que é desejável, naturalmente a tendência é aumentar as compras e, portanto, os pagamentos dessas compras.

Sendo assim, a gestão do capital de giro deve ser feita principalmente através da obtenção de prazos adequados.

Pagamentos que têm um longo prazo para a quitação tendem a aliviar a necessidade de caixa, assim, quanto maior o prazo, menor a necessidade de capital de giro. Por outro lado, recebíveis que demoram a "pingar" no banco e o estoque que "segura" recursos da empresa, além, é claro, de um volume elevado de despesas, ajudam a dilapidar o caixa disponível e aumentar a necessidade de capital de giro.

O prazo médio de venda (cobertura do estoque), a partir da aquisição, deve ser mantido no nível mais baixo possível, para garantir um estoque suficientemente baixo. O estoque elevado é uma forma temerária de sequestrar recursos, porque a concessão de empréstimos, garantida pelo valor de estoque, não é tão simples. O estoque é bem menos conversível em dinheiro do que os recebíveis. Em alguns setores da economia, existem os *warrants*, que são títulos de crédito que usam o estoque como garantia. Mas no varejo, que tem uma composição de estoque muito heterogênea, parte do estoque pode ser constituído de produtos com liquidez questionável.

Diminuir o prazo médio dos recebíveis esbarra nas necessidades do mercado, embora possa ser feito algum nível de redução em caso de necessidade premente e quando não se consegue um limite de crédito totalmente lastreado pelos recebíveis. Caso a empresa não venda para consumidor final, existe uma janela de trabalho junto a clientes mais capitalizados, mas isso pode significar perda de margem.

Às voltas com dificuldades de caixa, uma empresa pode ser levada a reduzir seus preços, às vezes em níveis inferiores ao custo. Isso só deve ser feito após serem esgotadas todas as alternativas, já que a lucratividade é prejudicada e ainda induz os clientes a se acostumarem com o novo nível de preços, o que pode dificultar sua retomada.

Mais factível é a empresa trabalhar para estender o prazo de pagamento e baixar o nível do estoque, visando à diminuição da necessidade de capital de giro.

Uma empresa pode, em função da necessidade de capital de giro, contrair, junto às instituições financeiras, empréstimos em curto prazo, sobre os quais incidem juros. Lucros acumulados e não distribuídos contribuem para reduzir a necessidade de empréstimos para cobrir a operação. Menos empréstimos de curto prazo significam menos juros e mais segurança financeira para a empresa. Com isso, voltamos para o exemplo do novo empreendedor e da sua intempestiva aquisição de um automóvel.

O raciocínio anterior focou apenas o aspecto operacional. Na realidade, deve-se colocar na ponta do lápis todos os recebíveis e pagáveis, mesmo os não operacionais, que não fazem parte da operação normal da empresa. Por exemplo, uma empresa pode ficar temporariamente em uma boa situação financeira por estar recebendo parcelas da venda de um imóvel. Mas quando essa receita não operacional acabar, a empresa pode se mostrar operacionalmente inviável. O mesmo vale para o caso de a empresa ter um endividamento elevado: mesmo que operacionalmente ela seja saudável, pode não sobreviver ao montante do endividamento em época de vacas magras.

Apesar de focar anteriormente a questão dos prazos, é importante destacar que, paradoxalmente, uma empresa que apresenta um crescimento muito acelerado pode falir se não houver cuidado especial ao lidar com o aumento explosivo da necessidade de capital de giro, decorrente do aumento rápido das vendas. Esse aumento exige um maior volume de crédito a ser tomado, que pode esbarrar em algum limite difícil de quebrar em curto prazo.

Mesmo que a empresa disponha de recursos suficientes para fazer frente a uma necessidade de capital de giro inadequadamente alta, um ambiente com taxas de juros elevadas pode gerar uma queda substancial de rentabilidade, o que pode comprometer o sucesso do negócio.

Teoria x prática

"Teoria é bom, mas não impede as coisas de acontecerem."
Jean Martin Charcot, neurologista francês (1825-1893)

Um erro comum aos líderes é perder o contato com os objetivos finais da empresa, analisando tudo através de relatórios ou reuniões, mas sem estar em "campo". Muitas vezes, a teoria aponta uma situação favorável, até porque todos querem parecer bem (tanto os que emitem os relatórios quanto aqueles que estão presentes nas reuniões), mas a situação de fato pode ser preocupante.

Os relatórios, às vezes, ainda apresentam bons resultados porque, independente das questões citadas, a maioria dos dados reflete o passado e pode não refletir o conjunto de métricas mais relevantes. E mesmo que tudo seja perfeito, sempre haverá situações que jamais chegam até os números.

O fenômeno de esconder problemas é parecido com o da faxineira que "esconde a sujeira embaixo do tapete", pois é mais fácil esconder os problemas do que resolvê-los.

Infelizmente, esta também é a regra nas empresas, caso os líderes percam o contato com o dia a dia. Por isso, o ditado "nada como o olho do dono para engordar o gado" é tão sábio, sendo que cada líder, na verdade, precisa ter um pouco da visão de dono, mesmo sem que o seja efetivamente.

Nota técnica – Capital de giro

A abordagem usada aqui, sobre a administração de capital de giro, é inspirada no Modelo Fleuriet, desenvolvida pelo acadêmico francês Michel Fleuriet no Brasil, na Fundação Dom Cabral, a partir dos anos 1970. Atualmente, Fleuriet está radicado nos EUA.

O Modelo Fleuriet advoga, para efeito de gestão de capital de giro, a clara separação das atividades operacionais das não operacionais e o modo como interagem entre si.

Entende-se por atividades operacionais (operação) da empresa todas as atividades ligadas direta ou indiretamente à atividade fim da empresa. Assim, compra e venda de produtos, despesas com informática do dia a dia ou despesas com pessoal são exemplos de itens operacionais. Os juros de uma dívida em longo prazo e a receita decorrente do aluguel de um imóvel (se a atividade da empresa não for aluguel de imóveis) são exemplos de itens não operacionais.

Para situar melhor, lembramos que, na contabilidade, a listagem do patrimônio da empresa (a relação do que ela tem e do que ela deve) se constitui no chamado Balanço Patrimonial. Os valores desse balanço pertencem ou ao Ativo (bens ou direitos) ou ao Passivo (deveres). O Ativo e o Passivo, por sua vez, se subdividem em Permanente e Circulante. O Permanente é tudo aquilo que se constitui em longo prazo, ou seja, mais de um ano para frente. Isso inclui imóveis, equipamentos, recebíveis em longo prazo, dívidas em longo prazo etc. Circulante é tudo aquilo que circula, ou seja, relativo ao curto prazo (estoque, material de consumo, caixa, aplicações em curto prazo, recebíveis em curto prazo, contas a pagar etc.). Daqui para frente, iremos nos referir a caixa e aplicações em curto prazo como disponível.

Necessidade de capital de giro

A Necessidade de Capital de Giro (NCG), também conhecida como Investimento Operacional em Giro (IOG) ou *Working Investment*, representa os recursos (capitais) decorrentes da operação da empresa que não ficam instantaneamente acessíveis à empresa, e pode ser representada pela seguinte fórmula:

Necessidade de Capital de Giro = Valores a Receber + Estoque − Valores a Pagar

Assim, a realidade pode mostrar muitos problemas ou oportunidades que o trabalho de gabinete não aponta. Situações como insumos desperdiçados ou inadequados, mão de obra ociosa ou mal aproveitada, processos inúteis ou mal definidos só podem ser efetivamente visualizadas em "campo".

Com o tempo, a empresa cria o hábito, e fica mergulhada nas práticas inadequadas ou ineficientes, da mesma forma que alguém que mora durante anos em uma rua barulhenta acaba nem escutando o barulho.

O mercado é cruel e costuma ceifar empresas ineficientes ou ineficazes, a não ser que sejam estatais ou que a concorrência não seja tão renhida.

A Necessidade de Capital de Giro refere-se ao valor necessário de recursos para se fazer frente à gestão operacional da empresa. O que irá determinar como a empresa vai lidar diante da Necessidade de Capital de Giro é o Saldo de Tesouraria (disponível, *Treasury Balance* ou *Net Liquid Balance*).

O Saldo de Tesouraria é o saldo efetivo que a empresa tem de recursos, isto é, é o saldo incluindo disponível, empréstimos em curto prazo, porção corrente das dívidas/recebíveis em longo prazo e similares. De forma técnica, podemos dizer que o Saldo de Tesouraria refere-se a todas as contas do Ativo e do Passivo Circulante que estão fora do ciclo operacional da empresa.

Se a Necessidade de Capital de Giro cresce (em caso de aumento do saldo de valores a receber ou do estoque ou da diminuição do saldo de valores a pagar), esse aumento se dará à custa da redução do saldo do disponível ou da tomada de novos empréstimos em curto prazo, portanto, o Saldo de Tesouraria ficará menor. De forma oposta, se a Necessidade de Capital de Giro cai (em caso de redução do saldo de valores a receber ou estoque ou do aumento do saldo de valores a pagar), isso faz com que a posição de disponível fique maior ou, pelo menos, reduz a posição de empréstimos em curto prazo.

Outra forma de aumentar o Saldo de Tesouraria se dá com o acúmulo de lucros não retirados pelos sócios. Esse acúmulo pode ser usado para ir quitando, pouco a pouco, os empréstimos em curto prazo e, se eles forem zerados, pode até gerar uma reserva de disponível. Também, no sentido oposto, se há farta distribuição dos lucros acumulados de períodos anteriores para os sócios, ela deve corresponder a uma despesa extraída do saldo de disponível ou a partir de empréstimos de curto prazo adicionais.

Finalmente, existe mais um fator que afeta o Saldo de Tesouraria, que são os valores a receber ou valores a pagar decorrentes de eventos não operacionais, além da parcela em curto prazo sobre as dívidas em longo prazo. Por exemplo, se ocorre o incêndio de um local segurado abaixo do que vale, então a diferença (despesa não operacional) entre o que a empresa ganhará no seguro e o prejuízo efetivo deve ser abatida do Saldo de Tesouraria, pois esse evento irá efetivamente, em algum momento, consumir o disponível ou aumentar o nível de empréstimos.

Para entender a relação da *Necessidade de Capital de Giro* com os prazos referidos anteriormente, no corpo do texto, detalhamos cada um dos componentes, com base no princípio de que qualquer saldo pode ser expresso, na média, como o produto do valor que entra com o prazo que permanece como saldo:

- **Valores a Receber** = Vendas mensais x Prazo médio de Recebimento (a)
- **Estoque** = Compras Mensais x Prazo Médio de Venda (b)
- **Valores a Pagar** = Pagamentos Mensais x Prazo Médio de Pagamento (c)

Deve-se reparar que, em (b), tanto faz referirmo-nos a Compras Mensais ou Recebimento Mensal de Mercadorias. Na média, recebe-se por mês, em mercadorias, o mesmo valor que é comprado em mercadorias. Em (c), Pagamentos Mensais incluem as Compras Mensais, mas também outros pagamentos operacionais, como folha de pagamento e impostos.

No caso de fabricantes, mercadorias são insumos ou peças e a venda refere-se não ao consumo dos itens na fabricação, mas à venda efetiva dos produtos acabados. Isso porque o item, quer estocado isoladamente ou parte de um produto estocado, está "prendendo" o recurso utilizado na sua compra.

Exemplo ilustrativo

A seguir, um exemplo, para ilustrar o efeito da alteração de prazos e/ou da venda sobre a Necessidade de Capital de Giro. A primeira coluna mostra a situação atual da empresa. Para simplificar, vamos supor que a venda é estável ao longo dos meses, que a empresa não tenha receitas ou despesas não operacionais nem dívidas em longo prazo e que o lucro líquido final percentual seja baixo.

A empresa normalmente precisa de 3.400 para poder "rodar" sua operação. Vamos supor que a empresa tenha retido nos últimos anos 1.400 de lucro. Isso significa que a empresa precisa dispor de um crédito de 2.000 (3.000 – 1.400) para operar.

Na coluna "Melhorando Prazos", nota-se que, com melhores prazos, a Necessidade de Capital de Giro cai 50%. Assim, a tomada de empréstimos em curto prazo será reduzida para apenas 300 (1.700 – 1.400), representando

Dado	Atual	Melhorando Prazos	Crescimento de Vendas
Vendas Mensais	500	500	1.000
Prazo Médio Receb. (meses)	6	4	9
Compras Mensais	300	300	600
Cobertura (meses)	4	3	4
Pagamentos Mensais	400	400	750
Prazo Médio Pgto. (meses)	2	3	2
Necessidade de Cap. de Giro	500 x 6 + 300 x4 – 400 x 2 = 3.400	500 x 4 + 300 x 3 – 400 x 3 = 1.700	1.000 x 9 + 600 x 4 – 750 x 2 = 9.900

despesas com juros 85% (1 − 300/2.000) menores (supondo-se a mesma taxa), aumentando assim seu lucro líquido percentual, além da provável melhoria da própria taxa de juros média, pela menor necessidade de captação.

Já na coluna Crescimento de Vendas, sem melhorias dos prazos de pagamento e cobertura, deseja-se fazer uma forte ação de marketing, de forma a dobrar as vendas. Só que, para viabilizar essa meta tão ambiciosa, foi preciso aumentar o prazo do recebimento das vendas de seis para nove meses. Note que os pagamentos mensais não dobram completamente, porque parte da despesa operacional com insumos e folha não dobra quando a gestão é apropriada.

Isso significa que, aproximadamente, a Necessidade de Capital de Giro irá quase triplicar e, sem aporte de novos recursos, há um aumento de endividamento em curto prazo de 2.000 para 8.500 (9.900 − 1.400), o que representa um aumento de mais de quatro vezes, que também incide sobre as despesas com juros, fora uma possível piora da taxa de juros média, decorrente da maior necessidade de captação. A nova necessidade de financiamento pode esbarrar em alguma dificuldade na ampliação dos limites de crédito.

Crescimento acelerado pressiona o caixa

Como vimos no exemplo anterior, mesmo não sendo tão intuitivo, um quadro de crescimento acelerado de uma empresa pode, paradoxalmente, até resultar em sua insolvência, mesmo que esse crescimento esteja se dando de forma lucrativa. Isso ocorre caso a empresa não consiga obter crédito adicional na velocidade que seria necessária. A velocidade máxima de crescimento segura depende, além do crédito disponível, da eficiência na gestão da Necessidade de Capital de Giro, ou seja, menores níveis de estoque com maiores prazos de pagamento. Além disso, o aumento explosivo do dispêndio com juros pode comprometer a rentabilidade da empresa, que pode passar até a dar prejuízo.

Em regime de crescimento acelerado, há outro fator agravante. Caso o prazo de pagamento seja inferior à cobertura do estoque, a fatura das compras a pagar aparece em um cenário de venda menor, o que pressiona ainda mais o fluxo de caixa. Isso é agravado ainda mais caso o cenário de previsão seja otimista demais, pois causa pressão sobre as compras sem que as vendas respondam na mesma intensidade.

Métricas sugeridas

A partir da filosofia descrita anteriormente, sugerimos algumas métricas contábeis ligadas à gestão de capital de giro não convencionais, mas poderosas.

Uma métrica que espelha bem a saúde da gestão operacional do capital de giro é a relação entre Necessidade de Capital de Giro e Vendas (Working Investment-to-Sales). Sugerimos adicionalmente que se meça a relação entre Necessidade de Capital de Giro e o Lucro, pois isso mostra o potencial que os lucros acumulados apresentam para melhorar o Saldo de Tesouraria em médio prazo e, portanto, amenizar as necessidades de crédito.

A relação entre a Necessidade de Capital de Giro e a Venda faz mais sentido que o chamado Ciclo de Caixa (prazo de recebimento + cobertura de estoque − prazo de pagamento). A ideia do Ciclo de Caixa de somar os prazos que "atrapalham" (estoque e recebimentos) e abater o prazo que "ajuda" é interessante, mas falha ao somar prazos que representam valores heterogêneos, mesclando valores de compra com valores de venda.

Outra métrica relevante é quanto o montante de juros sobre essas operações em curto prazo representa sobre a receita.

Juros / Receita =
Juros de curto prazo / Receita

Como a maioria das despesas é expressa sobre a venda, inclusive a margem líquida (Lucro Líquido/Receitas), se os juros representam 5% da receita, representam cinco pontos percentuais a menos na margem líquida. Assim, problemas com capital de giro podem tornar esse percentual muito elevado e impactante sobre o lucro final.

Finalmente, há uma métrica diária muito relevante que mostra, para um determinado dia, como os recursos disponíveis para uso (caixa + crédito) estão em relação ao valor de pagamentos previstos para acontecer naquele dia:

% Comprometimento = Pagamentos Programados / (Caixa + Crédito Disponível).

Quando o comprometimento passa de 100%, alguns pagamentos não serão feitos e devem ser adiados.

Uma análise de sensitividade (variando-se a taxa de juros ou o crédito disponível e estudando-se as consequências) mostra que um comprometimento perto de 100% traz risco de insolvência eminente. Basta haver um pequeno aumento da taxa de juros ou alguma restrição de crédito.

A relação entre o Saldo de Tesouraria e Vendas é uma foto da saúde financeira momentânea, considerando-se uma situação estável. Para não ficar tudo na mesma cesta, é conveniente separar o Saldo de Tesouraria em Saldo Não Operacional e Saldo Líquido de Caixa.

O Saldo Não Operacional refere-se a receitas e despesas não operacionais mais duradouras e à parcela corrente da dívida em longo prazo. O Saldo Não Operacional pode influenciar, de forma expressiva e durante um bom tempo, o Saldo de Tesouraria. Quanto mais negativa a relação entre o Saldo Não Operacional e as Vendas, maior o impacto na gestão do capital de giro, que não é decorrente da operação. Para diminuir a pressão, pode-se agir para melhorar a gestão das receitas e despesas não operacionais ou estender o perfil da dívida em longo prazo.

O *Saldo Líquido de Caixa* refere-se ao saldo entre caixa, aplicações e dívidas não operacionais em curto prazo. Esse saldo pode melhorar com o tempo, através da retenção de lucros, redução de despesas ou da melhoria da gestão do capital de giro. Quando dividido pelas Vendas, é obtido um percentual que dá uma ideia relativa do montante.

As métricas anteriores trazem mais informações do que os tradicionais índices de liquidez: Liquidez Geral (Ativo Circulante + Realizável em Longo Prazo)/(Passivo Circulante + Exigível em Longo Prazo), Liquidez Corrente (Ativo Circulante/Passivo Circulante) e Liquidez Seca (Ativo Circulante - Estoque)/Passivo Circulante) da contabilidade.

Uma Liquidez Corrente alta, por exemplo, é pouco informativa, porque mistura elementos desejáveis (Saldo de Tesouraria elevado) com elementos indesejáveis (Necessidade de Capital de Giro elevada).

Ultralar & Lazer – quebra por falta de capital de giro

A Ultralar & Lazer foi um dos maiores grupos varejistas do Rio de Janeiro, na linha de eletro e utilidades para o lar, nos anos 1980 e 1990. No final da década de 1990, enfrentou sérios problemas de caixa e, como solução, resolveu fazer caixa com seu estoque, vendendo produtos com preços menores que o resto do mercado.

Entretanto, estas operações de venda davam prejuízo e diminuíam mais ainda seu capital de giro. Para fazer frente a estas necessidades, começou a fazer compras com prazos cada vez mais longos e com juros embutidos. Este tipo de operação gerava prejuízos ainda maiores, mas se ganhava tempo.

Os fornecedores continuavam dando crédito, até porque seus representantes, vendedores e gestores comerciais são movidos a metas e comissões, e como as compras se avolumavam e a empresa ainda estava pagando, acreditavam que isso era um processo natural de crescimento.

Só que, na prática, a operação que a Ultralar estava fazendo se assemelhava a uma pirâmide, pois só as dívidas anteriores eram pagas, porque os fornecedores, cada vez mais, aumentavam o seu limite de crédito. Portanto, apesar de pagar, o débito era cada vez maior.

Em algum momento, alguns fornecedores importantes perceberam esta operação e cortaram o aumento do limite de crédito. Como neste mercado todo mundo se conhece, isso acaba virando um "efeito manada". Com isto, vários outros fornecedores seguiram os primeiros desconfiados.

Neste momento, a empresa não conseguia mais honrar os seus pagamentos e, deste modo, mais fornecedores cortaram o crédito. De um momento para outro, secou a torneira do dinheiro. Isto é como uma avalanche, começa com alguns pequenos blocos caindo e, em algum momento, toda a montanha vem abaixo.

Finalmente, em maio de 2000, é decretada a falência da empresa, depois de quase 60 anos de existência.

A quebra teria sido evitada se, quando começaram os seus problemas de capital de giro, a empresa tivesse procurado algum investidor para injetar dinheiro novo, vendido ativos ou enxugado suas despesas, ao invés de tomar a decisão mais fácil e rápida de vendido tudo por um preço que não gerasse lucro, o que, em longo prazo, só agravou o seu problema inicial.

P&G – conhecendo profundamente seus clientes

Não basta sair do conforto da cadeira e visitar os escritórios e as fábricas, apesar de que isto também é necessário. Hoje, empresas como a Procter & Gamble querem conhecer todos os seus pontos de venda e ainda alguns dos seus clientes, indo a suas residências.

Estas empresas têm feito a experiência de conviver com clientes de diferentes extratos sociais para conhecer profundamente seus hábitos de consumo. Através deste conhecimento, surgem ideias para a área de desenvolvimento de novos produtos, novas embalagens, usabilidade e qualidade do produto.

O CEO Alan Lafley tem democratizado a própria inovação, usando portais na internet, como o Innocentive, para se relacionar com pesquisadores do mundo todo. O fenômeno de usar a inteligência coletiva tem sido chamado de *crowdsourcing* (conhecimento da multidão). A bem-sucedida linha de limpeza Swiffer (vassouras eletrostáticas), lançada em 1999 nos EUA, surgiu desse tipo de iniciativa, a partir de reclamações de consumidores sobre os aspiradores convencionais.

No modelo antigo, esperava-se que estas ideias saíssem de dentro da empresa, sem a interação com os clientes. Sem uma visão completa do mercado, a empresa pode ficar para trás e acabar sendo superada pelos concorrentes.

Há algumas décadas, seria absolutamente estranho um alto executivo de uma indústria visitar a residência de um cliente de classe média-baixa para entendê-lo e ouvi-lo com atenção, quase como em uma aula, na qual o aluno sorve conhecimento do seu professor.

Essa é uma imagem que tende a ser cada vez mais comum. Como disse Alan Lafley, CEO da Procter & Gambler: "Clientes querem uma conversa, dialogar, participar, estar mais no controle".

O que faz a roda girar 9

Introdução

Aqui, abordaremos brevemente as principais atividades ou tópicos ligados ao núcleo de uma empresa.

Repare que a organização dessas funções, em uma empresa, tem as mais diferentes configurações estruturais. Ou seja, não estamos privilegiando aqui essa ou aquela opção de estrutura.

Também não pretendemos esgotar o assunto. Não é o foco deste livro, nem seria possível em tão poucas páginas. Abordaremos diversas questões, com a finalidade de trazer uma visão diferenciada para o leitor.

Logística

A logística é um campo relativamente novo que estuda toda a cadeia de suprimentos, que vai desde a aquisição ou produção de produtos e insumos até o processo de venda, objetivando maximizar o lucro gerado na operação através de um aumento da produtividade e/ou da redução de custos.

A origem dessa disciplina é militar, já que a guerra envolve todo um processo complexo de transporte de tropas, suprimentos, equipamentos e armas.

Na prática, é um amplo campo para estudar de forma científica processos como filas, atendimento, reposição das prateleiras das lojas etc.

É usual, especialmente no primeiro mundo, a utilização de diversas técnicas matemáticas na logística que efetivamente auxiliam a tomar decisões melhores. Uma visão bem sucinta pode ser vista no tópico "Matemática nas empresas". Uma especial atenção deve ser direcionada ao processo de previsão de demanda, porque, quando é de boa qualidade, ajuda a melhorar muitas das decisões importantes ao longo da cadeia de abastecimento.

Importância da logística

Algumas empresas mais ingênuas não enxergam a importância da logística com clareza e lidam com a operação no sentido mais clássico, trabalhando com pessoas experientes, que tratam com a cadeia de suprimento de uma forma empírica. A empresa se concentra muito mais em sua engenhosidade do que em outras atividades, como fazer boas negociações de preço, acreditando que o resto, fora marketing e vendas, é operação e tudo se resolve com um pouco de bom-senso.

No entanto, muitas coisas acontecem nesse meio tempo. Há perdas, desperdícios, uso inadequado da força de trabalho, problemas de transporte, uso ineficiente de locais de armazenagem, erros e acúmulo excessivo de estoques.

Por isso, é preciso pensar em cada processo, sem perder de vista sua relação com os outros processos, de forma a desenvolver um método eficiente, de baixo custo e de rápida execução.

Por exemplo, com relação ao transporte, é preciso analisar todos os modais (aéreo, rodoviário, ferroviário etc.), as vantagens e desvantagens de cada um. Supondo que se opte pelo transporte rodoviário, deve-se escolher o tipo de caminhão, a periodicidade do transporte, qual a melhor fórmula tarifária, qual a melhor forma de acomodar as mercadorias, se vale a pena fazer seguro contra roubo e em que condições compensa trabalhar com frota própria ou terceirizada. No caso de frota própria, deve-se estudar se a manutenção será própria ou não etc.

Custo total logístico

A logística tem de ser vista como uma área integradora, quebrando-se a barreira dos feudos departamentais. O custo de toda a cadeia logística, até que se chegue ao ponto final de venda, sem contar o custo de aquisição, é denominado custo total logístico.

A primeira falácia é acreditar que o custo total logístico expressa o custo de forma confiável. Isso não é verdade, pois decisões logísticas podem, por exemplo, impactar o fornecedor, aumentando seus custos, e, portanto, pressionando os custos de aquisição. Além disso, falhas na alocação dos custos administrativos para os custos logísticos podem fazer com que determinados custos, como o custo de pessoal, sejam desprezados ou mal rateados.

Mesmo ignorando esses efeitos, a segunda falácia é alguém pensar que o objetivo é minimizar o custo total logístico. Novamente, não é verdade. Como sempre, o objetivo real é aumentar o lucro. Suponha que um site na internet, que não cobre frete, descubra que entregar em um dia custa muito mais do que transportar em dois dias, porque em um dia o transporte precisa ser feito via aérea, mas, em compensação, faz a venda aumentar em 5%. O custo total logístico pode ser menor com a entrega em dois dias, mas a empresa lucra mais entregando em um dia.

De todo modo, é preciso que haja um bom processo de alocação de custos (*Activity Based Cost* – ABC – Custo Baseado em Atividades), particularizado por canal, cliente e produto. Essa alocação leva a uma gestão mais precisa da cadeia de suprimento, de modo que se possa ter mais clareza de quais operações são lucrativas ou não e em que escala.

Uma visão completa é fundamental porque há situações em que a melhoria de um lado piora o outro. Por exemplo, transportar carga não paletizada (suporte para armazenamento e empilhamento de produtos) é mais barato, porque o espaço é mais bem aproveitado, mas os danos são maiores. Assim, o profissional de transportes pode defender um procedimento e o profissional de perda apoiar uma ação inversa. Cada um acredita que a outra parte pode tirar da manga uma solução criativa, que resolva por mágica o problema da outra parte.

Em outro exemplo, imagine uma rede de varejo com um depósito central (CD) que precise fazer remanejamento (transferência entre lojas) para transferir estoque em excesso de algumas lojas para outras. O responsável pelo CD defenderá que a transferência ocorra de loja para loja, já as lojas defenderão a movimentação das mercadorias para o CD, sem armazenar e, de lá, seja incluído na movimentação de produtos para as lojas (*Crossdocking* – redirecionamento da carga recebida de um lugar para vários destinos).

Note que, no primeiro caso, deve ser montado um complexo sistema de transporte entre lojas e, no segundo caso, talvez seja possível aproveitar o espaço vazio do caminhão para levar de volta as mercadorias para o CD. Como no outro caso, é preciso uma visão global para avaliar qual é a melhor opção para a empresa como um todo e não para o departamento A ou B.

Equilíbrio entre estoque e demanda

O prejuízo provocado pela falta de estoque (*stockout*) pode ser calculado. Quanto menor a chance de falta, maior é o valor do custo logístico total, porque é necessário um estoque maior de mercadorias. No entanto, quando se coloca na conta o prejuízo da falta gerado pela perda de venda, o conceito se inverte. Há um agravante, porque o custo da falta tem um componente objetivo, que pode ser calculado, e um componente subjetivo, decorrente do desgaste na relação com o cliente quando este não consegue o produto que deseja.

Para as fábricas, há o sistema tradicional de MRP (*Material Resource Planning* – Planejamento da Necessidade de Materiais), que planeja a compra de cada insumo e a produção, conforme a previsão de demanda e a correspondente necessidade de peças, há o sistema japonês, que trabalha com estoques muito menores, tendo sido rapidamente descrito no caso da GM x Ford x Toyota e que pode ser consultado nas referências.

Para o varejo ou atacado, deve-se partir de uma previsão de demanda para cada produto. Há cálculos para determinar quanto e quando comprar cada produto, de modo a não gerar grande excesso de produtos, o que traz problemas e pressiona o caixa, e não gerar muita escassez de produtos, o que traz prejuízo para a empresa e seus clientes.

O detalhe sutil é que a estatística nos ensina que, por maior que seja o nível de estoque, sempre haverá uma chance mínima de a venda ficar repentinamente muito elevada e gerar uma escassez. Assim, é impossível implantar uma política de estoques que garanta uma falta ou excesso zerados. A partir de certo ponto, o custo adicionado supera a rara perda de venda.

Fornecedor não apenas vende

A distância entre a data da compra e a data de entrega é chamada de *leadtime*. Quanto maior o *leadtime*, pior para quem compra, porque precisa ser feita com uma antecedência maior e as previsões de demanda estarão menos acuradas. Entretanto, o mais impactante na determinação dos níveis de estoque não é o *leadtime*, mas sim a confiabilidade do fornecedor em entregar a quantidade certa na data prevista, ou seja, um *leadtime* não tão variável.

Assim, quando falamos que a relação com um fornecedor não pode se ater apenas à questão de preço, agora enfatizamos outro ponto muito relevante, pois de nada adianta um fornecedor vender barato se não cumpre o prazo de entrega. Isso gera escassez e todos os prejuízos decorrentes. Consequentemente, o comprador aumentará o colchão de estoque para se proteger contra a escassez. Mas, como há inconstância na data de fornecimento, ora poderá gerar a escassez, quando o fornecedor perde totalmente o prazo, ora poderá gerar o excesso.

É preciso, portanto, estabelecer regras de convivência com os fornecedores que abranjam esses e outros aspectos não citados. O ideal é negociar contratos de fornecimento entre compradores e vendedores visando especificar a conduta a ser seguida em cada caso. Na hipótese de o fornecedor descumprir o prazo de entrega, deveria ser estipulado algum tipo de punição, se a relação de forças assim o permitir.

Se nada é feito e o fornecedor encontra problemas para cumprir todas as suas entregas no prazo, ele vai escolher como vítima justamente os compradores que fazem vista grossa ao atraso.

Abastecimento interno

Outra incumbência da logística, só que dessa vez interna, é estruturar o processo de abastecimento entre seus locais internos como depósitos, pulmões e lojas (varejo). O trabalho deve ser muito bem-feito, para que cada local tenha o nível adequado de estoque, nem mais nem menos.

No caso do varejo, um erro muito comum é considerar que é da loja a responsabilidade de determinar o que deve receber de mercadorias. Essa é uma difícil questão, em razão do volume de mercadorias. Além disso, muitas vezes a loja está interessada em reservar uma parte generosa do estoque, até para atender a seguinte linha de raciocínio: "Só posso vender se eu tenho. Então, antes sobrar do que faltar".

Muito melhor do que a solicitação da loja é ter um processo matemático que projete o estoque e a previsão de venda e determine o que cada loja deve ter de mercadoria. Enviar excesso de mercadoria, só porque existe no depósito, é um grande e tentador erro, com base no fato de se acreditar que "no depósito é que não vende". Um colchão de mercadorias é muito mais útil no depósito, pois pode ser repassado para qualquer loja, do que em uma loja específica, afinal, seria necessário primeiro retornar ao depósito.

No caso de uma fábrica, pode ser conveniente adiar a diferenciação de um produto em um local mais perto do ponto de distribuição, ou seja, o produto é fabricado de modo genérico, estocado em um centro de distribuição e particularizado de acordo com a necessidade. Isso é mais eficiente, porque é mais fácil prever a demanda agregada não diferenciada do que a demanda para cada produto individualizado.

Outras aplicações

Para finalizar, mais alguns exemplos de aplicações da logística:
- Uma ONG que cuida de refugiados em um país conflagrado deve ter um plano logístico de saída caso a situação fique insustentável.
- Um hospital deve definir a quantidade necessária de leitos e médicos para minimizar a fila de espera em momentos de pico e para que não haja ociosidade em momentos de baixa demanda.
- Na distribuição de cestas básicas em uma localidade carente, é necessário um plano logístico que garanta que a comida realmente seja encaminhada para a população carente e que ninguém saia ferido durante a distribuição por falta de organização, e tudo isso com um custo operacional mínimo.
- Um banco ou uma loja precisa garantir que suas filas tenham um tamanho máximo aceitável, definido através do estudo logístico dos processos envolvidos.
- É possível montar um processo de simulação (modelo matemático que repete ações milhares de vezes para gerar resultados pela média) para determinar-se um quadro de loja ou fábrica que atenda de forma adequada o nível de demanda previsto.

- A determinação da quantidade e localização de fábricas, depósitos e, para o varejo, lojas deveria envolver um estudo logístico com base em custos e distâncias para o transporte, onde estão localizados os fornecedores, onde estão os clientes etc.
- Uma indústria tem de escolher entre diversos modelos de produção existentes e viabilizar a terceirização ou não para determinadas etapas da produção.

•••

Um problema logístico, na maior parte das vezes, pode ser modelado de forma a se encontrar uma solução satisfatória. Com a evolução das técnicas logísticas, a modelagem pode ser tão sofisticada quanto se queira. Sendo assim, caso as relações custo x benefício se justifiquem, há sempre oportunidades de melhorar a modelagem e, com isto, chegar a soluções ainda melhores, o que deve ser um objetivo constante em empresas que estejam tentando alcançar um aumento da lucratividade.

Pequenas empresas concorrentes podem criar cooperativas, de modo a centralizar suas compras, compartilhar o seu escritório central (*back-office*), depósito, enfim toda a cadeia de suprimentos, para conseguir competir de forma mais eficiente com as grandes empresas do mesmo setor. Por exemplo, esse procedimento tem garantido, no Rio de Janeiro, a sobrevivência de pequenos mercados e supermercados associados à rede Multi Market.

Outras empresas podem optar por terceirizar parte ou toda cadeia logística, por questão de foco e *know-how*.

Boeing – nó logístico

No início da década de 1990, devido à recessão, a Boeing demitiu milhares de funcionários, muitos com larga experiência, além de promover cortes nos seus estoques. Em 1995, com uma rápida retomada do mercado, em um período de 18 meses, a Boeing teve de contratar 32 mil novos funcionários que não tinham a experiência dos demitidos.

Os seus sistemas de produção eram confusos, envolvendo por volta de 400 programas diferentes que não eram interligados. Os modelos de aviões não eram padronizados, havendo uma infinidade de modelos diferentes, e a Boeing tentava atender a todas as solicitações especiais dos seus clientes. As metas de produção eram irreais.

As encomendas não paravam de chegar, e a Boeing, com medo de perder mercado para a Airbus, aceitava todas elas, se comprometendo com prazos apertados. Em 1997, já não estava cumprindo com os prazos de entrega, inclusive tendo de fechar algumas linhas de produção por falta de peças.

As relações com os seus principais clientes foram seriamente impactadas, pois, com a quebra dos prazos contratados de entrega, esses clientes tiveram de suspender aumentos

Compras

"Comprar é o oposto de faturar, mas também seu antecedente."
Os autores

Comprar é uma atividade exercida quando são adquiridos produtos ou insumos. Caso seja um fabricante ou uma loja de comida, refere-se à compra de insumos. Já no caso de um atacadista ou varejista, refere-se à compra de revenda, isto é, à compra de produtos acabados para revenda.

Toda empresa, mesmo as prestadoras de serviços, tem uma área de suprimentos, que compra material de consumo, equipamentos etc.

Como geralmente o valor envolvido é menor do que as compras de revenda ou insumos, muitas empresas colocam pessoas sem muita experiência e formação para fazer compras de suprimentos, redundando, frequentemente, em produtos inadequados e mal negociados.

Mesmo a contratação de serviços pode ser encarada, no sentido mais amplo, como tendo um componente de compras na transação.

Em uma empresa, normalmente os compradores, no sentido mais amplo, respondem por uma parte significativa das despesas. Quando a compra de serviços é incluída nessa conta, praticamente todas as despesas são compras, exceto algumas poucas, como folha de pagamento, impostos e concessionárias de serviços públicos.

---

de rotas já previamente programados. Além das pesadas multas que a Boeing teve de pagar, alguns clientes passaram suas encomendas para a Airbus.

Foram relatadas histórias de peças entregues por táxi, de executivos gastando os seus finais de semana tentando encontrar peças que estavam em falta e de peças já destinadas para novos aviões sendo enviadas para substituir peças defeituosas em aviões em serviço. As horas extras abundavam, mesmo com muitos trabalhadores ociosos por falta de peças.

Mesmo maquiando a contabilidade (a Boeing encerrou uma ação na justiça, posteriormente, gastando US$ 92 milhões), em 1997 e 1998, a Boeing teve seu primeiro prejuízo em 50 anos, mesmo tendo crescido muito seu faturamento. Depois se recuperou, até porque ela forma com a Airbus praticamente um duopólio no mercado de aviação.

Histórias como essas mostram o perigo de vender sem que haja um arcabouço organizacional que consiga suprir essa venda. Aceitavam-se inercialmente encomendas, decorrentes de uma retomada, sem que houvesse capacidade e organização logística de supri-la. Em outro contexto, isso poderia ter levado a companhia para a bancarrota.

Até em relação às despesas com táxi, viagens e hotéis, é possível combinar esquemas econômicos, dentro de um processo adequado de seleção de fornecedores e negociação, com base, principalmente, na intensidade de uso.

Assim, é preciso que qualquer pessoa que se envolva com a aquisição de um bem ou serviço de custo relevante tenha boas habilidades na seleção do fornecedor e de negociação, para que a empresa possa ser eficiente.

No caso de compras, em geral, é muito relevante a questão da qualidade, que veremos no tópico referente a produtos. Para o caso específico de varejistas e atacadistas, há todo um trabalho de pesquisa de produtos (*sourcing*), também abordado no tópico citado.

Seleção de fornecedores

O processo de seleção do fornecedor envolve a busca e a opção mais econômica com relação a um determinado produto, atendendo-se aos requisitos estabelecidos.

Às vezes, no caso do varejo, quando os clientes exigem um determinado modelo ou marca, não há muita margem de escolha. Nesse caso, a negociação é praticamente a última fronteira de oportunidade. O mesmo acontece com o fabricante quando ele, por requisitos de qualidade, fica entre um ou dois fornecedores de algum insumo ou peça.

Caso existam diversas opções similares, a falta de informação sobre um produto pode gerar uma variação muito grande de preço e condições entre as diferentes opções. Teoricamente, se as informações disponíveis sobre um produto fossem completas e de fácil acesso, não haveria diferença de preço entre opções iguais.

A pesquisa de preços justamente visa romper a barreira de informações e trazer tudo à tona, no processo de busca dos melhores preços e condições.

Sem uma pesquisa adequada, grandes oportunidades podem ser perdidas, gerando-se um custo maior para a empresa, principalmente quando a compra é recorrente.

Fora das empresas, é possível observar que o impulso de resolver rápido pode custar caro. Por exemplo, é o que acontece quando um consumidor adquire um produto sem antes se certificar pela internet da existência de opções mais baratas, iguais ou similares.

Nas empresas, um "tá bom" precipitado, que se contenta com o preço até então obtido, pode significar, com o tempo, muito menos dinheiro na última linha, a linha do lucro. É comum, após o primeiro embate, que se fique um bom tempo, por inércia, estacionado na solução encontrada, jogando dinheiro fora. Assim, é preferível despender um pouco mais de tempo para fechar um negócio mais vantajoso e, depois, só ficar colhendo seus benefícios.

Leilão reverso

O leilão reverso é uma modalidade que está ganhando cada vez mais adeptos, especialmente quando envolve materiais de consumo ou produtos com diversas opções disponíveis de compra. A facilidade se dá porque o processo abrevia tanto a seleção de fornecedor como a negociação. O governo brasileiro regulamentou uma lei que possibilita ao Estado fazer leilões reversos para suas aquisições, os pregões eletrônicos.

Esse recurso é, geralmente, realizado através de um site B2B (business-to-business – transação entre empresas), no qual o comprador especifica o que quer comprar e em que condições. As partes vendedoras se habilitam, dentro de um determinado prazo, e, no final, se declara como vencedora a proposta de menor valor. Além de realizar um bom negócio, o comprador também reduz consideravelmente os seus custos operacionais de cotação. Já existem alguns sites que oferecem o mesmo serviço para o consumidor final, mas ainda é uma ideia em maturação.

Contratação de serviços

No caso de contratação de serviços (ou compra de software especializado), pelo grau de customização, há uma série de pontos a serem atendidos. Assim, é comum submeter esses requisitos a diversas empresas, buscando-se uma boa proposta entre qualidade e preço, por meio de um tipo de licitação privada.

É preciso tomar muito cuidado com os detalhes do contrato de prestação de serviços para não transformar o que parecia ser um bom negócio, em princípio, em um péssimo durante a execução, devido aos custos abusivos previstos nas "letras pequenas" do contrato.

Quanto maior o benefício que a empresa espera ganhar com o serviço contratado em relação ao custo, menor a relevância do custo na seleção do prestador de serviço. Passa a predominar a convicção da capacidade de o prestador realizar o serviço contratado de forma a atender às expectativas.

Esse ponto é tão comumente desprezado pelas empresas, obcecadas por cortar custos, que acabam, muitas vezes, pagando barato por um serviço que depois sai caro. O serviço termina por adicionar um valor muito menor que suas possibilidades, isso quando não subtrai, em caso de ser abandonado ou refeito.

Custos sob rédea curta

Um acompanhamento constante dos custos e de sua evolução é muito importante, pela sua relevância entre as despesas de uma empresa.

Há alguns pontos que devem ser considerados:

> **Inflação de compras**
>
> Uma maneira eficiente de medir a evolução de custos é levantar os produtos comuns que são adquiridos hoje e em um determinado período-base. Depois de computar o valor de uma cesta com as quantidades atuais adquiridas, essa mesma cesta é avaliada no período-base com as quantidades atuais. A diferença porcentual do valor da cesta consiste na "inflação" daquela cesta.
>
> Para fins de auditoria, o mais importante é trabalhar o custo com o valor presente. Por exemplo, uma mercadoria que era comprada com prazo de 60 dias e está com o mesmo custo agora, mas com prazo de 30 dias para pagamento, na verdade está mais cara.

- A atividade de aquisição de bens e serviços é uma área de grandes "oportunidades" para pessoas desonestas, que podem, valendo-se de um automatismo no controle, fraudar pesquisas e tomadas de preços. Outra prática, ainda mais comum, é a aquisição de produtos ou serviços com qualidade ou condições duvidosas, para serem auferidas vantagens escusas.
- Quando se fixa por muito tempo em uma ou duas opções de fornecimento, com o tempo pode haver uma acomodação que reduz e até reverte as vantagens originalmente conquistadas. É como se localmente vigorasse um monopólio.
- Contratar ocasionalmente novos compradores pode ser uma oportunidade de detectar que a negociação não está sendo muito bem conduzida. Basta comparar os custos de produtos coincidentes na empresa atual em contraste com a empresa de onde eles vieram. Não se trata de espionagem, é meramente uma percepção qualitativa que serve de alerta para os gestores.

Negociação

> *"Informação é a maior arma do negociador."*
> Victor Kiam, empresário norte-americano (1926-2001)
>
> *"Em negócios, você não obtém o que merece, você obtém o que negocia."*
> Chester Karrass, consultor de negociação norte-americano

A negociação é um processo no qual as partes envolvidas saem de suas posições originais, inicialmente divergentes, para um ponto no qual um acordo possa ser realizado. No caso de empresas, uma situação comum se dá quando uma das partes está vendendo alguma coisa e a outra parte está comprando. Se não há nenhuma divergência inicial, o que acontece entre um comprador e um vendedor é uma venda e não uma negociação.

No varejo, é comum que a venda final para o consumidor possa também envolver algum tipo de negociação.

A maioria dos profissionais não tem habilidades aprendidas em negociação, já que as escolas, em geral, não dão preparo nesse campo, apesar de seu caráter essencial para qualquer empresa.

Para os varejistas ou atacadistas, a fase de negociação é sem dúvida mais difícil do que o processo de seleção de fornecedores, pois envolve mais transpiração do que inspiração. No caso dos fabricantes, o processo de negociação na venda é muito importante, competindo lado a lado com o desafio de prospectar novos clientes.

De todo modo, uma empresa que se notabiliza por praticar boas negociações tem um importante diferencial competitivo em relação às empresas que não são tão proficientes nesse campo.

Habilidades desejadas

Uma pessoa pode ser treinada em técnicas de negociação, embora haja algumas habilidades importantes:

- Integridade – Ela é a base para a criação de uma relação duradoura de confiança, na qual se cumpre o que foi combinado e não se vende gato por lebre.
- Flexibilidade – O negociador precisa ter jogo de cintura, porque negociar não envolve apenas fazer com que os outros mudem, mas também mudar.
- Independência – O negociador precisa ter posições firmes, para poder defendê-las e não se deixar envolver facilmente pela outra parte. Essa qualidade deve existir em equilíbrio com a flexibilidade. O negociador tem de se impor, não pode ser aquele gênero de pessoa com dificuldade de dizer não.
- Bom humor – Quando moderado, ajuda a criar um ambiente propenso a mudanças, porque deixa as pessoas mais relaxadas. Quando excessivo, dispersa e cria uma impressão de falta de seriedade, o que pode abalar a confiança no negócio.
- Otimismo – Uma visão positiva das coisas traz um clima favorável ao fechamento de negócios.
- Empatia – Os termos podem ser duros, mas a maneira de falar tem de ser suave.
- Habilidade na leitura das pessoas – A facilidade de ler as intenções das outras pessoas, não apenas através das palavras, mas também do lado não verbal, ajuda o negociador a encontrar um caminho particularizado, conforme as características do seu interlocutor.
- Capacidade de comunicação – É preciso ter facilidade de expressar seus pontos de vista, assim como de ouvir e entender os argumentos da outra parte.

O treinamento em negociação deveria envolver dramatizações, que ajudam a fixar os conceitos. A capacidade de alguém em negociação pode ser testada do mesmo modo, isto é, através de simulações, colocando-se um candidato contra outro ou contra o avaliador.

Infelizmente, é comum uma empresa contratar profissionais que vão se envolver em negociação sem submetê-los a qualquer processo especial de treinamento, o que não é bom para a empresa, porque eles são jogados na arena dos leões sem nenhum preparo formal.

Planejamento da negociação

O processo de negociação envolve uma grande assimetria, já que o lado vendedor, exceto alguns atacadistas, está sempre em campo vendendo as mesmas coisas e o lado comprador, geralmente, é menos intenso e mais disperso. Assim, o lado vendedor costuma estar mais preparado e leva uma vantagem inicial no processo de negociação.

Ambos precisam sempre planejar com antecedência uma reunião de negociação, de forma que se saiba o que se quer vender ou comprar, em que condições, o que negar, como negar e quais os argumentos para tudo isso. Deve-se coletar com antecedência todos os números para a negociação ser mais objetiva. Sem planejamento, a negociação fica muito prejudicada.

Um grande diferencial na negociação, para ambos, é manter sempre atualizado um repositório de informações com todos os contatos com a outra parte. Este repositório não só deverá conter o que foi proposto e decidido, mas também os argumentos de ambas as partes. Isso permite uma preparação mais sólida, com base no histórico da relação.

Deve-se solicitar que a outra parte envie uma prévia dos assuntos a serem abordados, de forma a melhorar a preparação. Caso não seja solicitado, devemos fazer o mesmo, justamente para não dar essa vantagem para a outra parte.

Dicas para negociação

Sobre a negociação em si, há algumas dicas genéricas, parte delas apropriadas para negociações muito renhidas. Obviamente, tudo depende do perfil das partes e pode ser adaptado, dependendo de quanto o negociador conhece a outra parte.
- Devemos pedir sempre mais que o nosso objetivo. Dependendo do caso, bem mais. Isso cria o que a psicologia social chama de ancoragem, isto é, uma referência para a contraparte, que serve como ponto de partida.

- Muitos negociadores empregam o acordo como sua primeira alternativa, quando, na verdade, deveria ser a última. Uma proposta rapidamente aceita, por já ser aparentemente boa, poderia em geral ser ainda melhor.
- Tenha múltiplos objetivos, mas com foco apenas em alguns, para ter pontos nos quais ceder (nos objetivos menores). Assim, a pessoa não passa por intransigente e ainda deixa a outra parte "endividada", o que corresponde a um princípio de persuasão chamado reciprocidade.
- Se a negociação chega a um nó, podemos usar nosso estoque de pontos para ceder, citado anteriormente, para tentar sair do impasse. Caso contrário, devemos tentar conseguir de outro modo o que queremos, mas sem dar a entender que a outra parte cedeu de sua posição.

  Se o impasse persistir, dependendo da complexidade, é preciso ser criativo e encontrar uma solução que configure uma relação ganha x ganha. Por exemplo, a parte compradora pode oferecer exposição destacada no ponto de venda, a parte vendedora pode oferecer proteção contra excessos e por aí vai.
- Evite discordar frontalmente da outra parte. Dê uma ponta de razão ou, pelo menos, mostre que entendeu e depois rebata. Essa técnica diminui o antagonismo.
- Procure mandar no jogo, manter a iniciativa. Peça também coisas irrelevantes, que você sabe que a contraparte vai negar. Deixe que a outra parte rebata e gaste seu estoque de "não".
- Ceda, quando necessário, mas através de movimentos lentos, senão o jogo fica muito fácil para o outro lado. Esse comportamento não pode ser linear, pois a outra parte pode deduzir que o seu endurecimento é uma tática. Assim, é bom alternar esse comportamento, de forma estudada.
- Não deixe um fio desencapado em uma proposta. Se você omite um ponto importante, ele pode ser usado contra você depois do acordo. Por exemplo, omitir na proposta a questão de verbas de propaganda.
- Procure obter de cada concessão algum retorno que envolva um aspecto da negociação, aproveitando-se também do princípio da reciprocidade ("uma mão lava a outra").
- Deixe a contraparte expor todos os seus argumentos, sem atropelá-la. Isso baixa o nível de ansiedade da outra parte a mantém o canal de comunicação aberto.
- Não tenha pressa nem ansiedade, pois a pressa pode levar a resultados ruins. Não dê a última palavra em assuntos primordiais para não se comprometer. No calor da discussão, é possível que se feche um acordo insatisfatório ou que se aborte uma negociação. Deixe para uma próxima reunião ou envolva outros níveis hierárquicos das duas partes, caso haja uma situação de impasse.

Em uma negociação, o pior dos mundos é fechar um negócio insatisfatório ou deixar de fazer um negócio que seria importante por açodamento. Se não der tempo de expor todos os argumentos, passe um resumo deles por escrito para que possam ser absorvidos.
- Controle suas emoções, não permita que o controlem. Não demonstre que está satisfeito com uma determinada condição se suas palavras denotam o contrário. A outra parte pode perceber essa dissonância e isso levar a um acordo insatisfatório.
- Por outro lado, não seja intransigente. Se você já tem um bom acordo na mão e sente que está no limite do outro, abra mão de conseguir o excelente, pois isso pode levar a uma ruptura e você ficará sem acordo nenhum.

Há algumas dicas mais polêmicas, que dependem do temperamento de cada um:
- Não é das coisas mais edificantes, mas alguns grandes negociadores são verdadeiros atores. Eles deixam transparecer a emoção que lhes interessa, e não a que

Palestina x Israel – negociação sem conclusão

O mais célebre conflito dos tempos modernos é o conflito entre palestinos e israelenses, povos de mesma origem étnica. Esse conflito tem origem em tempos remotos e envolve componentes religiosos, históricos e culturais. A área, em volta de Jerusalém, é considerada sagrada por judeus e muçulmanos (e também pelos cristãos).

Após muitas peripécias, os hebreus (atuais judeus) foram definitivamente expulsos da Palestina pelos romanos no ano 70 da nossa era e se espalharam pelo Império Romano, no episódio conhecido como Diáspora (dispersão). Em 638, os islâmicos tomam a região dos romanos e lá permanecem até 1917, exceto por um breve domínio cristão, no tempo das Cruzadas.

Em 1897, os judeus decidem em um congresso pela intenção de criar uma pátria judia na Palestina, essa tendência ficou conhecida como movimento sionista, em homenagem a Sião, nome de um monte nos arredores de Jerusalém. Só que essa área pertencia ao Império Otomano e estava dominada pelos turcos islâmicos desde 1517.

Após a Primeira Guerra Mundial, o Império Otomano, aliado dos perdedores, se esfacela e a vitoriosa Inglaterra ocupa o território da Palestina, dando apoio à criação de uma pátria para os judeus na região. Com isso, há uma crescente imigração dos judeus à sua terra prometida que culmina com a criação do Estado de Israel em 1948, após o reconhecimento dos seus direitos pelas Nações Unidas um ano antes.

Isso tudo gerou uma sucessão de guerras e conflitos que se arrastam até os dias atuais, com esparsas tentativas de negociação.

A negociação é complexa, pois envolve outros interesses que não visam à solução dos conflitos, como por exemplo:

realmente estão sentindo. Nessa mesma linha, alguns negociadores praticam *rapport* (espelhamento), que é uma técnica de entrar em sintonia com o outro, em termos de postura corporal, tom de voz, velocidade da fala etc.

- Para a outra parte sentir a sua dor, descreva um enredo e pergunte à outra parte o que faria se estivesse em seu lugar. Procedendo desta forma, você se permite expressar a sua insatisfação de forma sutil. O emprego desta técnica minimiza a possibilidade de a outra parte se sentir melindrada com relação a você.
- Nos seus argumentos, sempre ressalte o que a contraparte tem a perder caso o acordo não seja fechado. A aversão à perda é muito maior do que o desejo de lucros e normalmente serve como um argumento muito melhor. Dependendo do contexto, é possível que se chegue até a uma "ameaça" velada. Por exemplo, no caso de um comprador, ele pode dizer algo como: "Com essas condições é impossível. Sinceramente, prefiro o seu produto, mas não posso abrir mão das minhas condições, assim terei de comprar com outro fornecedor".

- O governo israelense e os líderes palestinos não podem ceder muito, pois isso implicaria em perda de popularidade e, quem sabe, na perda do poder.
- Os palestinos estão divididos em duas correntes distintas e conflituosas: Fatah (OLP), mais moderada, e Hamas, mais radical, que nem reconhece o direito de Israel existir.
- Respostas violentas e desproporcionais a atentados cometidos em Israel são reivindicadas pela população israelense, que de outro modo teriam sua autoestima reduzida.
- O povo palestino, em sua maioria, apoia a continuidade dos ataques terroristas, cometidos principalmente pelo Hamas, que ganhou a eleição em 2005. Esse apoio é influenciado pela retórica do Hamas, temperada pela sua ação social, influência da fé religiosa e ódio a Israel, constantemente alimentado pela morte de mais civis.
- O núcleo corrupto das lideranças palestinas deseja a continuidade dos conflitos, que garantem um fluxo constante de ajuda, sem prestação de contas.

Sem líderes carismáticos, de ambos os lados, será muito difícil que se chegue a alguma conclusão. É lógico que uma solução negociada seria, em longo prazo, muito melhor para ambos os lados. A solução passa pela concentração apenas no assunto a ser resolvido e nos ganhos potenciais de cada lado, deixando-se de lado os aspectos emocionais e egoístas, o que é bem difícil.

Pode ser que Obama, ao representar, pela primeira vez, a adoção de uma postura norte-americana mais neutra em relação ao conflito, consiga catalisar um caminho de solução para esse conflito tão longo.

- Para se ressaltar uma oferta, pode-se usar o princípio da escassez, que torna a oferta muito mais atrativa: "há poucas unidades restantes" ou "não dá mais para segurar a tabela antiga" ou, para o comprador, "minha verba de compras do mês está quase no final".
- Para se destacar a oferta de um produto em relação a outro, inicie oferecendo um produto caro ou ruim, para depois oferecer outro que, mesmo não sendo barato ou bom, acabe parecendo como tal em função da oferta inicial.
- Nos livros, isso não é bonito, mas, na prática, os compradores e vendedores usam suas forças relativas dentro de um processo de negociação, como pôde ser visto no caso do Wal-Mart. A relação entre as empresas imita a cadeia alimentar. Assim, um grande fabricante pressiona um varejo médio, que pressiona uma fábrica menor, que pressiona um varejinho de peças eletrônicas.

No caso do comprador, a austeridade do ambiente ajuda. O vendedor, quando observa instalações opulentas, tende a ficar menos propenso a ceder. No caso de produtos para revenda, o ideal é que o estabelecimento tenha grandes oportunidades de venda, mas com instalações espartanas, como se o ambiente gritasse o amor à economia.

Independente do valor gasto na decoração de um ambiente, a descontração e o conforto são elementos que ajudam a outra parte a ficar mais relaxada e baixar a guarda.

Uma negociação, às vezes, funciona muito melhor com uma dupla de negociadores. Uma parte faz o papel do durão e a outra, do bonzinho, sempre com o argumento para a contraparte: "Vou tentar dobrá-lo, mas também preciso de um gesto de boa vontade da sua parte para ter o argumento certo". A contraparte tem mais facilidade de abrir mão para alguém bonzinho, de modo a apaziguar o durão, do que ceder direto para uma única pessoa.

A negociação é sempre um processo em aberto. De um lado, o vendedor tenta passar novas tabelas de preço, que alega ser apenas um repasse relativo a aumentos industriais. A inércia faz muitos compradores engolirem, quando, na verdade, há espaço para negociar. De outro lado, o comprador pode pressionar o vendedor para que não repasse aumentos ou até diminua seu preço, pressionando o fornecedor a se tornar mais produtivo.

Concluída a negociação, é importante certificar-se de que as respectivas empresas cumpram com o que foi acordado, portanto, quem avalizou o acordo tem de ter o poder de implantá-lo na sua empresa. Caso contrário, poderá deixar sequelas sérias na parte prejudicada, afetando as futuras negociações.

Para finalizar, um vício comum é acreditar que a questão básica entre o comprador e o vendedor se limita ao preço e às condições de pagamento. Há uma série de outras questões que impactam o custo, exemplificadas em tópicos anteriores neste capítulo.

Marketing

"O cliente compra pelas razões dele, não pelas nossas."
Alexandre Bergamo, empresário brasileiro

"Quando uma empresa substitui janelas por espelhos, o desastre é inevitável."
Francisco Madia, escritor e profissional de marketing

Marketing, visto sob um ângulo superficial, é uma verdadeira *clichelândia*, repleto de modismos e termos bombásticos. Estamos sempre imersos no "melhor conceito de todos os tempos dos últimos dias" em eterna mutação.

Mas não se enganem, o marketing continua sendo a área que conecta a empresa aos clientes, portanto, é absolutamente essencial para qualquer empresa. Uma empresa não vive sem vendas e a venda só existe graças aos clientes. Pensou em cliente, bem-vindo ao marketing.

Até as definições camuflam a simplicidade do conceito. A American Marketing Association define: "Marketing é uma função organizacional e um conjunto de processos para criação, comunicação e entrega de valor aos clientes e para o gerenciamento dos relacionamentos com os clientes, tudo de forma que beneficie a organização e seus interessados". Ufa! Se levássemos essa definição a sério, marketing deve ser algo bem maçante. Não custa lembrar que o marketing é muito mais do que publicidade, porque todo o processo de relacionamento com os clientes, desenvolvimento de produtos, criação de serviços agregados e design de lojas também fazem parte do marketing, constituindo o chamado *marketing mix* (composto de marketing).

Quando se fala de marketing, sempre se imagina um varejista ou um fabricante de produtos para consumidores finais. Mas existem vários tipos de empresas. O marketing assume uma dimensão completamente diferente para um fabricante de *commodities* que são compradas apenas por algumas empresas. Esse fabricante precisa se empenhar muito mais em excelência operacional, na qualidade do produto e em uma boa prestação de serviços, porque todo seu universo de clientes pode ser de não mais que meia dúzia de candidatos. O marketing ainda vigora, mas apenas para esse minúsculo universo.

O cliente por dentro

Um dos grandes problemas do marketing é que os profissionais têm de se abstrair da sua formação, noção de estética, opiniões e interesses para se envolver em tudo que diz respeito a seus clientes. Se você é fissurado em tecnologia, *gadgets* e manuais, não significa que seus clientes médios o serão, provavelmente não. Sem essa separação, o alvo do marketing passa a ser um clone seu e não seu cliente.

A eterna pergunta que uma empresa não pode deixar de se fazer é: "Quem é meu cliente?". Inicialmente, enxergamos características como sexo, faixa etária e classe social. Com alguma intuição ou experiência, vamos descobrir outros atributos, tais como: descolado, urbano, independente etc. Para conhecer o seu público, vá até ele, converse, faça o que ele faz e pesquise (veja o tópico a seguir). Se há vários grupos heterogêneos, muitas vezes há um grupo que representa a grande maioria de suas vendas.

A pergunta "quem é meu cliente?" pode não ser tão óbvia. Esse foi um dos acertos do laboratório Aché, empresa 100% nacional fundada por propagandistas de remédios que elegeram como clientes os médicos, e não o consumidor final.

Outra pergunta que qualquer empresa deveria fazer é: "O que as pessoas estão comprando da nossa empresa?" e não: "Que produtos estamos vendendo?". O questionamento parece similar, mas ajuda a romper as amarras do narcisismo. Na primeira pergunta, tendemos a projetar extensões naturais na linha de fabricação e não necessidades correlatas e afins aos clientes.

Clientes têm desejos e alguns desses desejos correspondem a necessidades bem definidas, que a empresa precisa descobrir e explorar. Esse é o clichê. Mas o mundo real é mais sutil, porque a maior parte do trabalho óbvio já foi feita.

De fato, o ser humano é um misto de desejos, vontades, aspirações, gostos e sensações, por vezes inconscientes e, muitas vezes, mal definidos e incompletos. O desafio de uma empresa talentosa é observar, pesquisar e captar esses fragmentos e juntá-los em um todo coerente, de forma a criar uma necessidade que ele, o cliente, perceberá como tal. Quando a empresa tiver um produto que a represente e um marketing que transmita essa mensagem, mesclada a tudo que envolve essa necessidade, colherá os frutos.

Cópia como inspiração

As pessoas gostam da energia proporcionada pelo café, mas o café não é algo que se tome em quantidade e tampouco é refrescante. Que tal juntar os dois conceitos? Foi isso que fez um empreendedor tailandês nos anos 1970, em uma bebida voltada para os caminhoneiros e trabalhadores de turno. A bebida espantaria o cansaço e mataria a sede.

Um empresário austríaco conheceu o produto em 1982, comprou seus direitos e, em 1987, lançou-o com o nome de "Red Bull" (touro vermelho), que era a tradução direta do nome da bebida em tailandês, e a redirecionou como um modismo para o público jovem.

Qual a diferença entre o produto tailandês e o Red Bull? É o que envolve o produto, agregando gostos, aspirações e sensações. Não é a necessidade atendida em si, que permanece a mesma. Isso fez toda a diferença e a Red Bull é hoje um sucesso mundial.

Campanha na Suécia em 2005, com o símbolo do touro vermelho.

Esse exemplo ilustra um ponto importante do marketing, raramente lembrado: a importância da cópia melhorada de algo que já existe. Por isso, o profissional de marketing precisa ter uma antena para o mundo, não apenas para os potenciais clientes, mas também para ambientes, produtos, anúncios e empresas. Note que o austríaco não observou propriamente as necessidades das pessoas, ele simplesmente copiou uma boa ideia já existente de alguém que tinha percebido essa necessidade e deu a ela outra roupagem.

Os americanos gostavam de sorvete escandinavo. Então, em 1961, um fabricante norte-americano de sorvetes estava com dificuldade para emplacar seu saboroso sorvete local. Então, criou a marca Häagen-Dazs, nome que soava escandinavo. O sorvete era o mesmo, só foi mudado o rótulo. Esse fato pôde fazer toda a diferença.

Há muitas ideias boas, que podem se tornar excelentes com um pequeno ajuste ou nem isso. A inspiração para a fabricação dos canivetes suíços Victorinox veio de uma simples notícia de jornal, "Exército suíço importa mais um lote de canivetes da Alemanha", em 1884. O bambolê foi simplesmente levado por dois norte-americanos para os EUA em 1958, a partir do que conheceram em uma viagem à Austrália.

Outro exemplo interessante é a área de inovação do XBox 360, da Microsoft, capitaneada pelo brasileiro Alex Kipman. A origem provável da inspiração foi o sucesso do Nintendo Wii, no qual os jogadores jogam tênis, por exemplo, empunhando uma raquete no ar, de forma a se criar uma interação muito mais natural do que a dos tradicionais joysticks. O que a Microsoft criou é um console, equipado por câmeras externas, no qual uma pessoa pode interagir com o jogo, por voz e movimento, sem tocar absolutamente em nada. Essa tecnologia, que ainda vai dar muito o que falar, é chamada de realidade aumentada (*augmented reality*).

Software para IPhone 3GS. Usa a bússola, o acelerômetro e o GPS para mostrar uma visão de realidade aumentada.

Concorrentes: armados e perigosos

Outro erro comum é pegar uma lente e focar no cliente, como se só existissem a empresa e seus clientes. Os concorrentes seriam apenas figurantes, para compor a cena. Nada mais distante da verdade. Marketing também é posicionamento, ou seja, colocar-se em uma determinada posição perante os seus concorrentes, de modo que o cliente tenha elementos para dizer "vou comprar o produto dessa empresa e não daquela, por isso e por aquilo". É difícil competir frontalmente, é preciso encontrar uma brecha, um nicho, no qual o cliente perceba uma abordagem diferente.

O grande problema da falta de diferenciação é que você tem de "gritar" demais para o cliente comparecer. Por exemplo, um varejo, sem nada de especial, se anunciar muito, ter lojas em toda parte, com preços muito baixos, realmente poderá vender bem. Mas onde estará o lucro?

Além disso, todas as empresas, de certo modo, são concorrentes. Concorrem por uma fatia da carteira do consumidor. Afinal, o cliente que vai ao cinema aluga menos filmes. Já o cliente que tem um cachorro, às vezes, deixa de ter um gato. O que come na rua, vai menos ao supermercado. Por exemplo, a expansão da comunicação, internet e videoconferência terminou por afetar a taxa de ocupação dos voos, já que os executivos têm e terão cada vez menos necessidade de constantes deslocamentos. Tudo pode ser relacionado a tudo, por mais distante que pareça: Francisco Madia comenta que a explosão do Viagra diminuiu o abate de focas, em razão de os afrodisíacos fabricados com seus órgãos genitais terem perdido o apelo.

Por outro lado, como já comentamos, existem também muitos esquemas possíveis de cooperação. Fabricantes de carros como Willys, GM e Packard uniram esforços e recursos para construir, em 1913, a Lincoln Highway, a primeira estrada norte-americana asfaltada costa a costa, unindo Nova York ao Estado da Califórnia.

Psicologia no marketing

Já que o marketing se concentra na questão de entender o cliente e depois convencê-lo (persuasão), as bases para muitos dos raciocínios em marketing podem ser derivadas da psicologia, particularmente da Psicologia Social. Aqui, listamos os principais conceitos, alguns já citados em outras partes do livro:

- Ambição – Todo mundo gosta de se sentir o eleito, especialmente o homem, pelo seu espírito naturalmente competitivo. Assim, muitos produtos e campanhas gostam de exaltar a exclusividade, a opulência, o poder e o prestígio. Lançamentos imobiliários recebem nomes franceses, cartões de fidelidade dão acesso a andares exclusivos em hotéis, mulheres encomendam roupas exclusivas e obras de arte são vendidas em séries numeradas. No caso da série numerada, o que motiva não é o medo de esgotar o produto, mas sim a raridade.
- Atração – Há uma tendência de as pessoas serem mais facilmente persuadidas por pessoas atraentes, que se importem e se pareçam com seu interlocutor. Por essa razão, o efeito *rapport* ajuda a aproximação, referindo-se a pessoas que entram em sintonia com o ritmo, o modo de falar e os gestos do outro.

Também explica por que um indivíduo que escuta, tem hobbies similares e parece gostar de nós, tende a ser mais bem-sucedido em seus intentos. Nos eventos de venda de propriedades *time-sharing* (tempo compartilhado), ao fechar um negócio, eles estouram champanha e brindam, gerando um desejo nos futuros potenciais compradores de também serem mimados, como o centro das atenções (o eleito, como referido no item anterior).

Um recurso usado em comerciais é a identificação. Quando um anúncio consegue que parte do seu público-alvo se coloque no lugar do protagonista, o anúncio comunica melhor. Por isso, tantos anúncios contra as drogas fracassam, porque usam adultos dando sermões ou jovens de plástico falando coisas irreais, em vez de jovens reais usando a linguagem e com as características do telespectador jovem médio.

- Autoridade – As pessoas são mais facilmente influenciáveis por autoridades, pessoas famosas, importantes ou reconhecidas pelo seu conhecimento. Por isso, as portas se abrem para uma pessoa de terno e gravata. Pessoas de jaleco branco vendem pastas de dente, um corredor de Fórmula 1 indica um carro e uma atriz global bem-vestida faz elogios a uma rede de vestuário popular.
- Prova social – Qualquer coisa se torna normal e desejável quando é usada ou praticada pela maioria. A ideia é, se a maioria faz, deve ser bom e, então, devemos fazer ou obter também, para nos sentirmos como parte integrante. Daí a importância das listas das músicas mais tocadas, da relação de *best-sellers*, das pesquisas eleitorais etc.

Em um lançamento imobiliário, colocar uma faixa, mesmo não sendo verdade, dizendo que um prédio já está inteiramente vendido é um ótimo chamariz para vender mais.

Reebok – marketing equivocado

A Reebok conseguiu, durante alguns anos, de 1987 a 1989, superar o faturamento da Nike, mas devido a uma série de erros de marketing "perdeu o bonde".

A Nike tinha uma agressiva estratégia de contratação de grandes estrelas dos esportes como um aval a sua marca. Essa nunca tinha sido a praia da Reebok, mas, observando o sucesso do seu concorrente, decidiu imitá-lo. Em 1992, contratou Shaquille O'Neal, uma estrela do basquetebol, por US$ 3 milhões.

Shaquille O'Neal era um ídolo dos adolescentes, que não tinham dinheiro para gastar em tênis caros. A Reebok lançou um tênis sem cadarço, que se ajustava ao pé através de uma bomba de ar, que custava US$ 130, muito caro para a época. O tênis era branco com faixas azul claras, sendo que a moda da época, para os adolescentes, era o preto. Em vez de as vendas "bombarem", como esperava a Reebok, houve uma queda de 20% nas vendas de tênis para basquetebol no primeiro semestre de 1993.

As contratações não pararam por aí, foram mais de 400 atletas contratados de diferentes modalidades. Em 1995, os custos operacionais eram crescentes, chegando a 32,7% das vendas em comparação aos 24,4% de 1991, superando em muito a média deste tipo de indústria, que era de 27%.

Nas Olimpíadas de 1996, em Atlanta, a Reebok contratou 3 mil atletas para usarem

Assim como um barzinho lotado parece ter mel para atrair ainda mais gente. Por isso, muitas casas noturnas permitem o ingresso gratuito ou por um preço módico de todos os clientes que chegam antes da meia-noite, mesmo que a casa só abra à meia-noite. Os clientes ficam na fila para mostrar o sucesso da casa para quem passa na rua.

- Conformidade – Há uma tendência, própria do ser humano, de se ajustar ao grupo para não se sentir excluído ou para se sentir mais integrado. Esse é o elo final para explicar como a moda se generaliza.

A atração, a autoridade e a ambição, citadas anteriormente, são elementos usados pelos criadores de tendências para a dispersão inicial. As empresas fazem pessoas populares consumirem seus produtos, pagam merchandising (inserção comercial incorporada no conteúdo), induzem reportagens em jornais ou revistas etc.

A prova social e, finalmente, a conformidade fazem o resto do trabalho. Muitos terminam por imitar os outros membros do seu grupo, em vez de seguir seu próprio caminho e estilo. Isso se reflete em comportamentos, vestuários, restaurantes, celulares etc.

Muitas modas migram de cima para baixo. Primeiro, é adotada por uma classe social mais elevada e vai se popularizando, instilada pelo desejo inconsciente de ascensão social.

---

os seus produtos, em comparação aos 400 nas Olimpíadas anteriores.

Muitas destas contratações foram um fiasco, como, por exemplo, a de Michael Chang, tenista, por 15 milhões de dólares, pois a Nike tinha contrato com Pete Sampras e Andre Agassi, que estavam em muito melhor fase que Chang.

A Reebok relaxou na sua relação com os grandes clientes. A Foot Locker, o maior vendedor de tênis dos EUA, sempre solicitou produtos exclusivos para as sua lojas para evitar a concorrência com as lojas de descontos, como a Wal-Mart, e enquanto a Reebok sempre negou, a Nike sempre atendia. Os efeitos disto em longo prazo foram devastadores para a Reebok. De 1993 a 1995, as vendas da Nike para a Foot Locker cresceram de US$ 300 milhões para US$ 750 milhões, enquanto as da Reebok caíram de US$ 228 milhões para US$ 122 milhões, sendo que a Foot Locker, em 1995, detinha 23% do mercado norte-americano de tênis.

A Reebok foi vítima de seu sucesso instantâneo, que levou a uma presunção de que sempre venceria, tendo uma posição arrogante com seus clientes. Em um momento em que o jogo estava virando em favor da Nike, apressadamente tentou imitar a sua estratégia de marketing sem conhecê-la profundamente. Uma imitação malfeita de um concorrente poderoso é um bom caminho para o fracasso.

Fim da história: em 2005, a Adidas compra a Reebok.

- Individualidade – As pessoas copiam umas às outras, mas, por outro lado, paradoxalmente, gostam de se sentir como se fossem únicas, diferentes e independentes. Mas, como disse a antropóloga norte-americana Margaret Mead: "Lembre-se sempre de que você é absolutamente único, assim como todos os demais".
Você recebe propaganda personalizada com o seu nome. Quando um vendedor fala o seu nome, seu som parece agradável. Existem muitas propagandas que induzem essa sensação, por exemplo, comerciais de carros off-road costumam destacar a personalidade independente de seus donos, como se todo grupo pudesse ser classificado assim.
- Desejos subjacentes – Um produto, independente de sua finalidade, fica fortalecido ao envolver, tanto na sua concepção quanto na sua divulgação, alguns dos desejos ou anseios básicos do ser humano, além dos citados anteriormente, como: comida, sexo, família, amizade, tempo, diversão, prosperidade, saúde e segurança. Outros elementos comumente utilizados são juventude, "tribo", beleza, humor, curiosidade, orgulho, vaidade, modernidade, tradição, relaxamento, solidariedade, alegria e natureza.
Uma propaganda de cerveja pode mostrar como ela é gostosa, gelada e especial, mas usualmente está envolvida em um ambiente de companheirismo, confraternização e alegria, com uma pitada de sexo.
- Consistência ou dissonância cognitiva – As pessoas querem ser coerentes consigo mesmas, para parecerem mais equilibradas e serem vistas de forma positiva. Um vendedor pode, antes de começar a vender, envolver o possível cliente, atribuindo qualidades a ele ligadas ao perfil do produto, para depois entrar com o produto. Por exemplo, um vendedor de carro fala da família, vê que a pessoa a protege e, então, elogia a preocupação dela com a família. Só então entra o carro, o vendedor mostra seus dispositivos de segurança e diz que isso tem tudo a ver com o perfil do cliente, de protetor da família.
Outro exemplo: ao comprar um aparelho de som, abrir a caixa e encontrar um folheto bonito dizendo "Parabéns! Você acaba de adquirir um produto da mais alta qualidade...", o consumidor fica todo feliz. O fabricante ganha um fã, porque o consumidor pensa "Que bom, eu acertei!". Se alguém fala mal, ele logo arremata: "Eu comprei certo, o cara está por fora".
Colégios usam um truque parecido. Enfatizam a dificuldade que uma criança tem para entrar naquela escola, para isso são submetidas a testes de admissão e, finalmente, é selecionada enquanto muitas outras não foram (quais?). Já que foi tão difícil ser admitido, a mãe fica mais propensa a matricular o filho e a permanecer no colégio, mesmo que nem tudo pareça tão bom. Por quê? Afinal, se foi tão árduo chegar lá, é porque é bom, senão a mãe é tola.

- Aversão à Perda – Os vendedores gostam, por vezes, de fazer o possível cliente se sentir o dono. Quando ele experimenta o produto e gosta, gera um pequeno vínculo sutil e inconsciente, que é desfeito se a compra não se concretiza. No caso da venda de automóveis, assim é o *test-drive*, quando conduzido por um vendedor habilidoso. Quando o consumidor manipula, toca, experimenta o produto, já se sente um pouco dono daquilo.
- Escassez – É um princípio muito usado em venda e em publicidade. Últimas unidades, só até sábado, a tabela está virando etc. Se a pessoa não correr, perderá a oportunidade, o que dá a ela uma sensação de perda antecipada.
- Comparação – É o efeito contraste, que torna algo bom apenas por ser melhor. Quando um corretor mostra três casas, sendo que a segunda é melhor que a primeira em todos os sentidos e a terceira não é exatamente o que o consumidor estava procurando, ele acaba ficando interessado na segunda, mesmo que não seja tão maravilhosa!
- Reciprocidade – Quando alguém faz algo a outra pessoa, gera uma dívida inconsciente, como se fosse um favor a ser retribuído. Com essa técnica, nos anos 1970, um Hare Krishna doava uma flor para um passante, um outro, logo atrás, pedia donativos e ainda outro recolhia a flor do lixo para dar para outro passante. Funcionava muito bem. Algumas lojas de comida finas e sorveterias oferecem degustações a seus clientes, com base no mesmo princípio.
- Preconceito – Fazemos prejulgamentos, negativos ou positivos, de tudo, pois proporcionam velocidade ao nosso processo de tomada de decisões. Esses atalhos foram, no passado, muito úteis para nos livrarmos de predadores, quando havia qualquer indício de sua presença. Com isso, muitas marcas conseguem viver mais do passado do que do presente, uma vez que criam uma imagem junto ao consumidor (um preconceito positivo). Caso a qualidade de um produto piore, levará muito tempo para que o público tenha essa percepção.

Marca é muito importante, porque carrega todo um cabedal de atributos, conscientes ou inconscientes, na cabeça do consumidor, que transcende em muito as características puras dos produtos correspondentes. Em 2005, o *New York Times* convocou especialistas para fazer um teste cego com 22 vodcas que posicionou a vodca mais barata, a Smirnoff, em primeiro lugar. Já marcas de prestígio não ficaram tão bem colocadas, apesar de muito mais caras.

Assim, uma propaganda pode trabalhar com o patrimônio da marca na divulgação de um produto, independente de sua qualidade intrínseca, para ajudar a convencer o seu alvo.

O detalhamento dessas técnicas, com algumas derivações adicionais, permite conhecer mais a fundo as motivações dos seres humanos e mostra como induzi-los a fazer alguma coisa que você deseja que façam, como, por exemplo, comprar seu produto, depois de "maquiado" pelo marketing.

A forma apropriada de usar esses elementos anteriores depende do conhecimento do ser humano, da sensibilidade, da experiência e da inspiração em situações similares. Entre os recursos usados, deve-se ressaltar que quase todo mundo gosta de boas histórias. Embora em si não provem nada, conduzem conceitos de forma natural e, enfim, ajudam a dar vida a produtos, marcas, propagandas e até a processos de venda.

Custo x benefício

Por mais que este assunto seja estudado, as ferramentas de marketing ainda são muito empíricas, daí a necessidade de se medir o custo x benefício de todas as ações, isto é, temos de definir claramente os custos e tentar separar os resultados, mesmo que, às vezes, pareça difícil (como, por exemplo, em propagandas institucionais, nas quais não fica claro qual produto ou serviço está sendo vendido).

Muitas empresas pecam nesse quesito, por não medirem o custo x benefício de forma apropriada e por desconhecerem, com precisão suficiente, o que funciona e deve ser repetido ou aquilo que não funciona e precisa ser abandonado. Assim, incorrem em custos muito maiores do que os necessários para se obter o mesmo efeito.

Cuidado com os milagreiros

Há centenas de livros dedicados ao assunto, prometendo ensinar como construir a ponte definitiva entre as empresas e os clientes. São muitas regras e teorias que terminam por fazer as pessoas se fixarem a dogmas e meias-verdades, esquecendo-se de que o mais importante é que cada caso é um caso e nada substitui a observação cuidadosa, a mente aberta, a criatividade, o raciocínio e o bom-senso.

Na área de marketing existem muitos "magos", isto é, pessoas que dizem ter "poderes especiais" de intuir o que funciona e o que não funciona. O fato é que ninguém, mas ninguém mesmo, tem esse dom. A nossa tribo não tem feiticeiro.

• • •

Além da leitura de bons livros e da experiência, algo que enriquece muito as vivências de um profissional de marketing é estudar casos de produtos bem ou malsucedidos, assim como campanhas vitoriosas ou fracassadas. O sucesso inspira e o fracasso ensina. No caso do fracasso, o melhor é que você pode receber as lições sem ter de passar pelos efeitos.

Pesquisa de mercado

"Pesquisas são como perfumes, boas para cheirar e perigosas de engolir."
Shimon Peres, presidente de Israel (1923-)

Pesquisa de mercado é o estudo de uma questão (produto, marca etc.) partindo-se de um público-alvo, isto é, o grupo de pessoas ligado à questão, por exemplo, mulheres de 18 a 30 anos, solteiras, urbanas, classes A, B e C e moradoras da região X.

É necessário cuidado na seleção do alvo conforme o interesse desejado para que sejam obtidos resultados mais úteis e focados. Por exemplo, uma empresa que vende apenas para empresas pode se beneficiar mais ao pesquisar todos os clientes importantes ao invés de fazer uma amostragem de toda a sua base de clientes, já que os clientes maiores podem responder por até 90% da receita.

As pesquisas, qualitativas ou quantitativas, precisam ser cuidadosamente desenhadas e executadas. Para isso, é preciso contratar uma empresa idônea, competente e checar muito bem as suas referências.

Pesquisa qualitativa

A pesquisa qualitativa (*Quali*) consiste em conversar com pessoas (grupos de discussão) sobre um determinado tema para obtenção de posicionamentos, que não necessariamente serão válidos perante o universo de pessoas.

O método formalizado consiste na formação de pequenos grupos para conversar sobre um assunto, sob a mediação de uma ou mais pessoas que precisam conciliar o conhecimento em psicologia com uma boa visão do assunto que é objeto da pesquisa.

Já a pesquisa quantitativa (*Quanti*) envolve montar um questionário e submetê-los a centenas de pessoas escolhidas aleatoriamente dentro do universo desejado para chegar a algumas conclusões sobre esse universo, com certa margem de erro, como vemos nas pesquisas eleitorais.

Em geral, a pesquisa qualitativa precede uma pesquisa quantitativa, porque ajuda a obter subsídios para se montar o questionário. O processo pode prosseguir por refinamento sucessivo, dependendo da complexidade do projeto.

Na *Quali*, o profissional responsável pela mediação das pessoas precisa ser muito habilidoso para conseguir extrair o âmago delas, sem permitir que se formem grupos de influência que conduzam as conversas. Há um grande risco de haver deformação nas conversas, por problemas nos grupos ou no mediador. É interessante trabalhar com vários grupos e mais de um mediador, para que se transmita mais confiança nas conclusões.

Pesquisa quantitativa

Uma *Quanti* basicamente é uma combinação de questionário, estatística e coleta. A qualidade do questionário é absolutamente essencial para o sucesso da pesquisa. Um questionário mal montado, por maior que seja o esforço posterior, não leva a nada. E é muito mais difícil montá-lo do que parece. Uma questão pode ser ambígua, irrelevante ou indutora. O questionário como um todo pode ser cansativo. Assim, o desafio é colher o máximo de informações com o mínimo de esforço do pesquisado.

Um campo muito interessante nas pesquisas quantitativas é a técnica de análise conjunta (*conjoint analysis*), desenvolvida nos anos 1970. Essa técnica pretende entender como os consumidores valorizam cada atributo de um produto, por meio da apresentação de diversos produtos diferentes. O consumidor seleciona o produto desejado ou ordena as opções. Tal análise ajuda tanto no processo de precificação como no processo de desenvolvimento do produto.

A empresa precisa ainda aportar um conhecimento sólido de estatística para poder planejar a pesquisa, de modo a garantir a validade dos resultados encontrados. A tentação de economizar pode levar a um número insuficiente de questionários e, com isso, as conclusões não podem ser estendidas para o público-alvo.

A aleatoriedade precisa ser mantida e a coleta deve ser adequada. Por exemplo, pesquisas on-line são completamente irrelevantes em termos quantitativos, porque o perfil médio do internauta que participa de uma pesquisa on-line é totalmente diferente do público-alvo de qualquer empresa, fora o fato de que não há controle da quantidade de vezes que cada internauta participa da enquete. Outro exemplo comum se dá quando um varejo deseja realizar uma pesquisa de satisfação e resolve entrevistar pessoas na saída da loja. Mesmo que a seleção seja aleatória, os resultados serão muito distorcidos porque esse tipo de amostragem captura os clientes assíduos, que tendem a estar mais satisfeitos.

O ideal é obter o aval externo de alguém com competência suficiente para poder discernir se a empresa de pesquisa sabe o que faz ou se está enrolando.

Um dos maiores custos da empresa de pesquisas se dá com a coleta de dados. A contratada geralmente tenta economizar nesse quesito, terceirizando ou contratando pessoas a preço de banana. Essas pessoas, quando desmotivadas, podem realizar o trabalho de qualquer jeito ou até inventar as respostas. Quando a coleta é ruim, nem o melhor trabalho do mundo vai conseguir salvar a pesquisa.

Interpretação dos resultados

Há um delicado balanço entre dois extremos indesejáveis.

De um lado, há quem interprete as pesquisas literalmente, sem submetê-las ao crivo do conhecimento e intuição internos à empresa. Isso é ruim, porque pesquisas de mercados estão muito longe de ser uma "foto" do mercado. Por mais que se esforcem, questionários não são perfeitos e as conclusões não devem ser levadas ao pé da letra.

O pesquisado, por vezes, prefere aparentar o que gostaria que as outras pessoas vissem nele e não o que realmente é. Por exemplo, é muito difícil medir o comportamento sexual através apenas de pesquisas porque, especialmente os homens, mente-se muito, com as pessoas inflando sua vida sexual.

Pesquisas de mercado são úteis, mas uma empresa deve ser bem seletiva e criteriosa para não fazer com que cada passo dado precise do apoio de uma pesquisa. Ao invés disso, a empresa deveria estar em permanente contato com seus clientes, através dos mais diferentes canais.

No caso extremo, a empresa de pesquisa contratada já deduz a que conclusões o executivo quer chegar e orienta a pesquisa de forma a obter as conclusões desejadas, apenas para agradar o cliente. E, neste caso, todo dinheiro gasto vai para o ralo.

Por outro lado, há quem não escute o que uma pesquisa de mercado "fala", porque suas conclusões não combinam com os desejos da empresa ou do próprio usuário da pesquisa. O executivo, muitas vezes, está repleto de pensamento desejoso (*wishful thinking*), ou seja, vontade de que o mundo se adapte aos seus desejos, e, nesse caso, se a pesquisa chegar a uma conclusão diferente, o executivo a desqualificará.

Ambas as situações são mais a regra do que a exceção e, portanto, antes de se contratar uma pesquisa, deve-se ter claro em mente quais decisões serão influenciadas pelos resultados.

Produto: desenvolvimento

"Trabalhamos com o propósito de tornar nossos produtos obsoletos antes que nossos concorrentes o façam."
Bill Gates, fundador da Microsoft (1955-)

Em princípio, é necessário ter consciência de que um produto existe pelos serviços que presta ao cliente e não pelo produto em si. Apesar da obviedade, isso deve ser ressaltado, porque são as necessidades atendidas que realmente criam a fidelização, incluindo aspectos de usabilidade, informação e design. Isso ajuda a evitar a síndrome dos adoradores de produtos e tecnologias, que escutam pouco as vozes do mercado.

Um exemplo positivo é a Yoplait, que, inspirada no procedimento de um pequeno fabricante local, lançou o Yoplait Crunch'n Yogurt, incluindo uma pequena embalagem de cereais sobre o iogurte. Ou seja, uma mistura muito bem-vinda, podendo ser executada de forma muito prática.

É prático ter acesso direto a dois alimentos que se combinam tanto.

Quando uma fábrica decide desenvolver um novo produto ou remodelar um antigo, isso demanda muitos investimentos. Assim, qualquer erro cometido tende a ser muito mais caro para ela do que para quem apenas revende produtos. A questão é agravada porque o ciclo de desenvolvimento de produtos se acelerou muito nos últimos anos, para tentar acompanhar o ritmo frenético de mudanças do mundo moderno.

Marca

Primeiro é preciso ver se o novo produto cabe dentro da imagem que o público tem da marca (*branding*). É perigoso popularizar uma linha de prestígio, elitizar uma linha popular ou lançar um produto muito desconexo. Nesses casos, a empresa pode amargar um grande fracasso, ou não. Há sempre a opção de se partir para uma nova marca.

Mas tudo tem de ser muito bem pensado. Um exemplo curioso é o da Yakult, fabricante da tradicional bebida com lactobacilos que lançou, em 2001, sua marca na linha de... cosméticos. Será que também contêm lactobacilos?

Extensões de produto podem funcionar muito bem. A Gillette, atualmente da Procter & Gambler, lançou em 1988 o Sensor, um aparelho para depilação totalmente pensado e criado para o público feminino, que antes tinha de usar aparelhos projetados para a barba do homem. Aliás, a Gillette é um excelente exemplo de que o desenvolvimento de um produto não deveria terminar no seu lançamento. Ela vem reinventando o conceito de barbear desde 1903, com sucessivos lançamentos, culminando no Fusion, com cinco lâminas e vários aperfeiçoamentos, já lançado no Brasil.

Extensões por adjacências podem ser perigosas, porque o conhecimento e a experiência necessários para lidar com áreas similares estão, em geral, aquém do que se imagina. Por exemplo, o fato de a Avon ter redefinido seu slogan para "A cultura de cuidar" não a capacita para gerir empresas de aluguel de equipamentos médicos nem para tomar conta de asilos, como ela tentou nos anos 1980 ao comprar empresas como a Foster Medical Corp e a Mediplex. Slogans em si, por mais ousados que sejam, não redefinem o negócio.

Público-alvo

É preciso perguntar quem será o público-alvo para um determinado produto. É mais fácil atingir o perfil de quem já é um cliente assíduo da marca; depois, o dos clientes eventuais. Os não clientes, como sempre, são mais refratários, porque é um processo que começa do zero.

Ter visão de mercado é fundamental, mas não basta. Recomenda-se, sempre que o orçamento permitir, fazer uma pesquisa de mercado (veja o tópico anterior) dentro do seu público-alvo. É lógico que, em casos extremos, quando o "público" são meia dúzia de empresas, basta conversar com essas empresas e pronto.

Por exemplo, pesquisas mostraram que muitos clientes acreditavam que a Victorinox, dos canivetes suíços, também fazia relógios. Não fazia. Mas como os clientes viam isso com naturalidade, a Victorinox passou a fazer relógios e funcionou.

Além da pesquisa qualitativa formal, pode-se informalmente conversar com os clientes, conhecê-los melhor e, quando possível, realizar visitas em suas residências, como o Procter & Gamble faz.

Cautela com pesquisas

Pesquisas de mercado não são o suficiente, já que não alcançam todas as complexidades ligadas ao desenvolvimento de um produto. A partir das indicações coletadas pelas pesquisas, desenvolve-se um conceito, mesclando-o com derivações e intuições da própria empresa. Esse processo pode se repetir mais de uma vez.

Um dos mais famosos casos de fracasso ligado ao uso inadequado de pesquisas de mercado é o carro Edsel, um grande fiasco de vendas que a Ford lançou em 1958, para concorrer na linha de carros não populares. As pesquisas acabaram "desenhando" um carro um pouco exótico. Além disso, o preço não era muito atrativo e havia problemas até na aceitação do nome. A Ford se redimiu no próximo lançamento, o Mustang, um grande sucesso. Como disse o ex-presidente da Sharp, Haruo Tsuji: "Você não pode descobrir o que seus consumidores querem só fazendo pesquisas de mercado. Você precisa tirar ideias do seu cérebro. Fabricantes do futuro não deveriam simplesmente responder a demandas do mercado, eles deveriam criar demandas de mercado".

As pesquisas de mercado são úteis, mas não devem servir como pretexto para impedir de se passar para o próximo passo, sob o argumento de que qualquer mudança de rumo necessita de novas pesquisas de mercado. Se assim for, o projeto pode ficar longo demais e, quando nascer, já pode ser demasiado tarde.

Pesquisa & desenvolvimento

Dependendo do ramo, o desenvolvimento de um produto é um projeto altamente técnico, que envolve a área de P&D e outras, reunindo engenheiros, cientistas, profissionais de design, profissionais de marketing etc.

O desenvolvimento de um produto pode ser um projeto longo e complexo, que por vezes "enlouquece" as pessoas envolvidas. Um dos sintomas da loucura é começar a tratar o produto em gestação como um filho. Nesse momento, acaba qualquer possibilidade de avaliação isenta. Portanto, é muito saudável envolver pessoas de fora do projeto para resgatar algo da sanidade perdida.

Uma das tendências da loucura é o lançamento de produtos "barrocos", que parecem simples para os projetistas, mas são cheios de detalhes, controles e características dificilmente assimiláveis pelos clientes.

As pessoas não costumam ler manuais e só usam uma pequena parte dos recursos disponíveis. Há algum tempo, uma pesquisa da agência Ogilvy revelou que apenas 3% dos donos usavam os recursos de programação do videocassete. A maioria absoluta dos aparelhos só passava filmes alugados.

Outra vertente da loucura é lançar um produto com um preço bem acima do que o mercado pode suportar, por excesso de autovalorização do produto, como foi o lançamento do Lisa da Apple, em 1983.

Problemas adicionais em desenvolvimento de produtos incluem:

- A excessiva especialização pode ser irrelevante. Por exemplo, o mercado dos descascadores elétricos domésticos nunca decolou, embora exista até hoje quem venda e, portanto, quem compre.

- O avanço da tecnologia tem de estar em sintonia com as necessidades dos consumidores, como mostra o contraexemplo da saga, entre 1962 e 2003, do avião supersônico Concorde, um consórcio franco-britânico. O custo proibitivo das aeronaves exigiria uma taxa de ocupação inviavelmente alta, ainda com um preço inaceitável para o passageiro, em troca apenas da redução do tempo de voo.
- Tentativas de fazer um aparelho do tipo um-serve-para-todos pode ser frustrante, porque se corre o risco de projetar um pato: nada, voa e anda, tudo de forma meio desajeitada. Por exemplo, uma das barreiras de se fundir definitivamente a TV com o computador não é tecnológica, é comportamental. Atualmente, a TV é um eletrodoméstico coletivo para ser visto de longe e o computador é de uso basicamente individual, para ser usado de perto.
- Falta de padronização, mesmo justificada por uma proposta de maior qualidade, pode ser fatal, como foi o caso do padrão Betamax, da Sony, em fitas de videocassete, *versus* o padrão VHS adotado por um consórcio de fabricantes.

Exemplos vencedores

Além da engenhosidade, às vezes alimentada pela necessidade, obstinação e observação são duas qualidades fundamentais na criação de conceitos de produtos. A seguir, alguns exemplos bem diferentes:

- O Tupperware nasceu em 1938, nos EUA, da persistência de um funcionário da DuPont, que fez experiências por meses com refugos plásticos em sua casa.
- O coador de papel descartável nasceu em 1908, na Alemanha, graças as uma dona de casa (Melita) inconformada com a inconstância do café feito com coadores de pano.
- Uma secretária inventou uma mistura para corrigir erros de datilografia. Ela juntou suas economias e começou a comercializar, em 1956, o que seria futuramente conhecido como Liquid Paper, vendido para a Gillette em 1979 por quase US$ 50 milhões.
- A caneta BIC surgiu da revolta de um húngaro que trabalhava como revisor em um jornal. Sua caneta-tinteiro vivia borrando suas revisões. Um dia, observou o funcionamento de uma rotativa, que girava, pegava tinta e imprimia. Isso deu a inspiração de que precisava: montou um pequeno tubo, com uma esfera de aço móvel na ponta. A invenção foi patenteada na Argentina, já que ele fugiu do nazismo. Vendeu a patente por um bom dinheiro na década de 1940 para o francês Marcel Bich.

- O macarrão de piscina foi inventado pelo brasileiro Adriano Sabino em 1993. Adriano foi a Paris assistir a um curso e, para ajudar, fazia a manutenção de um iate. Ele improvisou uma placa de polietileno como jangada para se apoiar e depois percebeu seu potencial.

Um exemplo brilhante de desenvolvimento de um produto é a ideia das lojas Hallmark, de cartões e lembranças, de oferecer até dois cartões gratuitos por cliente, sem que estivessem vinculados a um evento específico. Os cartões eram feitos de papel de qualidade, tinham uma arte bem-feita, mas os dizeres eram apenas "Obrigado", "Desculpe-me" etc. Depois de algum tempo, acabaram criando um mercado para esse tipo de cartão desvinculado e passaram a cobrar pelo cartão, contribuindo para aumentar o movimento fora dos grandes eventos. Eles usaram a força do termo "grátis" para criar hábitos, como têm feito muitos desenvolvedores de softwares gratuitos, que passam a cobrar por eles, depois de algum tempo, ou lançam uma versão Plus, com mais recursos.

No entanto, há muitos mais casos de fracasso no lançamento de novos produtos do que se imagina. Uma pesquisa da norte-americana Linton apontava uma taxa de fracasso de 70% a 80% em produtos novos na linha de mercearia.

Além do produto

Um ponto, às vezes negligenciado, é a embalagem, que é fundamental para um produto. Um fabricante não pode ter a arrogância de acreditar que o produto fale por si. A embalagem é a isca que vai fisgar o interessado. É preciso investir seriamente nela como algo independente, trabalhando-se na embalagem como uma peça publicitária permanente, cujo custo recorrente é apenas o de sua produção. Por exemplo, uma das mais famosas e distintivas "embalagens" do mundo é a garrafa da Coca-Cola, que foi desenvolvida em 1915, a partir de um concurso cujo mote era reconhecer a Coca-Cola até no escuro.

Enfim, ao se pensar o produto, devem ser analisados todos os aspectos derivados, isto é, a comercialização, a distribuição, assistência técnica, ponto de venda etc.

A Rayovac, que vinha perdendo mercado para seus concorrentes, conseguiu alavancar suas vendas de pilhas, a partir de 1989, mudando sua embalagem tradicional e a forma de exposição dos seus produtos nos pontos de venda. A situação anterior era tão precária, que a empresa chegou a receber cartas pedindo para que voltasse a vender pilhas.

• • •

Se a estrutura permitir que o produto seja fabricado sem grandes investimentos, é ótimo fazer um teste em algum local restrito, antes de lançá-lo em toda parte. Isso é um modo de exercer a Seleção Natural transplantada para empresas, descrita no tópico de *Tomada de Decisões*.

Produto: seleção

O processo de seleção de produtos para varejo ou atacado é denominado *sourcing*.

A empresa precisa comprar produtos que tenham boas perspectivas de vendas e que se ajustem ao tipo de produto (mix) que a empresa vende. Isso exige profissionais antenados com o mercado, que tenham intuição (*feeling*) do que funcionará ou não, com base na sua leitura do que é a tendência. O profissional ideal precisa ter o dom da observação, aliado a uma capacidade de filtrar, sintetizar e classificar o observado e tirar ilações consistentes para o futuro.

Uma visão de futuro que não seja calcada na realidade atende mais ao próprio comprador do que ao mundo que o cerca e, portanto, redundará em muitas apostas furadas. Por outro lado, um senso de observação aguçado, mas sem uma capacidade de projeção para o futuro, tornará a compra muito mais reativa do que geradora de tendência, o que é suficiente para muitos varejistas e atacadistas.

O que acontece está estampado nas ruas, nas redes sociais, nas feiras especializadas virtuais ou reais, nas revistas, nas propagandas, nos concorrentes; enfim, no mundo. Quanto mais a questão da moda está envolvida (vestuário, acessórios, móveis entre outros), mais complexo, detalhista e impreciso é o desafio de acompanhar as tendências, que são as pontes entre o que se observa e o futuro.

Compradores, quando inexperientes, são muito vitimados pela "empurroterapia", ou seja, vendedores que empurram produtos, muitas vezes duvidosos, com sua lábia.

Varejo: rentabilizando o espaço

As lojas têm limitação de espaço e não podem ser tratadas como a casa da mãe Joana. O bem mais precioso que ela tem é a área de exposição, já que não é feita de borracha. Assim, o espaço que um produto ocupa na loja é peça importante da análise de desempenho de um produto. Produtos inadequados trazem muitos problemas, porque ocupam o espaço do produto bom e contribuem para tornar a loja desinteressante.

No caso do varejo, a maneira de verificar se um produto está dando certo é medir sua rentabilidade (lucro) em relação à área que ocupa na loja. A relação da rentabilidade

> **Área ocupada x gôndolas**
>
> No caso de uma gôndola (estante com prateleiras), como há várias alturas, a área ocupada é a "fração" do terreno ocupada.
>
> Suponha uma gôndola de 1 metro de comprimento e 60 cm de profundidade. Se há três prateleiras e duas delas são ocupadas pelo mesmo produto, a área ocupada pelo produto é $2/3 \times 1 \times 0.6 = 0.3$ m^2.
>
> Assim, se a venda do produto em um dia deixa uma margem de $ 300, a rentabilidade diária pela área é:
>
> Rentabilidade /m^2 = $ 300 / 0.3 = 1.000 $ / m^2

de um produto pela área de um produto novo pode ser comparada à rentabilidade de outros produtos já consolidados.

Se houver muitos micos (baixa rentabilidade) entre os novos produtos, a seleção de produtos deve estar deixando a desejar.

Cauda longa

Já a internet, por sua vez, aumentou muito a possibilidade de comercialização de produtos menos vendidos, como livros e CDs de baixa tiragem, hobbies exóticos, objetos bizarros ou inusitados.

Em geral, o gráfico típico de venda x produto, ordenado do mais popular para o menos popular, é o chamado gráfico de Pareto ou 80 x 20. Se considerarmos, por exemplo, que em torno de 80% da venda está concentrada em 20% dos produtos, os outros 80% de produtos, menos vendidos, formam a chamada *cauda longa*, termo popularizado pelo livro de mesmo nome de Chris Anderson.

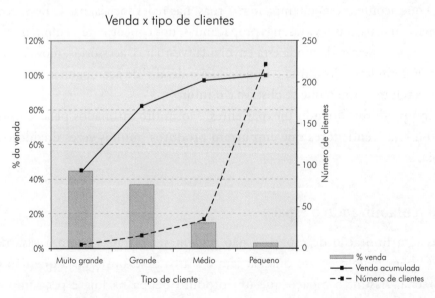

Diagrama de Pareto ilustrando que poucos clientes respondem por uma grande parte da venda.

A Rede tem sido uma adversária importante contra a homogeneização do mercado e da arte, permitindo o florescimento e a sobrevivência de pequenos nichos. Um exemplo é que nunca houve a coexistência e a comercialização de uma variedade tão grande de estilos musicais. Os blogs e as próprias redes sociais ajudam nesse processo.

Uma história pitoresca é o aumento de popularidade dos filmes hindus nos Estados Unidos. Apenas com a veiculação em cinemas ou nas tradicionais videolocadoras era difícil viabilizar economicamente um filme assim, por exigir-se um mínimo de público interessado, concentrado em um único lugar. Mas, agora, um internauta pode ir a um site como o NetFlix, alugar o filme ou vê-lo on-line, sem que isso envolva uma elevada despesa para nenhuma das partes.

Produto: qualidade

"Qualidade é lembrada até muito tempo depois que o preço é esquecido."
Henry Royce, fundador do Rolls-Royce (1863-1933)

"Qualidade é para o produto o que o caráter é para o homem."
Henry Heinz, fundador da Heinz, empresa do
mais famoso ketchup (1844-1919)

A busca pelo menor custo é, por vezes, tão selvagem que a qualidade é relegada a segundo plano.

Em princípio, vale destacar que não somos xiitas e não vemos a qualidade como sinônimo de perfeição. Qualidade é atender aos requisitos. No caso do consumidor, significa atender às suas expectativas.

Sem querer, o cliente acaba ficando no prejuízo, por falta de uma visão mais abrangente. Ao comprar uma camiseta por R$ 10, muitas vezes estará comprando um produto que terá uma duração de quatro meses, quando poderia comprar uma camiseta por R$ 30 e ficar com ela cerca de dois anos. Considerando a duração, no segundo caso, o cliente estará economizando 50%.

O preço vence a qualidade

Ninguém em sã consciência compra um relógio por R$ 10 achando que ele aguenta uma chuva. Portanto, vender esses relógios baratinhos não é um problema, já que ele dá a hora certa.

Por outro lado, não se pode aceitar alguém vender uma chave de fenda para um cliente e ela perder a funcionalidade depois de quatro ou cinco usos. Como já citamos, por um pequeno valor adicional, é possível comprar uma chave de fenda genérica, que pode até enferrujar, mas que aparafusa e desparafusa por um bom tempo.

No caso do varejo, há uma forte visão de curto prazo de que o consumidor pede o produto mais barato (ponta de preço, como os varejistas chamam) e, portanto, a empresa tem de suprir essa "necessidade", senão os concorrentes o farão.

Isso faz sentido, de certo modo, mas o melhor caminho pode não ser o mais fácil. Em curto prazo, essa estratégia funciona. O problema é que os consumidores de um produto desqualificado tendem a culpar muito mais a loja que o vendeu do que o anônimo fabricante. Com o tempo, a loja será evitada e os consumidores, no máximo, manterão uma relação utilitarista com a loja, sem vínculo, ao comparecer apenas aos eventos promocionais.

Há casos mais complicados. Uma loja de R$ 1,99 é um óbvio vendedor de lixo e tampouco os clientes esperam algo muito melhor. Mas até essa loja pode dar a sua cota de esforço, porque mesmo diante do muito ruim, há o apenas ruim.

No Brasil, a grande maioria dos varejistas populares não está nem aí para essa questão e vende qualquer coisa onde seja possível colocar uma etiqueta de preços. Portanto, o consumidor não pode encarar o fato de o produto estar na prateleira de uma loja como algum tipo de chancela.

Buscando uma saída

Um desafio maior seria fazer uma pesquisa de produto (*sourcing*) ousada e que busque outras opções no mercado, mesmo com preços um pouco maiores. Com uma parceria adequada, uma marca alternativa pode até se impor junto ao mercado e conquistar seu nicho. Lógico que isso não é instantâneo, o que dá a tentação de se jogar tudo para cima e vender, por exemplo, um DVD-player completamente descartável.

Quando um cliente perguntar sobre uma marca genérica descartável de DVD-player, o atendente pode responder: "Não trabalhamos com nada dessa marca. Nossa área de qualidade não aprovou a qualidade de seus produtos" ou de modo um pouco atenuado: "Não trabalhamos mais com essa marca, pois havia muitas reclamações". Depois, o vendedor engata: "Esse DVD aqui é de boa qualidade, além de ser mais barato porque a marca ainda não é tão conhecida".

O cliente fica, muitas vezes, agradavelmente surpreso com a preocupação da loja e, quem sabe, até conta isso para mais alguém. A fama demora a chegar, mas, com o tempo, a loja passará uma imagem de respeito ao consumidor. Uma empresa que siga esses ditames deveria, talvez, encontrar uma forma de transmitir essa mensagem nas suas campanhas, de forma sutil, para capitalizar mais sua filosofia.

O lado do fabricante

Para um fabricante, a questão da qualidade é muito séria. Claro que se pode ganhar muito dinheiro vendendo quinquilharias de última qualidade para varejistas e atacadistas ávidos pelo preço mais baixo possível. Infelizmente, um fabricante de TV da China, que consiga vender mais barato que (praticamente) todo mundo, usando mão de obra quase escrava, componentes refugados e gerando muita poluição, tem boas perspectivas no mercado. Os consumidores culparão as respectivas lojas e o fabricante, por um bom tempo encontrará novos mercados.

Esse tipo de prática só não é criminosa porque o braço da lei não o alcança. O ideal é, até por ética, não entrar nesse nicho, mesmo que seja lucrativo. Mais uma vez, não queremos que todos fabriquem produtos *premium*. Queremos produtos que funcionem dentro daquilo que se espera deles. Metal enferruja, plástico quebra, botões se desgastam. Isso é normal.

Lógico que, do ponto de vista de preservação do planeta, o mundo seria um lugar melhor se os produtos não fossem descartáveis e, sim, feitos para durar. A indústria moderna muitas vezes "programa" produtos para durar menos, de forma velada. Isso faz parte da essência do capitalismo e é difícil mudar enquanto houver planeta para isso. Mas isso já é tema para outro livro.

Preço

> *"Preço é o que você paga, valor é o que você obtém."*
> Warren Buffet, financista bilionário norte-americano (1930-)

A precificação lida com a arte e a ciência de estabelecer preços para os bens e serviços vendidos por uma empresa, sendo uma das suas atividades mais importantes, pois é um dos principais componentes na formação do faturamento e do lucro desta empresa. No entanto, em muitos casos, não são usados critérios sólidos para executá-la a contento.

Minimamente, a precificação precisa ser conduzida de forma a permitir que a empresa dê lucro. Uma forma ingênua seria aplicar para cada produto uma marcação padrão (*markup*) em relação ao preço de custo, já somado aos custos indiretos associados. Por exemplo, se um item custa $100 e a marcação padrão é de 50%, o produto/serviço seria vendido a 100 x (1 + 50%) = $150. Esta marcação deveria ser suficiente para cobrir todos os custos da empresa e gerar um porcentual de margem líquida preestabelecida.

Na prática, isso não funciona, porque quem dita os preços é o mercado (e os concorrentes).

Produtos intermediários

Em uma fábrica de insumos ou peças para outros fabricantes, o preço que se consegue praticar depende muito da concorrência. Quanto mais *commodity* (produto com largo espectro de conhecimento junto ao seu público) for o produto, como o cimento, mais opções de fornecimento existem e menor o campo de manobra do fabricante.

Uma fábrica menor, sem escala, precisa vender mais caro que a líder para sobreviver. Assim, vincula sua sobrevivência a certa escassez de informação ou a algum diferencial de serviço ou de produto, que o concorrente grande não consegue ou não quer atender, no caso de pequenos clientes.

De todo modo, os fabricantes de insumos tentam desenvolver uma parceria de longo prazo com uma rede de indústrias. Com cada cliente, formam uma memória de relacionamento, de modo que, por diversas vezes, pratiquem diferentes níveis de preço, especialmente quando o produto fornecido não é tão comoditizado.

Bens de consumo

No caso dos atacadistas e dos fabricantes de produtos de consumo, a questão toda parte muito da percepção que o público consumidor tem do produto e da marca. O varejo tem noção do posicionamento de preço possível e, dependendo da relação de forças, vai tentar impor suas condições para cada um de seus fornecedores.

O grande desafio dos fabricantes é adicionar valor aos produtos que fazem, ora por diferenciais efetivos do produto, ora pela força da marca, ora por uma bela roupagem de marketing. Os produtos da Apple, por exemplo, usam todos esses fatores e têm um preço que garante uma margem final impressionante para o fabricante, mas baixa para o varejo.

Assim, ocorre uma queda de braço que vai depender muito do porte e da competência de negociar de cada varejista. A posição do varejista, na prática, é muito influenciada pelo posicionamento dos fornecedores concorrentes. Da mesma forma, quanto mais comoditizado é o produto, mais difícil será o preço se descolar para cima. A tendência é que o fornecedor, mesmo partindo de uma tabela única, termine vendendo para diferentes varejistas por preços diferentes. É comum, para auferir vantagens, o fornecedor trabalhar com mais de uma tabela, para poder cobrar mais caro com credibilidade.

Precificação no varejo

No caso do varejo, tudo parte de uma percepção de valor por parte do consumidor, o que depende do público a que se destina. Se for uma loja de conveniência ou uma loja mais fina, o preço pode se deslocar um pouco para cima, sem maiores problemas. O mesmo pode acontecer se for uma categoria de conveniência em uma loja, como, por exemplo, pilhas e lâminas de barbear na área dos caixas de um supermercado. Na prática, a margem bruta praticada pelo varejista varia conforme o tipo de produto.

Produtos comoditizados, de maior valor agregado, por exemplo, costumam ter uma margem menor. Da mesma forma, produtos de marca, de fornecedores com alto poder de negociação, como, por exemplo, um liquidificador renomado, acabam dando uma margem menor para o varejista do que, no caso, um liquidificador genérico. Isso se dá porque uma marca de prestígio consegue se impor perante os varejistas, que não querem deixar de ter em seu sortimento o produto daquela marca.

Quanto mais o produto está presente na mídia, em particular na televisão, mais difícil é um varejo de massa praticar de forma bem-sucedida um preço maior. Em certos casos, quando o varejista não anuncia, pode vender o produto, mesmo comoditizado, praticando um valor maior que o da concorrência:

- Quando não é o foco da loja. Por exemplo, o cliente pode adquirir uma batedeira em um hipermercado, atraído inicialmente por uma oferta similar e acabar fazendo uma mudança de planos na própria loja.
- Quando se trata de um varejo mais luxuoso, no qual o cliente típico não faz tanta comparação de preços antes de comprar.

Há duas estratégias tradicionais de precificação para o varejo. A estratégia mais comum é a estratégia *high-low* (alto-baixo) em que se anunciam ofertas como chamariz para trazer o cliente para a loja, fazendo com que o cliente também, em parte por impulso, compre produtos mais caros. A outra estratégia é a do preço baixo todo dia. Essa, em geral, é uma estratégia que só pode ser adotada por uma empresa que tenha uma estrutura muito eficiente, como a Wal-Mart ou, em uma escala um pouco menor, a Target.

Uma estratégia campeã e quase única é a da rede sueca Ikea de móveis e produtos residenciais, com quase 300 lojas em 37 países. A Ikea acaba sendo um dos raros varejistas de massa que trabalha com produtos de boa qualidade e repletos de conceitos de design em uma loja enorme e estilosa, a preços classificados como baixos.

Estima-se, pois a empresa não divulga oficialmente, que a margem na última linha da Ikea seja o dobro da margem habitual. Essa combinação milagrosa entre percepção de preço baixo e alta lucratividade é ligada a um conceito de autosserviço, repleto de sinalizações e informações, vendendo-se muitos produtos para montagem. Além disso, a empresa trata bem os funcionários, tendo um *turnover* (rotatividade, isto é, porcentagem de funcionários que mudam em um ano) bem mais baixo do que a média do varejo, o que aumenta a produtividade média dos funcionários e barateia os custos de demissão, contratação e treinamento.

O ponto mais importante que sustenta os preços baixos, no entanto, é a estrutura verticalizada e terceirizada de fabricação em locais como China, Vietnã e Índia, acompanhada das tradicionais denúncias de exploração da mão de obra barata.

Há algumas grandes oportunidades que muitos varejistas ainda não aproveitam tão bem:

- Promover uma elevação controlada de produtos não anunciados. Na mesma linha, deve-se experimentar diferentes níveis de preço para lançamentos não tão onipresentes na mídia. Em geral, mostra-se que o aumento da lucratividade é muito superior à eventual perda de venda decorrente do preço ligeiramente maior.
- Aproveitar ao máximo as barreiras de preços. São consideradas barreiras de preço os múltiplos do papel moeda em circulação, como, por exemplo, R$ 5,00, R$ 10,00, R$ 20,00 etc. É nítida a influência na queda ou aumento de vendas quando os itens (produtos ou serviços) passam de um lado para o outro de uma barreira de preços. Por exemplo, a venda de um item cai de forma perceptível quando o seu preço passa de R$ 9,99 a R$ 10,99.

  Por outro lado, a venda não é muito influenciada quando um preço é alterado em um intervalo entre duas barreiras de preço consecutivas. Por exemplo, a venda de um item com o preço de R$ 18,00 é praticamente igual à venda do mesmo item com o preço de R$ 19,99. Essa regra se aplica especialmente quando o consumidor não tem muita consciência do preço do item.
- Praticar de fato preço diferenciado por loja, pois praças com menos concorrência são um ambiente favorável para se ganhar um pouco de margem, que entra diretamente como lucro.
- Fazer uma baixa mais agressiva de produtos descontinuados, logicamente comunicando essa baixa ao público, ou através da mídia, se houver escala, ou nas próprias lojas.

  Esses produtos podem se constituir em um grande problema, devido à ocupação inadequada dos espaços em loja. Muitos varejistas hesitam em fazer baixas mais fortes pelo "apego" a uma determinada marcação sobre o custo, como aquele industrial que se apega a uma máquina velha.

  Além de abrir espaços para produtos mais rentáveis, tornando a loja mais lucrativa e interessante, também ajuda a dar à loja um ar promocional.
- Para produtos mais caros e desejáveis, deve-se abrir a porta para negociação, ainda mais em tempos de internet e seus pesquisadores de preço.

Influência da internet nos preços

A internet paulatinamente está promovendo uma revolução na forma como os consumidores percebem o preço, devido à crescente popularização de ferramentas de comparação de preço. Atualmente, é muito fácil descobrir o preço mais barato, se o consumidor tem acesso à internet.

O consumidor pesquisa, pergunta e toca no mundo físico, escolhendo o modelo. Depois, vai à internet e compra pelo menor preço, a partir de uma das ferramentas de comparação de preço. Por vezes, ele retorna às lojas, apresenta o preço da internet e consegue, quem sabe, um preço ainda menor.

Elasticidade de preços

Um dos conceitos mais fortes ligados à precificação é o conceito de elasticidade de preços, que diz que quanto menor o preço, maior o nível de venda e vice-versa. A elasticidade varia conforme a faixa de preço dos produtos, o grau de consciência de preço por parte do consumidor e o nível de desejabilidade do produto. A elasticidade pode ser avaliada por meio de experiências controladas e traz informações que podem ser de muita utilidade para a precificação.

Em relação aos preços, há um fato curioso. Um liquidificador francês com um design sofisticado não estava vendendo como era esperado. Quando o fabricante perguntou para um consultor o que ele deveria fazer, o consultor disse para aumentar o preço sugerido para o varejo. O atônito fabricante seguiu o conselho e... a venda aumentou!

Produtos de Veblen é o termo que se usa para designar esses produtos luxuosos, que têm elasticidade invertida em certa faixa de preço. Alguns produtos *premium* precisam ser percebidos como tal para terem saída. Isso requer um produto *premium* com um preço suficientemente alto e não um produto qualquer fantasiado de *premium*. Além disso, a inacessibilidade do produto ao público comum atrai inconscientemente boa parte da elite. Um preço não suficientemente alto pode cair no limbo, por ser alto demais para o público comum e baixo demais para atrair a elite.

Outro fato pitoresco é que diversas pesquisas mostraram que a palavra "grátis" tem uma força tão grande de atratividade que, por vezes, cega o comprador, fazendo-o pagar mais caro. Por exemplo, dar um produto na compra de outro, em geral, gera mais venda do que uma baixa proporcional de preço.

Clientes, nos Estados Unidos, são viciados em cupons, que usam para fazer rebate sobre o preço normal da mercadoria. Nesse caso, a palavra chave é "ganho", que se dá sobre o preço que o cliente pagaria se não tivesse o cupom. Pesquisas mostram que, em geral, emitir cupons dá mais lucro do que vender pelo preço líquido.

Condições de pagamento

De forma mais ampla, a precificação inclui as condições de pagamento oferecidas (à vista, a prazo, consórcio) e as modalidades de pagamento aceitas (cheque, cartão de débito, cartão de crédito etc.). Como muitas pessoas e empresas não têm condições de pagar à vista, é proposto um parcelamento para possibilitar que a transação aconteça.

No caso de uma empresa, o pagamento a prazo é um fator essencial para que ela consiga ter capital de giro para financiar a operação. Por outro lado, aumentar o prazo de pagamento significa aumentar o total financiado, o que pode significar para a parte vendedora um aumento do risco.

Para o cliente final, é um meio que ele tem de antecipar a satisfação de uma necessidade ou desejo antes de ter todos os recursos em mãos. Quando um varejo não oferece os meios adequados para isso, pode deixar de ter acesso a esses clientes.

As pessoas têm crédito limitado em função de sua renda e de diversos outros critérios. Assim, os varejos lutam entre si para conquistar um pedaço desse crédito de cada cliente. De um lado, as empresas querem liberar mais e mais crédito, para que

---

Nota técnica – Equação da elasticidade

Para os curiosos, com gosto para a matemática, a equação da elasticidade é:

Quantidade vendida = A x Preço unitário^E

Onde E é o coeficiente de elasticidade e A é uma constante.

Esses coeficientes, para o mesmo produto, podem ser considerados fixos para uma faixa de preço. No caso de venda x preços, o coeficiente de elasticidade geralmente é negativo.

Suponha que, para um determinado produto, experiências tenham mostrado que E fica por volta de – 3.

Caso o produto venda 100 peças a $ 10, quantas peças deveria vender a $ 8?

$A = Q / P^E = 100 / 10^{-3} = 100.000$

Se o preço é $ 8, a venda é 100.000 x 8^{-3}, que dá em torno de 195 peças (o dobro).

Tamagotchi – loucura nos preços

Quem não se lembra do Tamagotchi? Era um brinquedo eletrônico, que imitava um animal de estimação virtual, que devia ser alimentado, tratado com carinho, colocado para dormir etc. Esse brinquedo foi inventado em 1996, no Japão, e foi uma verdadeira febre de consumo no mundo inteiro.

No seu lançamento, os preços eram extremamente elevados, algo em torno de dez vezes o seu custo. No Brasil, os primeiros Tamagotchis foram vendidos a R$ 69,90. A procura era insana, mal o produto chegava às lojas, era tudo vendido.

Moda é um comportamento irracional, e toda irracionalidade em longo prazo tende a desaparecer (às vezes, em muito longo prazo). Com o Tamagotchi não foi diferente, e aquela febre das primeiras semanas acabou substituída pela racionalidade. O que fazer com aquele brinquedo idiota que custava tão caro?

A maioria dos lojistas pensava que esta febre tinha vindo para ficar e comprou quantidades enormes do produto. Agora vem a

as pessoas possam consumir mais. De outro, temem o calote (inadimplência), caso o cliente se comprometa mais do que poderia.

O cartão de crédito é uma forma de conceder esse crédito com risco menor, uma vez que são controlados por instituições que têm um grande histórico dos clientes e uma vasta rede informatizada on-line. O problema é que, como quase todos os varejistas aceitam o cartão, estão todos disputando o mesmo quinhão. Nessa corrida, por exemplo, supermercados saem na frente, porque vendem produtos essenciais, nos quais o cliente rapidamente gasta seu limite de crédito.

Cartão virou *commodity*. Por isso, alguns varejos se esmeram para tentar buscar soluções alternativas, lançando cartões próprios e tentando oferecer um crédito adicional, mas sempre com um olho no risco. Assim, tentam ser mais flexíveis na concessão do crédito, com base no histórico do cliente na loja e em referências de renda mais alternativas. Também podem oferecer vantagens adicionais, como milhagem e descontos em estabelecimentos, para tentar cativar o cliente.

Promoção

"Propaganda não engana as pessoas, apenas ajuda as pessoas a se enganarem."
Eric Hoffer, filósofo social norte-americano (1902-1983)

A promoção abrange a publicidade, marketing direto, propaganda boca a boca, relações públicas e a promoção no ponto de venda. Sem rodeios, consiste na parte do

racionalidade: se a oferta aumenta muito e a procura diminui, os preços tendem a despencar. Foi exatamente o que aconteceu. Do seu pico de R$ 69,90, o produto chegou a ser vendido por R$ 0,99. Hoje, há bem poucos interessados em Tamagotchi.

A moda só se mantém como um todo porque é eternamente cambiante, isto é, aquela sandália que fazia sucesso há dez anos e era vendida por preços absurdos, hoje nem existe, ou se existe é vendida por preços populares. Por outro lado, tem uma nova sandália que é a febre do momento.

Tamagotchi, um animal de estimação eletrônico.

marketing que tenta convencer potenciais clientes a comprar produtos, ou então, de que a empresa ou a marca é isso ou aquilo e, portanto, indiretamente, deve-se comprar seus produtos.

Publicidade (*advertising*) consiste em comunicar, divulgar e persuadir, de forma paga, o cliente através de alguma mídia. Propaganda e publicidade são praticamente sinônimos, há quem considere publicidade o conceito mais geral e propaganda a veiculação em si.

Não adianta uma empresa ter um produto ou serviço espetacular e acreditar que os clientes vão descobri-lo sozinhos. Não é de grande valia uma ONG ter belos ideais se não tem quem a financie. A promoção é como o combustível, sem ela o melhor carro não sai do lugar.

Há muitas formas diferentes de alcançar seu alvo, a maioria delas paga.

Propaganda institucional

Com a propaganda institucional, se tenta passar alguma mensagem sobre a empresa, transmitindo valores, confiabilidade, segurança, qualidade, descontração, esportividade, enfim, qualquer atributo que se queira. O detalhe é que a mensagem, muitas vezes, está em uma camada abaixo do que é diretamente dito e mostrado, senão a publicidade perderia muito do encanto!

Nessa linha, cada vez mais empresas estão se associando à sustentabilidade e à responsabilidade social e, cada vez mais, os consumidores estão respondendo a isso. Entre os inúmeros exemplos, existem, há algum tempo, cartões de crédito com parte da renda destinada a programas de reflorestamento e conservação.

Há algumas propagandas institucionais que podem praticamente ser consideradas uma propaganda voltada para uma ação ou consumo específicos, fugindo um pouco das suas características típicas. Essas podem ser mais facilmente medidas.

O livro *Criatividade: espremendo a laranja* tem um exemplo bem interessante. A revista *Rolling Stone* tinha uma boa venda, mas não decolava na parte comercial de anúncios. Os compradores de mídia, mais jovens, até simpatizavam com a ideia de anunciar na *Rolling Stone*, mas seus gestores, mais velhos, ainda imaginavam aquele leitor meio hippie, anticonsumista, com barba e cabelo por fazer.

Em 1985, a agência Fallon veiculou em revistas um anúncio muito simples associado à revista *Rolling Stone*. À esquerda, um homem barbado lembrando Jesus Cristo, mas de meia idade e medalhão no peito, sob o título "Percepção". À direita, um jovem e próspero *yuppie* (young urban professional – jovem profissional urbano) intitulado "Realidade". A receita com vendas de anúncios no final no ano aumentou quase 50%. Essa foi uma campanha que mirou direto no alvo, mas de uma forma que chamou a atenção.

Outro caso é o McDonald's, que em 2003 estava sob um fogo cruzado contra suas comidas gordurosas, apoiado pelo filme-denúncia *Super Size Me*. A rede de fast-food queria passar leveza e esportividade, e tirar um pouco o foco dos baldes de refrigerantes e dos sanduíches pingando gordura.

A empresa, então, lançou toda uma linha *light* com saladas e alguns sanduíches mais saudáveis. A mensagem explícita era: "Olha, nós agora temos comida saudável, que também é gostosa, em um ambiente legal e em que você pode confraternizar", mas isso não pode ser dito assim. Se os produtos mais leves fossem anunciados diretamente, causaria certa estranheza pela imagem da marca.

Aí, entram os publicitários e bolam o slogan "Amo muito tudo isso". Em inglês, o slogan é "I'm loving it" (Eu estou amando isto), menos expressivo do que em português. Era inserido em um ambiente de cores mais suaves, com alegria, amigos, salada, alegria, esporte, grelhados, saúde, tudo isso imerso em uma trilha sonora simpática. O resultado da campanha foi positivo, com um crescimento sustentado das vendas nas lojas.

Propaganda direta

Outro tipo é a propaganda direta, no qual se anuncia um produto ou serviço específico. Essa, em geral, pode ser facilmente medida. Pode-se medir o aumento da venda do produto de forma absoluta ou, ainda melhor, compará-lo ao de outros produtos que não são objeto da mesma campanha. Uma propaganda direta é como se fosse uma ação de venda multiplicada, que pode ser avaliada, de certa forma, como se fosse um vendedor, ou seja, pelos seus resultados.

Além dos veículos convencionais, um exemplo interessante é a campanha que a agência de trabalho virtual alemã *JobsInTown.de* (trabalhos na cidade) veiculou na lateral de diversas máquinas automáticas (máquinas de café, caixas automáticas, bombas de gasolina e lavadoras). Trata-se de uma foto colorida de alguém trabalhando e suando dentro de cada máquina, com o slogan "A vida é muito curta para o trabalho errado". A propaganda é maravilhosa e inspirada em uma pesquisa que revelava que 87% dos alemães estavam insatisfeitos no seu trabalho. Esse tipo de propaganda, além disso, gera muita divulgação gratuita, porque não há como não comentá-la.

Trabalho enclausurado. Bom demais! (A frase da placa informa que "a vida é muito curta para o emprego errado", e sugere um site de busca de emprego.)

A utilização crescente de gravações de programas de TV em DVD ou HD permite a seus usuários pular os comerciais, o que tem sido uma ameaça crescente à veiculação convencional na TV. Nesse caso, o merchandising passa a ser a forma mais eficiente de atingir o público, pois o anunciante insere menções a produtos e serviços dentro do contexto de um conteúdo de televisão, cinema e rádio (mediante um bom pagamento!).

Quando bem-feita, é uma forma eficiente de influenciar as pessoas, porque cria identificação, além de o expectador estar menos disperso. Mas sofre severas críticas pela poluição gerada na obra artística. Os melhores *merchans* são os mais sutis. A BMW marcou um tremendo tento quando conseguiu que seu modelo Z3 fosse usado como carro oficial de James Bond no filme *007 contra GoldenEye*.

Promoção para empresas B2B

Uma empresa B2B (business-to-business – negócios para negócios) é aquela cujos clientes são apenas outras empresas.

Essas empresas costumam escolher mídias mais específicas, com público seleto, como determinados canais pagos, portais verticais (sites sobre um determinado assunto ou ramo de negócios), jornais/revistas de negócios ou especializadas etc. Esse tipo de veiculação aumenta o percentual do público leitor que pode ter alguma influência de decisão na compra dos bens ou serviços disponibilizados pela empresa, reduzindo o custo de veiculação.

Eventualmente, uma dessas empresas pode anunciar para o grande público, como uma forma de estimular uma visão simpática sobre ela, aumentar a atratividade de se trabalhar na empresa e aumentar o interesse por suas ações, no caso de uma empresa de capital aberto.

Por exemplo, a Vale tem feito anúncios tentando se vincular à imagem de uma empresa se grande, brasileira, moderna e "verde". Os benefícios dessa publicidade são questionáveis e difíceis de mensurar, mas lembre-se de que as empresas que compram os produtos da Vale são compostas por pessoas, que têm determinadas imagens de diferentes empresas.

Preceitos da propaganda

Não há nenhuma receita de bolo. Há uma grande multiplicidade de formatos que podem ser usados com sucesso. Mas há alguns poucos pontos que deveriam ser observados:

- A propaganda deve ser idealizada com seus autores se colocando efetivamente no lugar do cliente. Isso é quase um chavão, mas as pessoas ouvem-no e não praticam. Estar no lugar do cliente não é ter foco no cliente. É imaginar-se efetivamente no lugar do potencial cliente, assumindo seu corpo físico.

Imagine um publicitário com sua barba revolta e agora idealizemos uma consumidora imaginária chamada Diana. Diana chegou da escola cansada, deitou-se no sofá mecanicamente e começou a zapear com o controle remoto. Sua mãe fala que ela precisa estudar, mas ela faz um som indistinto e continua grudada na TV. A Diana é totalmente diferente do publicitário. Outra idade, outro sexo. Está cansada, não está muito interessada na empresa que anuncia, talvez nem a conheça direito.

Então, finalmente, vê o comercial, no meio de tantos outros que ela já viu e vai ver. Não vê o comercial como o publicitário, em uma sala de edição, rodeado de pessoas como ele. Enfim, o publicitário desatento se vê em um mundo totalmente pessoal que não bate com o mundo lá de fora.

Em *Roube estas ideias,* Steve Cone fala do efeito 23x63, causado por publicitários com cerca de 23 anos que criam anúncios sem levar em conta que haverá muitos leitores em torno dos 63 anos. Ele está se referindo à terrível legibilidade de muitos anúncios com seleção questionável de fonte, tamanho ou contraste.

Em parte, isso expressa um pouco aquela arrogância inconsciente típica do "meu anúncio é tão bom que vale a pena se esforçar um pouco para lê-lo".

- A mensagem deve ser clara, breve e focada, levando-se em conta as características do veículo utilizado. O desafio é cumprir o objetivo traçado sem penduricalhos dispensáveis textuais ou visuais. A atenção com a qual alguém olha a veiculação de um comercial muitas vezes é parcial. Por essa razão, é preciso que haja algum elemento forte para pescar o alvo.
- A propaganda tem de respeitar as características da mídia. Um anúncio em uma revista pode até ter um texto longo, desde que mantenha sua missão de atrair e reter, em geral a partir de uma imagem e com espaços para respirar. Os anúncios em rádio mais efetivos costumam vir sob a forma de merchandise, ou com jingle ou inserindo-se o produto em alguma historinha. O outdoor precisa de impacto visual e muito pouco texto, em letras grandes. Senão, o motorista que resolva lê-lo vai se acidentar.
- O perfeccionismo e detalhismo exagerados são problemas sérios na propaganda. Primeiro, porque podem tirar o foco da ideia como um todo e, segundo, porque encarece o custo de produção. No caso do comercial de TV, podem elevar os custos às alturas, caso leve semanas para se fazer um comercial de 30 segundos que poderia ser filmado em um dia ou até em horas.
No ambiente viciado da produção de um comercial, cada detalhe parece importante, mas será que Diana, citada anteriormente, perceberá?
- Às vezes, o livro *A estratégia do oceano azul* também pode ser aplicado aqui. Quando uma empresa anuncia apenas onde todos os seus concorrentes anunciam, ela tem de disputar um lugar ao sol em meio a uma multidão de anunciantes. Todos copiam todos e, no final, ninguém sabe o que está fazendo. Se a revista X está coalhada de anúncios de moda, por que não procurar outra revista, com muito leitores interessantes, mas que não esteja tão congestionada? As pessoas, em geral, compram uma revista pelos artigos e não pelos seus anúncios.
- Mídia não é só imprensa falada, escrita, televisada e on-line. Qualquer espaço que alguém possa ver ou ouvir pode ser considerado mídia.
A variedade de mídias que existe é impressionante: no exterior, há um equipamento que consegue projetar imagens a laser em prédios e montanhas. Aqui no Rio de Janeiro, já vimos pessoas pedalando na ciclovia da orla exibindo propaganda nas rodas. O limite é mesmo a imaginação.
Uma loja também pode ser encarada como um grande espaço de anúncio audiovisual tridimensional. No áudio, existem desde as poluentes promoções (eficientes, pela urgência) anunciadas em alto-falantes até sofisticados sistemas de rádio interno, que podem até passar anúncios de terceiros.

No visual, fornecedores se digladiam para negociar junto ao varejo uma maior alocação de espaço, a colocação de expositores personalizados, anúncios e até o envio de promotores de venda. Muitas vezes, até pagam por esses recursos.

Afinal, quem lembra?

Todo anúncio precisa ser atraente. Isso significa atrair os sentidos (visão ou audição) para que a pessoa seja capturada pelo anúncio, em meio ao bombardeio de mensagens. Depois disso, é preciso manter o interesse, porque é fácil haver dispersão, pelo mesmo motivo. Finalmente, deve-se trabalhar para ficar a lembrança (*recall*) da marca ou produto. Essa lembrança pode, de forma consciente ou inconsciente, se converter em uma venda ou em uma percepção ligeiramente modificada da marca.

Para aumentar a chance da lembrança, além do mérito do conteúdo do próprio anúncio, um dos recursos é fixar melhor a marca no anúncio, quer aumentando o destaque quer fixando-a, no caso de vídeo. Outro recurso é a consistência (*look and feel*), que transmite um estilo para toda a campanha, de forma que uma veiculação reforça as outras.

Slogans são bons porque ajudam a criar uma identidade, funcionando como uma porta de entrada do público para o resto da mensagem, mas, como a missão, não podem ser palavras ocas ou surradas. Veja o contraste entre "Faz a vida valer a pena", da American Express (parece que basta comprar com cartão, especificamente o da American, para ser feliz), e "Just do it", da Nike (Apenas faça – expressando uma atitude diante da vida, que inclui usar os produtos da Nike).

Um teste revelador consiste em mostrar para uma plateia diversos anúncios atuais de TV, omitindo-se a marca e o produto. De cada anúncio, qual a porcentagem de pessoas que conseguem se lembrar de quem é o anúncio?

Só recall não é nada

Não adianta o anúncio ser sensacional ou criativo se não surte resultados. A empresa não precisa dos troféus que a sua agência eventualmente conquiste em mostras internacionais.

O problema é que nem sempre um anúncio vende por ser criativo, interessante ou memorável. Ele precisa, acima de tudo, dar resultado, ou seja, precisa dar um motivo concreto para o cliente agir na direção do anúncio. Como contraexemplo, há uma propaganda no dia nacional contra o tabaco mostrando um poste pintado como um cigarro, abaixo da placa vermelha de "Pare". Muito legal, criativo e memorável, mas dificilmente alguém para de fumar por isso.

É lógico que o anúncio precisa sempre ser atraente e, de algum modo, prender a atenção e manter o interesse. Mas, a bem da verdade, um anúncio não precisa ser necessariamente criativo para ser bem-sucedido. Anúncios de varejo com ofertas podem ser atraentes, agradáveis e bem-feitos, mas geralmente não são criativos. Mesmo assim, funcionam, porque induzem os clientes a fazer o que anúncio quer que façam, por exemplo, aproveitar uma boa oferta válida por um tempo muito limitado. Quando um anúncio, além de dar resultado, é marcante o suficiente para que as pessoas comentem umas com as outras, é muito bom. Vira uma espécie de boca a boca espontânea. O caso do "Não é nenhuma Brastemp", por exemplo, é perfeito, porque é um bordão do qual a marca faz parte. O jingle do Banco Nacional ("Quero ver você não chorar...") marcou e sobreviveu até ao banco.

Um anúncio de TV precisa impactar a mesma pessoa mais de uma vez para atrair a sua atenção. Caso a verba seja limitada, em geral, é preferível veicular o anúncio de forma a garantir uma frequência (número médio de vezes que impacta cada pessoa) mínima do que dispersar demais sem atingir um patamar mínimo de frequência. Mas, quando o mesmo anúncio se repete demais, até anúncios criativos cansam e o prazer vira contrariedade. Bons jingles costumam ter uma vida maior.

Vaidade atrapalha

É mais do que óbvio, mas anúncios são para os clientes e não para a empresa que os veiculou. É muito comum um anúncio bajular um produto ou marca, cair nas graças de um executivo da empresa e acabar indo ao ar. Isso não passa do reflexo de uma empresa narcisista, que proclama: "Olha como minha marca é bem-sucedida ou como meu produto tem tecnologia embarcada". O que o cliente realmente quer saber é qual o benefício para ele.

Um exemplo em que a propaganda humildemente deixou a utilidade do produto de lado para que o consumidor assumisse o estrelato foi o lançamento bem-sucedido, na década de 1990, da lanterna Snake Light, da Black & Decker. As pessoas podiam dobrá-la e ficar com as mãos livres, como pode ser conferido no YouTube (http://www.youtube.com/watch?v=jc2Doeozw_M).

O livro azul da propaganda diz que uma ótima sequência para o cliente é apresentar benefícios, que vêm das vantagens, que são originárias dos atributos, que talvez nem precisem ser citados. Por exemplo, em um aparelho de som, "Ultra Bass" é um atributo, "Graves mais nítidos" é a vantagem, "Festa na sua casa" é o benefício!

Por exemplo, a Volvo, fabricante de carros que se esmera em itens de segurança, em vez de se limitar a listar atributos e vantagens, colocou em suas campanhas testemunhos de celebridades e anônimos que declaram que a Volvo salvou suas vidas (benefício), passando emoção à propaganda.

Celebridades e personagens

O uso de uma pessoa famosa em publicidade pode ser eficaz, desde que o público-alvo tenha boa identificação com a celebridade. Em muitos casos, superestima-se a eficácia da celebridade, gastando-se demais pelo retorno obtido. Como sempre, é conveniente fazer medições do resultado e, talvez, testes localizados. Essa estratégia tende a ser mais efetiva quando a celebridade tem alguma identidade com o produto e não é figurinha fácil de outras campanhas.

Criar um personagem próprio é mais barato e pode ser muito efetivo, como na propaganda da Bombril, porque ajuda a criar um elo entre o cliente e os produtos, a partir da identificação do público com o personagem, com a vantagem da exclusividade. Outra abordagem similar, interessante e com custo ainda mais baixo é o uso de personagens animados, como os chocolates da M&M ou o tigre da Kellogg's.

Mistérios na publicidade

Além do óbvio, propagandas com elementos inesperados (por exemplo, um pato em uma mesa de reuniões com executivos), incongruentes (por exemplo, uma letra invertida) ou incompletos (por exemplo, uma letra sem um traço) em meio a um todo consistente chamam mais a atenção e o alvo fica satisfeito em resolver a questão. O mesmo conceito é usado na técnica de perguntas e respostas. A pergunta gera uma lacuna que é preenchida pela resposta.

No caso extremo, há aquele anúncio que deixa um mistério no ar (*teaser*), que será concluído em outro anúncio, que virá a seguir ou ainda será veiculado. Essa modalidade, se não for muito bem executada, pode ser um tiro n'água. Na mala direta, essa técnica é chamada de golpe em dois tempos. Manda-se antes uma correspondência anunciando o futuro envio de uma oferta exclusiva muito atraente e, depois, manda-se a própria, que deve efetivamente cumprir o que prometeu. A curiosidade pode criar expectativa e aumentar o interesse na oferta.

Exemplos de criatividade

A criatividade pode gerar propaganda a um custo muito baixo. Na Argentina, uma agência teve a ideia de produzir toalhas de praia vermelhas imitando a capa da Playboy, mas sem a mulher. As mulheres deitam na toalha, que exibe: "Eu posso ser a Playmate...". Quantas mulheres não usariam uma toalha como essa?

Toalha da Playmate.

Outro exemplo de criatividade barata vem de um pequeno fabricante norte--americano. A empresa fazia um adesivo para o nariz, que aliviava o congestionamento nasal e facilitava a respiração. Em 1994, quase sem verba, a empresa mandou caixas de brinde para as equipes de futebol americano. Quando apareceu a imagem televisionada de um jogador famoso usando o adesivo, foi a glória. Em 1997, a empresa foi comprada pela 3M.

Um varejo, por exemplo, pode tentar até mexer no calendário, "fabricando" eventos. O caso mais famoso, aqui no Brasil, é a criação do Dia dos Namorados, para tentar vencer a pior barriga do ano em vendas no varejo. João Dória, executivo das lojas Clipper, observou que os americanos comemoravam o Dia dos Namorados em 14 de fevereiro (Valentine's Day) e que 13 de junho era o dia de Santo Antônio, o santo casamenteiro. Assim, ele escolheu, como sabemos, o dia 12 de junho, que foi "inaugurado" em 1950, pelas lojas Clipper.

Marketing viral

Um anúncio muito criativo e engraçado pode virar um fenômeno de Marketing Viral, quando algo se espalha como um vírus pela internet. Atualmente, muitas pessoas divulgam links e vídeos através de e-mails, redes sociais, blogs.

O marketing viral se caracteriza por situações em que cada pessoa que recebe seu conteúdo divulga para mais de uma pessoa, na média. Dependendo desse fator, em poucas "gerações", um grande número de pessoas será impactado e pode ser uma forma muito barata e efetiva de fazer publicidade. Alguns exemplos incríveis podem ser vistos em http://desktopvideo.about.com/od/webvideosforbusiness/tp/viral-marketing-videos.htm, como o *blender* que tritura itens estranhos, o iPhone (quase 8 milhões de visualizações no YouTube) e pistolas de ar comprimido.

Para que isso seja obtido, a veiculação precisa motivar o usuário a agir assim. Além do humor, da criatividade e do inusitado, uma abordagem complementar é o usuário obter alguma vantagem ao divulgar para outras pessoas, caso os alvos consumam algum produto ou serviço associado. Isso caracteriza um tipo de pirâmide, que é ilegal em muitos países, dependendo da forma.

Uso da internet

Além do marketing viral, a internet tem sido cada vez mais usada como mídia para veicular anúncios. Há uma dificuldade inicial, já que o público da internet tende a ser um pouco avesso às propagandas veiculadas de forma convencional. Em todo caso, além da experiência prévia de algumas agências de propaganda, pode-se aprender por tentativa e erro, já que o retorno pode ser facilmente medido. Uma vantagem adicional é que o público pode ser muito bem segmentado. Um exemplo de até onde chega a segmentação é a busca patrocinada que a Google introduziu, na qual o anunciante paga por combinações de palavras.

No entanto, a internet deve ser encarada como mais uma opção de mídia, ainda que em rápida ascensão, e não como a mídia que irá substituir todas as outras. Algumas correntes exageram demais o crescimento do uso do marketing na internet, preconizando que mídias convencionais ficarão rapidamente ultrapassadas, assim como fazem em relação às lojas físicas.

Não é apenas o que se paga

Nem toda divulgação se precisa pagar diretamente. Há muita ação alternativa que pode ser realizada, envolvendo basicamente três caminhos: a propaganda boca a boca, a divulgação espontânea e a assessoria de imprensa.

A propaganda boca a boca é uma das formas mais poderosas de propaganda. Basicamente, acontece quando alguém, espontaneamente, fala ou escreve bem da empresa para outras pessoas.

Mas só se fala bem de quem dá motivo para isso. Uma empresa que entrega produtos e serviços de alta qualidade, conseguindo deixar o cliente, por vezes, surpreso é a melhor candidata para esse tipo de propaganda. A surpresa pode ser um bom atendimento, mas também algum componente inusitado, interessante ou original.

Quando a empresa faz uma coisa surpreendente para alguém, como, por exemplo, deixar entrar no cinema um casal que perdeu os ingressos, certamente conquista dois fãs fiéis, que vão contar essa história dezenas de vezes.

Outro ponto se dá quando uma empresa consegue fazer seus funcionários orgulhosos por trabalhar nela. Nesse caso, ela passa a ter um exército de pessoas falando bem dela por aí. Até as entrevistas de emprego são uma oportunidade de mostrar que a empresa é especial.

Hoje em dia, as pessoas estão se comunicando cada vez mais com os blogs, redes sociais, Twitter etc. São situações em que um escreve e muitos "escutam". Desse modo, o poder da propaganda boca a boca é maior do que jamais foi.

Há alguns tipos de negócios que dependem fortemente desse tipo de propaganda para serem bem-sucedidos. Pense em muitos hotéis de recreio, restaurantes, pequenas empresas de consultoria e muitos outros tipos de negócio. O futuro deles é muito baseado nas pegadas que deixarão. Um hotel-fazenda que sempre precisa anunciar muito para tentar conseguir clientes deve ser bem fraquinho.

Muitas empresas pequenas ou médias, quando formam uma sólida rede de simpatizantes e fãs, terminam por depender muito menos da propaganda paga. Formar ou encantar uma base inicial de pessoas, incluindo formadores de opinião, que depois poderão "contaminar" muitas outras pessoas e assim sucessivamente, foi apelidado de *outbreak marketing* (marketing de contaminação) pelo autor Francisco Madia.

Um exemplo marcante é o projeto Camarim, um salão de cabeleireiro móvel montado em um caminhão da marca de cosméticos Seda (de propriedade da Unilever), que levou tratamento completo de cabelo gratuito a um grande contingente de pessoas em todo o país, desde que essas pessoas tivessem adquirido alguns de seus produtos.

Muitas empresas têm uma área de relações públicas que consiste em todo o relacionamento da empresa com os vários canais da sociedade, através de palestras, eventos, blogs, assessoria de imprensa, promoções de eventos etc.

Há estratégias de relações públicas para estimular a propaganda boca a boca ou fomentar a divulgação espontânea na mídia.

Por exemplo, a Apple especializou-se em fazer sigilo sobre seus lançamentos de produtos, gerando uma grande pressão da mídia, que busca o vazamento de alguma informação. Quando o lançamento finalmente acontece, é um verdadeiro acontecimento.

A fabricante de motos Harley Davidson, para revitalizar a sua marca, promoveu a criação de um clube de usuários, visando o aumento da frequência de uso das motos e comprometimento das pessoas com sua marca, incluindo os acessórios, além de servir como fonte de marketing boca a boca. O clube, que cobra anuidade, organiza ralis, viagens, *fly & ride* (voe e ande) com motos no destino etc.

Em uma linha diferente, a Hyundai, fabricante de carros, na década de 1990 estava estagnada. Em vez de investir altas somas em propaganda, a Hyundai resolveu trabalhar na base dos seus clientes mais fiéis, proporcionando a eles serviços gratuitos, em troca de obter referências para possíveis novos clientes. Como se tratava de clientes satisfeitos, os amigos indicados tornavam-se bons candidatos. Trabalhando com essas indicações, a Hyundai conseguiu pouco a pouco retomar o sucesso.

Já a assessoria de imprensa tem um processo explícito de comunicação com os veículos, com a finalidade de conseguir citações, notas, reportagens etc. Evidentemente, se for possível aliar isso a alguns elementos que poderiam resultar em divulgação espontânea, o trabalho fica muito facilitado.

Quanto anunciar e onde?

Essa pergunta pode ser respondida com *feeling* (intuição), que tem até sua validade, mas conduz a enganos sérios.

Há quem, ingenuamente, atribua diretamente um aumento de venda ao aumento com o gasto de anúncio, sem levar em conta que há outros fatores envolvidos. Pode ser o calor, a concorrência, a época do mês etc. Também pode ser efeito de uma profecia autorrealizável, quando se anuncia junto a uma série de outras medidas, sendo que foram estas que surtiram efeito, e não o anúncio em si.

A alternativa é desenvolver métodos de avaliação de anúncio, que permitam de fato mensurar o sucesso de diferentes veiculações, de forma que seja possível separar o efeito da veiculação de outros efeitos. Não é uma tarefa fácil, mas, por meio de dados apropriados e com o apoio de técnicas estatísticas, pode-se chegar a uma estimativa razoável.

O acúmulo desse conhecimento sobre a própria empresa permite fazer um planejamento cada vez mais assertivo, que ajude a alavancar progressivamente a receita, além de proporcionar um grande potencial de economia com gastos de publicidade.

Repare que qualquer medida de desempenho de anúncio tem de estar sempre baseada na alternância entre a veiculação e a não veiculação. Caso um varejo sempre anuncie o mesmo modelo de TV, fica difícil medir a eficácia do anúncio.

Anunciar requer escala. Assim, se a experiência mostrar que a margem de contribuição (lucro deixado pela venda do produto) adicional prevista é menor que o custo do anúncio, então anunciar dá prejuízo. Só seria válido quando o anúncio, além de comunicar uma oferta, tiver intenções institucionais mais em longo prazo, que também precisam ser avaliadas.

Isso explica por que dificilmente uma empresa pequena tem porte para anunciar em uma TV líder de audiência. O custo por mil (CPM), isto é, custo por cada mil pessoas atingidas, tende a ser mais alto na TV que é líder de audiência porque a grande empresa é quase que forçada a anunciar nela, se quiser atingir uma porção mais significativa do seu público.

Quanto à propaganda institucional, seu resultado nem sempre é fácil de medir em curto prazo, especialmente quando envolve o lançamento ou reposicionamento da marca. Em uma grande empresa, acontecem muitas ações simultâneas visando a melhorar o resultado e o faturamento. Às vezes, fica difícil separar os efeitos de cada ação. Alguns executivos chegam a ter preconceito contra a propaganda institucional, em razão dessa dificuldade de medição.

Em propagandas puramente institucionais, podem ser feitas medições de lembrança (*recall*) por parte do público ou algo similar, mas isso não necessariamente indica que sejam adequadas. É possível realizar pesquisas qualitativas sobre como as pessoas foram impactadas pelo anúncio, mas há uma enorme subjetividade. Há algumas abordagens possíveis, sendo que, em propagandas mais abstratas, as duas primeiras podem ser impossíveis ou demandar muito tempo:

- Veicular o anúncio em certas praças e não veiculá-lo em outras, por um tempo que seja suficiente, e depois estudar, de forma comparativa, o impacto nas vendas.
- Se a propaganda institucional atinge uma divisão de produtos, mas não a outra, pode-se fazer uma análise comparativa de venda.
- Fazer uma análise de imagem da empresa, antes e depois da campanha. Estuda-se, então, se a imagem se deslocou na direção da mudança que a propaganda estava sugerindo. Em algum momento, será necessário impactar as vendas, porque ninguém vive apenas de imagem. A ideia é que uma campanha de lançamento ou reposicionamento de imagem possa ser pré-requisito para alguma outra ação mais direta da empresa.

Anuncia-se demais!

"Metade do dinheiro que gasto em publicidade é inútil. O problema é que eu não sei qual metade". Essa antiga frase, de Lord Levelhulme, fundador da Unilever, é emblemática porque reflete um problema muito atual.

Por exemplo, a Coca-Cola anuncia tanto que deve ser difícil provar a relação entre anúncios específicos e a venda de Coca-Cola. Lógico que a empresa anuncia para estar sempre marcando sua posição na mente de pessoas, inclusive criando um desejo inconsciente, de modo a ficar mais fácil uma pessoa chegar em um bar e bradar: "Uma Coca, por favor". Mas será que precisaria anunciar tanto?

Temerosos de perder receita, muitas empresas acabam veiculando muito mais anúncios do que seria necessário, provocando até a saturação do seu alvo. Quando vemos uma rede de varejo repetindo incansavelmente seu anúncio na TV, o desejo de comprar passa a ser o desejo de esganar o locutor do comercial. Quando vemos bancos fazendo anúncios institucionais em revistas, com até oito páginas seguidas em papel couchê, entendemos por que as tarifas bancárias são tão caras.

Parte do problema deve estar em algum conflito de interesses, porque empresas contratam agências que, por sua vez, têm participação no custo de veiculação de mídia. Mesmo quando não têm, há uma relação próxima, como, por exemplo, o ganho de uma bonificação por volume. Essas mesmas agências montam o plano de mídia (conjunto de veiculações a serem feitas). Isso só funcionaria bem em um mundo perfeitamente ético.

Outra parte está ligada ao medo de se perder venda, com um pensamento do tipo: "Se estamos tão bem, por que tirar o pé?". Anunciar passa a ser quase um ato inercial. A empresa que fica refém dessa situação não deve ter criado uma cultura de avaliação efetiva de resultados de campanhas publicitárias.

Praça

"Não abra uma loja se você não gosta de sorrir."
Provérbio Chinês

A praça consiste basicamente no conjunto de lugares ou canais onde o produto estará disponível, incluindo lojas, internet, venda ativa por telefone, venda por catálogo, venda de porta em porta, venda na rua, na praia etc.

Para um fabricante de produtos de consumo, é preciso selecionar os canais de venda apropriados, que atinjam a fatia de público desejada. Essa estratégia, em relação a lojas físicas, costuma buscar uma grande presença ou capilaridade, especialmente para produtos populares. Por outro lado, produtos *premium* geralmente são vendidos apenas em lojas selecionadas, de forma a se evitar uma possível desvalorização do produto, mesmo sabendo que algumas vendas poderão ser perdidas. Por exemplo, o Nespresso, da Nestlé, começou a ser vendido apenas em boutiques próprias e, com o conceito mais firmado, expandiu-se para algumas poucas redes mais elitizadas.

O conceito resumidamente consiste em garantir que o produto certo chegue ao lugar certo, o que também se relaciona a aspectos logísticos.

No varejo, há também o desafio de garantir que os produtos vendidos nas lojas sejam consistentes com o perfil do cliente que as frequenta. Assim, uma rede de varejo vende protetor solar em uma loja de praia e cantil na montanha. Uma vez que se estabeleçam essas conexões, a logística faz o resto do trabalho, garantindo a reposição do produto no ponto de venda.

Além disso, a localização da loja faz muita diferença e não deve ser, de modo nenhum, escolhida levianamente com base em uma boa oferta de imóvel. Afinal, o negócio é varejo e não o ramo de imóveis. A perda de venda decorrente de uma má localização barata rapidamente ultrapassa o que se economiza. Uma boa localização varia conforme o tipo da loja. Pode ser em uma área de muita circulação de pessoas, como shopping ou rua de comércio, ou em área de fácil acesso e estacionamento de automóveis. Quanto pior a localização, mais a loja vai depender de propaganda para levar as pessoas até ela.

Fabricantes nas lojas

O ambiente de uma loja é muito relevante inclusive para quem fabrica produtos para o consumidor final, que deve entender o processo de venda do produto na loja e coletar experiências de diferentes varejos, no sentido de desenvolver melhores e piores práticas. As melhores práticas precisam ser disseminadas e as piores práticas, evitadas.

Os fornecedores costumam se envolver inclusive no projeto de displays personalizados e alguns até lançam lojas conceito como a Nike, a Sony e a Apple, para lidar diretamente com o consumidor. Isso também contribui para aumentar a mística associada a seus produtos direta ou indiretamente, pela divulgação espontânea na mídia e nos guias de turismo.

Por outro lado, é importante considerar as necessidades do ambiente de venda no desenvolvimento e aperfeiçoamento de produtos, especialmente em relação ao design da embalagem e na questão do mostruário.

A Guinness, para estimular o consumo de sua cerveja irlandesa, tradicionalmente associada a pubs, foi além. Ela criou uma divisão que, além de ensinar tudo sobre a cerveja, oferece toda a assistência e serviços sem custos (faz o projeto, indica fornecedores de móveis e utensílios, dá as receitas, orienta o repertório musical etc.) para quem deseje abrir um pub.

Métricas e experiências

Suponha que um cliente chegue a uma loja: ele pode entrar e sair sem comprar nada. Ele pode também comprar um item rapidamente ou passar um tempo maior e comprar dois ou mais itens. Esses comportamentos são a essência da questão.

O percentual de pessoas que entram e compram alguma coisa é a taxa de conversão (*conversion rate*). Esse indicador pode ser medido por sensores eletrônicos ou por pessoas postadas contando os passantes.

Já o tempo de permanência do cliente na loja é um indicador de difícil medição. Outras opções podem ser o número de itens diferentes por cupom de venda. Quanto maior a variedade do cupom, mais tempo provavelmente o cliente rodou a loja. Ainda mais elucidativo seria o número de categorias (tipos) diferentes de produtos médios por cupom. Isso porque, quando alguém compra uma pilha AA e outra pilha AAA, comprou tudo isso no mesmo lugar, não significando qualquer deslocamento.

Dado que a pessoa entrou na loja com um determinado estado de espírito, o que influencia quanto tempo ela ficará é o que veio comprar, além, obviamente, do atendimento e a ambientação da loja. Se a loja é agradável, a pessoa pode terminar comprando itens adicionais. Caso contrário, pode desistir até da sua intenção original de compra.

A forma de entender o que faz diferença para o cliente não é ficar sentado em um escritório fazendo um monte de suposições. É observar efetivamente o cliente em ação, isto é, na loja. Você pode formar teorias, com base no bom-senso e nas suas vivências, mas só a prática e as experiências controladas mostrarão o que de fato acontece.

Experiências consistem em fazer uma modificação em uma ou mais lojas ou em uma parte de uma loja, observar o que acontece e medir os resultados. Quando uma modificação surte efeito, gera uma variação da venda mais positiva que a variação da venda observada na base da comparação, na qual nada foi feito. Essas medições precisam sempre de um tratamento estatístico para evitar conclusões erradas, tanto em relação ao sucesso quanto ao fracasso da experiência.

Layout de lojas

A importância da loja é grande porque muitas decisões de compra são tomadas dentro dela. Aqui são descritos alguns atributos ligados ao layout, para lojas de autosserviço:

- Ambientação – O ambiente da loja deve estar consistente e em sintonia com sua proposta. Música ambiente geralmente é bem-vinda e tem de ser adequada ao cliente típico da loja.

  Cores quentes (amarelo, vermelho) atraem, mas seu uso depende do estilo da loja. É conveniente que ela se "vista" de forma consistente com o evento que está acontecendo (Natal, Páscoa etc.), mesmo que não venda mercadorias relacionadas. Isso ajuda a obter uma disposição favorável ao consumo.

- Iluminação forte – Uma boa iluminação, além de tornar tudo mais visível, deixa o ambiente mais alegre, mais parecido com o dia, enfim, mais atraente para comprar. Há exceções, dependendo da proposta da loja.

- Temperatura agradável – Ar-condicionado ligado o tempo todo não é barato, mas aumenta significativamente a permanência do consumidor na loja, se estiver calor. É possível economizar, e ao mesmo tempo agradar a média dos clientes, não se deixando a loja demasiadamente fria, como acontece às vezes. O mesmo vale para o aquecimento em países frios.
- Facilidade de orientação – Para uma loja maior, uma boa sinalização aérea, para que o cliente consiga facilmente ir para a seção desejada, é indispensável. Há caso de lojas grandes que colocam mapas da loja em alguns locais, outras colocam sinalizações com setas, usando placas ou posicionadas no chão da loja.
- Acesso ao produto – Produto em falta, deixando buracos, causa má impressão. Se o produto em falta for anunciado, pior ainda, porque frustrará uma intenção prévia. Precisa-se de logística e operação afiadas para minimizar essa ocorrência.

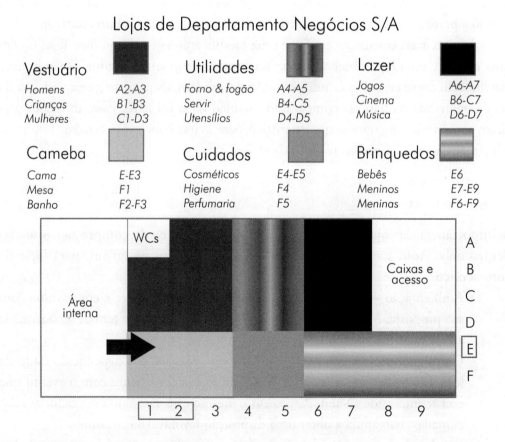

Mapa fantasia de loja, que mostra os departamentos, as seções, a localização do cliente e os caminhos. Poderia ser até uma tela de LCD sensível ao toque.

- Acesso ao preço – Nada mais irritante, exceto em uma loja de luxo, do que o cliente precisar perguntar ao vendedor para descobrir o preço de um item. Algumas lojas já usam displays digitais, que são mais caros, mas permitem mudar os preços de forma mais fácil. Outras disponibilizam scanners de códigos de barras para o público.
- Informação – O cliente, para eletrônicos e outros produtos, agradeceria se a loja disponibilizasse etiquetas informativas. Algumas pessoas não gostam, preliminarmente, de perguntar, preferem ter acesso direto à informação. Vídeos curtos podem ser efetivos se o produto for interessante, mas de uso não óbvio. O uso de monitores de LCD em lojas, para transmitir informação e até ambientação, tem se ampliado muito, porque o custo está se tornando totalmente viável para essa finalidade.
- Arrumação – Uma loja desarrumada, com caixas no meio do caminho, embalagens abertas, causa má impressão. Os clientes só relevam caso a loja esteja em plena liquidação ou seja uma loja de pechinchas.
- Exposição controlada – Um produto pouco exposto some, mas exposto em excesso, apenas desperdiça espaço. Experiências podem ajudá-lo a calibrar melhor o espaço utilizado.
- Variedade controlada – Um produto que tem escolhas demais, com pequenas diferenças, serve mais para confundir o cliente do que ajudá-lo. Provavelmente, o espaço está sendo mal aproveitado. Há pesquisas mostrando até diminuição de venda perante uma variedade exagerada.

Por outro lado, se a loja considera que certa categoria de produtos (como eletroportáteis) atua como destino para o consumidor, isto é, se o cliente pensa naquela loja como opção para comprar um dado tipo de produto, deve ter uma variedade suficiente para caracterizar boa oferta de opções de escolha, incluindo alguns itens quase obrigatórios.

- Renovação – É adequado que a loja se renove continuamente para dar uma sensação de frescor para os clientes que retornam a ela. O grau em que isso deve acontecer depende do estilo da loja, e pode ser diferente para categorias diferentes.
- Rapidez de atendimento – Em um mundo tão acelerado, em muitos casos é bom garantir um atendimento rápido para o cliente, em relação à sua expectativa. Isso culmina no pagamento e, dependendo do caso, se estende até o recebimento da mercadoria.

Um dos pontos chave em algumas redes é a fila do caixa. O lojista deve se dar conta de que há três fatores que desgastam a relação com o cliente. O primeiro se dá quando o cliente desiste ao ver o tamanho da fila; o segundo, quando desiste depois de passar um tempo na fila, o que é especialmente desgastante; o terceiro, quando ele compra efetivamente, mas sai desgostoso pela experiência. Todos esses dissabores pesam, inconscientemente ou não, no futuro, quando o cliente precisa escolher uma opção de compra.

Para minimizar esses efeitos nocivos, é preciso examinar todos os fatores intervenientes: o processo de pagamento, incluindo as exceções; o dimensionamento apropriado do número de equipamentos PDVs (pontos de venda); a produtividade dos operadores; a qualidade e agilidade do sistema de informática (incluindo, talvez, a possibilidade de utilização de equipamentos coletores papa-filas).

Muitas redes de farmácias montam um processo em três etapas, para minimizar furtos. A mercadoria selecionada pelo cliente é conferida, gera-se uma pré-nota, a pessoa se dirige ao caixa, paga e depois retorna para retirar a mercadoria. Esse é um procedimento que poderia ser questionado: seguro para o lojista, mas moroso para o cliente.

A Disney enfrenta, durante muitas épocas do ano, grandes filas nos brinquedos dos seus parques temáticos. Ela se tornou especialista em fazer a fila parecer pequena, dobrando-a em várias filas paralelas. A Disney também traz diversão para a fila, com música, vídeos e decoração. É lógico que esse é um exemplo extremo que não pode ser adotado ao pé da letra. Mas sempre é uma inspiração.

Com base no trabalho de Paco Underhill, selecionamos algumas das interessantes constatações feitas por pesquisadores observando os clientes nas lojas, muitas das quais batem com as nossas intuições:

- Em corredores estreitos, cabem mais produtos. No entanto, as pessoas não gostam de outra pessoa passando por trás, enquanto estão olhando algum produto. Isso diminui comprovadamente a venda.
- Da mesma forma, é preciso proporcionar um mínimo de conforto nas filas dos caixas. Deixar um espaço muito apertado, sob o pretexto da colocação de mais produtos, não é uma boa prática. Aliás, a fila é um ótimo espaço para vender produtos de impulso.
- As pessoas gostam de tocar e sentir os produtos. Só vale engaiolar o produto se o prejuízo causado pelos furtos for maior que o lucro advindo do aumento da venda.
- Quando há cestas vazias espalhadas na loja ou quando são oferecidas cestas a pessoas já carregando produtos, a venda aumenta.
- É preciso pensar no acesso aos produtos nas prateleiras, particularmente quando este acesso envolve crianças e idosos. Por exemplo, em lojas de animais, adultos compram ração; crianças, guloseimas. Assim, estas devem estar ao alcance delas.

- Pesquisas mostram que os destros, que correspondem à maioria das pessoas, têm a tendência de entrar em um ambiente e virar à direita. O layout deveria ser pensado a partir disso.
- Há uma parte da loja, perto da entrada, que funciona como área de transição, na qual a comunicação ou banca de folhetos é menos efetiva, porque o cliente ainda está desacelerando.
- Se possível, uma loja de departamentos deve ter pontos focais para homens, mulheres e crianças, quando entram muitas famílias e casais. Se alguém não tem nada interessante para fazer, pressiona os outros para que sejam rápidos. Por exemplo, uma loja de utilidades de cozinha pode colocar uma seção de acessórios de vinhos e bebidas, que interessa mesmo ao mais "machão" dos homens.
- Se a loja for definitivamente unissex, poltronas são um porto seguro e diminuem a pressão de uma parte sobre a outra.

O espaço da loja é nobre e deve ser muito bem aproveitado. A constante observação do fluxo ajuda a entender e a evoluir os espaços mal aproveitados. No entanto, como vimos, não podemos abrir mão de proporcionar algum nível de conforto para o cliente.

Muitas lojas estão começando a usar quiosques com internet para possibilitar ao cliente comprar produtos que não estão no estabelecimento. Uma das pioneiras foi a Gap, que colocou quiosques em todas suas lojas, nos Estados Unidos. O Magazine Luiza abriu muitas lojas virtuais pequenas em cidades menores, com um vasto catálogo de produtos demonstrados na tela de um computador. Os atendentes muitas vezes sugerem aos clientes examinar o produto nos concorrentes e retornar depois para adquirir mais barato, já que a rede tem mais escala que as lojas locais e sua estrutura de custos é mais baixa.

A variedade de equipamentos, expositores e materiais de ponto de venda (POP – *Point of Purchase*) que podem ser usados em uma loja é inacreditável. Há muitos fabricantes, além de grandes feiras nacionais e internacionais voltadas para isso. No entanto, o varejista deve ter cuidado ao fazer uso dessas possibilidades. Deve fazê-lo de forma consistente com o perfil da loja e evitando a sobrecarga de informações.

Mesmo para lojas populares, há muitas opções que merecem ser avaliadas, pois trazem impacto, produtividade de espaço e conveniência. Pesquisas mostram que boas soluções fazem diferença. Nesse caso, é preciso apenas cuidado para não se gastar demais nem fazer a loja parecer "cara". Elementos em movimento, como, por exemplo, um quadro de preço digital em uma lanchonete, indubitavelmente chamam a atenção.

Clientes

"Se nós não tomamos conta do cliente... alguém o fará."

Anônimo

Clientes. Esse é o objetivo mágico de toda empresa. O pote de ouro no fim do arco-íris. Tão venerados em prosa, mas tão esquecidos na vida real. O cliente idealizado, personagem principal de tantos livros, discursos e debates, é o rei.

O cliente, em carne e osso, é apenas a realização de uma abstração. Não é nele que as empresas miram. Afinal, o cliente idealizado reage como os executivos imaginam, e não como essa triste figura que se autodenomina representante de espécie tão popular.

Empresas são como políticos. Não é o que eles falam, é o que eles fazem.

Não se trata de falta de conhecimento. É como a camisinha. Todos conhecem o seu significado, mas muitos não usam, a despeito de tudo. Assim, é preciso internalizar um conhecimento, senão ele não vira prática.

Clientes são poderosos!

Digamos que um cliente faz todo dia um lanche de R$ 10. Um dia, ele ganha um suco de laranja estragado ou sofre alguma grosseria. Talvez ele perdoe uma vez. Mas, se voltar a acontecer, pode ser que nunca mais volte. Com isso, a lanchonete não perdeu R$ 10 de faturamento; em cinco anos perde uns R$ 8 mil.

Mas a coisa não para por aí. História ruim se conta. História normal é desinteressante. O marketing boca a boca da desgraça é terrivelmente eficiente. Se você come algo que é rotineiramente gostoso, nada será dito. Mas se você passa mal, vira um causo.

Desse modo, esse fato talvez afete duas, três, quatro ou mais pessoas, que poderão ficar meio ressabiadas. Ao primeiro sinal, essas mesmas pessoas também debandarão. Se for uma estada memoravelmente ruim em um hotel-fazenda, dezenas de pessoas poderão tomar conhecimento. Em casos especiais, a história pode ser tão interessante que envolve ainda mais que um nível de boca a boca.

Quando um cliente reclama, é preciso ouvir o que ele tem a dizer. Se tiver um mínimo de razão, é mais inteligente a empresa ceder do que bancar a durona. Um custo momentâneo economiza muitos problemas.

Quando se fala de cliente, ele pode ser também uma empresa (pessoa jurídica), quando, por exemplo, uma fábrica, atacadista ou distribuidor vende para um varejista, atacadista ou outra fábrica.

Uma empresa que adota práticas inadequadas no relacionamento com as empresas-clientes não apenas ameaça a continuidade da relação como se arrisca a perder seu conceito no mercado, porque as empresas e os profissionais se comunicam e os profissionais frequentemente mudam de empresa. O dano pode ser até mais acelerado, porque o universo potencial de clientes é menor do que o de um varejo, já que este lida com o consumidor final.

Por exemplo, um varejo ou atacado que fica com fama de "apertar" um fornecedor até os ossos cria uma imensa vontade no fornecedor de trabalhar com novas opções. Quando o vento vira ou surgem novas opções, o histórico de arrogância e abusos pode se voltar contra a empresa. No entanto, há casos, como a Wal-Mart, em que a relação de forças é, em geral, tão assimétrica que fica difícil reagir.

O mesmo ocorre, até em maior escala, com uma empresa de consultoria, já que a contratação de seus serviços, se for realizada de forma responsável, envolve uma pesquisa acurada das referências anteriores. Isso explica, em parte, a alta mortalidade de empresas de consultoria.

Um bom cliente vale muito mais

Um cliente tem um determinado nível de expectativa da sua relação com uma empresa. Se a empresa consegue ir além da expectativa, um vínculo vai se formando, como o tradicional clichê sempre afirma. Afinal, algo não deixa de ser verdade apenas por ser um clichê. Sempre que houver opção entre empresas, se a parte objetiva do cliente não diferencia as opções, a parte subjetiva pode empurrá-lo na direção da empresa com vínculos mais fortes. Mesmo que o cliente não explicite isso.

Não é caro manter o cliente fiel. Se for um varejo com um baixo investimento em propaganda, não é preciso abrir lojas adicionais nem depender de constantes ofertas enlouquecedoras. Se for uma fábrica, o cliente já está prospectado, e não é necessário vender sua alma ao diabo para fechar novos negócios. Já no outro extremo, é caro conquistar novos clientes, pois é preciso acionar toda a artilharia de marketing, toda a lábia da equipe de vendas e/ou vender por preços bem atrativos.

Clientes satisfeitos compram, compram e ainda trazem novos clientes. Grátis! É a magia da propaganda boca a boca, comentada anteriormente.

Pesquisas de satisfação devem ter o cuidado de não medir apenas um índice morno de satisfação, que reflita apenas uma relação preguiçosa e inercial. Satisfeitos mesmo são aqueles clientes que não hesitam em recomendar a empresa quando têm oportunidade. Essa mesma atitude também reflete uma frequência de compra mais alta, e não apenas movida pelas oportunidades.

Quando o cliente é uma pessoa jurídica, o marketing boca a boca positivo é mais lento, especialmente entre empresas concorrentes, que não costumam compartilhar boas experiências de compras, por motivos óbvios. No entanto, os profissionais das empresas, mesmo concorrentes, costumam frequentar eventos, cursos ou feiras com a finalidade adicional de trocar boas ou más experiências.

Atendimento é fundamental

Hoje em dia, muitas lojas deixam seus produtos quase sozinhos com seus clientes. A palavra de ordem é economia. Os clientes se autosservem e está tudo resolvido. Essa lenda urbana prospera porque muitos a adotam e porque não é fácil ter e manter funcionários motivados e treinados.

Mas a nossa visão é de que um bom funcionário faz, sim, toda a diferença do mundo, especialmente quando a loja vende artigos que demandam algum tipo de explicação. Mesmo quando não for o caso, o funcionário ajuda o cliente a se localizar, informa sobre uma falta de estoque, transmite uma informação simples, mas funcional ("o pessoal leva mais essa marca").

Detalhes, às vezes, fazem a diferença. Suponha que um cliente pergunta se um aparelho funciona em 220 volts e o atendente não saiba *a priori*. Uma situação é o atendente displicente apontar para a informação na embalagem, como se exclamasse: "Olhe para a embalagem, seu idiota". Outra situação é ele dizer: "Não tenho certeza, vamos ver se está na embalagem" e então os "dois" descobrem juntos. Nesse caso, ele talvez tenha conseguido converter o não conhecimento em uma interação empática. Adrian Furhham, em *Management and myths,* descreve algumas conclusões derivadas de estudos do relacionamento entre atendentes e clientes, a partir da análise de padrões de valor de gorjetas em restaurantes.

Faça a conta. Qual é o salário de um funcionário, incluindo as despesas indiretas? Quantas pessoas interagem com o funcionário em um mês? Quando a loja tem poucos funcionários, o que mais se vê é o cliente dando pescoçada atrás de alguém. Qual é a diferença entre a taxa de conversão de um cliente que consegue falar com um atendente *versus* o que chega a tentar, mas não consegue? Não é difícil mostrar que é fácil pagar com sobras o salário do atendente.

Um erro fatal ocorre em pequenas lojas, quando o vendedor fica seguindo o cliente ou quando o aborda, exigindo uma resposta, estilo "O que você deseja?". É preferível que um vendedor, postado a certa distância, sorria e arrisque um "oi", "bom dia" ou um meneio de cabeça quando os olhos se encontrarem, e depois permaneça onde está.

É essencial que o vendedor ou atendente, que é a interface da empresa para o cliente, esteja motivado. E ele só está motivado se a empresa trabalhar para isso, como já vimos no tópico de *Motivação*.

Um cliente quer, principalmente, três coisas que o ajudem a resolver sua necessidade: empatia, informação e integridade.

A equação é simples: mais motivação, melhor atendimento; mais motivação, menos *turnover* (rotatividade); mais conhecimento de causa, melhor atendimento.

As armadilhas da renda variável

Outro grande erro comumente cometido é remunerar a gerência com base apenas no lucro. Isso levará a gerência, que não tem pleno domínio de gestão, a reduzir o quadro de pessoas mais do que seria necessário, para "aparentemente" aumentar o lucro.

A loja precisa, para contrabalançar a busca pura e simples do lucro, ter uma avaliação qualitativa e quantitativa dos atributos mais importantes, o que pode ser convertido em uma nota. Os critérios de concessão dessa nota devem ser homogêneos, de forma a torná-la mais confiável. O presidente deve avaliar uma loja de forma parecida com a de um diretor e assim por diante.

Uma política bitolada de remuneração leva a uma remuneração variável flutuante, na qual parte da flutuação independe da loja. Isso traz baixa motivação, porque o quadro da loja passa a ser um elástico que acompanha os altos e baixos. O gestor se sente muito pressionado e isso baixa ainda mais a motivação da equipe. A loja estará sempre admitindo, treinando e demitindo. E tudo isso tem um custo. O tempo médio no emprego será baixo e, portanto, o nível de informação tende a ser ruim. Muitas contratações e demissões geram, portanto, baixa qualidade da contratação e diminuição da integridade.

Assim, lá se foi o trinômio de atendimento (empatia, informação e integridade), que apoiava a busca de uma solução para o cliente.

• • •

Costuma-se dizer que os clientes sempre têm razão. É verdade. O grande engano é que essa frase tem de ser entendida no coletivo.

Individualmente, há clientes que agem de má-fé e outros que trazem prejuízo para a empresa. De modo que as empresas devem ter um sistema de proteção e segurança para preservar o interesse coletivo em detrimento do individual.

Por exemplo, alguém insiste em fumar em um ambiente fechado, em um desrespeito flagrante à lei. As pessoas ficam incomodadas e permanecem caladas. Quando alguém reclama, ouve-se a clássica réplica: "Mas, meu senhor, ele é um cliente. Não podemos fazer nada". Como se os outros também não fossem clientes.

SAC

O SAC (Serviço de Atendimento ao Cliente) é a área da empresa que funciona como contato entre as pessoas e a empresa e que não se relaciona ao ato de compra.

Somos favoráveis a um SAC forte e bem divulgado para tratar o cliente insatisfeito e para coletar informações e sugestões. Sua utilidade varia desde a melhora de processos até a reformulação estratégica.

Algumas empresas criaram internamente a ouvidoria, relacionada à retaguarda do SAC, que procura visualizar a empresa sob o ponto de vista do público interessado, funcionando como um intermediário entre a empresa e seus clientes, fornecedores e, eventualmente, funcionários.

O ombudsman (ouvidor) da Folha de S. Paulo, por exemplo, denunciou que um teste de café da manhã em dez hotéis de São Paulo, publicado em 2006, estava sob suspeição porque o convite foi dos estabelecimentos. Essa informação foi omitida na reportagem e, com isso, o teste perdeu a isenção, sendo que a Folha tem de negar esse tipo de cortesia. Uma crítica ácida feita por alguém que, afinal, é funcionário da Folha!

O cliente precisa ser ouvido

Quando há um cliente insatisfeito, a pior coisa para a empresa é a insatisfação surda ou expressa por outros meios. Isso estimula o terrível boca a boca negativo. Experiências mostram que o simples fato de a empresa dar ouvidos, através do SAC, mesmo que eventualmente a solução não seja possível, é positivo, e a insatisfação fica mais sob controle. O importante é dar explicações de forma simpática ao cliente.

SAC – sem atendimento correto

Qual o consumidor que não teve a infeliz experiência de ligar ou mandar e-mail para um SAC e ser mal atendido? Quase todo mundo... No Brasil, este serviço é altamente desacreditado.

Começa por ligações, durante as quais você passa por um sem-número de perguntas automáticas e, depois, colocam uma irritante música de espera, algumas vezes com publicidade ressaltando a qualidade do produto ou serviço, que pode se alongar, em alguns casos, até você perder a paciência. Ou através de e-mails que nunca são respondidos. Quando são, a resposta é padrão, sem relação com o seu problema.

Por tudo isso, muitos consumidores evitam entrar em contato com a empresa e, posteriormente, talvez evitem consumir nessa empresa ou entrem na justiça. E, quem sabe, arrastem outros nessa sábia decisão.

Quando você consegue ser atendido, na maioria das vezes, a atendente não tem autonomia para resolver nada e o acesso à sua informação completa é restrito, o que faz com que quase obrigatoriamente você tenha que fazer uma segunda ligação.

Na segunda ligação, se você não tiver o número de protocolo referente à primeira não existe um registro prévio do seu

Alguns poderão dizer que qualquer problema trazido deveria ser resolvido, mesmo fora das regras. Isso não pode ser assim, senão pode-se formar rapidamente uma verdadeira indústria de falsos clientes extorquindo a empresa.

Quando um cliente procura o SAC, há uma oportunidade ímpar para se entender o mundo do cliente insatisfeito, resolver o problema dele e, de carona, pode-se, em seguida, trabalhar para evitar os problemas recorrentes, que contribuirão para reduzir o número de ligações para o SAC.

O SAC é um agente provocador

Temos de encarar o SAC, assim como a ouvidoria, como uma espécie de oráculo, isto é, algo que nos dá informações superpreciosas sobre os nossos problemas.

Um erro comum nas empresas é encarar cada problema como algo apenas individual, que tem de ter uma solução caso a caso. É normal que a maioria dos problemas que aparecem no SAC seja tratada como exceção. Essa abordagem é cara e acaba estressando o cliente pela demora. Isso acontece porque, por vezes, a autonomia do SAC é baixa e a situação acaba envolvendo outra área. Além disso, normalmente os problemas são repetitivos e originários de falhas em processos básicos da empresa. Otimizar recursos é usar as ligações individuais como base para descobrir as falhas nos processos, para depois conseguir solucioná-las.

---

problema, portanto, começa novamente tudo do zero, mais uma infinidade de tempo esperando com a música irritante, mais alguém sem autonomia para resolver o seu problema.

Tudo só consegue ser resolvido quando você parte para a ignorância, gritando, fazendo ameaças etc., e, mesmo assim, só em alguns casos.

Quando você entra em um site como www.reclameaqui.com.br, que é um dos principais sites de reclamação contra empresas no Brasil, vê claramente que o foco no cliente ainda é uma completa ficção, pois, em algumas grandes empresas, o índice de respostas a clientes com problemas é muito baixo, como, por exemplo, a maioria das operadoras de telefonia celular.

O SAC deveria ter seu nome mudado para SIC – Serviço para Irritar o Cliente –, pois é o que ocorre, na maioria das vezes.

O aproveitamento dos "casos problema" é nulo, isto é, a mesma "via crúcis" que você teve com a empresa, daqui a um ano, ou mais, outro cliente terá, já que não se tira do SAC qualquer lição para corrigir os problemas internos da empresa.

Vale rir um pouco com essa paródia sobre SAC postada no YouTube (http://www.youtube.com/watch?v=vTJ8gtkMS4g).

Infelizmente, muitas empresas direcionam mal seus recursos no SAC, pois o gestor está muito mais preocupado com a eficiência da sua área do que com a sua eficácia. Questões como tempo médio de atendimento, tempo de espera, dimensionamento de pessoal em cada turno etc., devem ser geridas, mas não podem ocupar quase todo o tempo deste profissional. Afinal, ele é cobrado por isso, quando, na verdade, o foco do SAC e da empresa como um todo deveria ser mais direcionado para a eficácia, isto é, para a diminuição progressiva do percentual de clientes que fazem reclamações, em relação à base de clientes ativos.

Utopicamente, o SAC deveria trabalhar para zerar as ligações referentes a problemas, estimulando que se promova a readequação de todos os processos relacionados. Só que isso colide com o próprio interesse dos profissionais do SAC, que têm boa parte do seu trabalho justificado exatamente quando acontece o contrário, isto é, quando os problemas internos da empresa aumentam. Na prática, as reclamações residuais deveriam refletir apenas exceções não tratáveis, situações extremas ou casos em que o cliente está extrapolando os limites do que é justo.

O SAC é um conceito geral

Mesmo uma empresa que não lide diretamente com o consumidor final deveria ter um SAC, porque é um processo muito eficiente de coletar informações, sugestões e identificar problemas. Uma fábrica pode, a partir dos contatos com os clientes, reformular produtos, embalagens, manuais e até a forma sugerida de exposição dos produtos nos diversos varejos.

Ainda que uma empresa apenas forneça insumos ou peças para outras empresas e, portanto, não tenha consumidores finais, estes são indiretamente afetados. Por exemplo, pessoas físicas não compram aço inoxidável, mas usam produtos feitos de aço inoxidável. Sendo assim, podem servir como fonte de informação sobre ângulos inesperados até para o fabricante.

O SAC é, também, um canal permanente para ouvir comentários e sugestões de seus clientes. O brigadeiro feito com Leite Moça, da Nestlé, começou a ser divulgado, e se espalhou pelo Brasil, a partir da sugestão de uma dona de casa. Clientes também alertaram a GE, que decidiu incorporar a possibilidade de o cliente testar suas lâmpadas no ponto de venda.

Além disso, uma empresa de peças ou materiais pode vir até a fazer propaganda para o consumidor final, para que ele aprenda a valorizar seus itens nos produtos que compra. Um exemplo clássico é a Intel, que "educou" os consumidores a valorizar seus processadores na aquisição de computadores a partir de muitas campanhas publicitárias.

A linha de comunicação de uma empresa serve também, se for o caso, como um canal para ser usado pelas empresas clientes, de modo que não se obrigue que todo o contato com a empresa fornecedora ocorra através do vendedor. Isso vale especialmente quando o fornecedor é muito maior que a empresa cliente, a ponto de, praticamente, a empresa se sentir um "consumidor final". Adicionalmente, serve como um meio independente para denunciar ou averiguar práticas realizadas pela equipe de venda da empresa.

...

Na prática, não existe perfeição, e o SAC sempre será necessário, mas devidamente dimensionado para sua utilização, de forma a trazer conforto para o cliente que liga e não aquela musiquinha irritante e recorrente, além da já conhecida falta de autonomia para tomar qualquer providência útil.

Um bom sistema de *script* (roteiro) e um bom treinamento são essenciais para o trabalho do SAC, que eventualmente pode ser terceirizado, se compensar.

CRM

O CRM (Customer Relationship Management – Marketing de Relacionamento) consiste na gestão do relacionamento da empresa com seus clientes. Com ele, a empresa passa a conhecer melhor o cliente e, com isso, pode redirecionar suas estratégias. O relacionamento com o cliente pode se desdobrar no oferecimento de produtos, ofertas e serviços, com vantagens diversas.

A ideia é identificar grupos de clientes, conforme o perfil de consumo, e para cada um dos grupos fica associada uma estratégia de comunicação individualizada e, eventualmente, de benefícios, incluindo algum conceito de milhagem.

O conceito básico da empresa de manter um relacionamento com os clientes, de forma a estimulá-los a permanecer fiéis e comprar cada vez mais e com maior frequência, é inatacável. Temos de lembrar que relacionar-se com os clientes é mais barato e efetivo do que com os não clientes, embora prospectar não clientes possa ser fundamental para aumentar a base. Na verdade, existem diversas matizes entre as pessoas que já compraram em uma empresa (clientes fiéis, ocasionais, oportunistas e negativos – que tiverem uma experiência ruim marcante). Os clientes negativos são meio opacos a ações, até mesmo à propaganda. Só uma referência pessoal forte ou, quem sabe, uma mudança muito clara de atitude por parte da empresa, que seja percebida pelo público, pode reverter esse quadro.

Assim, pode render muitos dividendos manter um relacionamento estreito com a base mais ativa de clientes, que muitas vezes responde por uma significativa parte do resultado. Esse relacionamento pode envolver brindes, mimos, descontos etc., desde que sempre haja a preocupação de se medir o que está acontecendo.

Brindes podem ter um baixo custo, mesmo quando estendidos a toda a base de clientes, e adicionam muito valor. As estampas de papel-cartão colecionáveis do sabonete Eucalol, na década de 1920, fizerem história no Brasil. Foram inspiradas em promoções similares na Europa e tinham o objetivo de promover o sabonete verde de eucalipto, em uma época em que todos os sabonetes eram cor-de-rosa ou brancos.

CRM é caro?

A utilização do CRM, grande moda da década de 1990, ficou muito associada pelos consultores a um software sofisticado e caro. Muitas empresas gastaram muito dinheiro e obtiverem poucos resultados, porque um software não prescinde de planejamento, análises, ações e decisões focadas.

A grande calibragem de um CRM é computar custos e benefícios de forma precisa. Por exemplo, será que os benefícios concedidos para os clientes assíduos estão se convertendo efetivamente em um aumento de consumo suficiente para pagar as despesas? Será que não está se gastando demais e se obtendo informações de menos? Será que há foco para aproveitar efetivamente as informações coletadas?

Marketing de relacionamento é uma estratégia interessante porque estimula a empresa a se relacionar com seus clientes e criar vínculos duradouros. Para investir em sistemas, é preciso primeiro traçar os objetivos, para entender o tamanho da encrenca. Pode ser até que não seja necessário comprar software nenhum.

•••

Quando um cliente volta à loja e o vendedor reconhece o cliente e seus gostos, agindo de forma individualizada, isso não deixa de ser marketing de relacionamento, nesse caso, marketing um a um.

A Amazon costuma customizar a sua página na internet e mandar e-mails com sugestão de livros com base no gosto do cliente, funcionando como um autêntico marketing um a um, ainda que seja feito por um software de análise de padrões de compras e visitações.

Ao identificar certa frequência média de compras dos clientes em uma loja ou site, uma estratégia muito eficiente para aumentar a frequência de compras pode ser a promoção com tempo de validade, que consiste em oferecer um desconto porcentual na próxima compra, se for efetuada dentro de um determinado período, que deve ser menor que a frequência média.

Vendas

"Toda venda tem cinco obstáculos básicos: falta de necessidade, falta de dinheiro, falta de pressa, falta de desejo e falta de confiança."
Zig Ziglar, escritor e conferencista norte-americano (1926-)

Vendas é a parte da empresa que faz o dinheiro entrar. Apesar de ser muitas vezes uma área distinta das demais, tecnicamente é considerada parte do marketing, sendo o elo final da cadeia.

No caso do varejo, a área de vendas pode ser um complemento, quando o cliente entra na loja fisgado por alguma ação de marketing. Nos outros setores, a venda costuma ser uma das áreas mais importantes, porque é um papel exercido corpo a corpo.

A venda pode ser realizada para o consumidor final ou para uma empresa. A venda ao consumidor final, por sua vez, pode ser direta (pessoal, podendo ser feita em domicílio ou em algum outro lugar), na rua (camelô), dentro de uma loja, por telemarketing (telefone) ou pela internet.

A venda ativa por telemarketing é extremamente invasiva e a maioria das pessoas a detesta. Mas, se ainda existe, é porque tem alguma efetividade. Infelizmente.

Venda direta

A venda direta lembra aqueles mascates (vendedores) que vão às casas das pessoas oferecer seus produtos. Um caso típico, em extinção com a internet, é o vendedor de enciclopédias.

Também é a forma típica de empresas que trabalham com o chamado Marketing de Rede. Esse tipo de estratégia pode ser interessante, porque independe de uma distribuição física de produtos, eliminando despesas, além de trabalhar com pessoas muito motivadas para a venda. Quando não se deixa crescer a estrutura de vendas nem o número de níveis de forma ilimitada, como o caso da Natura e da Avon, pode dar muito certo.

O caso da Amway, fabricante de produtos de limpeza e de uso pessoal, foi diferente. Os vendedores (aliciadores) da Amway diziam que as pessoas poderiam ganhar muito dinheiro. De fato, era verdade, embora muito difícil. Uma pessoa pode ter abaixo dela milhares de pessoas em muitos níveis, ganhando comissão, descontos e bônus sobre tudo que era vendido por essas pessoas. Pelo menos no passado, não havia limites. A Amway opera ainda, mas chegou a estar muito em moda no Brasil. O problema é que as pessoas da ponta ficavam com seus produtos caros nas mãos e não conseguiam mais praticamente vender nem aliciar. Então, foram caindo, como peças de dominó, levando os outros níveis de roldão, um a um.

Com o advento da internet, passou a ser viável um fabricante vender direto para seus consumidores, eliminando intermediários. Foi o que fez a empresa, vendendo computadores por telefone ou pela internet, sob medida. Isso permitiu que a empresa praticasse uma precificação agressiva e um alto grau de customização. Embora, nos últimos tempos, a Dell tenha passado a trabalhar com revenda, além de diminuir a flexibilidade de customização, percebeu que a customização excessiva ainda é cara e complicada para gerenciar, além de não atender bem a todos os tipos de público. A Dell assistiu em 2006 a HP ultrapassá-la em vendas de computadores.

Por outro lado, a Sony, através da Sony Style, já funciona há algum tempo na internet fazendo venda direta para o consumidor. A Sony Style já tem quase 200 lojas físicas espalhadas pelo mundo.

Como vender bem?

Voltando para as vendas em geral, é possível dizer que é mais difícil ser um bom vendedor do que um bom comprador, pelo lado do embate. Afinal, o vendedor é a parte ativa que tem de persuadir a outra a fazer a aquisição, especialmente se o cliente é novo ou está em fase de crescimento da relação comercial. De todo modo, o vendedor representa um dos lados de um processo de negociação, quando for o caso.

Todos os princípios de psicologia descritos no tópico de *Marketing* (aversão à perda, reciprocidade etc.) são úteis no processo de venda, assim como tudo que foi abordado no tópico de *Negociação*. Um bom vendedor precisa entender e lidar muito bem com pessoas.

Há alguns fatores que podem ser apontados:
- *Solução* – Seja íntegro. Venda o que seu cliente precisa. Não o engane. Um relacionamento de longo prazo significa vender muitas vezes no futuro. Não é vender agora, de qualquer jeito, e pronto. Comentaremos isso futuramente.
- *Emoção* – Quando um vendedor já fez muitas vezes a mesma coisa, pode estar no caminho de parecer um padre cansado e assumir um tom cada vez mais monocórdio. Isso tira a emoção e a novidade da apresentação. Porque, se para o vendedor o produto ou o serviço é seu velho conhecido, para o cliente é bem diferente.
- *Preparação* – Já foi citado no tópico de *Negociação*, mas ainda é mais forte para o lado da venda, quando realizada fora de uma loja. O vendedor tem de fazer um roteiro detalhado de tudo que pode acontecer, das objeções que podem ser levantadas e de cada uma das respostas.
- *Objeções* – É preciso ouvir as objeções, sem interromper e responder diretamente, sem titubear. Quando não há resposta, deve-se concordar e desviar para

outro tema. Quando há uma resposta parcial, pode-se chegar a uma alternativa, através de uma pergunta exploratória. Perguntas também ajudam a chegar a alguma objeção oculta, que poderá eventualmente ser rebatida. Ao responder uma objeção, parta do que o comprador falou e depois refute.

- *Conhecimento do produto* – O vendedor tem de conhecer bem o produto que vende para poder falar dele para o cliente, com propriedade. Produtos têm atributos, atributos conferem vantagem, vantagens acarretam benefícios que, por sua vez, vão de encontro às necessidades do cliente. Deve-se seguir a ordem natural de apresentação, que muitas vezes é o oposto de uma propaganda.

Por exemplo, "nossa embalagem econômica (atributo) tem mais saída porque vende no tamanho que o cliente precisa (vantagem), o que dá 30% de retorno para o mesmo espaço (benefício)".

No caso de uma loja de varejo, que trabalha com muitas marcas, os varejistas deveriam transferir todos aqueles treinamentos dados pelos fornecedores para multiplicadores (pessoas que serão treinadas, para depois treinar). Estes, por sua vez, compilariam as partes relevantes em um treinamento multimarca e então prepariam um treinamento para os atendentes ou vendedores. Essa visão é muito mais objetiva e isenta.

- *Simplicidade* – Uma venda não deve ser um espaço para exibir conhecimento e erudição, se se busca comunicar o que é interessante para o cliente. Entre todos os atributos, selecione os que parecem ser mais úteis para seu cliente e fale deles da forma mais simples e direta, sem rebuscamentos.
- *Humildade empresarial* – Um vendedor, especialmente na área de consultoria, tem uma grande preocupação de mostrar como a empresa dele é sensacional em "trocentos" slides. A apresentação da parte da empresa deveria ser muito sucinta, exibindo-se os pontos que demonstram diretamente por que a empresa é a mais indicada para o cliente, sem muito exibicionismo (que, além de tudo, ainda toma o tempo das pessoas).
- *Curiosidade* – Geralmente voltado para o consumidor final. São informações ou perguntas que deixam o cliente interessado, quando dentro do contexto, é claro. Por exemplo, ao falar de segurança pode caber: "Você sabe com que velocidade nosso carro se espatifa na parede sem danos ao boneco?". Nessa linha, demonstrações de impacto, como jogar uma máquina fotográfica à prova de choque no chão, são muito bem-vindas.
- *Timing* (tempo certo) – Leia os sinais, para saber a hora de tentar fechar o negócio, mas também saiba a hora de desistir. Ser insistente, quando as evidências mostram que a causa está perdida, não adianta e desgasta a relação.

Outro ponto é que o ato de venda, especialmente quando direta, deve ser antecedido por preliminares, de modo a se criar um clima propício ao início da abordagem da venda em si.

- *Perguntas* – É importante saber ouvir, é claro. Mas a melhor forma de o vendedor conseguir navegar no mundo do comprador é fazendo perguntas, prospectando. "Então, você está interessado na linha mais profissional?" ou até pedindo opiniões, mostrando interesse no cliente: "Para o carro, você prefere as cores clássicas ou as mais esportivas?".
- *Apresentação* – Apesar de óbvio, ainda é comum um vendedor dar um aperto de mão frouxo ou olhar de forma evasiva. Isso realmente não causa boa impressão.
- *Obtenha retorno* – À medida que vão sendo expostas as qualidades e os méritos, é importante saber se o comprador está concordando, através de perguntas. Isso gera certo comprometimento dele com as vantagens, o que aciona um pouco o princípio da dissonância cognitiva ou da consistência já citados.
- *Personalidade x Produto* – Alinhar as características do comprador às características do produto ajuda a estimular o princípio da consistência. Se o vendedor questionar se, habitualmente, o comprador costuma ver filmes e peças, depois fica mais fácil oferecer-lhe um plano que dê direito a descontos em ingressos para esse tipo de evento.
- *Pequena venda* – Alguns fornecedores usam a tática de fazer uma primeira venda pequena, com baixo lucro, apenas para selar um compromisso, que será usada para estimular uma futura nova venda. Nessa mesma linha, se o comprador e não o vendedor preenche os formulários de venda, o compromisso selado é maior.
- *Ajude o comprador a vender* – Um fabricante pode dar dicas, pela sua experiência com diversos varejistas, referentes à exposição, precificação, promoção etc. Além disso, pode fornecer dados de mercado, informações não sigilosas da concorrência, que ajudem o comprador a entender o potencial e formar um mix (variedade) mais apropriado. Aliás, essa ajuda deve perdurar durante toda a relação com o varejista, pois ambas as partes aprendem nesse processo.
- *Escassez* ("há poucas unidades restantes") – O comprador sente que a oportunidade está se esvaindo.
- *Urgência* ("Não dá mais para segurar a tabela") – Funciona como outro elemento de pressão, porque daqui a pouco é tarde demais.
- *Prova social* ("Só falta você comprar, estamos com fulano, sicrano") – Se todo mundo está lá e você ainda não está, o comprador não pode ser tão "intransigente".

- *Autoridade* – No caso de venda de consultoria, é um recurso campeão, com o qual os compradores devem ter cautela. Se eles querem defender uma prática X, dizem: "Jack Welch diz que X é essencial" ou "Quatro em cada cinco empresas na relação *Fortune 500* já fazem X". Algo engraçado é que termos em inglês passam muito mais respeitabilidade. Assim, "Fazer X dá foco ao *core business*" gera mais credibilidade do que "Fazer X dá foco no negócio principal".
- *Comparação* – Uma técnica poderosa de persuasão para os vendedores é ter um produto bucha e um produto que se deseja realmente vender, que se compara favoravelmente ao primeiro. Isso aumenta a atratividade do segundo.
- *Credibilidade* – O vendedor precisa mostrar que é importante, próspero, reconhecido e confiável. Especialmente quando o produto vendido é intangível (serviço). Desse modo, as roupas, o ambiente e a decoração; tudo reflete isso. Há um limite, dependendo do contexto, acima do qual o comprador passa a achar que esse custo será repassado aos preços (e é!).

Prospectando clientes

No caso de uma venda realizada fora da loja, é necessário prospectar possíveis candidatos, caso a empresa já não tenha isso em mãos, que é o mais em comum em grandes empresas.

Se o alvo são pessoas jurídicas, pode-se partir de uma relação de empresas, que pode ser obtida na internet, na lista telefônica ou por meio de um diretório pago de empresas, se for relativo a uma área geográfica mais extensa.

É preciso ser sempre seletivo, concentrando os esforços de venda sobre os clientes potenciais mais promissores (*prospects*). Se não há muitos candidatos promissores disponíveis, melhor investir em ampliar a lista de candidatos do que gastar as baterias com baixas chances de sucesso.

Outras maneiras de encontrar potenciais clientes incluem:
- Indicações – Esse é um meio poderoso, porque se chega ao indicado com um elo. Clientes e outros vendedores são fontes potenciais de indicações.
- Mala direta – Meio cada vez mais desgastado, portanto, precisaria ser usado com muita habilidade. Quanto à mala eletrônica, por e-mail, é uma mala mesmo. Quase sempre inconveniente e, em alguns países, ilegal. Infelizmente, ainda dá algum retorno, senão *spam* seria uma prática em extinção.

No entanto, apesar de cada vez mais difícil, a mala direta pode ser bem trabalhada, sem tanta obsessão em economizar no custo de cada envio, mas, por outro lado, selecionando-se melhor o público-alvo, de forma a aumentar a efetividade e diminuir o custo.

A personalização é bem-vinda. Caso não seja possível colocar o nome do destinatário, é melhor não usar as fórmulas surradas "caro cliente", "caro leitor" etc., que simplesmente soam falsas.

Uma técnica eficaz, uma vez que a maioria das pessoas tem problemas para dizer "não", pode envolver declarar explicitamente as duas opções: "Sim, desejo...; Não, não quero aproveitar...".

Os republicanos, nos Estados Unidos, na década de 1980, usavam a mala direta de forma mais eficiente que os democratas e conseguiam, paradoxalmente, muito mais pequenos doadores. Em 1983, voluntárias treinaram e imitaram a assinatura de Ronald Reagan para produzir fotos autografadas em massa, que compunham o *kit* da mala direta. Essa iniciativa teve um grande retorno de doações.

Como muitas vezes acontece, sair do óbvio pode ser uma grande vantagem se houver um forte apelo. A campanha de lançamento da revista Playboy incluía uma carta enviada para milhões de norte-americanos, escrita sob o ponto de vista de uma coelhinha da Playboy.

- Feiras – As feiras industriais podem ser um excelente meio de apresentar seu produto para as pessoas jurídicas. O problema é que muitas dessas feiras estão invadidas por curiosos. Há a tentativa de se filtrar, cobrando-se uma entrada mais salgada ou restringindo-se o acesso.
- Sites B2B – Há alguns sites gratuitos e pagos que fazem o meio de campo entre compradores e vendedores.

Pressão pela venda

Assim como o contador tem a sua fama clichê, o vendedor também tem a dele. Muitas pessoas associam o vendedor à imagem de um pilantra. Uma situação típica do cinema norte-americano é mostrar um vendedor, como um espertalhão, empurrando um automóvel cacareco como sendo uma beleza para uma pessoa ingênua. Poucos metros depois, acontece a primeira desgraça: uma das portas desaba.

Essa fama decorre de um ambiente de pressão constante criado pela empresa, no qual só se ouve uma palavra: venda. Todos os treinamentos, eventos e a convivência giram em torno desse mantra. Os deuses, muito invejados, são os campeões de vendas. Palestras exibem pessoas inebriadas por uma autoconfiança vendendo otimismo, atitude e iniciativa.

Em curto prazo, essa abordagem é perfeita. O problema é que também existe o longo prazo. Vender muito é ótimo, tanto que é interessante estabelecer metas individuais e coletivas possíveis, com algum nível de desafio, associadas a sistemas de premiação, para gerar um estímulo de modo que os profissionais sempre estejam correndo atrás. Da mesma forma, pode-se também comissionar vendedores por vendas feitas, como parte da remuneração.

No entanto, a pressão de se cumprir as metas estabelecidas ou ganhar a comissão estipulada pode levar o vendedor a fazer promessas que não conseguirá cumprir. Isso ocorre porque, em muitas empresas, o foco absoluto é na pré-venda, isto é, em conseguir simplesmente que o cliente compre, como se tudo parasse aí. Desse modo, não se lida adequadamente com os problemas causados por vendas mal conduzidas.

A realização da venda não é apenas o coroamento de um esforço, deveria ser um passo a caminho de um relacionamento de longa duração.

Não estamos falando que não deve haver metas ou comissões, até porque esta área tem de ser muito pró-ativa, com a busca incessante de novos clientes, ou tentando-se vender mais para os clientes existentes. No entanto, os objetivos de venda devem ser apenas parte da história. Os vendedores precisam estar comprometidos com a percepção que os clientes estão formando da empresa, a partir de suas compras. Problemas ocasionados por insatisfação terminam impactando as vendas futuras, já que cada compra pode ser a última...

No caso do varejo, há diversos mecanismos que servem para monitorar os clientes. Fazer pesquisas de satisfação junto a eles, acompanhar a natureza e a quantidade de ações judiciais, medir o porcentual de troca ou devolução, associado aos motivos, e monitorar a utilização do SAC. Em outros setores, se há um número pequeno de clientes, é possível um controle de qualidade mais próximo.

Promessas são promessas

Promessas que não podem ser cumpridas jamais devem ser feitas, pois destroem a relação com os clientes. Muitos profissionais de vendas estão excessivamente preocupados com o curto prazo, até porque é dele que sai a remuneração, e, com isto, muitas promessas vãs são jogadas ao vento.

Nem sempre o cliente perceberá isso, pois as promessas são mais relativas às exceções, que normalmente não acontecem tão cedo. Mas, quando no futuro o cliente perceber que foi enganado, ele projetará a culpa no vendedor e, principalmente, na empresa que ele representa.

Para fazer promessas e, principalmente, cumpri-las, temos de ter uma área forte de pós-venda (serviços), que tratará de todo o relacionamento com os clientes, após a venda ter sido realizada. A área de pós-venda pode incluir serviços como suporte, instalação, entrega e assistência técnica. No caso de clientes varejistas, existem diversos mecanismos, como proteção de preço, gestão compartilhada de excesso, gestão da assistência técnica etc.

O principal foco da área tem de ser o de cumprir com todas as promessas feitas na área de vendas. É claro que essas promessas têm de ser cuidadosamente estudadas antes de serem feitas, já que nem sempre são realizáveis por um custo razoável.

Falando de garantia, por exemplo, é estranho que muitas empresas ainda tenham tantas limitações quando se fala em garantia internacional. Se legalmente você pode trazer até US$ 500 em uma viagem internacional, por que uma máquina fotográfica comprada lá fora não pode ser reparada aqui, dentro do período de garantia? O mesmo acontece com um produto nacional em uma viagem ao exterior. Ainda que isso envolva custos adicionais, seria uma medida muito bem vista por parte dos clientes, que não conseguem entender, por exemplo, por que a Samsung não dá garantia para produtos Samsung comprados em outro lugar. A Apple, por outro lado, oferece uma garantia internacional sobre alguns dos seus produtos que efetivamente funciona. Basta você consultar no site da Apple o número de série do seu produto e saberá até quando a garantia é valida e onde você pode procurar assistência.

Práticas antiéticas

Além da questão das promessas, há limites no uso da persuasão. Ela pode chegar a um ponto em que a venda se dá de forma forçada. O comprador acabará caindo em si, mas já será tarde demais. Essa questão também acaba se voltando contra a empresa. Assim, uma coisa é argumentar de forma habilidosa, outra coisa é induzir o comprador a cometer um erro.

Um vendedor de uma indústria pode estimular um comprador varejista a fazer um mau negócio, com base na ingenuidade dele, para aumentar sua comissão. Só que, depois, o varejo se dá conta e a situação acaba se voltando contra o fornecedor.

A questão da indução às vezes vai tão longe que, por exemplo, em boutiques, é comum vendedoras trocarem a etiqueta de tamanho só para conseguir fazer uma venda. Ou, então, um vendedor orienta um cliente a levar uma bomba hidráulica, que na verdade é superdimensionada. Os exemplos são intermináveis.

Uma prática antiética comumente praticada por alguns fornecedores é a venda casada, que é proibida no Brasil. Ela consiste em vender um produto desejado, acompanhado de um ou mais produtos indesejados. Isso deve explicar por que alguns restaurantes trabalham com um único fabricante de refrigerantes, mesmo que os clientes sempre solicitem refrigerantes de outros fabricantes.

Metas e premiações

Como já abordamos, não é interessante estimular a competição entre os vendedores. Por isso, é importante introduzir objetivos coletivos, de modo que se estimule a colaboração entre eles, e não a sabotagem. É danoso também transformar a área de vendas em corrida de cavalos, nas quais só os melhores vão para o pódio.

Premiação para os melhores passa a ser viável se o grau de interação entre os vendedores for mínimo, como pode acontecer em um varejo entre diferentes lojas. Sabemos que muitos podem discordar, mas é preciso ser criativo para descobrir mecanismos alternativos para evitar o famoso "para eu me dar bem, você tem que se dar mal".

A pessoa precisa ter gestão sobre suas metas. No caso do varejo, pode ser muito frustrante criar metas de venda absolutas para lojas, nos casos em que o cliente aparece muito mais em função das campanhas publicitárias, decisões da área de compras e outras ações da retaguarda, que podem ou não ser bem-sucedidas. Nesse caso, o vendedor termina por assumir um papel mais secundário. Quando o papel do vendedor é mais crucial ou se dá em outros setores, não há maiores problemas.

Para o varejo, o que realmente conta é a taxa de conversão da loja (quantos entram x quantos compram) ou a taxa de conversão de venda (quantos abordam x quantos compram), pois esses indicadores estão muito ligados à ambientação da loja, à qualidade do atendimento e à habilidade de venda.

Outro problema sério com metas rígidas, já citado, se dá quando o vendedor de um fornecedor oferece descontos para tentar forçar uma venda, para bater sua meta. Pode ser bom para o vendedor e para o comprador, mas certamente é ruim para o fornecedor, que concedeu um desconto sem necessidade.

•••

Na área de vendas, mais do que nunca, a motivação é essencial, pois a ação de venda requer iniciativa, diferente da área operacional, que é reativa. Além disso, o vendedor ou atendente é a interface que o cliente tem com a empresa. Ou seja, para o cliente, a empresa é o que aquele vendedor personifica. Por isso, Tom Peters falava: "O cliente vem em segundo lugar. Se você quiser realmente colocar os clientes em primeiro lugar, coloque os funcionários mais acima".

Breve história da Wal-Mart X Kmart X Target X Sears

Em 2001, a Wal-Mart foi, pela primeira vez, a maior empresa do mundo em receita, sendo o primeiro varejista a alcançar esta posição, que manteve por seis vezes em oito anos. Em 2008 e 2009, a Wal-Mart ficou em 3° lugar, atrás da Shell e da Esso, em função da grande alta do preço do petróleo. Nesse mesmo ano, a Wal-Mart tem uma receita maior que a soma dos quatro maiores varejistas seguintes e é o maior empregador do mundo, só perdendo para alguns governos federais. Se a Wal-Mart fosse um país, com seu faturamento de US$ 406 bilhões em 2009, estaria em 22° lugar, logo após a Polônia. No mundo, são mais de 7.800 lojas da Wal-Mart, dos mais diversos modelos, ocupando quase 200 vezes a área do Vaticano.

A história da Wal-Mart começa com o seu fundador, Sam Walton, concluindo o curso de Economia e estagiando na J. C. Penney, um dos maiores varejistas da época, no início da década de 1940. Já em 1944, Sam Walton, junto com seu irmão, abre uma franquia de uma rede de varejo. Somente em 1962 surge a primeira loja Wal-Mart, em Rogers, uma pequena cidade do estado de Arkansas, terra-natal de Bill Clinton. O conceito da Wal-Mart era e é o conceito de uma loja de departamentos de descontos, ou seja, preços baixos.

Wal-Mart, foco em economia

Desde o início, um dos diferenciais do Wal-Mart foi uma incansável busca pela economia (coerente com a formação de Sam Walton!). As primeiras lojas eram feias. Ele se fixou em aluguéis muito baratos. Para se ter uma ideia, uma das primeiras lojas foi montada em uma engarrafadora abandonada da Coca-Cola, com pedaços de cano saindo do chão e mobiliário fixado no teto.

A localização da Wal-Mart em pequenas cidades fazia com que o custo de implantação fosse baixo. Os terrenos eram baratos, em áreas cada vez maiores, com estacionamento fácil e preços muito competitivos.

Logo de início, Sam Walton não respeitou a tabela de preços para varejo sugeridos pelo fornecedor, praticando preços menores e, às vezes, bem menores. Ele acreditava que o consumidor aceitaria se deslocar por distâncias maiores que o habitual, desde que encontrasse uma grande variedade de produtos com preços muito atrativos.

A filosofia da empresa sempre foi a de "preços baixos todos os dias", o que, por sua vez, gerava mais uma economia, já que, ao invés de fazer uma ou mais promoções semanais, como faziam os outros lojistas, era feita somente uma campanha por mês, e com isto os custos de marketing da Wal-Mart eram cerca de 1/3 do custo dos concorrentes.

Sam Walton era muito observador, gostando muito de visitar suas lojas e a dos concorrentes. Era um autêntico workaholic, muitas vezes tomando café às quatro ou cinco da manhã. Era muito exigente e intolerante com a incompetência, mas pagava razoavelmente bem os cargos gerenciais. Promovia os mais capazes, mas também valorizava a contratação de pessoas externas, que poderiam trazer novas abordagens.

Uma das suas características mais notáveis (e que não era algo ensaiado) é que ele realmente escutava as pessoas, mesmo as mais simples, cumprimentando-as e olhando-as nos olhos. Era muito acessível e seu telefone sempre constou da lista telefônica. Com isso, era venerado nas lojas. Seu foco no cliente é ilustrado pela sua famosa frase: *"Há um só patrão. O cliente. E ele pode despedir todos na companhia simplesmente gastando seu dinheiro em outro lugar"*.

Isso refletiu em sua filosofia de gestão, muito aberta a novas ideias e não fugindo de problemas nem de críticas. Os funcionários nas lojas são mal pagos, trabalham muito, mas depositam grande esperança de, após dois anos (depois, passou-se para um ano), fazer jus a programas de opções de compra de ações, bônus por objetivos e participações nos lucros. Esses programas acabam beneficiando porcentualmente poucas pessoas, por causa do *turnover*, mas serve como grande esperança.

A Wal-Mart teve grande visão ao decidir se financiar através da venda de ações. Cada loja nova custava US$ 500 mil para construir e estocar. Em 1970, apenas oito anos depois de abrir sua primeira loja, passou a ser uma S. A.

No mesmo ano de 1962 em que a Wal-Mart abriu a sua primeira loja de descontos, a Kmart e a Target também abriram as suas, dentro do mesmo conceito. Os fundadores da Kmart começaram no negócio de varejo em 1897 e os da Target, em 1902 (com outros nomes e outros estilos de varejo). Neste mesmo ano, a Sears era o maior varejista do mundo, já faturando por volta de US$ 5 bilhões. A Sears começou em 1886, e já em 1888 começou a produzir o seu famoso catálogo para vendas pelos correios, somente abrindo sua primeira grande loja em 1925.

A Wal-Mart, em 1962, era muito menor que os seus principais concorrentes, já que tinha uma história bem mais recente, tendo de crescer de forma saudável pelos seus próprios meios. Os grandes fornecedores cobravam caro da Wal-Mart devido a sua escala ainda reduzida, por essa razão a empresa se refugiava mais nas marcas médias e pequenas.

A grande estratégia inicial da Wal-Mart foi a de começar não incomodando muito seus grandes concorrentes (Sears e Kmart), focando em pequenas cidades abaixo de 25 mil habitantes, que não tinham atraído o interesse deles.

A Wal-Mart procurou então crescer organicamente em volta de áreas que já dominava. Isso conferia grandes vantagens logísticas (já que concentrava o transporte de mercadorias), de treinamento de pessoal (podia treinar e deslocar o pessoal de uma loja para outra com facilidade) e de marketing (usando publicidade com fronteiras regionais bem definidas).

Essa técnica se chama, em linguagem popular, "comer a sopa pelas bordas". A empresa estava ganhando músculos para uma guerra que se aproxima. Em 1967, a Wal-Mart tinha 24 lojas somente em Arkansas e apenas no ano seguinte abriria sua primeira loja fora do Estado.

Kmart, expansão a jato

A Kmart, tendo uma base sólida de investimento, já em 1963 tinha 63 lojas e, em 1966, alcançou 162 lojas, com um faturamento que ultrapassou a casa de US$ 1 bilhão (13 anos antes da Wal-Mart), incluindo o faturamento de outras 753 lojas com outra bandeira.

Em 1965, criou um dos ícones de marketing do varejo norte-americano, o "Blue Light Special" (luz azul especial), que era uma luz azul piscando com uma sirene no fundo da loja anunciando a promoção relâmpago de algum produto.

Optou por crescer rapidamente. O grande foco de expansão da Kmart era o subúrbio das cidades médias e grandes, que também estava tendo um processo de revalorização como área de moradia. Assim, rapidamente estavam com lojas distribuídas por todos os EUA e inclusive no Canadá (a partir de 1963). Essa estrutura apresentava custos logísticos mais elevados, assim como custos de marketing, administração etc. Por outro lado, a área média de uma loja Kmart era o dobro de uma loja da Wal-Mart, o que lhe dava uma vantagem de escala.

Sears falta de foco

Por sua vez, a Sears, no início da década de 1970, parecia indestrutível. Ela inaugurou em Chicago, em 1973, sua nova sede, a Sears Tower sendo a construção mais alta do mundo. Metade das casas americanas tinha seu cartão de compras. A Sears respondia por cerca de 1% do PIB americano.

A Sears, em 1945, alcançou o faturamento de US$ 1 bilhão e, em 1967, já faturava US$ 12 bilhões (portanto, dez vezes mais que a Kmart nesta época). Durante décadas, se manteve como o maior varejista do mundo.

Nos anos 1970, observando o rápido avanço da Kmart, a Sears tentou fazer um movimento na direção de mercadorias de mais alto nível, mas essa estratégia afastou um pouco os menos favorecidos, sem atrair suficientemente a elite.

Em 1977, a Sears fez uma megaliquidação de Natal que foi um grande fiasco em lucratividade. A empresa tinha acostumado os clientes a serem *cherry-pickers* (compradores focados em ofertas). Assim, a horda veio, comprou os itens promocionais, alguns abaixo do custo, e ignorou os itens não promocionais.

A posição de tradicional liderança no varejo da Sears gerou certa complacência no controle dos seus custos e, com uma concorrência mais acirrada na década de 1970, principalmente em relação ao Kmart, a lucratividade foi se encolhendo. A Sears Tower, por exemplo, foi construída para uma empresa do futuro que nunca chegou, assim, muito da sua área ficou subutilizada.

Em vez de focar a eficiência e consistência estratégica, a Sears iniciou, na década de 1980, um processo de diversificação, envolvendo financeiras, seguradoras, cartão de crédito etc. A diversificação não só desviou o foco como atrapalhou, como quando a empresa tentou estimular seu cartão de crédito (Discover), lançado em 1984, decidindo não aceitar nem Visa, nem Amex nem Mastercard. A filosofia implícita devia ser: "Se não consigo arrumar meu negócio, talvez seja melhor investir em outros negócios".

A partir de 1988, a Sears, em desespero final, adotou a prática de preços baixos todos os dias, copiando o mantra da Wal-Mart sem ter cacife para isto, já que os custos logísticos porcentuais da Sears eram mais de três vezes os da Wal-Mart. O slogan sugestivo foi "Sale that never ends" (Liquidação que nunca termina). Em 1989, a empresa vende a Sears Tower e, em 1992, se muda para o subúrbio. Nesse mesmo ano, pela primeira vez, a Sears tem um prejuízo de US$ 2,3 bilhões (4,3% do seu faturamento).

Wal-Mart a caminho da liderança

Mas quem estava mesmo preparado para crescer de forma saudável era a Wal-Mart, com sua obsessão de controle de custos, que resultava em preços mais baixos para o consumidor final. Isso era uma grande vantagem competitiva e exigia muito menos investimento em publicidade para levar o consumidor à loja, já que a Wal-Mart passou a representar a primeira opção do consumidor. A Wal-Mart terminava por conquistar esta posição em todo Estado novo em que entrava. A cada avanço, além de sair fortalecido, enfraquecia os concorrentes.

Já em 1969, a Wal-Mart montou seu primeiro Centro de Distribuição (CD), e a um raio de um dia de carro ao redor do CD ia inaugurando novas lojas. Em 1979, a Wal-Mart alcança o faturamento de US$ 1 bilhão.

Pesquisas efetuadas comprovaram que o efeito da inauguração de uma Wal-Mart em uma cidade pequena era devastador para o comércio local, que não conseguia sobreviver com a transferência de boa parte de sua receita para os bolsos da Wal-Mart, já que os clientes preferiam economizar, mesmo que tivessem de se deslocar um pouco mais. Isso ficou tão patente, que algumas cidades americanas conseguiram bloquear legalmente a chegada de uma loja Wal-Mart, embora muitas pessoas da cidade se beneficiassem gastando menos.

Por que a Kmart perdeu a liderança?

Nas décadas de 1970 e 1980, já sem o fundador e tendo iniciando uma era de "preparativos" para a futura decadência, a Kmart continuou a aumentar sua receita rapidamente. Em 1987, a empresa passa a ser o maior varejista do mundo, ultrapassando a Sears.

Por outro lado, a empresa começa a fazer água na sua lucratividade, por vários motivos:
- A Wal-Mart tinha a logística muito mais centralizada. Em 1983, enquanto no Wal-Mart 80% das mercadorias passavam pelo CD, na KMart, só 30%.
- Houve grandes atrasos na informatização. Enquanto a Wal-Mart estava toda informatizada em 1977, a Kmart era praticamente manual. Pedidos de ressuprimento poderiam levar de semanas a meses. A Kmart só ficou razoavelmente informatizada, sem satélites, em 1990, e mesmo assim ainda havia resistência cultural ao seu pleno uso, com muitos compradores fazendo ressuprimentos manuais. Enquanto isso, em 1988,

a Wal-Mart já tinha o maior sistema privado de satélites do mundo, usado para treinamento centralizado das equipes nas lojas, visão on-line das lojas e até controlar rotas de caminhões. Os satélites cortaram o tempo normal de autorização de cartão de crédito de 56 segundos para sete segundos, podendo ser usado para compras de qualquer valor, minimizando a fraude.

- A Kmart praticamente se atinha à prata – ou melhor, bronze – da casa. Isso, se por um lado era motivador, por outro deixou a Kmart meio estagnada de ideias e meio cega para os seus próprios defeitos.
- Quanto mais crescia, mais a estrutura hierárquica ficava repleta de níveis, rígida e cara. Além disso, havia certa autonomia de gestão entre diferentes departamentos, o que levava a grandes disputas improdutivas.
- A empresa fez uma diversificação exagerada, sem resolver problemas primordiais. Primeiro, foram inauguradas mais de 1 mil lojas menores, menos lucrativas. Depois, atacou-se a ideia dos clubes atacadistas, tentando de forma infrutífera perseguir o sucesso do Wal-Mart com o seu Sam's Club. Em seguida, vieram hipermercados enormes, incluindo itens de supermercado, sem domínio logístico apropriado. Houve expansão internacional. Também lançaram minimercados e houve aquisições de lojas, escritórios, cafeterias, *home-centers*, restaurantes, livrarias, *drugstores* etc.

O resultado final prático: na década de 1980, podia-se estimar o gasto com logística em 2% na Wal-Mart contra 5% na Kmart (e 6,5% na Sears!). Fora isso, a Kmart tinha inúmeros erros de preço em lojas, falta de estoque (*stockout*) frequente, mesmo de produtos anunciados, muitas lojas mal conservadas e sortimento fraco (pouca renovação e excesso de variedade sem finalidade), além de custos de aquisição muitas vezes mal negociados.

Target, descobrindo o seu nicho

Já a Target teve inicialmente um crescimento mais moderado, só tendo lucro com este novo modelo de loja em 1965, quando abriu a sua quinta loja. Em 1968, tinha somente 11 lojas; em 1969, abre seu primeiro centro de distribuição, já neste momento com 17 lojas em dois Estados e só chegando ao faturamento de US$ 1 bilhão em 1971 (oito anos antes da Wal-Mart).

O modelo de negócio da Target era diferente do de seus concorrentes, pois era voltado para uma classe de poder aquisitivo um pouco melhor (antes de terem uma loja de descontos, os proprietários tinham lojas de departamento), com lojas mais atrativas e produtos mais selecionados, mas a preços competitivos, sem serem necessariamente os mais baixos. Um dos seus slogans favoritos, que expressa bem essa filosofia, é: "Design for Less" (Design por menos).

Em 1987, passa para o terceiro maior do mundo, atrás da Kmart e Sears. Uma curiosidade: em 1993, a Target denuncia a Wal-Mart por fraudes em comparação de preços. A empresa chegou a veicular um anúncio com os inteligentes dizeres: "Isso nunca teria acontecido com

Sam Walton vivo" (ele morreu em 1992). Decidiu-se que a Wal-Mart não mais veicularia comparações de preço e o slogan teve que mudar de "Always the lowest price. Always" (Sempre o menor preço. Sempre) para "Always low price. Always" (Sempre preço baixo. Sempre).

Wal-Mart assume a liderança

Já em 1990, a Wal-Mart se torna o maior varejista do mundo. Em 1991, é iniciada a expansão internacional pelo México, já se prevendo a saturação do mercado norte-americano. Em 1996, já existia uma média de 2 m^2 de espaço comercial por habitante nos EUA, isto é, se todos os habitantes resolvessem sair para as compras ao mesmo tempo, ainda assim estariam confortavelmente dentro dos seus 2 m^2 de espaço.

A Wal-Mart só começou a dar lucro no mercado internacional em 1997, pois começou aplicando as mesmas fórmulas que aplicou no mercado norte-americano em países com outras culturas, mas com o tempo aprendeu novas fórmulas e começou a replicar o seu sucesso.

Com o tamanho, a Wal-Mart ganhou mais uma grande vantagem sobre os seus concorrentes: o poder de barganha. Qualquer fornecedor, para colocar algum produto nas prateleiras da Wal-Mart, tinha de oferecer um preço imbatível, até porque a pesquisa da Wal-Mart não se limitava ao mercado norte-americano, tendo um eficiente sistema de pesquisa e compras no mundo todo, chegando a uma participação de produtos importados bem acima dos concorrentes, apesar de seu famoso slogan "Buy american" (compre produtos norte-americanos).

No caso de importações, tanto diretas quanto indiretas, a pressão por custo era tão forte que estimulou muitos empresários em países do mundo não desenvolvido a usarem e explorarem o trabalho infantil ou a semiescravidão, de forma ilegal, inclusive envolvendo a elaboração de produtos falsamente rotulados como "Made in USA".

A Wal-Mart fechou um pouco os olhos a essa realidade e foi "massacrada" em um programa de TV em 1992, na NBC, com alta audiência, veiculado mesmo quando a Wal-Mart ameaçou boicotar os produtos da GE, do mesmo grupo da NBC. A repercussão desse programa foi tão grande que forçou a Wal-Mart e outros varejistas a assinarem um código de conduta, que infelizmente ficou apenas no papel.

Muitas vezes, a Wal-Mart forçava e apoiava os fornecedores americanos a se tornarem mais produtivos para reduzir seus custos. Em alguns casos, os fornecedores eram bem-sucedidos e, em outros poucos, a pressão terminou por quebrá-los. Além disso, os principais fornecedores da Wal-Mart têm acesso a seus dados de venda, facilitando o seu planejamento de produção.

Em 1997, a Wal-Mart ultrapassa a simbólica marca de US$ 100 bilhões de faturamento.

Decadência da Kmart

Já a Kmart tinha um novo CEO (Antonini) a partir de 1986, mas isto não melhorou muito as coisas. Contratou muitas consultorias, mas não dava ouvidos às conclusões, que já vinham atenuadas. Não gostava muito que seus executivos o contrariassem, assim não havia um ambiente criativo. Era duro com as pessoas, mas com dificuldade para demitir quem não estava funcionando. Adorava visitar lojas novas, mas fugia das lojas decadentes. Havia muito planejamento, porém pouca execução. Mesmo em crise, manteve os dividendos dos acionistas muito elevados, drenando recursos que poderiam acelerar as melhorias.

Em 1994, a Kmart tem prejuízo de quase US$ 1 bilhão, tendo que fechar 110 lojas só neste ano. Neste momento, acendeu-se a luz vermelha e foi tomada a decisão de se concentrar no negócio principal, vendendo-se a maioria dos negócios secundários. Só que, ao invés de se diferenciar, tentando atender a outro nicho de mercado como a Target, a Kmart decide lançar em agosto de 2001 a promoção *Blue Light Always* (luz azul sempre), pegando um gancho na sua famosa promoção, rebaixando permanentemente quase 40 mil itens, tentando usar a mesma tática do Wal-Mart, mas sem a mesma eficiência.

Nesse momento, a Wal-Mart já era muitas vezes maior que a Kmart, muito mais eficiente, com lojas nos mesmos mercados, e decidiu contra-atacar rebaixando os preços abaixo do praticado pela Kmart. Isso foi à sentença de morte para a Kmart, que viu seu faturamento de uma hora para outra minguar, vindo a pedir concordata em janeiro de 2002. Em 2003, o grupo foi adquirido por investidores e, em 2004, a Kmart compra a Sears.

Os caminhos da Target e da Sears

A Target não viveu um processo de diversificação desordenado, só vindo a ter negócios complementares ao seu negócio principal, e jamais iniciou uma expansão internacional. Continuou um crescimento sustentado, dentro do seu nicho de mercado, chegando ao faturamento de US$ 3 bilhões em 1979 (ano em que a Wal-Mart alcançou US$ 1 bilhão) e de US$ 10 bilhões, em 1987.

Na década de 1990, sob pesada competição, decide fazer um programa de redução de custos que alcança bons resultados já no final da década, além de um programa de reformas nas lojas, para torná-las mais agradáveis. No lado da diferenciação, dois destaques a apontar: o lançamento de um grande número de marcas próprias, com destaque na qualidade e design dos produtos, e o lançamento do cartão de presente que hoje é o mais bem-sucedido dos EUA. Se por um lado a Target não teve o crescimento meteórico da Wal-Mart, manteve-se sempre crescendo e com boa lucratividade.

Em 1993, a Sears inicia uma gigantesca operação de reestruturação, voltando a ter foco no seu negócio e desativa, pela primeira vez em 101 anos, o seu catálogo de venda pelo correio, que a essa altura já era algo totalmente em desacordo com o tempo, já que praticamente nenhum norte-americano precisava dirigir mais do que 50 km para encontrar algum grande centro de compras. Apesar de voltar a ser lucrativa, embora sem perspectivas brilhantes, é absorvida pelo Kmart.

Conclusão

Atualmente, a Wal-Mart continua dando passos largos (não tão largos como antes), tendo crescido de 2005 a 2009 na faixa de 41%, principalmente devido a sua expansão internacional. A Target cresceu no período 30%, somente dentro dos EUA (o que é impressionante para um mercado saturado) e a Kmart + Sears perdeu em faturamento 16% no período, demonstrando que ainda não encontrou uma identidade para o seu negócio.

Esta história, de muitas gerações e reviravoltas, ilustra de forma notória como uma estratégia de baixo custo, quando é revertida em benefício ao consumidor, pode ser incrivelmente eficiente e como é difícil imitá-la, quando o baixo custo está impregnado em toda a operação da empresa.

Em dois momentos diferentes, a Kmart e a Sears, de forma quase ingênua, tentaram competir em preços com a Wal-Mart, sem uma estrutura subjacente para suportar.

Mais importante, porém menos impressionante que a Wal-Mart, é a lição sobre como o sucesso pode muitas vezes subir à cabeça e tornar as empresas (e também as pessoas) mais complacentes e desatentas. É marcante observar como a arrogância e o descontrole praticamente destruiram empresas bilionárias.

Em suma, acreditamos que a Wal-Mart está onde está não apenas pelos seus méritos, mas também pelos erros dos outros. Se a Kmart e a Sears não tivessem cometido tantos erros, ainda que a Wal-Mart talvez conseguisse vender um pouco mais barato, o mercado de varejo provavelmente estaria menos monopolizado.

Apesar de alguns pontos negativos citados anteriormente, é preciso reconhecer que, a partir de 2007, a Wal-Mart tem se notabilizado por esforços efetivos em pressionar fornecedores no sentido de serem adotadas práticas mais sustentáveis. Hoje, por exemplo, a Wal-Mart já é o maior comprador mundial de algodão orgânico, que é muito menos poluente e requer muito menos irrigação que o algodão tradicional.

O que apoia a roda 10

Introdução

Há diversas áreas de uma empresa que atuam no apoio de suas principais atividades (administração, suprimentos, jurídico, contabilidade, contas a pagar, contas a receber, tesouraria, recursos humanos, tecnologia da informação etc.), mas aqui destacaremos as mais relevantes, recursos humanos e tecnologia da informação, pela importância estratégica que assume na gestão de uma empresa.

Recursos humanos

> "Pessoas de primeira contratam pessoas de primeira.
> Pessoas de segunda contratam pessoas de terceira."
> Leo Rosten, escritor norte-americano (1908-1997)
>
> "Um currículo é um balanço patrimonial sem passivos."
> Robert Half, empresário na área de RH (1918-2001)

O papel do RH

Não existem empresas de carne e osso. Empresas são entidades abstratas. A imagem da empresa é decorrência da atuação de todas as pessoas que a compõem. Por isso, se diz que a maior riqueza de uma empresa são suas pessoas, o que é a mais límpida e irrefutável verdade, sem nenhum tom de "discursismo".

A área responsável por manter motivada e produtiva essa "riqueza" é a área de recursos humanos (RH), daí a sua enorme relevância. Muitas empresas ainda minimizam a importância dessa área e a relegam a uma posição secundária na estrutura organizacional, como apêndice de alguma diretoria.

O destaque que uma empresa atribui ao papel do RH na organização tende a ser maior quanto mais competitivo for o ambiente que a cerca, pois, nesse caso, a empresa tem que estar sempre se reinventando e se tornando mais eficiente, para estar preparada para a competição.

Quando se pensa em pessoas, costuma-se pensar muito mais na questão da produtividade e da qualidade individual, mas este é apenas um lado da questão. Empresas também precisam de inovação, qualidade, improviso, garra, relacionamentos etc. Se tudo isso dependesse somente do dono ou de poucos executivos, a capacidade de crescimento da empresa estaria severamente restringida.

Será que é possível afirmar que as melhores empresas têm os melhores funcionários? Nem sempre, pois um time de cobras pode perder no estrelismo, e em uma empresa o trabalho em equipe é muito importante. A função do RH não está restrita à contratação de bons funcionários, mas principalmente que eles atuem produtivamente em equipe. Quantas vezes já não vimos times de futebol compostos por muitas estrelas, com resultados pífios?

A grande barreira que uma empresa nova precisa vencer, durante seu crescimento, é trocar o discurso de "eu isso" e "eu aquilo" para "nós isso" e "nós aquilo".

O problema crucial é que o ser humano é complicado. Pessoas não são máquinas que, quando submetidas a um programa regular de manutenção preventiva, funcionam bem. Afinal, o ser humano é a própria essência do conceito de subjetividade, que vem da palavra "sujeito". Nesse campo, tudo é relativo, tudo depende, e há tantas opiniões quanto pessoas.

Para verificar se determinadas ações funcionam ou não devemos nos basear em alguns índices e pesquisas que podem ter um resultado impreciso, por não conseguirmos isolar os diferentes componentes envolvidos na sua execução. Em outras palavras, sempre estamos um pouco no terreno das suposições.

O estudo de boas práticas em outras empresas ajuda a compor o RH, mas, sempre devem ser avaliadas de forma crítica. Primeiro, porque a popularidade de uma prática não significa necessariamente sua adequação; segundo, porque tudo precisa ser adaptado ao ambiente cultural da empresa-alvo.

RH e o longo prazo

O reconhecimento da enorme importância das pessoas em uma empresa não pode ocultar o fato de que o objetivo primordial de qualquer empresa é o lucro. Por isso, muitas vezes uma empresa não pode remunerar seus funcionários como gostaria. Qualquer ação de RH (aumento de salários, treinamento, melhoria dos benefícios etc.) tem um custo que deve ser revertido em benefícios (aumento de produtividade, diminuição da rotatividade etc.) que o superem.

Por exemplo, a recente perda de liderança da General Motors na indústria automotiva é resultado de diversos fatores, sendo que um deles decorre de uma política muito benevolente em relação a planos de saúde e aposentadoria, causada em parte pela pressão dos sindicatos.

Infelizmente, o que torna tudo mais complicado é que os benefícios gerados pelas suas ações não são fáceis de medir, como nos exemplo a seguir:

- Inovações ou melhorias trazidas por funcionários podem dar resultados apenas em longo prazo. Obviamente, essas atitudes dependem muito de motivar e estimular os funcionários, além de selecioná-los bem. Isso acarreta uma rotatividade menor, o que aumenta o conhecimento médio de cada funcionário sobre a empresa.
- Uma empresa pequena às vezes tem um rápido crescimento inicialmente, em razão de uma política predatória de expansão nas vendas, que não é sustentável por muito tempo, ao invés de investir na manutenção dos clientes antigos. Isso pode ser decorrência da atuação de uma equipe mal preparada, mal selecionada e oportunista.
- Em uma loja, a simples troca de uma gerência desagregadora por uma gerência motivadora não produz resultados em curto prazo, pois pode levar algum tempo até que isso seja comunicado aos clientes de forma consistente. Assim, a alta direção pode considerar que um eventual aumento salarial não está trazendo benefícios.

Uma empresa só consegue ter uma visão mais estratégica do RH quando consegue ter um campo de visão que inclua o longo prazo no seu horizonte. Uma visão predominante de curto prazo não justifica em si muito foco no RH.

A boa notícia é que, em RH, muita coisa pode ser feita praticamente sem gastar dinheiro, como vimos no tópico de *Motivação*.

A seguir, serão abordados alguns tópicos mais relevantes do RH, sem a intenção de esgotar um assunto tão vasto.

Recrutamento e seleção

Quando ocorre um erro durante um processo de seleção, há muitos dissabores. A empresa perde, pois existe um custo destinado ao treinamento, e também no fato de ela ter de arcar com as consequências de um trabalho que não teve o retorno esperado, incluindo o eventual dano a pessoas internas e externas à empresa.

Apesar de isso ser óbvio, muitas empresas pecam por encarar a contratação como apenas mais uma etapa no meio de tantas outras.

A rotatividade (*turnover*) anual representa o porcentual de funcionários sobre o total dos que saem da empresa a cada ano. Uma alta rotatividade está muito associada à desmotivação, mas também a um processo de contratação de baixa qualidade.

A elevada rotatividade é danosa para a empresa, pois, além de implicar nos custos de contratação e treinamento, traz outra consequência desastrosa: reduz o tempo médio do funcionário no emprego, o que, em geral, implica em menos conhecimento, menos experiência e menor produtividade.

Em geral, isso não costuma ser contabilizado quando uma empresa analisa o custo de manter uma equipe mais ou menos fixa, com alguma ociosidade, *versus* manter uma equipe variável, com constantes contratações e demissões, para se adequar à sazonalidade das vendas ou da produção.

Formas de recrutamento

Em relação ao recrutamento, além dos tradicionais anúncios em mídia impressa, a internet tem se revelado um meio cada vez mais poderoso para a seleção de pessoas, seja através de sites especializados no mercado de trabalho, classificados genéricos ou até de sites que reúnem grupos de profissionais por afinidade.

As empresas costumam ir às faculdades, tentando cativar os melhores alunos, em programas de estágio ou trainee (iniciação direcionada ao formando ou recém-formado, que consiste em um programa específico de desenvolvimento e treinamento). É uma forma barata e eficiente de a empresa recrutar pessoas com poucos vícios e grande potencial.

No entanto, o recrutamento por indicação pode ser um dos meio mais efetivos de recrutar pessoas, pois é possível chegar a pessoas qualificadas por um baixo custo. Pesquisas comprovam que trabalhadores recrutados dessa forma têm mais estabilidade.

Mas é necessário cuidado ao se garantir a independência total entre a indicação e a seleção, de forma a preservar o critério técnico na contratação. É conveniente, também, deixar registrado no histórico do funcionário a pessoa que o indicou, de modo a se poder avaliar melhor a assertividade das indicações.

O lado negativo da indicação é a restrição quanto ao número de opções, o que diminui a chance de se contratar o melhor profissional. Assim, dependendo da posição, é possível mesclar indicações com recrutamento tradicional, reunindo o melhor dos dois mundos.

Existem redes sociais profissionais, como o *Linkedin*, nas quais pessoas publicam seus currículos, suas recomendações e quais profissionais o recomendam. Esse tipo de rede constitui um bom meio de recrutar candidatos, porque se pode não apenas acessar o primeiro nível de indicações, mas também o segundo nível de indicações, o que amplia muito o leque de opções.

Outra opção é o uso de *headhunters* (caçadores de talentos), que são profissionais especializados na busca de profissionais qualificados e até de presidentes de empresas. No entanto, há muitos headhunters não tão idôneos ou competentes, que podem conduzir a empresa a fazer uma contratação errônea. Sendo assim, é preciso verificar o candidato indicado, como se tivesse vindo através de um classificado de jornal.

A vantagem dos bons headhunters é que eles têm acesso a muitas pessoas que estão empregadas, isto é, que não estão ativamente buscando uma oportunidade. Essas podem se constituir em opções bem interessantes.

As próprias empresas podem constituir um banco de currículos, que, armazenados de forma adequada, tornam-se uma importante reserva de opções de candidatos. Às vezes, depois um imenso processo de seleção, uma pessoa é selecionada e não dá certo. Então, contatar o segundo ou terceiro lugar pode ser muito mais barato do que reiniciar todo o processo. Em uma empresa grande, a seleção interna pode ser muito efetiva, porque a empresa já conhece o caráter e a atuação do profissional.

Um ponto delicado em negócios familiares é a contratação de funcionários graduados fora da família. É óbvio que, quando se sai da esfera da família e dos amigos, passa-se a ter acesso a competências e experiências importantes, às quais não se tinha acesso em um círculo mais limitado. Desse modo, atrair e reter pessoas de fora da família em posições-chave pode ser um fator fundamental no rompimento de uma barreira cultural em empresas familiares. Outro ponto importante é que executivo, fora do círculo familiar podem representar pontos de neutralidade em conflitos turbinados por questões emocionais.

Funcionário bom é ótimo

Vale ressaltar que, na maioria das funções, a diferença de resultado gerado para a empresa entre um funcionário mediano e um funcionário bom é muito maior do que a diferença de salário. Um funcionário bom é mais rápido, tem mais ideias, se desenvolve mais etc. O funcionário médio emperra, erra, refaz, atrasa os outros etc. Obviamente, quando falamos de mediano e bom, estamos analisando todos os aspectos, inclusive os comportamentais. Imagine o dano causado por uma pessoa que é competente, mas não sabe lidar bem com as outras pessoas.

Se há escassez de pessoas talentosas, quando uma delas aparece, pode valer a pena contratá-la, mesmo se não for necessária naquele momento. Uma empresa tem quase a obrigação de encontrar algo que uma pessoa desse tipo possa fazer.

Quem deve ser selecionado

Há a falta de equilíbrio na avaliação dos atributos em um processo de contratação. Muitas empresas contratam pessoas que preencham apenas às competências técnicas do cargo, sem levar em conta fatores que podem ser fundamentais, embora não tão óbvios. Hoje em dia, muitas funções exigem a interação entre os outros, e tornou-se primordial o profissional ter facilidade para se comunicar e relacionar com as pessoas.

Por exemplo, um ótimo *web designer* (projetista visual de sites) que tenha dificuldade de interagir com os outros pode acabar querendo fazer sites como se ele fosse o único usuário. A própria interação do resultado do seu trabalho com aquele que passou os requisitos depende de existir um bom canal de comunicação e relacionamento.

O ideal seria contratar apenas pessoas alegres e otimistas (de bem com a vida). Pessoas com um astral ruim estão sempre reclamando e contaminando o ambiente. Se essa pessoa, ainda por cima, tem contato com clientes, fica muito pior. A felicidade é muito relativa e depende muito mais da atitude diante da vida do que do nível de remuneração.

Caso fosse possível avaliar (nem sempre é fácil), ninguém deveria contratar pessoas de mau-caráter, por mais competentes que fossem. Os danos causados por esse tipo de pessoa pesam muito mais do que os benefícios decorrentes de sua atuação profissional.

Procurar ter diversidade na força de trabalho, em termos de sexo, idade, religião, cor, orientação sexual etc, é extremamente positivo, pois reflete a sociedade em que vivemos, gerando-se uma empresa imparcial e, portanto, passível de respeito. Outro efeito dessa diversidade é a ampliação de ideias novas e soluções, exatamente pela troca de diferentes experiências, origens e históricos. Por exemplo, muitas empresas discriminam as pessoas de uma faixa etária mais alta, proporcionando uma grande oportunidade para que as empresas menos preconceituosas contratem profissionais experientes e sábios.

De forma geral, o ideal é identificar nas pessoas contratadas, especialmente em cargos superiores, valores semelhantes aos adotados pela empresa. Por exemplo, se a empresa é extremamente competitiva, não adianta contratar um gestor "zen".

Funcionário mediano x Funcionário bom

Não é difícil que uma pessoa boa faça suas tarefas duas vezes mais rápido e melhor que uma pessoa mediana, quando se trata de ações não mecânicas. Apenas isso já perfaz uma diferença de quatro vezes. Se ainda se levar em conta que o funcionário bom tem mais potencial de sugerir melhorias nos processos e apresenta uma menor taxa de erros, gerando um custo de correção menor, isso vai ainda mais longe.

Todos esses pontos têm um efeito multiplicador. Suponha que um funcionário mediano custe $1000 para a empresa e gere $10 mil. Mesmo ficando com quatro vezes, o funcionário bom gera um benefício de $40 mil, ou seja, $30 mil a mais.

Isso não quer dizer que a empresa precise pagar quatro vezes mais. No entanto, é muito comum, por causa de uns 20% ou 30%, a empresa preferir contratar um profissional que dê para o gasto ao invés de um tremendo profissional.

Steve Jobs, da Apple, é obcecado por contratar pessoas boas. E dá para ver a consequência disso no mercado.

Como selecionar

Em relação à Seleção, abordamos algumas observações gerais:

- Deve-se levantar exatamente os requisitos (competências) necessários para o cargo em questão, adequando o perfil do candidato à função que exercerá, tanto nas boas características quanto nas más. Por exemplo, um escriturário pode ser perfeccionista, porque vai fazer tudo com cuidado e atenção para não cometer erros. Já um analista de sistemas muito perfeccionista pode apresentar uma baixa produtividade. Um *web designer* introvertido pode ser mais propenso a ser menos disperso, mas isso não funcionaria com um assistente social.
- Analise com muito cuidado os currículos. Muitas pesquisas mostram um grande porcentual de pessoas que mentem, exageram ou omitem informações no currículo, pois sabem que é a primeira peneira no processo de seleção. Um currículo excessivamente bem apresentado pode ser indício de que o candidato pagou alguém para fazê-lo. Às vezes, um currículo mal apresentado, mas com aspectos interessantes, pode ser mais promissor que um currículo impecável.
- Diplomas são outra fonte de ilusões. Alguém pode obter o diploma de uma boa universidade "colando" e pegando carona de outros nos trabalhos. Isso pode elevar, artificialmente, seu coeficiente de rendimento (nota) final. Há pessoas graduadas em instituições questionáveis, talvez por não terem tido meios de pagar uma faculdade melhor, mas batalhadoras e persistentes. Além disso, um bom desempenho acadêmico não garante um bom desempenho profissional. Também é possível constatar casos de pessoas sem graduação que podem ser ótimos profissionais, dependendo, é claro, do cargo a que se destinam.
- Não fique impressionado com um candidato que trabalhou na empresa X ou Y. Assim como a sua empresa pode se enganar, outras também o fazem. O importante é o histórico em cada uma das delas. Até mesmo um elevado espaço de tempo em uma empresa pode significar que o candidato foi meramente um político habilidoso.
- Testes de seleção são importantes para separar o joio do trigo. Seria muito trabalhoso entrevistar pessoalmente todos os candidatos potenciais. É possível medir conhecimentos, inteligência, capacidade de aprendizagem, perfil psicológico etc. Quanto maior a exigência do cargo, mais testes podem ser aplicados. Outro ponto relevante são os testes que conferem algum nível de objetividade a um processo tão subjetivo. Alguns candidatos têm o dom de impressionar o entrevistador pelo poder da retórica, mas o desempenho em testes é terrível.
É importante que os testes sejam equilibrados e bem elaborados. Testes mal construídos podem eliminar candidatos qualificados. Por isso, vale a pena investir na atualização do kit de testes, que pode estar inadequado e ultrapassado.

Dependendo do cargo, pode ser mais importante que o candidato seja inteligente e tenha boa capacidade de aprendizado do que exibir um grande cabedal de conhecimentos cristalizados. Por isso, muitas empresas preferem investir em programas de trainee, em vez de contratar profissionais experimentados. É tudo uma questão de equilíbrio.

Um teste simples, mas que muitas empresas não aplicam, é o teste de redação. Escrever bem é importante para a maioria dos profissionais, mas é uma grande deficiência no mundo moderno, repleto de estímulos fáceis. Também é interessante, embora sejam difíceis de elaborar, aplicar testes mais dinâmicos, que simulem alguma rotina que o profissional encontrará no trabalho. Isso inclui os chamados Jogos de Empresas, que são softwares que tentam simular as condições de uma empresa real, com mercado e competidores.

- Muitas vezes, é difícil para o candidato dispor de tempo para enfrentar um longo processo de seleção. Por essa razão, o ideal é procurar concentrar as etapas do processo no menor número possível de deslocamentos. Os testes eliminatórios devem ser aplicados de uma vez e, caso o candidato passe para a próxima fase, concentrar ao máximo o processo de entrevistas, não apenas para comodidade dos candidatos, mas para evitar que os melhores acabem sendo cooptados por outra empresa. Isso porque os realmente qualificados não passam muito tempo na busca de uma colocação.
- Há várias maneiras de conduzir entrevistas. Pode-se envolver um ou mais entrevistadores e um ou mais entrevistados. Caso o candidato passe pela primeira triagem, ele pode participar de entrevistas adicionais, dependendo da qualificação do cargo em aberto.
- Entrevistas individuais, com apenas um entrevistador e um entrevistado, é a situação que deixa o candidato mais confortável. Entretanto, a presença de vários entrevistadores, quando a entrevista é conduzida de forma habilidosa e não desperta um sentimento de constrangimento ao candidato, proporciona um melhor poder de análise do desempenho, já que todos avaliam o mesmo desempenho e podem interagir melhor.
- As entrevistas estruturadas, ou seja, nas quais as perguntas obedecem a uma dada sequência lógica, são as mais reveladoras, porque são mais comparáveis. É claro que não se necessita de rigidez e o mais indicado é que sejam feitas perguntas fora do roteiro, para esclarecer melhor os pontos levantados pelo entrevistado. No entanto, a estruturação fornece um arcabouço básico que não deixa a entrevista divergir.

Evite que o entrevistado fique tenso, pois isso afeta sua comunicação. Uma breve etapa prévia não estruturada pode ajudá-lo a descontrair.

A entrevista visa analisar as competências (liderança, experiência, conhecimento etc.) esperadas para o cargo, mas é preciso considerar aspectos comportamentais, ligados ao temperamento, postura, modo de falar etc. O ideal é que o entrevistador fale o mínimo possível, não revelando seus gostos e opiniões, para que o entrevistado não o manipule.

A descrição pormenorizada das experiências de trabalho anteriores ajuda a entender o DNA do entrevistado. O que ele fazia, descrição do trabalho, a quem se reportava e como, que problemas enfrentava, por que saiu, quem fazia parte da equipe, qual o papel de cada um. Alguns adoram bancar o super-herói e vender que tudo que acontecia na sua área tinha a sua "mão".

- Entrevistas coletivas podem ser muito perturbadoras para os candidatos, mas podem ser uma forma interessante de avaliar como eles reagem diante de um grupo. Esse tipo de entrevista precisa ser conduzida por profissionais experientes e com grande poder de observação. Deve haver uma preparação prévia para deixar os candidatos mais à vontade.

  Para cargos que envolvem muita interação entre as pessoas, uma entrevista desse tipo, quando bem conduzida, pode ser muito reveladora.

- Não se deve ter melindres em fazer testes e entrevistas, até mesmo para um candidato a presidente de uma empresa ou um candidato indicado pela alta cúpula, desde que sejam adequados ao perfil desejado. Presidentes de empresas diferentes podem ter diferentes requisitos, assim, o que aparentemente funcionou em um lugar não necessariamente funcionará em outro lugar.

- Em uma entrevista, não se deve deixar que a oratória, o carisma e a aparência do candidato influenciem a avaliação do seu desempenho. Lembre-se de que há pessoas boas em criar sintonia (*rapport*) de conduta, ideias e gostos com seu interlocutor para tentar seduzir o entrevistador e prejudicar a objetividade do seu julgamento.

- A primeira impressão deve ser respeitada, mas é necessário cuidado para que o resto da entrevista não sirva apenas para confirmar essa primeira impressão (o chamado "viés da confirmação" da psicologia social).

- Algumas pessoas têm uma maior habilidade na condução de entrevistas. É importante que a empresa saiba quem são seus melhores entrevistadores. Uma maneira de obter essa informação é definir um índice de sucesso das entrevistas anteriores em relação às notas aplicadas aos candidatos aprovados e o seu desempenho na empresa.

- Muitas empresas deixam de fazer, mas é essencial checar rigorosamente pelo menos as duas últimas referências relevantes. Dependendo do cargo, vale a pena que alguém faça isso pessoalmente e não apenas por telefone. As pessoas mentem e omitem muito mais ao telefone do que pessoalmente.

- Sem dúvida, a melhor maneira de verificar se um profissional efetivamente funciona é vê-lo trabalhando. Assim, definir um prazo de experiência, dentro do qual é feita uma rigorosa avaliação da sua produtividade e adequação à empresa, é ótimo para "cortar o mal pela raiz". Afinal, como se diz, o menor prejuízo é o primeiro.
- Insistir no erro tem um elevado custo para a empresa. Isso é muito comum, pelo princípio da Consistência da Psicologia Social, pois se o processo de recrutamento e seleção deu tanto trabalho, a conclusão (a contratação) não pode estar errada. Essa cegueira se transforma em inércia e o regular é considerado bom. E quanto mais tempo se deixar passar, maior será o prejuízo.

Imagem da empresa

Algo frequentemente esquecido na área de recrutamento e seleção das empresas é que, para muitas pessoas, o único contato mais próximo que elas têm com ela se dá como candidatas a um cargo. A maioria das pessoas não será bem-sucedida. Assim, é preciso tratar a todos com consideração e respeito, independente de suas qualificações, pois esta é a imagem que a pessoa levará da empresa.

Um recrutamento descuidado pode produzir uma legião de pessoas falando mal da empresa, o que pode acabar prejudicando a empresa como um todo, incluindo sua atratividade como local de trabalho.

O mesmo deve ser observado no caso da dispensa de funcionários. Evite ao máximo que saiam sob um forte clima de animosidade contra a empresa.

Desenvolvimento e treinamento

O funcionário, ao ser contratado, não pode ser abandonado à sua própria sorte. Um lado importante e óbvio, dependendo da função, é submetê-lo a um programa adequado de introdução e treinamento.

Nunca se deve esquecer que um funcionário novo precisa, de algum modo, conhecer, também, as práticas culturais da empresa, no que diz respeito à vestimenta, ao horário, às reuniões etc.

Observe que os primeiros dias de um novo funcionário representam uma vivência muito assimétrica. Do ponto de vista do contratante, é apenas mais um funcionário começando. Já do ponto de vista do funcionário, é toda uma mudança de vida, de ambiente, repleta de ansiedades e expectativas. Como, algumas vezes, as pessoas não se dão conta da distância entre as percepções, tratam o recém-contratado como mais uma peça da engrenagem e isso pode causar desmotivação prematura e, talvez, uma rápida troca de emprego, especialmente para um profissional qualificado.

Em empresas um pouco maiores, é conveniente que haja um programa de integração, isto é, um plano consistente de introdução e familiarização do funcionário com a nova empresa, porque é normal que ele, nos primeiros dias, sinta-se deslocado.

Uma acolhida estruturada diminui o estresse, a ansiedade e a insegurança associada a essa nova fase de quem está começando. Também é necessário cuidado em relação a outros funcionários, que possam se sentir ameaçados.

Treinamento

A função básica do treinamento, tanto para quem está começando como para os demais, é aumentar determinadas competências (atributos passíveis de utilização no trabalho), que acabam, de um modo ou de outro, fazendo com que o funcionário produza cada vez mais, no sentido mais amplo da palavra.

O treinamento pode envolver aspectos operacionais (teoria, processos específicos, produtos, softwares) ou comportamentais (liderança, motivação, comunicação etc.). A parte teórica envolve conhecimentos que podem se referir a qualquer área de administração (marketing, logística etc.), informática, engenharia, materiais etc.

Uma deficiência da qual muitos treinamentos padecem é o excesso de informações passadas e a sua inadequação ao trabalho que o profissional está executando ou executará em breve. Sendo assim, treinamentos customizados às necessidades da empresa podem ser muitos mais úteis do que treinamentos genéricos e amorfos. Às vezes, com um investimento um pouco maior, é possível conseguir essa customização com resultados muito mais visíveis.

Imagine um curso de Word tradicional em comparação a um curso de Word que esteja voltado às principais dificuldades que as secretárias e escriturários, por exemplo, enfrentam em sua rotina diária. O curso tradicional vai ensinar a utilização dos índices remissivos, que, na prática, nunca serão usados. Então, na verdade, eles não vão saber fazer índices remissivos, mas também não aprenderão o que precisam.

Algumas formas como estes treinamentos pode ser ministrados são as seguintes:

- Autotreinamento – Antigamente envolvia a distribuição de apostilas, CDs ou DVDs com o material a ser treinado.

  Com o advento da internet, essa modalidade se converteu praticamente no chamado Ensino a Distância (EAD), o que reduziu muito o custo de sua aplicação, já que basta publicar o material na internet.

  Evidentemente, como não há professor, o ensino só é efetivo quando o material disponível é de excelente qualidade.

A avaliação do aprendizado, feita pelo próprio aluno em casa, pode ser fraudada. Assim, para confiar na efetividade do treinamento, devem ser aplicados testes individuais presenciais.

O ensino a distância costuma incorporar um chat, que permite a interação, em horários previamente agendados, entre alunos e um ou mais instrutores. Os próprios alunos podem trocar experiências entre si por diversos meios. O EAD tem evoluído de forma tão rápida que já existe ensino universitário reconhecido aplicado nesse modelo em diversos países.

Pode ser um bom método para treinar milhares de pessoas em empresas grandes e constitui um meio mais rápido para uma ágil implantação de novas funcionalidades.

- Treinamento presencial – Realizado de maneira formal, com sala de aula e material de treinamento. A qualidade dos instrutores e do material é essencial para o seu sucesso. É preciso vincular o desempenho posterior dos alunos à avaliação dos seus respectivos instrutores.

Mesmo tendo um custo maior que o autotreinamento, permite um nível mais alto de interação dos alunos com o instrutor, além da possibilidade de ampliar a troca de experiências entre os alunos.

Em comparação ao treinamento no trabalho, permite uma aprendizagem mais aprofundada e focada, se ministrado por alguém mais capacitado e especializado. Obviamente, é o meio mais indicado para os treinamentos comportamentais ou para temas muito complexos ou que envolvam experimentação.

O treinamento pode ser terceirizado ou não. Depende da personalização necessária nos cursos disponíveis nos terceiros e da escala necessária.

Às vezes, a temática precisa ser desenvolvida internamente, caso os assuntos pertençam à vida da própria empresa. Por exemplo, no varejo, fornecedores podem dar cursos de suas linhas de produtos para multiplicadores, que podem internamente produzir materiais multimarcas muito mais isentos e objetivos, para dar treinamentos aos vendedores e atendentes.

- Treinamento no trabalho – É uma modalidade de treinamento feita no próprio local de trabalho. Pode ser realizada por meio de um "padrinho", um funcionário experiente.

Como todo treinamento, deve ser avaliado, até mesmo para identificar quais são os melhores treinadores. A figura do padrinho é interessante por gerar uma responsabilidade maior do treinador sobre o desempenho do treinado.

Dependendo do caso, o treinador pode se responsabilizar por mais de um treinado. Esse tipo de treinamento é útil quando direcionado a funções repetitivas e rotineiras e gera uma boa fixação, pois acontece durante uma situação real.

Em alguns casos, uma breve atuação de um técnico interno pode ter resultados muito positivos com o uso de uma máquina, de um software ou na execução de uma tarefa.

Para medir a efetividade do treinamento não basta aplicar um formulário de satisfação quando ele for concluído. A finalidade deve ser ajudar a aprimorar o treinamento e avaliar os instrutores, mas é preciso combater a tendência que as pessoas têm de elogiar por medo de desagradar alguém.

Devem ser aplicados testes específicos para medir individualmente o aprendizado e, o mais importante, avaliar se o treinamento está sendo efetivamente utilizado no trabalho, contribuindo para uma execução melhor ou de forma mais eficiente.

Um líder desenvolve

De certa maneira, um bom exercício de liderança inclui uma filosofia de o líder sempre dar orientação (*coach*) aos seus liderados diretos, em diversos aspectos comportamentais e técnicos. Assim, o líder contribui para o desenvolvimento de sua equipe e pode progressivamente fazer com que ela seja mais independente e assuma mais responsabilidades. Tudo isso se constitui, indiretamente, em uma preparação para alguém assumir uma eventual liderança.

Além disso, um líder sempre deve promover um clima de colaboração mútua entre os membros da equipe e fazer com que todo o processo de trabalho se constitua em oportunidades contínuas de desenvolvimento.

Quando são traçados objetivos para os membros da equipe, é sempre bom abrir espaços para objetivos de aprendizado individual, que posteriormente serão aproveitados na própria empresa.

Avaliação e diferenciação

Os funcionários não vivem apenas de saber fazer seu trabalho e receber os treinamentos correspondentes. Também precisam receber retorno daquilo que fazem, ou seja, ser elogiados e reconhecidos pelos acertos e receber críticas construtivas referentes ao que não funcionou, como vimos no tópico de *Motivação*.

Os elogios aumentam a autoestima, o reconhecimento traz vantagens e as críticas ajudam a desenvolver o funcionário.

No entanto, tudo isso é muito efêmero se não ficar registrado. Como a empresa decidirá quem deve ser promovido ou quem não deve mais fazer parte do time? O registro formal de uma opinião com relação a um determinado funcionário é justamente a avaliação.

Avaliações fracas ou ausentes

Infelizmente, o ser humano tem dificuldade de avaliar os seus próximos de uma forma justa, o que traz as seguintes possibilidades:

- Inexistência de avaliações – Não se faz avaliações para não haver o dissabor de criticar as pessoas.
- Avaliações apenas para cumprir uma formalidade – As avaliações são feitas, mas de forma displicente, de qualquer jeito, apenas para cumprir uma burocracia.
- Avaliações desiguais – Cada um avalia do seu jeito. Alguns são extremamente rigorosos e outros extremamente lenientes. Com isto, muitas injustiças são cometidas.

A falta de avaliações, ou avaliações feitas apenas para cumprir uma política empresarial, provoca uma série de consequências graves para uma empresa:

- A inexistência de um retorno (feedback) adequado, depois de algum tempo, reduz a qualidade e a organização do trabalho, caso não haja uma força externa atuando.
- Os critérios para as promoções acabam sendo muito mais políticos do que técnicos. Assim, ascende mais facilmente quem opta por uma atuação política, prejudicando e desmotivando aqueles que se preocupam basicamente em fazer um bom trabalho.
- Da mesma forma, as demissões acabam atendendo mais a alguns caprichos políticos do que a questões técnicas. Assim, muita gente competente pode ser demitida enquanto muitos carreiristas e incompetentes prosseguem em sua trajetória.
- Os demitidos sentem-se injustiçados e acabam questionando: "Por que fui demitido?", o que aumenta a chance de ações judiciais e contribui para reduzir o conceito da empresa no mercado.
- Menor capacidade de preencher as necessidades de pessoal com os funcionários internos, já que não existe uma profunda interação com estes funcionários.
- As pessoas qualificadas que conseguem sobreviver sentem-se desmotivadas e menos produtivas, ficando na expectativa de uma oportunidade melhor em outra empresa.

Como avaliar

Para que a empresa possa fazer avaliações consistentes, que evitem as consequências mencionadas, há alguns pontos relevantes:

- É preciso que os valores estejam bem presentes na empresa, incluindo franqueza, justiça e integridade.
- A avaliação precisa estar vinculada aos desdobramentos dos objetivos estratégicos da empresa e associada aos seus objetivos diários, na proporção em que ambos participam na vida do funcionário. Pender para o lado da estratégia ou para o lado do dia a dia é perigoso, porque pode levar o funcionário a um foco distorcido.
- Os critérios de avaliação devem ser os mais objetivos e uniformizados, embora precisem incluir objetivos individuais, competências comportamentais e de aprendizado, até mesmo porque aquisição de conhecimento e mudança de atitudes podem preceder melhorias na qualidade do trabalho futuro.
- É preciso que haja homogeneidade nas avaliações, ou seja, que a avaliação dependa o menos possível de características específicas do avaliador.
Não se deve louvar o avaliador durão como o modelo. O ponto bom está no equilíbrio. Essa homogeneidade pode ser, em parte, estimulada com um treinamento de como se avaliar, que também ajuda a reforçar a importância do processo de avaliação.
- Os avaliadores também deveriam ser avaliados pelas avaliações que fazem, e com isso estarão mais preocupados com a qualidade delas.
- Somos contra sistemas de avaliação forçada, quando se espera um determinado percentual de boas ou más avaliações. Em algumas empresas com avaliações forçadas, os funcionários na base terminam por ser demitidos.
Em pequenos grupos, a avaliação forçada é particularmente cruel, porque não reflete o que acontece na prática. Mesmo em grandes grupos, a intensidade de variação entre as pessoas pode ser irreal, tanto para mais quanto para menos.
Entretanto, se um avaliador dá muitas notas iguais ou parecidas, pode não estar dando a devida importância às avaliações, até porque, na prática, as pessoas são diferentes. Um líder deve ter uma clara consciência de quais são os seus melhores liderados e, também, quais são os piores.
- Quando um superior avalia seus subordinados, a melhor forma de avaliar é a presencial, isto é, através de uma reunião entre o avaliado e o avaliador. Isso estimula avaliações mais justas, sem panelinhas, além de servir

Avaliando o avaliador

Uma forma de realizar esta avaliação é obter a média e o desvio-padrão (medida da variação média de notas) das notas dadas por um avaliador.

Caso a média esteja muito abaixo ou muito acima da média da empresa, pode haver um avaliador rigoroso ou condescendente demais.

Já no caso contrário, em que o desvio-padrão está muito abaixo da média da empresa, pode haver um avaliador que esteja avaliando todo mundo de forma parecida, o que dificilmente é justo.

como oportunidade para o avaliado compreender os pontos que precisam ser aperfeiçoados. Essa reunião precisa ser leve e não muito formal, para não criar qualquer clima de constrangimento ou tensão. O verdadeiro objetivo é o subordinado saber como ele está se saindo e o que pode fazer para evoluir.

- O resultado das avaliações não deveria ser um segredo para a empresa. O ideal é que ele seja divulgado publicamente, pelo menos parcialmente. Com certeza é um ponto polêmico e depende muito da cultura da empresa. Claro que determinados aspectos não técnicos não valem a pena ser explicitados.

A divulgação da avaliação, desde que não seja feita de forma a constranger as pessoas ou estimular a competição, funciona como uma motivação para os mais fracos se superarem e para dar ainda mais gás e autoconfiança aos mais fortes.

Semco – outro conceito de recursos humanos

Ricardo Semler, muito jovem, assumiu a indústria de seu pai, a Semco, empresa que fabricava equipamentos navais. A Semco era gerida de uma forma tradicional, autocrática. Semler não acreditava nesse tipo de gestão e, lentamente, foi inserindo novidades para alterar esse quadro.

No final da década de 1980, implantou, por sugestão de seus funcionários, núcleos de inovação tecnológica para o desenvolvimento de novas linhas de produtos. Estes núcleos eram geridos por seus funcionários, de forma democrática, e, em pouco tempo, já respondiam por 2/3 dos novos produtos da Semco.

No Plano Collor, a empresa enfrentou sérias dificuldades, e os seus funcionários concordaram em ter os salários reduzidos em 40%, mas, em compensação, passaram a ter o direito de aprovar cada item de despesa da empresa. (Embora o agravamento da crise tenha gerado 18% de demissões.)

Esta forma de gestão participativa permitiu que todos os funcionários tivessem um bom conhecimento de toda a empresa, dando origem a inúmeras sugestões de melhorias. A empresa conseguiu reduzir significativamente seus prazos de entrega e índices de defeito, com isso, melhorando sua rentabilidade.

Em mais de 20 anos à frente do negócio, Semler eliminou o organograma formal, inibiu qualquer abuso de autoridade, universalizou as avaliações e deu total liberdade na comunicação, na forma de atuação e no modo de se vestir. Entre outras ousadias, permitiu que os funcionários tivessem o poder de veto na contratação ou promoção de um superior, e em uma determinada época, os executivos fixavam seu próprio salário.

O faturamento da Semco cresceu de US$ 4 milhões em 1982, para US$ 212 milhões em 2003, com atuação em uma ampla gama de produtos e serviços.

Ricardo Semler foi nomeado o Empresário Brasileiro do Ano em 1990 e 1992, o Fórum

Uso das avaliações

Deve-se ter certo cuidado para comparar diferenças em resultados obtidos entre funcionários, unidades etc. Nem sempre as variações nos resultados obtidos refletem qualidades ou defeitos inerentes. Há certa dose de influência de variação natural, decorrente de fatores casuais e, também, da interação entre os componentes. Assim, caso uma unidade tenha um resultado um pouco melhor do que outra unidade, isso talvez não reflita qualquer diferença perceptível na atuação de ambas. É preciso refletir sobre o grau de influência que uma unidade pode ter sobre seu resultado. Às vezes, é menor do que se quer acreditar.

As avaliações deveriam ser o principal instrumento para definir as premiações, promoções, treinamentos e, inclusive, as demissões. Um dos grandes erros das demissões é exatamente atingir alguém que nunca foi avaliado ou que sempre foi avaliado positivamente. Isso, com certeza, gera uma sensação de injustiça que rapidamente

---

Econômico Mundial o nomeou um dos *Líderes Globais do Amanhã* e foi eleito um dos gurus mundiais de negócios pelo *Financial Times*. Escreveu o livro *Virando a própria mesa*, contando sua experiência na Semco, que foi publicado em 31 idiomas, vendendo mais de 2 milhões de exemplares.

Hoje, a Semco é uma empresa de porte médio. Os seus dados financeiros não são públicos, mas sabe-se que depois a empresa passou por algumas crises e diversos negócios nasceram e foram descontinuados. Atualmente, Semler está totalmente fora do dia a dia das empresas e nem todas as práticas passadas estão mais presentes. Recentemente, a Semco se associou a uma empresa de software norte-americano, criou uma empresa de biocombustíveis e uma empresa de investimentos. Hoje, cada unidade de negócio tem gestão autônoma.

Em 2003, Semler fundou a Escola Lumiar, em São Paulo. É uma escola libertária, nos moldes da famosa Summerhill, na Inglaterra, sem provas formais, currículo flexível e que pratica a cogestão com os alunos. Por enquanto, são três unidades, só se oferece até o ensino fundamental e ainda há poucos alunos.

No ano de 2006, Semler viveu o epílogo de um fracasso, que foi o luxuoso resort Botanique, em Campos de Jordão, que consumiu US$ 30 milhões seus e de diversos investidores. O hotel nunca chegou a abrir e, hoje, está tentando vender o que restou. Essa experiência o abalou e, aparentemente, o fez ficar um pouco mais recluso, em sua mansão em um terreno de 2 km^2 nas proximidades de Campos de Jordão. Em 2007, em uma cerimônia simbólica, queimou seus próprios livros e vídeos, cansado de ser visto sempre do mesmo modo.

Aparentemente, a experiência da Semco não se disseminou, talvez porque seja ousada demais ou particularizada demais às características pessoais de Semler. Provavelmente, ele visava outros objetivos além do lucro e, talvez, por isso mesmo, tenha chegado a ele. Em alguns momentos mais que outros.

contamina o resto da empresa e ainda se cria um ranço que pode prejudicá-la em futuros processos seletivos.

Outro cuidado diz respeito a não se reconhecer o desempenho individual apenas com dinheiro, mas, também, através de outros mecanismos mais "afetivos". Diversas experiências mostram que as pessoas ficam desmotivadas e perdem o gosto por tarefas quando elas envolvem apenas dinheiro. Crianças remuneradas para brincar chegam a perder a vontade de fazer o que mais gostam!

Avaliação 360º

Além da avaliação clássica, a empresa pode ampliar muito o seu nível de informação com a avaliação 360º, na qual, além de o superior avaliar seus subordinados, cada um faz sua autoavaliação. Eventualmente, o processo pode incluir alguns dos seus pares e até outras pessoas. Particularmente, a escolha dos pares a serem avaliados é conduzida em geral pelo superior, para garantir que todos sejam submetidos a um número similar de avaliações.

Esse processo pode constituir uma grande ruptura de paradigma e não é fácil ser implantado em uma empresa na qual ainda vigoram práticas tradicionais de gestão e liderança.

Os diferentes ângulos de avaliação não devem ser realizados de forma presencial e costumam ser mantidos no anonimato para evitar constrangimentos. Além disso, o formato é diferente da avaliação tradicional, focando mais competências ligadas ao conhecimento, atitudes e habilidades, do que objetivos concretos.

Quando a empresa é madura, a avaliação bem elaborada e o treinamento para sua aplicação bem-feito, esse sistema pode trazer informações muito ricas para a gestão, pois:
- permite uma análise mais apurada da qualidade das lideranças;
- traz um conhecimento mais preciso de aspectos que o liderado omite ao seu superior;
- ajuda a diminuir a subjetividade de uma análise unidirecional;
- identifica problemas de relacionamento e panelinhas.

Para a sua conclusão, os dados são consolidados e gera-se um relatório final de como o avaliado se percebe e de como os outros o percebem. A partir daí, realiza-se uma entrevista com seu superior imediato, acompanhada ou não por profissionais do RH, durante a qual os resultados são analisados. Nessa ocasião, pode ser elaborado um plano de desenvolvimento individual, que será posteriormente confrontado na próxima avaliação.

• • •

Uma forma complementar, que independe de existir ou não o sistema de Avaliação 360, é montar um sistema periódico de avaliação de Clima Organizacional, no qual se dá voz para as pessoas manifestarem seus anseios e preocupações em relação à empresa e a sua chefia imediata.

Também é importante que todos tenham um canal para expressar alguma queixa ou descontentamento, que pode ser representado por uma ouvidoria.

Tecnologia da informação

"Computadores são inúteis. Eles podem somente nos dar respostas."
Pablo Picasso, pintor espanhol (1881-1973)

TI e a sociedade

A tecnologia da informação (TI) envolve o uso de um conjunto de recursos tecnológicos e computacionais que permitem lidar com a informação de forma automatizada, visando objetivos empresariais. A TI lida com a informática (informação + automática), que é a disciplina que estuda o tratamento automático de dados e informações, que, geralmente é feito através de computadores.

A informática lida muito com programas, que representam instruções detalhadas de como processar (transformar) dados para outros dados ou informações. Funciona mais ou menos da mesma forma que uma receita de bolo. O cozinheiro pega os ingredientes (dados), segue uma série de instruções detalhadas na receita (programa) e, ao final, se tudo for feito certo, sairá do forno um bolo quentinho (informação). Um editor de texto, como o Word, ou planilha eletrônica, como o Excel, são exemplos de programas.

Os programas ficam armazenados nos HDs (discos rígidos) dos computadores ou nos DVDs, CDs, celulares ou pendrives, esperando que alguns usuários os utilizem. Quando um ou mais programas estão articulados para tratar de um processo ou parte de um processo de forma consistente, então temos um sistema.

Profissionais que fazem programas são chamados de programadores. Profissionais de informática que conseguem interagir com o usuário, entender seu problema e delinear uma solução são os analistas de sistemas. As duas profissões (cujos profissionais em conjunto são designados desenvolvedores) se confundem um pouco porque usualmente os analistas também programam e programadores se sentem como analistas.

A TI é uma importante ferramenta para uma empresa porque tem diversos potenciais. Ela pode:
- automatizar a maior parte do trabalho manual;
- realizar cálculos complexos e sequências de atividades que as pessoas teriam dificuldade de fazer sozinhas;
- manter registro de todas as operações automatizadas de forma organizada;
- fazer extensas medições das atividades realizadas.

Antes da década de 1950, não havia computadores. Pessoas faziam o trabalho que hoje é feito por computadores, no máximo com o apoio de calculadoras primitivas.

Amazon.com – o seu negócio é tecnologia

A Amazon começou a funcionar em 1995 e, hoje, é o maior varejista on-line do mundo, sendo duas vezes maior que o segundo colocado, com faturamento de US$ 19,2 bilhões e lucro de US$ 645 milhões (2009).

Seu primeiro lucro ocorreu apenas no quarto trimestre de 2001, vindo a superar a "bolha da internet", apesar de previsões em contrário. Desde então, permaneceu todos os anos lucrativa. A sobrevivência da Amazon deve-se, principalmente, ao fato de ela estar sempre um passo ou mais na frente de seus concorrentes, oferecendo facilidades que cativam seus clientes.

O negócio da Amazon, que começou como simples venda de livros, hoje é muito diversificado, incluindo em seu elenco itens como:
- Venda on-line direta de uma ampla linha de produtos.
- Venda on-line de produtos novos e usados de terceiros, inclusive de clientes (Amazon Marketplace).
- Oferta de infraestrutura e logística para outros varejistas para venda on-line (Target, Sears Canadá, Timex, Marks & Spencer, Lacoste etc.).
- Vídeo on-line sob demanda (Unbox) e música on-line em formato MP3 (sem proteção).
- Venda de e-books on-line usando o primeiro aparelho de sucesso para leitura de e-books (Kindle).
- Venda de comida, perecível ou não, em várias partes dos EUA (AmazonFresh). O consumidor pode escolher a que horas irá receber os produtos. Neste caso, a Amazon usa todo o seu know-how logístico para prover um serviço que, hoje, é raro e desejado pelos consumidores.
- Serviço de armazenagem de dados on-line (Amazon S3), serviço de hospedagem de sites ou de virtualização de um ambiente Windows (Amazon EC2) e serviço de banco de dados (Simple DB) que permite aos usuários usarem a infraestrutura da Amazon para rodar aplicações, tudo podendo ser pago com cartão de crédito.
- Serviço que permite aos negócios existentes criar um e-commerce com base na tecnologia da Amazon (WebStore).

Bancos controlavam os saldos e transações dos correntistas de forma totalmente manual, usando fichas de papel-cartão. Eram necessárias muitas pessoas para dar conta desse trabalho de forma minimamente confiável.

Hoje, há computadores em toda parte. Com a internet e a telefonia móvel, leva-se *smartphones* (um misto de telefone celular com palmtop) para quase qualquer ponto do planeta, com possibilidade de comunicação com qualquer outro computador, instantaneamente.

Além da informática, e até antes, existe a própria automação de máquinas, que começou a se acelerar a partir do século XIX, primeiro com o vapor, depois com a eletricidade. O processo de automação tem contribuído para uma intensa mecanização

---

O consumidor tem uma série de diferenciais que o atraem, alguns dos quais estão listados:

- Ao entrar no site, o cliente é apresentado a uma variedade de produtos recomendados, apresentados conforme um padrão de navegação prévio do cliente no site. Esse diferencial já foi copiado por outros, só que sem a mesma eficiência.
- Há uma infinidade de comentários dos clientes sobre os produtos, positivos e negativos, com uma classificação, permitindo ao cliente ter uma boa ideia de se o produto agradou ou não a outros clientes. A maioria dos outros sites de venda on-line copiou esta característica, mas sem a mesma riqueza de opções e volume de comentários que a Amazon oferece.
- Fóruns e grupos de discussão on-line e uma enciclopédia colaborativa sobre produtos vendidos na Amazon (Amapedia).
- Serviço que permite aos autores de livros e seus consumidores colocarem comentários relacionados a trechos desses livros (Connect).
- São apresentadas outras opções de compra de produtos novos e usados vendidos por terceiros, muitas vezes até mais baratos do que na própria Amazon. Isso gera credibilidade na venda e a Amazon ganha de qualquer jeito, pois tem direito a comissão no caso de venda por terceiros feita através do site.
- Para alguns países, a Amazon oferece a possibilidade de se pagar uma taxa anual fixa e com isso isenta o cliente de pagar pelas despesas de entrega, independente dos valores.
- Opção de procura por palavras-chave dentro de um enorme conjunto de livros (por volta de 250 mil).

Todos estes serviços e diferenciais são movidos a uma imensa máquina de tecnologia e logística que é o grande diferencial da Amazon. Isso permite o lançamentos de novos produtos e serviços correlatos usando-se toda a base previamente instalada.

A Amazon já provocou uma revolução no e-commerce e esta provocando revoluções também em outras áreas.

em todas as áreas de economia, incluindo agricultura, pesca, pecuária, mineração e indústria. Cada vez se produz mais, com mais qualidade e menos pessoas.

Nos últimos anos, a automação de máquinas e a informática já estão de mãos dadas. Há cada vez mais robôs, itens comuns hoje no Japão e em diversos países.

Além disso, há cada vez mais diversidade de produtos corriqueiros que estão incorporando algum nível de capacidade de processamento (transformação) da informação, como controles remotos, televisores, relógios etc. Em breve, teremos um computador sob a forma de uma tela flexível, leve, não descartável e tão fina que praticamente poderá substituir o papel e poupar as árvores.

Com isso, o papel das pessoas no mercado de trabalho tende a mudar e cada vez mais haverá menos espaço para trabalhos mecânicos e cada vez mais espaço para trabalhos intelectuais. Mesmo parte dos trabalhos intelectuais que não envolvem criatividade já pode ser realizada por computadores. Hoje, há computadores capazes de vencer o campeão mundial em um jogo complexo, como o xadrez.

Esse processo, pelo menos até agora, tem sido acompanhado por exigências crescentes por parte dos consumidores. Cada vez mais os produtos são personalizados e a variedade de serviços oferecidos não para de se ampliar. Além disso, todo processo de aporte à novas tecnologias envolve muita mão de obra. Desse modo, vagas são eliminadas de um lado e criadas do outro. Até agora, não há motivo para alarde.

Mas, como estamos em um mundo capitalista, caso algum dia haja mais mão de obra do que trabalho é possível que seja possível reduzir paulatinamente a carga horária das pessoas, sem prejuízo para a economia, que não é movida pela quantidade de trabalho realizado, mas pelo volume de riquezas que trocam de mãos.

Porém, essa é uma visão meio utópica e romântica. O lado negro do sistema econômico mundial é que, de um lado, o planeta é destruído e, de outro, se permite indiretamente que mais de um bilhão de pessoas passem fome.

Abordaremos aqui apenas o aspecto de sistemas e programas (software) e não a questão do parque, que envolve computadores e periféricos (hardware).

O único ponto a ressaltar é que uma empresa deve resistir ao canto da sereia de trocar seu parque com muita frequência. Sempre é preciso elaborar uma cuidadosa análise custo x benefício. Não se deve ter vergonha de máquinas um pouco mais antigas, pois estas já têm uma capacidade enorme de processamento.

O mesmo se dá em relação a aplicativos (planilhas, softwares de editoração etc.) e sistemas operacionais (Windows XP, Vista etc.). Por vezes, a compra ou a atualização dos sistemas amplia a sensação de obsolescência do parque, porque os programas mais novos tendem a demandar muito mais recursos da máquina. Para isso, é preciso, também, adequar o calibre dos aplicativos às necessidades da empresa, porque usualmente programas mais completos e poderosos são consumidores muito mais vorazes de recursos.

Negócio X TI

Um grande problema associado à TI, em muitas empresas, é que, como se trata de uma área eminentemente técnica, seus profissionais tendem a encará-la como uma entidade autônoma, com vida própria.

A TI é, assim, uma "faca de dois legumes". De um lado, ajuda a empresa a se tornar eficiente e eficaz, de outro, pode ser um sorvedouro enorme de gastos, sem que isso se reverta nos benefícios esperados. Há uma indústria enorme de consultoria, equipamentos e programas esperando que cada empresa gaste seus suados recursos.

Acontece que a TI, como o RH, funciona como uma prestadora de serviços e não um fim em si. Tudo que a TI faz tem de estar a serviço de uma utilidade clara e mensurável, conectada aos objetivos estratégicos e do dia a dia da empresa. A TI é uma ferramenta e não uma solução, portanto, não tem o poder de resolver os problemas por si só.

As empresas carecem muito de profissionais e líderes com real visão de processos e projetos, que muitas vezes ficam restritos aos profissionais da área tecnológica. Isso cria um vácuo entre aqueles que conhecem o negócio e os que têm as ferramentas para transformar etapas do negócio em processos (e, melhor ainda, em processos automatizados).

Uma forma de resolver este problema é por treinamento, tanto dos profissionais do negócio como dos profissionais da área de tecnologia, sobre como funciona o negócio. Isso aproxima os dois mundos e torna o diálogo mais fácil.

Deve-se, também, ter a preocupação de contratar pessoas com um perfil mais técnico em áreas de negócio, de modo que não se tenha apenas "tocadores" e, sim, pessoas que possam desenvolver uma visão de processos e projetos.

Da mesma forma, é recomendável a contratação de analistas de sistemas com potencial e interesse de entender o negócio. *Nerds* tecnológicos podem ser perigosos nesse papel, exceto quando são utilizados internamente na área de TI.

Desenvolvimento de sistemas

Não adianta sair por aí desenvolvendo um sistema com base em uma vaga percepção de que algo não está certo. Desse modo, gera-se apenas um sistema amorfo, sem sequer saber se esse trabalho minimamente compensa. O "dedo nervoso" de muitos programadores e analistas está louco para trabalhar e começar a desenvolver sistemas, sem se preocupar em conhecer direito a dimensão do problema que tem em mãos.

O primeiro passo para a resolução de um problema é enunciar claramente qual é, afinal, o problema. Isso é básico, mas, por incrível que pareça, muitas vezes uma empresa falha nessa etapa, de modo que a solução desenvolvida vira uma colcha esburacada que deixa pedaços do problema de fora.

Enunciar o problema envolve descrever a situação atual, incluindo apontar todos os contratempos decorrentes. Algumas vezes, há muitos processos manuais, que são lentos e formam um ambiente propício para erros. Outras vezes, existem até sistemas, mas com muitas falhas, lacunas e inadequações. Convém, então, tirar um retrato fiel dessa situação.

Especificação de um sistema

Quando existe o problema, é possível descrever uma maneira de resolvê-lo, onde se quer chegar, qual o custo e prazo estimados para desenvolver essa solução, quais os riscos e benefícios decorrentes.

A identificação do problema e o delineamento geral da solução é o que se constitui tecnicamente na especificação. Essa etapa precisa ser realizada com muita qualidade, porque uma especificação vaga, mal definida ou que muda a todo instante é uma bomba-relógio. Infelizmente, apesar de toneladas de recomendações, a especificação sai frequentemente meio matada, e isso acaba produzindo sistemas pouco eficazes e de curta duração, resultando em um grande desperdício de recursos.

Isso, em parte, decorre de uma pressão desmedida por prazos, orquestrada por pessoas que não têm ideia do mal que podem estar causando. O problema da pressão é que, muitas vezes, encontra eco, porque as pessoas estão loucas para mostrar seu valor em curto prazo. Por mais que seja possível acelerar o ciclo de desenvolvimento, usando-se técnicas modernas de desenvolvimento ágil (*agile programming*), alguns clientes ainda não têm noção da complexidade envolvida na atividade de desenvolvimento de sistema. Eles acreditam que tudo poderia ser feito muito rapidamente e que as pessoas estão fazendo corpo mole.

Para elaborar uma especificação de boa qualidade, é necessário entrevistar os usuários diretamente envolvidos no problema, entender efetivamente seu processo de trabalho. Entretanto, os analistas precisam entender que o processo, por sua vez, atende a uma finalidade e essa, no fundo, é que deve ser suprida. O processo é apenas um meio de chegar até lá.

A questão é que, muitas vezes, o usuário está tão imerso na operação que há uma grande distância entre o problema que imagina ter e o problema real. Assim, é muito perigoso levar ao pé da letra o que o usuário diz. Desse modo, um analista de sistemas precisa ter uma visão crítica muito apurada e não pode aceitar nada cuja razão não entenda exatamente. Por outro lado, não deve impor nada ao usuário. Precisa ter bons argumentos para convencê-lo dos fatos que julga certos e saber, também, reconhecer quando está errado.

A missão do sistema é atender ao processo de trabalho levantado de forma eficiente e eficaz, minimizando a chance de erros. Para isso, é preciso que a operação do sistema a ser desenvolvido seja limpa, objetiva e direta, evitando digitações redundantes, que são maçantes, pouco produtivas e podem levar a inconsistências de dados.

É um mito que seja possível garantir que a especificação será absolutamente estável. Porém, deve ficar claro que, quanto mais a especificação mudar e quanto mais tarde isso acontecer, mais caro e demorado se tornará o projeto. Quando uma especificação precisa mudar muito, durante o desenvolvimento do sistema, tem-se um sintoma claro que a especificação não ficou bem-feita ou que o usuário é completamente volúvel. Nesse último caso, é preciso tentar criar um consenso, escalando para cima se for o caso, por que uma especificação que está sempre mudando dá origem a péssimos sistemas.

Assim, a especificação detalha, além do problema e da situação atual, o que deve ser feito, por que deve ser feito e que resultados devem ser entregues.

Uma boa especificação deve incluir, pelo menos de forma aproximada, um desenho das telas e relatórios a serem gerados, para que a equipe toda consiga ter uma noção mais próxima das funcionalidades disponíveis. O usuário consegue, então, visualizar se o sistema atenderá ou não às suas necessidades. Uma especificação não deve entrar nos detalhes de como será implantado todo o sistema enfim, deve-se abster ao máximo de quaisquer considerações técnicas.

Requisitos de um sistema

Muito cuidado com o "informatismo": alguns analistas adoram dar total liberdade dentro do sistema, permitindo ao usuário fazer tudo de mil maneiras diferentes e eles, também, adoram criar os relatórios mais bizarros, para mostrar o poder do sistema. A humildade de saber que um sistema não serve ao ego de quem o fez, mas serve para resolver problemas de quem o usa, ajuda a colocar os pingos no "is".

O usuário, ao contrário, precisa de um caminho claro para percorrer e relatórios sucintos, com a quantidade necessária e suficiente de informações para o seu processo de tomada de decisão. Caso seja necessário um relatório genérico para resolver eventuais problemas, existem diversas ferramentas para geração automática de relatórios. Isso tudo deveria ser música para os ouvidos dos analistas, porque simplificariam o sistema.

Às vezes, o próprio usuário quer relatórios e dados rocambolescos, sabe-se lá para quê. Usuários não deveriam brincar de olhar dados. Dados são instrumentos e não um fins em si mesmos. Usuários precisam agir e agir envolve tomar decisões. A tomada de decisões é que exige que determinadas informações sejam fornecidas. É preciso ser minimalista, mas sem que se perca o sentido. Dados de menos, decisões ruins. Dados demais, decisões confusas e demoradas. Dados intermináveis, paralisia ou indiferença.

O levantamento dos dados necessários passa pela definição exata de todos os momentos de tomada de decisão e de quais as decisões possíveis. Para cada decisão, é necessário entender quais dados poderiam ajudar no processo decisório. Esse processo de levantamento tem de ser altamente interativo, com idas e vindas, por refinamento sucessivo, sempre elaborando-se novas perguntas para suprir as lacunas ainda encontradas. O sucesso de um sistema de informações está diretamente relacionado à facilidade decisória gerada pelos dados disponibilizados. Quanto mais diretamente relacionado à decisão em si, melhor será o sistema e mais ele será usado.

Em algumas empresas com muitos sistemas implantados, o desenvolvimento de relatórios pode constituir uma significativa percentagem da demanda. Mais uma vez, destacamos que é muito importante a visão crítica dos analistas, porque o desenvolvimento de relatórios inúteis ocupa desnecessariamente a TI e gera um desperdício de tempo para os usuários, que não estão fazendo suas atividades da forma mais racional possível.

Outro lado do "informatismo" é a construção de sistemas feitos como se um desenvolvedor fosse operá-los, com dezenas de atalhos, botões misteriosos e menus ocultos. Um sistema precisa estar voltado ao usuário e sua forma de pensar, que é bem diferente de um técnico.

É muito importante que todo projeto de interface (comunicação com o usuário) dê destaque às operações mais comuns, dispostas na sequência natural de operações e exigindo-se o mínimo de entradas possíveis. Atalhos de teclas para as operações são úteis, mas não para o usuário iniciante. Ele precisa olhar para a tela e não ter de pensar muito para conseguir fazer o que deseja.

As diversas exceções têm de estar previstas pelos sistemas, mas não deveriam poluir a interface básica, para não tornar a operação confusa por excesso de informações simultâneas. Um sistema que não prevê as exceções acaba sendo abandonado ou subutilizado, perdendo muito da sua utilidade potencial, porque exceções não tratadas, quando acontecem, são muito custosas, pelo seu caráter desorganizador. É possível optar por não se automatizar exceções raras, pelo menos inicialmente, então deve haver um processo manual organizado para tratá-las.

Como a empresa evolui, não se pode desenvolver um sistema muito amarrado à condição atual. Por exemplo, se uma empresa tem apenas um depósito, é muito arriscado desenvolver um sistema que assuma essa condição como fixa. Por outro lado, ele também não precisa supor generalidades impossíveis de serem úteis (muitos desenvolvedores as adoram), até porque, quanto mais generalidades previstas, mais caro e demorado é o desenvolvimento de um sistema.

Improvisos

Um risco muito comum que envolve desenvolvedores, para ficarem dentro do prazo, é deixar certas funcionalidades do sistema de fora. É comum que profissionais que começam em uma empresa apenas desenvolvendo, depois de algum tempo, tenham quase toda a sua disponibilidade alocada para fazer remendos e tocar operações ainda não implantadas.

Caso a área de informática esteja emperrada, o caos vai além. O usuário se sente pressionado a buscar soluções improvisadas para resolver os seus problemas, e estas soluções podem até ser "tombadas". Em algumas empresas, observa-se uma grande área de informática de um lado e uma miríade de planilhas eletrônicas para resolver os problemas mais diversos do outro.

As planilhas são necessárias, mas não para substituir sistemas de forma quase permanente. Isso lembra o fenômeno de um cano de água rompido que tentamos tapar com as mãos, a água sai para todos os lados com mais força e, eventualmente, nos molhará. Quando se criam barreiras em um fluxo necessário, surgirão caminhos alternativos que quase sempre são muito piores que o caminho normal.

Informática é um iceberg

Por outro lado, a informática é uma das poucas áreas que podem enganar muita gente por muito tempo. Isso acontece porque é possível fazer uma boa especificação e entregar um belo sistema dentro do prazo, que cumpra os requisitos combinados, mas esconda, debaixo do tapete, problemas muito sérios.

Isso acontece porque, se o objetivo é apenas cumprir o que foi prometido, é possível fazer tudo de forma internamente improvisada, mas aparência final ótima. Quem conhece programação sabe que é possível programar muito rápido se não há nenhuma preocupação em documentar ou deixar o programa escrito de uma forma limpa.

Evidentemente, quanto maior o sistema que está sendo desenvolvido, mais difícil será é agir puramente desse modo, porque os próprios desenvolvedores vão perdendo o controle durante o projeto. Mas, mesmo assim, muita coisa ruim pode ser feita. É só olhar para aqueles apartamentos bonitinhos reformados de forma oportunista. "Por fora, bela viola, por dentro pão bolorento".

Se assim for, a conta começará a ser paga logo quando os usuários começarem a identificar erros por trás da aparente beleza ou solicitar as primeiras alterações. Programa feito rapidamente costuma ser muito tortuoso e muito difícil de alterar. Daqui a algum tempo, a área terá que decidir jogar o programa fora e começar tudo de novo, ainda mais quando alguns dos desenvolvedores originais saem da empresa.

Esse tipo de software, que também inclui aqueles resultantes de especificações mal definidas, é carinhosamente apelidado de *shelfware* (software de prateleira), que é o lugar para onde ele vai, depois de pouco tempo.

Metodologias de programação

As metodologias, assim como na área de projetos e processo, são úteis, mas desde que não sejam usadas de forma exagerada e ao pé da letra, a ponto de tomar uma fatia substancial do tempo total dedicado ao desenvolvimento de sistemas. Se não coroam a burocracia, tornam tudo tedioso e aumentam o prazo do desenvolvimento de sistemas, de forma impressionante. Quando, enfim, o sistema fica pronto, já não atende mais ao usuário.

Independente da metodologia, é essencial que os gestores façam, entre outras coisas, algum processo de auditoria de código (conteúdo dos programas), para tentar levantar o tapete e ver alguma poeira. Técnicas de desenvolvimento ágil defendem que nunca se deve deixar que o código seja de conhecimento de apenas uma pessoa. Alguns programadores tendem e até se orgulham de escrever o código de forma extremamente confusa e obscura, como se tivessem esculpido um hieróglifo, a ser decifrado por gerações posteriores.

Há, inclusive, a modalidade de programação em dupla, na qual duas pessoas trabalham no mesmo programa ao mesmo tempo. Apesar da ocupação destas duas pessoas, os problemas tendem a ser bem menores, porque uma vigia a outra.

Outro ponto positivo é a preocupação de escrever os programas com código reaproveitável, isto é, de forma que parte do trabalho possa ser aproveitada em projetos futuros. Quando isso se torna um hábito para os desenvolvedores, o acréscimo de tempo é pequeno e a economia de tempo futuro pode ser muito grande.

Todo processo de desenvolvimento precisa ser conduzido com qualidade e acompanhado de uma documentação bem-feita, de forma a possibilitar que, mesmo com a eventual mudança de pessoas, não se perca o resultado do trabalho. O usuário também tem de ser mantido presente durante o processo de desenvolvimento, para impedir que pontos eventualmente obscuros da especificação descambem para funcionalidades inadequadas.

Quanto à documentação, não é preciso cair no exagero de algumas metodologias, que preconizam uma variedade interminável e volumosa. No entanto, a documentação deve incluir alguns diagramas visuais, que apoiem um entendimento genérico das funcionalidades do sistema, documentação interna aos programas, uma boa documentação de dados, relativa ao que entra e sai do sistema, e um manual completo do usuário. A documentação precisa ser construída de forma concomitante ao projeto. Sabemos que, quando se faz a documentação depois de tudo, sua qualidade tende a cair bastante.

O teste é outro calcanhar de Aquiles. Muitos desenvolvedores detestam testar, porque é muito menos interessante do que programar. A gestão de TI precisa atentar para isso e garantir que, por construção, os sistemas não sejam liberados sem antes passar por uma extensa bateria de testes, ainda que isso envolva uma fase de implantação beta (em teste).

• • •

Nunca é tarde para dizer, mas, para a maioria absoluta das empresas, não é interessante investir em desenvolvimento interno. É preferível selecionar um ou mais pacotes que atendam às suas necessidades básicas, no calibre que for preciso. Afinal, a maioria das áreas de TI das empresas, nas quais TI não é uma área fim, apresenta grandes deficiências.

No mais, é possível ter alguns sistemas localizados, para lidar com as partes nas quais se constatam que formam um diferencial competitivo. Esses sistemas devem interfacear (comunicar-se) com os pacotes nos pontos certos. Mas, mesmo nesses casos, é possível terceirizar o desenvolvimento, contratando-se uma boa empresa especializada.

Treinamento e implantação

Não devemos implantar nenhum sistema sem um treinamento prévio. Ninguém adivinha que existe o sistema e nem como ele deve ser utilizado. Parece piada, mas há casos em que se considera implantado um sistema após o encaminhamento de um e-mail com os dizeres: "O sistema se encontra disponível no local xxx".

Todo usuário do sistema tem de ser treinado de forma ampla antes da sua implantação. O treinamento deve conter toda a rotina de trabalho envolvida e não somente a utilização do sistema em si.

A partir daí, pode haver uma área de suporte para esclarecer dúvidas de modo presencial, por telefone ou e-mail. O usuário pode também, se tiver perfil para isso, consultar o manual, que idealmente deve estar disponibilizado on-line, integrado ao sistema.

Mesmo que os usuários terminem por não usar o manual, ele é muito útil como documentação do sistema, porque os próprios desenvolvedores costumam ter dificuldades em assimilar todos os seus detalhes, sem um manual completo.

Deve-se, de tempos em tempos, avaliar a utilização do sistema, através de *log* (histórico) de utilização, para verificar quais usuários, entre os esperados, não estão usando o sistema ou o estão subutilizando.

A partir daí, deve-se conduzir um processo investigativo junto a esses usuários para entender suas razões. Pode ser falta de treinamento, inadequação ou falta de adaptação. No pior dos casos, pode ser até necessário fazer adaptações no sistema para reconquistar os usuários desgarrados.

O sistema só deve ser considerado implantado quando todos os usuários o estiverem utilizando na sua plenitude. Não adianta um sistema perfeito sem usuários (é como uma obra de arte coberta).

Técnicas modernas de desenvolvimento defendem que o desenvolvimento seja feito de forma incremental, entregando-se progressivamente novas funcionalidades para o usuário. Isso permite etapas mais curtas, com testes e implantação mais frequentes.

Ambiente de trabalho

O trabalho rotineiro de um escritório, quando não envolve comunicação com pessoas, é feito diante da tela de um computador.

Normalmente, um usuário tem acesso a alguns aplicativos de comunicação (aplicativo de e-mail e programa de comunicação instantânea), apresentação (do tipo PowerPoint), edição de textos e planilhas eletrônicas, além de alguns outros, dependendo da natureza do seu trabalho.

Além disso, um usuário costuma ter acesso a alguns sistemas da empresa e à própria intranet, que é um site interno aos funcionários, contendo as informações e notícias mais relevantes para o seu público interno.

E-mails podem ser, em muitos casos, substituídos com vantagens por sistemas de alerta vinculados a aplicativos ou painéis de bordo, que podem estar associados, por sua vez, a um fluxo de trabalho (*workflow*). Com isso, troca-se e-mails desorganizados e desestruturados por um ambiente onde a informação flui de forma limpa e definida.

Os sistemas de uma empresa se dividem didaticamente em dois tipos, os sistemas transacionais, nos quais se registram as operações da empresa e os sistemas gerenciais, voltados para a tomada de decisão. Na prática, muitos sistemas são predominantemente de um tipo, mas podem ter traços de outro.

O ambiente ideal de trabalho, em uma empresa moderna, consiste em disponibilizar para cada profissional o acesso direto a todos os sistemas que ele utiliza na empresa. Assim, tudo se passa como se existisse um grande sistema que encapsulasse todos os outros. Esse acesso pode ser feito pela própria intranet ou através de algum outro aplicativo que cumpra essa missão.

Outro ponto importante é que, dentro de cada sistema, o usuário só acesse os pedaços que lhe dizem respeito e o mesmo se dê em relação aos dados da empresa. Isso tudo ajuda a tornar a sua vida mais objetiva, evitando o excesso de opções e informações.

Em relação aos chamados sistemas gerenciais, para o usuário não ficar disperso, o ideal, quando possível, é criar um processo organizado de tomada de decisão, que defina uma rotina de trabalho e direcione o usuário a seguir um roteiro, de forma a tornar a tomada de decisão mais ágil. Se isso puder ser incorporado ao sistema, melhor ainda. De certa maneira, estaremos convertendo um sistema gerencial em um tipo de sistema transacional, no qual a transação é a tomada de decisão. Quanto menos sistemas houver para cada usuário usar e quanto mais padronizada for a sua utilização, mais fácil será a vida do usuário.

Painel de bordo

Para os níveis executivos, é cada vez mais comum o uso de ferramentas de *business intelligence* (BI), que consistem em ambientes estruturados de apresentação de métricas e indicadores, sobre os quais o usuário pode navegar de diversas maneiras.

A tela principal inicial apresentada pelo BI é geralmente chamada de Painel de Bordo (*dashboard*), que consiste em uma única tela que apresenta as mais importantes informações de que aquele usuário precisa diariamente tomar conhecimento, usando muito a parte visual, como se fosse o painel de instrumentos de um avião, com indicações claras sobre o que está ou não indo bem e que deve, portanto, merecer sua atenção imediata.

O painel de bordo é acessado dentro da mesma tela que se usa para evocar todos os outros sistemas. No caso de altos executivos, que por vezes acessam poucos ou nenhum sistema da empresa, o painel de bordo pode ser a tela padrão de visualização, sendo um eventual sistema chamado diretamente a partir do painel de bordo.

É possível montar um painel de bordo usando-se desde uma planilha eletrônica como o Excel acessando bancos de dados ("depósito" que armazena dados em grande quantidade de uma forma organizada e facilmente recuperáveis, como o SQL Server) até uma ferramenta de milhares de dólares, que consegue dar um visual muito mais profissional.

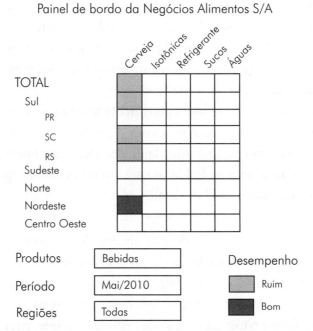

Exemplo esquemático para ilustrar o poder de um painel de bordo. O analista percebe que há problemas no setor de Bebidas. Então, clicando, ele vê que a cerveja está ruim, e clica para abrir nas regiões. O Sul é o culpado, ele clica novamente para identificar o Rio Grande do Sul e Santa Catarina como os vilões. É possível mudar o período de análise, as linhas, as colunas e a informação a ser exibida.

A ideia básica de um BI é que o usuário consiga visualizar instantaneamente qualquer cruzamento relevante de dados desejado em um piscar de olhos. Essa visualização pode ser tabular ou por meio de gráfico, dependendo da necessidade. O truque para que tudo seja instantâneo é que os softwares de BI pré-armazenam como dado todos os cruzamentos interessantes de fazer, sem que haja necessidade de fazer demorados acessos e cálculos.

Assim, um fabricante de cervejas visualiza a venda de cerveja no Pará em 2003 e em seguida acessa o estoque de uma cerveja específica em um depósito em Petrópolis no dia que antecede o carnaval em 2009.

Qualquer ferramenta de BI tem grande facilidade em mudar a informação que está sendo exibida na tela em poucos cliques e de forma muito rápida. É possível inverter, mudar, detalhar, ordenar, filtrar, sintetizar, tudo muito rapidamente.

Outro recurso muito útil é listar valores que atendam a uma dada condição de exceção alertar o usuário. Por exemplo, é possível descobrir rapidamente os centros de distribuição com estoque crítico de alguma bebida relevante, para disparar ações corretivas.

O painel de bordo representa a "capa" desse mundo quase infinito. Em geral, dispõe de alguns valores cruciais para aquele gestor, com alguma indicação visual (usando cores, bandeirolas, setas etc.) sobre como está indo (bem, mal, mais ou menos etc.).

Assim, um gestor pode ver que hoje a região norte está bem abaixo da meta, por meio de uma bandeirola vermelha. O usuário então clica onde está mal, para tentar compreender melhor o problema. No caso, ele pode descobrir que o problema está mais no estado do Pará. Nesse momento, liga para a sucursal e descobre que uma grande rede de bares passou a trabalhar com o concorrente. Então, o executivo autoriza a sucursal a aumentar o desconto para essa rede.

Para evitar um videogame infinito, geralmente montam-se visões articuladas para os gestores, de forma a ter uma aderência com a forma de atuar, tanto em relação à gestão de pessoas como em relação à tomada de decisões. Usualmente, o gestor não se aprofunda muito. Quando toca na ferida, aciona um subordinado, que pode visualizar a ferramenta de BI com outro nível de detalhe.

• • •

Como o computador é quase a casa do trabalhador de escritório, é necessário saber utilizar adequadamente os recursos da casa. Assim, além dos sistemas da própria empresa, geram-se enormes benefícios se a informática, por diversos mecanismos, conseguir melhorar a forma de os usuários usarem os principais aplicativos.

Isso pode ser feito a partir da criação de pequenas rotinas, para lidar com tarefas em repetitivas, e a passagem e de algumas dicas básicas, de uso. A média dos usuários faz um uso tão sofrível de ferramentas como editores de texto, planilhas eletrônicas e correio eletrônico, que um pouco de conhecimento pode agregar uma melhora substancial da produtividade no uso dessas ferramentas.

Breve história da Ford X GM X Toyota

Em 1885, Benz (o mesmo que está no nome Mercedes Benz) produziu, na Alemanha, o primeiro veículo motorizado com motor de combustão a gasolina. Em 1900, nos EUA, estimativas falam em dois mil carros e 20 milhões de cavalos. Em 1892, Henry Ford construiria, por passatempo, seu primeiro automóvel. Mas somente em 1903 ele abre uma pequena indústria, que, no mesmo ano, já produz 1.708 carros.

Já naquela época existiam muitas pequenas indústrias automobilísticas nos EUA, pois era um mercado novo, mas cobiçado. Ford queria fazer um carro popular para o mercado de massa. A maioria absoluta dos outros fabricantes queria vender carros caros para um mercado de luxo.

A Oldsmobile, fundada em 1893 por Olds, era uma das raras empresas com visão parecida com a da Ford. Em 1903, o seu *Curved Dash* tinha 1/4 do mercado americano, ao preço de US$ 650, em valores da época (US$ 15 mil atuais). Esse carro já era fabricado em uma linha de montagem inspirada nos matadouros de Chicago, que usam esse conceito desde 1860.

Os outros carros, na época, eram montados por um conjunto de operários, todos ao mesmo tempo, sem nenhuma especialização, mas Olds perdeu o bonde da história, no qual a Ford embarcou, em parte por causa da briga com seu sócio, que tinha uma visão elitista do mercado de carros, como a maioria.

Ford, desde o início, estava focado em investir em inovação tecnológica para reduzir muito o custo de produção e passar essa economia para os consumidores. Mesmo com preços baixos, os lucros cresciam com o volume das vendas. Seu sonho era um carro de US$ 500 (US$ 11,5 mil atuais).

Em 1908, Ford lança o modelo T, que teve um sucesso contínuo por 18 anos. A Ford, já em 1909, produziu 10 mil automóveis. Um dos diferenciais, que foi essencial para o sucesso do modelo T, foi a primeira aplicação em larga escala do conceito de "linha de produção". Em 1925, a Ford monta mais de 9 mil carros em um único dia.

A linha de produção era contínua, usando-se uma esteira rolante em que cada operário executava uma tarefa específica, passando depois para o próximo da linha, e ao final da linha o veículo saía pronto. Como neste caso os tempos e movimentos eram cronometrados, os operários eram forçados a manter um ritmo constante de produção, pois, de outro modo, prejudicariam os próximos da linha. Essa técnica melhorou em muito a produtividade, mas logo seria copiada por todos os seus concorrentes.

Ford T de um anúncio de 1908.

Início da General Motors

A General Motors (GM) foi fundada em 1908. A empresa tinha se ligado à Buick, que tinha tecnologia arrojada, e se fundiu à Oldsmobile, que tinha boas práticas de produção, formando a GM.

Em 1909, a GM incorpora a Cadillac e a Pontiac (originalmente Oakland). Até 1920, a GM incorporou muitas empresas pela aquisição parcial ou total de suas ações. Um dos diferenciais da GM, desde o princípio, foi o desenvolvimento de novos produtos e inovações. Em 1911, a GM inventou o motor de partida elétrico, que foi um grande diferencial, pois até então dava se partida nos carros, com muito esforço, girando-se uma manivela.

Ford, em 1914, decide pagar US$ 5 (US$ 106 atuais) por dia aos seus funcionários, aplicando um aumento de cerca de 115%. Decidiu ainda reduzir a carga horária de nove para oito horas diárias, sendo um dos pioneiros. Ele fez isso para combater a sindicalização, diminuir o *turnover* e aumentar a produtividade. Mas isso ficou condicionado a quotas de produção e até o comportamento dos trabalhadores em casa era avaliado pelo assim chamado "Departamento Sociológico". Havia ainda um programa de "americanização" para os imigrantes.

Em 1926, a GM lança o modelo Chevrolet, mais potente e estiloso que o seu concorrente Modelo T, da Ford, que a partir de 1914 só existia na cor preta, pois era a cor que secava mais rápido. Daí a famosa frase de Ford: "O cliente pode ter um carro de qualquer cor que ele queira, desde que seja preto".

As vendas do Modelo T despencaram, forçando a Ford a descontinuar a produção, após 15 milhões de veículos fabricados. Em 1928, a Ford lança o Modelo A, que já estava em desenvolvimento, parando as suas fábricas por seis meses, até que as linhas de produção estivessem preparadas para produzir o novo modelo.

Ford chegou a tentar uma carreira política e as técnicas de produção em massa foram admiradas e imitadas até pelos comunistas soviéticos. Em 1926, implanta a semana de trabalho de cinco dias. Declarava que tinha uma visão de que pessoas mais bem pagas e com mais tempo livre consumiriam mais, inclusive seus carros.

GM assume a liderança

Em 1928, a Ford começa a atuar na Europa, três anos antes da GM. Em 1931, a GM assume a primeira posição na venda de automóveis no mundo, que seria mantida até 2007, e adquire a Opel na Alemanha, que se tornaria a principal marca da GM na Europa.

Entre 1937 e 1941 os sindicatos assumem um grande poder de barganha, impondo, nas décadas seguintes, acordos que levaram as indústrias automotivas norte-americanas à bancarrota, em virtude dos custos de produção que tornavam os seus carros, em média, muito mais caros que os de seus concorrentes.

Em 1941 a GM tinha 44% das vendas totais de automóveis nos EUA, comparado com 12% que tinha em 1921. A década de 1950 foi caracterizada pela explosão da venda de automóveis e contínuas inovações no estilo e na tecnologia. Já no início da década, todos os modelos produzidos nos EUA pela GM tinham opção com câmbio automático, e em meados da década de 1950 foram lançados modelos com oito cilindros, ar-condicionado e cintos de segurança. A Ford já não era mais considerada pioneira, mas sim uma imitadora da GM.

De 1923 a 1956 a GM foi dirigida por Alfred Sloan, admirado por Peter Drucker e que deu origem ao nome da mundialmente famosa escola de negócios da MIT – Massachusetts Institute of Technology – nos EUA. Ele introduziu modernas práticas de planejamento, estratégia, métricas e descentralização, além de ser pioneiro da Obsolescência Planejada, que consistia em todo ano fazer o modelo do ano anterior ficar ultrapassado.

Início da Toyota

Em 1933, o japonês Toyoda viaja pelos EUA, onde visita várias indústrias automotivas. No seu retorno ao Japão, funda, dentro da fábrica de tear de seu pai, uma divisão voltada para automóveis, a Toyada (depois Toyota), inspirado no modelo norte-americano. Em 1935, produz o seu primeiro protótipo. A GM e a Ford já tinham nessa época indústrias no Japão. Como o Japão não tinha petróleo, a tendência da sua indústria automobilística foi desenvolver veículos que fossem mais econômicos.

No final da Segunda Guerra Mundial, a indústria estava sucateada e tinha de começar praticamente do zero. Como os norte-americanos estavam concentrados nos modelos médios e grandes, a Toyota decidiu se concentrar nos modelos compactos. Em 1947, ela lança o seu primeiro modelo compacto.

Quanto mais a indústria norte-americana crescia, maiores eram também as importações de carros para os EUA, acompanhadas pela tendência de haver um segundo carro para cada família. Com isto, havia um maior interesse em carros menores, que eram pouco ofertados pelas indústrias norte-americanas. Já em 1957, as importações de carros eram maiores que as exportações e as importações já correspondiam a 8% do mercado norte-americano.

Em 1950, dois executivos da Toyota visitam várias fábricas da Ford nos EUA, para conhecer as últimas tendências do mercado. A viagem serviu para convencê-los da necessidade de manter a Toyota sempre com maquinários de última geração. Ela também serviu de inspiração, observando-se o funcionamento dos supermercados, entre outras coisas, para a Toyota criar o chamado Sistema Toyota de Produção, que é uma constelação de práticas que foi sendo continuamente aperfeiçoada e hoje é muito badalada no mundo dos negócios.

O Sistema Toyota de Produção implanta em suas fábricas o sistema Kanban ("cartaz visual", em japonês), que é um esquema de sinalização com cores que orienta a execução do processo *Just in Time* (JIT), que basicamente consiste em um processo em que cada etapa da produção só produz o que lhe é designado, nem mais nem menos, contrastando com a produção em massa preconizada pela Ford. A produção em massa produz muitos estoques intermediários, que mascaram os defeitos e problemas com a linha de montagem. Na Toyota, os funcionários tornam-se menos especializados, para atender a uma demanda menor por modelo, mas com maior variedade.

Essa filosofia representa muito mais que um mero sistema de produção. Há uma filosofia participativa, na qual há um processo padronizado e nivelado, para aumentar a previsibilidade de produção, mas com controle de qualidade incorporado ao processo promovendo a melhoria contínua (kaizen). Os problemas são detectados pelas próprias pessoas envolvidas na produção, além de haver um sistema incentivado de sugestões, copiado da Ford e melhorado.

A Toyota tinha de crescer em um mercado altamente competitivo, que estava inundado por produtos norte-americanos e europeus, tendo de investir pesadamente em pesquisa e desenvolvimento para encontrar diferenciais em relação aos seus competidores.

A Toyota entrou de forma desastrada no mercado norte-americano em 1957, com o Toyota Crown, descumprindo o velho preceito de "pensar globalmente e agir localmente". Surgiram problemas porque as velozes estradas norte-americanos não se comparavam às estreitas estradas japonesas, muitas delas não pavimentadas. Isso trouxe uma injusta má fama de qualidade aos carros japoneses, que demorou a se reverter.

Japão sobe, EUA cai

Leis antipoluentes recém-aprovadas nos EUA, junto com a crise de petróleo em 1973, associadas à flexibilidade decorrente do sistema Toyota de produção, serviram como uma perfeita porta de entrada no mercado norte-americano para os japoneses com seus carros econômicos, menos poluentes, mas com alta qualidade, contrastando com as opções popularescas locais. Em 1980, a produção automobilística japonesa já era maior do que a norte-americana e, no mesmo ano, a Toyota já era a terceira indústria automobilística no mundo em produção de carros.

Depois de primeiro copiar e depois melhorar, e muito, chegou a vez de a Toyota ensinar para os norte-americanos. Em 1984, a GM, que tinha fechado uma fábrica por baixa produtividade, reabre a mesma fábrica associada à Toyota, para aprender sobre as técnicas japonesas de fabricação, administração e qualidade. Por outro lado, a Toyota tinha a oportunidade de ter a sua primeira fábrica nos EUA e testar os seus sistemas de produção dentro do ambiente de trabalho norte-americano. O teste foi um sucesso e esta fábrica está entre as mais produtivas nos EUA. No início da década de 1990, a Toyota já vendia mais de um milhão de veículos por ano nos EUA.

A Ford, na contramão das tendências do mercado, suspendeu, no final da década de 1970, o desenvolvimento de novos modelos compactos, e já em 1980 apresentou um grande prejuízo. Também a Ford queria aprender com os japoneses e, em 1979, funde a sua subsidiária no Japão com a Mazda. Um plano gigantesco de reestruturação traz a Ford de volta aos trilhos do lucro e, em 1986, a Ford, pela primeira vez desde 1924, ultrapassa a GM em faturamento.

No início dos anos 1990, houve uma recessão mundial irradiada dos EUA, que nasceu no governo Reagan, a partir de uma explosão de créditos desregulamentados e arriscados (a história se repete). Essa crise ajuda a trazer novamente a Ford para o vermelho, junto com a GM. Os problemas da GM incluíam gigantismo, concorrência intensa, altos custos de mão de obra, excesso de capacidade instalada e complicados procedimentos de produção. As duas empresas passam então por uma forte reestruturação. A Ford torna-se a mais lucrativa percentualmente das três grandes norte-americanas, mas a GM bate recordes de faturamento, embora sua participação continue caindo.

Tanto a Ford como a GM foram beneficiadas, no final dos anos 1990, pelo bom momento da economia norte-americana, associado ao nicho de vans, utilitários e caminhões leves, além de ações momentâneas de lobbies junto ao governo americano.

A Toyota foi atingida pela recessão mundial e pela queda do dólar perante o yen, tornando seus carros caros nos EUA, e com isso assiste à queda contínua de seus lucros no início dos anos 1990. Assim, implanta um programa agressivo de corte de custos, incluindo a transferência da produção para mercados com custos mais baixos e a redução dos custos de produção. Há a eliminação de dois níveis gerenciais e de parte do corpo executivo, mas sem um corte expressivo de pessoal nem fechamento de fábricas, de forma consistente com a filosofia da Toyota.

Em 1997, é lançado o Toyota Prius, o primeiro carro híbrido (gasolina e eletricidade) de sucesso, uma das mais radicais inovações do mercado automobilístico, com mais de um milhão de veículos já vendidos até 2008. Ele usa um mecanismo inteligente, que recarrega a bateria com o movimento do carro e com o funcionamento do motor e que é acionado automaticamente na marcha lenta, fazendo dele um carro muito econômico e pouco poluente.

A Ford, em 2001, após dezenas de mortes em acidentes, demora cinco meses para admitir um problema nos pneus da van Explorer e faz um dos maiores recalls da indústria automobilística, trocando 13 milhões de pneus, ao custo de US$ 3 bilhões. Isso gera um prejuízo enorme e a Ford passa a ser considerada uma das piores indústrias em termos de qualidade. A Ford passa por mais um intenso e contínuo processo de redução de custos e aumento de qualidade, mas, desde então, continuou perdendo e só deu lucro em 2003 e 2004, puxado pelo mercado externo aos EUA.

De toda maneira, os custos trabalhistas americanos elevados, com a pressão dos sindicatos, especialmente em relação aos custos de saúde e pensão, impactaram muito a indústria automobilística local, especialmente a GM, que tinha feito acordos "generosos" em tempos de bonança. A GM também ficou abalada pelos maus efeitos resultantes da compra de 20% da Fiat, depois desfeita. Além disso, o aumento progressivo do petróleo, a partir de 2003, fez o feitiço virar contra o feiticeiro, em relação ao foco da indústria norte-americana nas vans e minivans.

Resultado final: agravada pela crise mundial de 2008 e pela repentina carência de crédito, a GM pede concordata e o governo americano entra como sócio; a Chrysler, após muitas crises e abalada com sua aquisição mal digerida pela alemã Daimler-Benz entre 1998 e 2007, foi comprada pela Fiat; e a Ford se debate para não entrar na mesma situação, apesar de em 2008 ter tido o maior prejuízo de sua história. Enquanto isso, a Toyota já é a maior produtora de carros e a quinta empresa em faturamento no mundo. A alemã Volkswagen, com suas diversas bandeiras, continua líder na Europa de forma quase ininterrupta desde 1985 e teve um bom lucro em 2008.

Novos rumos

No final de 2010, a GM lançou o Volt, um carro híbrido que pode ser reabastecido em uma tomada (*plugin*), mas a Toyota está lançando um kit para transformar o Prius em um *plugin*, além de planos para lançar novos modelos *plugin*. A Toyota também anunciou que pretende dispor de uma versão híbrida para toda a sua linha de automóveis, sem custo adicional.

A propósito, para viabilizar o carro elétrico puro, a grande batalha é tornar o seu uso prático, seja diminuindo o tempo de recarga da bateria para minutos, conforme pesquisas já bem adiantadas na MIT, seja criando um logística de troca de bateria vazia por bateria cheia nos postos de abastecimento.

Uma nova vertente de mercado está surgindo na Índia com a Tata Motors. Esta empresa começou a fabricar veículos comerciais na Índia em 1954, em parceria com a Daimler-Benz da Alemanha. Somente em 1992 ela entra no mercado de veículos de passeio e já, em 1998, lança um modelo que se torna um dos maiores sucessos de venda da indústria automobilística indiana.

Em 2009, começa-se a vender na Índia o Tata Nano, o veículo de passageiros mais barato de toda a história, por cerca de US$ 2 mil. Esse custo é possível pelo baixíssimo custo relativo de mão de obra na Índia. Esse carro destina-se a atender as intenções de consumo de uma crescente classe média em todo o Terceiro Mundo, com um enorme potencial de vendas. Em 2008, a Tata Motors compra as marcas Jaguar e Land Rovers da Ford, mostrando que não veio somente para disputar o segmento de carros populares, mas sim para atender o mercado como um todo

Conclusão

Como um todo, a história mostra que o pioneirismo foi da **Ford**, que teve a ousadia de enxergar no carro mais que um brinquedo de luxo, trazendo-o para as massas, com uma preocupação leonina com custos, através da eficiência da produção. No entanto, isso foi imitado pela **GM**, que ampliou as possibilidades pela inovação constante de produtos e uma melhor visão de marketing, que a Ford não conseguiu reproduzir bem. Mas as duas foram tragadas pela **Toyota**, que, pela sua cultura e o modo como lida com as pessoas, conseguiu se destacar tanto em custos quanto em inovação.

Todavia, não há ícones sagrados. No início de 2010, tornou-se claro que a **Toyota** demorou muito para assumir problemas nos seus carros nos EUA, o que acarretou em riscos potenciais a seus clientes. Esse escândalo está desgastando sua forte imagem de qualidade e respeito pelo consumidor, angariada ao longo de tantos anos.

O que apoia a roda

Nos casos de empresas norte-americanas, há inegavelmente o peso das questões trabalhistas, que as prejudicou muito. Mas, além de brincarem com aquisições e diversificações duvidosas, mantiveram por muito tempo a fé nos carros grandes, como se a gasolina fosse um eterno presente de Deus. Havia, sim, os carros econômicos, mas eram de baixa qualidade relativa. Eles também se iludiram com o benefício dos *lobbies*, que criavam barreiras apenas temporárias.

Essas empresas agiram como carros desgovernados. São mais um exemplo do gigantismo presunçoso. Veja o caso da Ford, que, por não ter tido uma atuação rápida no caso do *recall* dos pneus, teve um prejuízo de imagem, com tantas mortes nas costas, muito maior que o prejuízo efetivo.

No final, a **Tata** aparece turbinada por carros de baixíssimo custo, mas a história é ainda muito recente para sabermos se haverá fôlego para que ela seja maratonista de longo percurso.

Ligando os pontos 11

Conhecimento

> *"A ação é o fruto apropriado do conhecimento."*
> Thomas Fuller, historiador, escritor (1608-1661)

> *"Se o conhecimento pode criar problemas, não é através
> da ignorância que podemos solucioná-los".*
> Isaac Asimov, escritor de origem russa (1920-1992)

Muitos indivíduos abrem uma empresa sem curso superior, e até mesmo sem qualquer educação formal. Isto não é, em si, um impeditivo para o sucesso. Há grandes empreendedores natos. Silvio Santos é um exemplo marcante disso.

No entanto, quando uma empresa nova começa a crescer muito, a complexidade de sua gestão aumenta de forma geométrica, isto é, em escala muito maior do que seu crescimento. No início, ainda é possível saber tudo o que acontece, mesmo que seja sob uma visão distorcida. Porém, após algum tempo, saber de tudo passa a ser uma ilusão que os fundadores gostam de sustentar.

Se o empreendedor for sábio, ele tratará, de algum modo, de profissionalizar a empresa, contratando profissionais competentes, de modo a fazer frente às novas exigências do mercado no qual atua. No entanto, diplomas não garantem a modernidade, em parte porque há muitos profissionais fracos, em parte porque é comum o profissional não sentir ter campo para aplicar na empresa seus conhecimentos, quer por desinteresse, quer pela falta de consciência de quem o contratou. Além disso, tanto as faculdades quanto os livros didáticos ensinam muitos conteúdos que não se aplicam razoavelmente na prática. Há, ainda, toda uma preocupação acadêmica em atribuir contexto histórico e expor as diferentes correntes de pensamento teóricas, algumas já em desuso. Com isso, o sumo de elementos efetivamente úteis, dentro desse contexto, pode ser insípido, diminuindo a fixação.

Outras vertentes do conhecimento podem ser meramente ignoradas. Por exemplo, como já comentamos, há muitas empresas que desprezam o potencial que técnicas matemáticas podem representar para um empreendimento. De forma similar, muitas empresas pequenas e médias veiculam propagandas amadoras, não por falta de verba, mas por ignorância elementar sobre as técnicas publicitárias vigentes.

Para muitos, a ideia central é arregaçar as mangas e trabalhar; 99% de transpiração e 1% de inspiração, como dizia o inventor Thomas Edison. A mídia vende muito a ideia da construção pelo suor. Junte-se uma inspiração, garra para dar e vender, muito suor e uma pitada de sorte, e a empresa vai deslanchando.

Isso pode funcionar bem em princípio, embora haja uma grande taxa de mortalidade nos empreendimentos que se iniciam. Uma pesquisa do SEBRAE, de 2004, constatou que 60% das empresas abertas em 2000 fecharam em três anos, 70% delas por motivos gerenciais. Certamente, a falta de conhecimentos específicos contribui para elevar a taxa de insucesso.

Posteriormente, o crescimento, se acontecer, além de aumentar a complexidade, passa, em muitos casos, a incomodar a concorrência, que começa a perceber a empresa. A partir desse momento, a concorrência enfrenta a presença da empresa no mercado. Pode ser que isso pressione a empresa a buscar eficiência para ficar mais competitiva e, nesse caso, melhores práticas farão ainda mais falta.

As empresas criam métodos para lidar com as situações que não se coadunam muito com o conteúdo acadêmico tradicional. Nos cursos de pós-graduação, existem mais elementos, porém dispersos e específicos. Algumas dessas práticas das empresas se disseminam porque profissionais trocam de empresa. As empresas, por sua vez, ao reconhecerem em si algo que julguem ser um diferencial, tendem a querer guardá-lo para si.

O mundo da Administração não muda tão rápido. As principais abordagens já estão aí há um bom tempo. Mas quando se pensa em produtos, mercado, técnicas, informática, medicina, materiais etc., a toda hora surgem novidades que podem ser importantes para o seu negócio ou para os seus concorrentes.

Por exemplo, técnicas de construção sustentável (*green building*), que buscam formas de construção menos agressivas ao meio ambiente e com consumo reduzido de energia e água, têm sacudido os alicerces da arquitetura convencional, incluindo constantes novidades em materiais, equipamentos e técnicas. Se um arquiteto permanecer desatualizado, pode perder a chance de aproveitar alguns princípios inovadores e de poupar muitos recursos no projeto de uma nova fábrica ou loja.

Empresas aprendem

A empresa precisa estar atenta a essa necessidade, o que envolve algumas ações possíveis junto a seus colaboradores:

- Estimular os funcionários mais promissores para que se atualizem com bons cursos de graduação ou pós-graduação em áreas diversas, desde que relacionadas, de algum modo, a algum nicho de atuação da empresa. Isso pode ajudar a suprir as lacunas de formação.
- Procurar estimular a leitura de revistas especializadas, bons livros, sites ou blogs especializados. No entanto, como já foi abordado no tópico de Informação, é fundamental um caráter seletivo bem aguçado, para se buscar o que há de realmente relevante em tudo isso e não haver afogamento nessa enxurrada de informações.
- Atualmente, a participação, muito comum através da internet, em grupos e associações especializadas, ajuda a trazer muitas novidades ou práticas, já devidamente comentadas e avaliadas. Por exemplo, técnicos de informática encontram um riquíssimo manancial de informações em blogs, fóruns e grupos de discussão.
- A empresa não deve ser uma ilha. É essencial que esteja constantemente observando o que acontece no mercado como um todo e em outras empresas, quer diretamente, quer com novos funcionários egressos de outras empresas ou estudos de casos na literatura ou na internet.
- Treinar constantemente os funcionários sobre temas que sejam novos ou mal explorados na empresa. Isto, além de gerar oxigenação de ideias, também gera motivação nos funcionários envolvidos.
- Contratar profissionais que tenham um conhecimento que é inexistente ou fraco na empresa é uma ótima forma de trazer a ela estes conhecimentos.
- Contratar consultorias com a finalidade de trazer novos conhecimentos, práticas e técnicas para a empresa.

Gestão de conhecimento

Todo cabedal de conhecimento, práticas e macetes das pessoas não deveria ficar apenas com elas. Uma empresa, especialmente de maior porte, deveria pensar em meios de registrar formalmente esse conhecimento, de modo estruturado, de forma que fique disponível na empresa para servir de material de consulta para outras pessoas.

A disciplina que estuda formas de aquisição, registro e divulgação do conhecimento é a gestão do conhecimento (*knowledge management*). O conhecimento pode ser registrado através de softwares especializados. A Wikipedia é um exemplo simples de como isso pode ser feito. As pessoas registram o conhecimento, outras podem pesquisar e acessá-lo. Para empresas, existem softwares muito mais profissionais e com muito mais recursos.

É preciso garantir que o conhecimento registrado seja relevante, claro e preciso, para a empresa não ficar com uma base enorme, com muita informação inútil ou inaproveitável. Por isso, é necessário um forte mecanismo de controle de qualidade, para evitar a monopolização de um determinado conteúdo. Todas as áreas precisam de um "conselho" editorial, para que a qualidade seja mais consistente e de fácil leitura e assimilação.

Registrar formalmente o conhecimento contribui para que o conhecimento se eternize na empresa, mesmo que determinadas pessoas venham a sair.

...

O limitado conhecimento dentro de uma empresa, principalmente em relação às suas operações-chave pode significar, em médio e longo prazo, uma perda de competitividade, que pode conduzir a empresa por caminhos sem retorno.

Modismos

"Moda, afinal, são apenas epidemias induzidas."
George Bernard Shaw, dramaturgo irlandês (1856-1950)

O novo atrai!

Uma empresa, a seu modo, é muito parecida com indivíduos, até porque é formada por um conjunto deles e, com isto, tem todos os sentimentos humanos individuais: amor, ciúmes, vaidade, ódio etc.

O que abordamos no capítulo de marketing, sobre a forma como os modismos se impregnam na sociedade, vale também, em certa escala, para as empresas. Citamos a influência de fatores como atração, ambição, autoridade, consistência e prova social:
- Ambição e Atração – O novo nos conduz a um clube dos eleitos que adotaram aquela novidade. Os eleitos estão em outro patamar, são mais bem informados e estão na frente do trem, que nos conduz a um futuro fascinante. Faz com que nos sintamos melhor que o resto das pessoas que ainda estão no "atraso". Isso é uma manifestação de vaidade.
- Autoridade – É representada por revistas e jornais para o público em geral. Nos bastidores, há gurus, palestras e livros enchendo o balão da mais recente novidade.
- Prova Social – Algumas empresas adotam uma determinada prática e esse número só faz crescer, englobando algumas das grandes. Em pouco tempo, há

uma onipresença. Parece que já está quase todo mundo lá. "Sua empresa vai ficar atrás, para ser a última a apagar a luz na sala da não adoção dessa prática?"
- Consistência – Você é uma pessoa inteligente, moderna e flexível. As novidades estão associadas a pessoas com essas características. "O que você está esperando?"

Nas empresas, surge outro fator, que afeta também os adolescentes. Há uma grande atração pelo que é novo, apenas porque é novidade. Para o adolescente, o novo é a vanguarda, é sexy, é uma chance de ser diferente dos pais e de se afirmar. Se o novo tiver um empurrão das forças que direcionam a moda, ele pode vingar.

Nas empresas, o novo está associado a muitos interesses comerciais. Se a empresa se encanta pelo novo, isso pode significar novas consultorias, cursos, treinamentos, palestras, produtos, equipamentos e softwares. As pessoas desejam estar conectadas ao que é moderno, para sentirem que estão atualizadas que, portanto, sua empregabilidade (facilidade de migrar para outras empresas, em uma faixa de renda compatível) é alta. Isso é o que se vende o tempo todo, por baixo dos panos.

É realmente difícil resistir ao novo, pois ele chega endeusado, propalado aos quatro ventos, como a última grande maravilha que não deixará pedra sobre pedra nos conceitos que o antecederam.

Outra força que empurra o novo é paradoxalmente o medo, que é o oposto da atração e da ambição. Quando se quer empurrar alguma coisa, o medo é usado em frases como: "Empresas que não fizerem X estão fora do jogo", "Hoje, não há mais escolha: é fazer Y ou ficar para trás". O profissional fica com medo, pela empresa e por sua carreira, pois mexe-se com um ponto muito sensível do ser humano, que é a aversão ao risco.

Pop management (gestão pop) é um termo interessante, cunhado aqui no Brasil por Thomas Wood Jr., colunista da revista *Carta Capital*, para expressar esses modismos, incluindo os relatos sobre executivos legendários, que todos querem copiar. Ele compara a estrutura dessas histórias de executivos à dos contos de fadas, substituindo o herói pelo executivo: há problemas gravíssimos, chega o executivo, o embate é terrível, mas a vitória acontece com toda a pompa, sendo o executivo endeusado e cultuado.

O novo funciona?

Para ter certez de que algo novo pode funcionar, devemos nos abstrair de todos os sentimentos que o fazem atraente, incluindo os vieses que já citamos anteriormente.

Podemos dizer que há pouquíssimas grandes novidades na Administração que realmente resistem ao teste do tempo.

No final, deve-se analisar apenas as ideias, despidas de todos os enfeites. Elas fazem realmente sentido? Não é apenas uma nova maneira de falar de coisas velhas? Quem está querendo vender essas ideias? Quais os interesses por trás disso? É aplicável na minha empresa? Quais as objeções que podem ser levantadas? Como elas podem ser respondidas? Vale aqui usar aquela técnica dos questionamentos sucessivos (abordagem da causa-raiz), para tentar colocar tudo em perspectiva.

Se tudo parece palatável, você ainda pode estar sendo iludido. Para isso, o caminho é conhecer de fato algumas empresas que usam e outras que não usam esta nova técnica e comparar os resultados, tentando relacioná-los à aplicação dessa técnica. É preciso tomar muito cuidado, porque se as coisas vão bem e a técnica está sendo aplicada, há uma tendência de se acreditar que uma coisa é causa da outra e não é bem assim, pois há muitos fatores simultâneos intervenientes.

Mais adequado do que tentar rotular o que deve ser feito, com base no que os gurus do momento estão falando, é analisar os fatos, o contexto, o mercado, a lógica, a experiência, o que pode ser comprovado e decidir o que se fazer. Não há um remédio universal que cure todos os doentes. O remédio depende da doença.

Males dos modismos

Aqui estão alguns dos diversos males que os modismos acarretam, ainda que quase todos tenham, por trás da mística, elementos de verdade, que são as bactérias que contribuem para a inoculação de modismos no ambiente empresarial. Há quase sempre uma visão simpática, boa, humanista, que cativa:

- Generalização indevida – O grande problema de alguns modismos é que eles focam demais uma única questão e consideram que todas as empresas são similares. Por exemplo, a ideia da Gestão Participativa, referindo-se à participação dos funcionários, clientes e fornecedores nas tomadas de decisão da empresa, é interessante e muito simpática, mas não pode ser aplicada de forma indiscriminada nem em qualquer tipo de empresa e muito menos da mesma forma e com a mesma intensidade.

- Uma parte não é tudo – O *benchmarking* (processo de comparação) é um modismo que consiste em buscar os melhores processos a partir de comparações dentro da própria empresa ou com outras empresas. É um recurso válido e útil, mas não é uma panaceia. As comparações, especialmente entre empresas, podem ser superficiais, a não ser que se conheça detalhadamente o processo na outra empresa. O benchmarking é apenas um ingrediente a mais, dentro de um leque de práticas, como execução de experiências, levantamento de processos, *brainstorm* (tempestade de ideias) etc.

- O modismo pode ser quase uma religião – A administração holística, que foi moda nos anos 1980, procura enxergar a empresa como um todo e, a partir daí, derivar os processos que a compõem sem uma visão departamentalizada. Visto dessa forma, parece interessante, mas não é um conceito novo, é apenas uma junção nova de duas palavras velhas.

  Quando se aprofunda mais, se descortina, no nosso modo de entender, um vasto repertório de terminologias, conceitos e diagramas abstratos, que tentam organizar a abordagem da gestão e terminam por se constituir em não mais que um conjunto de crenças dentro de um arcabouço teórico.

  Basta ver o livro *Holistic management,* de William Cristopher, editado em 2007, com prefácio do criador original do método. Um trecho diz: "Homeostase. A característica de todos os sistemas é sua capacidade de manter o presente estado. Homeoestase impede perturbações e rupturas e lida com elas quando ocorrem, para recuperar o funcionamento normal". Em outros lugares, o livro define heterostase, transdução, recursão, caixas-pretas etc. É preciso acreditar.

- Modismo pode virar carimbo – Reengenharia é um modismo nos anos 1990, em parte uma nova roupagem para práticas existentes desde o tempo de Henry Ford. A reengenharia é um processo de ruptura, pelo qual a empresa toda era refeita sob novas bases, eliminando processos que não adicionavam valor ao cliente e minimizando custos.

  Há diversas histórias de abusos e fracassos associados a projetos de Reengenharia, porque, muitas vezes, eram implantados de cima para baixo, como um rolo compressor.

  A versão oficial foi cunhada pelo livro de Michael Hammer, em 1993, a palavra acabou virando um guarda-chuva que carimbava as práticas de qualquer empresa de consultoria que trabalhasse em processos de reestruturação. Tais empresas adaptavam-na aos seus gostos e saíam por aí brandindo o bastão da reengenharia. É uma insanidade seguir esse modelo de transformação ou qualquer outro, como uma receita de bolo. Cada empresa tem uma história, seu contexto cultural, suas perspectivas, seu cenário competitivo e necessidades diferentes, quando se fala em mudanças, intensidade e velocidade.

- Modismo não é bom por ser do bem – A "teoria Z" é um dos modismos dos anos 1980, inspirado no modelo japonês. Ele preconizava conceitos como emprego estável, igualitarismo em larga escala, todas as decisões tomadas por consenso etc. São atitudes simpáticas, em princípio, mas, infelizmente, colidem com o mundo real.

- Modismo não é bom por ser bonito – Algumas empresas ficam tentadas a adotar um parque de computadores Apple para seu escritório central porque é mais

bonito e estiloso. Só que o foco da Apple sempre foi muito mais as pessoas físicas do que o mundo empresarial. Por isso, há muito mais soluções corporativas para Windows ou até Linux.
- Modismo não é bom apenas por se ligar a algo novo e excitante – Lançamentos de celulares estavam explodindo, com a sedutora possibilidade de se acessar a internet através do WAP (Wireless Access Point – Ponto de Acesso sem fio), que, inicialmente, era a maneira de acessar a internet sem fio. Isso gerou uma correria para se aprender e gerar aplicativos, "vendendo-se" que as empresas tinham de estar presentes para esse "futuro". Mas foi um grande tiro no pé. Era muito chato acessar a internet pela WAP. Nunca chegou a decolar. Muitos perderem tempo e dinheiro apostando no então hit do momento.
- Modismo e medo são uma combinação perigosa – O bug do milênio foi a cultura do medo vendida no final do século XX, e milhões foram gastos em programas e consultorias. Revelou-se, no final, que essa promessa não era muito diferente da promessa de fim do mundo do pastor Jim Jones. Ambas não aconteceram, de fato.

Pedantismo

O pedantismo é uma doença contagiosa. Quando vemos o quadro de um pintor famoso que achamos sem nexo e observamos todas as pessoas em volta admirando e fazendo comentários inteligentes, somos quase forçados a também balbuciar alguns comentários elogiosos. De outro modo, nos sentimos como aquela criança da fábula que gritava "O rei está nu" perante o rei pelado, que desfilava nas ruas com pompa. Ele estava vestido apenas pelas roupas inexistentes feitas por vigaristas a peso de ouro, que alegavam só serem visíveis para as pessoas inteligentes.

Uma delícia é ler o ensaio "O pós-modernismo desnudado, do livro *O capelão do diabo*, de Richard Dawkins, no qual ele aborda a impostura intelectual. Nele há um trecho "memorável" do falecido filósofo pós-estruturalista francês Gilles Deleuze:

> Em primeiro lugar, as singularidades-eventos correspondem a séries heterogêneas que são organizadas em um sistema que não é nem estável nem instável, mas sim 'metaestável', dotado de uma energia potencial na qual as diferenças entre as séries se distribuem[...] Em segundo lugar, as singularidades contam com um processo de autounificação, sempre móvel e substituído uma vez que um elemento paradoxal atravesse as séries e as faça ressoar, circunvolvendo os pontos singulares correspondentes em um único ponto aleatório, e todas as emissões, todos os lances de dados, em um único lance.

Há muitas pessoas que adoram Deleuze e outros autores similares. Elas vão nos querer jogar na fogueira da Lnquisição, mas o fato é que não entendemos *nadica* de nada e consideramos essas palavras pomposas até divertidas em pequenas doses, além de mais vazias que o vácuo.

O físico norte-americano Alan Sokal, irritado com o uso leviano e equivocado da Física Quântica e da Teoria do Caos, entre outras incursões à Ciência, em alguns artigos e livros de filosofia, sociologia etc., submeteu ao prestigioso periódico americano *Social Text* um artigo chamado "Transgressão das fronteiras: por uma hermenêutica transformativa da física quântica", em 1996. O artigo propositadamente não tinha sentido e era apenas uma paródia do jargão empolado, rebuscado e hermético usado por alguns autores e contendo ainda erros científicos clamorosos. O vexame é que o artigo foi aceito e publicado.

No mundo dos negócios, também há muito disso. Para o leitor se divertir um pouco, o site www.lerolero.com mostra um pouco desse discurso vazio.

A montanha-russa das novidades

Na cabeça das pessoas comuns, a evolução das ideias no mundo dos negócios, assim como em ciências, medicina etc., é muito influenciada pelas notícias e acontecimentos recentes que estão circulando. Assim, em relação à alimentação, por exemplo, toda hora lemos que "pesquisas conduzidas na Universidade de... evidenciaram que... está associado à...", ou então "não está associado à...". Como essa é a informação mais recente na mente do leitor, é a que tende a ser tomada como verdadeira, já que ele não se recorda das pesquisas anteriores.

Para dar um exemplo do mundo dos negócios, o recente livro *A lógica do consumo,* de Martin Lindstrom, defende diversas teses polêmicas, entre elas, a de que pesquisas da área de neurociências demonstraram o efeito da propaganda subliminar (aquela que passa dentro da propaganda de forma conscientemente imperceptível para os expectadores) nas pessoas. Essas conclusões, no entanto, colidem com pesquisas anteriores, que demonstraram justamente a ineficiência desse tipo de propaganda. Quem está certo?

No caso de Negócios, isso se agrava ainda mais, pois surgem muitas novas tendências mesmo sem pesquisas sistemáticas para corroborá-las. Chris Anderson, editor-chefe da prestigiosa revista *Wired*, depois do seu badalado *Cauda longa,* voltou à moda em 2009 com seu novo livro *Grátis: o futuro dos preços*. Nesse livro, partindo de algumas observações válidas e contendo algumas histórias interessantes, o autor apresenta o conceito grátis com uma importância desproporcional como ferramenta de marketing, quando na verdade pode ser visto como mais um ingrediente do bolo, além de não ser tão novo assim.

Infelizmente, a divulgação de novidades está associada a todo um lado negativo de precipitação, interesses, manipulações e busca de autopromoção. Assim, para que se possa ter uma avaliação mais abalizada sobre qualquer tema, seria necessário que se fizesse um levantamento do resultado de muitas pesquisas ou trabalhos relacionados à questão.

Mesmo assim, pode ser que o lado economicamente mais forte de uma questão predomine. Basta observar o que aconteceu com o cigarro. Quanto tempo levou para que a indústria tabagista admitisse que, de fato, o cigarro faz mal? Quantas pesquisas, na época, negaram ou minimizaram os males do cigarro? Depois, constatou-se que muitas dessas pesquisas tinham o dedo rico da indústria. Para piorar, há interesses conflitantes na indústria. Por exemplo, a indústria de adoçante colide com a indústria do açúcar, portanto, por trás de toda pesquisa pode haver um financiamento suspeito.

Portanto, é necessário cuidado com alguns livros do estilo *crowdsourcing*, inteligência emocional, grátis, cauda longa etc., que contêm ideias e exemplos interessantes, mas são tão focados no principal conceito do livro e do que se quer provar que o leitor, desavisado, pode se contaminar por um modismo individual decorrente da leitura. Há livros nesse estilo que chegam a distorcer e manipular dados em larga escala, para conduzir o leitor à conclusão desejada.

Essa abordagem lembra o vidrex, limpador de vidros que o pai da protagonista do filme *O casamento grego* usava para tratar todos os problemas. O perigo é torcer muitas situações para se adaptar à ideologia do livro, o que pode gerar problemas.

Nesse sentido, o cofundador da prestigiosa revista *Fast Company*, Alan Webber, comenta que se pode brincar com os extremos, atirando no meio, o que é um estímulo para a criatividade e a imaginação. Por exemplo, em vez de mercado de massa ou cauda longa, por que não pensar em personalização massificada?

Modismo Tecnológico

O modismo ainda pode se esconder na tecnologia, através, por exemplo, de programas de CRM (*Consumer Relationship Management* – Gerenciamento de Relacionamento com Consumidor) ou sistemas integrados ERP (*Enterprise Resource Planner* – Sistemas Integrados de Gestão Empresarial).

O CRM já foi abordado e tem, além dos mais visíveis casos de sucesso, diversas histórias de fracassos. Não que o CRM, em si, seja um conceito ruim, mas envolve muito mais complexidade do que a mera implantação de um software sofisticado. O problema é que se vende tanto a premência do CRM que uma empresa pode se precipitar, sem ter condições de fazer todo o dever de casa.

No caso do ERP, é preciso muita certeza do que se está fazendo, em termos de grau de adequação, dos níveis de customização, dos problemas culturais, da gestão de mudanças etc. Há várias histórias de sucesso, mas, na mesma proporção, grandes histórias de fracassos ou prejuízos, como a conhecida saga da implantação da SAP, um ERP alemão, na HP em 2004, que gerou um prejuízo de US$ 160 milhões, perante um custo estimado do projeto de US$ 30 milhões.

O que existe além do modismo

Muitas empresas mesclam modismos, em constante mutação, com o empirismo raso, que tenta reproduzir o que aparentemente já funcionou e evita o que não deu certo. Só que esse empirismo está voltado para casos particulares, que não necessariamente se repetem e estão em um contexto sempre diferente. Isso se parece com o processo de tentativa e erro, quando o rato procura um pedaço de queijo em um labirinto. Depois de algum tempo, o rato acha o queijo, mas se este for colocado em outro lugar, o jogo começa de novo.

Com frequência, a adoção de modismos por empresas provoca diversos efeitos nefastos. Gera desmotivação, inquietação e insegurança, em razão das bruscas guinadas, que caem do céu no colo dos crédulos. Essa prática termina por desperdiçar elevados níveis de energia e recursos, comprometendo, inclusive, o futuro de uma empresa.

De fato, uma empresa pode ser comparada ao controle de som em uma casa de shows, no qual existem muitos controles e variáveis, que devem ser ajustados um a um, através de potenciômetros e da posição das caixas/microfones, havendo muitas combinações que levam a um bom som.

Enfim, não existe uma fórmula mágica para um leigo conseguir ajustar tudo e chegar a um som perfeito. Em uma empresa, os controles interagem entre si e tudo precisa ser ajustado em níveis adequados (nem sempre o máximo ou o mínimo é o melhor), e existirá um sem número de combinações que se converterão em algum nível de sucesso, com determinados níveis de risco.

Gestão baseada em evidências

Nenhuma ação efetiva prescinde do raciocínio diante de uma análise mais detalhada da sua situação particular e de suas reais necessidades. Essa simples afirmação é a base da assim chamada gestão baseada em evidências, que Sutton e Pfeffer defendem em *A verdade dos fatos*, fazendo uma analogia com a medicina: muitos médicos usam sua experiência clínica como um rico manancial para tirar conclusões sobre seus pacientes, às vezes, colidindo com os conhecimentos cristalizados, referentes à uma dada especialidade.

Vale a pena citar as 30 recomendações que David Levy desenvolve em *Tools of critical thinking*, algumas delas já mencionadas no livro. Todas levam a reflexões interessantes, para fugirmos dos modelos prontos.

- Descrever é prescrever – As palavras conduzem à conclusão. Frugal e pão-duro conduzem a duas diferentes vertentes.
- Conceitos abstratos não são objetos – Felicidade não existe, não se pode tocá-la. Por isso, deve-se ter cuidado com derivações em cima de abstrações.
- Há níveis múltiplos de atribuição – Uma pessoa ser motivada não pressupõe que a equipe seja motivada, e isso, por sua vez, não quer dizer que o departamento também o seja.
- Nomear um fenômeno não o explica – "Terceira Onda" ou "Arte pós-Moderna" não são muito mais do que rótulos que tentam explicar o inexplicável.
- Qualidade e quantidade são diferentes – Dizer que algo é lucrativo não é suficiente. O grau pode ser mais relevante. Muitas vezes, transforma-se um atributo complexo como maturidade em apenas dois matizes: maturidade e imaturidade.
- Deve-se considerar os opostos ao se analisar um fenômeno – O Otimismo só existe porque há o Pessimismo e vice-versa. Assim, ignorar o oposto é uma análise superficial.
- A similaridade ou não depende do contexto – Por exemplo, duas pessoas podem ter uma atitude semelhante no trabalho e totalmente distintas na vida privada.
- Valor subjetivo não tem objetividade – Pessoas fazem julgamentos baseados na sua percepção. A realidade é outra coisa. Além disso, a nossa memória é muito mais falha do que supomos.
- A categorização de indivíduos é superficial – Um rótulo, aplicado a uma pessoa, pode simplificar demais o entendimento sobre aquela pessoa.
- Correlação nada tem a ver com um fato causar o outro – Por exemplo, o consumo de sorvete em um local é fortemente correlacionado ao número de afogamentos. Isso não significa que o índice de afogamentos cresce com o consumo de sorvetes. De fato, ambos estão relacionados ao aumento da temperatura. O calor induz as pessoas a irem à praia.
- O que causa pode ser também efeito – Como dizia um clássico comercial dos anos 1980: "Vende mais porque é fresquinho ou é fresquinho porque vende mais". O que causa o quê?
- Um fato tem em geral muitas causas – Contentar-se com uma única causa é simplificar em demasia. A produtividade depende de treinamento, mas tem diversos outros fatores.

- As causas têm diferentes pesos – É comum nos contentarmos com a enumeração de causas, mas isso não é suficiente. Ainda que baias apertadas possam diminuir a produtividade, esse é um fator menor.
- Diferentes causas podem ter o mesmo efeito – Por exemplo, um comportamento não explica sua causa. Quem chega tarde não é necessariamente relapso. Pode haver outras razões.
- Costuma-se subestimar a influência externa – Há o hábito de se tentar sempre atribuir a um comportamento uma característica da pessoa, ignorando-se todo o contexto, como no exemplo anterior.
- Conhecer a cura não prova a causa – Se a bronca de um chefe faz o trabalho melhorar, não é a falta dela que faz o trabalho ficar ruim. Além disso, o fenômeno da regressão à média mostra que, depois de uma tacada ruim, a próxima tende a ser melhor, já que a tacada ruim pode ser um mero capricho do azar.
- Um comportamento não prova a intenção – Se alguém fica calado em uma reunião, pode haver outros fatores, como dor de cabeça, que levaram a pessoa a ter essa atitude.
- O que nós sentimos é diferente do que é – Há verdades dolorosas e mentiras confortáveis. Isso pode estimular um autoengano.
- Eventos extraordinários não precisam de causas extraordinárias – Sorte e azar acontecem o tempo todo e não se exige uma explicação para isso.
- Generalizações indutivas são perigosas – Se entrar no mar depois de comer nunca me fez mal, nada impede que isso aconteça um dia. As superstições nascem de eventos fortuitos, que associamos indevidamente à sorte ou ao azar.
- Observar muda o fenômeno – Quando se avalia, especialmente às pessoas, elas são afetadas por essa avaliação. Isso vale também para pesquisas de mercado.
- Experiências podem criar a realidade – Muitas vezes, faz-se uma experiência ou pesquisa desejando-se um resultado e ele, naturalmente, surge, como desejado.
- A categorização distorce – A categorização depende da nossa percepção, por vezes, distorcida dos fatos. Assim, damos uma "arredondada", que as muda o fato.
- Buscamos confirmação de nossas crenças – Evidências que as provam são bem-vindas e as que as refutam tendem a ser irrelevantes.
- Arraigamo-nos às nossas convicções – Quanto mais tempo e energia são investidos na convicção, mas difícil é mudar de ideia, para as pessoas não se sentirem tolas de terem feito um esforço em vão.
- Sensação de controle é enganosa – Acreditamos que sabemos tudo, estamos confiantes, e assim, podemos prever o que vai acontecer. Perigosa e confortável ilusão.

- Categorização é superficial – Às vezes, por algo estar em uma categoria, intuímos falsas características suas. Não funciona, pois a categorização é apenas uma simplificação.
- Fatos falam, mas não provam – Fatos ou histórias, especialmente os mais recentes, como já nos referimos, são mais relevantes que estatísticas para a maioria das pessoas.
- Resolver problemas sem entendê-los é perigoso – A intuição pode nos fazer subestimar um problema e tentar resolvê-lo às cegas.
- Toda decisão é um compromisso entre as vantagens e as desvantagens – Algo muito claro em uma direção pode ser assim mesmo, ou esconder uma armadilha.

Consultoria

"Consultor é alguém que pede emprestado seu relógio para lhe dizer as horas, e depois sai com ele."
Robert Townsend, empresário norte-americano ligado à locadora de automóveis Avis (1920-1998)

Quando uma empresa não tem conhecimento interno para fazer alguma transformação que deseja, costuma recorrer a uma empresa de consultoria. Quando o problema é pertinente e o trabalho é bem-sucedido, a empresa pode ter um retorno muito além do dispêndio que teve com a consultoria.

No entanto, consultorias podem ser um grande consumidor de recursos mal gastos em uma empresa. Para ver como isso funciona, vamos tirar um raio X de muitas empresas de consultoria.

Inicialmente, é preciso lembrar das três leis da robótica, de Isaac Asimov:
- 1ª lei: Um robô não pode ferir um ser humano ou, por omissão, permitir que um ser humano sofra algum mal.
- 2ª lei: Um robô deve obedecer às ordens que lhe sejam dadas por seres humanos, exceto nos casos em que tais ordens contrariem a 1ª lei.
- 3ª lei: Um robô deve proteger sua própria existência desde que tal proteção não entre em conflito com a 1ª e 2ª leis.

Se substituirmos "robô" por "consultoria", "ser humano" por "empresa" e passarmos a 3ª lei para a 1ª lei, ficamos com as seguintes:

- 1ª lei: Uma consultoria deve proteger sua própria existência.
- 2ª lei: Uma consultoria deve obedecer às ordens que lhe sejam dadas pela empresa, exceto nos casos em que tais ordens contrariem a 1ª lei.
- 3ª lei: Uma consultoria não pode ferir uma empresa ou, por omissão, permitir que uma empresa sofra algum mal, desde que tal proteção não entre em conflito com a 1ª e 2ª leis.

Se fizermos uma tradução livre, isso significa:
- 1ª lei: A consultoria tenta ganhar o máximo de dinheiro possível, cobrando o máximo que consegue, de diferentes formas, além de tentar permanecer na empresa, em trabalhos sucessivos. As apresentações são impressionantes e quase sempre bilíngues, com uma riqueza de termos em inglês. O efeito da sugestão ajuda a criar a ilusão de que está dando certo, como em algumas clínicas de estética e semelhante ao efeito placebo de alguns remédios. Se algo de bom acontece, a consultoria ajudou. Se algo de ruim acontece, a consultoria precisa ainda ajudar ou, então, ela talvez encontre os responsáveis, entre aqueles que a podem ameaçar.
- 2ª lei: A consultoria tenta conquistar apoio político na empresa, aliando-se às pessoas certas, o que ajuda a criar uma boa imagem no mercado e a conseguir os intentos da 1ª lei. Isso inclui, por exemplo, dizer para os líderes mais influentes o que eles querem ouvir e não o que precisam ouvir.
- 3ª lei: Finalmente, essa lei permite que a consultoria tente fazer alguma coisa pela empresa, se não entrar em conflito com as duas primeiras leis e se souber fazer.

Estas "leis" são seguidas por um grande número de consultorias e, com isso em mente, temos que utilizar as consultorias nos concentrando no que de fato elas podem contribuir, além do jargão e dos modismos, e sem nos deixar seduzir por menções a parceria, relação duradoura, "seu sucesso é o nosso sucesso" e outros clichês que pululam nas apresentações iniciais.

Ou seja, as consultorias querem dizer que a empresa contratante vem em primeiro lugar, mas não devemos ficar surpresos se, algumas vezes, elas prejudicarem a própria empresa que as contratou para defender seus interesses.

Quando usar uma consultoria?

Cada empresa utiliza as consultorias de diferentes modos. Há aquelas que até "para puxar a descarga" contratam uma consultoria, e aquelas que jamais contratariam uma. Esse amor e ódio pela consultoria se dá, em muitos casos, por não haver um processo sistemático de decisão na sua contratação e uso, que, muitas vezes, é pautada pelo modismo ou pela busca de milagres.

O ideal seria usar a consultoria apenas como processo de passagem de um conhecimento que a empresa não possui e do que precisa para atender a alguma necessidade premente. Dentro desse raciocínio, se houver tempo hábil, é melhor que a própria empresa adquira esse conhecimento.

No entanto, é preciso pesar, na prática, o que significa esse conhecimento:
- A empresa, por vezes, subestima o conhecimento necessário, achando que o tem ou que é fácil adquiri-lo, e pode não ser bem assim. Por exemplo, suponha que você vai remodelar a estrutura de armazenamento de um depósito com equipamentos e práticas modernos. Não é qualquer profissional, recém-saído de um MBA, que vai saber tocar esse projeto de maneira apropriada.
- O contrário também é comum. Um modismo pode fazer com que a empresa superestime um dado conhecimento, que, no frigir dos ovos, não é tudo isso e sem o qual a empresa poderia perfeitamente tocar sua vida. Por exemplo, pode-se vender que fazer um plano de cargos e salários é uma coisa de outro mundo e que deveria se contratar uma multinacional para realizar o trabalho. Na prática, não é nada que um bom profissional de RH não possa fazer sozinho, no máximo inspirado por um plano feito em outra empresa, algum compêndio técnico ou até um site de RH.

De modo geral, consultorias ligadas a temas técnicos, como logística, engenharia, tecnologia etc. podem de fato trazer novidades que normalmente não seriam acessíveis para a empresa. Por outro lado, para temas mais movediços como gestão, marketing, estratégia, RH e vendas, há muitas consultorias que não têm a mínima condição real de trazer algo relevante, a não ser espuma, jargão e modismos. Ressaltamos que isto não é regra geral, mas apenas uma situação comum.

Outro motivo para se contratar uma consultoria se dá quando um grupo (de uma ou mais pessoas) usa a consultoria para respaldar, pela chancela de uma autoridade, uma linha de pensamento em que esse grupo acredita piamente, mas não consegue vender internamente para a empresa. Globalmente falando, desperdiça-se recursos, mas pode se constituir único meio de ultrapassar uma barreira e, nesse caso, é válido.

Em alguns casos, a consultoria também representa uma fonte de visão neutra, externa e apartidária, que pode conferir mais racionalidade para tomadas de decisão na empresa-cliente. No entanto, evidentemente, a consultoria precisa ser competente e muito íntegra para poder cumprir esse papel com confiança. Uma visão externa é importante especialmente em uma empresa na qual a disputa interna entre grupos dificulta a abordagem isenta de uma questão.

Na vida real, por questões de organização, a empresa pode estar tão atolada que as pessoas internas, possuidoras do *know-how* necessário, estão totalmente tomadas. Como não dá para resolver essa confusão em curto prazo, as empresas terminam por contratar uma consultoria.

Uma opção alternativa à contratação de uma consultoria, que pode ser aplicável a alguns casos mais pontuais, é o uso de sites como Innocentive (www.innocentive.com), no qual empresas publicam problemas desafiadores, oferecendo um valor, muitas vezes expressivo, para quem, em qualquer parte do mundo, conseguir encontrar uma solução.

Nem magos nem super-heróis

Outro perigo que ronda os executivos é a contratação de consultorias por impulso ou moda, sem um processo adequado de seleção voltado ao atendimento de uma necessidade. Por exemplo, alguém comenta informalmente sobre o trabalho fantástico que a consultoria X fez na empresa Y. Ou recebe-se um folder de um serviço que promete cortar suas despesas de publicidade e ainda melhorar suas vendas. Ou urge implantar aqui técnicas de marketing pós-moderno que revistas alegam estar bombando nos EUA e, por sorte, a consultoria XYZ, que a revista também cita, já usou no Brasil tais técnicas com amplo sucesso.

A AT&T, por exemplo, entre 1989 e 1994, gastou com a McKinsey, Monitor e Andersen Consulting, entre outras, em torno de US$ 500 milhões em consultorias, adotando muitas práticas e filosofias, em moda na época, sem colher resultados significativos. Contratar uma consultoria na busca de mais um "salvador da pátria" ou do último grito na moda empresarial é loucura. Sem uma necessidade para atender, um escopo definido para ser executado, joga-se tempo e dinheiro pela janela.

Se, mesmo assim, ficar uma pulga atrás da orelha, e a empresa quiser contatar uma das empresas citadas, não tem problema. Primeiro, o encanto precisa resistir a uma pesquisa de validade do que está sendo sugerido, o que já é bem difícil. Depois, é preciso fazer todo o processo do zero e incluir a empresa desejada como uma das candidatas.

Se alguma consultoria vender para uma empresa a ideia de que ela trará resultados excepcionais em curto prazo, fique alerta. Uma consultoria costuma exagerar seu potencial de retorno como um meio de se diferenciar dos eventuais concorrentes.

Já quando a atuação da consultoria prometer uma rápida transformação de pessoas, deve-se duvidar seriamente. Afinal, mudar as pessoas costuma ser difícil ainda mais em curto prazo. Se filhos, que criamos a vida inteira, acabam tomando seus caminhos, independente da vontade dos pais, imagine a dificuldade de mudar por atacado, em um curto espaço de tempo, pessoas adultas em uma empresa.

Consultorias "POP"

Outra questão delicada são aquelas consultorias contratadas para promover redução de custos. Há várias formas inteligentes de atuação, passando por inovação tecnológica, redesenho de processos, projetos de melhoria etc. No entanto, uma das formas mais populares de redução de custo sugeridas por parte das consultorias e, tecnicamente, mais fácil de executar, é o corte de pessoal.

As consultorias, que adotam como prática principal a demissão de pessoas, a ocultam nos mais diferentes rótulos, tais como reengenharia, melhoria de produtividade, *rightsizing* (ajuste ao tamanho certo), reestruturação etc. São apelidadas de consultorias POP (*People off-Payroll* – Pessoas Fora da Folha de Pagamento) no livro-denúncia *Rip off*, do ex-consultor David Craig.

O corte de pessoal pode até vir a ser necessário, mas, em geral, a consultoria não deveria ser melhor que a própria empresa nesse quesito, já que esta, como ninguém, conhece (ou deveria conhecer) seus processos e suas pessoas. Uma das motivações para se contratar uma consultoria dessa natureza é a falta de coragem interna para se tomar medidas duras. Através desse mecanismo, a empresa se justifica: "Não fomos nós, são eles que estão dizendo e eles entendem do riscado".

Um exemplo expressivo é a alegoria protagonizada por George Clooney no filme *Amor sem escalas*, no qual ele viaja como consultor por todo o país, apenas para demitir pessoas já pré-selecionadas para tal. As vítimas, aliás, atuam de forma muito vívida, já que a produção selecionou não atores, mas pessoas que efetivamente tinham acabado de ser demitidas.

É fácil uma consultoria promover cortes radicais e quase lineares, que efetivamente incrementam a lucratividade em curto prazo, mas isso se constitui em uma fonte de sérios problemas mais adiante, pelo clima de enterro e injustiça que se instala, além do eventual sucateamento de áreas "não essenciais", como pesquisa e desenvolvimento e pós-venda.

Enfim, o problema de uma consultoria mal-sucedida não é apenas o resultado não entregue ou os recursos consumidos, mas, muitas vezes, os efeitos colaterais provocados pela sua atuação, como insatisfação, desestruturação, desarticulação, novos conflitos etc.

Selecionando uma consultoria

De modo geral, devemos procurar uma consultoria depois de definir exatamente o escopo do que precisamos e a área de especialidade necessária para resolver o problema. A pesquisa pode se concentrar em indicações de outras empresas e, também, ser feita através da internet, faculdades e outras fontes.

Muito importante, por parte da empresa, é ter uma ou mais pessoas com senso crítico aguçado, para conseguir discernir conteúdo de mera enrolação. Peça sempre alguém mais técnico da consultoria para acompanhar o vendedor ou até vir sozinho. É preciso colocar a consultoria fora dos trilhos com perguntas não convencionais, para forçá-la a abandonar os clichês. Nessa hora, pode-se levantar se há algo de fato ou apenas uma casca. Peça para pular os dez ou 20 slides que enaltecem a empresa. A melhor parte pode ser a conversa após o PowerPoint.

Deve-se evitar ao máximo trabalhar com um candidato único. Opções levam quase sempre não apenas a bons preços, mas a melhores escolhas. Afinal, uma consultoria realmente útil pode adicionar um valor muito maior que o custo. Assim, a qualidade deve estar em primeiríssimo lugar.

Por outro lado, os gestores de uma empresa precisam tomar cuidado, porque, em alguns casos, o próprio responsável pela contratação de uma consultoria pode ter interesses em cavar uma futura opção de trabalho fora da empresa, o que pode trazer dúvidas ao processo de seleção da consultoria e até sobre a própria necessidade de sua contratação.

Antes de selecionar uma consultoria, é extremamente importante visitar pessoalmente no mínimo duas referências. Nessa visita, deve-se procurar falar com mais de uma pessoa, para escapar do elo direto da consultoria, que tende a ser simpático a ela. Outra dica é pedir para a consultoria o maior número possível de referências, de modo a tornar imprevisível quem será o alvo da visita, evitando armações.

Uma grande armadilha que as consultorias montam é mandar pessoas gabaritadas para a fase de oferecimento e venda de serviços e afins para depois, quando o trabalho é iniciado, enviar os juniores, apelidados de pica-paus, para realizá-lo. Assim, é preciso verificar o conhecimento específico da equipe que nos atenderá, através de currículos, entrevistas e referências.

Nada mais desmotivador para o pessoal interno de uma empresa do que observar consultores inexperientes, imaturos e pagos a preço de ouro desfilando garbosos pela empresa com a arrogância típica dos que se veem muito melhores do que são. Muitos deles têm um discurso que, filtrados os termos da moda e os anglicismos, nada mais é do que um desfile de obviedades e verdades de prateleira.

Essa estratégia é especialmente aplicada pelas grandes empresas de consultoria, muitas delas multinacionais, que tocam, às vezes, dezenas de trabalhos simultâneos. Isso se agrava se o cliente for uma empresa de porte não tão avantajado. O nome da consultoria é mais forte que histórias isoladas de problemas. Há ainda muita política e relacionamentos para camuflar eventuais insucessos. É como o quadro de um pintor já famoso. Ele é caro, independente de sua qualidade.

Nesse sentido, as consultorias menores (as "consultorias-boutiques") tendem a prestar um atendimento melhor, mais personalizado e por um custo menor. Isso porque aumenta muito a chance de o trabalho ser liderado por um profissional gabaritado (às vezes, até um sócio da consultoria), além de a empresa estar em processo de construção de sua reputação. A empresa-cliente só não pode ostentar o *status* de ter sido cliente da grife X.

Outro risco é contratar uma consultoria recomendada por outra já contratada. Há muita relação de simbiose (cooperação) entre empresas de consultoria que atuam em diferentes nichos, de modo que uma recomenda a outra e vice-versa, podendo se constituir em uma relação ganha-ganha-perde, na qual a perda sobra para a empresa que contratou as consultorias.

Contratando e usando a consultoria

As propostas, além do preço e condições, precisam prever todas as hipóteses. Prazo de execução, penalidades, despesas extras, custo de horas adicionais, compromissos etc. Como já comentamos no tópico de terceirização, é melhor estipular um valor fechado pelo serviço do que definir um valor por hora. Essa prática estimula a consultoria a se estender além do tempo que seria necessário.

Em alguns casos, é interessante que parte da remuneração da consultoria se dê por performance. Essa modalidade, se for bem montada, pode aumentar o compromisso da consultoria. Como já reiteramos, o contrato, antes de ser assinado, precisa ser cuidadosamente examinado, para que sejam evitadas armadilhas ocultas.

A consultoria deveria atuar mais na transmissão de conhecimento do que na sua execução. Nem sempre isso acontece, porque pode ser que, novamente, a empresa esteja tão presa que não há como, em curto prazo, arranjar uma janela para a execução interna do projeto, com o apoio apenas técnico da consultoria. Deve-se ter em conta que isso envolve um custo adicional, que poderia ser evitado se a empresa estivesse mais organizada.

O ponto chave é saber qual conhecimento queremos extrair e ter do lado da empresa pessoas com tempo e capacidade para absorver este conhecimento da consultoria. É muito recomendável que, após a saída da consultoria, a empresa já seja capaz de realizar o mesmo trabalho que a consultoria realizou, sem a necessidade de uma ajuda externa. Nem sempre isso é possível.

Muitas vezes, a própria consultoria assume que deve ter todas as responsabilidades de execução, pois quanto maior o escopo, mais ela cobra. Mesmo em um processo concorrencial, é comum que todos os participantes tenham a mesma postura. Se for o caso, cabe à própria empresa limitar a atuação da consultoria ao escopo determinado, priorizando a passagem de *know-how*.

Não se deveria contratar consultorias apenas para executar tarefas, sem passagem de conhecimento, pois isto cria uma relação de dependência permanente que não é benéfica para a empresa em áreas-chave. Se for necessário, deve-se pagar o preço compatível de uma terceirização e não os valores elevados das consultorias.

Temos de evitar as seguintes armadilhas no decorrer da consultoria:
- Acreditar, sem nenhum questionamento, em tudo que a consultoria coloca em relação a aspectos que envolvem pessoas. Poucas consultorias são isentas. Na maior parte dos casos, elas querem justificar a sua permanência e, com isto, "não tocam em algumas feridas" de quem lhe apoia e "criticam" aqueles que são vistos como adversários. Isso pode ser sutil, porque pode até ser algo em relação a uma prática que A defende e B critica.
- Acreditar sem questionamento nas questões técnicas – Para tudo que é dito, existe uma maneira simples de explicar, mesmo se você não é um especialista. Assim, o cliente precisa sempre questionar a consultoria se há algo obscuro. Cabe à consultoria responder com algo mais sólido do que "a experiência de muitos anos me diz que é assim".
- Ter tabus com a consultoria – Se a consultoria sentir que certos temas desagradam a pessoas-chave, ela tende a adotar a 2ª lei da robótica e a empresa perde a oportunidade de confrontar os seus reais problemas. Assim, pelo contrário, é melhor deixar claro desde o início que ela tem de falar tudo, doa a quem doer. Contratar uma consultoria para chegar às conclusões a que você quer que ela chegue é burrice.

Saindo da consultoria

Jamais mantenha uma consultoria sem um prazo ou escopo definido para o término do trabalho, pois isto leva a própria consultoria a definir o seu plano de trabalho, que certamente será o mais extenso possível, mesmo que seja desnecessário, já que o interesse dela é ficar o maior tempo possível na empresa. Uma consultoria assim acaba fazendo parte da paisagem, junto com as despesas correspondentes.

É comum se contratar uma consultoria e descobrir que ela não corresponde às expectativas de quando foi contratada. Nesse caso, deve-se assumir o erro, o que sempre é difícil, e fazer o possível, dentro dos limites contratuais, para descontratá-la. Pior do que errar é persistir no erro.

Por vezes, uma consultoria já cumpriu o seu papel, mas passa para um estágio no qual ela não mais está contribuindo em nada. Ao invés de manter esta situação inercial e cômoda, é melhor para a empresa, se possível, antecipar a saída da consultoria. Isso, além de otimizar as despesas, poupa o tempo que as pessoas internas dedicam no relacionamento com a consultoria.

• • •

Se o leitor é consultor ou deseja entrar nesse mercado, deveria se preparar para adotar as três leis da robótica originais, ou seja, privilegiar primeiro a empresa contratante, depois as pessoas da empresa e só então a própria consultoria. Não é uma postura fácil, pois parece um tiro no pé, em curto prazo. No entanto, traz muito mais satisfação e deixa uma história mais rica de verdade e realizações, o que pode sedimentar uma carreira mais duradoura. Por exemplo, quantos consultores têm coragem de abreviar um serviço de consultoria quando percebem que suas missões já foram cumpridas? Ganha-se menos dinheiro daquela vez, mas a contratante fica atônita com o desprendimento.

Considerações nunca finais 12

Introdução

Este livro percorreu um longo caminho, sobrevoando a área da Administração de diferentes alturas. Em determinados assuntos, voamos alto e, em alguns pontos, fizemos alguns voos rasantes.

Se em algum momento parecemos dogmáticos, não foi essa nossa intenção.

Abordamos muitos temas, mas agora queremos passar apenas uma única mensagem para o leitor, de forma generalizada, que o livro sempre reiterou em relação ao mundo dos negócios.

Não existe o absoluto. Se alguma afirmação está impressa em um livro, jornal, revista, é dita em uma palestra ou defendida por especialistas, nada disso a torna verdadeira. Verifique você mesmo. Tente ver debaixo de todas as plumas e paetês se sobra alguma coisa consistente.

Isso vale para tudo: negócios, produtos, serviços, ciência, história, política, notícias, saúde, estética, dietas etc. Há muitos interesses envolvidos além do suposto dever de não mentir, exagerar ou distorcer.

Se essa mensagem tiver sido captada, você ganhará mais tempo para fazer ou se preocupar com o que é importante, e ainda poderá economizar muito dinheiro.

Ser ou não bem-sucedido depende muito das escolhas feitas, que este livro se propôs a abordar de uma forma bem prática para o leitor. No entanto, tudo também depende de fatores internos e externos, sobre parte dos quais não temos tanto controle, incluindo a influência do próprio acaso sobre todos os acontecimentos. Ter essa consciência plena ajuda alguém a ser mais persistente e olhar para a frente, ao invés de se sentir necessariamente responsável pelos eventuais dissabores e terminar por roer a corda precipitadamente.

As dimensões de uma empresa

Tudo que foi escrito no livro nos conduz à conclusão de que uma empresa é constituída da união de três elementos básicos: pessoas, números e vivências.

Pessoas

*"As boas pessoas amam pessoas e usam coisas,
enquanto as más pessoas amam coisas e usam pessoas."
Sydney J. Harris, jornalista, escritor inglês (1917-1986)*

Em muitas partes do livro, abordamos por várias vezes aspectos que envolvem pessoas. Isso porque entendemos que empresas são feitas de pessoas, portanto, entender empresas envolve necessariamente entender o ser humano.

Áreas como recursos humanos, marketing e vendas estão intimamente relacionadas à psicologia, principalmente a psicologia social, que estuda os diversos aspectos do comportamento do ser humano dito normal perante a sociedade.

Mesmo áreas mais técnicas, como logística, envolvem pessoas em muitos aspectos. Elas são gerenciadas por pessoas, que erram e acertam, e envolve relacionamentos ao se planejar a cadeia logística e muito mais.

Se a própria psicologia social, a despeito de todas as experimentações feitas, ainda navega muito em suposições e intuições, o que dirá o mundo da administração, se não beber dessa fonte?

Atualmente, muitos estudiosos acreditam que a maioria das características da personalidade (extroversão, agressividade, impulsividade, criatividade, inteligência etc.), surge no recém-nascido sob a forma de faixas de mínimo e máximo, que são mais ou menos amplas, conforme a característica. O máximo representa um potencial que o indivíduo pode ou não alcançar. Enfim, a história de vida do indivíduo decide a intensidade da característica dentro da faixa, que ainda pode sofrer variações ao longo dos anos.

Essa crença se consolidou após muitos anos de estudos estatísticos comparativos de gêmeos fraternos X gêmeos univitelinos, separados ou não no nascimento.

No entanto, sempre existe muito espaço para cada um trabalhar consigo mesmo, pois a maioria das pessoas está abaixo do seu limite, em cada um dos quesitos da personalidade. Porém, é preciso aceitar que, por exemplo, é praticamente impossível transformar uma pessoa que não tem dom para a música em um músico virtuoso.

Então, é preciso muita consciência para distinguir os falsos limites dos verdadeiros. Para isso, é preciso desafiar seus limites para descobrir se são mesmo os seus.

Números

"Os números não mentem, mas os mentirosos fabricam números."
Itamar Franco, ex-presidente brasileiro (1930-)

Uma empresa lida muito com números. Lucro é um número e é o principal objetivo de uma empresa.

Para controlar uma empresa, usam-se números. As coisas acontecem, são medidas, depois registradas e, enfim, analisadas. Todos os demonstrativos financeiros são compostos de números. A análise do desempenho de uma empresa não pode ser constituída só de números, mas é seu ponto de partida. Os dois extremos são ruins: gerenciar apenas com base em números ou subestimá-los.

Vimos que a matemática traz uma série de oportunidades para uma empresa tornar-se mais eficiente, através das técnicas de pesquisa operacional, mais apropriadamente denominada ciência da gestão. Essa disciplina ainda é muito desprezada e subutilizada pelo medo que tudo ligado à matemática desperta.

As técnicas decorrentes são aplicáveis praticamente em todas as áreas, desde logística até marketing.

É fundamental, então, entender a relevância e o potencial que a matemática pode representar na gestão de uma empresa, mesmo que se opte por não se aprofundar no assunto.

O tema *números*, em um sentido amplo, significa também trazer para os negócios o hábito de se valorizar uma visão científica e experimental, ou seja, um enfoque analítico e dedutivo. Dentro dessa filosofia, o importante é explicar o que acontece dentro de uma empresa pelas causas diretamente observáveis e mensuráveis, e não por explicações prontas, trazidas de fora, a partir de dogmas, generalizações e simplificações questionáveis.

Vivências

"O problema de aprender com a experiência é que você nunca se forma."
Doug Larson, cartunista, escritor e humorista norte-americano (1926-)

O funcionamento de uma empresa moderna é muito pautado pelo somatório de experiências que todos os seus integrantes tiverem na suas vidas pessoais e corporativas. Por isso é tão enriquecedor o indivíduo ter exercido muitas atividades em diversas empresas. Ele vai sentindo na prática o que funciona e o que não funciona, e principalmente como fazer funcionar.

A experiência, aliada à criatividade, à intuição e ao conhecimento, é que faz toda a diferença. Você conhece as empresas, as práticas e as pessoas. Além de ser vivida, a experiência pode ser captada de diversas formas, como conversar com diversos tipos de pessoas, fazer cursos, trocar experiências, ler livros e muito mais. Mas tudo tem de ser feito por prazer, e não por obrigação. O que vale é a qualidade e a relevância, e não a quantidade.

Observe as pessoas, cada uma com seu próprio mundo, interagindo umas com as outras, rindo, brincando, gesticulando e se emocionando. Observe também o mercado, a arte, as propagandas criativas; enfim, tudo.

A nossa avaliação de tudo que vivemos tem suas armadilhas. Em relação aos erros, tentamos achar causas externas, para nos livrar da culpa. Nunca é bom cultivar uma culpa, mas uma autoavaliação crítica pode ensinar muito. Por outro lado, há muitas falhas de memória. O que funcionou direito tende a ser menos marcante, além de termos a tendência de superestimar o nosso papel. A própria lembrança do que funcionou e não funcionou é filtrada porque o ser humano se lembra melhor dos destaques e do período mais recente. Isso tudo pode contribuir para que esqueçamos ou deturpemos importantes experiências de nossas vidas. Assim pode ser interessante registrar os principais fatos e ilações enquanto estão frescos, e do ponto de vista mais isento possível.

Ler casos de negócios ensina muito. Muitas vezes, é mais enriquecedor ler muitas histórias interessantes do que ler um livro inteiro sobre a mesma empresa, que pode, dependendo do livro, terminar por ficar meio repetitivo. Erros cometidos por outros ajudam a entender como evitá-los sem o ônus de suas consequências. Acertos, por sua vez, ajudam a inspirar ideias, derivações ou meramente sensações.

Deve-se apenas tomar cuidado para não copiar nada ao pé da letra. É preciso sempre dissecar, analisar e adaptar a outro contexto. Mesmo empresas multinacionais, quando se instalam em outro país, às vezes, esquecem desse conhecido slogan "Pense globalmente. Aja localmente" e tentam fazer tudo igual à matriz, com resultados geralmente pífios, como foi o caso do inegável fracasso do Carrefour em território norte-americano.

Um exemplo oposto é o lançamento do sabão em pó Ala pela Unilever, em 1996, voltado para o público do Norte e Nordeste. O lançamento só foi possível a partir das observações de muitos gestores, sob a orientação de um sociólogo, que ficaram seis meses no Nordeste, convivendo com pessoas de baixa renda. O Ala tradicional é uma marca simples, legível, barata, tem um perfume forte e vem em embalagens plásticas pequenas, porque muitas pessoas daquela população chegam a amarrar o sabão à barra da saia para lavar roupa na beira do rio e gostam de fazer o grosso da lavagem com sabão em barra.

Dogmas são como monóxido: efeito acumulativo

"Mudamos, logo somos."
Henri Bergson, filósofo francês (1859-1941)

Por outro lado, a trajetória de uma vida pode invadir a cabeça de alguém com dogmas, preconceitos, verdades absolutas, pretensão, vaidade e soberba. Isso é tóxico e impede um espírito desprendido que lhe permita tirar lições do ambiente que o cerca, como no exemplo anterior.

Se você passa a ter uma opinião definitiva sobre qualquer coisa e todos os fatos têm de se encaixar no seu arcabouço mental, você estará se tornando uma pessoa muito limitada e despreparada para lidar com mudanças.

É preciso ser sempre flexível, isso é como aquele poético lugar-comum diz: deve-se ser igual à palmeira que enverga com o vento e não como o carvalho que é arrancado, com raiz e tudo, sob o efeito de um vendaval.

Se a pessoa não se policiar, o aumento da idade termina congelando sua mente, sem o uso da criogenia. Mas isso pode ser evitado. Há pessoas centenárias que são extremamente lúcidas. A idade traz rugas, mas pode ir transformando a pessoa em um sábio ou em um prisioneiro.

O sábio viveu muito e todas as experiências por que passou o ensinaram e continuam ensinando. O prisioneiro atravessou muitos anos e todas as experiências acumuladas viraram muros que o encerraram em suas pequenas verdades.

Claro que isso é esquemático e são dois extremos inatingíveis. Mas serve como uma bússola.

Felicidade

"Felicidade é um modo de viajar, não um destino."
Roy Goodman, maestro e violonista inglês (1951-)

"A Felicidade é um agora sem nenhuma pressa."
Adriana Falcão, escritora, roteirista brasileira (1960-)

"Que Deus me dê serenidade para aceitar as coisas que não posso mudar, coragem para mudar as que posso e sabedoria para distinguir entre elas."
Reinhold Niebuhr, teólogo norte-americano (1892-1971)

Entendemos que o objetivo maior do ser humano deva ser a Felicidade, seja lá o que isso signifique.

Não temos a pretensão aqui de resolver um dos mais longos paradoxos da humanidade. São tantas ou mais definições quanto filósofos.

Muitas pessoas, quando confrontadas com a simples pergunta: "Você é feliz?", apesar de nunca pensarem no assunto, têm uma resposta do tipo: "Eu seria feliz se...". O "se" é uma questão externa, que envolve outras pessoas e, muitas vezes, a situação material.

Os animais, sem visão de futuro, apenas se contentam em satisfazer às suas necessidades básicas (comida, água, sexo etc.) dentro de um ambiente propício, que não inclui o zoológico. Pelo menos é o que acreditamos, já que eles não falam.

Os homens também precisam satisfazer às suas necessidades básicas, para poderem sequer pensar em ser felizes. Mas, além disso, os homens parecem ser os únicos animais que têm uma visão concreta do que representa o futuro. Sem a ligação do presente com o futuro, a Felicidade seria um conceito bem mais simples.

Por isso, diz-se que a Felicidade não é um estado, é uma busca. Dentro desse conceito, não adianta alcançar o Paraíso, no qual a pessoa conseguiu tudo o que queria e pode viver em um estado permanente de êxtase.

Há algo de inquietude, de querer mais, para grande parte das pessoas. A vida real nunca é como o final de um conto de fadas: "E viveram felizes para sempre...". Por isso, ter objetivos realistas e procurar atingi-los é uma mola importante no processo da Felicidade para a maioria de nós. Sempre haverá momentos mais e menos felizes, como os altos e baixos de uma montanha-russa. Isso é bem humano. O escritor e zoólogo Desmond Morris compara a perseguição dos objetivos ao processo de caçada do homem primitivo.

Além de falar na importância de se ter objetivos, este livro comentou, no Capítulo 3, sobre muitos pontos que deveriam ser trabalhados no indivíduo (autoconfiança, sair da inércia, planejar-se, gerir bem o seu tempo etc.).

Controle e previsibilidade

"Se você não controla sua mente, alguém o fará."
Anônimo.

Há fatores externos que interferem muito na questão da Felicidade. Foi o demonstrado que a falta de controle e a falta de previsibilidade são elementos muito estressantes na vida de qualquer pessoa. Experiências com animais evidenciam, por exemplo, que ruídos com frequência incontrolável são muito mais perturbadores que ruídos regulares.

Idosos em asilos que atuam ativamente na elaboração das suas atividades têm qualidade de vida bem melhor.

Suponhamos que alguém viva com um cônjuge que dê quase todas as cartas e ainda apresente grandes variações de humor. Adeus ao controle e à previsibilidade. A pessoa se sente prisioneira de uma situação. Para se libertar disso, só mudando o eixo da relação, o que pode ser bem difícil, ou partindo-se para uma separação.

Por outro lado, não podemos deixar de admitir que, por vezes, um dissabor é inevitável. Não dá para reconduzir o rio de volta para a nascente. Quando o controle é impossível, é melhor desistir dele e partir para a aceitação progressiva, buscando apoio social e válvulas de escape, que vão tirando a pessoa do lodaçal de frustrações, tristezas, lamentos e reclamações.

Por exemplo, há muitas pessoas que são reféns de um trabalho desagradável e, ainda por cima, vítimas de um chefe intolerável. Se não há mais recursos disponíveis para lutar, seria preciso resignar-se, aceitar, enfim, aprender a lidar com a situação do jeito que ela se apresenta. Senão, o mal será eternamente duplo, somando-se o que vem de fora àquele que a própria pessoa pratica em si mesma.

Espirais da infelicidade

> *"Remorso é o passado que continua."*
> *Emílio Baumann, romancista francês (1868-1941)*

Além disso, vale pincelar rapidamente as três grandes espirais que nos afligem, envolvendo o passado e o futuro, e ajudam a minar a nossa felicidade e a nossa saúde.

- Arrependimento pelo que você fez e não deveria ter feito ou pelo que não fez. A pessoa se corrói de angústia por dentro. Nessa questão, há muita influência do sentimento de culpa, com base em pretensos deveres que a sociedade e outras pessoas nos impõem.

  Um casal trabalha o tempo todo e sente culpa por não dar muita atenção aos filhos. Para se livrar da culpa, simplesmente mima os filhos com bens materiais. Ou, então, se força em quantidade de atenção, mas não em qualidade, na convivência com os filhos.

  Precisamos que haja um equilíbrio entre os nossos diferentes papéis na vida, de forma a podermos exercer todos eles bem e sem pressão. Não podemos ser a antena de todos os problemas do mundo. Precisamos seriamente aprender a dizer "não", para não ficarmos completamente "endividados".

- Ódio ou ressentimento pelo que você interpreta que alguém fez contra você, que muitas vezes nem é real. Ao invés de tentar esclarecer com a pessoa, ou então sair do jogo, as pessoas ficam ruminando, ruminando e tornando-se cada vez mais estressadas.

Esse tipo de sentimento negativo, que muitas vezes não tem sequer razão concreta de existir, desgasta nossas relações, porque pode gerar ações de nossa parte que, depois, são difíceis de reverter. Algo de pensamento mágico nos leva a achar que, de algum modo, a outra parte está sendo punida pela nossa carga negativa, mas estamos enganados, porque quem está sendo punido somos nós mesmos.

Os budistas defendem que se substitua progressivamente o ódio pela compaixão, isto é, a compreensão dos outros por meio da empatia ou colocando-se no lugar deles.

- Preocupação relativa ao futuro, expresso pela frase "e se...". Depois que todas as providências cabíveis foram tomadas, preocupar-se apenas nos deixa infelizes e com úlceras. As pessoas têm a tendência de exagerar o risco de algo ruim acontecer e sofrem por antecipação. Se você vai fazer uma endoscopia digestiva, não se deve antecipar o incômodo que o exame representa. Por que não deixar o incômodo para a hora que ele acontecer?

Agora, damos um exemplo que envolve todas as espirais. Suponha que seu chefe tenha marcado uma reunião e você pensa que será demitido. Enquanto for futuro ("e se..."), não adianta entrar em desespero, pois é apenas uma hipótese, não há nada a fazer e não adianta ser demitido duas vezes. Se chegar a reunião e você for mesmo para a rua, também de nada vale ficar transtornado, repleto de ressentimentos, arrependimentos e novas preocupações ("e se eu não conseguir..."). Você precisará de toda a sua energia e sanidade para dar a volta por cima.

Para desmontar essas espirais, precisa-se muita consciência e força de vontade, porque a toda hora elas tentam se formar dentro da sua cabeça. É um desafio diário, até a pessoa formar um hábito mental mais saudável. Nesse processo, é útil ter a consciência de que você não é o ator principal (super-herói ou fugitivo) em um filme em que todos os outros são meros coadjuvantes. Todas as pessoas têm o seu ponto de vista e suas razões. É um exercício recompensador, por vezes, sair do seu mundo particular de ideias, preconceitos e sensações e ver todas as coisas fluindo e tomando seu curso. Como dizia a propaganda da Polaroid: "A vida passa tão depressa. Pare um momento e dê uma olhada nela."

Estresse

> *"A regra nº 1 para evitar o estresse é não se preocupar com ninharias. Já pela regra nº 2 tudo é ninharia."*
> *Robert Elliot, cardiologista norte-americano*

Todos esses sentimentos negativos (culpa, ódio, ressentimento ou preocupação) alimentam nosso estresse, que tem um grande impacto negativo na qualidade de vida.

O estresse é útil, em uma situação na qual o corpo precisa se preparar para o curto prazo, aumentando a força e a resistência de que uma zebra, por exemplo, precisa para tentar fugir de um leão. O problema é que diversas pesquisas têm mostrado que esses mesmos mecanismos, quando disparados de forma crônica, prejudicam a saúde em longo prazo, tornando-se uma causa importante de muitas doenças, como hipertensão, diabetes, úlceras e problemas cardiovasculares.

Por outro lado, o estresse não é o mal universal que causa todas as doenças. Pesquisas até agora não conseguiram, por exemplo, provar uma relação clara entre o câncer e o estresse. Afinal, não custa lembrar de que a Saúde depende de muitos outros fatores, como bons hábitos alimentares, não fumar, beber com moderação, prática de exercícios, genética etc. Quanto aos exercícios, eles não são apenas bons para a saúde, mas também ajudam a aumentar o nível de energia e combater o estresse.

Mesmo que as pessoas até tenham certa noção dos malefícios decorrentes do estresse, aumentado pelos sentimentos negativos, que por sua vez formam um hábito muito difícil de se livrar.

Hoje é um novo dia...

> *"Hoje é o primeiro dia do resto de nossas vidas."*
> *Charles Dederich, fundador de seita, norte-americano (1913-1997)*

Se a pessoa, utopicamente, conseguir desmontar essas três espirais, o que resta? O bendito presente, que é o momento mágico que faz a ponte entre o passado e o futuro e que representa a única oportunidade de poder aproveitá-lo. O espírito é *carpe diem* ("aproveite o dia" do poeta Horácio, em latim) ou a antiga música do Fantástico, da TV Globo.

Em uma época em que tudo é tão acelerado, isto é, fazem-se muitas coisas e se aproveita muito pouco, há boas ideias, como o movimento *slow* (movimento devagar), que propõe desacelerar, prestar mais atenção à sua volta e não fazer de tudo algo descartável. Enfim, aproveitar melhor a comida, o sexo, a família, a diversão etc. Esse movimento passou a ser mais conhecido após *Devagar,* best-seller de Carl Honoré.

Se a sua mente não está poluída, você consegue ver a beleza de uma chuva caindo, cores em profusão, o riso de uma criança, além de perceber de verdade o timbre da voz familiar de uma pessoa que você ama. Mas, também, consegue se concentrar melhor no seu trabalho e naquilo que está fazendo.

O passado saudável são as boas recordações e o futuro benéfico é quando se antecipa previamente um prazer, como a organização de uma festa de 15 anos para uma adolescente. As expectativas gostosas da festa podem até proporcionar mais momentos de felicidade do que a festa em si.

Outro ponto importante para muitas pessoas é o humor, que ajuda a abrir caminhos e a levar melhor todas as situações estressantes do dia a dia. O humor se aplica a tudo, inclusive a si mesmo. A solenidade da própria pessoa se achar importante enrijece. Se você ri de si mesmo, das suas mancadas, enfim, não se leva tão a sério, tudo fica mais leve. Quem se cobra muito, fica literalmente devedor de si mesmo.

Objetivos de vida

"Atrele seu vagão a uma estrela."
Ralph Waldo Emerson, poeta e filósofo norte-americano (1803-1882)

Quando se fala de objetivos, podemos vislumbrar alguns dos caminhos que se pode seguir, que não são mutuamente excludentes:
- Sucesso material
- Realização profissional
- Relacionamentos
- Ajudar o próximo ou o planeta
- Espiritualidade
- Conhecimento
- Volta à natureza

Se abrirmos mão da superficialidade de achar que o consumo e o acúmulo de riquezas podem ser uma fonte real de felicidade, podemos então partir para descobrir o que realmente nos move.

Alguns objetivos acabam tendo derivações no campo dos relacionamentos. Por exemplo, o cientista que ama o conhecimento, através da Ciência, está em parte também buscando o reconhecimento da sociedade, que é uma forma de relacionamento.

Ajudar alguém ou a sociedade, por exemplo, é uma prática que não só é benéfica em si, mas costuma também trazer uma reconfortante sensação de controle, porque, através de um ato de sua responsabilidade, o mundo tornou-se um pouco melhor ou alguém foi beneficiado. Quanto mais personalizada a ajuda, melhor tende a ser esse efeito.

O problema é que, para muitos, os objetivos viraram quase sinônimo de sucesso material, quando, na verdade, poderiam ser qualquer feito que envolva satisfação na sua realização. Há a tendência de se traduzir realização profissional por obtenção de sucesso material. No entanto, a realização profissional pode ser encarada como simplesmente conseguir se destacar pela qualidade de sua atuação, no seu ramo de atividade, quer seja em uma empresa, quer como artista, esportista, profissional liberal, ou seja, o que for.

Ambição e inveja

"De tanto lutar pela vida, esqueci de viver."
Anônimo

Pesquisas mostram que a Felicidade não está muito ligada a bens materiais, de forma absoluta. Em relação a países, por exemplo, há diversas pesquisas na internet. Uma delas (http://worlddatabaseofhappiness.eur.nl) coloca a Colômbia e o México nas cinco primeiras posições e o Brasil bem na frente dos Estados Unidos.

A ambição leva as pessoas a não valorizarem o que já têm e a ficarem infelizes pelo que ainda não têm. É como, em uma fila, alguém olhar para as pessoas que estão na sua frente, desgostoso, ao invés de olhar para trás e perceber o progresso já feito.

Assim, outras pesquisas mostram que, dentro da mesma sociedade, os mais abonados são um pouco mais felizes que os menos abonados. Acredita-se que isso se origina muito mais do fato de as pessoas viverem se comparando do que de reais carências. Se assim fosse, não haveria essa discrepância observada nos países entre renda e felicidade.

A comparação, mais conhecida como inveja, é um veneno que deixa as pessoas angustiadas, infelizes e com raiva. A inveja alimenta a ambição desmedida, que pode levar a práticas não éticas ou a queda na qualidade de vida.

O consumismo é como uma droga que nunca sacia. Acreditamos que se ganharmos mais dinheiro seremos mais felizes. Se isso acontece, consumimos mais e ficamos mais felizes por um tempo. Depois, nos acostumamos, tudo já faz parte do dia a dia e voltamos praticamente ao nível de satisfação original. Passamos, então, a desejar novas coisas e tudo começa outra vez.

Sociedade de consumo

"A teologia do capitalismo é o consumo."
Lester Thurow, economista norte-americano (1938-)

A sociedade como um todo fabrica desejos e necessidades. Se, de um lado, há uma pessoa que adquire o objeto de seu desejo; do outro, há uma pessoa, figuradamente falando, que lucra com isso. Os desejos pairam tão fortes no ar que as pessoas adotam esses desejos como se tivessem nascido de dentro delas e passam a achar muito importante alcançá-los. Em nome disso, fazem qualquer sacrifício.

A sociedade de consumo pega as necessidades básicas a as transforma em itens muitos dispendiosos. Não basta se alimentar bem, é preciso estar sempre comendo em restaurantes caros. Não basta morar com conforto, é preciso morar de frente para o mar, no metro quadrado mais caro da cidade. Não basta estar vestido, é preciso ter roupas de grife e usar joias. Enfim, viver bem já é caro, ter de impressionar os outros é ainda muito mais caro.

Além das necessidades básicas, o marketing trabalha para que tudo em que se possa pregar uma etiqueta de preço se torne uma necessidade "indispensável".

A variedade de produtos criados para pessoas de alto poder aquisitivo chega a ser impressionante. Por exemplo, normalmente as pessoas usam uma taça para vinho tinto e outra para vinho branco. Em http://www.shopwiki.com/wiki/Wine+Glasses, exibem-se sete tipos de taça para diferentes vinhos, fora a tradicional taça de champanhe. Os enólogos dizem e explicam que faz diferença. Você acredita?

Dinheiro é caro!

"Dinheiro é bom, mas certifique-se sempre de quem é dono de quem."
Victor Hugo, escritor francês (1802-1885)

Para que possamos pensar em acumular bens, precisamos trabalhar cada vez mais. Há quem trabalhe como um mouro, anos e anos a fio, esquecendo-se de todo o resto, como se fosse um cavalo com viseira em uma pista de corrida. E há sempre um novo arco-íris no pote de ouro do final de um arco-íris. Parece aquele carro perdido em uma estrada à noite, que vê uma luz ao longe, mas depois descobre que a luz não passa de outro carro perdido. Isso vale para o rico, mas também vale para aquele que ganha salário mínimo e compra um tênis de marca em 12 prestações.

Ou seja, quem não está lutando pelo básico, está correndo o tempo todo para comprar e acumular objetos de que muitos não chegam a ter tempo nem disposição para usufruir. Mas esse acúmulo serve pelo menos para impressionar os outros.

Considerações nunca finais

Há uma frase de uma antiga propaganda da Itasca Motor Home que retrata bem isso: "A vida são dois períodos de recreio interrompidos por 40 anos de trabalho".

Um marciano que olhasse nosso planeta poderia ficar deveras impressionado: de um lado, golfinhos, pretensamente irracionais, brincam e fazem piruetas; do outro, homens e mulheres, com expressões compenetradas, andando como formiguinhas e cumprindo rotinas infernais em trabalhos e deveres intermináveis. Há algo fora de ordem em tudo isso.

É impressionante quantas pessoas, mesmo depois de amealharem fortuna, continuam nessa roda viva, até perderem completamente a saúde e a disposição. Por vezes, só um acontecimento impactante, como um ataque cardíaco, faz com que ela acorde e se pergunte "O que estou fazendo aqui?".

Entre os profissionais liberais é comum aquele que, mesmo sem patrão, mantém um horário absolutamente estafante para poder manter um padrão de vida de excelência, para inglês ver, porque ele mesmo usufrui muito pouco daquilo. Ele não se dá ao desfrute sequer de tirar um dia da semana para poder fazer alguma outra coisa, nem que seja trabalhar em um projeto assistencial.

É aterradora a cultura de nossa sociedade, que nos pressiona a trabalhar naquilo que dá mais dinheiro, independente de nossas preferências e vocações. Muitos pais tentam conduzir o filho desde pequeno à rota do sucesso, ao invés de buscar reais vocações. Subir na vida passa a ser o grande mote e tudo passa a girar em torno disso.

Trabalhar no que não gostamos pode dar mais dinheiro em curto prazo do que uma atividade de que gostamos. Mas fazer algo com prazer dá uma energia que pode até reverter esse quadro.

É engraçado que aquele que tem fixação por subir na vida tende a acabar divergindo muito das práticas preconizadas por este livro, tentando encontrar "atalhos" questionáveis. Um dia, quem sabe, ele pode ser desmascarado e a casa cai.

Já uma pessoa que gosta do que faz, cuja maior motivação é efetivamente fazer um bom trabalho, ser profissional, ajudar os colegas, se interessar e se envolver com o destino da empresa, pode, por incrível que pareça, ganhar mais dinheiro que aquele que só tem olhos para ele.

Sem a pressão de consumir tudo e acumular bens, o dinheiro ganho pode ser muito mais bem empregado. Por exemplo, em coisas que nos deem real prazer e satisfação, independente de ter de impressionar Fulano, fazer Sicrano ficar morrendo de inveja e provar não sabemos o quê para Beltrano.

Desse modo, não precisamos ganhar tanto dinheiro para fazer o que queremos. Portanto, somos menos escravos do dinheiro e podemos assumir o compromisso de arrumar um pouco do bem mais precioso do universo: o tempo, aquela inexorável ampulheta com sua areia sempre caindo.

Relacione-se

"As pessoas são solitárias porque erguem paredes em vez de pontes."
Joseph Fort Newton, escritor maçônico norte-americano (1876-1950)

Para a maioria das pessoas despidas das ilusões, a principal fonte da felicidade se origina principalmente em cultivar uma relação proveitosa com outras, envolvendo amizade, companheirismo, amor e sexo. Afinal, as pessoas, em geral, querem que as pessoas à sua volta gostem delas, ou seja, não se sentem bem isoladas.

Um indivíduo que afirma gostar da solidão pode até estar sendo sincero. Mas como ele se sentiria como a última pessoa na face da Terra? Para quem ele contaria essa característica da sua personalidade?

Grande parte das nossas ações, como a busca desenfreada por dinheiro, poder, *status*, luxo, está, no fundo, ligada à busca por aceitação social e, no caso especialmente do homem, funciona como chamariz para atrair o sexo oposto, como demonstram estudos antropológicos e de psicologia evolucionista. De fato, esses elementos realmente "atraem" as pessoas, mas superficialmente. À primeira vista, todos gostam de você, riem das suas piadas e acham você incrível. Na primeira dificuldade, no entanto, quase todos esses relacionamentos, construídos no período da bonança, se evaporam.

Eliminando os componentes de interesse, ligados à posição social ou a algum outro fator, subsiste o relacionamento em si entre as pessoas. Se a maioria das pessoas à sua volta não gosta de você, não é porque não prestam e não sabem reconhecer uma pessoa de valor. Provavelmente, isso está ligado à forma como você se enxerga e se relaciona com elas. Muito do que você dá, você recebe de volta, como um espelho. Se você vê as outras pessoas com reservas, desconfiança, cinismo, incredulidade e desinteresse; é bem provável que a recíproca também ocorra.

Para se relacionar de verdade com as pessoas, é preciso sair do seu casulo egoísta e da bolha da vaidade e estar pronto para efetivamente se interessar por elas, pelas suas vidas, pelo que elas têm a dizer, procurar ajudá-las etc. Se isso é sincero, é comum que elas atuem da mesma forma com você.

Por que é tão difícil o ser humano entender esta questão? Porque é muito mais fácil culpar o mundo externo (questão material ou outras pessoas) do que encarar que a culpa e a responsabilidade é basicamente nossa e que só nós poderemos mudar esse quadro. Isso requer que as pessoas desenvolvam um misto de autoconfiança e autocrítica. A autoconfiança, além de estimular a independência e iniciativa, é um importante ingrediente da autoestima. Se nem a própria pessoa consegue gostar de si mesma, como pode esperar que os outros gostem dela? Por outro lado, a autocrítica serve para tirar o caráter externo da culpa, reconhecer nossos erros e nos tornar dispostos a melhorar. Sem autocrítica não existe possibilidade de melhora pessoal e você se congela naquilo que já é.

Enfim, para a maioria de nós, sem ilusões, a maior riqueza do ser humano são as relações que ele tem com as outras pessoas. Como vimos, muitos dos objetivos vistos anteriormente, perderiam boa parte do sentido se não fosse pelas outras pessoas. Desse modo, cultivar nossos relacionamentos é o melhor "investimento" de fato que podemos fazer na nossa vida.

• • •

Resumidamente, temos de ter em mente que a vida é uma só e a oportunidade de sermos felizes é agora. Pena que não podemos contar com o desejo do ator italiano Vittorio Gassman que dizia que "um único erro de Deus foi não ter dado duas vidas ao ser humano: uma para ensaiar, outra para atuar".

Felicidade no trabalho

Hoje, é um lugar-comum se falar no equilíbrio entre a vida profissional e a vida privada, mas sempre que estabelecemos esta dicotomia, esquecemos de que temos apenas uma vida. Uma leitura da palavra "equilíbrio" pressupõe que o lado profissional seja ruim e precise ser contrabalançado por alguma coisa boa, que não seja o trabalho. Devemos, então, procurar um trabalho do qual gostemos de verdade e onde possamos ser o mais autêntico possível, para que a busca do equilíbrio seja substituída por uma vida integrada, da qual o trabalho no qual seja um dos componentes.

Isso não significa que estejamos defendendo que, uma vez que o trabalho seja bom, trabalhar é apenas o que importa. Jamais. Diversificar é a palavra de ordem. Quando toda a vida da pessoa depende apenas de uma única faceta, seja qual for, e essa faceta vai mal, ficamos sem nenhuma válvula de escape. Isso acontece, por exemplo, com uma paixão desmedida que se rompe. Como o trabalho, por mais prazeroso que seja, está muitas vezes ligado a problemas e contratempos esperando por soluções, é normal que ele seja uma faceta particularmente suscetível a nos fazer passar por algumas fases ruins.

Elementos como traçar objetivos, gerir nosso tempo e nossas prioridades etc. como visto no Capítulo 3, devem ser pensados, dentro das possibilidades, enxergando-se a vida com um todo e não apenas em relação ao trabalho ou à nossa vida pessoal.

Felicidade corporativa

Felicidade corporativa, para uma empresa, deveria significar que a empresa, e as pessoas que trabalham nela se orgulhem dos produtos e serviços que ela disponibiliza, dentro de padrões éticos e socialmente responsáveis. O lucro deveria ser então uma decorrência natural. Em princípio, uma visão efetiva em longo prazo deveria, pela lógica, fazer convergir a busca pelo lucro com a felicidade corporativa.

A satisfação no trabalho é um componente muito importante da nossa vida, já que a maioria de nós gasta mais da metade do tempo acordado dentro do trabalho. Uma parte da satisfação provém da motivação, de nos sentirmos como parte efetiva do que está acontecendo, ter a consciência de que nosso trabalho está fazendo diferença e está sendo reconhecido e valorizado.

No ambiente corporativo, não escolhemos os nossos amigos e somos obrigados a nos relacionar com os nossos subordinados, pares e superiores. As relações forçadas, pelas quais algumas pessoas atuam como se fôssemos competidores ou apenas meras ferramentas, aumentam nossa paranoia normal e passamos a interpretar muitos atos normais como hostis.

A todo momento surgem situações, como, por exemplo, um chefe nos repreendendo diante de outras pessoas ou um colega que manda um e-mail com cópia para outros com acusações contra nós.

Algumas vezes passamos a alimentar sentimentos negativos em relação ao suposto algoz, que variam de leves diferenças até o mais puro ódio. O problema é que isso tem efeito acumulativo, porque cada vez mais classificamos as ações dessa pessoa sob o prisma preconceituoso que construímos. Se não gostamos, precisamos de razões, para nos sentirmos íntegros. Novos fatos, mesmo ilusórios, reforçam os motivos, que justificam e agravam cada vez mais os nossos sentimentos negativos. Esse processo pode se repetir com outras pessoas e, nessa toada, acabamos cercados de desafetos.

Não devemos nem começar a cultivar essa espiral de rancor. Em vez disso, é aconselhável sempre procurar ver a situação sob o ponto de vista das outras pessoas. Isso funciona, quem sabe, para amenizar a nossa análise parcial inicial. Pode ser, por exemplo, que exista outro chefe as pressionando, o que faz com que elas "espanem" para todos os lados.

Já mais calmos, se houver possibilidade, devemos conversar serenamente com a outra parte, dispostos a ouvir, tentando colocar a situação em pratos limpos. Há casos em que um pretenso ato de hostilidade é apenas fruto da nossa imaginação. Se não conseguimos entender isso através de uma simples análise da questão, só mesmo uma conversa pode ajudar a esclarecer.

Muitas pessoas consideram que estão no centro do mundo e, em decorrência disso, desenvolvem um lado paranoico injustificado, que as leva a atribuir intenções ruins a atos normais de outras pessoas, que nem sequer estavam pensando no seu pretenso alvo, quanto mais querendo atingi-lo.

Por outro lado, podemos chegar a uma situação extrema em que uma pessoa se coloca de fato como nossa adversária, independente de qualquer atitude conciliatória. Se o conflito de fato nos prejudica e afeta, devemos tentar resolver por outras vias. Se não há solução à vista, é hora de pensar em mudar de jogo. Manter-nos em uma situação insustentável, com medo de enfrentar o mundo, não é algo que nos ajuda a ser felizes.

Devemos, então, assumir uma atitude simpática e colaborativa com todos, sem encarar os outros como trampolins, adversários ou veículos. Atitudes positivas perante os outros tendem a ser recíprocas, além de tornar seu dia muito mais agradável. Afinal, cada vez que ajudamos alguém, a pessoa se sente em débito conosco e, no futuro, estará mais propensa a nos ajudar. Uma atitude simpática reiterada costuma funcionar também como meio de quebrar focos de resistência e hostilidade contra você.

Epílogo

O tema básico deste livro é a administração mas terminamos discorrendo sobre a felicidade, porque entendemos que não se deve tratar de administração e felicidade como se fossem temas incompatíveis.

Alguns até se iludem, levando uma vida de grandes sacrifícios, para depois começarem a pensar em si mesmos, quando tiverem chegado lá.

O primeiro ponto é que, adiar a vida nunca é a solução, e o mais provável é que haja adiamentos do início da "vida nova", ou porque não se atingem os objetivos ou porque eles vão se tornando cada vez mais ambiciosos.

Depois, pessoas bem resolvidas também costumam ser mais sagazes, criativas e eficientes, entregando-se mais, com mais qualidade, em menos tempo. Tudo flui melhor quando se está bem, as relações humanas são mais proveitosas, o que também ajuda o desempenho profissional.

Ah, já íamos esquecendo. A solução do problema proposto no final do capítulo sobre Criatividade, de arrumar seis palitos de fósforo de modo a formar quatro triângulos equiláteros, é possível ao sairmos do plano e formamos uma pirâmide no ar.

Isso mostra que, além de qualquer teoria, um olhar diferente pode trazer uma nova luz sobre muitas das questões com as quais nos deparamos em uma empresa. As respostas prontas, embrulhadas, têm limites estreitos. No caso, ao romper o limite aparentemente natural do papel, o resultado chega a ser evidente. Depois que já se sabe.

A solução do problema dos fósforos está na pirâmide.

Enfim, quem lida com negócios deveria repudiar fórmulas fixas que funcionam como remédio universal para todos os males e agir mais como a antiga profissão de alfaiate, que usava seu conhecimento para modelar roupas de acordo com as medidas e o perfil de cada cliente.

Esperamos que o livro tenha sido muito proveitoso. De nossa parte, foram mais de três anos de trabalho incansável, mas prazeroso, com o único propósito de entregarmos o melhor para você, leitor.

Obrigado por nos proporcionar o privilégio da sua leitura.

Referências

Introdução

Marcamos alguns livros como *, quando recomendamos a leitura, e como **, quando recomendamos muito a leitura, classificação esta restrita a livros não didáticos.

Todas as referências à internet citadas foram acessadas em 11 de dezembro de 2010 e podem não representar um endereço válido no momento da leitura.

As referências abaixo representam uma seleção do material utilizado na confecção do livro. No caso da internet, para não ficar uma relação exaustiva, listamos apenas as fontes mais utilizadas.

Bibliografia

ANDERSON, Chris. *A cauda longa*. São Paulo: Campus, 2006. 256 p.
  Interessante abordagem, com bons exemplos, embora as teses sejam um pouco exageradas. A cauda longa é um ingrediente a mais, mas que não substituirá o mercado de massa.
ANDERSON, Chris. *Free – grátis:* o futuro dos preços. São Paulo: Campus, 2009. 288 p.
  Histórias e considerações a respeito da economia do grátis. Como em seu livro anterior, o autor não cria um novo paradigma, mas mostra um enfoque que vale considerar.
** ARIELY, Dan. *Previsivelmente irracional.* São Paulo: Campus, 2008. 304 p.
  Um fascinante livro sobre a interação entre comportamento, vida cotidiana e economia, baseado em experiências do mesmo molde das utilizadas em psicologia social.

** ARONSON, Elliot. *Social animal*. 10. ed. Nova York: Worth, 2007. 431 p.

Nosso livro favorito sobre o fascinante mundo da psicologia social, que chegou a ser traduzido para o português em 1977 como "animal social".

AURÉLIO, Marco. *O guia do imperador*. São Paulo: Planeta, 2007. 206 p.

Um livro que exibe o lado filosófico do famoso imperador romano.

BAZERMAN, Max. *Processo decisório*. 3. ed. São Paulo: Campus, 2004. 336 p.

Um compêndio sobre tomada de decisão, com texto agradável e muitos exemplos.

BODIE, Zvi; KANE, Alex; MARCUS, Alan. *Investments*. Nova York: McGraw-Hill, 2004. 1090 p.

Livro didático que abrange a grande maioria dos aspectos não avançados do tema.

BOONE, Louis. *Quotable business*. Nova York: Random House, 1999. 368 p.

Citações do mundo dos negócios com qualidade desigual.

BOWERSOX, Donald; CLOSS, David. *Logistical management*. Nova York: McGraw-Hill, 1996. 752 p.

Um dos melhores livros didáticos sobre logística.

BRAGG, Steven. *Business ratios and formulas*. 2. ed. Nova Jersey: John Wiley & Sons, 2006. 384 p.

Uma grande coleção de métricas diversas do mundo dos negócios.

BRANDENBURGER, Adam; NALEBUFF, Barry. *Co-opetição*. Rio de Janeiro: Rocco, 1996. 312 p.

Descreve e exemplifica como a competição e a cooperação se mesclam entre os diferentes papéis (clientes, concorrentes, fornecedores) no mundo dos negócios, sob o prisma da badalada teoria dos jogos.

BRICKLEY et al. *Designing organizations to create value*. Nova York: McGraw-Hill, 2003. 320 p.

Livro-texto que relaciona estrutura organizacional com estratégia.

* BUCHSBAUM, Paulo. *Frases geniais (que você gostaria de ter dito)*. Rio de Janeiro: Ediouro, 2004. 440 p.

Coletânea de frases compiladas por um dos autores, que foca na qualidade e organização da seleção de frases.

* CAMPBELL-KELLY, Martin; ASPRAY, William. *Computers:* a history of the information machine. 2. ed. Boulder: Westview Press, 2004. 360 p.

Um livro extremamente informativo que oferece um relato com muitas tintas empresariais da história da computação.

** CARNEGIE, Dale. *Como evitar preocupações e começar a viver*. 37. ed. São Paulo: IBEP Nacional, 2003. 413 p.

Um dos primeiro livros influentes de autoajuda sobre felicidade. Bem escrito, com muitas histórias e abordando a felicidade sob diversos ângulos, buscando a identificação com o leitor. Contrasta de forma flagrante com muitos livros de autoajuda atuais, que parecem mantras repetitivos.

* CARNEGIE, Dale. *Como fazer amigos e influenciar pessoas*. 48. ed. São Paulo: IBEP Nacional, 2000. 320 p.

Pai de todos os livros de autoajuda, é um material rico, repleto de causos e bem escrito. Aqui e acolá, contém uns trechos mais manipulativos, que o leitor poderá rechaçar.

** CARROLL, Paul; MUI, Chunka. *Lições de 1 bilhão de dólares*. Rio de Janeiro: Best Business, 2010. 375 p.

Apesar do título algo chamativo, um livro que dá lições memoráveis sobre negócios, ligando-os à psicologia de grupo.

CARTON, Robert; HOFER, Charles. *Measuring organizational performance.* Cheltenham: Edward Elgar Publishing, 2006. 276 p.

Abordagem teórica sobre métricas.

CERUZZI, Paul. *A history of modern computing*. 2. ed. Cambridge: MIT Press, 2003. 459 p.

Tecnicista demais para um assunto multidisciplinar.

** CIALDINI, Robert. *O poder da persuasão*. São Paulo: Campus, 2006. 336 p.

O melhor livro sobre persuasão escrito até hoje. Não se trata de autoajuda, mas sim de desdobramentos de pesquisas acadêmicas.

*CIALDINI, Robert; GOLDSTEIN, Noah; MARTIN, Steve. *Yes! 50 scientifically proven ways to be persuasive*. Nova York: Free Press, 2008. 272 p.

Serve como um complemento do livro *O poder da persuasão*.

** COLIN, Emerson. *Pesquisa operacional:* 170 aplicações em estratégia, finanças, logística, produção, marketing e vendas. Rio de Janeiro: LTC, 2007. 524 p.

Livro prático e acessível sobre o fascinante mundo da ciência da gestão, rico em exemplos que ilustram de forma poderosa o poder da matemática no mundo dos negócios.

COLLINS, David. *Management fads and buzzwords:* critical-practical perspectives. Londres: Routledge, 2000. 432 p.

Ocupa-se em demolir, de forma fundamentada, porém desigual, os principais modismos dos anos 1980 e 1990, incluindo reengenharia, qualidade total, etc.

COLLINS, Jim. *Empresas feitas para vencer*. 9. ed. São Paulo: Campus, 2001. 396 p.

Badalado livro escrito por um dos "gurus" da administração que tem algumas dicas válidas. O valor científico proclamado pelo livro é fraco.

* CONE, Steve. *Roube estas ideias.* São Paulo: M. Books, 2007. 198 p.
    Exposição descontraída e interessante de várias ideias ligadas ao marketing, especialmente publicidade.
* CONNIFF, Richard. *A história natural dos ricos.* Rio de Janeiro: Zahar, 2003. 392 p.
    Jornalista científico se infiltra no mundo dos ricos e faz um divertido relato da vida deles, tratando-os como subespécie, com analogias à biologia.

COVERT, Jack; SATTERSTEN, Todd. *100 melhores livros de negócios de todos os tempos.* São Paulo: Campus, 2010. 320 p.
    Resenha de cem livros de negócios, de qualidade variável, incluindo sugestão de alguns filmes.

CRAIG, David. *Rip-off!:* The scandalous inside story of the management consulting money machine. Londres: Original Book, 2005. 320 p.
    Ex-consultor relata sua vasta experiência nas grandes empresas de consultoria.

CRISTOPHER, William. *Holistic management:* managing what matters for company success. Nova Jersey: Wiley-Interscience, 2007. 503 p.
    Texto hermético citado como exemplo neste livro.

DAFT, Richard. *Administração.* 6. ed. São Paulo: Cengage Learning, 2005. 581 p.
    Livro didático clássico, com uma boa dose de exemplos práticos.

DAFT, Richard. *Organização:* teoria e projeto. 2. ed. São Paulo: Cengage Learning, 2008. 627 p.
    Livro didático clássico, rico em exemplos.

DAMODARAN, Aswath. *Finanças corporativas:* teoria e prática. 2. ed. Porto Alegre: Bookman, 2004. 796 p.
    Um dos melhores livros didáticos nessa área, de um autor com muitos títulos.

* DAWKINS, Richard. *Gene egoísta.* 2. ed. São Paulo: Companhia das Letras, 2007. 544 p.
    Livro clássico de divulgação científica da evolução das espécies, desenvolvendo a metáfora de que, na verdade, os genes usam o corpo para se reproduzir.

* DAWKINS, Richard. *O capelão do diabo.* 1. ed. São Paulo: Companhia das Letras, 2005. 464 p.
    Livro de crônicas, algumas muito interessantes.

DAY, George; REIBSTEIN, David. *Wharton on dynamic competitive strategy.* Nova Jersey: John Wiley & Sons, 1997. 480 p.
    Composto de uma coletânea de artigos, de interesse variado.

DEGEN, Ronald. *O empreendedor:* empreender como opção de carreira. São Paulo: Prentice Hall Brasil, 2009. 384 p.
    Visão prática de empreendedorismo, estimulando o leitor para a ação.

DENNIS, Felix. *How to get rich*. Nova York: Portfolio, 2006. 320 p.
   Milionário excêntrico descreve com humor sua trajetória. Não se deve levar o livro muito a sério, mas tem boas dicas sobre uma série de assuntos, principalmente sobre negociação.
* DOMINGOS, Carlos. *Oportunidades disfarçadas*. Rio de Janeiro: Sextante, 2009. 304 p.
   Muitas histórias fascinantes de empreendedorismo, nos mais diferentes contextos. Algumas delas são fábulas ou romanceadas, mas ainda assim inspiradoras.
* FALLON, Patt; SENN, Fred. *Criatividade:* espremendo a laranja. São Paulo: M. Books, 2007. 202 p.
   Livro inspirador sobre os trabalhos de uma agência. Esses trabalhos de fato criam um conceito personalizado para cada cliente, fugindo das receitas prontas.
FEW, Stephen. *Information dashboard design*. Cambridge: O'Reilly, 2006. 224 p.
   Uma visão abrangente sobre painéis de bordo (dashboards), com muitas dicas.
*FRANK, Robert. *O naturalista da economia*. Rio de Janeiro: Best Business, 2009. 265 p.
   O livro tem um formato de enigmas e soluções. O autor usa raciocínios econômicos simples para decifrá-los, embora, por vezes, escorregue um pouco.
FRIEDMAN, Thomas. *Hot, flat and crowded*. Farrar, Straus and Giroux, 2008. 448 p.
   Visão interessante, mas excessivamente verborrágica e otimista, sobre os problemas de aquecimento global e superpopulação, com propostas de soluções.
* FRIEDMAN, Thomas. *O mundo é plano*. 3. ed. Rio de Janeiro: Objetiva, 2009. 640 p.
   Embora prolixo, livro fundamental para um empreendedor que queira conhecer as oportunidades que apareceram neste novo século.
FUGERE, Brian; HARDAWAY, Chelsea; WARSHAWSKY, Jon. *Por que os homens de negócios falam como idiotas?* Rio de Janeiro: Best Seller, 2007. 204 p.
   Algumas tiradas engraçadas em um livro desigual.
* FURNHAM, Adrian. *Management and myths:* challenging the fads, fallacies and fashion. Londres: Palgrave MacMillan, 2004. 224 p.
   A introdução vale pelo livro. Furnham, que é da área de psicologia, disseca por que os modismos surgem, se espalham e depois morrem.
FUTRELL, Charles. *Vendas:* fundamentos e novas práticas de gestão. 7. ed. São Paulo: Saraiva, 2003. 521 p.
   Livro didático, contendo alguns pontos relevantes e aplicáveis.

* GEHRINGER, Max. *Superdicas para impulsionar sua carreira.* São Paulo: Saraiva, 2009. 136 p.

   Toques práticos de quem viveu uma carreira de sucesso e acumulou sabedoria.

GERSTNER, Louis. *Quem disse que os elefantes não dançam?* São Paulo: Campus, 2002. 336 p.

   Interessante relato da virada da IBM, na voz de seu condutor.

** GILBERT, Daniel. *O que nos faz felizes.* São Paulo: Campus, 2006. 262 p.

   Faz uma análise científica, com componentes de neurociências, de fatores que afetam a percepção da felicidade, memória etc. Fascinante, mas o título não é totalmente fidedigno.

* GOLEMAN, Daniel. *Inteligência emocional.* 5. ed. Rio de Janeiro: Objetiva, 1996. 378 p.

   Um livro clássico, que marcou o reconhecimento da importância de saber se relacionar com os outros e consigo mesmo, ingrediente importante para a competência profissional e para a vida como um todo.

** GONÇALVES, Carlos; RODRIGUES, Mauro. *Sob a lupa do economista.* São Paulo: Campus, 2009. 248 p.

   Tópicos curtos e muito bem escritos sobre a aplicação da economia e do bom senso em questões de todos os calibres.

GOODMAN, Ted. *The Forbes book of business quotations.* 90. ed. Nova York: Black Dog & Leventhal, 2007. 704 p.

   Milhares de frases de negócios, com qualidade heterogênea.

* GONZALES, Laurence. *Deep survival:* who lives, who dies, and why. Nova York: W. W. Norton, 2004. 318 p.

   Descreve como o ser humano se comporta em situações extremas, fazendo paralelos com a tomada de decisões nas empresas.

* GROSS, Daniel. *Forbes' greatest business stories of all time.* Nova Jersey: John Wiley & Sons, 1996. 368 p.

   Muitas histórias interessantes e bem contadas.

** HARRIS, Judith. *The nurture assumption.* Ed rev. Nova York: Free Press, 2008. 448 p.

   Embora polêmico, um livro essencial para entender como as crianças são transformadas em diferentes tipos de adultos, contendo conceitos que são muito úteis na gestão de grupos.

HARTLEY, Robert. *Management mistakes & successes.* 3. ed. Nova Jersey: John Wiley & Sons, 1991. 396 p.

   Descrição divertida, embora nem sempre relevante, de erros cometidos por empresas.

HARTLEY, Robert. *Marketing mistakes and successes.* 8. ed. Nova Jersey: John Wiley & Sons, 2000. 359 p.

Muitos casos, com destaque para erros ou gafes de marketing cometidos em algumas grandes empresas.

* HARVEY, Jerry. *The Abilene paradox and other meditations on management.* San Francisco: Jossey-Bass, 1988. 160 p.

Através de parábolas, mostra como o ser humano se comporta de forma absolutamente irracional quando inserido num grupo.

HAWKINS, Del; MOTHERSBAUGH, David; BEST, Roger. *Comportamento do consumidor.* 10. ed. São Paulo: Campus, 2007. 508 p.

Livro didático, com riqueza de exemplos.

HILL, Charles; JONES, Gareth. *Strategic management.* 8. ed. Boston: South-Western College Pub, 2007. 544 p.

Livro didático clássico da área de Estratégia.

* HONORÉ, Carl. *Devagar.* Rio de Janeiro: Record, 2005. 352 p.

Interessante livro que discorre, através de muitos casos e reflexões, sobre o valor de desacelerar para se aproveitar melhor as diferentes facetas da vidas. Às vezes, falta mais profundidade nas análises, mas vale pela riqueza do tema.

HOPKINS, Claude. *Scientific advertising.* Charleston: CreateSpace (Amazon), 2010. 90 p.

Livro clássico, original de 1923, precursor da corrente racional da Publicidade.

HREBINIAK, Lawrence. *Fazendo a estratégia funcionar.* Porto Alegre: Bookman, 2006. 378 p.

Um texto longo e cansativo, mas com alguns pontos de vista relevantes.

* HUBBARD, Douglas. *How to measure anything:* finding the value of intangible things. 1. ed. Nova Jersey: John Wiley & Sons, 2007. 304 p.

Em linguagem coloquial, o autor desafia crenças arraigadas no campo da mensuração e avaliação e propõe metodologias eficazes.

HUNTER, James. *O monge e o executivo.* Rio de Janeiro: Sextante, 2004. 144 p.

Clássico livro de autoajuda empresarial, que idealiza demais o tema de liderança.

* KAHNEY, Leander. *A cabeça de Steve Jobs.* Rio de Janeiro: Agir, 2008. 304 p.

História da Apple centrada na figura de Jobs, enfatizando seus aspectos positivos e negativos.

KERIN, Roger et al. *Marketing.* 8. ed. Nova York: McGraw-Hill, 2008. 733 p.

Livro didático bem estruturado e muito rico em exemplos práticos.

** KIDA, Thomas. *Não acredite em tudo que você pensa.* São Paulo: Campus, 2007. 305 p.

Excelente livro introdutório sobre por que nossa avaliação do que acontece é tão falha.

* KIM, Chan; MAUBORGNE, Renée. *A estratégia do oceano azul.* 20. ed. São Paulo: Campus, 2005. 268 p.

Defesa da criatividade e um método para aplicá-la no estabelecimento de uma diferenciação estratégica original, com vários exemplos.

KOTLER, Philip; KELLER, Kevin. *Marketing management.* 12. ed. Nova Jersey: Prentice Hall, 2006. 816 p.

Livro-texto clássico de Marketing.

KOUZES, James; POSNER, Barry. *O desafio da liderança.* 3. ed. São Paulo: Campus, 2003. 472 p.

Algumas passagens interessantes em um livro que se estende muito.

* KODUKULA, Prasad; PAPUDESU, Chandra. *Project valuation using real options:* a practitioner's guide. Fort Lauderdale: J. Ross, 2006. 256 p.

Talvez o livro mais prático e acessível de opções reais já lançado. Opções reais são um método moderno de avaliação de projetos que considera de forma mais realista as incertezas.

KRAKAUER, Jon. *Na natureza selvagem.* São Paulo: Companhia das Letras, 1998. 214 p.

Uma história real de como o excesso de autoconfiança pode levar alguém à morte.

KÜSTENMACHER, Werner; SEIWERT, Lothar. *Simplifique sua vida.* Curitiba: Fundamento, 2004. 224 p.

Livro de autoajuda com os vícios usuais e alguns lampejos.

LAMA, Dalai; CUTLER, Howard. *A arte da felicidade.* São Paulo: Martins Fontes, 2004. 376 p.

Uma visão muito enviesada para a filosofia do autor.

* LANCE, Steve; WOLL, Jeff. *O livro azul da propaganda.* São Paulo: Campus, 2006. 233 p.

Muitas observações perspicazes sobre o mundo da propaganda.

*LAYARD, Richard. *Felicidade:* lições de uma nova ciência. Rio de Janeiro: Best Seller, 2008. 352 p.

Aborda a felicidade sob diversos ângulos, na visão de um economista, mas com incursões em psicologia e abiologia evolucionista, rico em conteúdo e dados.

* LEVIT, Steven; DUBNER, Stephen. *Freakonomics.* Ed. rev. São Paulo: Campus, 2007. 360 p.

Mostra por raciocínios lógicos como o senso comum muitas vezes se distancia da realidade, sendo, portanto, uma base fraca para a tomada de decisões.

* LEVY, David. *Tools of critical thinking*. 2. ed. Long Grove: Waveland Press, 2009. 298 p.
   Rica explanação, repleta de exemplos, das 30 armadilhas que prejudicam a exatidão do raciocínio.
* LIKER, Jeffrey. *O modelo Toyota*. Porto Alegre: Bookman, 2005. 320 p.
   Explica de forma clara e sucinta a filosofia da Toyota, embora sob um viés favorável.
* LILIENFELD, Scott et al. *Os 50 maiores mitos da psicologia popular*. São Paulo: Editora Gente, 2010. 381 p.
   Desmistifica muitas das crenças usuais da população sobre temas populares da psicologia.

LINDSTROM, Martin. *A lógica do consumo*. Rio de Janeiro: Nova Fronteira, 2009. 208 p.
   Algumas teses muito questionáveis comprometem a credibilidade do livro.
* LUENBERGER, David. *Investment science*. Nova York: Oxford University Press, 1997. 512 p.
   Luenberger atua na área de pesquisa operacional e não de finanças, assim ele transmite uma visão não convencional, de uma forma agradável, com bons exemplos.
* LUZIO, Fernando. *Fazendo a estratégia acontecer*. São Paulo: Cengage Learning, 2010. 287 p.
   Bem produzido e ilustrado, apresenta de forma simples a conceituação de estratégia, acompanhada de uma visão prática e bem didática do desdobramento do planejamento estratégico usando-se o BSC.
* MADIA, Francisco. *O grande livro de marketing*. São Paulo: M. Books, 2007. 440 p.
   Provocativo e rico de exemplos, dentro de um tom espetaculoso e dogmático.
* MADIA, Francisco. *Os 50 mandamentos do marketing*. São Paulo: M.Books, 2005. 432 p.
   Muito rico de exemplos de marketing, com bons comentários. O título refere--se à divisão de temas.
* MAKOWER, Joel. *A economia verde*. São Paulo: Editora Gente, 2009. 304 p.
   Uma abordagem bem escrita, fresca e atualizada sobre um tema quente.
* MARTINS, Eduardo. *Manual de redação e estilo – O Estado de S.Paulo*. 3. ed. São Paulo: Moderna, 1997. 400 p.
   Muito bem realizado e preciso, apresenta as principais questões da língua portuguesa do Brasil em ordem alfabética. Obviamente, não contempla a nova Reforma Ortográfica.

MATHIS, Robert; JACKSON, John. *Human resource management.* 13. ed. Boston: South-Western College Pub, 2007. 664 p.

Um bom livro didático sobre recursos humanos, ainda sem tradução para o português.

MAYO, Anthony; NOHRIA, Nitin. *In their time:* the greatest business leaders of the twentieth century. Boston: Harvard Business Press, 2005. 444 p.

Volumosa e bem pesquisada fonte de referência.

MCCONNELL, Steve. *Code complete:* a practical handbook of software constructions. 2. ed. Redmond: Microsoft Press, 2004. 960 p.

Um dos prestigiosos livros sobre construção de programas, que vai desde a especificação até a escrita do código

* MENDES, João Ricardo Barroca. Gerenciamento de projetos: na visão de um gerente de projetos. Rio de Janeiro: Ciência Moderna, 2006. 344 p.

Livro muito prático sobre gestão de projetos com uma visão pessoal e bem interessante, de fácil leitura.

** MENNA BARRETO, Roberto. *Criatividade no trabalho e na vida.* 2. ed. São Paulo: Summus, 1997. 352 p.

Um grande livro sobre criatividade. Estimulante.

MINTZBERG, Henry. *Managing:* desvendando o dia a dia da gestão. Porto Alegre: Bookman, 2010. 304 p.

Livro que mostra a diferença entre a vida real e a idealização, no que se refere à liderança e à gestão.

** MLODINOW, Leonard. *O andar do bêbado.* Rio de Janeiro: Zahar, 2009. 264 p.

Livro impactante que convence o leitor do papel crucial do acaso em nossas vidas. O autor, que é físico e escritor, usa histórias, mas também estatística e experiências científicas. Além disso, discorre sobre como tirar proveito dessa "triste" conclusão.

MORRIS, Desmond. *A essência da felicidade.* Rio de Janeiro: Rocco, 2006. 184 p.

Algumas sacadas interessantes, em um tema já muito explorado.

MYERS, David. *Psicologia social.* 6. ed. Rio de Janeiro: LTC, 2000. 422 p.

Livro didático de um tema muito palpitante, mas sem o sabor do *Social animal*.

* NALEBUFF, Barry; AYRES, Ian. *Você pode tudo:* ideias criativas para os problemas do dia a dia. São Paulo: Negócio, 2004. 232 p.

Contém diversos caminhos para ser criativo na prática. Bem bolado.

ORTEGA, Bob. *In Sam we trust.* Nova York: Crown Business, 1998. 413 p.

Livro interessante, com um tom de denúncia equilibrado, que seria beneficiado, em alguns pontos, por melhores organização e escrita. Aborda também a K-Mart.

O'SHEA, James; MADIGAN, Charles. *Dangerous company:* the consulting powerhouses and the businesses they save and ruin. Nova York: Times Books, 1997. 355 p.

Contém histórias de prejuízos provocados por renomadas empresas de consultoria em um livro que se alonga demais.

PARMENTER, David. *Key performance indicators.* Nova York: John Willey & Sons, 2007. 236 p.

Abordagem teórica sobre indicadores.

PARODI, Lorenzo. *Manual das fraudes.* 2. ed. Rio de Janeiro: Brasport, 2008. 440 p.

Extenso e interessante manual sobre os mais diversos golpes, com destaque para o mundo da internet.

PEASE, Allan; PEASE, Barbara. *Desvendando os segredos da linguagem corporal.* Rio de Janeiro: Sextante, 2005. 272 p.

Apesar do estilo best-seller e de algumas conjeturas sem embasamento, tem uma boa coleção de dicas, com algumas ilustrações que ajudam a interpretar os sinais não verbais de um interlocutor.

* PENDERGRAST, Mark. *Por Deus, pela pátria e pela Coca-Cola.* Rio de Janeiro: Ediouro, 1993. 472 p.

História longa, mas muito interessante, sobre essa legendária empresa, com algumas incursões sobre a Pepsi.

* PENG, Mike. *Estratégia global.* São Paulo: Cengage Learning, 2008. 392 p.

Livro original e bem escrito sobre empresas globais de um ponto de vista multicultural, saindo do umbigo da empresa-ianque-que-conquista-o-mundo. Bastante embasado em pesquisas e exemplos.

* PENN, Mark. *Microtendências.* São Paulo: Best Seller, 2008. 588 p.

Aborda diversas pequenas minorias, com foco nos Estados Unidos, cada uma com sua cota potencial de influência e consumo. Bom para contestar aqueles que defendem uma visão homogênea e massificada do mercado.

** PFEFFER, Jeffrey; SUTTON, Robert. *A verdade dos fatos.* São Paulo: Campus, 2006. 336 p.

Ótimo livro que provoca uma visão crítica no leitor sobre muitos dogmas existentes na administração.

PFLAEGING, Niels. *Liderando com metas flexíveis (beyond budget).* Porto Alegre: Bookman, 2009. 272 p.

Um livro repetitivo, embora bom para servir como contraponto às ideias convencionais. Além disso, infelizmente, o livro distorce e seleciona as abordagens para tentar convencer o leitor, como no estudo do caso da empresa AES.

* PINAULT, Lewis. *Consulting demons*: inside the unscrupulous world of global corporate consulting. Nova York: Harper, 2001. 288 p.
  O mais aclamado libelo contra consultorias inescrupulosas, escrito por um experiente ex-consultor.
** PINKER, Steven. *Tábula rasa*. São Paulo: Companhia das Letras, 2004. 672 p.
  Livro denso que discute a relação entre cultura, ambiente e genética, combatendo a ideia de que o recém-nascido é uma tábula rasa, pronta para ser preenchida por pais e educadores.
RAYNOR, Michael. *The strategy paradox*. Nova York: Crown Business, 2007. 320 p.
  Diante de um mundo em constante mutação, o autor propõe um maior foco na gestão das incertezas, de modo a se estar sempre questionando as escolhas estratégicas.
RESSLER, Cali; THOMPSON, Jody. *Why work sucks and how to fix it:* no schedules, no meetings, no joke – the simple change that can make your job terrific. Portfolio, 2008.
  Relato da experiência pessoal das autoras na Best Buy.
RIES, Al; TROUT, Jack. *Posicionamento:* a batalha por sua mente. São Paulo: M. Books, 2009. 216 p.
  Verdades ditas de forma bombástica e que são, no mínimo, questionáveis.
* ROSENZWEIG, Phil. *The halo effect*. Nova York: Free Press, 2007. 256 p.
  Desmistifica o trabalho de alguns best-sellers que derivam princípios de gestão a partir da análise de um conjunto de empresas bem-sucedidas, mostrando diversas distorções nesse tipo de trabalho.
RUBINSTEIN, James. *Making and selling cars*. Baltimore: John Hopkins University Press, 2001. 401 p.
  Dentro de um tema tão quente, poderia ser mais bem explorado e escrito.
* SALSBURG, David. *Uma senhora toma chá:* como a estatística revolucionou a ciência do século XX. Rio de Janeiro: Zahar, 2009. 288 p.
  Histórias saborosas da evolução de uma ciência fundamental, embora ainda renegada. O livro é um pouco árido para quem não tem familiaridade com o tema.
SAMPAIO, Rafael. *Propaganda de A a Z*. 3. ed. São Paulo: Campus, 2003. 390 p.
  Manual sobre publicidade escrito por quem faz, com muitos casos dos anos 1990.
SAPOLSKY, Robert. *Por que as zebras não têm úlceras?* Brasília: Francis, 2008. 592 p.
  Um relato impressionante e científico, embora técnico, dos efeitos do estresse sobre a saúde humana, escrito por um cientista.
SEMLER, Ricardo. *Virando a própria mesa*. Rio de Janeiro: Rocco, 2002.

Ícone de um estilo de gestão, leitura fácil.

SERNOVITZ, Andy. *Word of mouth marketing*. Ed. rev. Lewisville: Kaplan Press, 2009. 232 p.

Não acrescenta muito ao senso comum.

SERVAN-SCHREIBER, Jean-Louis. *A arte do tempo*. São Paulo: Cultura, 1991. 188 p.

Em parte por ser antigo, contém uma abordagem incompleta de um assunto tão atual, mas com algumas observações interessantes.

STEWART, Matthew. *Desmascarando a administração*. São Paulo: Campus, 2010. 320 p.

Filósofo torna-se consultor, e depois de dez anos compartilha suas vivências e sua visão ácida (por vezes, exagerada) sobre os gurus e acadêmicos do mundo da administração, com algumas incursões à filosofia.

* SUTTON, Robert. *Chega de babaquice!* São Paulo: Campus, 2007. 168 p.

Mostra como os "babacas" têm o poder de destruir um ambiente de trabalho e como devemos nos livrar deles para construir um ambiente produtivo.

SWEDIN, Eric; FERRO, David. *Computers*: the life story of a technology. Baltimore: John Hopkins University Press, 2007. 192 p.

Relato técnico, mas de fácil compreensão para leigos.

* TALLER, Richard; SUSTEIN, Cass. *Nudge:* o empurrão para a escolha certa. São Paulo: Campus, 2008. 280 p.

Livro informativo sobre como conduzir a escolha das pessoas de modo a beneficiá-las, com riqueza de exemplos.

TANCER, Bill. *Click*: o que milhões de pessoas estão fazendo on-line e por que isso é importante. 11. ed. São Paulo: Globo, 2009. 272 p.

Livro escrito por um especialista em correlacionar hábitos de navegação e busca na internet à vida cotidiana.

* TOLSTÓI, Liev. *Guerra e paz*. São Paulo: Cia. das Letras, 2008. 280 p.

Romance histórico que descreve as guerras napoleônicas na frente russa, no qual são dadas verdadeiras lições de estratégia de guerra.

* UNDERHILL, Paco. *Vamos às compras:* a ciência do consumo nos mercados globais. São Paulo: Campus, 2009. 336 p.

Mostra a riqueza de um trabalho organizado de observação dos clientes nos locais onde eles compram.

* VEIGA, Francisco Daudt. *O aprendiz do desejo*. 2. ed. Rio de Janeiro: 7 Letras, 2005. 200 p.

Textos curtos muito interessantes sobre diversos aspectos da psicologia ligados à vida cotidiana.

VENTER, Craig. *Uma vida decodificada:* o homem que decifrou o DNA. São Paulo: Campus, 2007. 416 p.
   Interessante biografia do cientista responsável pela decodificação do DNA humano.
* VIRINE, Lev; TRUMPER, Michael. *Project decisions:* the art and science. Viena: Management Concepts. 2007. 344 p.
   Uma visão de gestão de projetos, temperada por considerações estatísticas, mas escrito em uma linguagem acessível.
WEBBER, Alan. *As 52 regras de ouro dos negócios.* São Paulo: Campus, 2009. 248 p.
   Escrito pelo cofundador da Fast Company, contém alguns tópicos interessantes.
* WELCH, Jack; WELCH, Suzy. *Paixão por vencer.* São Paulo: Campus, 2005. 384 p.
   Livro de fácil leitura e com boas dicas, mas não se deve acreditar em tudo que está escrito, pois há muita opinião pessoal, mais aplicável ao estilo Jack Welch de administrar.
WELCH, Jack; WELCH, Suzy. *Paixão por vencer:* as respostas. São Paulo: Campus, 2006. 240 p.
   Continuação na esteira do sucesso do livro anterior.

Webgrafia - sites e blogs

About: business and finance. http://www.about.com/money/
AdCreate – Blog. http://adcreate.blogspot.com
Agile programming. http://agileprogramming.org/
Ask the econsultant – Blog. http://blog.econsultant.com
Bad Science. http://www.badscience.net/
BBRT – Beyond Budgeting roundtable. http://www.bbrt.org/
Bloomberg Businessweek. http://www.businessweek.com/
BNet – The go-to-place for management. http://www.bnet.com/
Brand failures - blog. http://brandfailures.blogspot.com/
Brand mix – Blog. http://brandmix.blogspot.com
ICMR – Case studies and management resources. http://www.icmrindia.org/
Como tudo funciona – Empresas e finanças. http://empresasefinancas.hsw.uol.com.br
Companies history – funding universe. http://www.fundinguniverse.com/company-histories/
Consumer psychologist. http://www.consumerpsychologist.com
Empreendedor. http://www.empreendedor.com.br

Fast Company. http://www.fastcompany.com/
Financial investing tutorials. http://www.investopedia.com/university/
Fishing for customers – Blog. http://fishingforcustomers.blogspot.com
FlatWorld knowledge – E-books. http://www.flatworldknowledge.com/
Fortune Global 500 – 2010. http://money.cnn.com/magazines/fortune/global500/2010
FutureLab - blogs. http://www.futurelab.net/blogs
Global integration – Blog. http://www.global-integration.com/blog/
Hybrid Cars Guide. http://www.hybrid-cars-guide.com/
MarketingProfs daily fix – Blog. http://www.mpdailyfix.com/
Missionstatements.com. http://www.missionstatements.com/
Motivation tools chest. http://www.motivation-tools.com/
My Strategic Plan. http://mystrategicplan.com
O Gerente.com. http://ogerente.com.br/novo/index.php
Portal «O Empreendedor». http://www.portaloempreendedor.com.br
QuackWatch - your guide to quackery, health fraud, and intelligent decisions. http://quackwatch.com/
QuickMBA - knowledge to power your business. http://www.quickmba.com/
RH.com.br. http://www.rh.com.br
Skeptic - promoting science and critical thinking. http://www.skeptic.com/
Snopes.com - rumor has it. http://www.snopes.com/
The human intuition project. http://www.intuition-sciences.com/
The Nation - since 1865. http://www.thenation.com
ThinkExist quotations. http://www.thinkexist.com
Wal-Mart watch. http://walmartwatch.com/pages/research_library
Wikinvest.com - investing simplified. http://www.wikinvest.com
Woopidoo quotations. http://www.woopidoo.com/business_quotes/
XProgramming.com. http://www.xprogramming.com

Webgrafia – artigos de mídias e e-books

ANDERSON, David; BRITT, Frank; FAVRE, Donavon. "The 7 principles of supply chain management", *Supply Chain Management Review*, 2007. Disponível em http://management-tools.blogspot.com/2007/04/7-principles-of-supply-chain-management.html

AUCHMUTEY, Jim. "Coke denies claims it bottled familiar Santa image", *Rocky Mountain News*, 10 dez. 2007. Disponível em http://www.rockymountainnews.com/news/2007/dec/10/coke-denies-claims-it-bottled-familiar-santa/

BAUER, Talya; ERDOGAN, Berrin. *Organizational behavior*. Irvington: Flatworldknowledge, 2008. E-book. Disponível em http://www.flatworldknowledge.com/printed-book/1625

BEATRIZ, Marilene. *Cultura, poder e reações à mudança no processo de implantação do modelo organizacional de células semi-autônoma*: um estudo de caso em uma empresa do ramo industrial. Trabalho apresentado durante o XXVIII Escontro da Associação Nacional de Pós-Graduação e Pesquisa em Administração, Curitiba, 25-29 set. 2004. Disponível em http://www.anpad.org.br/evento.php?acao=trabalho&cod_edicao_subsecao=39&cod_evento_edicao=8&cod_edicao_trabalho=942

BIDDLE, Gary; BOWEN, Robert. WALLACE, James. "Does EVA Beat Earnings?", *Journal of Accounting and Economics*, 24, p. 301-336, 1997.

BNET. "1962-1992: a historical overview - K-Mart Corp - 30 Years of K-Mart.", Discount Store News, 17 fev. 1992. Disponível em http://findarticles.com/p/articles/mi_m3092/is_n4_v31/ai_11875088

BOUCHARD, Thomas; MCGUE, Matt. "Genetic and environmental influences on human psychological differences", *Journal of Neurobiology*, v. 54 n. 1 p. 4-45, 2003. Disponível em http://m.moemesto.ru/rorschach_club/file/6314265/182%20bouchard%202003.pdf

BRABAZON, Tony. *The balanced scorecard*, Association of Chartered Certified Accountants, 01 dez. 1999. Disponível em http://www.accaglobal.com/students/student_accountant/archive/2000/2/43995

BRAGA, Roberto; MARQUES, José. "Análise dinâmica do capital de giro: uma abordagem no modelo Fleuriet", *Revista de Administração de Empresas*, v. 35, n. 3, p. 49-63, 1995.

CARPENTER, Mason; BAUER, Talya; ERDOGAN, Berrin. *Principles of management*. Invington: Flatworldknowledge, 2009. E-book. Disponível em http://www.flatworldknowledge.com/printed-book/3312

COMPUTER WORLD. "Quem precisa de orçamento", *Computer World*, 22 dez. 2004. Disponível em http://www.metamanagementgroup.com/pdf/ComputerWorld-print.pdf

CSR EUROPE. "Involving employees in the review of corporate values (IBM)", *CSR Europe*, 22 dez. 2004. Disponível em http://www.csreurope.org/solutions.php?action=show_solution&solution_id=27

DANTAS, José Alves; MEDEIROS, Otávio; LUSTOSA, Paulo. "Reação do mercado à alavancagem operacional", *Revista Contabilidade e Finanças*, n. 41 p. 72-86, mai./ago. 2006. Disponível em http://www.eac.fea.usp.br/cadernos/completos/cad41/jose_otavio_paulo_pg72a86.pdf

DIAMOND, Jared. "As grandes empresas irão salvar o mundo", *Revista Veja*, ed. 2145, 2009. Disponível em http://veja.abril.com.br/301209/grandes-empresas-vao-salvar-mundo-p-268.shtml

EMAC ASSESSMENTS. "Major approaches to organizational design", *EMAC Assessments*. Disponível em http://www.emacassessments.com/EN/major-approaches-to-.htm

ERNST & YOUNG. *Corruption or compliance (weighting the costs)*, 2008. Disponível em http://www.ey.com/Publication/vwLUAssets/Weighing_the_costs_of_corruption_or_compliance:_10th_Global_Fraud_Survey/$FILE/EY_10th_Global_Fraud_Survey.pdf

FARAH, Flavio. "Competição interna: benéfica ou danosa?", *Gestão de Carreira*, 2008. Disponível em http://www.gestaodecarreira.com.br/coaching/clima-organizacional/competicao-interna-benefica-ou-danosa.html

FLEURIET, Michel. "Fleuriet's rebuttal to 'questioning Fleuriet's model of working capital management on empirical grounds", *SSRN*, 2005.0 Disponível em http://ssrn.com/abstract=741624

FRIEDLANCER, David. "Hotel dos sonhos de 15 milionários vira pesadelo", *O Estado de S. Paulo*, 18 out. 2009. Disponível em http://m.estadao.com.br/noticias/impresso,hotel-dos-sonhos-de-15-milionarios-vira-pesadelo,452286.htm

GARRETT, Bill. "Coke's water bomb", *BBC News*, 16 jun. 2004. Disponível em http://news.bbc.co.uk/2/hi/business/3809539.stm

GENTRY, James; VAIDYANATHAN, R.; LEE, Hei Wai. "A weighed cash conversion cycle", *Financial Management*, v. 18, n. 1, p. 90-99, 1990.

GIBSON, Jane; TESONE, Dana. "Management fads: emergence, evolution, and implications for managers", Academy of Management Executive, v. 15, n. 4, p. 122-133, 2001. Disponível em http://info.psu.edu.sa/psu/fnm/asalleh/mgmtfads.pdf

GLAUSER, Ernst. "The Toyota phenomenon", *The Swiss Deming Institute*, 2005. Disponível em www.deming.ch/downloads/E_Toyota.pdf

GROSS, Daniel. "When bad things happen to good companies", *Slate*, 2003. Disponivel em http://www.slate.com/id/2079974/

HARFIELD, Toby "Strategic management and Michael Porter: a postmodern reading", *Electronic Journal of Radical Organisation Theory*, v. 4, n. 1, 1998. Disponível em www.mngt.waikato.ac.nz/ejrot/Vol4_1/harfield.pdf

HAUSER, John; KATZ. Gerald. "Metrics: you are what you measure!", *MIT*, 1998. Disponível em http://www.mit.edu/~hauser/Papers/Hauser-Katz%20Measure%2004-98.pdf

HAYS, Constance L. "A sputter in the coke machine; when its customers fell", *The New York Times*, 30 jun. 1999. Disponível em http://www.nytimes.com/1999/06/30/business/sputter-coke-machine-when-its-customers-fell-ill-master-marketer-faltered.html

HELMS, Marilyn M. "Participative management", *Encyclopedia of Management*, Farminton Hills: Gale Cengage, 2006. Disponível em http://www.enotes.com/management-encyclopedia/participative-management

HOLLEY, Paxton, "The saga of new coke part III", *Cavalcade of Awesome*, 30 out. 2006. Blog. Disponível em http://blog.paxholley.net/2006/10/

IBS CENTER FOR MANAGEMENT RESEARCH (ICMR). "Kmart: fall of a retailing giant". 2003. Disponível em http://www.icmrindia.org/casestudies/catalogue/Business%20Strategy1/BSTR056.htm

INGHAM, John. "Toyota's nerve system"; *John Ingham's strategic HCM Blog*, 11 jun. 2008. Disponível em http://strategic-hcm.blogspot.com/2008/06/toyotas-nerve-system.html

IOANNIDIS, John. "Why most published research findings are false", *PLoS Medicine*, v. 2, n. 8, 2005. Disponível em http://www.plosmedicine.org/article/info:doi/10.1371/journal.pmed.0020124

KAPLAN, Robert; NORTON, David. "Using the balanced scorecard as a strategic management system", *Harvard Business Review onpoint*, 1996. Disponível em http://portal.sfusd.edu/data/strategicplan/Harvard%20Business%20Review%20article%20BSC.pdf

KERR, Bernard. "The TQM critic: a rational revolutionary?", *AllBusiness*, 1993. Disponível em http://www.allbusiness.com/management/benchmarking-quality-improvement/400067-1.html

KEYS, David; AZAMHUZJAEV, Mumin. "Economic value added: a critical analysis", *Journal of Corporate Accounting and Finance*. p. 65-71, jan. 2001.

KOCH, Chistopher. "When bad things happen to good projects", *CIO*, 2007. Disponível em http://www.cio.com/article/101505/When_Bad_Things_Happen_to_Good_Projects

KRUGMAN, Paul. "Erin go broke", *New York Times*, 19 abr. 2009. Disponível em http://www.nytimes.com/2009/04/20/opinion/20krugman.html

LEE, Evelin. "Is it green?: Clorox green works", *Inhabitat*, 12 ago. 2009. Disponível em http://www.inhabitat.com/2009/08/12/is-it-green-clorox-green-works/

LOHR, Steve. "Making the cars the Volvo way", *The New York Times*, 30 jun. 1987. Disponível em http://www.nytimes.com/1987/06/23/business/making-cars-the-volvo-way.html

MAIR, Victor. "Danger + opportunity ≠ crisis", *Pinyin.info*, set. 2009. Disponível em http://www.pinyin.info/chinese/crisis.html

MCDONNEL, Sharon. "EBITDA", *ComputerWorld*, 08 jan. 2001. Disponível em http://www.computerworld.com/s/article/55895/EBITDA?taxonomyId=074

MOOTLEE, Idris. "What do you know about strategy agility?" *Innovation Playground*, 03 nov. 2008. Blog. Disponível em http://mootee.typepad.com/innovation_playground/2008/11/what-do-you-know-about-strategy-heres-a-keynote-presentation-on-innovation-and-strategy.html

NATIONAL INSTITUTE OF STANDARDS AND TECHNOLOGY- "Criteria for performance excellence - The Malcolm Baldrige National Quality Program. 2009-2010". Disponível em http://www.baldrige.nist.gov/PDF_files/2009_2010_Business_Nonprofit_Criteria.pdf

OLIVEIRA, Darcio. "A vaidade na fogueira", *Época Negócios*, 07 jul. 2009. Disponível em http://epocanegocios.globo.com/Revista/Common/0,,EMI81080-16642-1,00-A+VAIDADE+NA+FOGUEIRA.html

O'SHEA, James; MADIGAN, Charles. "Os bons e os maus conselhos", *Centro Atlântico*, 1997. Disponível em http://www.centroatl.pt/edigest/edicoes/ed39cap1.html

QUELCH, John; JOCZ, Katherine. "Milestones in marketing", *Business History Review*, v. 82, n. 4, 2009. Disponível em http://www.hbs.edu/research/RePEc/hbs/journl/2008Q4quelch.pdf

REYMERS, Kurt. *Ben & Jerry's: The anti-McDonald? Can capitalism be caring?*, Projeto de mestrado apresentado na State University of New York, 1995. Disponível em http://sociology.morrisville.edu/infospace/ti6.html

RINALDI, Luciene. *A Ford e o recall dos pneus Firestone*: A falha de informação mais cara da história, 2006. Página pessoal. Disponível em http://lucienerinaldi.googlepages.com/SI-IIEstudoCaso2.pdf

RODRIGUES JUNIOR, José Carlos. "Ricardo Semler - O maior reengenheiro do Brasil", *Administradores*, 17 nov. 2004. Disponível em http://www.administradores.com.br/informe-se/artigos/ricardo-semler-o-maior-reengenheiro-do-brasil/10262/

SIEGCHRIST, Gretchen. "Top viral marketing videos of all times", *About.com*. Disponível em http://desktopvideo.about.com/od/webvideosforbusiness/tp/viral-marketing-videos.htm

SILVA, Carlos Alberto. "Competição x cooperação", *Boletim eletrônico semanal – Merkatus*, 2005. Disponível em http://www.merkatus.com.br/10_boletim/134.htm

SMITH, Lisa. "EBITDA: Challenging the calculation", *Investopedia*. Disponível em http://www.investopedia.com/articles/analyst/020602.asp

SOARES, Odair; NEVES JUNIOR, Idalberto. "Beyond budgeting: como otimizar o processo de gestão sem orçamentos", *Anais de 4ª. edição do Congresso USP Controladoria e Contabilidade*, 2004. Disponível em http://www.congressousp.fipecafi.org/artigos42004/317.pdf

ST NICHOLAS CENTER. "Saint Nicholas and the origin of Santa Claus." St Nicholas Center. Disponível em http://www.stnicholascenter.org/Brix?pageID=35

STRATEGIST NEWS. "Best business blogs 2009", *Strategist News*, jun. 2009. Disponível em http://strategistnews.com/best-business-blogs.php

UFRGS. *A empresa em rede: a cultura, as instituições e as organizações da economia informacional*. Disponível em http://www6.ufrgs.br/cedcis/arquivos_ladcis/informatica-sociedade/livros_e_referencias/resumos/sociedade_rede/cap_3_-_rose.pdf

UNIVERSIA KNOWLEDGE WHARTON. "Uma visão global da governança corporativa: um só modelo não serve para todos", *Universia Knowledge Wharton*, 23 jan. 2003. Disponível em http://www.wharton.universia.net/index.cfm?fa=viewArticle&id=450&language=portuguese

USA TODAY. "Accounting fraud", *USA Today*, 2003. Disponível em http://www.usatoday.com/educate/college/business/casestudies/20030128-accountingfraud1.pdf

VAN GROOVE, Jennifer "Twitter analysis: 40% of tweets are pointless babble", *Mashable / social media*, 2009. Disponível em http://mashable.com/2009/08/12/twitter-analysis/

VERSCHOOR, Curtis. "Is there financial value in corporate values?", *AllBusiness*, 01 jul. 2005. Disponível em http://www.allbusiness.com/finance/3592096-1.html

WIKIPEDIA. "Veblen goods", *Wikipedia*, 17 dez. 2010. Disponível em http://en.wikipedia.org/wiki/Veblen_good

WOOD JR, Thomas; PAULA, Ana Paulo Paes. "Pop-management: contos de paixão, lucro e poder", *Organizações e Sociedade*, v. 9, n. 24, 2002. Disponível em http://www.revistaoes.ufba.br/viewarticle.php?id=99

YOU ADD IT. "19 best ads I have ever seen", *You Add It*, 17 jan. 2008. Blog. Disponível em http://uaddit.com/discussions/showthread.php?t=642

RR Donnelley
IMPRESSÃO E ACABAMENTO
Av Tucunaré 299 - Tamboré
Cep. 06460.020 - Barueri - SP - Brasil
Tel.: (55-11) 2148 3500 (55-21) 3906 2300
Fax: (55-11) 2148 3701 (55-21) 3906 2324

IMPRESSO EM SISTEMA CTP